ARABIA PREISLÁMICA

ARABIA PREISLÁMICA

UN ESTUDIO CRÍTICO A TRAVÉS DE LA ARQUEOLOGÍA Y LAS FUENTES ESCRITAS DESDE LA PREHISTORIA HASTA EL AÑO 570

GABRIEL NIETO ZAHÍNO

RESOURCE *Publications* · Eugene, Oregon

ARABIA PREISLÁMICA
Un estudio crítico a través de la arqueología y las fuentes escritas desde la prehistoria hasta el año 570

Resource Publications
An Imprint of Wipf and Stock Publishers
199 W. 8th Ave., Suite 3
Eugene, OR 97401

www.wipfandstock.com

PAPERBACK ISBN: 979-8-3852-3855-2
HARDCOVER ISBN: 979-8-3852-3856-9
EBOOK ISBN: 979-8-3852-3857-6

VERSION NUMBER 03/06/26

Maps by Robert Cronan of Lucidity Information Design, LLC

Typesetter: Ian Creeger

A mi tío José Zahínos y a Diego Rodríguez,
siempre jóvenes en el reino de Dios,
y en reconocimiento de Christian Julien Robin

"Verdaderamente, esto está (dicho) en las Escrituras de antiguo, las Escrituras de Abraham y Moisés." (C 87:18–19)

CONTENIDOS

Lista de Mapas | xiii
Introducción | xv
Abreviaturas | xxv

1 PREHISTORIA HASTA EL BRONCE III Y HIERRO I | 1
Aproximación a la Materia de Estudio | 1
Geografía y Clima. Prehistoria Lejana de Arabia | 3
Mesolítico y Neolítico. Formación del Creciente Fértil | 8
Cultura Dilmunita en la Edad del Bronce: Arabia del Este | 11
Formación del Eje Occidental de Arabia. Del Bronce III al Hierro I | 13
Arabia en el Periodo Bíblico Antiguo: Marco de Estudio | 14
Abraham e Ismael en la Biblia: Hebreos y Árabes del Noroeste | 16
Pueblos Descendientes de Ismael | 20
Abraham e Ismael, Isaac y Esaú: Hebreos, Árabes, y Edomitas | 22
Moisés y el Origen del Monoteísmo. Contexto Egipcio | 24
Hipótesis del Yahvismo de Origen Árabe: Vínculos Árabes de Moisés | 28
Qurayyah Saudita: la Cultura Material Madianita y el Profeta Shu'ayb | 29
Madián en la Biblia: una Perspectiva Múltiple | 31
Moisés y su Familia de Madián. Los Beduinos «Shashu Yhv3» | 33
Culto Mosaico en Betilos en el Sinaí: Exod 24,4 | 37

2 EDAD DEL HIERRO. SIGLOS X–V A.C. | 44
Escritura Sabea y Comercio de Incienso: Saba e Israel | 44
Israel en el Mar Rojo durante el Hierro I | 51
Árabes afuera de Arabia. El Imperio Asirio | 53
Tiglathpileser, Senaquerib: la Reina Samsi | 55
El Oasis de Taymā' en la Edad del Hierro | 56
Taymā', Dumāh, y Qēdār en la Biblia | 57
Esarhadón: Hazael y Tabúa en Dumāh | 58

Asurbanipal: El Rey Iate de Dumāh y la Rebelión de Uabu | 59
Los Nebāyot del Periodo Bíblico: entre Massā', Qēdār, y Taymā' | 61
El Culto Astral de Nabonido: el Oasis de Taymā' en el siglo VI | 62
Arabia bajo la Influencia Persa Aqueménida | 65
Los Árabes según Herodoto: Cambises cruza el Desierto (del Sinaí) | 66
Los Árabes según Herodoto: la Batalla de las Termópilas | 68
El Oasis de Dedān | 69
Dedān y Edom en la Biblia: Oráculos contra las Naciones | 70
La Satrapía de Geshem el Árabe | 73

3 ÉPOCA HELENÍSTICA EN ARABIA DEL ESTE Y DEL SUR. SIGLOS IV–I A.C. | 77

Alejandro Magno y sus Planes de Colonizar Arabia | 77
Florecimiento del Este Árabe: la Isla de Failaka | 81
Polibio de Megalópolis: el Reino Perdido de Gerrha | 84
Qalaat (Qal'at) de Bahréin: la Isla de Tylos | 85
Thāj en Arabia Saudí: Posible Capital del Reino de Gerrha | 89
Diodoro de Sicilia y Estrabón: la Riqueza de Gerrheos y Sabeos | 92
Reinos Productores y Comerciantes del Sur: la Arabia Feliz | 93
La Ruta del Incienso y las Vías de Comunicación Transarábigas | 94

4 ÉPOCA HELENÍSTICA EN ARABIA OCCIDENTAL. SIGLOS IV–I A.C. | 99

Israel y Edom, Idumea y el Reino Nabateo | 99
Jerarcas Árabes de Transjordania y Primeros Nabateos | 102
Procedencia del Pueblo Nabateo: «Dushara,» "el (dios) de Sharā" | 105
Proceso de Sedentarización: el Término «Nbtw» | 107
Relaciones entre Judíos Asmoneos y Árabes Nabateos | 109
Pompeyo Magno, Aretas III, Hircano II, y Antípatro | 113
Malicus I, Cleopatra VII, y Herodes el Grande | 115
Comercio de Opobálsamo Árabe y Judío | 116
Esplendor de Nabatea: Petra, ejemplo de Confluencia Cultural | 120
Obodas III, Sileo, y Elio Galo: Expedición Romana al Yemen | 123
Puerto Nabateo de Leuke Kome e Itinerario de la Expedición | 124
Declive del Reino Yemenita de Maīn: Contexto de la Expedición | 129

5 EL POLITEÍSMO ÁRABE EN SU CONTEXTO SEMITA | 131

Formas Femeninas Arcanas de Religiosidad | 131
El Culto de Allāt en Arabia | 133
Templos de Allāt en Wadi Ramm y Khirbet et-Tannur en Jordania | 135
Rituales de Circunvalación durante el Periodo Nabateo | 137
Politeísmo en Meca Preislámica: Allāt, 'Uzzā, y Manāt | 139

Hubal, el Ídolo traído del Norte | 140
Betilos y Matsēvot: Formas Ancestrales de Religiosidad Semita | 142
Culto Idolátrico en Arabia Preislámica y Reforma Religiosa del Islam | 144

6 EL PERIODO ROMANO EN ARABIA. SIGLOS I A.C.–II D.C. | 147

El Final del Nabateo Sileo: Conflictos con Herodes el Grande | 147
Arabia del Sur: el Reino de Maīn es absorbido por Saba | 150
El Rey Dhamar'alī y el Santuario de al-Lawd | 152
Comercio Marítimo en Arabia Occidental: el Periplo del Mar Eritreo | 154
El Navio Romano y el Navío Árabe: Navegación de Alta Mar y Cabotaje | 155
Puertos de Myos Hormos y Berenice Egipcios: Material de Diagnóstico | 157
Comercio Marítimo en Arabia Oriental: Omana | 158
Economía y Religiosidad Árabe en Mleiha, ed-Dur, y Dibba: EAU | 159
Monedas del Tipo Abi'el | 161
Conflictos Fronterizos en el Norte: Aretas IV y Herodes Antipas | 162
Juan el Bautista: Josefo, el Evangelio, y el Corán | 164
Judíos y Nabateos Trabajando Juntos: La Perfumería de 'En Boqeq | 167
Fin de Nabatea: Creación de la Provincia Romana de Arabia | 169
Confluencia Cultural Romano-Nabatea: Cráter Ramón y Moyat Awad | 171
Mampsis en el Negev: Nabateos dedicados a la Venta de Caballos | 172
Judíos y Nabateos Cultivadores de Oasis: el Archivo de Babatha | 174
Huellas Judías e Interculturales en el Corán | 176

7 EL PARQUE ARQUEOLÓGICO DE MADA'ĪN ṢĀLĪḤ | 180

Nabateos en Arabia Saudí: el Oasis de Ḥegra | 180
Ḥegra en el Corán: al-Ḥijr y el Profeta Ṣāliḥ | 182
Las Tumbas Monumentales de Ḥegra: Shubaytu el Judío | 184
Otras Tumbas de Ḥegra: Posible Creencia en la Vida del Más Allá | 186
Culto Betílico en Jabal Ithlib e IGN 132 | 187
Posibilidad de un Cataclismo en Ḥegra | 189

8 ARABIA NOROCCIDENTAL EN EL SIGLO III D.C. | 191

Aclaración Metodológica | 191
La Crisis Social del Siglo III en el Levante Mediterráneo | 192
Declive Mercantil del Mar Rojo: Myos Hormos como Prueba Diagnóstica | 195

Ḥegra en el siglo III: Abandono del Cuartel Militar Romano | 197
Inscripciones Griegas de la Legión III Cirenaica | 199
Grupos Judaizantes en Ḥegra y Taymāʾ | 200
Dumat al-Jandal bajo la Órbita Romana | 202
Arqueología del Dumat Saudita | 204
Evidencia Epigráfica de Presencia Romana en Dumat | 206
Comparación entre Ḥegra y Dumat en el Periodo Romano | 207
Qasr el-Azraq, Lejjun, y Udruh Jordanas: Limes Romano con Arabia Desierta | 208
Palmira y la Rebelión de Zenobia: Inestabilidad en el Desierto Sirio | 212

9 ARABIA DEL SUR Y CENTRAL EN LOS SIGLOS III–IV D.C. | 215

Unificación Bajo Himyar y Marco General para el Estudio | 215
'Inān 75 y Riyām 2006-17: Mapa Político de Arabia Interior | 218
Inscripción de Namāra: Imru' al-Qays, el Rey de Todos los Árabes | 222
El Área de Meca en el Siglo IV a partir de la Inscripción 'Abadān 1 | 225
Regiones del Hejaz y de 'Asīr. Corredor Jeda-Meca-Taif y Oasis de Najrān | 228
Área de Meca en el Siglo IV: Algunos Testimonios Indirectos | 233
Posible Preminencia de Yathrib sobre Meca | 235
Origen de Meca y la Kaba según la Tradición: Consideraciones Preliminares | 237
La Hipótesis "Macoraba" y el Término Sabeo «Mkrb» | 239
Meca en el Corán: Análisis Etimológico | 241
La Kaba en el Corán: Análisis Etimológico | 243
Dinámica Poblacional de los Mercados Regionales en el Área de Meca | 244

10 YEMEN MONOTEÍSTA. SIGLOS IV–V D.C. | 247

De la "Titularidad Corta" a la "Muy Larga" de los Reyes de Himyar | 247
El Judaísmo se Instala en Yemen: el Testimonio de Filostorgio | 249
Judíos en Zafar: Evidencia Epigráfica | 251
El "Judío" Abīkarib As'ad: El Rey Tubba' de la Tradición Islámica | 252
Terminología Religiosa Judía en la Escritura Himyarita: Bayt al-Aswal 1/2-3 | 254
«Raḥmān» y «Raḥmanān» en Yemen: Dios "el Compasivo" | 256
El Monoteísmo Ḥanīf: Posibilidad del Monoteísmo Preislámico en Meca | 260
Tradiciones Coránica, Bíblica, y Yemenita: el Origen Confesional de Meca | 264
Precisión Cronológica sobre el Origen de Meca | 266

Mā'sal 1 (Ryckmans 509): Himyar Impone su Autoridad en Arabia Central | 268
Himyar y las Tribus de Ma'add y Kīnda | 270
El Principado Kindita en Arabia Central: la Dinastía Hujrida | 272

11 ARABIA EN EL SIGLO VI D.C. | 274
Cuadro General para el Estudio | 274
Incursiones en Territorio Romano: Teófano y Aretas el de la Thalabane | 275
Acuerdo entre Aretas de Banu Kīnda y Anastasio: Nonnosos | 278
Inscripción Mā'sal 2 (Ryckmans 510): Situación Política de Arabia Central | 280
Qaryat al-Faw y Ma'add: Testimonios Indirectos sobre Meca | 283
Auge de Meca en el Siglo VI: Hāshim bin 'Abdu Manāf | 286
El «īlāf» y el Calendario Preislámico: Mercados en el Entorno de Meca | 287
Urbanismo de Meca en el Siglo VI: Gestión del Agua | 289
El Pozo de Zamzam y el Pozo de Bersheba: Fusión de Tradiciones | 291
Revelación del Carácter Abrahámico de Meca | 293
La Kaba en el Siglo VI: Politeísmo y Monoteísmo Árabe | 294
La Invocación de Allāh en Arabia Preislámica | 297
La Ḥanīfiyya en el Siglo VI: Monoteísmo Autóctono en Meca | 298
Origen Judaizante del Carácter Abrahámico del Islam | 300
Judaísmo Árabe del Siglo VI (y VII): Situación del Hejaz | 302
Último Rey Judaizante del Yemen: la Persecución de Dhū Nuwās | 304
La Reacción Etíope-Bizantina: el Rey Abraha | 306
Ryckmans 506: Intervención de Abraha en Arabia Central | 308
Al-Fiyl: el Año del Nacimiento del Profeta | 310
Ocaso del Reino de Himyar. El Amanecer de una Civilización | 312

ANEXOS
Cronología aproximada para Arabia del Noroeste | 315
Escritura Hebrea y Aramea Cuadrada | 316
Escritura Griega Clásica | 316
Escritura Antigua Sudarábiga | 317
Escritura Árabe Clásica | 317
Listado de Extractos e Inscripciones | 318

Bibliografía | 319
Mapas | 339
Índice de Inscripciones, Personas, y Deidades | 343

MAPAS

INTRODUCCIÓN

Una de las preguntas que muchas personas no marcadamente religiosas se hacen, aunque no sólo ellas, tiene que ver con la razón de la existencia de la diversidad de religiones y el hecho de que muchas de ellas, al menos cada una de las religiones tradicionales, afirma ser la religión verdadera, o la más verdadera entre el conjunto de religiones. El origen de este fenómeno universalmente constatable, la profesión de una religión implicando la exclusión de la profesión del resto, suele ser explicado en cada caso particular por el recurso a la teología dogmática—el razonamiento lógico derivado de las verdades fundamentales de una religión, mediante los conceptos de "revelación," "gracia," "salvación," "iluminación," "elección," "conversión," etc. Los textos fundacionales de las religiones hacen de hecho referencia al contexto por el cual surge una religión y es necesaria su práctica y la creencia en ella, plantando la base de todo el edificio dogmático posterior, al que según los casos se incorporan distintos elementos compatibles con lo que se considera la esencia original de una religión y que viene dada por la confluencia de todos los elementos fundacionales.

Es fácil de verificar que cuando una religión es realmente profesada por una persona, creída, practicada, y apoyada en sus decisiones por una comunidad religiosa donde se comparten las creencias, la opción por otras religiones queda excluida, y generalmente de manera firme. En la historia de las religiones esto, sin embargo, no ha sido siempre así, sino que han existido tendencias sincréticas que asimilaron elementos de religiones diversas, e incluso puede afirmarse sin salirse del perímetro de la verdad que las religiones dotadas de clero, de una institución cuya función es preservar y transmitir la ortodoxia en el plano de las creencias y de la praxis, han pasado también por fases esencialmente convergentes, especialmente durante la edad joven de una religión. No todos los elementos de los que consta una religión en su estado maduro han sido revelados o transmitidos pues por una sola persona, un solo grupo de personas, o en una sola época, sino que la "fundación" requiere por necesidad una concreción histórica y una transmisión que resulte operativa con el transcurrir del tiempo mediante la "tradición." Por esencia, las tradiciones religiosas no nacen completas, sino que se basan en directrices germinales que se van concretando cultural e históricamente.

El momento fundacional de una religión suele atribuirse a una persona concreta (y por extensión a sus seguidores inmediatos) cuya biografía se experimenta y entiende de manera carismática por sus seguidores, y que pasadas unas pocas generaciones se comprende ya como completamente influida por la manifestación de lo divino. A través de las acciones y palabras de esta persona o personas fundacionales se incorporan elementos realmente nuevos, antes no presentes, pero generalmente lo hacen sobre el sustrato de la religiosidad anterior. Los elementos antiguos, son sin embargo configurados dentro de una significación que ya no es atribuible al progreso de la religiosidad previa si se prescinde de la nueva biografía fundacional. Así, con ciertas variantes la nueva religión puede ser entendida como una reforma, un cumplimiento, o superación de la religiosidad anterior: el islam se presenta a sí mismo como una corrección del judaísmo y del cristianismo, y como una superación del politeísmo preislámico; el cristianismo, como un cumplimiento del judaísmo; el budismo como una reforma del hinduismo, etc.

Los elementos previos que una religión incorpora son resignificados por el papel que cumplen en el conjunto de las nuevas creencias. A consecuencia de ello, el estudio del significado de algunos términos relacionados etimológicamente que son compartidos por más de una religión, suele mostrar un trasvaso de sentido en función del cambio de contexto cultural, manteniendo unas connotaciones pero cambiando otras: שַׁבָּת/ shabāth, por ejemplo, el día séptimo de la semana judía, está asociado en el judaísmo al descanso (verbo שָׁבַת/ shāvath, "decansar"), pero en el cristianismo romance el término especular—"sábado" (castellano y portugués), "samedi" (francés), o "sambata" (rumano), ha sido primero teológicamente desvestido de la obligación al descanso y después culturalmente resignificado como el día anterior al domingo. Ciertamente el "sábado" conserva en el cristianismo culto su significado de último día de la semana judía, y el "domingo" entendido este como el día de la resurrección de Jesús el de primer día judío, pero a efectos prácticos el sábado ocupa el día sexto de la semana cristiana y el domingo el séptimo porque para el cristianismo el descanso semanal, que es una culminación al periodo laboral anterior, ya no está en el día séptimo judío sino en el domingo.

Una vez alcanzado lo que puede denominarse el primer estado de madurez de una religión, en el que los elementos nuevos y los preexistentes ya caminan en perfecta armonía dentro de un conjunto general de sentido, y la religión ya no necesita salirse de los elementos aportados por sus propias tradiciones para perpetuarse en el tiempo, la nueva religión se convierte por propia naturaleza en un sistema conservador intrínseco, lo cual no supone que no sea adaptable a las circunstancias variables del presente.

Yendo al plano individual, desde el punto de vista de la psicología religiosa y cuando las religiones han alcanzado un estado de madurez se comportan como formas unificadas de "creencia-práctica": a más cree una persona en una religión, en el sentido de a más cree en aquello que una religión afirma creer, sea Dios, su palabra revelada, la palabra de un profeta, una forma de vida transmitida por tradición, una manera de entender el universo, etc., más practica, en el sentido de más pone por obra aquello que la religión, un profeta, Dios, etc., aconseja u ordena; y a más se practica una religión, más se cree en ella. La creencia lleva a la práctica y la práctica refuerza la creencia. Al menos dos factores relacionados entre sí aunque diferenciables, operan aquí.

En primer lugar, cuando una persona pone en práctica conscientemente una creencia, como puede ser un consejo o un mandato dado por la Biblia o el Corán (por ejemplo "hacer limosna" con parte del dinero propio), debe elegir para su realización una opción entre otras opciones posibles de realización que se hacen presentes en su conciencia. La elección por sí misma, cuando es debilerada y se repite en el tiempo, crea un hábito operativo, una costumbre, esto es una virtud religiosa, que tiende en adelante a favorecer futuras elecciones en la misma dirección que las sugeridas u ordenadas por la religión profesada y a desinclinar la voluntad hacia las que son contrarias. Así, en igualdad de condiciones externas, una persona que pone en práctica una creencia religiosa, está en mejores condiciones de poner en práctica la misma creencia la segunda vez que la primera, y la tercera vez que la segunda. En segundo lugar, la puesta en práctica de una creencia muestra desde el punto de vista existencial, su "verdad" a la persona que cree, de la cual ya tiene "experiencia," y no sólo una creencia abstracta.

La experiencia religiosa basada en una creencia es algo mucho más pleno que la creencia sin haberse materializado por la práctica, pues la experiencia presupone la creencia (no puede darse sin ella) y reviste a la creencia de las condiciones materiales que aquella sólo muestra en forma mental. Existen creencias que no pueden, de ordinario, experimentarse de forma propia, directa, y material—como la vida del alma después de la muerte biológica del cuerpo, pero estas creencias se apoyan en otras muchas que están al alcance de los creyentes y que por la confiabilidad que aportan cuando vienen sancionadas de modo positivo por la tradición (o a veces también por otro cauce menos institucional) se tornan dignas de crédito, merecedoras de fe. En cualquier caso, los textos fundacionales de una religión ocupan un lugar prioritario dentro del fenómeno religioso, por encima incluso de los ritos, cuyo sentido reside precisamente en las palabras acompañantes extraídas de los textos sagrados o al menos en perfecta alineación con lo que aquellos significan. Generalmente los textos sagrados son amplios repertorios desde el punto de vista existencial, entroncan de una forma u otra con la biografía carismática de los fundadores cuyas grandes líneas los fieles están llamados a replicar, y ofrecen un conjunto de creencias y significados aplicables a muy distintas situaciones, a todos aquellos ámbitos que requieren atención: sentido de la vida presente y de la vida tras la muerte biológica, sentido e incluso utilidad del dolor, del sacrificio, de la amistad, del amor esponsal, de la fraternidad, relaciones con enemigos, respuesta a la adversidad, y muchas otras.

Pese a todo, las religiones en cuanto sistemas existenciales son falibles. A veces, el efecto a resultado de una creencia puesta en práctica no es convincente, sino que es contradictorio, y un creyente puede poner bajo cuestión su propia religión: es lo que usualmente se llama "una crisis de fe." La crisis de fe puede tener, por su parte, varios desenlaces: puede llevar al debilitamiento de la práctica religiosa y de la creencia sin llegar al abandono, pero también al abandono de una religión por otra, al abandono de una religión por ninguna otra, o a la profundización mayor e incremento de la fe en la religión que ya se profesaba. Pero muy frecuentemente lo que las religiones ordenan creer y practicar es efectivo y los estados de crisis con relación a la creencia o la práctica suelen ser transitorios, aunque pueden conllevar esfuerzos heroicos. La dinámica de creencia-práctica es, según este modo de mirar las cosas, una de las principales causas de fidelidad religiosa, que no se sitúa en oposición a la convicción dogmática, la cual tampoco puede concebirse separada de dicha dinámica.

Un tercer factor decisivo, que suele estar asociado con la creencia y práctica religiosa es la pertenencia a un grupo de personas donde los valores religiosos adquieren un tamiz más auténtico, más fiel, más perseverante: una cofradía, un movimiento misionero, un círculo de estudio, un grupo de oración, etc. Los seres humanos creen formando parte de un grupo, bajo un contexto cultural e histórico común, una forma de entender lo divino común, de poner en práctica lo religioso común. Más allá de consideraciones históricas y teológicas, la fidelidad a una religión específica por la dinámica de la creencia-práctica es recreada en un nuevo nivel por la asociación, la camadería, el lazo sostenido con aquellos que se apoyan, que creen en conjunto, que pertenecen a un grupo religioso, "a nuestro grupo," el cual hace más efectiva la creencia-práctica al poner en su servicio la fuerza social de la naturaleza humana.

La naturaleza social de lo religioso conlleva la tendencia instintiva a confiar en las creencias del propio grupo y desconfiar o creer menos en las creencias de los demás grupos, así como a creer que el bien solidario que los miembros del grupo practican entre sí con relación a la puesta en práctica de sus creencias es una medida fiable de su propia bondad, sin sentir la necesidad de disponer de un criterio de juicio externo y objetivo. En este nuevo nivel, el moral, las personas asociadas por creencias compartidas en grupo tienden a atribuir los males presentes en la realidad más a la existencia o acción de otros grupos o religiones competidores que al grupo o religión al que se pertenece, con el consiguiente riesgo de generar una doble regla moral de medir las acciones por la que se concentran energías en eliminar el mal ajeno sin reconocer el propio, perpetuando el pretexto para seguir cometiendo el propio mal y eternizándolo en la historia humana cuando un grupo de esta naturaleza moral coincide en lugar y tiempo con un grupo de naturaleza moral semejante. Cuando lo afirmado se lleva por este camino al extremo equivocado, la energía que cohesiona al grupo de personas unidas por mismas creencias y pesares compartidos en su puesta en práctica, puede pues ser de hecho dirigida a la ejecución de acciones violentas contra los grupos que se oponen al círculo de la identidad y de las creencias compartidas bajo la falsa convicción de estar obrando por valores que justifican tales acciones (fanatismo, guerra, terrorismo, etc.).

Afortunadamente, otras y muchas veces es lo contrario. El carácter compartido de unas creencias religiosas puede conllevar el desarrollo de vidas entregadas por los valores más nobles de los que dispone la humanidad que difícilmente hubieran sobrepasado de otra forma el carácter mediocre de los fines vinculados a la mentalidad individualista de las acciones. En cualquiera de las circunstancias, sea en el ámbito del extremismo o de la justicia, la constatación de la fuente y fuerza comunitaria de las creencias religiosas también puede generar—si se sobrepasan sus referencias concéntricas, al menos tres actitudes: considerar a todas las religiones igualmente verdaderas y buenas (actitud pluralista o "democrática"), a todas igualmente falsas y malas (actitud negacionista o "atea"), o a unas religiones más verdaderas o mejores que otras en función de aspectos determinados entonces por criterios universales (actitud proactiva y crítica tanto respecto a las creencias como al modo de ponerlas en práctica).

En cuarto lugar, es apropiado decir después de todo lo anterior, que lo religioso no debe reducirse al conjunto de condiciones que acompañanan la naturaleza de las dinámicas de la creencia-práctica, de la fundación-tradición, y del individuo-grupo. En tal caso, reduciríamos lo religioso a la psicología o sociología de lo religioso, cuando en realidad es algo más amplio, al que pertenece un ámbito de la realidad propio e irreducible, muchas veces inaprehensible. Para las personas religiosas existe "algo" que en sí mismo está afuera de toda representación, de toda apropiación; algo trascendente, con lo que lo religioso dice entrar en relación a través de mediaciones (textos sagrados o inspirados, ritos, prácticas religiosas, tradiciones grupales, relaciones interpersonales, oración, introspección, contacto con la naturaleza y reflexión sobre su sentido, sucesos y su interpretación, etc.) que perpetúan lo religioso en su conjunto, lo mantienen erguido cuando este tambalea, lo recrean una y otra vez en la historia frente a otros agentes que buscan su reducción o eliminación. La religión misma, aunque ciertamente puede explicarse como una construcción humana, se concibe a sí misma y puede ser también estudiada como una respuesta a una intervención primera de ese "algo" en un tiempo y lugar determinados, acontecida a veces suavemente, a veces intempestivamente.

La irrupción de lo divino-trascendente en el orden temporal y material humano se experimenta en la mayor parte de las veces al modo de una llamada que interpela la conciencia individual y de grupo, pero esta llamada a entrar en relación con lo divino-trascendente puede aceptarse o rechazarse, opción libre que conlleva necesariamente un compromiso existencial en el sentido de la creación de una respuesta o en su sentido opuesto y que las religiones relacionan con el estado que aguarda a la parte subsistente del ser humano después de la muerte biológica. Lo religioso en tanto que entidad que opera sobre la realidad del mundo presente con sentido propio justifica así su racionalización en los conceptos enunciados al comienzo de estas líneas—el de revelación en primer lugar, pero que en vistas a todos los componentes comunes al hecho religioso en las diferentes tradiciones históricas inevitablemente conocidos por el carácter universal y acumulativo de los saberes y por la interdependencia cada vez mayor de las sociedades entre sí, invita al diálogo y al rechazo del hermetismo religioso.

El lector tiene en sus manos una obra sobre historia de las religiones en la que distintos grupos humanos, sus comportamientos, y sus creencias se ponen en relación cronológica dentro de un espacio geográfico concreto: la península de Arabia y las regiones circundantes. No se trata únicamente de un libro sobre historia de Arabia, aunque la parte documental, geográfica, cronológica con relación a los hechos generales de cada periodo, económicos, políticos, religiosos, y biográficos según el caso sigue siendo el marco general del texto. El lector podrá experimentar que la parte documental ha sido exigentemente tratada pero bajo la precisión que perfila el título, y que concreta su objetivo: el estudio histórico de las circunstancias que han hecho posibles en Arabia aquellos elementos considerados fundacionales para el islam en cuanto precedentes a Mahoma y a sus compañeros más cercanos. Aunque el islam no puede reducirse a los elementos que existieron antes que él en Arabia, es decir a los elementos preislámicos, pues el islam no es una consecuencia necesaria de las condiciones preexistentes, prescindiendo de Arabia preislámica el islam es solamente inteligible de manera parcial.

Finalmente, una palabra sobre el origen de la obra debe ser dicha en este momento, y para la cual es imposible no utilizar la primera persona verbal. En el mes de agosto del año 2008, realicé como parte de un grupo de voluntarios una experiencia de servicio a personas con daño cerebral en el orfanato Lalla Meriem (Rabat), prolongada a lo largo de 24 días, incluyendo la ida y el regreso. Ahí pude aprender del admirable trabajo que realizan las personas cuidadoras del lugar, en su mayoría mujeres, atendiendo a y jugando con personas que no han tenido tanta suerte como el resto. Cuando habían pasado unos catorce días de la llegada a la capital de Marruecos, surgió la necesidad de acompañar a una voluntaria española que había acordado regresar en esa fecha. Durante la reunión del grupo de voluntarios en la casa de los Hermanos Menores Franciscanos (OFM) de Rabat, se pidió la colaboración de alguien que acompañase a la voluntaria que regresaba a España hasta el aeropuerto Mohammed V de Casablanca, asumiendo la condición de volver después desde ahí por su cuenta hasta Rabat.

Una vez que esta persona entró en el control de seguridad del aeropuerto, yo comencé el regreso a Rabat desde Casablanca. Para ello fui a la planta baja donde debía subirme a un tren que me llevara hasta "un cambio de vías" a las afueras de Casablanca, donde debía bajarme de este primer tren y tomar otro con destino a Rabat. Sabía que debía seguir básicamente el mismo procedimiento que a mi llegada a Casablanca, desde cuyo aeropuerto nos habíamos desplazado hasta Rabat por medio de un tren los voluntarios congregados allí a nuestra llegada a Marruecos y procedentes de varias regiones de España. Pero mi deseo de asegurarme con relación al tren al que debía subirme en la estación del aeropuerto de Casablanca (más allá de mi breve experiencia previa en el lugar y de las instrucciones que había recibido en Rabat) me hizo concebir la idea de preguntarle a una persona que "pareciera del lugar" y pedir su consejo, para asegurarme de las acciones que debía realizar a mi regreso. Recuerdo que cuando me dispuse a preguntar descarté al menos dos personas que provenían del acceso al andén de trenes desde el aeropuerto, que entre ellas no guardaban ninguna relación. Transcurridos unos minutos en esa situación, pasó un joven de aspecto simpático y pelo corto, y me interpuse en su camino, dirigiéndome a él en inglés, idioma que él entendió.

Esta persona me contestó que iba a tomar justo el mismo tren que yo necesitaba y que aunque él continuaría más adelante, me diría dónde debía exactamente bajarme y cómo debía proceder en el cambio de vías para tomar el tren a Rabat. Fue inevitable que, conociendo los dos el idioma inglés (y ciertamente él mejor que yo), pudiéramos mantener una conversación en espera del tren y proseguirla una vez adentro, compartiendo asientos uno en frente del otro. Cuál mi sorpresa cuando intercambiando las primeras impresiones y preguntado yo sobre mi procedencia, él me dijera que actualmente estaba aprendiendo castellano (si en el Instituto Cervantes o en otro lugar no lo recuerdo) y que tenía interés en mi país, el cual le gustaría visitar algún día.

Dentro del tren, cuando me preguntó cuál era mi edad, yo le contesté que 27 años, edad que él corroboró diciéndome que era la suya. A esto, añadí que mi nacimiento fue en febrero, un día tal del año 1981. Recuerdo que entonces, intrigado yo por tener los dos la misma edad en número de años, le pregunté a él cuándo había nacido, y me respondió el mismo día del mismo mes del mismo año, es decir, mi fecha de nacimiento. A partir de ese momento, la conversación adquirió un tono algo tenso porque, al responderme él con mi fecha de nacimiento, pensé que no entendía mi pregunta, de forma que le repetí dos o tres veces más la misma pregunta, pero obteniendo a cada vez la misma respuesta.

Los dos percibimos que se estaba produciendo un malentendido y cambiamos de tema de conversación, pues ciertamente había voluntad de seguir conociéndonos. La tensión no afeó la buena sintonía que habíamos mantenido en la conversación iniciada en el andén del aeropuerto, e intercambiamos nuestras direcciones de correo postal. Nuestra relación epistolar duró algunos años (encauzándose después hacia otros medios de comunicación). Él fue invitado por mí a conocer España (Navarra) en el año 2009, y yo regresé a Marruecos en 2012, cuando pude compartir con él algunos días de ayuno voluntario. Fue en este segundo viaje a Marruecos cuando él me regaló un Corán traducido al idioma español, y dos libros más sobre práctica religiosa islámica. Me dijo que existían traducciones y libros en materia religiosa más completos, pero que esos eran apropiados para un comienzo.[1] Yo, por mi parte, le había regalado una Biblia de Jerusalén también en el mismo idioma.

La obra de la que ahora dispone el lector, es consecuencia de este primer acercamiento al islam. Queriendo conocer mejor la religión de mi amigo, mi propia religión en cuanto relacionada con la suya, y la de tantas personas migrantes que viven en España y otros lugares de Europa provenientes de las regiones situadas al sur del Mediterráneo, comencé mi acercamiento al

1. *El Sagrado Corán: Traducción de su Contenido al Idioma Español.* Traducido por Mouheddine, Abdul Qader. Riyadh: International Islamic Publishing House, 2004; Ibn Abdul Wahab, Muhammad. *Kitab At-Tawhid: El Monoteísmo.* Riyadh: Darussalam, 2003; Ibn Yamil Zino, Muhammad. *Los Pilares del Islam y el Imân.* Riyadh: Darussalam, 2003.

islam a partir de los libros de teología que mi amigo me había regalado. La tradición islámica de la rama (mayoritaria) sunita sustenta las verdades de la fe sobre lo dicho en el Corán y en las colecciones mejor autorizadas de hadices, Bukhāri (m. 256 H/ 870) y Muslim (m. 261 H/ 875). Un acceso primario a esta teología a partir del Corán y de los libros que mi amigo me había regalado me llevó, pasados algunos años, a una revisión de la vida de Mahoma basada en la colección de Bukhāri y en la Sirāt de Ibn Isḥāq (m. 151 H/ 767) en la que invertí aproximadamente un año (2016), y a un estudio comparado entre la Biblia y el Corán, comenzado años antes pero que ahora me disponía a realizarlo de manera exhaustiva.

La biografía de Mahoma, cuyo borrador terminé hacia 2018, requería sin embargo un capítulo introductorio sobre Arabia antes del islam, es decir, sobre Arabia antes del siglo VII. Fue cuando profundicé en este segundo desarrollo que abandoné la idea de publicar un escrito de tipo biográfico y forjé por contra el propósito de realizar un estudio de mayor alcance sobre Arabia preislámica pensando en una futura publicación. La independencia de las conclusiones sugeridas por este estudio ahora publicado encuentran su garantía en que, excepto mi proceder sometido siempre a las fuentes de información y a "aquél" que vive más allá de la intuición humana, nadie ha dirigido su transcurso—no obstante apoyado de una forma u otra por varias personas de mi entorno y por la casa editorial interesada en obras en las que el mérito puede sobrepasar la expectativa de ventas. Todo lo que hay de verdad en este libro debe ser atribuido, como en su fuente primera, a ese "aquel" que desencadenó mi interés por el tema y que a través de la oración ha sostenido la investigación, la toma de decisiones, y el esfuerzo necesario para la redacción y edición. Todos y cada uno de los errores que pueda contener la obra debido a mi limitada capacidad de percepción, a la insuficiencia en el acercamiento a la materia, y al hecho de que lo sucedido en el pasado no deja necesariamente una huella reconocible para siempre en un futuro, deben ser atribuidos a mí. Entre las causas inmediatas en el orden de la acción de todo lo verdadero que contengan estas páginas, son de obligada mención (aquí también) los autores ordenados en la bibliografía, aunque algunos puedan ser solidarios conmigo del vivir en un mundo donde existe el error.

Surgido de la amistad personal entre dos personas de religión diferente, una islámica y otra cristiana, este libro quiere ser no en su último propósito una contribución para el mejor entendimiento de las religiones y los pueblos, especialmente entre aquellos de la cuenca mediterránea, entendida esta en su más amplio sentido. La obra fue proyectada en pocos capítulos, siete cuando ya adquirió una forma sólida, diez más tarde, y solamente durante la edición final del texto, uno de los capítulos fue desglosado en dos y los once separados en apartados temáticos. Es por esta razón que la persona que lo lea percibirá un real progreso histórico, en todas las materias tratadas.

La información relativa a la datación de objetos, sucesos, o personas, proviene toda de las fuentes bibliográficas. Las traducciones de textos griegos han sido hechas por mí. Cuando una traducción va seguida de la abreviatura "trad." debe sobreentenderse una versión castellana literal del autor indicado a continuación.

ABREVIATURAS

OBRAS ANTIGUAS

A.J.	Josefo, *Antiquitates Judaicae*
Alex.	Plutarco, *Alexander*
Anab.	Arriano, *Anabasis*
Ant.	Galeno, *Antidotis*
Ant.	Plutarco, *Antonius*
Aurel.	Historia Augusta, *Aurelianus*
B.J.	Josefo, *Bellum Judaicum*
Bell. Pers.	Procopio, *De Bello Persico*
Biblio.	Focio, *Bibliotheca*
Biblio. Hist.	Diodoro, *Bibliotheca Historica*
Brev.	Eutropio, *Breviarium*
Chron.	Juan Malalas, *Chronographia*
Chron.	Josué el Estilita, *Chronica*
Chron.	Teófano el Confesor, *Chronographia*
Epist.	Simeón de Beth Arshām, *Epistula*
Epist.	Jerónimo, *Epistulae*
Esc.	Pseudoescílax
Euthy.	Cirilo de Escitópolis, *Vita Euthymii*
Frag.	Filostorgio, *Fragmenta*
Frag. Lib. Hom.	*Fragmenta Libri Homeritae*
Geogr.	Ptolomeo, *Geographia*
Geogr.	Estrabón, *Geographica*

Hist.	Herodoto, *Historiae*
Hist.	Polibio, *Historiae*
Hist. Eccl.	Eusebio, *Historia Ecclesiastica*
Hist. Nov.	Zósimo, *Historia Nova*
Hist. Phill.	Justino, *Historiae Phillippicae*
Hist. Plant.	Teofrasto, *De Historia Plantarum*
Hist. Rom.	Dión Casio, *Historia Romana*
LXX	Septuaginta
Mar. Ery.	Agatárquides, *De Mari Erythraeo*
Nat.	Plinio el Viejo, *Naturalis Historia*
Onom.	Eusebio, *Onomasticon*
Pan.	Epifanio, *Panarion*
Per. Mar. Ery.	*Periplus Maris Erythraei*
Rer. Gest.	Amiano Marcelino, *Rerum Gestarum*
Res Ges.	Octavio Augusto, *Res Gestae*
Test.	Malco, *Testimonia*
Top. Christ.	Cosmas Indicopleustes, *Topographia Christiana*
Tyran.	Historia Augusta, *Tyranni*

MODERNAS

AAE	*Arabian Archaeology and Epigraphy*
AcOrHun	*Acta Orientalia Academiae Scientiarum Hungaricae*
AEN	*Arabian Epigraphic Notes*
AJA	*American Journal of Archaeology*
AJSLL	*American Journal of Semitic Languages and Literatures*
Akkadica	*Akkadica*
AnSt	*Anatolian Studies*
AntOr	*Antiguo Oriente*
ARAB	*Ancient Records of Assyria and Babylonia*
Arabia	*Arabia: Revue de Sabéologie*
ARAM	*Journal of the ARAM Society for Syro-Mesopotamian Studies*
ARCH	*Archaeology*
ArchMat	*Archaeomaterials*

ATLAL	*ATLAL: Journal of Saudi Arabian Archaeology*
BA	*Biblical Archaeologist*
BAO	*Bollettino di Archeologia Online*
BASOR	*Bulletin of the American Schools of Oriental Research*
BIA	*Bulletin of the Institute of Archaeology*
BO	*Bibliotheca Orientalis*
BSOAS	*Bulletin of the School of Oriental and African Studies*
BurH	*Buried History: Quaterly Journal of the Australian Institute of Archaeology*
BW	*The Biblical World*
CIS	*Corpus Inscriptionum Semiticarum*
CP	*Classical Philology*
CR	*Comptes Rendus des Séances de L'Académie des Inscriptions et Belles-Lettres*
DOP	*Dumbarton Oaks Papers*
EI	*Encyclopaedia of Islam*
EncJud	*Encyclopaedia Judaica*
ER	*Entangled Religions*
Heb	*Hebraica*
Hist. Hum.	*History of Humanity*
Hist	*Historia: Zeitschrift für Alte Geschichte*
HSCP	*Harvard Studies in Classical Philology*
HTR	*Harvard Theological Review*
HUCA	*Hebrew Union College Annual*
Hug	*Hugoye: Journal of Syriac Studies*
IEJ	*Israel Exploration Journal*
IJMES	*International Journal of Middle East Studies*
Int. J. Climato.	*International Journal of Climatology*
IrAnt	*Iranica Antiqua*
Iraq	*Iraq*
IS	*Islamic Studies*
ISIMU	*ISIMU: Revista sobre Oriente Próximo y Egipto en la Antigüedad*
JA	*Journal Asiatique*
JAE	*Journal of Arid Environments*

JAOS	*Journal of the American Oriental Society*
JARCE	*Journal of the American Research Center in Egypt*
JEMAHS	*Journal of Eastern Mediterranean Archaeology and Heritage Studies*
JNES	*Journal of Near Eastern Studies*
JRA	*Journal of Roman Archaeology*
JRAS	*Journal of the Royal Asiatic Society*
JRS	*Journal of Roman Studies*
JSAI	*Jerusalem Studies in Arabic and Islam*
KUML	*KUML: Jysk Arkæologisk Selskabs Årbog*
Latomus	*Latomus: Revue d'Études Latines*
Le Muséon	*Le Muséon: Revue d'Études Orientales*
MAA	*Mediterranean Archaeology and Archaeometry*
MAS	*Modern Asian Studies*
NCJRNS	*Numismatic Chronicle and Journal of the Royal Numismatic Society*
NACISA	*Newsletter di Archaeologia CISA*
NEAEHL	*New Encyclopedia of Archaeological Excavations in the Holy Land*
NumC	*Numismatic Chronicle*
ONS	*Orientalia* (Nova Series)
PAM	*Polish Archaeology in the Mediterranean*
RAD	*Radiocarbon*
Raydān	*Raydān: Journal of Ancient Yemeni Antiquities and Epigraphy*
RB	*Revue Biblique*
RelMDPI	*Religions: Journal on Religions of the Multidisciplinary Digital Publishing Institute*
REMMM	*Revue des Mondes Musulmans et de la Méditerranée*
RSO	*Revista degli Studi Orientali*
Saba	*Saba: Littérature - Histoire - Arabie Méridionale*
Syr	*Syria*
TA	*Tel Aviv*
Topoi	*Topoi: Orient-Occident*
UW	*Al-Uṣūr al-Wusṭā*
VT	*Vetus Testamentum*

WZKM	*Wiener Zeitschrift für die Kunde des Morgenlandes*
ZDPV	*Zeitschrift des Deutschen Palästina-Vereins*

1

PREHISTORIA HASTA EL BRONCE III Y HIERRO I

APROXIMACIÓN A LA MATERIA DE ESTUDIO

UNA SIMPLE OJEADA AL ATLAS político permite caer en la cuenta de un fenómeno elemental que reside en la base de todo estudio histórico. La especie humana, en buena parte, se ha definido a sí misma por el establecimiento de fronteras entre los diferentes grupos humanos. Cada periodo de la andadura humana equivale a grandes rasgos a una modificación de las fronteras, a su ampliación, restricción, o vulneración, hasta el punto que adentro, afuera, o a través de la frontera ha sido para la especie humana uno de sus principales modos de definirse en el mundo. Al menos lo anterior es cierto desde la aparición de los primeros Estados hasta pasada la segunda mitad del siglo XX, cuando el trazado de muchas fronteras políticas entendidas en términos de jurisdicción nacional parecen haberse estabilizado, aunque no ni mucho menos los conflictos derivados de ellas. El primer nivel divisorio entre culturas no ha sido sin embargo político, sino que en la infancia de la humanidad ha correspondido a la orografía, al clima, y a la disponibilidad de alimentos. Los recursos naturales han marcado desde su origen pretérito el rumbo de la humanidad en tanto que especie biológica, pues en base a ellos el hombre subsiste y ningún progreso sin ellos es posible. Los rasgos de identidad nacional en tanto que definidores de una frontera son muy posteriores, y nunca se producen sino sobre la base y contingencia de los límites naturales.

En la reflexión sobre las grandes claves que explican la esencia última del ser humano y de las sociedades continúan siendo memorables las primeras páginas del Génesis, en las que según el libro sagrado de judíos y cristianos se constata el establecimiento por primera vez de lo que puede ser considerado una frontera humana, un primer espacio de habitabilidad: "Y tomó el señor Dios al ser humano, que había formado, y lo puso en el jardín para que lo trabajara y lo guardara" (2,15).[1] Dos antiguos verbos, marcan en este breve pasaje el destino de la especie humana sobre la Tierra, caracterizando las dos acciones que definen una frontera, una hacia el interior, y otra hacia el exterior: "trabajar" (עָבַד/ 'āvad), y "guardar" o "vigilar" (שָׁמַר/ shāmar). Gracias al trabajo y el cuidado, el ser humano realiza su cometido como especie y conquista su destino, pero la dependencia del hombre al suelo sigue mostrándose de hecho inexorable también en este caso al sentido del pasaje. En realidad, es básicamente a partir de la relación de la especie humana con el suelo que pisa que se han conformado en un segundo término las fronteras humanas propiamente dichas, es decir los pueblos y civilizaciones a partir de su esfuerzo. Sólo más tarde y sin conseguir desprenderse nunca de esta dependencia se ha modificado el devenir de la especie humana por los grandes movimientos políticos, religiosos, o filosóficos. El origen del islam, debido al uso establecido al hablar de otras civilizaciones mejor conocidas, suele en cambio presentarse sin tener suficientemente en cuenta estos límites geográficos y circunstancias ambientales que, en el caso de la gran Arabia de Mahoma jugaron un papel más que considerable.

Conocer más de cerca las circunstancias relativas al origen del islam implica un abandono de la representación mental del mundo que ha conformado el imaginario colectivo occidental. Representar el mundo a partir de un centro de coordenadas es lo propio de todas las culturas, naciones, y religiones, pero aunque sea algo obvio su gran operatividad subconsciente hace que sea conveniente la advertencia. Es forzoso descentrarse (y a-dentrarse) para conocer un mundo diferente en tiempo o en espacio, pues la especie humana depende de la tierra que pisa, también para mirar lo que le rodea. El origen del islam requiere por tanto un acercamiento a la Arabia del pasado y un abandono de la posición previa, incluso para quienes viven en la Arabia presente. Las introducciones a esta cuestión son frecuentemente breves, pues el lector o por desgracia el autor dispone de poco tiempo y desea alcanzar el núcleo de la cuestión sin dificultad. Sin

1. וַיִּקַּח יְהוָה אֱלֹהִים אֶת הָאָדָם וַיַּנִּחֵהוּ בְגַן עֵדֶן לְעָבְדָהּ וּלְשָׁמְרָהּ; *καὶ ἔλαβεν κύριος ὁ θεὸς τὸν ἄνθρωπον, ὃν ἔπλασεν, καὶ ἔθετο αὐτὸν ἐν τῷ παραδείσω ἐργάζεσθαι αὐτὸν καὶ φυλάσσειν* (LXX). בְּגַן/ vegan, "en el jardín": la noción de vigilancia se intensifica adicionalmente en el texto hebreo con esta palabra, ya que "jardín" (גַּן/ gan) pertenece a la raíz גָּנַן/ gānan, significando también "guardar," "proteger."

embargo, la medida en la que este acercamiento sea fructífero para el lector depende por lo general de la calidad de la introducción. El título de la presente obra, expresa ya su propósito. En su conjunto, es una introducción sólida a la Arabia que dio origen al islam, y por ende, a la biografía de su profeta, Muḥammad bin ʿAbdullah (Mahoma hijo de Abdullah), la persona que junto a Jesús de Nazaret, individualmente considerada y tanto para amigos como detractores, más ha influido en la historia de la humanidad.

GEOGRAFÍA Y CLIMA. PREHISTORIA LEJANA DE ARABIA[2]

Una primera observación de la península de Arabia en el mapa revela tratarse de un vasto territorio, 3.100.000 km^2 en forma de gigante bota perfectamente delimitada por sus fronteras marítimas en tres de sus cuatro costados, dejando una gran puerta de entrada y de salida en su flanco terrestre.[3] Un gran desierto al norte, el Sirio, otros dos inhóspitos desiertos de dunas de arena al interior de la península, el Gran Nafūd (ca. 70.000 km^2) y Rubʿ al-Khālī (ca. 500.000 km^2), multitud de áreas menores desérticas y subdesérticas donde predominan la arena, las piedras, y la roca sobre la vegetación, y mares tanto al oeste, como al este y al sur, a saber, el Mar Rojo, los golfos Pérsico y de Omán, y el Mar Arábigo, hacen de la gran Arabia una península considerada desde el exterior y un desierto desde el interior. En sentido amplio, Arabia es atravesada por el Trópico de Cáncer en su mitad, y se sitúa en la gran región desértica del hemisferio norte estrechada entre la costa atlántica de África del Norte y el desierto de Thar al noroeste de India.[4] El mapa pluviométrico descubre que la vasta región, exceptuando

2. La divisoria entre prehistoria e historia fue establecida por los académicos del siglo XIX en el comienzo del uso de la escritura por una sociedad dada. Nosotros mantenemos en esta obra el término "prehistoria" en sentido más inespecífico y debido a su general aceptación. Es justo hacer esta aclaración inicial, pues aunque aceptada universalmente, en sentido estricto tal divisoria dejaría afuera del campo histórico los signos de humanización más antiguos en su conjunto (desde el *Homo habilis* hace algo menos de 2 MA). En palabras de la UNESCO, el término "...descarta como histórico cerca del 99,8 % de la existencia total de la humanidad y reduce 'historia propiamente' (aquella basada en fuentes escritas) al 0,2 por ciento de aquella existencia. Más aún, el término es resentido como peyorativo por las poblaciones que adoptaron la escritura sólo bastante recientemente y que piensan, con buena razón, que su propio pasado es tan 'histórico' como aquél de poblaciones que vinieron a ser letradas mucho más temprano" (*Hist. Hum.* 1:94).

3. Más de dos tercios del territorio árabe corresponden al actual reino soberano de Arabia Saudí, 2.300.000 km^2.

4. Al-Sayari y Zötl, *Quaternary Period*, 31–32.

el extremo suroeste enfrente del Cuerno de África, sobrevive con menos de 250 mm de lluvia anual, existiendo multitud de regiones donde en todo el año no hay precipitaciones. Este último factor sumado al hecho de que Arabia se extiende básicamente a ambos lados del Trópico de Cáncer (que transcurre aproximadamente entre Yanbu en Arabia Saudí y Mascate en Omán), hacen de ella uno de los lugares más secos y calurosos del planeta. Mediciones recientes otorgan una media de precipitación nacional para Arabia Saudí, que ocupa el corazón de la península, de 92,7 mm para el periodo 1978–2009.[5]

Durante más de seis meses al año la temperatura en las regiones centrales de Arabia asciende por encima de 40° Celsius a la sombra en las horas centrales del día, pudiendo alcanzar ocasionalmente los 50°, no existiendo por la gran evaporación y la ausencia de lluvia suficiente a lo largo del calendario anual, un solo río permanente.[6] En cualquier estación del año, las elevadas temperaturas del mediodía pueden conducir rápidamente a la deshidratación. Perderse en verano sin agua es ya poner en riesgo la propia vida, y por la misma razón, las guías turísticas advierten del peligro de viajar solo.[7] En realidad, el desierto ocupa 2.300.000 km^2 de los 3.100.000 totales en los que consiste Arabia. El resto pertenece a la estepa, la pradera en zonas menos castigadas por la falta de agua, y al bosque tropical seco. Asumiendo que la desertificación de esta región del planeta comenzó hace unos 8.000 años, una primera deducción de los datos acarrea la conclusión de que Arabia en tiempos de Mahoma era, con exclusión de los sistemas de oasis y algunas regiones benignas de la costa o al interior, un enorme erial, pobre en recursos agropecuarios de superficie, peligroso para la supervivencia, y excesivamente seco.[8]

5. Almazroui et al., "Arabian Peninsula," 955. Según la misma fuente y para el mismo periodo, se obtienen, en Tabūk (28,37°N/ 36,6°E, y 770 m de altura): 28,7 mm; en Medina (24,54°N/ 39,7°E, y 630 m): 63,6 mm; en el puerto de Jeda (21,43°N/ 39,18°E, y 18 m): 52,1 mm; en Meca (período 1985–2009; 21,43°N/ 39,79°E, y 273 m): 110,6 mm; en Taif (21,48°N/ 40,55°E, y 1.455 m): 172,2 mm; en Najrān (17,61°N/ 44,10°E, y 1.213 m): 60,4 mm. Al-Sayari y Zötl, *Quaternary Period*, 38 para el conjunto de la península de Arabia, sumando a las estaciones sauditas otras de Kuwait, Adén, Bahréin, Mascate, etc.) y el periodo 1966–1974 registra una media de 92,74 mm anuales de precipitación para 24 estaciones.

6. Al-Sayari y Zötl, *Quaternary Period*, 33–36 trae las siguientes temperaturas medias: estaciones meteorológicas del centro peninsular durante los meses de junio, julio, y agosto, para el periodo 1966–1974: entre 27,5°C y 36,8°C; durante diciembre, enero, y febrero, entre 8°C y 17°C.

7. Walker, *Arabia Saudí*, 535, remarcando breves consejos de hidratación para quienes deseen viajar a los países árabes.

8. El oasis de Taymā' en Arabia del noroeste, que puede considerarse un buen representante del clima hiperárido del interior de Arabia, surgió alrededor del 4600

En este punto, conviene resaltar que el aspecto desértico de Arabia es, dentro de la era geológica, e incluso humana, relativamente temprano. En los tiempos en los que el hombre, proveniente de África, llegó a Arabia, la península debía ser muy distinta, bastante más húmeda en algunas regiones, y por lo general mejor dotada para la caza. El acercamiento del ser humano a Arabia no aconteció en una única etapa, sino que fue evolucionando en dependencia de los tipos humanos ancestrales y la variación climática.[9] Seguir esta pista aporta valiosa información sobre el pasado de Arabia ya que una segunda mirada al atlas geográfico muestra su cercanía a la cuna africana del hombre. Su primer visitante inteligente, el *Homo erectus* (origen ca. -1,8 MA), debió penetrar en Arabia a partir de las poblaciones del noroeste, adonde ascendió desde el macizo Etiópico siguiendo el curso del Nilo y esquivando la costa del Mar Rojo.

Se ha sugerido también, más recientemente, el paso del erectus a Yemen y la región suroccidental de Arabia Saudí a través de Bab al-Mandeb y el archipiélago de Farasan. El Mar Rojo pudo ser atravesado por los ancestros del ser humano actual (ver *infra*), pero es algo más incierto que el Homo erectus fuese capaz de disponer de la inventiva y de la tecnología necesarias 1 MA antes, por lo que la penetración del erectus en Arabia desde el suroeste además de desde el noroeste permanece como un dato posible, pero incierto. La hipótesis tiene base en industrias líticas primitivas árabes de Bir Hima en la región de Najrān, de Bab al-Mandeb, y del este del Hadramawt, bifaces, troceadores, y raspadores reminiscentes de tallas del Pleistoceno Bajo y Medio en la depresión de Danakil en Eritrea y en la cuenca de Gobaad en Djibuti.[10]

El desplazamiento ascendente desde el este de África no fue casual. Las poblaciones de grandes herbívoros de la sabana que componían parte de la dieta del Homo erectus se movieron también hacia el norte siguiendo el curso del agua y las praderas adyacentes, donde el erectus podía hacerles presa y recolectar de paso sus propios alimentos vegetales. El Homo erectus, en el que no hay que suponer una capacidad de abstracción racional semejante a la nuestra, siguió la dirección norte de su alimento. El primer

a.C., cuando la vegetación herbácea se retiró dejando paso a las especies xerófilas (Hausleiter y Eichmann, "Oasis of Taymā'," 12).

9. Asumo, para la sección que sigue, el esquema evolucionista, que es el más aceptado en el ámbito académico. No obstante, señalo una objeción de peso que puede ponerse delante de este esquema: en los aproximadamente 5.000 años de registro escrito, nunca y en ningún lugar y pese a la convivencia con miles de especies vivas—muchas de ellas sometidas a la crianza, selección, experimentación, variación y estrés ambiental, el ser humano ha constatado empíricamente la macro-evolución, que una especie superior provenga de otra inferior.

10. Inizan, "Prehistoric Populations," 144–45.152–54.

éxodo de individuos de Homo erectus del continente africano data de hace casi 2 MA (Dmanisi), pero los hallazgos arqueológicos demuestran que el movimiento poblacional general fuera de África no sucedió hasta 1 MA después.[11]

La presencia de útiles de piedra usados por el erectus en la costa del Mediterráneo oriental, ha sido ampliamente datada con una antigüedad no inferior a 730.000 años. Un caso excepcional sería el yacimiento de Ubeidiya, al sur del lago de Tiberiades, en la frontera del actual estado de Israel con Jordania, donde se han encontrado restos de Homo erectus de 1,3 MA.[12] En Dmanisi, cerca de Tiflis, la capital de Georgia, se ha excavado un yacimiento humano de 1,8 MA, junto con fósiles de herbívoros africanos, jirafas de cuello corto del género *Paleotragus* y avestruces de la especie *Struthio dmanisensis*, lo que confirma lo anterior.[13] Correspondería, salvando la distancia de estudios aún sin terminar, a la primera salida del Homo erectus de África hacia Asia y Europa oriental, rozando Arabia por su parte norte. Pero por lo demás, la presencia del Homo erectus en Arabia en esta primera etapa sería circunstancial pues el registro fósil no puede asegurar su presencia en ella hasta hace 500.000 años.[14]

Al sur, Arabia termina en el Océano Índico, aunque dos acercamientos, el Estrecho de Bab al-Mandeb al oeste y el de Ormuz al este, dejan al

11. Lewin, *Evolución Humana*, 263–73.

12. *Hist. Hum.* 1:222–36.

13. El yacimiento de Dmanisi, 85 km al sur de Tiflis, corresponde a un tipo intermedio entre el *Homo habilis* y el *Homo erectus*, aunque más parecido a este último por su mayor capacidad craneal, lo que señalaría una dieta completada por grasas y proteínas animales. El proceso de encefalización guardaría relación con el paso de una dieta básicamente vegetariana, aunque con una proporción escasa de pequeños animales, propia de los *Australopithecus* y aún del *Homo habilis*, a una de mayor aporte animal, propia del *Homo erectus*. El cambio de dieta, constatado por el análisis morfológico de los aparatos prensiles, manos, mandíbula, y aparato dental principalmente, y por el registro arqueológico de la industria de piedra destinada a la caza y despiece de animales, debe corresponder a su vez al cambio de hábitat. El estudio fósil mostraría por tanto que el género Homo nació con la sustitución de los bosques tropicales húmedos del este tropical de África por sabanas arboladas, y más tarde, por sabanas secas, por efecto de un clima crecientemente seco. Esto significa que los más primitivos homínidos debieron abandonar la vida arbórea sustituyéndola por una bípeda destinada a la búsqueda de alimento con relación a las necesidades energéticas crecientes de su cerebro en evolución, cada vez más pesado, y que exigiría una columna vertebral cada vez más erguida. La datación de Dmanisi en 1,8 MA supone que el primer desplazamiento del género Homo desde su cuna en el este de África a Europa oriental siguiendo la ruta de los grandes herbívoros se produciría en un lapso de 200.000 años (Lewin, *Evolución Humana*, 61–75; Bermúdez, *Nuestros Orígenes*, 119–65).

14. *Hist. Hum.* 1:1048–55.

alcance África y Asia respectivamente. Bab al-Mandeb es la continuación del Mar Rojo hacia el Golfo de Adén, y separa Yemen de la actual Eritrea, un país que antiguamente perteneció a Etiopía, donde como se sabe, se han hallado restos de los homínidos aclamados más primitivos.[15] El Estrecho de Ormuz es la continuación del Golfo Pérsico hacia el Mar de Omán y el Arábigo y separa las costas de Omán y los Emiratos Árabes, de Irán y Pakistán. Aunque no se puede entrar aquí en muchos detalles, la cercanía de estos estrechos a África y Asia tienen también un valor destacado para la prehistoria de la humanidad, pues uno de los primeros capítulos del ser humano propiamente dicho pudo escribirse ahí. Estudios genéticos de poblaciones prehistóricas de *Homo sapiens* en el sur de Asia, Oceanía, y África Oriental, aprobados por fósiles humanos del suroeste de Arabia, hacen plausible que Bab al-Mandeb y luego el Estrecho de Ormuz hayan sido los primeros mares de la historia en ser cruzados entre hace 100.000 y 65.000 años.[16] El protagonista de este viaje sería el ancestro más cercano del hombre actual, surgido como el erectus de África pero unas décadas de miles de años antes de su cruce por Arabia.

En esa época, situada al final del Pleistoceno Medio, el nivel de los mares tropicales por efecto de la última glaciación (Würm 4 comenzada hace unos 120.000 años) descendió entre 50 y 100 m, con una cota máxima de descenso de 130 m. Este factor climático pudo hacer posible para el ingenio del Homo sapiens el paso desde el macizo Etiópico a través del sur de Arabia hasta la región del Indo, utilizando en zonas insalvables alguna clase de tecnología flotante, como troncos enramados o balsas de vegetales. Aceptada la suposición, estas poblaciones de sapiens entradas por el sur de Arabia de 70.000 años de antigüedad pudieron coexistir con las de Homo erectus proveniente del norte, aunque la evolución de las poblaciones de

15. Lucy, el esqueleto de *Australopithecus afarensis* descubierto entre 1972 y 1974 en la localidad de Afar, 160 km al este de Adis Abeba, está fechado en poco más de 3 MA de antigüedad. Este esqueleto, recuperado en fragmentos al 40% y conocido como «AL-2888–1,» es el más antiguo esqueleto de hominiano conocido, aunque hay restos parciales de Australopithecus todavía más antiguos. Se cree que Lucy, una hembra adulta de unos 30 kg de masa y 1 m de altura, vivió en medios arbóreos aunque ya era bípeda, y su hallazgo se relaciona con el conjunto de pisadas y fósiles de la región de Laetoli de Tanzania, adscritas a la misma especie y encontradas en 1975. Otros hitos etíopes de la paleoantropología son las herramientas de piedra de Gona y Bouri fechadas en 2,5 MA, lo que las convierte en la industria lítica utilizada por homínidos más antigua del mundo, seguidas por las de Lokalelei en Kenia, estas de 2,3 MA; y los dos cráneos del valle de Omo, datados en unos 100.000 años, que guardan cierta probabilidad de ser los cráneos de hombre moderno más primitivos que se han hallado (*Hist. Hum.* 1:146; Bermúdez, *Nuestros Orígenes*, 76–82.135).

16. Para la primera aventura marítima segura del género Homo suele aceptarse Australia y Nueva Guinea hace 60.000 años (Inizan, "Prehistoric Populations," 144).

erectus (posiblemente más sustitución que evolución) al hombre actual permanece hasta cierto punto en el misterio. De este sapiens primitivo deriva el *Homo sapiens sapiens*, la especie humana actual, que suplantó mediante sus ventajas adaptativas a todos los otros tipos de Homo existentes hará unos 35.000 años, lo mismo en Arabia que en el resto de partes del mundo.[17]

MESOLÍTICO Y NEOLÍTICO. FORMACIÓN DEL CRECIENTE FÉRTIL

Debemos esperar hasta el Mesolítico, entre el décimo y el cuarto milenio a.C., para encontrar testimonios inequívocos de humanización en Arabia, ya que industrias o restos atribuibles al Paleolítico Superior entre hace 40.000 y 12.000 años son desconocidos pese a la posibilidad de que Arabia estuviera entonces habitada.[18] En el Mesolítico el monzón de verano proveniente del Índico, que actualmente descarga en los países meridionales de la península, alcanzaba las regiones centrales, siendo desplazado a su ubicación actual alrededor del 4000 a.C. Indicación de que esto ocurrió son útiles de piedra asociados a muestras carbonadas radiodatadas entre el 7000 y el 4500 a.C. en el wadi al-Dawāsir, signo de la existencia de asentamientos antes de que desecara, en la región central.[19] Lo que hoy conocemos de Arabia como puro desierto, arenoso o rocoso, mostraba en muchas regiones hasta hace unos 6.000 años el aspecto de la sabana africana, reverdecida en la época de lluvias, cursada por ríos o lagos semipermanentes en sus depresiones. En aquél periodo de Arabia existía el desierto, al ser la fase que sigue a la sabana o estepa cuando la estación seca se prolonga o cuando regresa por

17. En Arabia no se ha registrado el paso del Homo erectus al neanderthalensis como paso previo a la llegada del sapiens. El hombre de Neandertal cuyos límites de existencia se sitúan aproximadamente entre hace 200.000 y 30.000 años, es una especie europea nacida del erectus o de un tipo parecido al erectus posiblemente también de origen africano, bautizado como *Homo antecessor*, cuyos restos más afamados son los de Atapuerca en España, con 1 MA de años (Bermúdez, *Nuestros Orígenes*, 214–22; otras fuentes 800.000 años). En Oriente Próximo, el límite meridional del hombre de Neandertal se ubicó en el extremo este del Mediterráneo pero sin alcanzar Arabia, por lo que se sospecha que el Homo erectus en sus tipos más recientes debió coexistir directamente en Arabia con los primeros Homo sapiens. En cuanto a Europa occidental, se cree que el sapiens no la alcanzó hasta el año 40.000 antes de nuestra era, 30.000 años después de haberse asentado en Oriente Próximo (Bermúdez, *Nuestros Orígenes*, 277–91; *Hist. Hum.* 1:222–36.457–65; Lewin, *Evolución Humana*, 299–324; Roberts, *Evolution*, 164–81, con cifras algo distintas).

18. Inizan, "Prehistoric Populations," 147 a fecha del año 2010 señala que la carencia de evidencia relativa al Paleolítico Superior en Arabia posiblemente se deba a insuficiente investigación. Para la sección que sigue *Hist. Hum.* 1:1048–55; 2:605–23.

19. Al-Sayari y Zötl, *Quaternary Period*, 262–63.

efecto erosivo, como puede ser el resultante del uso del fuego por el hombre primitivo, pero hasta dónde alcanzaba entonces el desierto es algo sometido a discusión.

Puede afirmarse que desde el comienzo de la Edad del Bronce en Oriente Próximo, a la salida del Mesolítico hace unos 5.000 años o quizás 4.000, el paisaje de Arabia ha sido bastante parecido al actual, si se exceptúa el efecto erosivo del pastoreo o de la tala por parte del hombre, que por desgracia ha reducido en la actualidad la superficie que todavía no era desierto.[20] La arqueología confirma esta evolución climática. La gran cantidad de yacimientos basados en la industria de piedra a lo largo de casi toda Arabia, quedan más confinados a los extremos peninsulares en los últimos milenios antes de nuestra era, cuando ya se utiliza la cerámica y otras potencias civilizadas, Dilmún y Mesopotamia en el este y noreste, y Egipto y Siria-Palestina al oeste y noroeste, dejan sentir su influencia cultural. Esta limitación en la colonización de los hábitats interiores se explica paralelamente por la extensión del desierto.

El estudio pormenorizado del Neolítico de Arabia esclarecería la transición a los modos de vida de los árabes posteriores, estos últimos mejor conocidos por las fuentes escritas. Aspectos relevantes de esta transición serían ya desde el Calcolítico (ver nota 136) la incorporación del arco y la lanza como armas de guerra a partir de su uso para la caza de gacelas y equinos salvajes; la evolución de herramientas rudimentarias en la agricultura, como las piedras usadas para moler granos de cereal; el marisqueo, la pesca con anzuelo, barca o red, y la domesticación de animales para el cuarto milenio antes de nuestra era—cabra en el sur, uro, perro, y cerdo salvaje en el norte; la diversificación de roles sociales basados en el sexo a partir de los modos de subsistencia, heredados del periodo anterior; y la creación de formas de subsistencia y progreso con relación a la presencia de agua y de recursos vecinos. Este cambio de paradigma del Mesolítico culmina en la revolución neolítica que para el caso de Arabia acontece en el quinto milenio, con asentamientos estables donde los recursos permiten una economía de producción o acumulación, y la permanencia de grupos de cazadores-recolectores en regiones más dispersas, es decir, donde los recursos fluctúan.[21] En ambos grupos, árabes sedentarios y árabes nómadas, se establecen jerarquías sociales diferenciadas, con estructuras de poder en distinto estado de evolución e interdependencia. Los grupos

20. Walker, *Arabia Saudí*, 312–14; 460–61.

21. *Hist. Hum.* 1:1050. El Neolítico acontecería del 8000 al 4000 a.C. en poblados de Arabia como Abu Khamir, Dowsariyah, ʻAin Qannas, Sihi Rjajil, etc. Una cultura basada realmente en el comercio, y que puede considerarse afectada por el influjo internacional, no surgirá en Arabia hasta el milenio III a.C., con el Bronce I.

sedentarios van a desarrollar una tendencia a la interacción mercantil con otras culturas, incluidos los propios nómadas con los que emparentan en diverso grado, mientras que los nómadas tienden a permanecer en un estado más arcaico según la ley de la propiedad del suelo y del mercado, dedicados mayormente al pastoreo, la caza, y el pillaje.

El resultado de este conjunto de cambios es por tanto desigual. Como es evidente por la distribución del desierto en Arabia, las zonas periféricas, más húmedas, o cercanas a otras culturas, van a acumular población y van a ser objeto del interés extranjero, en contra de las interiores. Esta circunstancia va a hacer que ciertas regiones sean nombradas por la historia universal y otras prácticamente ignoradas y que no se pueda hablar en rigor de una unidad territorial o cultural de toda Arabia hasta la llegada del islam. El gran desierto de Arabia como barrera natural va a evitar por tanto la asimilación general del territorio a los imperios antiguos, pero ofreciendo a la vez la posibilidad de una creación cultural hasta cierto punto original. Esto se debe a que el desierto va a dejar un territorio interior lo suficientemente cercano a las potencias extranjeras como para recibir su influencia cultural, pero a la vez lo suficientemente alejado y desprovisto de rentabilidad como para que los elementos importados puedan reaccionar libremente con los autóctonos sin mayor cortapisa. El resultado de estas condiciones específicas de Arabia, llegado el momento oportuno, va a cristalizar en su propia revolución religiosa y política, acompañada del consiguiente despertar de su identidad histórica y del posicionamiento respecto a las civilizaciones ya existentes.

Las primeras civilizaciones e imperios de Oriente Próximo hicieron su aparición mucho antes del islam, al salir del Neolítico, durante el Bronce Antiguo. Súmer y Egipto, en el tercer y segundo milenio antes de nuestra era, y más tarde Asiria, Babilonia, Persia, Grecia, y Roma en el primer milenio o durante la era común tuvieron frecuentemente que rodear Arabia en sus expediciones, pues era un territorio en el que los desplazamientos a gran escala se hacían difíciles, por no decir imposibles.[22] El responsable

22. El Imperio Asirio Nuevo surge con Asurnasirpal II (883–859 a.C.) y dura hasta la caída de Nínive, en el 612 a.C., cuando le sucede en la misma área de influencia el Imperio Neobabilónico, llamado aquí Babilónico por asimilación a la terminología más frecuente. Los demás imperios y naciones previos al Asirio Nuevo en Mesopotamia han sido agrupados aquí en el término "Súmer." En realidad se sucedieron múltiples dinastías en la misma área de influencia, y por periodos simultáneas y a veces con interregnos de dominio "extranjero" (Kinder y Hilgemann, *Orígenes*, 27–29): Súmer propiamente dicho (3200–2800 a.C.); Akad (2350–2150 a.C.); Asirio Antiguo (1800–1375 a.C.) Babilónico (1728–1137 a.C.), Asirio Medio (1375–1047 a.C.), y otras menos conocidas. *Hist. Hum.* 2:158–76 prefiere de hecho hablar de "estados territoriales" y "dinastías" hasta el Imperio Asirio Nuevo.

de este inconveniente fue sobretodo la parte sur del Desierto Sirio y el extremo norte del desierto árabe del Nafūd, desde tiempos lejanos cuña para los flujos humanos de Oriente Próximo que seguían la dirección este-oeste.[23] Durante la época de Súmer, en el siglo XX a.C., la mayor parte de los asentamientos de Oriente Próximo ya se habían establecido entre las costas orientales del Mediterráneo y las cuencas de los dos grandes ríos mesopotámicos Tigris y Eúfrates, pero dejando por la escasez de agua, una gran franja mucho más despoblada por la ruta más corta entre ambos polos. Esta especie de "V" invertida que rodea por su parte norte el Desierto Sirio y cuyos extremos eran por occidente la desembocadura del Nilo en el Mediterráneo, y por oriente la del Eúfrates en el Golfo Pérsico, es conocida por el nombre de Creciente Fértil y delimita el extremo septentrional de la influencia cultural externa que va a recibir la antigua Arabia.

CULTURA DILMUNITA EN LA EDAD DEL BRONCE: ARABIA DEL ESTE

Si se tiene en cuenta que desde la desertización de Arabia ya mencionada, comenzada hará 6.000 años, el sur de Arabia es más benigno en lluvias que el centro y el norte debido a las cadenas montañosas que retienen el monzón, y que en línea recta el sur se encuentra por mar al alcance de la cultura mediterránea en su lado occidental, se puede establecer sin dificultad el segundo vector de civilización para Arabia en su extremo meridional. Esto nos da una idea exacta del tipo de civilizaciones que van a dejar en Arabia su impronta, del lugar por el cual van a penetrar los flujos migratorios, comerciales o políticos, de sus principales asentamientos y vías de comunicación. Van a ser sobretodo las tradiciones culturales de Siria-Palestina y Yemen-Etiopía por el oeste, e Iraq-Irán por el este, quienes compartan creencias y formas de vida con las autóctonas de Arabia, dejando su impronta final en el islam, especialmente las del lado occidental.

No es sin embargo, el eje occidental de Arabia, donde primero surgió la civilización árabe propiamente dicha, es decir, una forma de vida basada en el comercio, la estamentación social, y la ley del suelo. Relacionados con la denominada "cultura material de Dilmún," se encuentran los siguientes

23. El Desierto Sirio comprende el actual sur y este del país homónimo, centro-este y noreste de Jordania, oeste de Iraq, y norte de Arabia Saudita, extendiéndose por un área de contornos difusos, con unos 500.000 km^2 de superficie. A occidente, la parte meridional de esta amplia región y la que caía más al sur, Arabia propiamente dicha, era conocida por los romanos con el nombre de *Arabia Deserta*. Pese a la similitud toponímica, esta región no debe confundirse con la denominada por los romanos *Deserta Arabica*, el actual Desierto Arábigo, en el este de Egipto y Sudán.

yacimientos para el Bronce I (3000–2400 a.C.) y II (2400–1800 a.C.) en Arabia del Este: oasis de al-Ain/ Buraimi (Abu Dhabi), tumbas de Jebel Hafit (Omán), Qalaat y Barbar (Bahréin), Abqaiq y Tarut (Arabia Saudí), y wadi Suq (EAU y Omán).[24] Los objetos y estructuras descubiertas de este periodo son cerámica mesopotámica, irania, o similar, tumbas de cúmulo cubriendo pequeñas criptas, muros para el control del agua de escorrentía, e indicios de cultivo de cereales. El epicentro de la cultura dilmunita fue la isla de Bahréin, llamada «Dilmún» o «Tilmún» en la epigrafía sumeria, que actuó de intermediario entre las áreas impulsoras de Mesopotamia e Irán e importando a estas mineral de cobre.[25]

Cerámica de tonalidad verdosa con distintivos decorados geométricos en negro identificada con la encontrada en Tell el-'Obēd cerca de Ur, sugieren un desplazamiento de pescadores o mercaderes desde Mesopotamia del sur al este de Arabia (Dosariyah, Dhahran, Abqayq, etc.) ya en un periodo tan temprano como el 'Obēd III y IV (milenio IV a.C.). Es posible no obstante, que la cerámica del tipo 'Obēd en el interior de Arabia no se deba a la colonización por migrantes mesopotámicos, sino que se explique a partir del intercambio a pie de costa o por mediación de Bahréin. Uno de los objetos más destacables del periodo dilmunita de Arabia, encontrado en Tarut en 1966—en la costa saudita al noroeste de Bahréin, es la estatua de un varón en posición devota, esculpida en caliza, de 0,94 m de altura, y representando posiblemente a un sacerdote. Aunque no puede atribuírsele una fecha muy concreta, las manos cruzadas a la altura del pecho con la derecha sobre la izquierda y el desnudo de la mitad inferior del cuerpo tiene paralelos en objetos mesopotámicos, como la estela litúrgica IM 75208 (Bagdad), habiéndose propuesto una datación en torno al 2500 a.C.[26] Esta pieza sorprendente de Tarut conservada por el Museo Nacional saudí, sería según el conocimiento de quien escribe estas líneas y una interpretación plausible del significado de las manos, la prueba material más antigua de la práctica

24. *Hist. Hum.* 2:610–15.

25. Puede traerse aquí el ejemplo traducido de Marchesi, "Royal Tombs of Ur," 178–79 (VS 27,98): "La reina de Lagash envió a la reina de Dilmún 12 cestos de dátiles, 3 cestos de dátiles sin hueso, 1 de... lino, 2 vestidos-bardul de lino por el aprovisionamiento de 120 minas de cobre" (12 gilim.da zú-lum | 3 gilim.da zúlum shà-sù | 1 gada xxx | 2 gada bar-dul | 120 ma-na uruda | si sád[è] | eresh kurdil[mun] ki-na-[ra] | eresh lagaski[-ke] | shu e-nataka). 120 minas son unos 60 kg.

26. Cotty, "Chlorite Vessels," 190–91. La figura es claramente reminiscente de las doce estatuas sumerias del tesoro de Tell Asmar, en la región de Diyala al este de Bagdad, datadas del 2900 al 2350 a.C. (ver por ejemplo Fig. 1 en Evans, "Tell Asmar," 600). El gesto de las manos representa a la vez la devoción y la obediencia de un siervo (el sacerdote) frente a su amo (el dios en cuyo templo se entrega/ consagra la estatua), y era posiblemente uno de los gestos que acompañaban a la plegaria.

de la oración en territorio árabe. Otros hallazgos, en especial multitud de fragmentos de vasos de esteatita con figuraciones en bajorelieve, águilas, leones, serpientes, humanos, provistos algunos de pequeñas hendiduras para estampaciones de piedras semipreciosas o perlas, también en la isla saudita de Tarut, muestran en cambio identidad con producciones del suroeste de Irán entre el 2900 y el 2500 a.C., imposibilitando definitamente una visión simplista de Arabia en el amanecer de la civilización.[27]

FORMACIÓN DEL EJE OCCIDENTAL DE ARABIA. DEL BRONCE III AL HIERRO I

En Arabia occidental, un correlato a la civilización dilmunita es el oasis de Taymā', que ha dado a luz cerámica rojiza y del "tipo arenosa," una muralla externa, y armas ceremoniales de cobre del tipo "sirio-levantino" atribuibles al milenio III, e indicios de agricultura basada en el dátil ya para la segunda mitad del II milenio.[28] Dejada atrás la Edad del Bronce, a partir del Hierro I, en la transición del milenio II al I a.C., el eje cultural se desplaza, ciertamente, al oeste de la península. La Edad del Hierro (s. XII–V a.C. en el NO de Arabia) permanece de hecho en buena medida incógnita en el este de Arabia. Es posible que, exceptuada la isla de Bahréin, se produjera una extinción de la cultura material de Dilmún, floreciente bajo el Bronce en los milenios III y II a.C., quizás relacionada con un desecamiento mayor de Arabia del Este peninsular o el agotamiento de la actividad minera. La región parece que no vuelve a ser habitada por nuevos pobladores, quizás venidos entonces desde Bahréin o Kuwait, hasta el periodo helenístico (siglos IV a.C. al III d.C.), momento en el que regresaremos nuestra atención a ella.[29]

A partir de la de la Edad del Hierro el eje occidental de Arabia, entendido en términos de motor civilizador e intercambio cultural, deviene predominante por regla general y en cuanto tal, ha requerido mayor dedicación en el presente trabajo. Hacia el 1300–1200 a.C. surge la "cultura material madianita" en torno a la ciudad-estado de Qurayyah al noroeste de la península, posible capital del Madián bíblico, y los reinos de Yemen al

27. Potts, "North-Eastern Arabia," 173–83; Cotty, "Chlorite Vessels," 184–85. El Museo Nacional saudita, en Riyādh, posee un catálogo de 600 objetos de esteatita de las tumbas de Tarut, de los cuales la mayor parte no están decorados. Entre los figurados, puede reconocerse a Lahmu, héroe barbudo de la mitología mesopotámica asociado con el agua y encarnando la protección de rebaños, y al león con cabeza de águila Imdugud/ Anzu, aunque el motivo más frecuente son dos serpientes en posición especular, de reconible influencia irania.

28. Hausleiter y Eichmann, "Oasis of Taymā'," 20–21.

29. Potts, "North-East Arabia," 375–76.

suroeste de Arabia hacia el s. VIII a.C., el Saba bíblico.[30] Las fuentes escritas más antiguas en las que se hacen más presentes los antiguos árabes son las crónicas de los reyes asirios y la Biblia hebrea, que muestran admirable complementariedad cuando contrastadas, siendo la Biblia una producción noroccidental desde el punto de vista de la geografía árabe. Fue escrita por el antiguo pueblo de Israel y contiene algunas tradiciones fidedignas del siglo XIII a.C., en el Bronce Tardío. En cuanto a la documentación asiria, la primera referencia cierta de un árabe es Gindibu, quien formando parte de una coalición de pequeños reyes se opuso a Salmanasar III en Karkar (Khirbat Qarqur, Siria) en el año 853 a.C.[31] Aunque comparado críticamente cada caso singular podemos encontrar información más antigua en algunas crónicas asirias, la cronología que atribuye la Biblia a los primeros árabes de los que hace mención recomienda comenzar la historia documental sobre los árabes con la Biblia hebrea.

ARABIA EN EL PERIODO BÍBLICO ANTIGUO: MARCO DE ESTUDIO

La aportación de la Biblia hebrea como fuente histórica es, asumida la crítica, más confiable a partir del periodo monárquico, es decir, del siglo X, siendo imprescindible su estudio para comprender muchos sucesos entre esta fecha y el VI a.C., especialmente aquellos que afectaron a Israel.[32] Los siglos X al VI a.C. son el periodo precisamente que corresponde a los así llamados «hebreo antiguo» y «hebreo clásico,» el de las inscripciones en suelo palestino y el de la Biblia respectivamente.[33] En un estudio

30. *Hist. Hum.* 2:619–23.

31. Sobre la evidencia de asentamientos israelitas en el periodo bíblico de los Jueces Ben-Tor, *Antiguo Israel*, 469–93. Sobre "Gindibu el árabe," y su aporte de 1.000 camellos a la coalición de reyes que se enfrentó a Salmanasar III, ARAB 1,611.

32. Ben-Tor, *Antiguo Israel*, 503.

33. El hebreo pertenece al grupo de lenguas semitas noroccidentales, junto al fenicio, el arameo, y el cananeo con sus subgrupos amoneo, moabita, y edomita. Los poemas hebreos más antiguos de la Biblia (por ejemplo Jue 5) pueden retornarse al s. XIII a.C., pero el conjunto de libros desde Génesis a 2 Reyes y las secciones primitivas de los Profetas pre-exílicos, considerado el grupo más antiguo de los escritos bíblicos, corresponde al periodo que va desde el 1000 a.C. aproximadamente cuando bajo el rey David el hebreo escrito surge como una adaptación del alfabeto fenicio a la lengua de Judea, y el 587 a.C. cuando es depuesta la monarquía davídica bajo la conquista neobabilónica. Las inscripciones en hebreo surgen ya en el X a.C., pero no son frecuentes hasta el VIII a.C. Conviene puntualizar que las letras del hebreo antiguo escrito son semejantes al fenicio y no muestran el aspecto de las letras del hebreo clásico (o bíblico), pues este se sirve ya de la forma aramea de las letras (en bloque

sobre el islam la Biblia hebrea adquiere su valor al citar por primera vez los grandes personajes del Corán anteriores a Mahoma (Abraham y Moisés principalmente), mientras que su análisis queda justificado por este motivo y por su antigüedad. Las tradiciones bíblicas que se refieren a hechos precedentes al siglo X a.C. mezclan datos no siempre originales con montantes de periodos posteriores, por lo que abordaremos la siguiente exposición después de haber realizado este aviso.

La Biblia cita por primera vez a los árabes después del Diluvio Universal, en el episodio que habla de la descendencia de los hijos de Noé (Gen 10,1–32). La cita de Nínive y Calaj como capitales del Imperio Asirio en este relato puede remontar la tradición histórica que subsiste en la redacción del texto hasta el siglo VIII o IX a.C. Se trata, tal y como delata la presencia de Noé en el texto, de una construcción teológica sobre la base de datos reales, cuya finalidad es describir el mapa de los pueblos que conocían los antiguos israelitas. Estos representaban la tierra colocando su nación en el centro, razón que hace al texto útil para obtener una descripción panorámica del mundo por ellos conocido. El texto en cuestión divide el mundo conocido por Israel entre los tres hijos de Noé, esto es, Sem, Cam, y Jafet, según tres regiones y tipos de pueblos. Sem, el primogénito, es el antepasado de los pueblos semitas: arameos, asirios, y árabes. Cam, su segundo hijo, es el padre de los camitas, que son los pueblos cananeos y norteafricanos. Jafet, el tercer hijo de Noé, es el progenitor de los pueblos occidentales: griegos, hititas, fenicios, y chipriotas. Cada pueblo es citado por el texto como si fuese una sola persona, por medio de un epónimo. Así por ejemplo, los fenicios son citados como Tarsis, uno de los hijos de Jafet, pero a diferencia de otros textos bíblicos aquí no se ofrece un desarrollo narrativo de su personalidad. Esto significa que por el momento la Biblia hebrea no da información sobre la forma de vida de los árabes, hijos de Sem. Ofrece a cambio una afirmación teológica de importancia: Sem es el único hijo de Noé que tiene por Dios a YHVH.[34]

o cuadrada), que es la que utilizan las biblias hebreas impresas y los servidores de ofimática (McCarter, "Hebrew," 36–40).

34. Gen 9,26–27. יְהוָה/ Yehvāh, generalmente traducido por Yahwé, es el nombre personal de Dios, que habría sido revelado en la tierra de Madián a Moisés según Exod 3,15. Es una forma del imperfecto singular masculino de la tercera persona de la raíz הָוָה/ ḥavạh/ ser, existir: "El que hace ser," "El que será," "Él existiendo," "Él siendo," que la Biblia griega ha entendido como un participio, Ὁ ὢν; "El que (es) siendo," usualmente traducido "El que es." YHVH es popularmente traducido como "Yo soy" (LXX: Ἐγὼ εἰμί) por la explicación que el propio Dios da de su identidad un versículo antes, Exod 3,14 (אֶהְיֶה). YHVH es un nombre muy frecuente en la Biblia, y en algunas traducciones protestantes es normal verlo escrito como Jehová. «Y*e*H*o*W*a*H» (Jehová) es un compuesto entre las consonantes de YHVH y las

ABRAHAM E ISMAEL EN LA BIBLIA: HEBREOS Y ÁRABES DEL NOROESTE

La segunda tradición bíblica que menciona a los árabes lo hace ya en nombre propio, en el de Ismael, uno de los descendientes lejanos de Sem.[35] La Biblia personifica en Ismael al antepasado de las tribus árabes situadas al este de la península del Sinaí, comprendiendo el noroeste de Arabia. Una peculiaridad de este texto es que, a diferencia de los hijos de Sem, desarrolla la biografía de Ismael y ofrece datos sobre su personalidad. La Biblia ubica a Ismael al comienzo de la trama de los cuatro grandes patriarcas del judaísmo, que son Abraham, Isaac, Jacob, y José. Históricamente este periodo corresponde a los primeros siglos del segundo milenio a.C., durante el Imperio Egipcio Medio. Los relatos patriarcales escritos a lo sumo pueden provenir del siglo X a.C., cuando surge la escritura hebrea, la primera lengua de la Biblia, aunque una datación más temprana podría apoyarse en el contexto egipcio al que remiten para situarlos un par de siglos antes.[36] A favor de esto último pueden indicarse algunas pruebas que no son determinantes.

La mención de nombres divinos únicamente citados en la Biblia a propósito del culto de los patriarcas, su comportamiento contrario a la ley religiosa vigente en el periodo posterior, la ausencia del caballo entre los animales asociados a su forma de vida, o la falta de festividades religiosas, diferenciarían el origen oral de las tradiciones de los patriarcas de la época monárquica posterior, en la que fueron puestas por escrito al refundirse con otras tradiciones entonces contemporáneas.[37] Pero todo lo que sea sostenido a partir del sustrato primitivo de la tradición patriarcal debe tomarse con cautela, siendo más prudente considerar las historias patriarcales como un medio para transmitir verdades de fe que sólo estuvieron claras para Israel más tarde. Atribuir a la etapa fundacional caracteres de fisonomía religiosa

vocables de Adonai que por respeto a la santidad del nombre los judíos masoretas incluyeron en el texto hebreo para evitar la pronunciación de YHVH.

35. Para la sección de Ismael, Gen 16,1–27; 21,8–20; 25,9.12–18; 28,9.

36. *EncJud* 1:281–83; 7:441–45; 15:690–91. Sobre el hebreo como lengua escrita, ver nota *supra*.

37. Nombres divinos utilizados por los patriarcas en Gen 14,18.22; 16,13; 17,1; 28,3; 31,13; 33,20; 35,7.11; 43,14; y 48,3. Comportamiento contrario a la Torá en Gen 20,12 contra Lev 18,9.11; en Gen 21,33 contra Deut 16,21; en Gen 29,15–30 contra Lev 18,18; y tanto en Gen 28,18.22 como Gen 31,13.45–52 y Gen 35,14 contra Exod 23,24. Ausencia del caballo entre los animales de los patriarcas en Gen 12,16; 15,9; 18,7; 21,27; 22,3; 24,10.35; 26,14; 30,43; 31,17; 32,14–16; 33,12; 37,12; 42,26; 44,13; 45,10, frente a la mención del caballo con relación a Egipto en Gen 47,17; Exod 9,3; 14,9.23; 15.19, y Deut 11,4; 17,16, o con relación a los reyes del periodo posterior o monárquico en Jos 11,3–4.9; Jue 5,22; 1 Sam 8,11; 13,5; 2 Sam 8,4; 15,1; 1 Re 5,26; 9,19; 10,25–26; 20,1; y 2 Re 7,6; 14,20.

posterior es, sin negar la concurrencia de elementos realmente primitivos y originales, un fenómeno verificable en todas las religiones tradicionales que hunden sus raíces en el pasado lejano.

La importancia dada por el libro del Génesis al ciclo de los patriarcas es palpable en el estudio del concepto *bendición* (בְּרָכָה/ berākāh). Este concepto se relaciona directamente con la promesa de una tierra donada por Dios en heredad, de una descendencia numerosa, y a través de ella de la bendición a toda la humanidad (Gen 12,1–3; 13,14–17). Abraham, el primer patriarca, a quien los israelitas remiten su procedencia histórica como pueblo, recibe la promesa divina de la bendición hasta siete veces a lo largo del relato, con diez repeticiones más a lo largo del ciclo completo de los cuatro patriarcas.[38]

38. Bendiciones y promesas que recibe Abraham (siete en total): Gen 12,1–3 (Dios anuncia a Abraham que le bendecirá y que todos los linajes de la tierra serán bendecidos por medio de Abraham); Gen 12,7 (Dios afirma que dará la tierra de Palestina a los descendientes de Abraham); Gen 13,14–17 (Dios promete la tierra a Abraham y una descendencia incontable); Gen 15,1–21 (Dios promete una descendencia enorme a Abraham y la tierra de Palestina); Gen 17,1–14 (Dios afirma que pueblos y reyes numerosos saldrán de Abraham y establece una alianza con él); Gen 18,1–14 (Dios anuncia que cumplirá su promesa a Abraham y que tendrá un hijo); Gen 22,15–18 (Dios jura por sí mismo que bendecirá a Abraham y que por su descendencia serán bendecidas todas las naciones de la tierra). Bendiciones y promesas que reciben Isaac, Jacob, y José (diez en total): Gen 25,11 (Dios bendice a Isaac cuando Abraham muere); Gen 26,2–5 (Dios promete bendecir a Isaac, darle la tierra de Palestina en heredad, y una gran descendencia); Gen 26,23–24 (Dios promete a Isaac bendecirle y multiplicar su descendencia); Gen 28,1–4 (Isaac bendice a Jacob con la bendición de Dios y con la promesa de la tierra y descendencia hecha por Dios a Abraham); Gen 28,13–15 (Dios entrega a Jacob la tierra de Palestina y le promete que por medio de su descendencia serán bendecidos todos los pueblos de la tierra); Gen 32,26–31 (Jacob pide a Dios ser bendecido y este le bendice); Gen 35,9–13 (Dios bendice a Jacob, le promete la tierra y una descendencia numerosa); Gen 46,3 (Dios dice a Jacob que baje a Egipto y que hará de él una gran nación); Gen 48,9–27 (Jacob bendice a sus hijos con la promesa de Dios antes de morir); y Gen 50,24 (José dice a sus hermanos que Dios hará subir de Egipto a los israelitas para darles la tierra que juró a Abraham). Otras menciones del concepto de bendición o promesa (dieciséis en total): Gen 14,18–20 (el rey de Salem bendice a Abraham y al Dios de Abraham); Gen 17,15–16 (bendición que recibe Sara, mujer de Abraham); Gen 18,18 (Dios se recuerda a sí mismo que va a bendecir a Abraham); Gen 21,1–7 (Dios cumple su promesa con Sara); Gen 24,1 (se dice que Dios había bendecido a Abraham en todo); Gen 24,6–7 (Abraham recuerda a su mayordomo que Dios le ha prometido una tierra en heredad); Gen 24,27 (el mayordomo bendice al Dios de Abraham); Gen 24,31 (Labán, nieto del hermano de Abraham, llama al mayordomo de este "bendito de YHVH"); Gen 24,48 (el mayordomo recuerda que bendijo al Dios de Abraham cuando se encontró con Rebeca); Gen 24,59–60 (su padre y su hermano bendicen a Rebeca); Gen 27,1–30 (Isaac da a Jacob la bendición paterna); Gen 27,31–41 (Esaú pide en vano ser bendecido por su padre Isaac y protesta porque Isaac ha bendecido a Jaboc); Gen 28,6 (Esaú ve que Isaac ha bendecido a Jacob); Gen 47,7–10 (Jacob bendice al faraón); Gen 47,27 (se afirma que los israelitas fueron

Abraham es descendiente de Sem en la novena generación y representa para la Biblia el comienzo de la relación personal de Dios con el pueblo de Israel. Pero no obstante dada su importancia, Abraham es un semita del que no existe ninguna referencia extrabíblica segura. Su nombre no se registra fuera de la Biblia sino hasta mucho más tarde (ca. 925 a.C.) del periodo al cual se atribuye su vida (ca. 1850 a.C.), y su significado en tanto que "padre de muchos" (אַבְרָהָם/ Avrāhām) dejan pensar que se trata de una construcción teológica.[39] Según la Biblia, Abraham pasó la primera mitad de su vida en Mesopotamia (Ur), y la segunda mitad en Palestina adonde se había dirigido por primera vez siguiendo las cañadas del Creciente Fértil.[40] La Biblia le describe como un jeque nómada, enriquecido gracias a la cría de ganado y al comercio con Egipto y las antiguas ciudades paganas de Canaán/ Palestina.[41]

Ismael es el primer hijo de Abraham. Según la Biblia, nació de una esclava egipcia llamada Hagar, ya que Sara, la mujer de Abraham, era estéril y no podía darle un heredero. El derecho arameo permitía heredar por medio de una concubina, por lo que la unión entre Hagar y Abraham se presenta con normalidad.[42] Después del nacimiento de Ismael la Biblia guarda un silencio de trece años sobre la vida del clan de Abraham. Pasado este tiempo Sara, la esposa de Abraham, consiguió milagrosamente darle a su marido un hijo natural, en respuesta a una promesa divina.[43] El niño fue llamado Isaac. El derecho a la herencia asociado a la promesa de bendición pasó entonces de Ismael a Isaac, ya que era el hijo natural de ambos progenitores. Después de varias intervenciones en el relato, Dios recalca en este punto

fecundos y se multiplicaron sobremanera en Egipto); y Gen 48,3–4 (Jacob recuerda a su hijo José la promesa y bendición que Dios le ha dado). Exceptuamos de este cómputo las bendiciones y promesas a Ismael, que son traídas por la nota 45.

39. Gen 17,5: "No te llamarás más Abram, sino que tu nombre será Abraham, pues padre de multitudes de pueblos te he constituido." Se han propuesto varias hipótesis para la explicación del nombre «Avrāhām.» Este proviene quizás de la adición de la letra hebrea ה, al nombre de אַבְרָם/ Avrām, que ya de por sí es un constructo entre אָב/ āv (padre, ancestro), y רוּם/ rum (exaltado, elevado). La adición de la ה separaría una nueva terminación, pero en hebreo es incierta. El primer registro escrito extra-bíblico del nombre del patriarca hebreo sería "El campo de Abram" en caracteres jeroglíficos en un listado geográfico de Sheshonq I mencionando lugares de Palestina: «P'-ḥw-Ḳ-rw '-b'-r'-m» (Breasted, "Name Abram," 29–36). Otra hipótesis menos probable es la ocurrencia de «A-ba-am-ra-ma, A-ba-ra-ma», o «A-ba-am-ra-am» en tablillas cuneiformes de Akad del s. XIX a.C., pero que más probablemente deben leerse «A-bi-ra-mi» (*EncJud* 1:280–81).

40. Gen 11,27–12,5; 25,7.

41. Gen 12,10–13,6; 24,1.

42. Gen 16,1–2. Dos casos más parecidos en Gen 30,1–13.

43. Gen 18,1–15; 21,1–7.

que la elección de Isaac sobre Ismael no es una opción caprichosa, sino que responde al plan querido de Dios.[44]

Ismael por ser hijo de Abraham tendrá igualmente una descendencia numerosa y será bendecido, pero la promesa mayor de la bendición corresponde a Isaac, su hijo natural. Este hecho importante queda patente en el relato. La bendición o promesa de Ismael se menciona en la Biblia, pero sólo cuatro veces y en un tono menos solemne.[45] Cuando Ismael tenía catorce años de edad, él y su madre Hagar se separaron del clan de Abraham, e Ismael es casado por su madre con una egipcia. Abraham se dolió de esta separación. Ismael y su madre se establecieron en el desierto de Farán, región central de la península del Sinaí, relacionada con la importante historia posterior.[46] Posiblemente, el siguiente extracto, cuando Ismael tenía aproximadamente once años de edad, es el texto bíblico más controvertido para la relación entre judaísmo e islam (paréntesis añadidos):

> "Y dijo Abraham a Dios: 'Ismael, (ojalá) que este viva en tu presencia.' Y dijo Dios a Abraham: 'Sí: Mira, Sara tu mujer te dará a luz un hijo, y llamarás su nombre Isaac, y estableceré mi alianza con él, una alianza para (la) eternidad y con su descendencia después de él. Y mira, acerca de Ismael te he escuchado: mira, le he bendecido (בֵּרַכְתִּי אֹתוֹ) y le hago crecer y le multiplico sobremanera: doce naciones engendrará, y le daré un pueblo grande. Pero estableceré mi alianza con Isaac, quien te dará a luz Sara por este mismo tiempo, en el próximo año.'" (Génesis 17,18–21, versión LXX)[47]

Hagar y Sara involucraron a Ismael durante su infancia en algunas rencillas, algo que revela el afecto que tenía Abraham a Ismael.[48] Las relaciones de Ismael con los clanes de Isaac y de Abraham fueron de hecho buenas.[49] Al respecto se puede citar la presencia de Ismael junto a su hermanastro durante el enterramiento de su padre en Hebrón, el casamiento

44. Gen 17,20–21; 21,12. También Gen 24,6.

45. Gen 16,10; Gen 17,20; Gen 21,13; Gen 21,17–18.

46. Gen 21,21; Num 10,11–20,22; Deut 1,1; 33,2; *EncJud* 6:620; 15:631.

47. εἶπεν δὲ Αβρααμ πρὸς τὸν θεόν Ισμαηλ οὗτος ζήτω ἐναντίον σου. εἶπεν δὲ ὁ θεὸς τῷ Αβρααμ Ναί· ἰδοὺ Σαρρα ἡ γυνή σου τέξεταί σοι υἱόν, καὶ καλέσεις τὸ ὄνομα αὐτοῦ Ισσακ, καὶ στήσω τὴν διαθήκην μου πρὸς αὐτὸν εἰς διαθήκην αἰώνιον καὶ τῷ σπέρματι αὐτοῦ μετ' αὐτόν. περὶ δὲ Ισμαηλ ἰδοὺ ἐπήκουσά σου· ἰδοὺ εὐλόγησα αὐτὸν καὶ αὐξανῶ αὐτὸν καὶ πληθυνῶ αὐτὸν σφόδρα· δώδεκα ἔθνη γεννήσει, καὶ δώσω αὐτὸν εἰς ἔθνος μέγα. Τὴν δὲ διαθήκην μου στήσω πρὸς Ισσακ, ὃν τέξεταί σοι Σαρρα εἰς τὸν καιρὸν τούτον ἐν τῷ ἐνιαυτῷ τῷ ἑτέρῳ.

48. Gen 16,3–6; 21,9–12.

49. Gen 16,3–6; 21,8–14.

de Esaú, hijo de Isaac, con una hija de Ismael en un momento posterior, tiempo en el que a Ismael ya se le da por muerto, y la cercanía de las zonas de pasto entre Ismael e Isaac. Los pastos de Isaac en el desierto del Negev coinciden con el límite norte o noroeste de la zona de pastoreo de Ismael. La falta de incidentes entre ambos clanes en el libro del Génesis, dada esta circunstancia, puede mentarse como reflejo de buena vecindad entre israelitas y árabes del noroeste.[50] Otras circunstancias más en beneficio de Ismael pueden apuntalarse. Para la Biblia, la línea Abraham-Isaac-Jacob es la cadena de transmisión de la alianza divina, la promesa de la tierra, y de la bendición universal, pero Ismael es el primer hijo de Abraham y manteniene algunas prerrogativas. Él y su padre son circuncidados antes que Isaac de manera que la alianza con Dios también le incluye; en cambio, otros descendientes de Abraham que vendrán después, también antepasados de pueblos árabes, obtenidos de otra esposa (Keturá) que no es ni Sara ni Hagar, no tienen una bendición expresa.[51]

PUEBLOS DESCENDIENTES DE ISMAEL

Ismael es el padre de las tribus beduinas del norte de Arabia, de las que Gen 25,12–18 enumera simbólicamente doce en una lista: Nebāyot, Qēdār, Adbeēl, Mibshām, Mishmā', Dumāh, Massā', Ḥadad, Tēymā', Yetur, Nafísh, y Qēdmāh.[52] Los ismaelitas son descritos por la Biblia como unos seres libres, expertos en el manejo del arco. Dedicados a la cría del camello, son fugitivos del control estatal y viven en tiendas negras, de pelo de cabra, animal que junto a la oveja también cultivan.[53] Los antiguos israelitas acostumbraban a verlos en campamentos afuera de los asentamientos permanentes y periféricos del area cultivable, aunque pueden mezclarse con la gente de los poblados, bien para visitar los santuarios o para hacer negocios; es el caso de Nebāyot en el borde desértico de Israel, o Qēdār en el Desierto Sirio.[54] Posiblemente por este último motivo contraen ocasionalmente matrimonio en los poblados que salpicaban sus zonas de

50. Gen 24,62; 25,8–11.17–18; 28,6–9.

51. Gen 17,1–27; 25,1–6: Zimrān, Yāqshān (Yoqshán) Medān, Midyān (Madián), Yishbāq, y Shūaḥ (Shúaj). Nietos a través de Yoqshán: Shevā' (Saba) y Dedān. Nietos a través de Madián: Ēyphāh (Efá), 'Ēfer, Ḥanoch (Enoc), 'Aviydā', Elddā'āh.

52. En paralelo, 1 Cro 1,29–30.

53. Gen 16,11–12; 21,20; Jue 8,24; Isa 21,13–17; Sal 83,7; Can 1,5; Jer 48,28–33.

54. Gen 25,13; 36,3; Isa 42,11; 60,6–7; Jer 49,28–32; Ezek 24,3–5; 27,21; Sal 120,5; Can 1,5; *EncJud* 12:49–50. Nebāyot no debería ser confundido con los árabes nabateos, de los que hablaremos más adelante, aunque no puede descartarse completamente un parentesco muy lejano entre ambos.

pasto o que se imponen como escalas obligadas en las rutas de caravanas que cruzan sus demarcaciones territoriales. Algunos árabes del periodo bíblico antiguo traficaban con esclavos, vendiéndolos en mercados de países diferentes de donde fueron capturados o encontrados. Por paradójico que parezca, en este último caso caer en sus manos puede significar salvar la vida, como le ocurrió al patriarca José, abandonado por sus hermanos en un pozo seco y vendido después en Egipto.[55]

De todas formas, para los israelitas dedicados a la agricultura y establecidos en poblados, el carácter de los árabes era imprevisible, y la Biblia también los describe como salteadores ocasionales, pero no por lo general enemigos contumaces. Una clara excepción serían los amalecitas. Estos beduinos habitaban en el borde sur del desierto de Palestina, en dirección a la península del Sinaí, realizando incursiones en ambas direcciones entre los siglos XIII y X a.C. Irrumpieron periódicamente en los poblados y los saquearon, atacando de paso a quien se atreviera a cruzar su territorio.[56] Fueron causa de amargura en el tiempo de los Jueces de Israel. Barridos por los ejércitos de Saúl y David en el periodo posterior, desaparecieron de la escena bíblica.[57]

Otros hijos de Ismael tienen poblaciones sedentarias, es decir, oasis en medio del desierto. Es el caso de Tēymā' y Dumāh. Tēymā' o Tēmā' (תֵּימָא/ תֵּמָא) se identifica con Taymā' en el límite occidental del desierto saudita de Nafūd, cruce caravanero en las rutas entre Filistea (Gaza) y el Golfo Pérsico, estas dos últimas regiones separadas por un mínimo de 900 km.[58] Se sabe que el oasis de Taymā' formó en la antigüedad una alianza con Massā', también hijo de Ismael, y con Efá, ambas tribus del noroeste de Arabia, y que durante una década fue residencia del último rey babilonio, Nabonido (556-539 a.C.), quien al parecer se entregó allí a cultos astrales.[59] Tēymā' (castellanizado Temá) no debe confundirse con Tēymān (Temán/ תֵּימָן), otro oasis al este del Mar Muerto, en la actual Jordania, mencionado junto a Bozrah por la Biblia.[60] Los mercaderes de Temán fueron famosos en el

55. Gen 37,23-36; 39,1; 1 Sam 30,13. Es el caso de los madianitas, considerados árabes no ismaelitas, pero sí descendientes de Abraham. Ver nota *supra*.

56. Exod 17,8; Deut 25,17; Jue 6,1-6.33; 8,28; 1 Sam 30,1-5.

57. 1 Sam 15,1-9.32-33; 30,1-20.

58. Gen 25,4.14-15; Job 6,19; Isa 21,14.

59. Nabonido quizás escogió Tēymā'/ Taymā' como residencia real para restaurar la antigua religión lunar de Sin, aunque es posible que le atrajera también su aislamiento geográfico. Durante su larga estancia en Arabia Nabonido dejó a su hijo «Bel-sar-usar» como regente en Babilonia. Este Bel-sar-usar es el rey Baltasar, sobre el que se construye la historia del libro de Daniel (Dan 5,1-30; *EncJud* 14:719; 19:599).

60. Bar 3,22-23; Am 1,12; Abd 9. Más sobre Bozrah en Gen 36,33; Isa 34,6; 63,1;

antiguo Israel por la narración de historias y por su sabiduría hasta el punto de inspirar el lugar de procedencia de uno de los personajes secundarios del libro de Job, el sabio Elifaz.[61] El propio Job se presenta como un justo residente en algún lugar de Arabia, rico en camellos, bueyes, ovejas, asnos, hijos, y siervos, pero su lenguaje denota a un personaje ficticio que expresa el pensamiento de un israelita que vive en Palestina.[62] En el mundo de la Biblia, la sabiduría de los árabes sedentarios, aunque menor que la de Israel, se convirtió en símbolo y signo identitario.[63] Temán se relaciona a su vez con los nómadas de Qēdār, otro hijo de Ismael, cuyo territorio de campeo en el desierto de Siria incluía el oasis de Temán hasta Palmira por el norte, y el de Dumāh por el sur.[64] En cuanto a Dumāh, corresponde al actual oasis de Dumat al-Jandal (Jawf), en Arabia Saudita, 260 km al noreste de Taymā', a medio camino hacia el Golfo Pérsico.

ABRAHAM E ISMAEL, ISAAC Y ESAÚ: HEBREOS, ÁRABES, Y EDOMITAS

La Biblia cita en otras listas más pueblos árabes que los hijos de Ismael. Se encuentran entre los hijos Abraham por medio de su segunda esposa Keturá, una vez Sara ha muerto, o bien entre los descendientes de Esaú, nieto de Abraham a través de Isaac.[65] Otro hecho que destaca en el análisis de las listas genealógicas de los patriarcas es el orden de nacimiento. Tanto Ismael como Esaú son primeros en el orden del nacimiento con relación a sus respectivos hermanos, Isaac y Jacob, pero ninguno de los dos ha recibido el derecho de progenitura al que va asociado la herencia (de la bendición y la tierra). Ismael por no ser hijo natural de Sara, esposa hebrea de Abraham, y Esaú, que sí es hebreo por el lado materno, porque Jacob, su hermano, se las ingenia para que su padre le bendiga a él y no a Esaú, pues aunque son mellizos Esaú fue el primero de los dos en venir al mundo.[66] Las

Jer 49,13.22; 1 Cro 1,44.

61. Job 2,11;4,1; 6,19; Jer 49,7; Bar 3,22–23; Abd 1,8–9.

62. Job 1,3.

63. 1 Re 5,10; Massā', otro hijo de Ismael (Gen 25,14), también fue relacionado con la creación de proverbios (Pro 30,1; 31,1).

64. Gen 25,13; 1 Cro 1,29; Sal 120,5; Can 1,5; Isa 42,11; Jer 49,28–31; Ezek 27,21 (*EncJud* 12: 49–50).

65. Gen 25,1–4; 36,1–39. Los amalecitas son descendientes de Esaú pero por razones de orden textual los hemos descrito en la sección anterior (Gen 36,12). Por el mismo motivo hemos mencionado antes a Efá, hijo de Abraham y Keturá (Gen 25,4), y al resto de sus hermanos (ver nota *supra*).

66. Gen 25,19–34; 27,1–36.

listas genealógicas del libro del Génesis querrían entonces indicar que otros pueblos semitas (representados por Ismael y Esaú) compartieron con Israel (representado por Isaac y Jacob) la tierra de Palestina, pero que sólo a Israel le correspondía poseerla en cumplimiento de la promesa divina.

Árabes (Ismael) y edomitas (Esaú) estuvieron primero en la tierra—pues los dos nacieron antes que Isaac y Jacob respectivamente, pero a sus descendientes el derecho a la tierra les fue arrebatado entre los siglos XIII y X a.C. por efecto de las guerras israelitas en el periodo de los Jueces y de los primeros reyes, Saúl y David. En otro sentido, la proximidad geográfica que revelan los nombres de estas listas con Israel sería una proximidad de parentesco. Es difícil precisar hasta qué punto en Israel se dieron también estas mezclas, que sin duda se produjeron, pues aparte de que la Biblia las menciona las condena en numerosas ocasiones.[67] Para la teología post-exílica (s. VI a.C. en adelante), Israel es un pueblo elegido, consagrado, y la cosanguineidad con otros pueblos trae consigo una debilitación de la fe en el verdadero Dios.[68] La condena bíblica de los matrimonios mixtos ensalza este valor, pero recuerda al historiador que la pureza de sangre entre los pueblos semitas nunca existió. No sólo los pueblos descendientes de Lot, de Ismael, o Esaú mantuvieron cierto grado de parentesco con los israelitas, sino que personajes ilustres como el rey Acab y especialmente Salomón dieron lugar a matrimonios escandalosos con semitas no israelitas.[69] Otros—el patriarca José, Moisés, o el rey David, se casarán con mujeres egipcias, hititas, o árabes.[70]

67. Gen 24,3; 26,34–35; 28,1.6–9; 34,1–31; 36,1–5; Exod 34,11–16; Num 25,1–17; 31,13–18; Deut 7,1–6; Jos 23,6–13; Jue 3,5–8; Rut 1,2–4; Esd 9,1–2; Mal 2,11–15.

68. El texto de referencia para este punto es Esd 9,1–17.

69. 1 Re 11,1–11.17.29–31. Sobre Lot, padre de los moabitas y los amonitas, pueblos antiguos al este del Mar Muerto en el territorio de la actual Jordania: Gen 19,30–38. Adviértase que Rut, la bisabuela del rey David, era moabita (Rut 1,1–4; 4,13.21–22).

70. Gen 41,44–52; 46,27; Exod 2,15–22; 1 Sam 14,47–48; 2 Sam 11,2–5.26–27; 12,24; 1 Cro 2,17; 3,1. El libro del Génesis pone énfasis en explicar que Canaán, antiguo nombre de Palestina, la tierra que después pasó a llamarse Israel, no es un pueblo semita sino camita (Gen 10,18–27), es decir, incircunciso (Gen 34,13–24). Sin embargo, debió producirse necesariamente algún cruce entre los descendientes de Sem y los de su sobrino Canaán. Esto se demuestra por tres razones extraídas del propio libro del Génesis: a) Esaú emparenta con los hititas (Gen 26,34), descendientes de Het, hijo segundo de Canaán (Gen 10,15); b) la amenaza de comportarse como Esaú pesaba también sobre su hermano Isaac (Gen 27,26–28,2); c) los cananeos ofrecen una alianza de parentesco a los israelitas, simbolizada en el episodio del rapto de Dina, pero el autor bíblico se esfuerza en rechazar la proposición (Gen 34,1–31). Por su parte el hecho de que Sidón sea el primogénito de Canaán señalaría que los fenicios fueron la primera causa de idolatría para los israelitas en el tiempo de la composición de las listas genealógicas del Génesis, y que después de estos lo

MOISÉS Y EL ORIGEN DEL MONOTEÍSMO. CONTEXTO EGIPCIO

De estos tres personajes bíblicos, Abraham, Moisés, y David, el que mayor importancia reviste para la Biblia es Moisés, relevancia que, entre los personajes bíblicos, comparte en el mayor número de citas con el Corán.[71] Si Abraham era el (supuesto) padre de la raza de Israel, Moisés lo es de su religión e identidad nacional. El judaísmo ve en Moisés al gran legislador de Israel, aquél que fue mano de Dios en la liberación de los hebreos y le condujo desde Egipto por la península del Sinaí hasta la tierra de Canaán (futuro Israel), dándole leyes a su paso y preceptos. Moisés es además, el modelo profético del Corán por antonomasia, aquél a quien Dios se le aparece (C 20:9–16; 27:7–14; 28:29–35), le concede la Torá (C 2:53.87; 6:91.154; 28:43–44; 41:15), y le encomienda una misión (C 7:103; 10:75; 11:96–97; 79:15–17).[72] Esta importancia teológica, especialmente en la Biblia pero también en el Corán, delata la reconstrucción a la que ha sido sometida su figura. Su historicidad ha sido con razón puesta en duda por la crítica y no es posible asegurar una biografía rigurosamente cierta de Moisés.[73] Pero subsisten a su figura situaciones históricas que involucraron

---

fueron los hititas (Gen 10,15). A su vez, el interés del escritor bíblico por diferenciar a los israelitas de los demás pueblos de Palestina, le llevaría a relacionarlo, quizás forzosamente, con Mesopotamia, pues es de Harrán en el Kurdistán donde nacen los doce hijos de Jacob y Rebeca, es decir, las doce tribus de Israel (Gen 28,1–30,24; 35,22–26). Sobre el recuerdo del pasado pagano de Israel, Gen 35,1–4.

71. Las personas bíblicas más citadas por el Corán son, por este orden, Moisés y Abraham. Traigo aquí únicamente parte de la concordancia de Nasr, *Study Quran*, 1968–69 sobre Moisés: C 2:51–61.63–73.87.108.246.248; 4:153, 6:91.154; 7:148–155; 11:17.110; 17:2; 19:51–53; 20:9–97; 21:48; 23:49; 25:35; 26:10–65; 27:7–14; 28:29–44.48; 32:23; 33:69; 37:114–122; 40:53; 41:45; 46:12; 53:36; 87:19, etc.

72. Las citas coránicas que traigo en este particular no son exhaustivas.

73. Al ser Moisés la figura central a la que se adscribe la institución de las normas religiosas y civiles de Israel, encontramos en él elementos antiguos mezclados con otros del periodo monárquico y posterior. Puede traerse el ejemplo de la riqueza de materiales exigida para el santuario del desierto según Exod 25–40, concebido como culto de un pueblo sedentario. Otro ejemplo de anacronismo sería el impuesto demandado para el Santuario del desierto según Exod 30,13–14, que corresponde más bien al impuesto del Segundo Templo (s. V a.C. en adelante), medio siclo por varón (más tarde equivaliendo a media tetradracma fenicia; aunque el siclo como medida de peso es antiguo). Otro es el altar del incienso de Exod 30,1–10, pues el incienso probablemente no se comercializó hasta el siglo XI o X a.C. Otro el mandato de celebrar la fiesta de la siega del trigo, ordenada por Dios antes de que Israel cultivase el suelo (Exod 34,21–22), etc. En el Corán se encuentra algo parecido. Existen pasajes como C 2:67–80 y 7: 144–146, en los que no se percibe con claridad si quien habla es Moisés o Mahoma, pues la identidad de su misión, de sus interlocutores, y de los problemas a los que deben ambos enfrentarse se ha fundido mediante un

a Israel, de forma que es correcto ver a Israel en Moisés y configurar así la historicidad de las tradiciones.

La primera mitad de la vida de Moisés se relaciona con la esclavitud de los israelitas en el norte de Egipto, reducidos a servidumbre para la construcción de las ciudades granero del faraón Ramsés II (ca. 1290–1223 a.C.). El marco cronológico de este periodo es el meridiano del siglo XIII a.C. y el marco bíblico es el libro del Éxodo. Los materiales del Éxodo varían desde los tiempos de los Jueces en los siglos XII-XI a.C., al periodo del dominio persa en los siglos VI o V a.C. Las tradiciones que ponen en contacto a Moisés con los beduinos aparecen por primera vez en el libro del Éxodo y corresponden a la primera parte del periodo al que acabamos de aludir. Según esto, serían más verídicas que otras tradiciones presentes en el mismo libro. El estrato es de hecho antiguo, y no hay porqué dudar de él.[74] Al periodo del Éxodo se atribuye un artefacto arqueológico de primera magnitud: la Estela de Merneptah, conteniendo la primera referencia extra-bíblica conocida de «Israel» en tanto que entidad étnica. Se trata de una roca tallada en la que se narran hazañas militares del faraón Merneptah (ca. 1223–1214 a.C.), uno de los hijos de Ramsés II.[75] Una traducción propuesta para la frase en cuestión es la siguiente: "Israel ha sido devastado y su semilla ya no es." La estela afirmaría la existencia de Israel en un periodo muy cercano al mosaico, por no decir contemporáneo, pero al mismo tiempo relataría una versión de los hechos muy diferente a la Biblia, en la que Israel es el vencedor sobre Egipto (Exod 15).[76]

---

cambio constante de las personas verbales. C 5:20–29 es otro ejemplo con dos claros anacronismos: la institución de los profetas y de los reyes de Israel como hechos ya sucedidos en tiempos de Moisés. Casos parecidos también pueden señalarse en el Nuevo Testamento: Roskam, *Gospel of Mark*, 97–99, resalta el sorprendente mensaje "que el lector entienda" (ὁ ἀναγινώσκων νοείτω) en medio de la profecía sobre la destrucción del Templo (Mc 13,14), delatando la inconfundible presencia del editor del texto en el discurso oral de Jesús a sus discípulos.

74. De Vaux, *Israel I*, 323–30; Noth, *Israel*, 112–14.127.

75. Hasel, "Merneptah Stela," 46 agrupó las menciones extra-bíblicas más antiguas del nombre de Israel, que sumadas a la Estela de Merneptah serían seis en número. Como nombre de persona concreta, y no de pueblo, Israel aparece registrado en: 1) Ebla (2500 a.C.); 2) tablilla de Ugarit (antes del s. XII a.C.). Como entidad política, en: 1) Inscripción de Salmanasar III (ca. 853 a.C.); 2) Estela de Tel Dan (ca. 850 a.C.); 3) Estela del rey Mesa (ca. 840 a.C.).

76. La inscripción está en escritura jeroglífica. Traducción a partir de Hasel, "Merneptah Stela," 48–49, versos 4–9 de catorce en total en los que el editor ha dividido la parte relevante del texto de la estela, que serían la parte central de un quiasmo en el que Israel se sitúa entre otros pueblos y por tanto es definido como una entidad étnica del entorno de Canaán: "Canaán ha sido saqueado en todo tipo de desgracia | Ascalón ha sido vencido | Gezer ha sido capturado | Yano'am fue hecho no-existente | Israel es dejado baldío (y) su semilla ya no es | Hurru ha venido a ser

La Biblia presenta al joven Moisés como un personaje de la corte del faraón. Se parece en esto al cuarto patriarca del libro del Génesis, José, que había llegado a ser administrador del faraón. El faraón casó a José con Asnat, hija del sacerdote de On, ciudad más tarde llamada Heliópolis, donde se veneraba al dios del Sol bajos los nombres de Ra y Amón.[77] El reinado del israelita Salomón también guarda afinidades con la estancia de José y Moisés en Egipto. Salomón había emparentado con fines políticos con el faraón, probablemente Psusenes II, ya que se casó con su hija.[78] Con este acto Egipto consolidaba sus posiciones al norte de su territorio y se convertía de paso en vendedor de carros de combate para Salomón, quien se hizo por primera vez en Israel con una caballería oficial.[79] Hasta entonces el ejército de Israel no se había valido de caballos. En sus humildes inicios, el animal oficial del reino debió ser el camello. La Biblia menciona a un funcionario real de camellos, un tal Obil, el ismaelita.[80]

El sacerdote de On que emparentó con José se llamaría Poti-Fera. La etimología de este nombre es equivalente a la de Poti-far (פּוֹטִיפַר/ Poutiyfar; Gen 39,1) y están ambos términos relacionados con el culto al dios solar Ra. La historia de José encarcelado por Putifar tiene un paralelo de un cuento egipcio del siglo XIII a.C., mientras que los nombres de Poti-Fera y Putifar aparecen como pronto en el siglo XI a.C. La historia de José y su función de puente de conexión entre la historia de los patriarcas y la de Moisés podría pues esconder contactos entre israelitas y egipcios en un periodo antiguo. Esta relación cobra algo más de luz leyendo el relato de Hadad, un príncipe edomita quizás de origen beduino, cuya historia en la Biblia mantiene cierto paralelo con la de José y la de Moisés[81]. En una de sus campañas, Joab, capitán del rey David, había matado a los varones principales de una tribu del país vecino de Edom, situado al sureste de Israel, en dirección al Golfo de Aqaba. Hadad, muchacho descendiente de los reyezuelos de Edom, consiguió huir a Egipto con algunos de su pueblo. Allí buscaron la alianza del faraón, igual que haría Salomón. La Biblia afirma que el faraón trató con benevolencia a Hadad, le casó con su cuñada, hermana de la reina, y este vino a vivir con los numerosos hijos del faraón en la corte

una viuda por causa de Egipto."

77. Gen 41,37–50; 45,16–20; 47,1–10. Heliópolis estuvo emplazada en lo que es hoy la zona residencial al norte de El Cairo. Es mencionada en otros lugares de la Biblia (Ezek 30,17, y posiblemente Isa 19,18 y Jer 43,13). Para la sección egipcia David, *Antiguo Egipto*, 71–119; 189–259.

78. 1 Re 3,1; 7,8; 9,16.24; 11,1.

79. 1 Re 9,15–22; 10,26.

80. 1 Cro 27,30.

81. 1 Re 11,14–25.

real. La muerte de David calmó la situación y Hadad regresó a su tierra, pero rechazó someterse a la autoridad del nuevo rey, Salomón. Jeroboam, es otro caso parecido narrado por la Biblia. Jeroboam fue un administrador de Salomón que intentó hacerse fuerte y se rebeló contra el rey. Este intentó matarlo, pero Jeroboam se exilió en Egipto, siendo acogido por Sesonquis, yerno y sucesor de Psusenes II.[82]

Moisés es, como José, Hadad, y Jeroboam, un personaje semita introducido en la corte del faraón de Egipto. El relato de su abandono en el Nilo y su adopción por la hija del faraón tiene sin embargo un eco en la leyenda asiria de Sargón de Ágade, y su nombre es probablemente una adaptación del egipcio Ptah-mose al hebreo.[83] Ptah es uno de los dioses mayores de Egipto cuya sede principal estaba en Menfis, que junto con Heliópolis (donde habría vivido José) y Hermópolis fueron los tres grandes centros religiosos del antiguo Egipto. La ciudad-residencia de Pi-Ramsés, en la que supuestamente fueron esclavizados los israelitas según la Biblia, soterrada bajo la actual Qantir, concuerda con el contexto histórico conocido por otras fuentes.[84] Ramsés II, constructor de la misma, fue el monarca que más monumentos colosales levantó en Egipto. Su extenso programa incluyó la residencia de Pi-Ramsés, los templos de Ptah en Menfis y de Ra en Heliópolis, el Rameseo de Tebas, y los de Abú Simbel en Nubia. La serpiente elevada por Moisés en el desierto como remedio medicinal o la conversión de su cayado en este animal como demostración al faraón de su poder, tienen resonancias egipcias. La divinidad egipcia de la magia Beset, protectora de desgracias, posaba con este animal. Figurillas de bronce de serpientes han sido encontradas en las minas de cobre del ʻArabāh al sureste de Israel, donde pudieron trabajar hebreos y edomitas al servicio del mercado egipcio. En tercer lugar, el culto popular de Osiris en el templo de Abido, comenzado a construir por Seti I y terminado por Ramsés II, culminaba con la elevación de un pilar como rito de renovación durante la celebración anual. Estos son algunos ejemplos del posible intercambio

82. 1 Re 11,26–40.

83. *EncJud* 14:526. Según la leyenda, la madre del futuro rey acádico Sargón (2270 a.C.–2215 a.C.) confió el bebé al río. Lo metió en una cesta de junco calafateada con betún y esta fue flotando por las aguas. Sargón fue recogido por un aguador, Akki, quien lo cuida y lo hace jardinero suyo. Sargón será criado en la corte, y llega a ser un gran rey (comentado por De Vaux, *Israel I*, 321).

84. Gen 47,11; Exod 1,11; 12,37; Num 33,3.5. Qantir se encuentra a 80 km al noreste de El Cairo y a 20 km al sur de Tanis, ciudad del Delta también citada por la Biblia (Num 13,22; Sal 78,12; Isa 19,11.13; 30,4; Ezek 30,14).

cultural que parece haberse producido entre Israel y Egipto durante el periodo bíblico antiguo, pero se podrían citar más.[85]

Todo esto nos pone en la pista de que algunas tradiciones con relación a Egipto pudieron haber sido introducidas en la religión de Israel, aunque esto se llevó a cabo por varias personas y en varias épocas.[86] Los montantes teológicos de los periodos posteriores sobre la figura de Moisés demuestran el interés por explicar los orígenes de la propia fe y por justificar situaciones del presente, pero conservan a la vez una garantía lejana de un suceso primero, que dio origen, junto a otros hechos relacionados pero que se descartaron, al credo histórico.[87] Es más que pertinente la mención de Egipto antes de pasar a explicar las tradiciones que vinculan a Moisés con los árabes, pues las dos grandes tentativas de explicar el origen del monoteísmo israelita mediante préstamos foráneos corresponden, una a Egipto, la otra a los árabes, y ambas tienen como escenario el Éxodo.[88]

HIPÓTESIS DEL YAHVISMO DE ORIGEN ÁRABE: VÍNCULOS ÁRABES DE MOISÉS

Los préstamos de Egipto a la Biblia sapiencial, poética, o estructural son numerosos, pero por lo general son de carácter literario, excepto el akenatonismo no tienen traducción dogmática, y han sido absorbidos en función de la religión israelita, nunca viceversa. La religiosidad de los árabes madianitas con los que Moisés convivió y emparentó según Exod 2–3 toca en cambio el importante tema del nombre divino, «YHVH,» es decir, de la revelación misma, pues es en tierra de Madián donde Dios según Exod 3,14–15 se revela a Moisés y le da a conocer su nombre.

La península del Sinaí es un área comprendida entre Egipto y el Golfo de Suez por el oeste, Arabia y el Golfo de Aqaba por el este, el Mar Rojo en su ápice sur, y el Mediterráneo y Palestina por el norte.[89] Es un punto caliente en la historia de las religiones, pues según el libro del Éxodo fue en este desierto donde, tras la salida de los israelitas de Egipto, se originó

85. *EncJud* 6:225–26.

86. *EncJud* 14:522–31.

87. Deut 6,21–24; 26,5–9; Jos 24,2–8.

88. A parte de lo que se dirá más adelante, para la bibliografía sobre la hipótesis madianita-edomita del origen del yahvismo, Van der Toorn et al., *Dictionary of Deities*, 912.

89. Para facilitar la exposición temática utilizo esta delimitación antigua. La región noreste del Sinaí corresponde actualmente al moderno estado de Israel, limítrofe con Jordania, y el resto a Egipto.

el yahvismo, el primitivo monoteísmo israelita. Según el libro del Éxodo, Moisés, fue un hebreo criado por la hija del faraón. Era además, un joven con un alto sentido de la justicia. Un día Moisés vio cómo un capataz de obra egipcio golpeaba a un peón israelita, y en un arrebato lo mató. El faraón se enteró de la muerte del egipcio. Moisés tuvo miedo y huyó al país de Madián.[90] El país de Madián es para la Biblia el territorio de campeo de los nómadas madianitas, englobando una sección de la península del Sinaí pero por lo mismo difícil de delimitar. Sin embargo, es posible que parte de la población de los madianitas fuera sedentaria, y una parte nómada. De hecho, que el suegro madianita de Moisés, Jetro, fuera un sacerdote (Exod 3,1; כֹּהֵן/ koheyn), sugiere la existencia de un lugar público de culto, quizás o probablemente permanente. En este sentido, estructuras interpretadas como hornos de cerámica y fragmentos de cerámica misma han sido encontrados al sureste del Sinaí, en la región del Hisma de Arabia Saudí, aclamada desde entonces como la capital perdida de Madián, Qurayyah en la región de Tabūk.[91]

QURAYYAH SAUDITA: LA CULTURA MATERIAL MADIANITA Y EL PROFETA SHU'AYB

Qurayyah es un yacimiento arqueológico enigmático, en sintonía con muchos sitios antiguos de Arabia. Restos de ocupación dispersos abarcan un área poco despreciable de 50.000 m^2, bordeada por una muralla exterior de piedra y dos interiores. El muro exterior es de sillar cortado, alcanzando 6 m de altura en algunos puntos, reforzado por contrafuertes que pudieron servir a modo de torretas de vigilancia. Dentro del perímetro urbano, se han identificado dos estructuras mayores, una de 21 x 27 m, y otra, un posible templo al NE, con perímetro de 4 x 23 m y dos cuartos interiores con pasillo conducente a un hall de 12 x 15 m. En el interior y en el exterior del centro urbano, han sido además halladas al menos seis estructuras identificadas como hornos de cocción, rodeadas por fragmentos vitrificados de cerámica, escoria, y ceniza. Tumbas de túmulo en una meseta cercana recuerdan el tipo común, datado entre el III y el II milenio a.C.[92] El

90. Exod 2,1–15.

91. El desierto del Hisma es la región jordano-saudita que cae en el lado opuesto a la península del Sinaí tomando como divisioria el Golfo de Aqaba. Qurayyah se encuentra a unos 125 km al sur de Aqaba, al este del monte al-Lawd (2.580 m) y al norte de la actual ciudad de Tabūk.

92. Las cerámicas "madianitas" muestran diseños geométricos y ocasionalmente dibujos animales, mayormente en negro, ocre, rojo, y amarillo. La presencia del camello entre los motivos vivos guarda parecidos con el arte rupestre del Sinaí y

estudio petrográfico de cerámica dispersa por el valle de Timná, en Taymā', y Qurayyah ha permitido establecer una región productora de cerámica llamada "madianita" entre Timná en la región del 'Arabāh, el sur de la actual Jordania, y Qurayyah en el noroeste saudí, con un posible centro mayor de producción en Qurayyah.[93]

El Corán habría sido consciente de la existencia de una civilización extinguida en Madián. Según el Corán, el profeta Shu'ayb (desconocido por la Biblia), habría sido enviado por Dios para anunciar la conversión de los madianitas, que se habían corrompido trucando balanzas y engañando en los negocios (C 11:84–95). Es interesante constatar la diferencia entre esta tradición, donde los madianitas son representados como una población mercantil que vive aparentemente en ciudades (C 9:70; 22:45), y la bíblica, donde aunque subsisten rasgos que permiten hablar de una parte sedentaria de la población madianita, han pasado mayormente al imaginario bíblico como pastores trashumantes. Según el Corán, los madianitas no hicieron caso a Shu'ayb y fueron destruidos (C 9:70; 11:94–95). La cultura material de Qurayyah puede ser datada con alguna seguridad a partir de las tumbas de al-Sina'iyya en el oasis de Taymā', donde muestras orgánicas del interior acompañadas de algunos ejemplares de cerámica "madianita" (que no corresponden al tipo taymanita y que por tanto vienen del exterior) han sido radiodatadas entre el 1400 a.C. las más antiguas, y el 750 a.C. las más recientes. El periodo de la cultura material "madianita" está ampliamente refrendado por la cronología coránica, pues Shu'ayb habría sido enviado a los madianitas después de Abraham y Lot, al mismo tiempo que Moisés, pero antes de David y Salomón, tal y como ha expresado con brillo recientemente A. al-Ghazzi, un arqueólogo saudí (C 22:42–44).[94]

---

noroeste de Arabia, algo que refuerza su identificación como producción indígena y no exportada. Otras influencias son el bicromado mediterráneo (culturas micena, minoica, y chipriota), y flores en forma de loto, de aparente ascendencia egipcia (Parr, "Hedjaz de Madian," 390–91; Tebes, "Midianite Pottery," 12).

93. Tebes, "Midianite Pottery," 11–15.

94. Sigo el razonamiento y la pulcra exposición de al-Ghazzi, "Kingdom of Midian," 210–17, quien incluye además un listado de los artículos científicos más destacados sobre Qurayyah, y describiendo alguna estructura más, un posible castillo con muros de hasta 4,5 m en el exterior del centro urbano, y un dique de 715 m de longitud acompañado de canales para control y explotación del agua torrencial. La historia arqueológica reciente del lugar sería la siguiente: a) excavación británica en 1968; b) misión del Departamento de Antigüedades y Museos saudita, en 1980–1981; y c) investigación de la Universidad Rey Saud en 2008.

MADIÁN EN LA BIBLIA: UNA PERSPECTIVA MÚLTIPLE

En la Biblia los madianitas dejaron algunas pistas sobre su radio de acción. Una remite a la historia ya mencionada de Hadad el edomita. Al huir del rey David, partió de Madián, cruzó el desierto de Farán donde se unió a otros compañeros, y desde allí se dirigió a Egipto, realizando un trayecto que bien podía ser el inverso del que recorrió Moisés en el Éxodo.[95] Esto situaría Madián entre el sureste de Israel y el suroeste de la península del Sinaí, en el primer tercio de este recorrido trazando una diagonal. De ser cierta esta ubicación, el monte Sinaí no correspondería al Jebel Musa, a cuyos pies se construyó el monasterio de Santa Catalina, sino a una elevación más al norte, en los macizos centrales de Farán (Hab 3,3), o incluso en Cadés. Si hay que dar fe a los cálculos que realizaron los monjes cristianos y dar por cierta la identificación del monte Sinaí con Jebel Musa, al sur de la península del Sinaí, entonces Madián quedaría comprendido entre esta región y el lado oriental del Golfo de Aqaba, en las actuales Jordania del suroeste y Arabia Saudita del noroeste. Esta última posición—la saudita, es la única que encaja con los fenómenos volcánicos descritos en la Biblia, pero para ser aceptada depende como las demás de la determinación del trayecto que escogió Israel durante el Éxodo y del lugar propuesto para el monte Sinaí.[96] El marco general de la distribución bíblica madianita está respaldado por la distribución de la cerámica tipo "madianita," por lo que puede hablarse de una cultura material autóctona abarcando parte del Sinaí, sur de Jordania y noroeste de Arabia Saudí, es decir, las antiguas sub-regiones de Negev, Edom, y Madián.[97]

En un pasaje bíblico los madianitas aparecen como mercaderes (Gen 37,12–36). Sus camellos transportan almáciga, sandáraca, y ládano. Vienen del país de Galaad, promontorios al noreste del Mar Muerto, donde pudieron comprar las resinas. Recogen a José en una cisterna en Dotán, en el centro de Palestina, lo llevan hasta las ciudades egipcias del Delta, y ahí lo venden como esclavo.[98] En otro pasaje son salteadores. Saquean, de

95. 1 Re 11,17–18.

96. Exod 19,16–21; 20,18–21; 24,15–18; Deut 4,10–12; 5,4–5.22; *EncJud* 6:612–23; 18:625–28; Noth, *Israel*, 129–31.

97. Tebes, "Midianite Pottery," 15–19 registra los siguientes sitios con cerámica madianita fuera de Arabia Saudí (Qurayyah), con una concentración especial del XIII al XII a.C.: Negev (Nahal ʻAmran; Nahal Shlom; Tel Far'ah; Tel Jedur); ʻArabāh (Timná; Uvda); Sinaí (Bir el ʻAbd); Jordania (Barqa el-Hetiye; Ghrareh; Khirbet en-Nahas).

98. Gen 37,18: מְדָיְנִים/ medyaniym.

común acuerdo con los amalecitas, los poblados meridionales de Israel (Jue 6,1–6; 7,12). También aparecen vinculados a los moabitas y amorreos del este del Mar Muerto, en la actual Jordania. Les pagan tributo. Es posible que suban desde el desierto a sus ciudades para ofrecer sacrificios, o para hacer negocios.[99] El dato puede ser concordante, pues el territorio de Galaad del que proviene la resina indicado en la historia de José, se halla cruzando hacia el norte el país de Moab.

Por último, en el grupo de textos bíblicos más relevante para la historia de las religiones, los madianitas son nómadas hospitalarios del Desierto del Sinaí (o del noroeste de Arabia). Un grupo de pastores entre los que se encuentra un sacerdote acoge a Moisés en su huida de Egipto, quien se queda a vivir aproximadamente un año con ellos. Más tarde acampan junto a los israelitas al pie del monte sagrado. Antes de despedirse, Moisés pide a uno de su jefes que les acompañe por el desierto en dirección a Palestina, porque los beduinos conocen las cañadas de pastores.[100] Estas diversas ubicaciones y costumbres son todas posibles—traficantes de aromas, salteadores, pastores conocedores del desierto, y pueblo en el que existe la institución del sacerdocio. En conclusión: los madianitas eran un grupo árabe de cierta amplitud, para la Biblia principalmente una sociedad nómada, pero con algunos asentamientos permanentes, si se tiene en cuenta la existencia del sacerdocio, la capacidad de comerciar a larga distancia (con Galaad y el norte de Egipto), y se asocia a ellos la cultura material de Timná en la 'Arabāh y de Qurayyah en Arabia del noroeste.

En los profetas antiguos de la Biblia se habla únicamente del tiempo de Israel en el desierto, sin mencionar a Moisés.[101] En otras tradiciones, cuando se quiere reflejar en la vida de Moisés las reglamentaciones del templo de Jerusalén o las leyes religiosas posteriores, se habla del monte Sinaí.[102] Este cambio indica que probablemente no existió un solo monte, ni un sólo lugar, ni una sola persona que fuera "de un solo golpe" objeto de la revelación monoteísta; de otro modo, las tradiciones serían inequívocas. No obstante, pudo producirse alguna clase de manifestación divina en un monte. La tradición del monte Sinaí es independiente de la del desierto, que parece más antigua. Puede que se trate de un monte simbólico porque su ubicación en la Biblia no es precisa del todo, pero puede también que se trate del recuerdo de un culto perdido, quizás bajo la forma de un

99. Num 21,26; 22,1–7; 25,1–17; 31,1–12; Jos 13,21.

100. Exod 2,11–4,31; 18,1–27; Num 10,29–32; 21,4–5; 25,1–17.

101. Isa 11,16; Jer 2,2–6; 7,22; 11,7; 31,32; 32,21; 34,13; Ezek 20,6.9–13; Os 2,16–17; 9,10; 11,1; 12,10.14; 13,4–5; Am 2,10; 3,1; 9,7; Miq 6,4; 7,15.

102. Exod 24,18–31,11; 34,29–40,15; 1 Re 6,1–7,51.

santuario visitado por beduinos e israelitas en su tiempo de nomadismo, o bien por las tribus israelitas del sur en un periodo en el que interactuaron con los ismaelitas, e incluso emparentaron con ellos. Ismael, padre de los árabes, es hermano de Isaac, hijo de una egipcia. Se ha dicho que vive en el desierto de Farán, que es parte del Desierto de Sinaí.[103] Esaú era hermano de Jacob y yerno de Ismael. Vive en el monte Seír, al este de Edom, en la frontera oeste de Arabia, zona de madianitas. En un periodo posterior, parte de Seír fue ocupada por la tribu sureña de Simeón.[104] Madián es, por ende, hijo de Abraham y de su concubina Keturá, aunque en Gen 37,18 se identifica a los madianitas con los ismaelitas de Gen 37,25.27. Todos ellos están circuncidados.[105] Sinaí, Farán, y Seír, son citados como conceptos intercambiables (Deut 33,2 y Jue 5,4–5).[106]

MOISÉS Y SU FAMILIA DE MADIÁN. LOS BEDUINOS «SHASHU YHV3»

Al comienzo del libro del Éxodo se apunta que Moisés mismo estuvo casado con una madianita, Seforá, y que tuvo dos hijos, Gershom y Eliezer.[107] Otros pudieron seguir su ejemplo. La Biblia condena más tarde la unión de los israelitas con las madianitas. Les habían arrastrado a la adoración de otros dioses. El episodio se sitúa en el santuario de Peor, en Moab, pero el emparejamiento de israelitas y beduinas pudo venir de antes. Los dos individuos empalados por un ataque de furia del israelita Pinjás eran ambos hijos de jefe de clan. El israelita era Zimrí, hijo de Salú, uno de los jefes de la tribu de Simeón. La mujer se llamaba Cozbí, hija de Sur, de una casa patriarcal de Madián. Se hace inevitable pensar en alguna clase de alianza.[108] A los madianitas se les declaró la guerra santa. No es algo imposible, pero cuesta creer que la guerra contra Madián derivase de una orden de Moisés

103. Gen 21,21; 25,18; Num 10,11–12; 12,16; 13,3.26; Deut 1,1; 33,2; 1 Re 11,18; Hab 3,3.

104. Gen 28,9; 36,1–43; Num 20,14–21,4; Deut 1,1–2.44; 2,1–8; Jos 24,4; 1 Cro 4,42–43. El límite norte del territorio de Edom era el sur del Mar Muerto, esto es, el sur del país de Moab, y su límite sur era el extremo norte del Golfo de Aqaba. Por el este Edom era fronterizo con Arabia, y por el oeste llegó hasta Cadés, debajo del desierto del Negev, en el centro norte de la península del Sinaí. El territorio fue cruzado por varios pueblos, horitas, árabes, moabitas, e israelitas (*EncJud* 6:151–52; 18:255).

105. Gen 25,4; Jer 9,24–25.

106. Véase también Deut 1,2 y Hab 3,3.

107. Exod 2,15–22; 4,18–20.24–25; 18,1–6.

108. Num 25,1–18. Véase también Jue 1,16–17.

teniendo en cuenta el favor que le hicieron al acogerle en su grupo cuando huyó de Egipto. Por otra parte, los israelitas que salieron de Egipto debieron ser un grupo débil en número y recursos.[109] Durante su estancia en el desierto, Israel debió buscar más la alianza que la guerra. Podía defenderse con las armas, pero no parece plausible una ofensiva a no ser que fuera atacado o arrastrado a la guerra por la iniciativa de otro grupo.[110] En el tiempo de los Jueces se menciona el final de los madianitas (6,1–8,28). Fueron vencidos por el israelita Gedeón y sus hombres. Pero el método antiguo de victoria consistía en la muerte de los varones, la adopción o exclavización de los menores, y el emparejamiento con las mujeres.[111]

Una lista geográfica de la época de Amenofis III copiada bajo Ramsés II, en sendos templos de Nubia, Soleb y Hamara, habla de un país de «yhvȝ» (yhw) en el que viven los «shasu.» Los *shasu* son para los egipcios los beduinos nómadas al este del Delta, al sur de Palestina y Transjordania, que podrían ser, con bastante probabilidad, los distintos grupos nómadas del Sinaí mencionados por la Biblia, quenitas, madianitas, edomitas, o sus antepasados recientes en función de la datación de las listas. Existen varias ocurrencias llamativas en ambas listas, transcritas como «país de los shasu S‘rr», «país de los shasu R’b’n’,» «país de los shasu Psps,» «país de los shasu yhvȝ.» Esta última, conecta con el nombre de Dios revelado a Moisés según Exod 3,14–15 (יְהוָה/ Yehvāh), por lo que los shasu *yhvȝ* podrían ser identificados con madianitas, o al menos con clanes afines.[112] Jetró, el suegro de Moisés, es sacerdote de Madián.[113] Vive en un territorio cercano a la montaña donde su yerno Moisés va a recibir la revelación de YHVH, el nombre divino. El sacerdocio de Jetró supone alguna función más que la de jefe tribal, pues en caso contrario el redactor de Exod 3,1 no le habría atribuido lo que parece un título: "sacerdote de Madián" (כֹּהֵן מִדְיָן/ koheyn Midyān). Los patriarcas, Abraham, Isaac, y Jacob, también realizaron

109. Según Gen 46,11.27, Exod 6,16–20 y Deut 10,22 sólo pasaron tres generaciones entre la bajada de un grupo de 70 israelitas a Egipto y el nacimiento de Moisés. El grupo liberado por Moisés debió ser escaso, puede que no más de varios cientos de personas. En los años del desierto pudieron transformarse a lo sumo en varios miles.

110. Gen 36,35; 1 Cro 1,46.

111. Num 25,16–18; 31,1–47; Deut 20,10–14.

112. De Vaux, *Israel I*, 325–26, a juzgar de quien los edomitas quedarían excluidos, pues el «país de los shasu S‘rr,» sería el Seír bíblico (Gen 14,6; 32,3), capital de Edom. Ver especialmente Avner, "Origin of Yhwh," 10–12, quien suma evidencias y propone para el «país de yhw» el norte del Sinaí.

113. Exod 2,11–4,31; 18,1–27.

ofrendas, libaciones, o sacrificios de animales, pero en ningún momento se dice que fueran sacerdotes.[114]

Según el libro del Éxodo, mientras Moisés pastorea el rebaño de Jetró observa una zarza ardiendo, que no se consume por el fuego. Al momento, Dios le revela su nombre, y recibe la misión de liberar al pueblo. Pide permiso a su suegro para abandonar la agrupación familiar y vuelve a Egipto. Cuando sale de Egipto, Moisés regresa a Madián, al lugar de la revelación y de su familia política. Es un buen lugar para acoger a los exiliados. Está en medio del desierto, pero Moisés sabe que tiene pastos accesibles para el grupo y agua. Cuando llegan los israelitas Jetró también invoca a YHVH y le ofrece un holocausto en presencia de Moisés y los ancianos de Israel. Para Exod 18,12 Moisés y Jetró parecen tener el mismo Dios: "Después Jetró, suegro de Moisés, ofreció un holocausto y sacrificios a Dios (אֱלֹהִים/ Elohiym); y Aarón y todos los ancianos de Israel fueron a comer pan (לֶחֶם/ lehem) con el suegro de Moisés ante Dios (אֱלֹהִים/ Elohiym)." La historia del sacerdocio madianita del suegro de Moisés podría reconstruirse con coherencia. Pero la prudencia histórica se impone en este punto, porque la primera huida de Moisés del faraón evoca el cuento egipcio de Sinuhé.[115]

No obstante, atendiendo a otras pruebas no todo debe ser considerado irreal en la historia bíblica del yahvismo madianita. En los registros egipcios indicados arriba, «yhvȝ» es todavía un topónimo, no propiamente un nombre de divinidad. La primera referencia extra-bíblica de YHVH en tanto que teónimo es la Estela de Moab (ca. 1,20 x 0,60 m), descubierta en 1869 en Dibhan, actual Jordania, y fechada con seguridad en el siglo IX a.C., ya que contiene un paralelo de la guerra del rey Joram de Israel contra Mesa el rey de Moab, contada por la Biblia en el segundo libro de los Reyes.[116] La estela relata la batalla desde el punto de mira moabita, enorgulleciéndose Mesa de una victoria sobre Israel en la localidad de Nebo, al este de la boca del Mar Muerto, algo más que posible ya que 2 Re 3,1–27 habla de una retira de la coalición entre Joram (851/0–842 a.C.), rey de Israel del Norte (Samaría), Josafat (870–853 a.C.), rey de Judá, y el rey de Edom en Kir Hareseth, unas decenas de kilómetros al sur.[117] Lo pertinente para nuestro estudio ahora

114. Gen 12,8; 22,13–14; 28,16–19; 35,6–7.14–15.

115. Pritchard, *Ancient Near East I*, 5–11.

116. Profundizo en este párrafo el argumento de Van der Toorn et al., *Dictionary of Deities*, 911.

117. Previo a la victoria del rey Mesa, Nebo en cuanto población es una posible fundación israelita (Num 32,3.38), y en cuanto montaña se considera el lugar tradicional de la muerte de Moisés según Deut 32,49. El monte Nebo hoy se identifica con Jebel Shayhān, montaña de dos picos (835 m y 710 m), y la población israelita a sus pies con dos posibles yacimientos cercanos, bien al sureste, bien al noreste.

es que en la línea 18 יהוה, el nombre del dios de Israel es contrapuesto a Kemosh (כמש), el dios de Moab. Este valioso dato decanta cuatro siglos entre el XIII a.C. de los registros egipcios de los beduinos «shasu yhvз» y el primer uso seguro conocido extra-bíblico de YHVH que subscriben la existencia del culto yahvista entre el periodo mosaico y el comienzo del periodo monárquico en asociación a Israel, Edom, y Moab.[118]

La experiencia de Israel en el desierto pertenece de hecho a los sustratos antiguos de la Biblia, que recogerían tradiciones orales ancestrales, del Bronce III y Hierro I, en otras palabras, de los últimos siglos del milenio II y primero del I a.C. Detrás del Moisés bíblico puede residir un personaje real, ciertamente muy modelado por la teología posterior, pero perteneciente a la realidad, lo mismo que de Jetró. La diferencia de nombres para Jetró que presenta la Biblia puede ser también señal de realismo. En los pasajes principales se dice que la mujer de Moisés es la hija de Jetró. Pero en otros textos se dice que la mujer de Moisés era una mujer cusita o quenita, hija de Jobab, otro nombre del suegro de Moisés. Los cusitas eran nubios, pero el profeta Habacuc los identifica con los madianitas. Los quenitas eran beduinos que aceptaron la divinidad de Israel.[119] Tienen relación con los

---

Kir Hareseth (o simplemente Kir Moab) se encuentra al sur del río Arnón, casi en paralelo a la cola del Mar Muerto (*EncJud* 12:184; 15:47–48).

118. Traduzco literalmente de Stern, *Israel's Religious Experience*, 55–56, las líneas 14–19 de la estela: "MḤRT. Y Kemosh me dijo, 'vete, captura Nebo de Israel,' | así que fui de noche y lo ataqué desde que rompe el amanecer hasta mediodía cuando | yo lo capturé y pasé a cuchillo a todo individuo [en él] - - siete mil hombres, niños, mujeres, niñas | y doncellas—para el guerrero Kemosh yo se los dediqué. Yo tomé de allí | l(os vaso)s de YHVH y los arrastré ante Kemosh. Ahora, el rey de Israel..." Para el texto en dialecto moabita: Harper, "Moabite Stone," 62.

119. Gen 4,17–24; 25,4; 36,11.15; 1 Sam 15,6; 27,10; 30,14.29; 2 Re 10,15–16. Los quenitas debieron estar relacionados con las minas de la región edomita de Seír, entre la actual Jordania por el este y el dominio israelí en el Sinaí por el oeste. Los quenitas son hijos de Quenat, descendiente de Esaú (Edom), emparentados con Temán y el oasis de Timná (Gen 36,9–15; 1 Cro 1,35.43–54). La Biblia también los asocia a Tubal Caín, descendiente de Caín y Enoc. Enoc es a su vez una de las tribus madianitas. Tubal Caín es el antepasado de los forjadores de hierro y cobre, famosos por su fiereza (Gen 4,17–24; 25,4; Num 24,21). Tubal Caín representa a los pobladores del valle desértico del 'Arabāh, antepasados de los edomitas dedicados a la extracción y fundición de metal en la línea que sigue la falla entre el Mar Muerto y Aqaba, donde son ricos los depósitos de cobre, algunos explotados desde el Calcolítico (Avner, "Origin of Yhwh," 16–23). El grueso de la minería de cobre edomita se sitúa sin embargo entre el Bronce I y final del Hierro II, y sobretodo a lo largo del segundo de estos periodos en paralelo con el auge y declive del reino de Edom (900–500 a.C.), al que se pueden atribuir las aproximadamente 100.000 ton de escoria de mineral de cobre de Feinán y Khirbet en-Nahas (Hauptmann et al., "Copper Produced at Feinan," 2–10).

madianitas y las tribus de Judá y Simeón pues viven en Edom.[120] También se afirma que este Jobab no es el suegro de Moisés, sino su "hijo," es decir, el cuñado de Moisés. En este caso el suegro de Moisés sería Reguel, el madianita.[121] Reguel es citado en otros textos como un jeque beduino de Edom, territorio que era atravesado por los madianitas. Podría entonces tratarse de la misma persona, pero no se puede asegurar.[122] En cualquier caso, parece existir un dato histórico que sobrevive a la crítica del relato, pero que ha sido registrado por tradiciones en origen distintas.

Esta variedad de nombres dados para Jetró puede ser señal de que personas diferentes tuvieron noticia del mismo suceso, pero que no todas lo conocieron de primera mano. Una solución de continuidad con relación a la identidad múltiple del suegro de Moisés sería que un madianita emparentó con Moisés, pero la noticia original en más detalles de los que fueron registrados por escrito se perdió ya que esta cuestión, en comparación con otras no era tan importante. Por eso no hay que ver en el posible culto yahvista de origen madianita el único elemento decisivo de cara al origen del monoteísmo israelita, el cual seguirá adquiriendo nuevos elementos en el futuro, aunque quizás sí una influencia catalizadora durante la etapa del desierto. De haber existido, el yahvismo madianita debió conocerse por unas fuentes de información y desconocerse por otras, o bien practicarse más en una época y olvidarse en otra, lo cual encaja con la existencia de algún santuario luego olvidado, pues un sacerdote está siempre vinculado a un lugar de culto. Seguramente ni todas las tribus de Madián practicaron este culto ni todas las tribus de Israel se relacionaron en el mismo nivel o en la misma época con los madianitas o beduinos emparentados. Pero aún no está todo dicho.

CULTO MOSAICO EN BETILOS EN EL SINAÍ: EXOD 24,4

Cuando Moisés recibió la Ley sagrada en el monte Sinaí, construyó a sus pies según Exod 24,4 un altar para sacrificios animales acompañado de doce betilos (שְׁתֵּים עֶשְׂרֵה מַצֵּבָה/ shetteyym 'esrēh matsēvāh), uno por cada tribu.[123] Los betilos aquí representan a las tribus de Israel, pero lo hacen ante la manifestación de YHVH en el monte y acompañados de un altar de sacrificios, lo que hace inseparable su función cúltica. Un ejemplo

120. Num 12,1; Jue 1,16–17; 4,11; Hab 3,7.
121. Exod 2,18; Num 10,29.
122. Gen 36,4.17; 1 Cro 1,35.
123. Lit. "dos y diez betilos."

comparable y atribuible al mismo periodo, entre los varios posibles, remite al sector suroeste de la ciudad baja de Hazor (Tell al-Qidāḥ), 15 km al norte del Lago de Galilea, donde el pasado siglo fue excavado un nicho semicircular datable en dos fases al final del Bronce III, una fase en el siglo XIV, y otra en el XIII a.C. La función cultual de este pequeño espacio es indiscutible, ya que en él se encontraron diez betilos de basalto, una estatua de piedra representando a una persona sentada de 0,40 m de altura con un creciente lunar invertido en el pecho, y un cuenco para ofrendas entre el detritus. Otros contextos arqueológicos de Hazor, traen otra estatua fragmentada y descabezada de un toro en la entrada a un espacio (interpretado como un templo de Baal-Hadad), un largo altar de 2,40 m de largo con una depresión posiblemente para la ejecución de sacrificios, y una placa de bronce (12 x 7 cm) chapeada en plata con la representación de una cabeza femenina acompañada de serpientes.[124]

El único de los betilos tallado en el nicho indicado, dispone a su vez de dos manos claramente reconocibles orientadas hacia la parte superior de la estela—en posición de ofrenda o plegaria, encima de las cuales aparece nuevamente el creciente lunar, aunque situado en posición inversa al de la estatua con forma humana.[125] La interpretación que se dio a estos betilos fue la de personas nobles fallecidas a las que podía atribuírsele un poder benefactor sobre la sociedad de Hazor. El betilo podía representar, como en este caso y en Exod 24,4, a una tribu, a un pueblo, o a una persona fallecida, pero también podía representar en contextos no siempre diferenciables a una deidad.[126] Ciertamente el relato de Exod 24,4 se mueve en un contexto

124. Gray, "Hazor," 34–36; *EncJud* 8:499. Tell al-Qidāḥ se dividió en dos áreas excavadas, el tell en sí, de unos 600 m por 200 m en sus extremos más alejados, y una meseta rectangular al norte de este, de unos 1.000 m por 700 m (Yadin, "Excavations at Hazor," 1–4). Hadad, en ugarítico «Hd» y en asirio «Adad/ Addu,» fue un dios de la tormenta y de ahí su representación con el rayo. Posteriormente se identificó a Hadad con el Baal cananeo, representado este por el toro de la fertilidad (y dependiente de la lluvia dada por Hadad). Baal fue asociado al toro ya desde los mitos ugaríticos (s. XII a.C. o antes), donde sin embargo el dios principal no es Baal sino «Él,» también asociado a veces al toro (Del Olmo, "Baal," 199). Que el dios de Hazor era Baal-Hadad encuentra un eco cercano en la Estela de Bethsaida (102 por 44 cm), que porta un toro tallado cuya cornamenta tiene forma de creciente, hallada 2,3 km al norte del Lago de Galilea, donde dispuso también de un altar pétreo de forma rectangular con una depresión tallada para sacrificios o libaciones. Se conocen ejemplos muy similares conservados en Damasco y otras partes (Bernett y Keel, *Kult*, 1.95–103).

125. Fig. 10 en Graesser, "Standing Stones," 60. El creciente está más sobre la mano izquierda que sobre la derecha, vista de frente, posiblemente debido a una falta de simetría en el tallado, más que a un propósito concreto de diferenciar entre una mano y otra.

126. La interpretación de que los diez betilos y la estatua representaban a personas nobles de Hazor es seguida por Gray, "Hazaor," 36.

de fe monoteísta, pero no puede excluirse una semejanza formal con la antigua religiosidad semita expresada en el culto a los betilos, perfectamente atestiguada en la región sirio-palestina, en el mundo árabe-nabateo del Sinaí, y en el mundo preislámico de Arabia interior.[127] El culto a betilos e imágenes esculpidas de dioses fue severamente condenado a partir del último periodo de la monarquía israelita, bajo el rey Josías (640–609 a.C.), quien con su redescubrimiento del libro de la Ley de Moisés (2 Re 22–23) abre paso a la etapa de redacción bíblica conocida como "el Deuteronomista" (posterior en cualquier caso al siglo VII), en la que subyace un pesimismo extremo hacia la religiosidad icónica del paganismo (Exod 20,4; 22,12; Deut 5,8–9; 7,5.25–26). Exod 24,4 contendría así un dato pretérito, que el Deuteronomista habría respetado antes de imprimir a los manuscritos bíblicos su propia visión de la historia de Israel.[128]

El culto a los betilos (estelas) ha sido registrado en el Desierto del Sinaí, con un significado no esclarecido por completo, ya en el milenio IV, III, y II a.C. Dichas estructuras primitivas del Sinaí corresponden a piedras erigidas, solas o formando agrupaciones circulares o lineares, en tal caso colocadas simétricamente según sus alturas individuales, tanto en santuarios a cielo abierto como en complejos funerarios, en el llano y en la cima de montañas. La limitación de un espacio mediante un bajo muro de piedras más pequeñas colocadas en frente de las estelas, la presencia de losas de ofrecimiento encontradas a menudo a su pie, y la orientación general hacia el este, lugar donde sale el Sol, denotan una función religiosa por encima de otras hipótesis. Los pocos pero iluminadores restos acompañantes—raspadores, adornos personales fabricados con conchas marinas, y piedras de moler principalmente, sitúan varias de ellas incluso antes de la Edad del Bronce. La datación por isótopos de siete muestras de carbón, conchas marinas, y huevo de avestruz recogidas alrededor de estas primitivas estelas en Uvda, Risqeh (Jordania), wadi Watir, y wadi Dabayia en el Sinaí, ofrecen

127. Para la región fenicia y sirio-palestina basta señalar que betilos con función cultual han aparecido en muy diversos lugares: Hazor, Siquem, Tirzah, Arad, Jerusalén, Lejjun, Ader, Gezer, Biblos, Timná, etc. (Graesser, "Standing Stones," 44–62). Ver también las tres figuras edomitas con cabezas terminadas en forma de recipiente (cuenco) de ʻEn Ḥaṣeva, 30 km al sur del Mar Muerto, en Bernett y Keel, *Kult*, 70.150–51.

128. *EncJud* 5:617–18 sintetiza la huella bíblica del Deuteronomista, en torno a los siguientes temas: a) necesidad de extirpar los cultos nativos; b) centralización del culto; c) éxodo, alianza, y elección; d) demanda repetida a Israel de servir sólo a Yahwé; e) observancia de la ley y lealtad al pacto con Dios; f) herencia de la tierra; g) retribución material y motivación religiosa.

fechas entre el 4800 y el 700 a.C., con una media de edad de 4.830 años por muestra.[129]

En Arabia profunda, el culto a los betilos tiene muchos ejemplos, la mayor parte pertenecientes a la literatura islámica en su descripción del mundo que precedió a Mahoma. En contextos arqueológicos, el más antiguo paralelo del que se tiene datación segura, es Rawk, un pueblo situado a 20 km de la confluencia de los wadis 'Idim con Masila en el Hadramawt yemenita. Los habitantes modernos de este lugar descubrieron tres estatuas de piedra en 1989 después de una riada y una cuarta en 2004 que motivó la intervención profesional, trayendo a superficie una quinta estatua in situ de granito amarillento, asociada con la calavera de un adulto, probablemente una mujer de entre 16 y 30 años, y con un esqueleto completo de un infante de entre 6 meses y un año de edad. Datación por carbono de la calavera del adulto ofreció un segmento del 3499 al 3198 a.C. y cifras aún mayores para restos de carbón provenientes de fogones en contextos atribuibles a niveles de ocupación anteriores aunque no directamente relacionados. La naturaleza religiosa del lugar reside no solamente en la estatua antropomórfica de 20,9 cm de longitud asociada a la calavera y al "enterramiento" del niño. Pues estos hallazgos estaban relacionados a su vez con cinco piedras erigidas con la parte superior redondeada, oscilando entre los 717 y los 319 kg de masa y los 1,28 y los 1,04 m de altura. Fueron encontrados en el relleno de la base de la mayor de estas piedras.[130]

La ausencia de contextos comparables pertenecientes al milenio IV a.C. en Yemen sugirió a los responsables de la excavación su comparación con los betilos del Negev (Rosh Zin, Ramat Saharonim), del Sinaí (wadi Watir, wadi Zalaqa, Elat), y de Jordania (Risqeh).[131] Señalan a propósito de esta comparativa una instalación primitiva de Elat, donde una tumba circular (Tumulus V) poseía dos betilos en el perímetro este, y bajo ellos una losa a modo de altar con un cabezal de hacha de basalto asociado, interpretado como una posible ofrenda. En una célula paralela, tres betilos individuales estuvieron dispuestos en fila, uno de ellos antropomórfico, y a

129. Ver los valiosos reportajes de Avner, "Ancient Cult Sites," 115–19, quien localiza sobre el mapa más de diez lugares de culto sinaíticos basados en los betilos; y "Settlement Patterns," 57–63. Algunos de estos lugares preminentes son comentados también por Avner y Horwitz, "Negev and Sinai," 36–41, donde se afirma que los sitios identificados en los que el culto a los betilos estuvo en uso alcanza la cifra de 450 a lo largo de un periodo de cuatro milenios, y que ciertas estructuras asociadas del Negev Sur (Sinaí) datarían de hasta el 7000 a.C.

130. Steimer-Herbet et al., "Funerary Practices at Rawk," 281–92 para este párrafo y el que sigue.

131. Para estos lugares véase también Avner y Horwitz, "Negev and Sinai," 36–41.

los pies del mismo, se halló un depósito de seis calaveras, datado el conjunto por C^{14} del 5500 al 4450 a.C.[132]

En cuanto a las estatuas de Rawk, han aparecido en Yemen al menos once más del mismo estilo, aunque provenientes de contextos no oficiales. Dentro de Arabia pero también mucho más al norte de Yemen, destaca una piedra esbelta pulida en forma de varón en al-ʻUlā, en la mitad norte de Arabia, en la que un cinturón destaca en su parte media. Tiene un 1 m de altura por lo que es bastante más grande que las estatuas de Rawk, que oscilan entre los 31,7 y los 17,5 cm, pero los brazos tallados en ángulo recto aprovechando para su trazado los perfiles de la losa son coincientes con los diseños de las estatuas encontradas por la población de Rawk. La estatua de al-ʻUlā se relaciona a su vez con dos ejemplares de Haʻil, también en la mitad norte de Arabia, uno de las cuales (57 cm) posa con un brazo en ángulo recto, y el otro en posición oblicua.[133]

Risqeh, al sur de Jordania y al este de Aqaba, a tan sólo 3 km de la frontera con Arabia Saudí, produjo un masivo lugar de enterramiento que fue sometido a un episodio de destrucción y a otro posterior de reutilización. Alumbró en varios contextos funerarios más de 50 losas con tallas antropomórficas fragmentadas, de rostros humanos, pero también de algunos torsos con líneas diagonales, de forma que algunos ejemplares pueden representar difuntos envueltos en lienzos. Los brazos de algunas estatuas tienen de hecho una posición cuadrangular, como los de Rawk, al-ʻUlā, y Haʻil. Utensilios de piedra, cuencos, y en especial puntas de flecha, pueden retornar el lugar a una edad muy antigua, y de hecho se han asociado al milenio IV por su semejanza con Rawk.[134] La excavadora del lugar no obstante, señaló en su día que la industria de piedra permaneció en uso hasta la Edad del Hierro en Arabia, lo que añadido a la presencia de escritura thamudea en la superficie, no puede asegurar una datación en el milenio IV.[135]

Los varios grupos de evidencia muestran por tanto, que no se puede hablar en el milenio IV a.C. de una conexión cultural directa entre Rawk en el Yemen y los complejos cultuales del Sinaí o el Negev, separados por más

132. Avner y Horwitz, "Negev and Sinai," 38–39.

133. Steimer-Herbet, "Funerary Stelae," 166–69.

134. Steimer-Herbet, "Funerary Stelae," 166.

135. Kirkbridge, "Arabian Ancestors Idols," 116–21, y "Sanctuary at Risqeh", 188–95, bien documentados y ambos de 1969. En favor de una datación primitiva de Risqeh pueden citarse a Avner y Carmi, "6th–3rd Millenia BC," 1206, quienes traen en una tabla con 73 sitios en su mayor parte del Negev y del Sinaí y desde el Neolítico al Bronce I una muestra de Risqeh radiodatada del 5000 al 4000 a.C., aunque sin mencionar contexto exacto de procedencia.

de 2.000 km, ni con las estatuas de al-ʻUlā, Haʻil, y Risqeh. No obstante, los contextos geográficos muestran la existencia de creencias religiosas asociadas a la muerte, una tradición lítica que parece soprendentemente común, y la presencia de betilos a los que sin duda se les atribuía un significado cultual. Los más antiguos de estos ejemplos son ciertamente posibles prefiguraciones del culto a los betilos de tiempos posteriores, ya dentro de la Edad del Bronce, y los demás, pertenecerían a esta época o a la Edad del Hierro. A partir de la Edad del Bronce, dotadas ya las primeras civilizaciones de escritura (Súmer, Egipto, Ugarit) y de un sistema social sedentario con estamentos mucho más diferenciados, los dioses nacionales ensalzados en sus antiguas mitologías vendrían a sumarse al posible culto betílico preexistente y en último término de raices neolíticas (o calcolíticas) en el que se veneraban antepasados y/o fuerzas de la naturaleza.[136] El resultado de esta evolución daría lugar, a partir de la Edad del Hierro I, a la complejidad betílica del periodo mosaico y posterior, en el que una matsēvāh podía representar dependiendo del contexto a un dios del panteón politeísta, pero también a personajes ilustres locales como en Hazor, o incluso a tribus enteras como sería el caso de Ex 24,4.[137]

136. El Calcolítico (del griego χαλκός/ chalkós, "cobre"), es la Edad del Cobre, y en Oriente Próximo cubre dos terceras partes del milenio IV a.C. y parte del V, sirviendo de transición entre el Neolítico y el Bronce. Incorpora el uso del metal, aún no en aleación endurecida de bronce (Cu y Sn), y un desarrollo urbano a consecuencia de la agricultura y la ganadería en proto-ciudades, ya que la diferenciación en áreas dedicadas al templo, a la administración de poder y la defensa, a la producción artesana, y a las viviendas solamente madura en el periodo posterior (Bronce). En este sentido, un fragmento de cobre minúsculo (11,6 x 7,58 mm) e informe fue encontrado en Rawk, donde también se ha sugerido que el tallado de las estatuas antropomórficas comentadas arriba pudo requerir un instrumento metálico, aunque sin dejar la industria de piedra (Steimer-Herbet et al., "Funerary Practices at Rawk," 284, 287). Algunos nódulos de cobre aparecieron también en el complejo mortuorio de Elat (Avner y Horwitz, "Negev and Sinai," 61). Pero a efectos prácticos y en algunos lugares la calcolítica es todavía una cultura semejante a la neolítica. En la península de Arabia la evolución del Calcolítico se relaciona con asentamientos circulares delimitados por piedra en el borde norte del Nafūd, grandes trampas para la caza en terreno abierto, la introducción de plantas y animales domesticados, y el perfeccionamiento de las técnicas de pesca en las regiones costeras con la posible introducción de la barca, evolución que no obstante se produce junto a la pervivencia de cazadores y recolectores en otras áreas (*Hist. Hum.* 2:609).

137. Avner y Horwitz, "Negev and Sinai," 36 sugieren la siguiente interpretación para los betilos al este del Sinaí y en el Negev Sur: los betilos estrechos representarían deidades masculinas, y los anchos, deidades femeninas de la fertilidad. En las tumbas, aquellos incorporados al perímetro, en su mayor parte orientados al este, representarían las deidades guardianes de las tumbas y de los difuntos; y dentro de las tumbas, usualmente en dirección norte, los betilos representarían a los ancestros.

En conclusión: la presencia de árabes junto a Moisés en el supuesto periodo en el que recibió la revelación yahvista, y el culto de betilos asociado a este episodio de revelación en el Sinaí, lugar relacionado con la presencia madianita, considerados al trasluz de factores soterrados en el relato bíblico y situados en su contexto arqueológico amplio, no deben ser sobredimensionados pero tampoco subestimados. Para el diálogo interreligioso una investigación a fondo de esta cuestión, sostenida por estudios arqueológicos y genéticos de ser viables, podría tener algunas consecuencias importantes. El aporte o incluso préstamo teológico desde los árabes demostraría, quizás junto a la religiosidad egipcia, la edomita, y otras posibles que actuaron sin ninguna incertidumbre en confluencia en determinadas áreas geográficas, la existencia de conatos de revelación monoteísta independientes del pueblo de Israel en concordancia con otros pueblos a los que según la teología islámica, Dios dirigió la palabra. La propuesta, de la que el presente capítulo es un ensayo fundado, ayudaría en la medida de lo posible a comprender el origen del monoteísmo, de las tradiciones bíblicas y coránicas antiguas, y de los pueblos mencionados por ellas.

2

EDAD DEL HIERRO. SIGLOS X–V A.C.[1]

ESCRITURA SABEA Y COMERCIO DE INCIENSO: SABA E ISRAEL

Otro episodio en el que se puede rastrear la historia de los árabes a través de su contacto con otros pueblos y del que ya hemos hablado brevemente aparece de nuevo en la Biblia, aunque en un periodo algo posterior a la aventura del desierto. El reinado del israelita Salomón se sitúa entre el 970 y el 931 a.C. y corresponde plenamente a la Edad del Hierro I en Oriente Próximo. Es conocido que el reino de Salomón disfrutó de estabilidad gracias al declive momentáneo de los imperios asirio y egipcio, situados en el mapa por encima y por abajo suya (1 Re 4,20). El libro bíblico de los Reyes resalta la sabiduría de este rey, pero no fue menor su carácter comercial. Uno de sus relatos más populares es la visita de la reina del país de Saba, una narración que presenta un tanto simbólicamente ambos aspectos del rey Salomón, su sabiduría y su riqueza.[2] El país de Saba fue uno

1. La Edad del Hierro I para Arabia del Noroeste se establece entre el XII y IX a.C. (así por ejemplo Hausleiter y Eichmann, "Oasis of Taymā'," 20). El Hierro II (o II y III si el II no se subdivide en periodos menores) se extiende desde el IX a.C. hasta el comienzo del periodo helenístico con la muerte de Alejandro Magno (323 a.C.), pero este capítulo se ciñe únicamente del siglo X al V a.C. Para la periodización, ver Anexos.

2. 1 Re 10,1–13; 2 Cro 9,1–12.

de los reinos caravaneros en los que estuvo dividido el antiguo Yemen a lo largo del milenio I a.C., famoso por haber sido el mayor de los poderes de la región y dotarla durante más de un milenio del primer lenguaje escrito de Arabia.

El alfabeto «sudarábigo antiguo» forma parte, junto al gheez, de la rama sureña de la familia lingüística semita. En su mayor parte, esta escritura fue utilizada para documentos en piedra de carácter institucional, es decir, fue una escritura monumental, de carácter político, civil, y religioso, pero otros usos o soportes están ampliamente atestiguados: estatuas, amuletos, incensarios, tablillas, etc. Cuatro dialectos regionales—sabeo, mineo, qatabaní, y hadramita, fueron expresados con el mismo alfabeto de 29 signos, en su mayor parte consonánticos. En el hecho de que no todos los signos fueran consonánticos, y en el mayor número de los mismos, el sudarábigo antiguo se diferencia de la matriz cananeo-fenicia, de 22 signos puramente consonánticos.[3] El nombre de Saba (s^{1}b') aparece de hecho mencionado en inscripciones tempranas del Yemen para referirse al territorio sobre el que gobernaba la dinastía sabea de Marib, originada en este oasis entre los siglos VIII y VII a.C., si bien la datación por radiocarbono ha demostrado que esta civilización debe remontarse al siglo IX a.C.[4]

Que la reina de Saba, llamada Bilqīs en la tradición islámica (ver C 27:22–44) haya subido a testar (1 Re 10,1) la sabiduría del rey Salomón es, empero, algo difícil de sostener ya que no hay evidencia arqueológica que testifique la existencia de reinas en aquella región pese a tratarse de una de las áreas del mundo antiguo con mayor presencia de documentos epigráficos.[5] Se ha querido ver una solución a esta dificultad a partir de la diferencia que establece la Biblia hebrea entre Saba (סְבָא/ Sevā'), hijo

3. Nebes y Stein, "Ancient South Arabian," 145–47. Es frecuente designar con el nombre "sabeo" a cualquiera de los cuatro dialectos de la escritura sudarábiga antigua, porque ciertamente fue la forma predominante en Yemen. Nosotros mantendremos la diferencia dialectal en la medida de lo posible. La escritura sabea (dialecto sabeo escrito), se diferencia en tres periodos: sabeo temprano (s. VIII–IV a.C.); sabeo medio (s. I a.C.–IV d.C.); sabeo tardío/ himyarita (s. IV–VI d.C., con una última inscripción atestiguada en 554/ 559 d.C.).

4. Robin, "Antiquity," 81–82; Breton, *Arabia Felix*, 22.29–55.93; *EncJud* 17:631. La raíz «s^{1}b'» significa "llevar a cabo una realización": un viaje comercial, una construcción material, una expedición militar, etc. El gentilicio "sabeo" es «s^{1}b'y-n» (Beeston et al., *Sabaic Dictionary*, 122).

5. Aunque breves por su extensión, el número de inscripciones en piedra, madera, o cera encontradas en los antiguos reinos del Yemen, Saba, Qatabān, Hadramawt, Maīn, y más tarde Himyar, alcanzan los 15.000 ejemplares, de los cuales 6.000 son sabeos, una cifra muy superior al conjunto de textos semitas antiguos conservados, como fenicios, hebreos, o cananeos (Breton, *Arabia Felix*, 30–31). Para Bilqīs, Ṭabarī 576–86.

de Cam (חָם/ Ḥām) y por tanto país del sur en Gen 10,7a, y Seba (שְׁבָא/ Shevā') en Gen 10,7b, hermana de Dedān (דְּדָן), actual oasis de al-'Ulā en Arabia Saudí, región que genéricamente la Biblia sitúa al este de Israel (pese a ser también descendiente de Cam, igual que Saba). Shevā' (שְׁבָא) es la palabra utilizada en 1 Re 10:1 y podría entonces referirse a una de las reinas del norte de Arabia atestiguadas en los anales asirios. No obstante, se trata de una interpretación con dificultades. En un duplicado de Gen 10,27–28, en la que esta misma Seba (שְׁבָא) es descendiente no de Cam sino de Sem (familia semita), así como en 1 Re 10,11, Seba (שְׁבָא) aparece mencionada en relación con Ofir, una región aurífera cuya mercancía sin duda llegaba a Israel pasando por el puerto de Elat (unos 5 km al oeste de la actual Aqaba) y que preferiblemente marca una procedencia al sur muy lejana.[6]

Por otro lado y aunque la domesticación del camello debió producirse a finales del milenio II a.C., pudiendo haber sido usado con propósitos comerciales durante la época salomónica, el gran séquito de camellos con el que la reina de Saba aparentemente visitó a Salomón (1 Re 10,2) parece describir un modelo basado en la organización de caravanas a gran escala que no debió adelantarse al siglo VIII a.C., época en la que el camello comienza a ser representado en las fuentes asirias como un animal de guerra y transporte, utilizado en masa y plenamente domesticado.[7] El lenguaje bíblico utilizado en esta narración posee además al menos una marca textual en arameo, lengua que no se hace común en Palestina hasta el siglo VI a.C., lo que hace suponer que el encuentro entre la reina de Saba y Salomón fue compuesto por los círculos sacerdotales de Jerusalén para modificar un relato previo.[8]

La figura de Salomón fue engrandecida por la tradición hasta convertirlo en el modelo de rey sabio y enriquecido, razón que ha explotado la investigación para descubrir realidades menos maravillosas que las que al

6. La diferencia entre Saba (Sevā') y Seba (Shevā'), es indicada en *EncJud* 17:631, que añade wadi Shaba cerca de Yathrib/ Medina como posible lugar que recogería una noticia lejana de la patria de la reina de Saba. Esto justificaría ulteriormente su hermanamiento con Dedān, pero el contexto general de 1 Re 10 y los productos exportados por la reina de Saba sugiere más Yemen que el Hejaz. Es posible con todo, que el texto bíblico mezcle dos realidades distintas.

7. Hausleiter, "Tayma," 220; Breton, *Arabia Felix*, 114–15; El rey asirio Tukultiurta II recibe 30 camellos como tributo del territorio de Hindanu a comienzos del siglo IX a.C., al parecer dromedarios (*ARAB* 1,410), pero las referencias al dromedario son más frecuentes en reyes posteriores. Del siglo IX a.C. y de la misma fuente: 1,611; del VIII a.C. 1,772; 2,18.31.33.49.45.55.74.87.164; del VII a.C.: 2,237.240.267.518.551.700.823–24.827.

8. *EncJud* 17:631; 18:755–57. El uso del arameo por los hebreos aparece indicado en la Biblia a comienzos del siglo VII a.C. (2 Re 18,26). 1 Re 10:1: חידות/ ḥidout, "cuestiones difíciles," de חָדַת/ ḥadat, "nuevo" (Sokoloff, *Palestinian Aramaic*, 188).

respecto narra el Antiguo Testamento. Desde esta óptica y por el parecido con los jeroglíficos que se mandaron inscribir en honor del dios Amón-Ra en las proximidades de Tebas algunos siglos antes de Salomón, se ha podido aseverar que el relato de la reina de Saba recogido en el libro de los Reyes consistiría en una versión hebrea de la reina egipcia Hachepsut y de su expedición al misterioso país de Punt. Sin embargo, esta sugerente hipótesis puede ser contrastada con algunos datos arqueológicos que hacen verosímil el intercambio entre Israel y el sur de Arabia en un periodo temprano. El primero de ellos corresponde a los altares de caliza excavados al norte de Israel, dispuestos de cuernos en los extremos y desenterrados en lugares destinados al culto. De acuerdo con otros altares posteriores y con las prácticas antiguas descritas en la Biblia los cuernos debieron construirse para soportar alguna clase de ofrenda y probablemente atestiguan el consumo de incienso producido en el Yemen en una época tan remota como el siglo X a.C.[9]

El segundo dato es el sello cerámico de marca sudarábiga excavado en Betel, 15 km al norte de Jerusalén. La pieza, hallada a mediados del siglo pasado, se encuentra en un estado óptimo de conservación y es idéntica a otro sello del siglo IX a.C. de la región montañosa de Hadramawt, Yemen.[10] El siglo IX a.C. es también la fecha en la que se ha extendido el comercio a gran escala de cerámica, con diseños cromáticos en rojo y negro comunes a las escuelas del Mediterráneo, palestinense, y árabe del norte, comercio que necesariamente debió guardar relación con el tránsito de otros productos.[11] Poco más tarde, a comienzos del siglo VIII a.C., Saba ya transitaba el Desierto Sirio junto con árabes del norte hacia el Eúfrates, cuando el babilonio Ninurta incautó una caravana de camellos que intentaba evitar una de sus aduanas.[12] El rey Itamara el sabeo está registrado en los anales de Asiria en el término del VIII a.C., lo mismo que su sucesor Karibilu a comienzos del VII, ambos litografiados expresamente en las primeras inscripciones regias de Marib.[13] Los mismos anales contienen nombres de reinas del norte de Arabia, Zabibe, Samsi, Iatie, o Adia durante los mandatos de Tiglathpileser III, Sargón II, Senaquerib, y Asurbanipal, mientras que inscripciones propiamente sabeas del siglo VII a.C. han sido descubiertas en Jerusalén,

9. Ben-Tor, *Antiguo Israel*, 533–34; *EncJud* 9:755. Compárese los altares de caliza dispuestos de cuernos encontrados en Dan y Bersheba datados en los siglos IX y VIII a.C., fotografiados en *NEAEHL* 1:171–72.327–29, con los altares de madera de Exod 27,1–2; 30,1–10.

10. *NEAEHL* 1:192–94.

11. Hausteiter, "Tayma," 216–17.230–40; *EncJud* 9:755.

12. Potts, "The Origins," 74.

13. Breton, *Arabia Felix*, 34–43; *ARAB* 2,18.55.440.

tiempo en el que la práctica de quemar incienso estaba extendida.[14] Estas pruebas indirectas impiden descartar el encuentro entre los israelitas y los sabeos en la etapa salomónica como simple anacronismo aunque sitúan la expansión sabea en un escenario algo posterior.

Dentro de estas aproximaciones, el estudio del mercado de los productos endémicos del sur de Arabia, incienso, mirra, o goma arábiga entre otros, es de especial interés para comprender la importancia que paulatinamente adquirirá el país de Saba en el tráfico de artículos preciados en el Levante mediterráneo. El valor de algunos de estos productos, utilizados en perfumería, farmacia, tanatología, y especialmente en el culto religioso llegó a superar en ocasiones el del mismo oro. El misterio que envolvía las regiones productoras, más allá de los desiertos sin fin de Arabia, la peligrosidad de su transporte, y la lejanía del trayecto en caravana incrementaban el valor final del producto, destinado siempre a usos nobles. El más conocido de estos artículos que fueron producidos en la antigua Arabia es el incienso. El franquincienso, si de lo que se habla es del producto en bruto, es una resina exudada por la corteza del *Boswellia sacra*, un árbol de talla pequeña o arbusto ramificado desde la base que formaba bosques abiertos en el Yemen oriental, cuya fecha más temprana de explotación no se conoce pero que puede enlazarse con el fin del milenio II a.C. El nombre de la resina en sabeo posiblemente proviene de la raíz «lbn» (libnay, "blanco"), raíz común al norsemita que da lugar al nombre popular del Boswellia sacra, el olíbano.[15]

El altar de incienso descrito al detalle en el libro del Éxodo y las ofrendas de incienso que los israelitas debían ejecutar en el desierto según los libros del Levítico y de los Números situarían, sobrepasando las pruebas arqueológicas actuales, el consumo del incienso en un periodo tan antiguo como el siglo XIII a.C. Indudablemente, la sofisticación con la que es definido por la Biblia el culto durante el tiempo de Israel en el desierto desautoriza esta fecha. Por el contrario, la pulcritud del culto que se percibe en los textos que hablan del tiempo de Israel en el desierto y la similitud con

14. Robin, "Antiquity," 82; Hausteiter, "Tayma," 220; Ben-Tor, *Antiguo Israel*, 533. *ARAB* 1,772.778.817; 2,18.55.259.1083–84. Sobre el uso de incienso en Israel en el VIII a.C. véase 2 Re 14,4; 15,4; 16,4; 17,11; 18,4; en el VII a.C. 2 Re 22,17; 23,5–8; en el VI a.C. 2 Re 25,15; 2 Cro 34,25; Neh 13,5.9; Jer 1,15–16; 6,20; 7,9; 17,26; 19,13; 41,5; Ezek 8,11; 16,18; 23,41.

15. Beeston et al., *Sabaic Dictionary*, 81. En Hebreo incienso es לְבוֹנָה/ levounāh, de la raíz verbal לבן/ lbn, "hacer algo blanco," de donde proviene el adjetivo לָבָן/ lāvān, "blanco," y לְבָנוֹן/ Levānoun, el monte Líbano en referencia a su cumbre oriental nevada. En griego el idioma para el incienso es el mismo: λίβανος/ líbanos; en latín tardío es *incensum*, que proviene de *incenso*, "incensar", y este del latín clásico *incendo*, "quemar."

algunos pasajes concretos del profeta Ezequiel obliga a fijar la redacción final de los libros del Éxodo, Levítico, y Números en el siglo VI a.C. cuando la monarquía israelita ha desaparecido y el sacerdocio se convierte en la institución líder del país.[16] No obstante el retraso redaccional que se le debe atribuir a los pormenores del culto mosaico, la comparativa de tradiciones bíblicas refuerza la hipótesis de que el altar chapeado en oro del templo salomónico descrito con mucha menos precisión en el libro de los Reyes era efectivamente un altar de incienso, más rudimentario, semejante a los altares contemporáneos a Salomón que han sido desenterrados en Laquis y Meguido.[17]

La arqueología de ambos lugares ha traído a la luz media docena de incensarios en forma de pilastra, dos altares de incienso de roca maciza, cúbicos y con soporte para ofrendas en la parte superior, y algunos cálices de cerámica para libaciones. En el caso de Meguido, el derrumbamiento violento al que fueron sometidas las construcciones del estrato acumuló más de 1 m de escombros e indica que es previo a las conquistas israelitas, después de las cuales la ciudad fue reconstruida.[18] El estrato en el que fueron encontrados el altar de incienso de Meguido y los dos incensarios debe situarse por tanto en el final del milenio II a.C. o comienzos del I. La datación queda confirmada, en este caso, por dos sellos administrativos excavados en el nivel de asentamiento construido sobre el estrato anterior, uno de los cuales menciona expresamente a Jeroboam, rey de Israel en el siglo X.[19] En Laquis la destrucción de la estancia dedicada al culto en la

16. Exod 30,1–8; 37,25–29; Lev 2,1–14; 16,11–14; Num 16,16–18.35; 17,11–12; Ezek 41,21–22; 43,13–17.

17. 1 Re 6,20–22; 7,48 y 2 Cro 4,19; Para el párrafo que sigue *NEAEHL* 3:897–911.1003–24.

18. Las campañas de David por el norte llegaron hasta Damasco (2 Sam 8,1–18; 1 Cro 18,1–11). La enemistad entre los israelitas y los cananeos de Meguido puede ser anterior a David pero no su conquista (Jos 11,17; 12,21, Jue 1,27–28). Obras de Salomón en Meguido: 1 Re 9,15. Es imposible discutir aquí la historicidad del padre de Salomón, el rey David (1010–970 a.C.), hoy aceptada por consenso gracias a la Estela de Tel Dan (fragmentada), descubierta entre 1993 y 1994, grabada en arameo antiguo, datada en Tiglathpileser III (ca. 733 a.C.) y en cuya línea 9 se menciona su dinastía o un territorio con su nombre: ביתדוד/ beyt-David, "Casa de David" (Athas, *Tel Dan Inscription*, 5–17.217–18 para el contexto arqueológico y el análisis textual de las líneas 9 y 10).

19. Para Jeroboam I (931–910 a.C.), primer rey del Israel del norte, enemigo de Salomón y de su hijo Roboam (931–913 a.C.) ver 1 Re 11,26–14,20; 2 Cro 10,1–19; 13,1–20. Existe evidencia arqueológica del santuario de Dan a los pies del monte Hermón en el que Jeroboam I instituyó el culto al becerro de oro (1 Re 12,26–30). Se trata de un recinto de apenas 20 m de largo por 8 de ancho, en el que ha sido desenterrado un altar con cuernos del siglo X a.C., vasija de almacenaje, estatuillas, y varios incensarios en forma de pilastra decorados en relieve (*NEAEHL* 1:323–29).

que se encontraron el altar, los cálices, y algunos incensarios más, se debió en cambio al fuego y guarda relación con la campaña de castigo del faraón Sisak en el año 925 a.C., recogida por la Biblia.[20]

La datación arqueológica del tráfico de incienso en el Levante apoya la visión bíblica de que árabes y hebreos siguieron en contacto como socios comerciales después de la etapa de Israel en el desierto. En un estudio sobre la religión islámica el conocimiento de las relaciones comerciales es de la máxima importancia ya que establece el gran eje de transporte de bienes y personas entre Yemen y el Levante por el que entrarán en Arabia los grandes temas del monoteísmo y la profecía. El marco geográfico de estas relaciones se distribuye paralelo a la costa oeste de Arabia conectando en algún momento del tránsito al milenio I a.C. los estados vecinos de Israel con los reinos productores del sur. No obstante, de qué modo llegaron hasta Palestina los primeros productos comercializados por los árabes del sur en una fecha posible tan temprana como los siglos X y IX a.C. es todavía un enigma que no ha sido resuelto.[21] Las fuentes epigráficas del Yemen, pese a ser tan abundantes, están dedicadas a las obras civiles, campañas militares, al culto funerario o religioso de los antiguos reinos sabeos y no hacen referencia explícita a la exportación de productos. Esta actividad fue objeto del control estatal pero no era considerada una ocupación de mucho prestigio de modo que las inscripciones no permiten conocer con precisión el origen del periplo caravanero.

La circulación de mercancías en Israel incluyó según la Biblia una variedad de productos a cuya lista han de añadirse los alumbrados por la arqueología. Algunos de ellos debieron transportarse en grandes cantidades desde el siglo X en adelante, como la madera o la piedra de construcción, los caballos turcos, los carros de combate o el lino egipcios, la púrpura fenicia, la vasija para transporte de bienes, vino, aceite o grano, el hierro, el cobre, la cerámica de uso funerario o doméstico. Otros artículos en cambio, debieron comercializarse a menor escala pues se trataba de bienes prescindibles o escasos, como la madera de artesanía, el incienso árabe, el sándalo indio, los perfumes, las tallas de marfil africano, los esclavos, la joyería o el oro; por último, los bienes perecederos como cierto tipo de alimentos, carne

20. 1 Re 15,25; 2 Cro 12,1–10.

21. Sobre la utilización de incienso en Israel en el siglo X a.C. véase 1 Re 11,6–8; 12,33–13,2; en el siglo IX a.C. 1 Re 22,44; 2 Re 12,4; 13,11. Otras citas bíblicas sugerentes: Exod 25,6 (óleo sagrado compuesto en su mayor parte de mirra); 30,23–27.34–37 (mirra e incienso); 39,38 y 40,5.26–27 (altar del incienso); Lev 4,7.18 (altar del incienso); 5,1; 6,7–8 y 10,1 (incienso); 8,1–12.30 y 21,12 (óleo sagrado); 8,10 (mirra); Num 5,15; 7,14; 16,17–18; 17,5.11–12 (incienso); Deut 33,10 (incienso); 1 Sam 2,28 (incienso); 10,1 y 16,1.13 (óleo sagrado); 1 Re 1,39 (óleo sagrado); Can 1,13 (mirra).

o frutas, debieron quedar excluidos del tráfico entre grandes distancias, y otros como la venta de ganado pudieron implicar a más de una nación pero por lo general debieron permanecer en manos de la población regional. En Israel el comercio se convirtió en un asunto de interés estatal desde los tiempos del rey David, prosperó bajo su hijo Salomón, y dio lugar a alianzas políticas.

ISRAEL EN EL MAR ROJO DURANTE EL HIERRO I

Una de las primeras alianzas comerciales entre Israel y una nación vecina fue establecida con Hiram I, rey de Tiro (969–936 a.C.), quien se convirtió en el proveedor de las grandes obras civiles de Salomón, las primeras del pueblo de Israel.[22] El rey fenicio recibió a cambio de estos servicios grandes cantidades de trigo y oliva molida, además del acceso a los mercados más al sur de Israel a través de los territorios de Salomón, es decir, egipcios, árabes, y edomitas. Los fenicios proveyeron durante 20 años de cedros, cipreses, y capataces que sabían trabajar la madera y la piedra con los que construir el templo de Jerusalén, la muralla antigua de la ciudad, y las ampliaciones del palacio de David. Igual que los fenicios, los sabeos intervinieron en el antiguo reino de Israel por su faceta comercial, aunque lo hicieron en una escala mucho menor que lo fenicios. Posiblemente los sabeos del Yemen terminaban su trabajo cerca del Desierto del Sinaí, en la frontera sur de Israel, o en las ciudades-estado del noroeste de Arabia, Dedān y Taymā', y después eran otros grupos semitas los encargados de subir más al norte los productos. Uno de los productos que según el libro de los Reyes provino del mercado del sur fue, aparte del incienso, el oro, utilizado igual que el cobre para los acabados del templo. La tradición bíblica menciona que el oro que extraía Salomón se traía en barco desde Ofir, un territorio al sur

22. 2 Sam 5,11; 1 Re 3,1–3; 5,1–7,51; 9,10–10,29; 1 Cro 14,1; 2 Cro 2,1–4,22; 8,17–9,28; *EncJud* 16:118–22. En Meguido y Samaría la arqueología ha localizado las canteras de piedra sillar que se utilizó en las construcciones de los siglos XI–IX a.C. en la tierra de Israel. Algunas de estas construcciones se han vinculado indudablemente a la intervención real. Excavaciones en Jasor y Meguido al norte de Palestina, en las regiones centrales de Jerusalén, Bet Shemes, Laquis, Mispá, Guezer, Eshtenoa y Asdod, o en la sureña Kuntillat Ajrud han revelado estructuras del periodo salomónico o inmediatamente posterior que van desde el trazado de murallas hasta viviendas, establos de piedra, centros de culto y objetos como grandes tinajas, fragmentos de lingotes de plata, trozos de joyas, y de arneses de caballos para uso militar, aunque el paisaje social que permiten reconstruir dichos hallazgos es más modesto que aquél relatado por la Biblia. Más detalles sobre este interesante contexto arqueológico de la Edad del Hierro en Ben-Tor, *Antiguo Israel*, 503–601.

del Mar Rojo cuya ubicación exacta permanece todavía sin identificar pero que puede relacionarse con una actividad minera próxima a los dominios sabeos en las costas actuales de Yemen, Eritrea, Djibuti, Somalia, o isla de Socotora.[23]

Uno de los modos de transportar el oro era la navegación de cabotaje y, teniendo siempre la costa a la vista, atravesar el Mar Rojo desde el estrecho de Bab al-Mandeb hasta la península del Sinaí. El libro de los Reyes indica que Salomón construyó una pequeña flota en el puerto de Elat, en el extremo norte del Golfo de Aqaba, que acompañaba a los mercaderes fenicios que al parecer ya trabajaban en la ruta de ese mar. La tradición sostiene que a los tres años Salomón llegó a extraer por esta ruta, o más bien comprar a los fenicios, 420 talentos de oro, lo que equivale a 14 ton y 400 kg. Estas cifras, con bastante certeza exageradas, han dejado volar la imaginación de los novelistas. De haber sido ciertas habrían suscitado la ambición sin descanso de otros pueblos por la abundancia de oro al sur del Mar Rojo, como los egipcios o los propios fenicios. La arqueología ha dado cierta consistencia de todos modos al relato bíblico. La posible actividad comercial tendría, no obstante, por mercancías principales más al cobre y las especias que al oro.

Prospecciones en Elat (Tell el-Kheleifeh) en los años 30s del pasado siglo pusieron al descubierto un yacimiento asombroso situado a pie de costa. Un edificio fortificado con tres niveles de asentamiento en periodos flojamente coincidentes con los datos bíblicos cuyos restos más antiguos corresponden a cerámica aparentemente madianita. En el siguiente nivel, más reciente, se descubrió una construcción de cuatro habitáculos rodeada por una muralla de adobe que recorre un área cuadrada de 45 m de lado, ampliada a unos 60 m en el siglo VIII–VI a.C. Apostando por la posible datación más antigua, este segundo nivel correspondería según la Biblia al reinado de Josafat, quien volvió a operar en la región. A este estrato pertenece un incensario, una lámpara, y fragmentos de una gran jarra para almacenaje. Dos de estos fragmentos muestran letras en antigua escritura sabea, lo que indicaría que la vasija fue utilizada para transportar incienso o especias desde el sur. Sin embargo, otras casi dos docenas de impresiones demuestran que el origen de esta estructura del siglo VIII–VI es edomita y no existen pruebas que la relacionen directamente con Judá.[24]

23. Obsérvese que en el ciclo de Salomón el comercio de oro de Israel se relaciona con Ofir y los fenicios (1 Re 9,10–11; 10,21–22), mientras que en otros textos, la mayoría posteriores, se relaciona con el reino de Saba y el incienso (Gen 10,28; 1 Re 10,2.10; Sal 72,15; Isa 60,6). Esta interesante aportación mostraría que la tradición bíblica relacionó el Ofir de Salomón con los mercaderes del Yemen.

24. Ben-Tor, *Antiguo Israel*, 555–58, con datos actualizados por Tebes, "Midianite

El registro arqueológico no elimina la posibilidad del control israelita del comercio al sur de Edom pero cuadra mejor con una tarea llevada a cabo por intermediarios, aunque su financiación haya correspondido a iniciativa israelita.[25] Se ha sugerido que el yacimiento de Tell el-Kheleifeh era un granero fortificado y una posta para caravanas y que el verdadero puerto que utilizó Salomón para ir hasta Ofir sería uno de mayores dimensiones, debajo del actual puerto de Aqaba.[26] Un análisis químico de las piezas de cobre de Yemen datadas en el mismo periodo quizás podría revelar si el metal provino de minas edomitas en el valle del ʿArabāh (Naḥal ʿAmram, Faynan) o si efectivamente los israelitas abrieron por sí mismos una ruta marítima con los productos del sur.[27] Esto confirmaría el relato de Salomón, pero lo haría un hecho excepcional, pues de ser cierto el intento de Josafat de alcanzar por su cuenta el mercado del Yemen o incluso las propias minas de Ofir revelaría que se trató de una ruta que Salomón usó muy poco, ya que no la pudo consolidar. En cualquier caso, el comercio entre Yemen y el Levante en los tiempos de Josafat fue una realidad. El alfabeto sabeo del Yemen data del s. VIII a.C., es hermano del fenicio y procede igual que este del proto-cananeo, o quizás del ugarítico, prueba en cualquier caso de su importación desde el norte.[28]

Es posible, no obstante, que el antiguo alfabeto sabeo fuera importado desde el norte al margen de la actividad portuaria de los edomitas en el Golfo de Aqaba y que los yemenitas hubieran explotado con ayuda o no de los israelitas una ruta mucho más septentrional que la imaginada, sirviéndose de caminos del Desierto Sirio, a los que preferiblemente apunta la ruta vía Taymāʾ y Dumat al-Jandal.

ÁRABES AFUERA DE ARABIA. EL IMPERIO ASIRIO

El texto cuneiforme de mediados del siglo VIII a.C. atribuido a Ninurta, gobernador de los distritos babilonios de Sushi y Mari al oeste de Iraq,

Pottery," 16.

25. 1 Re 9,26–28; 22,48–52; 2 Cro 8,17–18; 20,35–37.

26. *NEAEHL* 3:867–70.

27. Sobre estas minas, Avner, "Origin of Yhwh," 18–19.

28. Agrupo aquí bajo el concepto de lenguaje escrito sabeo a los cuatro principales dialectos sudarábigos, el propio sabeo, el qatabaní, el mineo, y el hadramita (*EI* 3:31; *EncJud* 1:691; Monferrer, *Lenguas Semíticas*, 29.99). Ver nota capítulo precedente. Robin, "Antiquity," 81, afirma la ascendencia ugarítica del sabeo y del "árabe antiguo" (del norte), aunque señala el misterioso vacío documental en su transmisión de cuatro siglos, pues el ugarítico desaparece en el XII a.C.

afirma que en el botín capturado en la caravana de sabeos y taymanitas que intentaban esquivar su aduana se encontraban, además de piedras preciosas, metal, lana púrpura, y otras mercancías. Sería esta la primera constatación extra-bíblica del tráfico árabe de bienes preciados en la ruta norte–sur:

> "Yo, Ninurta-Kudurrī-Uṣur, gobernador de la tierra Suḫu y de la tierra de Mari: Con respecto a la gente de Tema y Shaba [shā-ba-'a-a-a] cuyo país está muy lejos... Yo escuché una noticia acerca de ellos al mediodía, (mientras yo estaba) en la ciudad Kār-Apla-Adad e (inmediatamente) enjaecé (a los caballos de) mi carro.... Yo capturé 100 de ellos vivos. Yo capturé sus 200 camellos, junto con sus cargas—lana de púrpura azul [takil-tum],... lana, piedras <pappar> dilu [o estatuas, o piedras de algún tipo], todo tipo de mercancía. Yo tomé abundante botín de ellos y lo traje a la tierra de Suḫu." (trad. Macdonald)[29]

En aquél tiempo, el colorante azul o púrpura estaba monopolizado por el litoral mediterráneo, Biblos, Tiro, y Sidón, que durante la fase de marea baja recolectaban los moluscos del género *Murex* para explotar su pigmento. Este dato revela que, aceptando la traducción propuesta de «takiltum,» los taymanitas y sabeos que fueron interceptados en esta caravana por los agentes aduaneros de Ninurta regresaban probablemente del norte y que los antiguos árabes pudieron mantener por sí mismos contactos comerciales con regiones tan distantes como Fenicia.[30] Apoyada en este dato, la narración del libro bíblico de los Jueces según la cual los madianitas que derrotó el israelita Gedeón en el XI a.C. disponían de púrpura adquiere rasgos de verosimilitud y consolida la idea de que la ruta árabe hacia la costa mediterránea pudo ya haberse establecido poco después del tiempo de Israel en el desierto.[31] Por ende, cerámica madianita encontrada abundantemente en los yacimientos arqueológicos de Qurayyah y Taymā' al noroeste de Arabia Saudita, añade peso a la hipótesis de que los árabes del norte y quizás los sabeos alcanzaron el Mediterráneo al presentar estilos coincidentes con la cerámica egea.[32]

29. Macdonald, "Incence Road," 339: la traducción del tipo de mercancías de la caravana es insegura.

30. Potts, "The Origins," 74.

31. Jue 8,26.

32. Potts, "The Origins," 72. Para Qurayyah y la cerámica madianita, ver capítulo precedente.

TIGLATHPILESER, SENAQUERIB: LA REINA SAMSI

Las antiguas fuentes asirias hablan de los sabeos en los anales de Tiglathpileser III encontrados en Nínive a propósito de una serie de hechos fechados en el 733 a.C., algo posteriores al episodio de Ninurta.[33] En las inscripciones del palacio del barrio norte de Nínive, llamado Calah y más tarde Nimrud, Saba aparece junto con Taymā', Massā', Hayappa, Badanu, Hatte, e Idibailu en la lista de vasallos que imitaron a la reina árabe Samsi en el pago de tributo a Tiglathpileser. El tributo que los árabes entregaron a Tiglathpileser III (745–727 a.C.) incluía esta vez camellas en edad fértil, aromas (todo tipo de hierbas), plata, y oro. Gracias al valor obtenido con su venta Tiglathpileser contribuyó a la remodelación del templo dedicado a la fiesta del Año Nuevo. Los anales también dicen que el rey asirio nombró a un supervisor fiscal de estos pueblos semitas, Idibilu, que era también el encargado de vigilar la frontera con Egipto. Según los anales, el territorio de Samsi dependía de la misma autoridad administrativa que Edom, pero era netamente diferente pues el rey edomita Qaush es incluido en los tributarios del grupo de Gaza y Judá, por lo que Samsi y con ella los sabeos mencionados en este asunto pueden asociarse alternativamente con actividad al noroeste de Arabia o más ampliamente con mercancía que cruzaba el Desierto Sirio, en contra de aquellos árabes, edomitas, y quizás sabeos que operaban en dirección a Israel y hacia el Mediterráneo.[34]

Algún tiempo después de Tiglathpileser III, Senaquerib (704–681 a.C.) dedicó el epígrafe de una de las puertas amuralladas de Nínive a los mercaderes árabes del oasis de Taymā'. Los taymanitas aparecen aquí mencionados junto con el pueblo de «Sumuil,» término que puede equivaler a una variante del bíblico Ismael y al que con bastante imprecisión podría relacionarse con la actividad de la tribu que gobernó 50 años antes la reina Samsi.[35] El gesto de Senaquerib indica al margen de esta conjetura, la importancia creciente que estaba adquiriendo el comercio del norte de Arabia gracias a unas pocas rutas a través del desierto que ya pueden reconstruirse con alguna exactitud. Aun así, al tratarse de un territorio cuya explotación directa era poco rentable para una potencia extranjera

33. Para la sección sobre Tiglathpileser III, *ARAB* 1,761–827.

34. *ARAB* 1,778–79.799–801. Baste traer aquí un ejemplo (1,778): "Los Mas'ai, Temai, Sab'ai, Haiapai, Badanai,... [en el borde de las tierras del sol poniente, quien ninguno conoció, y cuyo lugar está lejos (de aquí)–elllos escucharon acerca de la gloria de mi majestad... camellos, camellos hembra, todo tipo de especias, su tributo [ellos trajeron ante mí...]..."

35. Hausleiter, "Tayma," 220; *ARAB* 2,397.

deshabituada al desierto, el control del norte de Arabia por los asirios no fue por lo general directo y la posición de los árabes del norte, divididos entre mercenarios, pastores, mercaderes, y agricultores, dependió, tal y como se desprende de los anales, de las posiciones de Babilonia y Palestina respecto al Imperio Asirio.

EL OASIS DE TAYMĀ' EN LA EDAD DEL HIERRO

Desde el final de la Edad del Bronce (XIII–XII a.C.) Taymā' habría sido la segunda ciudad árabe del norte más importante después de la madianita Qurayyah. En la época de Senaquerib (701–681 a.C.), Taymā' era un palmeral que disponía de agua con regularidad debido a la diferencia de nivel entre la zona en la que se ubicaban huertos y viviendas y la cuenca de abastecimiento. Dicha cuenca de captación ha sido medida en unos 600 km^2, situada decenas de kilómetros al norte del oasis. Dotada de sumideros por los que se infiltran las esporádicas lluvias torrenciales, contiene una capa más profunda de roca sedimentaria (limolita) poco porosa que pone agua a disposición en la superficie de la parte más baja de la cuenca de captación y a poca profundidad, es decir, en Taymā', habilitando un área con potencial agrícola rodeada por desierto que fue explotada al menos desde la Edad del Hierro I (s. XI–X a.C.). El estudio arqueológico ha sido realmente fructífero en Taymā', aflorando niveles de ocupación desde el final del periodo neolítico en Arabia (milenios V–IV a.C.) hasta el final del periodo romano tardío (siglos III–IV d.C.), pero que en realidad deben verse en continuidad hasta el periodo islámico temprano, cuando Taymā' está principalmente habitada por judíos.[36]

En el periodo que nos ocupa y en el siguiente, Hierro I y II Temprano (siglos XI–VII a.C.), el área urbana de Taymā', Qrayya al sur de la moderna Taymā', se extendía por una superficie de unas 22 ha (220.000 m^2), dentro de un perímetro más amplio amurallado y mucho más antiguo, contruido de ladrillos de adobe sobre fundamentos de piedra en las partes más antiguas, con una altura de hasta 8 m.[37] Un área investigada de unos 1.200

36. Hausleiter y Eichmann, "Oasis of Taymā'," 16 consideran que la muralla perimetral de la antigua Taymā' ya debía estar operativa en el milenio III a.C. Sobre la presencia de judíos en el siglo VII d.C. en Taymā' y wadi al-Qurā: Wāqidī 180; Balādhuri 34.

37. No debe confundirse Qrayya o Qrayyan en Taymā' con la ciudad madianita Qurayyah. La raíz ق /ر /ي (q-r-y), de donde proviene قَرية / qaryatun, (la) "ciudad," "poblado," "pueblo," etc., y el plural قُرَى/ quray (qurā), "ciudades," "pueblos," es común en árabe, y así por ejemplo, "wadi al-Qurā" en la región del propio Taymā', significa "valle (seco) de las Ciudades."

m² dentro de Qrayya, trajo a la luz fragmentos de hueso, peines de marfil, cestas de junco, cuencos de cerámica de tamaño medio, y taraceados de madera, aunque nada específico con relación al posible tráfico de incienso interceptado por Ninurta (incensarios por ejemplo). El área de irrrigación en la parte sur de Qrayya y el propio asentamiento son de todas formas suficientemente grandes para justificar el botín capturado por Ninurta, de 100 hombres y 200 camellos.[38]

En el Hierro II la cultura madianita se da por extinguida y los investigadores creen que fueron los thamudeos o lihyanitas quienes habitaron la región de Taymā' en el noroeste de Arabia durante el tiempo de Senaquerib o inmediatamente posterior (s. VII en adelante). La relación de Taymā' con los madianitas queda probada, por otro lado, por la cerámica bicromática encontrada en Taymā' aunque muchas otras piezas de este sitio indican que buena parte de la cerámica no fue manufacturada en los hornos de Qurayyah sino que muestra, en todo caso y dentro del patrón común a toda la región, similitudes con la vasija de Timná, un oasis edomita en el extremo de la 'Arabāh en dirección norte al país de Moab.[39] Los thamudeos o lihyanitas serían por tanto los sucesores de los madianitas en su área de expansión, comercialmente mejor organizados y con una misma tendencia de intercambio cultural aunque no exclusiva hacia el norte y oeste.

TAYMĀ', DUMĀH, Y QĒDĀR EN LA BIBLIA

La Biblia cita a Taymā', Massā', Qēdār, y Dumāh en dos pasajes paralelos de la lista de Tiglathpileser III que hablan de los hijos que tuvo Ismael en el desierto.[40] Massā' (מַשָּׂא) era una tribu del Desierto Sirio dedicada al

38. Hausleiter y Eichmann, "Oasis of Taymā'," 10–19.30–32. En la mayor parte de los casos, los artefactos arqueológicos recuperados corresponden únicamente a fragmentos dispersos, trozos de desecho o escombro, que por la forma y tipología permiten ser identificados y a veces reconstruidos por completo (re-uniendo las partes), aunque no es del todo infrecuente hallar objetos enteros.

39. Al-Ghazzi, "Kingdom of Midian," 212–17; Hausleiter, "Tayma," 218–45. La tradición material referida es la así llamada "cerámica taymanita."

40. Gen 25,12–15; 1 Cro 1,29–31. Taymā': lit. «Tēymā'» (תֵּימָא). La Biblia presenta varios listados más de epónimos árabes en los descendientes de Keturá (Gen 25,1–6; 1 Cro 1,32–33), Esaú (Gen 36,1–8; 1 Cro 1,34–37), y Seír (Gen 36,9–30; 1 Cro 1,38–41). Entre los descendientes de Keturá se encuentran algunos pueblos árabes al este y sureste del Mar Muerto, comparables a Massā', tribu nómada de ovejas y camellos del Desierto Sirio entre Damasco (Gen 10,23), el margen del Eúfrates, y el suroeste de Babilonia; o Madián, de quien ya se ha hablado ampliamente. Esaú y Edom son términos equivalentes y corresponden a las tribus al este del 'Arabāh. Los hijos de Seír serían los pueblos de pastores a ambos lados de este.

pastoreo. Su territorio de trashumancia abarcaba el margen del Imperio Asirio entre Damasco y el suroeste de Babilonia según la línea del Eúfrates, pudiendo desplazarse varios cientos de kilómetros en función del régimen de precipitaciones.[41] Massā', salvando las franjas deshabitadas, debió limitar por el sur con Qēdār (קֵדָר), una liga de tribus en el desierto norte de Arabia que intervino más sensiblemente que otros grupos árabes en la política de Asiria. La Biblia atribuye a Qēdār costumbres similares a las desempeñadas por Massā' con pastores dedicados a la cría de ovejas y camellos, reconocibles a distancia por sus tiendas de negro cuero cosido dispersas en los campamentos de temporada.[42] Dumāh (דּוּמָה), corresponde a la Adumatu asiria y es la antigua población (ya indicada) que habitó el suelo de la actual Jawf saudita (Dumat o Dumat al-Jandal). A cuatro días de marcha al este de Taymā' y una semana del Mar Rojo, Dumat fue durante siglos un alto en la ruta que marchaba desde la península del Sinaí hasta la desembocadura del Eúfrates (oeste-este), o desde Babilonia o el Desierto Sirio al centro de Arabia (norte-sur).

ESARHADÓN: HAZAEL Y TABÚA EN DUMĀH

Una serie de textos históricos de Esarhadón (680–669) en el primer tercio del siglo VII recuerda la campaña de su padre Senaquerib contra Dumat y resalta la relevancia que adquirió este oasis fortificado en la política fronteriza de Asiria.[43] Según se desprende de estos relatos, Senaquerib había secuestrado los dioses de Dumat y siguiendo la costumbre los había deportado a Nínive como signo de victoria, pero cuando Senaquerib murió, el rey Hazael de Dumat buscó la paz y acudió a Nínive para restablecer el vasallaje con su hijo Esarhadón (680–669 a.C.). El monarca asirio devolvió entonces a Hazael los ídolos que su padre había secuestrado y confirmó su autoridad como rey de los árabes, enviando junto con los dioses tribales una princesa llamada Tabúa para asegurar las relaciones de palacio entre Dumat y Asiria. Un par de tablillas de arcilla bajo Asurbanipal (668–627 a.C.), hijo a su vez de Esarhadón, da detalles sustantivos sobre esta princesa que ayudan a entender el rol que desempeñaron Samsi y otras reinas entre los árabes del norte. Las tablillas vinculan a Tabúa con el culto de la divinidad solar Shamash, que era un dios de signo femenino común al panteón árabe y arameo.[44] Los textos, parcialmente corrompidos, revelan que Tabúa,

41. Esta localización hace que Gen 10,23 sitúe a Massā' entre los hijos de Aram.

42. Sal 120,5; Cant 1,5; Isa 60,7; Jer 49,28–32; Ezek 27,21.

43. *ARAB* 2,518.536.551–52.

44. *ARAB* 2,940.943.

sucesora de Telhunu, ocupaba la posición de sacerdotisa de Shamash y que fue enviada a Dumat para asegurar el favor de la diosa. Continuando el hilo argumentativo, la traducción de los textos relaciona a Tabúa con alguna clase de monumento cubierto de oro y piedras preciosas en el que no sería difícil ver la representación de la diosa Shamash.

Las mismas tablillas explican que durante la desobediencia de Hazael contra Senaquerib el padre de Esarhadón, Telhunu, la predecesora de Tabúa, se había desmarcado del rey árabe y había buscado refugio en Nínive junto al rey asirio, jurando no volver a pactar una alianza con los árabes de Hazael. Telhunu debió por tanto ejercer alguna clase de peso político entre los árabes, tal y como parece haber sido el caso de Samsi durante el reinado de Tiglathpileser III. Por otro lado, al ser Tabúa la sucesora de Telhunu en los oficios religiosos de Dumat se ha pensado que Tabúa pudo ser hija de Telhunu. Aunque esto es indemostrable puede creerse casi forzosamente que Samsi, la reina de los árabes que Tiglathpileser III había sometido a tributo un siglo antes, era como Telhunu y Tabúa reina y sacerdotisa al mismo tiempo. Los nombres de Samsi y Shamash comparten de hecho la misma raíz (שמש) aunque parecen ser derivaciones semánticas comunes a todo el periodo.[45] Al tratarse de una divinidad solar femenina, si en efecto Shamash fue adorada en Dumat en la forma de un betilo de piedra o una estatua de madera revestida con joyería, esta pudo llevar inscrito el símbolo del disco solar y quizás estar representado mediante algunos atributos femeninos, gozar de alguna clase de cortejo en los días señalados del año litúrgico, y estar destinado a ejercer algún papel mixto junto con el rey de Dumat en los oficios públicos. Esta serie de funciones explicaría el interés de los reyes asirios por importar una princesa de palacio a Dumat y de reconocer al mismo tiempo su carácter sacerdotal.

ASURBANIPAL: EL REY IATE DE DUMĀH Y LA REBELIÓN DE UABU

De otros textos de Asurbanipal que copian aquellos del reinado de su padre Esarhadón se desprende que Hazael fue el jerarca de Qēdār, tribu a la que por consiguiente debe atribuirse durante el siglo VII en adelante un porcentaje de población sedentaria en el oasis de Dumat.[46] Los escribas de Asurbanipal relatan un conjunto de sucesos relativos al momento en el que la conflictividad entre Arabia y Asiria llegó a su plenitud. Cuando Hazael murió, su hijo Iate ocupó el trono de Dumat y Esarhadón aumentó el impuesto

45. Martínez, "Arameos y Árabes Preislámicos," 313–15.

46. *ARAB* 2,820.

(heredado) que Iate debía entregar a Asiria. Mil fardos de resinas, otros 50 camellos sobre la cantidad que Hazael había pactado entregar a Esarhadón, y 1.000 piedras semipreciosas añadidas como tributo dieron lugar a una rebelión interna de los árabes contra Iate encabezada por un tal Uabu. Según lo que Asurbanipal mandó escribir, Iate siguió el ejemplo de su padre Hazael y se mantuvo fiel al gobierno central de Esarhadón. El emperador apoyó a Iate en el trono de Dumat frente al partido independentista y con ayuda del ejército asirio sofocaron la rebelión. Uabu fue deportado y atado para escarnio público en una de las puertas de Nínive pero la presión fiscal y otra serie de alteraciones en las áreas vecinas no fue cómoda para Iate y cuando Asurbanipal ascendió al trono la causa separatista surgió de nuevo. Traemos aquí únicamente la primera parte de la secuencia:

> "...En cuanto a Hazael, el destino (lo arrebató), y Iata', su hijo, yo coloqué en su trono. [10 minas] de oro, 1.000 piedras preciosas, 50 camellos, [1.000] fardos (?) de hierbas, yo añadí al tributo de su padre y lo eché sobre él. Después Uabu, para ganar la realeza, incitó a todos los árabes a rebelarse contra Iata' y yo, Esarhadón, rey de Asiria, rey de las cuatro regiones (del mundo), quien ama la justicia y cuya abominación (lit. agonía, angustia) es la injusticia (el mal, la rebelión), mis hombres de lucha yo envié para el socorro de Iata' y ellos sometieron a todos los árabes. Uabu y los soldados que estaban con él, yo puse en cadenas. Yo... ellos al *lit* de mi puerta (de ciudad) yo les até." (*ARAB* 2,518, trad. Luckenbill)[47]

Un tiempo después de la muerte de Esarhadón, Umanigash, el hermano que Asurbanipal había colocado como virrey de Babilonia, soliviantó la región meridional. Umanigash desafió a su hermano, su gesto desestabilizó el mapa de alianzas, lo que actuó como un disparador, y arrastró a las tribus de Arabia y a las ciudades eufratinas del país de Elam a la rebelión.[48] Las tribus quedaritas aprovecharon entonces la coyuntura para sacudirse el yugo de Asiria por tercera vez. Qēdār apoyó con el envío de combatientes a Umanigash, circunstancia a la que se sumaron varias expediciones de saqueo dirigidas contra la frontera de Transjordania a causa probablemente del vacío creado por la movilización de las tropas de élite del ejército asirio hacia el este. La aproximación de estas tropas de asalto provocó la evasión de Umanigash hacia las montañas del norte y su golpe de estado fracasó en favor de las pretensiones de una facción local de Babilonia. Los asirios quedaron de ese modo libres para atender conflictos en la periferia de su

47. Para el resto de la secuencia, *ARAB* 2,869–70.

48. Para la reconstrucción histórica de este párrafo y el siguiente *ARAB* 2,817–36.

imperio y Asurbanipal realizó una complicada campaña en el interior de Arabia. Temiendo por su vida, Iate escapó de la fortaleza de Dumat y buscó refugio retrocediendo hacia el desierto alcanzando por el sur la región de los Nebāyot. Por ventura, Natnua, el rey de los árabes Nebāyot, no se atrevió a recibir al fugitivo y se apresuró a enviar delegados a Asurbanipal con quien acordó el pago de un tributo anual, si hemos de creer al pie de la letra la veracidad de las crónicas.

Al norte, el rey de Moab detuvo a los quedaritas y Iate no tuvo más remedio que entregarse al rey asirio. En colaboración con el rey Kamash de Moab, las tropas imperiales acorralaron a la sección más intransigente de los quedaritas que fue obligada a rendirse o morir de sed. Aimū, uno de los cabecillas de la rebelión, fue capturado, deportado, y desollado. El resto de prisioneros fue utilizado en trabajos forzados para la ampliación del palacio del harén real de Asurbanipal en Nínive. Asurbanipal, en cambio, repuso a Iate como rey de Qēdār, lo cual significa que seguía siendo una pieza útil para los intereses de Asiria en la entrada al desierto de Arabia y que Dumat después de esta compleja campaña no podía ser gobernada directamente por una guarnición asiria.

LOS NEBĀYOT DEL PERIODO BÍBLICO: ENTRE MASSĀ', QĒDĀR, Y TAYMĀ'

Natnua, jefe de los Nebāyot, suele ser asociado al oasis de Taymā'. En contra de una completa asociación está el hecho de que Taymā' y Nebāyot son nombrados como epónimos diferentes en las listas paralelas asirias y bíblicas ya citadas. De ser cierta la relación entre los árabes Nebāyot y los taymanitas, se estaría hablando de la existencia de una polaridad entre ambos parecida a la mantenida entre Qēdār y Dumat pero unos cientos de kilómetros desierto adentro, al suroeste de Dumat. Para los israelitas que escribieron el libro del Génesis, Nebāyot era hermano de Basemath, una de las esposas de Esaú (antepasado simbólico de Edom), el hermano de Isaac.[49] Basemath sería a su vez la madre de Reuel, uno de los nombres que la Biblia da a Jetró, el suegro de Moisés, como ya se indicó.[50] El profeta Isaías incluye

49. Gen 26,34; 36,3. Edom, significa "rojo" en hebreo (אָדֹם), palabra de la misma raíz que אָדָם/ 'Ādām, el primer ser humano, en referencia al color del paisaje edomita en el primer caso, y al de la arcilla en el segundo. Por eso se dice que Esaú era pelirrojo (Gen 25,25), y en el hecho de que nació antes que su hermano Jacob pero este le quitó después el derecho a la herencia por un plato de lentejas (Gen 25,19–34), debe verse una alegoría de los inmigrantes israelitas representados por Jacob, quienes aunque llegaron más tarde, arrebataron parte de su territorio a los edomitas.

50. Gen 36,4.9–10.13; Exod 2,18; Num 10,29.

a Nebāyot junto con Qēdār entre los nómadas del desierto propietarios de grandes rebaños.[51] Nebāyot estaría por consiguiente localizado al este de Edom en concordancia con la campaña de Asurbanipal al suroeste de Dumat. Según esta interpretación el oasis de Taymā' sería un estado-ciudad en las fronteras del territorio de los Nebāyot sin que la movilidad de los pastores nómadas permita asociarles un área geográfica exclusiva o más concreta.

Natnua rechazó recibir a Iate como exiliado político, lo que significa que el hijo de Hazael intentaba cruzar o asentarse en su territorio en la huida hacia el interior del desierto. En conclusión: Natnua posiblemente sería uno de los clientes de Iate en la ruta meridional. Algunos petroglifos en el noroeste de Arabia testifican guerras entre Taymā' y Dedān, Nebāyot y Massā', y podrían sugerir que Taymā' se encontraba al sur de Nebāyot y Massā' al norte de este.[52] El territorio de pastoreo de los árabes Nebāyot haría frontera con el oasis de Taymā' mientras que Taymā' se dedicaría (además de al aprovechamiento agropecuario) al mercado regional y a la posta de caravanas en la ruta del incienso entre el sur y el noroeste de Arabia. No obstante, esta asociación entre la tribu de Nebāyot con la tribu de Massā' por el norte, con la de Qēdār por el este, y con Taymā' por el sur no es completamente segura. Dentro del mundo bíblico, la vinculación de Taymā' con la ruta del incienso queda probada gracias a dos pasajes del siglo VI a.C. en Isaías y Jeremías que relacionan a Taymā' con Dedān, y por una tercera mención en el libro de Job a comienzos del siglo V que relaciona al oasis con Saba (שְׁבָא/ Shevā').[53]

EL CULTO ASTRAL DE NABONIDO: EL OASIS DE TAYMĀ' EN EL SIGLO VI

Una estela de arenisca recientemente traída a la luz en Taymā' ha puesto de relieve la importancia de este oasis del norte de Arabia para el mundo mesopotámico del siglo VI a.C. y su conexión con el último rey de Babilonia.[54] La pieza, conservada hoy en el museo de la ciudad, únicamente alcanza una tercera parte de su tamaño supuesto original y presenta el corte superior de un personaje con barba, vestido de túnica y tiara junto con los ideogramas de los dioses babilonios Shamash, Sin, e Ishtar, además de la

51. Isa 60,7.
52. Hausleiter, "Tayma," 233.
53. Job 6,19; Isa 21,13–14; Jer 25,23.
54. Para esta sección Hausleiter, "Tayma," 221–36.252–60; Hausleiter y Eichmann, "Oasis of Taymā'," 32–34.

indicación en cuneiforme de materiales dedicados al culto entre los que destaca un incensario de oro. Otros dos fragmentos que debieron formar la base de la estela contienen la mención expresa de Nabonido e identifican la figura del oficiante grabada en la parte superior con el último rey babilonio si se tienen en cuenta las semejanzas de estilo entre esta y otra estela de Nabonido conservada en el Museo Británico.[55]

Han sido discutidas las razones que llevaron a Nabonido (556–539 a.C.), pocas décadas después de la conquista del Imperio Asirio por los babilonios, a fijar su residencia en Taymā' a lo largo de un periodo aproximado de diez años, estancia en Arabia que ha de relacionarse necesariamente con el control del tráfico de caravanas. La hipótesis más verosímil es que Nabonido, motivado quizás por su precario estado de salud y por su enemistad con el clero de Marduk de Babilonia, aprovechó la posición estratégica del oasis de Taymā' para dedicarse al culto del dios lunar Sin al que había sido consagrado por su madre y financiarse con el cruce de caravanas.[56] Entre los testigos indirectos de este interesante episodio de la historia de Arabia destaca una tablilla de arcilla de Erech al sur de la ciudad de Babilonia sellada en el año quinto de Nabonido (ca. 551 a.C.). La tablilla contiene la orden emitida por la administración del templo de Eana de entregar a un hombre llamado Nabumushetiq e hijo de un tal Ishtarnadin 50 siclos de plata, un asno de montura, y la cantidad de harina necesaria para realizar un viaje a Taymā'.[57] El texto consta tan sólo de algunas líneas pero constituye un testigo abierto de una ruta de caravanas entre Babilonia y Taymā' en el VI a. C. que debió incluir entre otros puntos de abastecimiento al oasis de Dumat.[58]

55. Hausleiter, "Tayma," 233.

56. Sobre la función sacerdotal de la madre de Nabonido en el templo de Sin, en Harrán (Turquía), y sobre la enemistad de Nabonido con la jerarquía de Babilonia Pritchard, *Ancient Near East II*, 104–11.

57. Dougherty, *Archives from Erech*, 34–35. Cincuenta siclos o séqueles equivalen a unos 570 g.

58. Una serie de excavaciones realizadas en la antigua fortaleza de Dumat al-Jandal en la última década del pasado siglo extrajeron a casi 2 m de profundidad un fragmento de cerámica y una figurilla que permiten establecer un nivel de ocupación en la Edad del Hierro tardía. El fragmento de cerámica, que se completa con una segunda pieza similar encontrada en otra zanja y con una tercera encontrada en superficie a unos pocos kilómetros de la fortaleza, presenta una decoración a cuadros negros que puede relacionarse con cerámica del oasis de Tawilán al sur del Mar Muerto y con jarras edomitas del antiguo puerto de Elat fechadas en el mismo periodo. La figurilla hallada en el subsuelo de la antigua fortaleza de Dumat al-Jandal se encuentra parcialmente deteriorada y corresponde a una fémina con las manos sobre los senos. La estatuilla fue encontrada sin cabeza y mide aproximadamente 8 cm de altura por 4,5 de anchura. La representación guarda similitud con el arte asirio

La arqueología del noroeste de Arabia ha corroborado la existencia de esta ruta entre Babilonia y Taymā' y la ha ampliado por su brazo occidental hasta los límites de Edom y Egipto por el Mar Muerto o el Sinaí, o hasta el oasis de Dedān, la antigua Yathrib, y el reino de Saba por el sur. Otro monolito hallado en Taymā' a 2 km de la estela del rey Nabonido, en forma de cubo y en admirable estado de conservación muestra de hecho iconografía egipcia datada en el siglo V a.C. La talla del siglo V presenta dos lados grabados con escenas similares en las que destacan sendas imágenes del toro sagrado (análogas al Apis egipcio). En la cara izquierda del monolito, además de las tres divinidades asirias antes nombradas—Shamash, Sin, e Ishtar, es observable un sacerdote de larga túnica a cuya derecha posa la cabeza de este animal asentada en un altar de escalera mientras que en la cara opuesta, el bucranio es sustituido por un toro de cuerpo entero a cuya izquierda se sitúa el oficiante. La base superior del sólido se encuentra fragmentada e impide distinguir si fue utilizado como pedestal para una estatua o como altar.[59] Otros detritos entre los que se incluyen figurillas de diosas egipcias encontradas en un estrato anterior, Isis o Bastet, y un cartucho recuperado en las cercanías de Taymā' del faraón Ramsés III remontan la relación de esta parte de Arabia con Egipto al menos hasta el Bronce Tardío (s. XIII–XII a.C.).[60]

Tanto este monolito del siglo V como una segunda estela del siglo IV a.C. fueron halladas dentro de un templo excavado en Taymā' dedicado al culto del dios Salm, divinidad originada en Siria e importada a Arabia durante el periodo persa. Ambos artefactos constituyen junto a otros una prueba del intercambio de formas religiosas de culto a través del soporte primero de las arterias de comunicación que fueron establecidas en el norte de Arabia. Finalmente, debe citarse una tercera estela de contenido religioso con inscripciones en arameo que fue encontrada en Taymā' por una expedición a finales del siglo XIX, conservada hoy en el Louvre. La estela pertenece también al VI a.C. y presenta un panteón de tres dioses arameos

de Mesopotamia. En base a esto se ha sugerido que corresponde al ídolo doméstico de una divinidad femenina, propiedad de alguna persona económicamente poco acomodada, si bien su presencia en Dumat al-Jandal puede explicarse por otra circunstancia menos noble, como el simple intercambio comercial. Tanto el estrato de la fortaleza de Dumat como el del castillo en el que fue encontrado el segundo fragmento de cerámica decorado al estilo edomita, y un pozo revestido de piedra bien conservado al norte del oasis vecino de Sakaka, en espera de registros más antiguos, constituyen una evidencia arqueológica sobre la existencia de un nivel de ocupación en la antigua Dumat en los siglos VI–V a.C. (al-Muaikel, *Jawf Region*, 84–87.216–17.299–302.354.395).

59. Sperveslage, "Ägypten und Arabien," 212.

60. Hausleiter y Eichmann, "Oasis of Taymā'," 10.20–21.31.

entre los que se encuentra igualmente Salm. Tanto la representación del dios como la del oficiante son asirias, pero el nombre del padre del sacerdote es egipcio.[61] Las inscripciones sobre la estela hablan asimismo de un reinado de 22 años sobre esta región de Arabia que sólo puede ser imputado a unos pocos monarcas persas que sucedieron a Cambises, hijo de Ciro.

ARABIA BAJO LA INFLUENCIA PERSA AQUEMÉNIDA

Con los aqueménidas (559–330 a.C.) el norte de Arabia permaneció por última vez bajo la influencia directa de un gran imperio oriental (el litoral este de Arabia permanecerá bajo influencia persa, seléucida, parta, o sasánida hasta las conquistas islámicas). Es difícil, empero, determinar el alcance de dicha influencia pese a que el estrato arqueológico de este periodo en Taymāʾ, asociado desde el siglo V a.C. a la dinastía lihyanita, ha resultado más fecundo que el asirio y babilónico, mayormente destruido y cuyos materiales debieron utilizarse en la construcción de las estructuras del periodo aqueménida.[62] La presencia de Nabonido en el norte de Arabia está, por lo demás, corroborada por la Crónica de Ciro que relata el paso del Imperio Neobabilónico desde los monarcas babilonios a los persas. Todavía en neobabilonio y no propiamente en arameo la crónica fue escrita en un cilindro de arcilla de menos de 30 cm de largo que representa un ejemplo del minucioso arte cuneiforme, cuenta la llegada al poder de los aqueménidas en el último tercio del siglo VI, recoge la ausencia en el trono de Babilonia de su último rey, el gobierno interino de su hijo Baltasar, y la omisión de gobierno de Nabonido en el momento de caer su imperio en manos de Ciro.[63]

61. Dougherty, *Archives from Erech*, 35; Hausleiter y Eichmann, "Oasis of Taymāʾ," 33.

62. Hausleiter y Eichmann, "Oasis of Taymāʾ," 20–21. Pese a la mayor productividad arqueológica, después del dominio babilónico el espacio urbano se redujo a dos tercios en la antigua Qrayya y se produjo un abandono del sistema de irrigación al sur de esta. Este nuevo tiempo, llamado periodo lihyanita de Taymāʾ, produce una nueva tradición de tumbas excavadas en la roca, algunas con representaciones de rostros humanos, posible testimonio de la creencia en vida después de la muerte biológica. La tradición lihyanita se extiende aquí desde el Hierro Tardío en el V a.C. al periodo nabateo en el II a.C.

63. Pritchard, *Ancient Near East I*, 206–08. El profeta Daniel dedica un capítulo de su libro a Baltasar que da una idea de los cultos excéntricos a los que su padre Nabonido pudo dedicarse en Arabia (Dan 5). El contexto histórico que subyace al Cilindro de Ciro se completa con su paralelo de la Crónica de Babilonia, hoy ambos en el Museo Británico (Pritchard, *Ancient Near East I*, 203).

Por lo que se deduce del periodo aqueménida gracias a los relatos del historiador Herodoto, las campañas persas al oeste del Eúfrates y contra los egipcios hicieron que el control de Arabia no fuese tan directo como debió serlo cuando el propio rey Nabonido fijó en Arabia su residencia. Dos siglos más recientes que el reinado del monarca babilonio y en general mucho más tardías que las narraciones bíblicas o asirias sobre los pueblos de Arabia de las que hemos hablado hasta el momento, las *Historias* de Herodoto relatan la presencia de los árabes en dos episodios de la historia universal y recoge, además de algunas anécdotas propias, algunos detalles sobre su vida coincidentes con aquellos ya sabidos por la Biblia.[64] En cuanto a la información relativa a los árabes es muy posible que el griego Herodoto, quien no conocía a los hebreos ni quizás a los asirios, la obtuviera por intermediarios, posiblemente mercaderes fenicios que trabajaban en los emporios de Egipto.

LOS ÁRABES SEGÚN HERODOTO: CAMBISES CRUZA EL DESIERTO (DEL SINAÍ)

El primero de estos episodios, según nos cuenta Herodoto, fue la solicitud que en el año 525 a.C. hizo el rey persa Cambises (529–522 a.C.) de un salvoconducto a las tribus árabes que permitiera a sus tropas cruzar el desierto (del Sinaí) y lanzar una expedición sorpresa contra Egipto[65]. La intención de Cambises, que en el momento de preparar la expedición se hallaba en Licia (suroeste de la actual Turquía) era pues descender por la costa fenicia hasta Gaza. Desde ahí hasta Pelusio en el Delta del Nilo utilizaría a los árabes para suministrar agua a las tropas en el Desierto del Sinaí y garantizar su seguridad[66]. En la medida en que Cambises tuvo éxito,

64. Los árabes del desierto que describe Herodoto ritualizaban un pacto de fidelidad mediante una incisión en los pulgares, untando a continuación un número de piedras con sangre e invocando a sus divinidades astrales; vestían una prenda de cuero cubriendo la cintura, llevaban las sienes rapadas, y portaban grandes arcos de guerra que debían ser tensados utilizando las piernas (*Hist.* 3,8; 7,69). La Biblia muestra conformidad con estas anotaciones (Gen 21,20; Lev 14,25–28; Jer 9,25; 25,23) pero es más precisa a la hora de diferenciar a las diversas tribus árabes pues Herodoto parece confundir a los pueblos del norte con los sabeos productores de resinas y da detalles fantasiosos sobre el modo en el que estos últimos recolectaban el incienso y la canela (*Hist.* 3,107.109.110–13).

65. Arriano, *Anab.* 8,43, que parece comentar la misma hazaña, presenta en cambio el itinerario de regreso de Cambises desde Egipto (por el Sinaí) hasta Susa (es posible que por Dumat y Babilonia). Dumat está al norte del Nafūd, pero permite conectar por el norte con el Desierto Sirio, y desde ahí proseguir a Babilonia.

66. Herodoto, *Hist.* 3,3 para la ubicación de Cambises en Licia, y 3,10 para

puede considerarse a los árabes colaboradores necesarios en la instalación del dominio persa en Egipto. El texto es importante también por otro hecho, pues deja entender que en el último cuarto del siglo VI, el Sinaí estaba gobernado por un rey árabe (parentesis míos):

> "Pero entonces, no habiendo asimismo agua disponible (para el trayecto), Cambises, habiendo sido informado por el extranjero de Halicarnaso, envió mensajeros al (rey) árabe, y solicitándole que le procurase seguridad, (este) le dio garantía y la recibió de su parte... Existiendo pues garantía de los mensajeros que de parte de Cambises habían llegado, el (rey) árabe maquinó e hizo como sigue: habiendo llenado odres de (piel de) camello con agua, los puso (los sacó) sobre todas las lomas de los camellos, y habiendo hecho esto los condujo al páramo (*ἄνυδρον*) y aguardó allí mismo al ejército de Cambises." (Herodoto, *Hist.* 3,7:9)[67]

Según el mismo autor, los árabes no pagaban impuestos al Imperio Aqueménida aunque debían entregar anualmente un presente de 1.000 talentos de incienso, unas 25 toneladas, lo cual parece confirmar la idea de que el control del norte de Arabia tras la muerte de Nabonido no fue directo.[68] La costumbre de entregar un donativo anual como medio de evitar una invasión, la reducción de la propiedad, o una expedición de castigo era algo común en la antigüedad. Los árabes a los que Herodoto se refiere conservaron gracias a este tributo su independencia y en esto no harían otra cosa que seguir la costumbre iniciada durante las expediciones asirias. Los persas no dispondrían, en este sentido, de una presencia militar propia dentro de Arabia pero sí alguna clase de administración y en general buenas relaciones de vecindad. La cantidad de incienso que indica Herodoto y que los árabes debían entregar puede darse por creíble con ciertas reservas. Mil talentos implicarían un donativo de 2 ton de la preciosa resina cada mes o unas 25 o 26 anuales, a colectar en posibles lugares de venta, afuera de

Pelusio como lugar de la batalla contra Egipto. De ambos datos y de *Καδύτιος* en 3,5 (posiblemente Gaza), se deduce que el desierto que cruzó era el Sinaí. Herodoto da a entender que Cambises se desplazó a pie por el camino de la costa, entre Fenicia y Gaza.

67. *τότε δὲ οὐκ ἐόντος κω ὕδατος ἑτόμου, Καμβύσης πυθόμενος τοῦ Ἁλικαρνησσέος ξείνου, πέμψας παρὰ τὸν ἀράβιον ἀγγέλους καὶ δεηθεὶς τῆς ἀσφαλείης ἔτυχε, πίςτις δούς τε καὶ δεξάμενος παρ' αὐτοῦ... Ἐπεὶ ὦν τὴν πίστιν τοῖσι ἀγγέλοισι τοῖσι παρὰ Καμβύσεω ἀπιγμένοισι ἐποιήσατο ὁ Ἀράβιος, ἐμηχανᾶτο τοιάδε· ἀσκοὺς καμήλων πλήσας ὕδατος ἐπέσαξε ἐπὶ τὰς ζωὰς τῶν καμήλων πάσας, τοῦτο δὲ ποιήσας ἤλασε ἐς τὴν ἄνυδρον καὶ ὑπέμενε ἐνθαῦτα τὸν Καμβύσεω στρατόν.* Lo dicho debe completarse con Herodoto, *Hist.* 3,3–4.88.

68. Herodoto, *Hist.* 3,97, bajo Darío I (522–486 a.C.): *χίλια τάλαντα*. El estándard ático era de 25,86 kg por talento.

Arabia, Gaza, frontera con Egipto, ciudades en el Medio o Bajo Eúfrates, etc. El dato no estaría en contradicción forzosa con las cifras, mucho más elevadas, que alcanzó el tráfico de franquincienso durante la época helenística.[69]

LOS ÁRABES SEGÚN HERODOTO: LA BATALLA DE LAS TERMÓPILAS

La segunda intervención de los árabes en las Historias de Herodoto está referida a un episodio mejor conocido que la travesía de Cambises por el desierto. La batalla de las Termópilas (agosto 480 a.C.) en la que los espartanos fueron sorprendidos a orillas del Mar Egeo por un gran ejército persa, se sitúa unos 40 años después de la muerte de Cambises (530–522 a.C.). Según Herodoto (m. 420s a.C.), los árabes habrían formado parte del ejército persa que Jerjes reunió a propósito de esta gran expedición contra Atenas.[70] De acuerdo con el historiador, los árabes habían compuesto, junto con los nubios, un batallón de 20.000 hombres dentro del ejército persa e iban montados a camello, animal que debía ser apartado de la caballería para no espantar a los equinos. Esta precisión y el número indicado de árabes y nubios, aunque exagerados, concuerdan con el papel de tropas auxiliares situadas a la cola de la expedición de Jerjes. Las cifras, una vez más, deben ser tomadas en cuenta sólo por analogía ya que los números que da Herodoto sobre el total de combatientes que reclutó el rey aqueménida de todas sus satrapías para invadir Grecia son, en este caso, totalmente exorbitantes.[71]

El papel menor atribuido por Herodoto a los árabes en las campañas persas contra Egipto y Grecia puede ser tenido por medida de la importancia que durante largos periodos ha tenido Arabia para los imperios con aspiración universal. Prescindiendo del hecho de que el yahvismo mosaico pudo originarse en uno de los desiertos fronterizos bajo influencia árabe, la importancia histórica de Arabia fue, hasta la aparición del islam, discreta, aunque como hemos visto durante los periodos asirio, egipcio, mosaico, neobabilónico, y persa aqueménida, no inexistente. Arabia atrajo a los

69. Herodoto, *Hist.* 3,91.97; Tschanz, *The Nabataeans*, 62.

70. Herodoto, *Hist.* 3,69.86–87.184.

71. Herodoto, *Hist.* 7,184–86 ensalza el heroísmo griego reuniendo un total de 5 millones de efectivos desplazados por Jerjes I (486–465 a.C.) para invadir Grecia. Leónidas, rey de Esparta (ca. 490–480) intentando frenar el avance persa, "vino a las Termópilas con una fuerza reclutada de los habituales trescientos, y aquellos que tenían hijos," etc. (7,205).

imperios del norte, pero ciertamente no con tanta fuerza como para dar lugar a proyectos colonizadores con resultados permanentes.

EL OASIS DE DEDĀN

Dedān fue una población histórica del noroeste de Arabia, hoy al-ʻUlā, situada unos 130 km al suroeste de Taymāʼ y 7 días de marcha al norte de la actual ciudad saudita de Medina (antigua Yathrib). Funcionó como ciudad-estado del desierto dedicada a la explotación agrícola del palmeral en el que se ubica y al peaje de las caravanas que subían de Yemen (y posteriormente también del este de Arabia) debiendo consolidarse como capital del reino lihyanita durante la época del Imperio Aqueménida (s.VI–IV a.C.). Dos de las tres inscripciones del rey Nabonido encontradas en el pavimento de las ruinas de la mezquita de Harrán, al sureste de Turquía, contienen el nombre de Dedān y constituyen el testimonio epigráfico seguro más antiguo del lugar, pasada la primera mitad del siglo VI a.C.[72] Ambas inscripciones soportan la datación en el mismo siglo de los breves grafitos en el entorno de Taymāʼ que mencionan una guerra contra Dedān y de la dedicación sobre placa de bronce con la que un mercader sabeo agradece al dios Almaqah la protección concedida durante su viaje comercial fuera de Yemen a través de Dedān, las ciudades de Judá, y Gaza.[73]

Los restos arqueológicos de Dedān están repartidos en media docena de lugares a ambos lados del wadi, testimoniando la última gran cultura del norte de Arabia antes del auge nabateo al fin del milenio I a.C. Los mineos dejaron un cuerpo de inscripciones en el entorno de al-ʻUlā datadas entre los periodos persa y helenístico, estando asumida por la investigación la existencia entonces de una colonia de mercaderes noryemenitas en Dedān (s. VI–I a.C.). La presencia de los mineos en Dedān se explica a partir del

72. Gadd, "Inscriptions of Nabonidus," 36.59.79–84. En la Gran Mezquita de Harrán fueron rescatadas en 1956 tres grandes estelas de basalto reutilizadas en contexto secundario que pertenecieron al templo de Sin, el dios-Luna. Dos de ellas, llamadas NABON H2A (1,90 m x 1,00 m) y H2B (1,98 m x 0,97 m) por el editor, presentan idénticas inscripciones en las que Nabonido menciona a Dedān (Dadanu) y la ciudad saudita de Medina o antigua Yathrib (Iatribu) por primera vez en la historia conocida (líneas 22–26): "Pero yo | me apresuré lejos de mi ciudad de Babilonia | (en) el camino a Tēymāʼ, Dadanu, Padakkua, | Jibra, Iadiju, y tan lejos como Iatribu; | 10 años anduve entre ellos…" (…u ana -ku | ul-tu āli-ia bābili (KI) ú-ṣe-riqa-an-ni-ma | ú-ru-uḫ (ālu)te-ma-a (ālu)da-danu (ālu)pa-dak-ku | (ālu) ḫi-ib-ra-a (ālu)iá-di-ḫu u a-di (ālu)iá-at-ri-bu | 10 MU. AN. NA. MESa[t-tal-l]a-ku qí-rib-ṣú-un…).

73. Hidalgo-Chacón y Macdonald, *Taymanitic Inscriptions*, 52.189–91.196–97; Lemaire, "Judah and South Arabia," 94–101; Rohmer y Charloux, "Lihyan to the Nabataeans," 302.

declive del control comercial sabeo en beneficio de sus vecinos (del norte), de la pérdida de dominio en amplios sectores de la ruta del incienso, y del cambio de alianzas tribales que desencadenó la llegada del rey Nabonido al norte de Arabia, aunque es posible que los mineos operasen en menor escala durante el último periodo del control sabeo de la ruta del incienso.[74]

DEDĀN Y EDOM EN LA BIBLIA: ORÁCULOS CONTRA LAS NACIONES

Dedān es un pueblo árabe cuya faceta comercial fue conocida por los antiguos israelitas. En el Antiguo Testamento Dedān (דְּדָן) es en primer lugar hijo de Ramá y nieto de Cus, por lo que se le emparenta con los nubios que vivían al sur de Egipto, pero también es un pueblo semita nieto de Abraham, sobrino de Madián y de Saba, y otras veces hermano de este último.[75] En su oráculo contra las naciones extranjeras que tentaron a Israel mediante la introducción de cultos idolátricos y que se alegraron de su caída en manos de Asiria y del Imperio Neobabilónico, los profetas Isaías, Jeremías, y Ezequiel relacionan a Dedān con Edom, Taymā', Buz, Dumāh, y Qēdār.[76] La inclusión de Dedān y de tribus ismaelitas en los oráculos proféticos es poco significativa en comparación con otros agentes a los que la Biblia hebrea dedica mayor número de versículos aunque testifica la presencia geográficamente cercana de pueblos esencial o mayoritariamente árabes en la historia de Israel durante la época de formación de las grandes nociones religiosas que fecundarán, siglos más tarde, el islam.

Jeremías y Ezequiel son conocidos por el nombre de "profetas exílicos." El interés principal de su predicación es la situación vulnerable que vive Israel durante el fin de la monarquía davídica y la deportación de varios miles de judíos desde Jerusalén a la ciudad de Babilonia por Nabucodonosor II (605–562 a.C.) en la primera quincena del siglo VI a.C. (597 y 587 a.C.).[77]

74. Lemaire, "Judah and South Arabia," 101–05.

75. Gen 10,6–7; 25,1–4; 1 Cro 1,8–9.32.

76. Gen 25,12–18; 1 Cro 1,29–31; Isa 21,11–17; Jer 25,15–26; 49,7–12; Ezek 25,12–14.

77. Jer 1,1–3; 21,1–2; 25,1; 34,1; 39,1; Ezek 1,1–3; 8,1; 20,1; 24,1–2; 29,1; 31,1; 32,1.17; 33,21: 40,1. La mayor parte del ministerio profético de Jeremías se desarrolla en la ciudad de Jerusalén a lo largo de los reinados de Joaquín y su tío Sedecías, entre el 609 y el 587 a.C. (2 Re 24,1–25,27), aunque su predicación pudiera haber comenzado tan pronto como la reforma religiosa del rey Josías en el 622 (2 Re 22,3.8–27; Jer 36,2), de cuyo espíritu se nutre la predicación de Jeremías. Ezequiel, que debió ser algo más joven que Jeremías cuando comenzó su predicación, habría llevado a cabo su ministerio a principios del siglo VI en la propia Babilonia,

La figura histórica del profeta Isaías se sitúa unos 140 años antes de estos acontecimientos durante la conquista de Samaria por Sargón II (721 a.C.), la invasión asiria de Judá, y el sometimiento a vasallaje del rey Ezequías por Senaquerib (701 a.C.), pero no todas las páginas de Isaías pueden atribuirse a la biografía del propio profeta.[78] Por el contrario, una sección de los oráculos escritos bajo la autoridad de Isaías hijo de Amós responde a un diseño literario y expresivo común a Jeremías y Ezequiel posterior al fin de la monarquía davídica y en el que se incluyen oráculos contra las naciones vecinas, Edom, Moab, Amón, Tiro, Damasco, Asiria, Egipto, y Babilonia, que perjudicaron a Israel o se alegraron de su caída.[79]

El contenido común entre Isaías, Jeremías, y Ezequiel atribuible al periodo babilónico completa el mensaje del castigo con el anuncio de una restauración gloriosa de Israel y su monarquía (teología mesiánica), y la instauración de un culto en términos de justicia social y pureza religiosa.[80] Los pueblos árabes o arabizados, Dedān, Taymā', Edom, Moab, y Amón, son territorios con los que Israel, Judá en especial, está obligado a mantener políticas comerciales o fronterizas, pudiéndose explicar la supervivencia de Israel en determinados periodos históricos a partir de la debilidad de sus vecinos del sur y del este, que no obstante van a favorecer la proliferación de formas de religiosidad mixta que ocupan con asuidad el primer plano de la predicación profética. Las memorias de los reyes de Israel (1–2 Re y 1–2 Cro) recogen la condena de Dios hacia las dos capitales de provincia,

---

situándose exactamente, si hemos de dar crédito a las fechas fijadas en su libro, entre el quinto año de la primera deportación de Nabucodonosor II y el vigésimo quinto, es decir entre el 592 y el 573 a.C. (Ezek 1,1–3; 40,1–2). Sobre la cantidad estimada de deportados 2 Re 24,14–16; Jer 52,28–30.

78. 2 Re 18,13–20,20; Isa 1,1; 6,1; 7,1–3; 20,1–2; *ARAB* 2,4–5.55.80.239–40.312.327. El libro de Isaías es uno de los libros más reelaborados de la Biblia hebrea en el que se suceden oráculos con diferente fecha de composición a veces sin aparente orden lógico. De los 66 capítulos que consta el libro bíblico, Isa 1–39 suele atribuirse a Isaías hijo de Amós. Refleja el contexto de la guerra sirio-efraimita, la conquista asiria de Samaría, y la subsiguiente amenaza que se cernió sobre Jerusalén en la segunda mitad del siglo VIII después de la desaparición del reino israelita del norte. Aun así, dentro de Isa 1–39 deben exceptuarse con más o menos acierto pasajes introducidos por hagiógrafos posteriores, entre ellos, algunos oráculos mesiánicos de extensión perceptible y maldiciones contra naciones que en el tiempo de Isaías, en especial Babilonia, no habían sido todavía objeto de la predicación profética (Isa 2,1–5; 4,2–6; 9,1–6; 11,1–12,6; 13–14,23; 18,1–24; 21,1–16; 23,1–27,12; 28,16–17 y 30,18–26).

79. Compárense los oráculos contra las naciones de Isa 13–23 con Jer 46–51 y Ezek 25–32. Alegría de Babilonia por la caída de Judá: Jer 50,11–51,58; Bar 4,31; de Edom: Ezek 16,57; 35,35; 36,5; de Amón: Ezek 25,3.6; de Tiro: Ezek 26,2.

80. Isa 2,1–5; 4,2–5; 9,1–6; 11,1–9; 32,1–5.15–20; 41,14–20; 44,1–5; 45,14–20; 49,8–23; 51,1–8; 60,1–22; Jer 3,14–18; 23,3–7; 30,8–9; 32,37–41; 33,14–26; Ezek 28,25–26; 34,23–31; 37,22–27; 43,4–9; 44,15–31.

Samaria y Jerusalén, que desde los años de Salomón habían practicado cultos fenicios, edomitas, cananeos, moabitas, sirios, y amonitas, creando un panteón junto a YHVH de dioses astrales, de la guerra, y de la fertilidad, Astarté, Moloc, Kemosh, Milcón, y Baal, ante cuyas estatuas los israelitas quemaban incienso y al que los profetas culparán del desastre nacional, por venir o ya sucedido.[81]

Nabucodonosor, en cumplimiento para Jeremías del castigo divino anunciado, deporta la clase alta de Jerusalén a Babilonia.[82] En Babilonia, capital del nuevo imperio desde Nabopolasar, posiblemente ya existía noticia de judíos aramizados procedentes de las campañas asirias de Sargón, Senaquerib, y Esarhadón en Damasco, Gaza, Judá, Transjordania, y el norte de Palestina, reyes que a su vez habían implantado en dichas regiones grupos étnicos de diversa procedencia, elamitas, babilonios, árabes, armenios, fenicios, hititas, o asirios, aprovechando el desplazamiento de prisioneros de guerra y colonos de un lado al otro de su imperio.[83] Después de la caída de Judá, Edom, presionado a su vez por grupos nómadas del noroeste de Arabia, aprovechó la coyuntura creada en el siglo VI para penetrar hacia el norte. Edom ocupa Hebrón, población judía que había padecido la deportación de Nabucodonosor, y otras poblaciones meridionales de Israel mal protegidas, dando lugar al nuevo Edom o Idumea.[84] La frontera norte del nuevo Edom quedó asentada poco más al sur de Jerusalén, en Beth Zur, extendiéndose a lo largo del valle del ʻArabāh en dirección hacia el Mar Rojo, aunque sin llegar tan lejos como el Golfo de Aqaba puesto que la frontera sur había pasado a manos de los árabes peninsulares.[85] Estos, mezclados con la población sedentaria edomita que permaneció en el lugar de origen, se incorporan al reino nabateo en el siglo II a.C., que sustituye a Dedān en el dominio de las rutas comerciales del noroeste de Arabia.

81. 1 Re 11,5–8.33; 14,7–16.22–24; 15,11–13; 16,1–2.7.31–32; 2 Re 1,2; 16,10–16; 17,13–22.29–33; 21,1–15; 23,4–14.26–27; 2 Cro 15,8.16–17; 24,18–19; 25,14–16; 28,22–25; 33,1–7; 34,3–7.

82. 2 Cro 36,17–21; Jer 20,4–5; 22,24–27; 25,1–11; 29,20–23; 35,12–17; 40,2–3; 44,20–23.

83. 2 Re 15,29; 17,6.24; 18,10–11; Esd 4,1–2.9–10; *ARAB* 2,4–7.17.41.55.62.64.69 .72.79–86.

84. *EncJud* 6:155–56. Idumea, es un término que pertenece ya, al periodo helenístico (s. IV–I a.C.).

85. Beth Zur, a tan sólo 28 km de Jerusalén, siguió en manos idumeas hasta los tiempos de Judas Macabeo (1 Mac 4,28–34.61).

LA SATRAPÍA DE GESHEM EL ÁRABE

Israel pudo conservar su religión en medio de la presión ejercida por los pueblos circundantes gracias a las reformas monoteístas (condena de la idolatría), el refuerzo de la identidad racial (prohibición de matrimonios mixtos), la compilación escrita de sus tradiciones ancestrales, y la tolerancia de los monarcas persas, responsables en la persona de Ciro el Grande de hacer caer el Imperio Neobabilónico (539 a.C.).[86] Nehemías es uno de los protagonistas menores de la Biblia, mayordomo de palacio de Artajerjes I (465–424 a.C.), en cuyo tiempo un personaje árabe desempeñó cierto papel en la historia de Israel. Según la Biblia, Nehemías pidió permiso para viajar a Jerusalén y fortificar las murallas derribadas por las tropas de asedio de Nabucodonosor.[87] La tarea era signo de buenas relaciones entre los judíos y la monarquía persa pero fue percibida con hostilidad por los sátrapas vecinos, Sambalat el samaritano, Tobías el amonita, y Geshem el árabe (גֶשֶׁם הָעַרְבִי/ Geshem hā'reviy), que vieron en ella una insurrección judía futura contra los intereses del rey de Persia.[88] Sambalat agitó a la población y amenazó con Tobías y Geshem a Nehemías para persuadirle de la inconveniencia de continuar con el proyecto. Nehemías fue sometido al descrédito, pero finalmente materializó el propósito de refortificar Jerusalén.[89]

La autoridad recibida por el judío Nehemías para emprender tareas con funciones defensivas, movilizar recursos y población, caracterizan a sus enemigos personales, entre ellos Geshem el árabe, como gobernadores homólogos de cierta relevancia dentro de sus respectivas demarcaciones territoriales.[90] Un cuenco de plata grabado con una inscripción votiva en arameo dedicada a la diosa árabe «han-Ilāt» que fue encontrado en los restos de un templete al noreste de Egipto, cerca de Ismailía y hoy en el Museo Brooklyn, contiene los nombres de un tal «Qaynū bar Geshem» (Qaynū hijo de Geshem). La datación de su inscripción a finales del siglo V a.C. en razón del estrato donde fue desenterrado el objeto y de criterios idiomáticos ha permitido asociarlo a los sucesos relatados en el libro de Nehemías e identificar a Qaynū con el hijo de Geshem el árabe, un reyezuelo edomita o

86. Ciro I (559–530 a.C.) emitirá un decreto para el regreso de los deportados a Babilonia, el *Edicto de Ciro* (538 a.C.; Esd 1,1–4). La visión de los aqueménidas es positiva en la Biblia. Ver por ejemplo Isa 44,28; 45,1–13.

87. Ne 1,11–2,8.

88. Ne 2,10.19; 3,33–35; 6,1.6–7.

89. Ne 4,1–5,5; 6,1–19.

90. Ne 2,1–9; 5,14–18; 13,6.

quedarita que se habría opuesto al parecer más con palabras que con obras a la tentativa de convertir nuevamente Jerusalén en plaza defensiva.[91]

Varios cientos de kilómetros al sureste de Ismailía, en Dedān, otra inscripción en dos líneas (JSLih 349) menciona a «Gashm ben Sahar,» sirviendo de referencia al autor de la misma, «Nirām ben Ḥadḍiru,» para fechar el momento en el que escribe, de donde se deduce que Gashm debió ser rey cuando Ḥadḍiru realizó la inscripción.[92] En favor de la identificación de Gashm con un posible rey dedanita puede aducirse que Sahar es un antropónimo regio presente en otras dos inscripciones de Dedān y que el nombre de otro Gashm, hijo de Ladán, rey de Dedān, aparece en la entrada de un templo en una base lítica posiblemente destinada a soportar una estatua.[93] La identidad entre Geshem, padre de Qaynū, Geshem el árabe, y Gashm el dedanita, se apoya en la datación simultánea en el V a.C., pero aunque se trata de una hipótesis muy sugerente, dada la amplitud de los territorios que abarca, debe ser tomada con reservas. En opinión de varios expertos el nombre de Geshem es común en la paleografía del norte de Arabia o del Desierto Sirio, no pudiendo aseverarse que el hijo de Sahar, rey de Dedān, fuese la misma persona mencionada por la Biblia, siendo preferible limitar el enemigo personal de Nehemías al padre de Qaynū el quedarita, y su influencia al territorio de Edom al sur de Jerusalén (incluyendo el Sinaí oriental) o al menos definido territorio de Qēdār al este de aquel, entre Moab por el oeste y Nebāyot por el sur.[94]

En cuanto a la persona de Geshem, enemigo de Nehemías, su pequeña satrapía al sur de Jerusalén puede ser ulteriormente confirmada gracias al estudio de Sambalat el samaritano y Tobías el amonita, cuya historicidad como cabezas de familias dinásticas ha sido probada de diversas maneras.[95]

91. Rabinowitz, "Aramaic Inscriptions," 1.5–7: זי קינו בר גשם מלך קדר קרב להנאלת (Que-el-cual Qaynū bar Geshem, rey de Qēdār, trajo-en-ofrecimiento a han-'Ilāt).

92. Fares-Drappeau, *Dedan et Lihyán*, 114–15.221; JSLih 349: «nrn bn ḥḍrw t[q] ṭ b-'ym qs²m bn | s²hr w 'bd fḥt ddn b- r'[y]...» (Nrn hijo de Ḥdrw [escribió] (su nombre) en los días de Gshm hijo de | Shr y 'bd gobernador de Ddn bajo [el gobierno de]...). Edición y traducción de Hidalgo-Chacón y Macdonald, *Dadanitic Inscriptions*, 614. Bar/ בַּר (arameo), bēn/ בֵּן (hebreo), e ibn/ ابن (árabe) significan "hijo" y derivan de la misma raíz semita que significa "construir" (b-n-h hebrea y b-n-w árabe). En la composición de nombres propios «Ibn» suele utilizarse cuando va seguido del nombre del padre—por ejemplo en «Ibn Isḥāq» (Hijo de Isaac), mientras que si viene dado después del nombre personal, se utiliza con frecuencia la forma «bin»—por ejemplo en «Isḥāq bin Ibrāhīm» (Isaac hijo de Abraham). Igualmente, en árabe "hija" es ibnt/ ابنة, o bint/ بنت, el masculino más la terminación «–t» del femenino.

93. Fares-Drappeau, *Dedan et Lihyán*, 137–38.174–75.216–17; Hidalgo-Chacón y Macdonald, *Dadanitic Inscriptions*, 15–16.427–28.472–73.

94. Rohmer y Charloux, "Lihyan to the Nabataeans," 299.

95. Cross, "Jewish History," 202–04; Mccown, "Tobiads," 63–72.

Al respecto destacan la aparición del gobernador de Samaria, nieto de Sambalat con el mismo nombre, en un papiro de Elefantina (Egipto) pasado el último cuarto del siglo V a.C., y la concordancia cruzada entre las cartas de Laquis escritas en cerámica durante la invasión caldea de Judá, paralelos bíblicos al margen de Nehemías en los libros de los Jueces, Zacarías, y Macabeos, las historias transmitidas por el judío romanizado Flavio Josefo al terminar el siglo I d.C., y la fortaleza en ruinas de Iraq el-Emir al oeste de Jordania que testifican, en conjunto, la existencia de una familia aristocrática que ostentó el nombre de Tobías (los Tobíades), especialmente activa en Jerusalén durante el helenismo, pero cuya genealogía podría retrasarse hasta comienzos del periodo aqueménida.[96]

En conclusión: la presencia árabe en el periodo final de la monarquía israelita y durante la reconstrucción nacional bajo la dominación persa es real pero difusa. Las fuentes de información disponibles relegan las relaciones entre árabes y judíos a una interdependencia geográfica, política, y económica, siendo muy posible que los árabes, del mismo modo que otros pueblos vecinos, entendiesen el Dios bíblico como un dios nacional judío. En el plano de las creencias y prácticas religiosas, la característica principal que precede en Arabia a la inmigración de grupos judeocristianos, va a ser la tendencia al sincretismo politeísta de acuerdo con el patrón común de Oriente Próximo. Por otro lado, la propagación de la cultura griega en Oriente, y después la unificación política producida por Roma en el Mediterráneo oriental genera nuevas posibilidades de mercado, así como la entrada en escena de nuevos competidores o aliados.

No obstante, la atracción ejercida desde Arabia, ampliamente despoblada por ausencia de agua en superficie, hacia las potencias extranjeras fue en comparación a los países del Creciente Fértil menos apreciable. Exceptuando los templos, palacios, y sistemas de irrigación construidos por los sabeos del Yemen y la expansión comercial por ruta hacia el norte, haciendo escala en diversos oasis con un índice de desarrollo sorprendente pero siempre constreñido a un desierto fronterizo limitante para la extensión de su civilización (Taymāʾ, Dedān, Qaryat al-Faw), el centro y norte de Arabia se caracterizó por un menor grado de desarrollo en comparación con el área mediterránea o mesopotámica durante toda la Edad del Hierro. Los lugares más civilizados de Arabia eran además lugares remotos, inaccesibles en gran escala para las potencias vecinas, dedicadas

96. Josefo, *A.J.* 12,4–5; Pritchard, *Ancient Near East I*, 213.281; Jue 11,3–4; Za 6,10–14; 1 Mac 5,13; 2 Mac 3,11. No debe confundirse a Sambalat, gobernador de Samaría y nieto del enemigo de Nehemías del que habla el papiro de Elefantina, con Sambalat, gobernador de la misma provincia en los tiempos de Darío III y Alejandro Magno mencionado por Josefo, *A.J.* 11,8.

más al intercambio mercantil con los árabes que a ver en ellos rivales a los que someter por la fuerza. Los proyectos de colonización por lo general tuvieron como objetivo el sur, más rico en recursos que el norte y el centro de la península, aparecieron tarde en la historia, e incluso puede afirmarse que entre el siglo X y el I a.C. sólo se registran dos conatos, ambos fallidos, de colonizar Arabia a gran escala.

3

ÉPOCA HELENÍSTICA EN ARABIA DEL ESTE Y DEL SUR. SIGLOS IV–I A.C.

ALEJANDRO MAGNO Y SUS PLANES DE COLONIZAR ARABIA

El primero de los episodios de colonización que puede calificarse como panarabista se remonta al año 325 a.C., que es el año sexto de la victoria de Alejandro sobre el persa Darío III en Gaugamela.[1] El episodio expresa el deseo insaciable de conquista de Alejandro Magno y de ser cierta la narración que Arriano transmite, atribuida en primer lugar a Eratóstenes, consiste en la segunda tradición occidental más antigua, si se quiere después de Herodoto, sobre el sur de Arabia, aunque en ambos aparece mencionado todavía confusamente.[2] La autenticidad de lo narrado por Arriano acerca del plan que Alejandro Magno concibió para adueñarse de Arabia depende de la comparativa y de la proximidad al propio Alejandro de las fuentes de información últimas de las que se valió Arriano, que serían principalmente el ingeniero civil Aristóbulo, el general Ptolomeo hijo de Lagos, más

1. Para la sección que sigue Arriano, *Anab.* 7,18–20; 8,32.43.

2. Herodoto, *Hist.* 2,8 localiza vaga pero acertadamente la región productora del incienso al este del curso superior del Nilo, pero parece considerarla aún parte de África y no de Asia pues la sitúa entre el sur de Heliópolis y el Mar Rojo, quizás por considerarla una continuación del desierto nubio.

tarde rey de Egipto, y el comandante de tropas Nearco de Creta, los tres compañeros de las expediciones del rey macedonio.

Según relata el historiador romano Arriano, después de haber conquistado Grecia, la costa fenicia, la satrapía de Egipto, y Persia, y después de regresar a esta última de su andadura por el Indo, Alejandro sospechaba que el recién anexionado territorio de Egipto podía ser alcanzado desde Persia bordeando por mar la península Arábiga.[3] Los planes últimos de Alejandro eran retornar a Grecia después de conquistar Asia para continuar la guerra en los territorios del Helesponto y la Propóntide a las puertas del Mar Negro.[4] El regreso a Grecia desde Susa o Babilonia podía alcanzarse remontando el Eúfrates por territorios ya conquistados pero el periplo de bordear Arabia le permitía seguir aumentando su imperio aprovechando el desplazamiento masivo de tropas, a las que por otra parte era peligroso mantener desocupadas.[5]

3. El periplo marítimo del griego Escílax de Carianda realizado entre el Indo y Egipto fue llevado a cabo, según Herodoto, durante el gobierno del persa Darío I (Herodoto, *Hist.* 4,44). Esta travesía marítima situada entre finales del siglo VI y comienzos del V a.C. debió de incluir la navegación por las aguas al sur de Arabia, lo que ha permitido dudar de la originalidad del plan concebido por Alejandro de alcanzar Egipto desde el Golfo Pérsico, bordeando Arabia. El Periplo del Pseudoescílax es un manual de navegación griego en el que los topónimos antiguos suponen un estrato del tiempo del Escílax mencionado por Herodoto, que de hecho da nombre a la obra. Sin embargo, la presencia de la ciudad de Pella y la ausencia de Megalópolis en la enumeración que el Pseudoescílax hace de las ciudades de Arcadia (en el Peloponeso, Grecia del Sur), sitúan la redacción de la obra en la primera mitad del siglo IV a.C. (*Esc.* 44.66). Por otro lado, el Pseudoescílax se limita a las poblaciones costeras del Mediterráneo, hablando de los árabes en dos párrafos parcialmente reconstruidos, que pueden ser identificados como los árabes nómadas del Sinaí y no como los del sur de Arabia, ya que los ubica entre la costa de Siria y la costa de Egipto (*Esc.* 105–06). Más bien el manual ignora esa región, lo que pone en entredicho bien la originalidad del escrito, bien el propio periplo de Escílax entre el Indo y Egipto. Para la traducción de este raro escrito, García-Gómez, *Literatura Griega Antigua*, 43–98.

4. Me decanto por la versión de Arriano, *Anab.* 4,15:6 y no por la de Plutarco, *Alex.* 68,1–3 en la que los planes de navegar el sur de Arabia se extenderían después a los de circunvalar toda la costa africana para entrar en el Mediterráneo por el Estrecho de Gibraltar, es decir, hasta abarcar todo el mundo entonces conocido.

5. Las conquistas-relámpago de la Antigüedad y aún de la Edad Media y periodos más recientes siguieron muchas la misma dinámica por la que grandes concentraciones de tropas regulares y mercenarias eran movilizadas. Aunque las primeras estaban sujetas a un mayor grado de disciplina y respeto por el Estado—enfocado este a la colonización permanente del territorio, tanto estas como en especial las segundas eran empujadas a la acción por la promesa del botín inmediato, el desarraigo social, los crímenes ya cometidos, y la imposibilidad de regresar sin completar la campaña, lo que generaba la necesidad de seguir conquistando.

Tres expediciones navales fueron enviadas por Alejandro desde el Delta del Eúfrates con la intención de inspeccionar la costa este de Arabia, descubriendo las zonas áridas y las habitables a su paso, las fuentes de agua, investigando los pueblos del país y sus posibilidades, teniendo en mente la fundación de futuras colonias. De las tres embarcaciones fue la del navarca Hierón la que más lejos llegó en su propósito. Sobrepasó la isla de Bahréin y pudo ver desde el Estrecho de Ormuz la misma prolongación (del actual país de Omán) en el Océano Índico que el comandante Nearco ya había divisado desde la orilla opuesta cuando navegaba de su regreso del Indo con parte del ejército de Alejandro. Ambos, Nearco y Hierón habían recibido órdenes de abarcar la mayor parte posible del territorio árabe desconocido pero sin poner en riesgo la expedición si las condiciones de la costa hacían inviable el retorno (paréntesis añadidos):

> "Pero el que más progresó de los enviados (por Alejandro), el cibernauta Hierón el de Solos, tomó este también de Alejandro un triacóntero. Fue pues para él ordenado circunnavegar toda la península de los árabes hasta el Golfo Árabe (Mar Rojo) en el lado de Egipto a la altura de Herónpolis. Pero no se atrevió a ir muy lejos, no obstante lo mucho que había circunnavegado la tierra de los árabes: sino que regresando pues a Alejandro le relató la extensión asombrosa de la península, que era cuán grande y no muy inferior a la tierra de los indios, y que un promontorio se adentraba mucho sobre el océano (Índico)." (Arriano, *Anab.* 7,20:7b–8)[6]

En la anterior campaña, Nearco, navegando en sentido opuesto a Hierón había divisado la costa de Arabia cuando descartó el desembarque creyendo que le aguardaba un desierto estéril e impenetrable semejante al de las playas de Pakistán donde había realizado el cabotaje en apoyo del regreso terrestre de Alejandro a Babilonia desde India.[7] Algunas otras observaciones como la del marinero Andróstenes, habían descubierto por contra zonas fértiles en Tylos (Bahréin), isla donde llegaron a distinguir plantaciones de frutales, aunque ningún bosque de mucha densidad. Pese a

6. μακροτάτω δὲ τῶν ἐκπεμφθέντων προυχώρησεν Ἱέρων ὁ Σολεὺς κυβερνήτης, λαβὼν καὶ οὗτος παρ' Ἀλεξάνδρου τριακόντορον. Ἦν μὲν γὰρ αὐτῷ προστεταγμένον περιπλεῦσαι τὴν χερρόνησον τὴν Ἀράβων πᾶσαν ἔστε ἐπὶ τὸν κόλπον τὸν Αἰγύπτῳ τὸν Ἀράβιον τὸν καθ' Ἡρώων πόλιν· οὐ μὴν ἐτόλμησέ γε τὸ πρόσω ἐλθεῖν, καίτοι ἐπὶ τὸ πολὺ παραπλεύσας τὴν Ἀράβων γῆν· ἀλλ' ἀναστρέψας γὰρ παρ' Ἀλέξανδρον ἐξήγγειλε τὸ μέγεθος τε τῆς χερρονήσου θαυμαστόν τι εἶναι καὶ ὅσον οὐ πολὺ ἀποδέον τῆς Ἰνδῶν γῆς, ἄκραν τε ἀνέχειν ἐπὶ πολὺ τῆς μεγάλης θαλάσσης. Triacóntero: nave de 30 filas de remeros. En 8,32 el promontorio es llamado Máceta (Μάκετα).

7. Arriano, *Anab.* 7,20; 8,32.43.

la escasez de datos, más bien negativa, que nos ha llegado sobre los lugares que inspeccionaron los navieros de Alejandro, el conjunto de informaciones recibidas por Alejandro durante sus viajes por Asia y de modo especial en las grandes ciudades de Mesopotamia apuntaba a que el comercio de fragancias entre árabes y persas debía proceder del sur de Arabia, lo que le había hecho imaginar que su costa tenía que ser tan próspera como Fenicia en alguno de sus puntos.[8] Poco sospechaba Hierón que su navegación se hallaba a unos cuantos días del límite oriental de la región productora del incienso cuando tuvo que emprender el regreso por considerar suficiente el litoral de Arabia ya investigado de cara a los planes ocultos de Alejandro. Probablemente juzgó demasiado arriesgada la continuación de la expedición más allá del Estrecho de Ormuz.

Sólo en función de esta primera etapa en el Golfo Pérsico por su lado árabe, contigua a los territorios conquistados por Alejandro en Iraq, se dispondría Alejandro a circunnavegar el resto de la península de Arabia fundando factorías helenas a su paso, continuando más hacia el sur y oeste por mar, sobrepasando Bahréin, rodeando Omán, y Yemen, territorios desconocidos para Alejandro, y alcanzando al final Egipto por el Mar Rojo hacia el norte. Para tamaña empresa mandó construir un astillero y dragar el Eúfrates para dar cabida en la ciudad de Babilonia a 1.000 naves grandes.[9] A su vez, desde el Mediterráneo, mandó transportar por tierra hasta la ciudad de Tápsaco al este de Siria 40 naves de guerra, dos pentarremes, tres tetrarremes, doce trirremes, y más de 30 triacónteros, desmontadas por piezas.[10] En Tápsaco fueron ensambladas y descendieron por el Eúfrates hasta Babilonia, donde esperaba Alejandro para unirlas a su nueva flota (construida ahí) al tiempo que iban llegando marineros, mercenarios, y todo tipo de gentes de mar dispuestas a sumarse a la aventura.[11] El periplo de adueñarse de las costas árabes del Golfo Pérsico, sur, y oeste de Arabia, fundando allí colonias, era teóricamente posible pero quiso la historia frustrarlo, pues al poco de ponerlo en marcha, Alejandro murió en Babilonia (año 323 a.C.).[12]

8. Arriano, *Anab.* 8,32.

9. χιλίαις ναυσὶ μακραῖς (7,19): una vez más la cifra debe ser interpretada con prudencia.

10. Cifra más probable que la anterior.

11. Arriano, *Anab.* 7,19.

12. La muerte de Alejandro sobrevenida después de una crisis febril de diez días de duración, acaecida al término de un reconocimiento de zonas lacustres de la baja Mesopotamia, se debió posiblemente a la malaria (Arriano, *Anab.* 7,21–22.25–26; Plutarco, *Alex.* 75,6).

Más allá de la grandeza de miras, visible en el plan de Alejandro de incorporar Arabia al recién anexionado Imperio Persa, la figura histórica del rey macedonio estuvo siempre envuelta en la leyenda y sus fuentes han sido cuestionadas, por su tendencia propagandística y semejanza con escritos anteriores, Herodoto u Homero. Aun así, la narración de Arriano, puesta en paralelo con los acontecimientos que sobrevinieron a la muerte de Alejandro, la brevedad de su imperio, la enorme extensión del mismo, y la dinámica inevitable creada en las guerras de seguir batallando, hacen creíble el plan de Alejandro de conquistar Arabia.[13] El historiador griego Plutarco, apenas un siglo anterior en el tiempo a Arriano, coincide con este en involucrar a Alejandro en purgas del alto mando del ejército, pero a diferencia de Arriano, enuncia con suma brevedad la intención de conquista de Arabia por Alejandro a la par que da una visión de su comportamiento moralizante, más negativa, envolviendo a Alejandro en fiestas báquicas en las que con toda certidumbre cayó por querer contentar a las dos facciones de su ejército, la macedónica y la persa.[14]

FLORECIMIENTO DEL ESTE ÁRABE: LA ISLA DE FAILAKA

La economía del este de Arabia renació después de la muerte de Alejandro Magno. Determinados territorios de la antigua civilización dilmunita en el lado árabe del Golfo Pérsico, van a ser reocupados. En su mayor parte el desarrollo del este de Arabia que siguió a las conquistas de Alejandro quedó reflejado en un nuevo nivel de asentamiento en la costa de Bahréin, en la construcción de un inconfundible templo helenístico y de un fuerte en la isla de Failaka, en la fundación del puerto de Uqayr y la reocupación del oasis de Thāj en el extremo oriental del actual reino de Arabia Saudí, y en el crecimiento de la ciudad de Mleiha y el puerto de ed-Dur en los Emiratos. Las excavaciones en estos lugares a partir de la segunda mitad del siglo pasado han sido provechosas, consolidan las fuentes clásicas que hablan al respecto, y prueban la existencia de un circuito económico entre la costa este de Arabia, el Eúfrates, Irán, e India vía marítima, y la alta Mesopotamia, sur, este, y norte de Arabia vía terrestre.

13. Los paralelos parecen más de estructura literaria e inspiración temática que de calco de pasajes. Pero la descripción geográfica y etnográfica de la sección primera de Arriano dedicada a la India (*Anab.* 8,1–17) tiene un eco en la descripción del curso superior del Nilo por Herodoto (*Hist.* 2,28–34).

14. Arriano, *Anab.* 3,11; 4,8.10–14; 7,4.8.11; Plutarco, *Alex.* 48,1–49,13; 50,1–51,10; 54,3–8; 61,1; 67,1–8; 70,3–71,5; 74,1–2; 75,1–6.

Los descubrimientos puestos en relieve por las excavaciones, estructuras defensivas, viviendas, monumentos funerarios, religiosos, utensilios dedicados a la vida doméstica o al comercio, y otros diversos hallazgos singulares, impiden con todo hablar de grandes entidades políticas en el este de Arabia durante la época helenística, diferenciando esta región del patrón mediterráneo. Similitudes en cerámica y prácticas funerarias compartidas entre Bahréin, Failaka (Kuwait), y la Provincia del Este de Arabia Saudí sugieren no obstante poblaciones mutuamente influenciadas, a las que puede considerarse herederas lejanas de la cultura dilmunita.[15] Otra diferencia es que no se observa, excepto en la isla de Bahréin, una continuidad de ocupación humana en el este de Arabia semejante a la que puede ser estudiada en los oasis del noroeste de la península, cuya cercanía a los motores económicos de Egipto, la civilización grecorromana, y el área sirio-palestina, va a hacer de ambas regiones, este y oeste de Arabia, dos esferas de influencia distintas, separadas por los grandes desiertos centrales, Nafūd y Najd en la mitad norte, y Rub al-Khālī en la mitad al sur.[16]

Failaka es una pequeña isla de 40 km^2 situada a menos de una jornada de navegación al este de la Bahía de Kuwait, al norte del Golfo Pérsico. Arriano menciona una pequeña isla a propósito de las expediciones que Alejandro Magno despachó en el lado árabe de este mar, localizándola a una distancia de la boca del Eúfrates que coincide inequívocamente con Failaka.[17] Según Arriano, Alejandro mandó consagrar esta isla con el nombre de Íkaros en recuerdo de aquella otra isla en el Egeo, Ikaria.[18] Arriano señala que en la isla se realizaba un culto en honor de la diosa Artemis por lo que puede deducirse que el nombre de Íkaros que Alejandro escogió para la isla guardaba relación con la religiosidad del lugar. Íkaros fue un personaje menor de la mitología griega que por su intento fallido de volar como los pájaros pudo ser identificado con Artemis, diosa de la naturaleza. El paso del nombre de Ikaria del Egeo hasta Íkaros en el Golfo Pérsico y su relación con Artemis abre dentro de estas generalidades, no obstante, otras posibilidades. Un templo llamado «Ekara» en lenguaje acadio aparece nombrado en un cuenco de bronce extraído de las prospecciones en la isla, nombre repetido después en una lista asiria de templos dilmunitas. De

15. Potts, "North-East Arabia," 375–76.

16. Arabia oriental, incluyendo la Provincia del Este de Arabia Saudí, la península de Qatar, Emiratos, y Omán, va a ser de hecho, y a diferencia del eje occidental (y en menor medida central) de Arabia, una de las regiones de la antigüedad clásica menos sometida al influjo de las guerras internas y de los conflictos internacionales, aunque estos no dejaron de estar presentes.

17. Arriano, *Anab.* 7,20; Plinio, *Nat.* 6,28:147; Ptolomeo, *Geogr.* 6,7.

18. Actual Icaria, 20 km al sur de Samos.

acuerdo con la inscripción, Ekara en Failaka estaría dedicado a Shamash, la divinidad solar.[19]

El trabajo de campo ha desvelado una ocupación de la isla desde el comienzo del milenio II a.C. al final del Bronce, interrumpida entonces al menos en lo que se refiere a construcciones de piedra. Un sillar que menciona el palacio de Nabucodonosor y otro texto cuneiforme posiblemente del mismo rey probarían la existencia de una residencia neobabilónica en Failaka durante el siglo VI, aunque dicha estructura no ha sido descubierta y se han dado otras explicaciones para la presencia de la primera de las dos inscripciones en la isla.[20] La simbología ha asociado a Failaka con los sacrificios de animales desde un tiempo muy anterior a Alejandro. Sellos dilmunitas con representaciones de animales salvajes, del toro, la gacela, el íbice, y un pájaro de gran talla que podría representar al avestruz o al pavo real, han sido encontrados en tal cantidad que es difícil no relacionarlos con algún tipo de costumbre religiosa. Tales sellos fueron utilizados como marcas comerciales por grandes familias de mercaderes que se beneficiaban del tráfico de cobre desde Omán y Bahréin hacia Mesopotamia.[21]

Durante el helenismo la isla fue reocupada, con un templo y un pequeño fuerte para oficiales de la administración que datan del siglo III a.C. y que constituyen la siguiente fase de ocupación demostrable a la Edad del Bronce tardía, que pudo sucumbir a consecuencia del agotamiento del cobre en Omán, el colapso de las ciudades del Indo que comerciaban con Mesopotamia, la absorción del dominio sumerio por los asirios, un desecamiento de la región, o por circunstancias todavía no comprendidas.[22] En base a la identificación del lugar con el sacrificio de animales se cree que la isla fue bautizada por Alejandro con el nombre de Íkaros, puede que por simple asociación con el culto al toro que se celebraba en la isla griega del mismo nombre.[23] Otra explicación suplementaria puede ser que los sucesores inmediatos de Alejandro atribuyesen a este la fundación de una colonia griega en la isla cuyo origen es algunas décadas posterior. El

19. Véase Rice, *Arabian Gulf*, 123–25.207–13.

20. Kjærum y Højlund, *Second Millennium Settlements*, 108.

21. La simbología que utilizan, sin embargo, no guarda relación directa con los productos económicos que intervinieron en el comercio. No se puede descartar el mero gusto estético en algunas de estas composiciones pero es probable que la presencia de altares, escenas eróticas, bucranios, y otro tipo de figuraciones sirvieran también de talismanes y que con sellos comerciales de este tipo minuciosamente decorados se invocara la paternidad de los antiguos dioses dilmunitas sobre la actividad económica (Rice, *Arabian Gulf*, 284–99).

22. Jeppesen, *Ikaros*, 24–71.

23. Estrabón, *Geogr.* 14,1:19; 16,3:2; Jeppesen, *Ikaros*, 78.

nombre de la isla se debería en este caso no tanto a la iniciativa de Alejandro sino al transplante de inmigrantes del Mediterráneo a Failaka al servicio de los primeros reyes seléucidas, una costumbre atestiguada en otros lugares del antiguo Imperio Persa.[24]

En el complejo helenístico de Failaka fue descubierta una inscripción griega con información relevante para nuestro estudio.[25] En ella Seleuco II Calinico (ca. 265–225 a.C.) habla del traslado del santuario de Soteira que, como se sabe, era otro de los nombres de Artemis; ordena honrar a los dioses, instituye la celebración de unos juegos gimnásticos y menciona la exención de impuestos sobre los habitantes de la isla y sobre quienes comercien con ellos. La presencia de esta inscripción y de los decorados del templo son indicativos de una comunidad helenizada en cierto grado pero cuyos rasgos étnicos, griegos, persas o árabes, no se pueden discernir del todo.[26] Limitándonos a Arabia, el patrón de una colonia helenizada de alguna magnitud parece que fue exclusivo de Failaka y que, con excepción menos probable de Qalaat en Bahréin, no se extendió más al sur en la costa árabe del Golfo Pérsico. En el este de Arabia las poblaciones no fueron regidas por reyes seléucidas de manera directa, que no obstante pudieron mantener alguna clase de control fiscal, y donde el helenismo, aunque da nombre al periodo y caracteriza algunos atributos, no constituyó el rasgo dominante.

POLIBIO DE MEGALÓPOLIS: EL REINO PERDIDO DE GERRHA

El gobierno indirecto del este de Arabia por los seléucidas parece estar indicado por un fragmento del autor griego romanizado Polibio de Megalópolis, que escribe en el siglo II a.C. a razón de la visita de Antíoco III (242–187 a.C.), hijo de Seleuco II Calinico, al reino de Gerrha. La

24. Jeppesen, *Ikaros*, 78.116–18.

25. Jeppesen, *Ikaros*, 82–114, inscripción de 44 líneas. Traemos aquí no obstante una inscripción más breve y asimilable, en siete líneas, de un oficial llamado Soteles Ateneo, posible comandante de la marina seléucida en Íkaros. Sobre bloque de piedra, 19–20 cm de espesor (en Naveh, *Failaka*, 1–2): Σωτέλ[ης] | Ἀθηναῖο[ς] | καὶ οἱ στρα[τιῶται] |Δὶ Σωτῆρι | Ποσειδῶνι | Ἀρτέμιδι | Σοτέραι (Soteles Ateneo y los soldados, a Zeus Soter Poseidón (y) a Artemisa Sotera).

26. Naveh, *Failaka*, 1–2, lee el nombre iranio Shatanay (o Shatan) en una inscripción de Tell Khazneh, al que identifica con uno de los soldados de la incripción comentada en la nota anterior. La conjetura se basa en el parecido de las piedras sobre las que están grabadas, pero es insegura: «SHTNY QDM Bl'KR DKR»: " Shtny sea recordado ante Bel (= Zeus) de Ikaros (o Ekara)."

ubicación exacta de Gerrha no ha sido esclarecida completamente pero debe localizarse en la costa este de lo que hoy es Arabia Saudita, y cuyo principal centro posiblemente fue el oasis de Thāj. Polibio tampoco dice el motivo de la visita de Antíoco III a Gerrha aunque por lo que se sabe de este rey puede relacionarse con el intento de restauración de las provincias orientales (Comagene, Armenia, Partia, y Bactria) a finales del siglo III a.C. Los gerrhasenos se adelantaron al rey (desplazado en barco) enviando una carta que le fue leída por un intérprete y en la que pedían la conservación de la paz que los dioses les habían otorgado. Antíoco aceptó la petición. Los gerrhasenos se comprometieron a entregar un gran donativo (el pago de tributo) a cambio de evitar una invasión del ejército que acompañaba al rey, 500 talentos de plata, 1.000 de incienso, y 200 de mirra. El gobierno de Gerrha por los seléucidas previo a Antíoco no parece ser directo porque entre los gerrhasenos no media ningún representante seléucida, pero es tan breve la nota de Polibio que no pueden extraerse firmes conclusiones. De aquí el rey partió, dice Polibio, para Tylos, nombre con el que los griegos designaban a la isla de Bahréin.[27]

QALAAT (QAL'AT) DE BAHRÉIN: LA ISLA DE TYLOS

Qalaat es el principal asentamiento arqueológico de la isla de Bahréin durante la época helenística, identificado con el puerto de Tylos nombrado por los autores clásicos. La ocupación de Qalaat fue continua desde la cultura dilmunita temprana, en tiempos de Súmer, hasta el comienzo de la dominación persa sasánida en el siglo III de nuestra era, lo que hace único al asentamiento de Qalaat entre aquellos que forman el conjunto de la arqueología de Arabia del Este. El yacimiento principal dentro del área arqueológica de Qalaat, bastante más amplia, se encuentra a pie de costa, 5 km al oeste de Manamá, la capital actual, ocupando una extensión de casi 4.000 m^2 completamente construidos. Un valioso tesoro de 300 monedas de plata de los primeros Antíocos fue encontrado en la ciudad arqueológica de Qalaat en el año 1970. Presentan la imagen de Heracles portando el cuerno de Amón, dios del que Alejandro Magno dijo descender tras la conquista de Egipto.[28] Las tetradracmas fueron descubiertas dentro de una jarra

27. Polibio, *Hist.* 13,9:1–5.

28. La imagen de Heracles con el cuerno de Amón representando a Alejandro fue ampliamente imitada en las monedas de Arabia del Este durante el periodo helenístico. Es probable que el personaje coránico Dhūl Qarnayn (C 18:83–98), ذِي القَرنَينِ, lit. "El de los dos Cuernos," que emprende un viaje epopéyico entre

durante las excavaciones de la muralla antigua en la línea de costa, en uno de los habitáculos que la utilizaron como contrafuerte para la construcción cuando la muralla perdió parcialmente su finalidad defensiva, muy cerca del recinto principal de Qalaat.[29]

Las monedas permiten corroborar la datación del estrato helenístico de Qalaat en la segunda mitad del siglo III a.C., constituyendo un ejemplo temprano del tipo de moneda griega que mediante acuñaciones propias en plata o bronce van a imitar los pequeños reinos del este, centro, y sur de Arabia durante todo el periodo. El estrato helenístico de Qalaat fue levantado sobre el piso de la cultura dilmunita media, fijado en su forma final hacia el 500 a.C., pero su completa reconstrucción imaginaria a partir de los restos encontrados es difícil. El suelo fragmentado del estrato y la pobreza de las paredes pese a la calidad de los materiales de construcción, indicarían la devastación que sufrió el lugar a consecuencia de la expedición del rey iraní Arsaces I (224–39/40) hacia el año 240 d.C. Al margen del tesoro de monedas y de algunas inscripciones funerarias, es poca la evidencia del tipo de población que pudo conocer el lugar por lo que no puede esclarecerse en qué grado estuvo helenizado y si, de modo semejante a Failaka—uno de los destinos con los que Qalaat debió comerciar, su población fue compuesta por un porcentaje de personas asimiladas a la cultura griega.[30]

Esta razón no obsta para que la identificación de Qalaat con la ciudad de Tylos mencionada por Polibio, Arriano, Estrabón, y Plinio sea evidente por sí misma. Qalaat es el asentamiento de mayor calibre en la isla de Bahréin durante el periodo y es muy posible que los marineros extranjeros que hacían escala conocieran de la isla de Tylos poco más que este lugar.

---

el extremo del oeste y el del este sea una figuración de Alejandro Magno y sus conquistas, aunque es una interpretación rechazada por teólogos islámicos ortodoxos (Badawi y Abdel Haleem, *Qur'anic Usage*, 754).

29. Callot, "Trésor de Monnaies," 351–56; Rice, *Arabian Gulf*, 150–55. Para esta sección Rudolff, *Qal'at al-Bahrain*, 18–50. La jarra que contenía las monedas fue depositada debajo del nivel del suelo en un cuarto de una casa construida contra la muralla antigua de la ciudad. La jarra estaba rodeada de piedras en el momento de su descubrimiento que sirvieron posiblemente de apoyo cuando fue escondida, y la abertura del recipiente estaba tapada con un cuenco. No se pudo demostrar la conexión directa con el habitáculo, pese a que el tesoro fue encontrado después de que una capa material de unos 15 cm fuese destruida (Mørkholm, "Coin Hoard," 195).

30. Las tetradracmas de Qalaat presentan estampaciones de calidad, pero en algunos ejemplares la leyenda está barbarizada, posible señal de que el fabricante del molde desconocía el idioma griego, y así, la palabra ΑΛΕΞΑΝΔΡΟΥ (DE ALEJANDRO), aparece en algunas monedas como ΛΛΕΞΑΝΔΡΟΥ (DE LLEJANDRO), ΑΑΕΞΑΝΔΡΟ (AAEJANDRO), etc. (Mørkholm, "Coin Hoard," 183–89; ver nota *infra*).

Al menos una referencia explícita de los autores clásicos coincide, sin dar lugar a equívoco, con la morfología que todavía es observable en Qalaat. El canal por el que se accedía a Tylos citado por Plinio el Viejo y la base de la torre de vigilancia o señalización que fue construida sobre el lecho marino en este canal son visibles a día de hoy.[31] El canal ha sido colmatado y ya no es navegable pero la fotografía aérea muestra claramente el perfil norte-sur que formaba la entrada al puerto. El canal fue literalmente labrado sobre el coral, recortando el saliente de roca por donde el tránsito se hacía indispensable para cargar o descargar las embarcaciones.[32]

Una inscripción griega sobre un bloque de caliza encontrado en las proximidades de Qalaat cita el nombre del estratega de Tylos y del monarca Hyspaosines en cuya persona gobernaba.[33] Hyspaosines fue el fundador del reino Mesena, un pequeño territorio al sur de Mesopotamia escindido en el siglo II a.C. del Imperio Seléucida. La inscripción apoyaría la hipótesis del uso del griego por la población culta de Tylos y la idea de que la isla fue gobernada desde el extranjero en este tiempo, algo que la investigación podría remontar a un momento previo. Algunas listas reales en Bisotun, Susa, y Persépolis enumeran a Magan (norte de Omán) entre los pueblos sometidos por los persas. El dato no significa por sí mismo que los persas gobernasen la región septentrional de Omán directamente ya que las listas reales iban encaminadas a ensalzar el poder del rey y podían incluir entre pueblos vasallos a simples clientes económicos. Con todo, es posible que la existencia de una satrapía al sur del Golfo Pérsico se remontara, con el escalonamiento que conllevó la aniquilación del Imperio Aqueménida por Alejandro, al reinado de Darío el Grande (522–486 a.C.) que es al que pertenecen las listas. Los seléucidas y más tarde los partos mesenas heredarían la demarcación precedente, pero es deducible que la región estuviera incompletamente sometida desde un principio y que comenzara a independizarse ya durante las guerras de Alejandro.[34]

De hecho, dos estelas funerarias halladas en el área circundante a Qalaat, al menos una de ellas con leyenda en griego, presentan en contra de la hipótesis de un gobierno seléucida de Bahréin nombres con raíces semitas que limitan su alcance, Auidisaros hijo de Auidisaros, y Abidistaras hijo de Abdaios.[35] Los nombres, uno de los cuales pertenece muy posiblemente a

31. Plinio, *Nat.* 6,28:148.

32. Rudolff, *Qal'at al-Bahrain*, 50–52.

33. Sobre esta y otras inscripciones griegas de Bahréin, Gatier et al., "Greek Inscriptions from Bahrain," 223–33.

34. Potts, *Land of the Emirates*, 103–07.

35. Traigo aquí únicamente la n. 3 de Gatier et al., "Greek Inscriptions from Bahrain," 229. Sobre estela antropomórfica del cementerio de Qalaat en uso

un capitán de navío (κυβερνήτης), contienen la abreviatura de las diosas Ishar y/ o Ishtar y demuestran la existencia de población semita en Bahréin que había adoptado el griego como lengua comercial o de prestigio, sin constituir su utilización un distintivo étnico.[36] Las semejanzas de la cerámica de Failaka, Bahréin, y el este de Arabia sugieren más bien que la región fue repoblada con habitantes tardodilminutas en el siglo IV a.C., que evidentemente por ser la población original del área geográfica en cuestión, tuvo que ser predominante. Esto sería ulteriormente corroborado por otras dos estelas funerarias contemporáneas de Tarut, en la costa este de Arabia, de estilo coincidente con aquellas estelas de Bahréin, y por inscripciones en escritura sudarábiga y aramea sobre monedas, epitafios funerarios, u otros objetos atribuidos al periodo helenístico de Mleiha en los Emiratos.[37]

Es probable por todas estas razones que el grueso de la población de la antigua ciudad de Tylos, del puerto de ed-Dur u Omana cerca del Estrecho de Ormuz, y en general de los demás puertos del este de Arabia entre los siglos III a.C. y II d.C., incluyendo Uqayr y Qatif, sin descartar otros componentes menores como el sirio, el persa, el griego, o más lejanamente el indio, fuese árabe en su mayor parte y que la élite hubiese sido débilmente helenizada en comparación con la población de las urbes orientales de la región mediterránea. En concordancia con este presupuesto, las colecciones de monedas encontradas en el puerto de Khor Rori al sur de Omán, las de Harb, Marib, y Raydān en Yemen, las de Mleiha y ed-Dur en los Emiratos, así como los ejemplares recuperados en la ciudad fortificada de Qaryat al-Faw en el desierto central de Arabia y en el oasis de Thāj al noreste siguen un patrón común, sustituyendo conforme pasa el tiempo el rostro de Atenea, Heracles o Alejandro del anverso, y la imagen de Zeus en el reverso por la figura de un dios o monarca árabe, según acuñaciones locales en plata o bronce cuyas inscripciones evolucionan desde el griego al arameo o el sudarábigo.[38]

---

secundario en pared de un enterramiento: Αβιδισταρας Αβδαιου κυβερνήτης.

36. Gatier et al., "Greek Inscriptions from Bahrain," 228–29: *Ishar*, diosa menor atestiguada en Hatra (Iraq).

37. Potts, "North-East Arabia," 376; Potts, *Land of the Emirates*, 110–16.

38. Sedov, "Coins from Sumhuram," 277–316; Hill, *Catalogue*, 265–300; Potts, *Pre-Islamic Coinage*, 13–101. El hallazgo singular más destacable de monedas en la región árabe del Golfo Pérsico es el tesoro de 310 monedas encontrado en la muralla de Qalaat en Bahréin, indicado líneas arriba. Las monedas de este tesoro, de plata de buena calidad y cercanas a los 17 g ideales de la tetradracma griega, pueden dividirse en dos tipos. El primero, con más de 200 ejemplares, muestra excelencia en la impresión de los detalles tanto del rostro de Heracles en el anverso como del personaje entronizado en el reverso, incluso a veces de calidad superior al de las monedas oficiales. Sin embargo, de los más de 200 ejemplares de los que consta el

THĀJ EN ARABIA SAUDÍ: POSIBLE CAPITAL DEL REINO DE GERRHA

Thāj es el mayor yacimiento del este preislámico de Arabia y uno de los principales candidatos a ocupar la capitalidad del reino perdido de Gerrha. Aunque no se encuentra muy lejos de la costa, 90 km, Thāj es una ciudad típica del desierto de Arabia. Está integrada en un paisaje erosionado de clima árido en el que el aporte de agua de superficie, menos de 100 mm anuales, es completado con una capa de aguas fósiles que empieza a ser detectable a 6 m de profundidad máxima. Las murallas de la ciudad de Thāj delimitan un trapecio casi rectangular cuyo perímetro supera los 2 km, una longitud que entre las murallas preislámicas de Arabia sólo es sobrepasada por las de Taymāʾ, 18–20 km incluyendo un triple sistema defensivo (datado en distintas épocas), y Marib en Yemen, con algo más de 4 km.[39] El yacimiento de Thāj se compone de la propia muralla defensiva que fue rematada con torretas en las conjunciones, de una red de calles y edificios en el interior, de algunas construcciones pesadas extramuros al sureste, y de una gran necrópolis con unos 500 monumentos funerarios de piedra amontonada. Los niveles de asentamiento van desde el siglo III a.C. al II d.C, con un fuerte declive desde entonces hasta el siglo IV d.C.[40]

Gerrha es localizada por Plinio el Viejo y Estrabón en Arabia del Este, 60 millas al frente de Bahréin y a 50.000 pasos de la costa, es decir, a 75 km tierra adentro, lo que, además de las dimensiones propias del lugar, ha

---

grupo, muy pocos presentan el genitivo ΑΛΕΞΑΝΔΡΟΥ escrito correctamente en la leyenda vertical del reverso, revelando ser obra de acuñadores que no dominaban el griego (ver nota *supra*). Además, el personaje entronizado, se diferencia en este caso del Zeus heleno, ya que es imberbe y de apariencia juvenil. Su identidad es provista por la shin sudarábiga que acompaña al personaje, transcrita «s^1.» Que esta letra consiste en una abreviatura del dios solar Shams o Shamash es deducido por tres de los ejemplares del tesoro que contienen el nombre completo del dios arameo «S^{1}m'» en el lado opuesto a la leyenda de Alejandro. El segundo tipo de monedas del tesoro, con 76 ejemplares, ha sido denominado monedas del "tipo Abiʾel" por sustituir la leyenda de Alejandro del reverso por la de este monarca árabe de quien al margen de las monedas no se tiene noticia. La figura del reverso, posiblemente Shamash, presenta un busto de caballo donde las monedas del primer tipo un águila, así como una palmera. El primer tipo de monedas del tesoro presenta letras con terminaciones globulares, muy parecidas a las tetradracmas de Seleuco III (243–223 a.C.) y especialmente de Antíoco III (242–187 a.C.) por lo que permite la datación del conjunto en la segunda mitad del siglo III a.C. o comienzos del II a.C. (Callot, "Trésor de Monnaies," 351–56; Mørkholm, "Coin Hoard," 195–99).

39. Para Taymāʾ, Hausleiter y Eichmann, "Oasis of Taymāʾ," 16.

40. Para Thāj véase al-Zahrani, "Kingdom of Gerrha," 376–90; Rohmer et al., "Thaj Archaeological Project," 287–302.

permitido identificarla con Thāj.[41] Agatárquides de Cnido, que escribe 100 o 150 años antes que aquellos, considera a sabeos y gerrheos los dos mayores pueblos comerciantes de Arabia, dedicados a una profesión que conectaba puntos tan dispares como el país de los aromas, Petra, Palestina, Siria, y Asia.[42] Hoy son mejor conocidos los límites de este antiguo reino, Shati Nisf al-Qamar por el norte y el puerto de Uqayr por el sur, alcanzando la ciudad de Thāj y el gran oasis de Hofuf hacia el oeste en un área aproximada de 14.000 km^2 de contornos poco definidos hacia el interior del desierto, excepto por la franja de costa que cae en frente de la isla de Bahréin.[43]

Estrabón es el autor que más información ofrece sobre Gerrha, que puede ser atribuida con seguridad probable a la ciudad de Thāj. Estrabón indica que los habitantes de Gerrha eran caldeos refugiados (quizás simples emigrantes) de Babilonia, enriquecidos con las caravanas, posiblemente arabizados. Yendo al detalle, las informaciones de Estrabón sobre la riqueza y el modo de vida de los gerrheos no son de primera mano aunque en función de lo que ha sido encontrado en Thāj transmiten la verdad. Baste aquí un extracto entre los posibles (paréntesis añadidos):

> "También circunnavegando la Arabia a 2.400 estadios, en un golfo profundo, cae la ciudad de Gerra, tierra salina habitada por caldeos, expatriados de Babilonia, que tienen las casas (hechas) de sal... Y los gerrasenos son la mayoría comerciantes de mercancías árabes y aromas (que van) a pie. Pero Aristóbulo dice, por el contrario, que muchas mercancías las importan a Babilonia en barcas, y que desde allí navengan el Eúfrates arriba con los cargamentos hasta Tápsaco, y luego desde allí a pie las transportan a todo lugar." (Estrabón, *Geogr.* 16,3:3)[44]

No es imposible que una parte perceptible de la población de Thāj fuese árabe-mesena dedicada al comercio con Antioquía de Susiana (Chárax Spasinou) o con otras poblaciones del sur de Iraq o que, al decir de Estrabón, otra parte correspondiera a inmigrantes de Babilonia que hubiesen viajado a Arabia quizás motivados por lazos económicos o de parentesco

41. Estrabón, *Geogr.* 16,3:3; 4:18–19; Plinio el Viejo, *Nat.* 6,28:147.

42. Agatárquides, *Mar. Ery.* 87.102.

43. Compárese por ejemplo con las actuales Suiza o Costa Rica, unos 41.000 y 51.000 km^2.

44. Παραπλεύσαντι δὲ τῆς Ἀραβίας εἰς δισχιλίους καὶ τετρακοσίους σταδίους ἐν βαθεῖ κόλπῳ κεῖται πόλις Γέρρα, Χαλδαίων φυγάδων ἐκ Βαβυλῶνος οἰκούντων γῆν ἁλμυρίδα καὶ ἐχόντων ἁλίνας τὰς οἰκίας... πεζέμποροι δ' εἰσὶν οἱ Γερραῖοι τὸ πλέον τῶν Ἀραβίων φορτίων καὶ ἀρωμάτων. Ἀριστόβουλος δὲ τοὐναντίον φησὶ τοὺς Γερραίους τὰ πολλὰ σχεδίαις εἰς τὴν Βαβυλωνίαν ἐμπορεύεσθαι, ἐκεῖθεν δὲ τῷ Εὐφράτῃ τὰ φορτία ἀναπλεῖν εἰς Θάψακον, εἶτα πεζῇ κομίζεσθαι πάντῃ.

previos, teniendo en cuenta que esta distinción en Estrabón no expresa necesariamente carácter étnico sino geográfico. En apoyo de Estrabón, el diseño de la muralla y el uso del arameo en la epigrafía del entorno muestran nexos entre Thāj y Babilonia, pero la utilización simultánea del hasaítico, un alfabeto derivado del sabeo, y otros elementos como los túmulos funerarios o el anexo defensivo que protegía la entrada sur de la ciudad amurallada, de diseño similar a una estructura de la ciudadela de Khor Rori en Omán, resaltan al mismo tiempo la autonomía local y sugieren conexiones entre Thāj y los países del sur de Arabia.[45]

Estrabón y Plinio afirman que los gerrheos construían sus casas con bloques de sal. Estrabón también menciona marismas saladas en el entorno que deben referirse a las formaciones de sal que se depositan tras la evaporación de los aguaceros estacionales en las hondonadas del terreno (sabkhas) al norte y al sur de Thāj. Es posible que Estrabón, que parece servirse aquí de relatos escuchados a viajeros y no de testigos primarios, atribuya el aspecto del paisaje al material de construcción, caliza blanca en este caso. Según el geógrafo, los habitantes de Gerrha decorarían sus casas con adornos de oro, piedras preciosas, perlas, plata, y marfil, artículos de joyería que los más adinerados comerciantes de Thāj debieron disponer en cierto grado, pero que es improbable que los mostraran al exterior de forma tan palmaria. Pero que hubo personas muy enriquecidas en Gerrha debe considerarse algo cierto: Uno de los descubrimientos más llamativos del periodo helenístico en el este de Arabia es precisamente la tumba de una niña accidentalmente encontrada durante unas excavaciones en Thāj a finales del siglo pasado. El ajuar que acompañaba al cadáver consistía en collares decorados con perlas, turquesa, y rubíes, tres diademas de oro, además de 200 botones del mismo metal.[46]

La mención que también hace Plinio de las casas de Gerrha construidas con bloques de sal sugiere que se basó en una fuente común a Estrabón, aunque dada la forma con la que los autores clásicos utilizaban a sus informadores, la brevedad de la cita, y la imposibilidad de disponer hoy de esta supuesta tercera fuente escrita, puede pensarse en un dato del saber popular vinculado al mundo de los viajes (militares o comerciales) al

45. El interés por construcciones de entrada a la ciudad sólidas aunque separadas del trazado de la muralla defensiva, con puertas y pasillos de acceso estrechos, puede deberse a que este tipo de ciudad árabe antigua no disponía de un mercado abierto sino que actuaba como una aduana para el control de mercancías, y quizás para su tasación (Avanzini, "History of Sumhuram," 610–12).

46. Estrabón, *Geogr.* 16,4:19, asemejando los gerrhenos a los sabeos. Al-Zahrani, "Kingdom of Gerrha," 392–93.

que accedieron, posteriormente atribuido a fuentes reputadas.[47] El pasaje de Estrabón es por otra parte anterior en el tiempo al de Plinio y contiene una descripción de Gerrha más completa que la de Plinio el Viejo, no obstante de compartir el dato relativo al modo de construcción de las casas de Gerrha con bloques de sal, careciendo de lógica que Plinio, interesado al igual que Estrabón en escribir una obra que compilara todo el saber de la época, prescindiera de la información adicional presente en el pasaje sobre Gerrha de Estrabón de haberlo conocido.[48]

DIODORO DE SICILIA Y ESTRABÓN: LA RIQUEZA DE GERRHEOS Y SABEOS

En un pasaje posterior basado en el testimonio de Artemidoro, Estrabón se sirve de una única descripción para hablar de la riqueza compartida entre sabeos y gerrheos.[49] La descripción que Estrabón toma aquí de Artemidoro es paralela a la que utiliza Diodoro de Sicilia en un pasaje sobre la forma de vida de los habitantes del sur de Arabia cuya lectura puede enseñar el tratamiento que pudo dar Estrabón en este caso a su fuente de información. Diodoro es un autor posterior a Artemidoro y anterior a Estrabón que no menciona a los habitantes de Gerrha en la descripción que hace de la riqueza de los sabeos, descripción que por lo demás es más extensa aunque muy semejante a la que utiliza Estrabón para hablar de la riqueza compartida por ambos pueblos. Por desgracia, el pasaje de Artemidoro sobre la riqueza de los sabeos tampoco se ha conservado como fuente de información independiente si no tan sólo como cita de Estrabón, mientras que el pasaje de Diodoro se ha conservado pero está idealizado.[50]

Diodoro pertenece a la corriente filosófica del estoicismo. Dicha corriente veía en la civilización una corrupción de la condición original

47. La segunda parte del relato en Estrabón, *Geogr.* 16,3:3 es atribuida a Aristóbulo de Casandria, oficial de rango inferior en los viajes de Alejandro Magno, conocido únicamente por fragmentos.

48. Estrabón, *Geogr.* 16,3:3; Plinio, *Nat.* 6,28:147. Plinio utiliza para su descripción de los pueblos árabes del Golfo Pérsico las *Arabicas* que el rey Juba de Numidia (50 a.C.–23 d.C.) dedicó al joven Gayo César (20 a.C.–4 d.C.), hoy perdidas. La fuente para el pasaje aludido de Estrabón es, en cambio, Eratóstenes de Cirene (276–194 a.C.), quien recoge a su vez el testimonio de Andróstenes el Tasio (s. IV a.C.), el almirante de Alejandro Magno que recorrió por orden de este la costa árabe del Golfo Pérsico.

49. Estrabón, *Geogr.* 16,4:19, aludida previamente. Artemidoro de Éfeso, geógrafo que escribió en los últimos años del siglo II a.C., para las regiones del este, basándose en fuentes previas, a las que mejora.

50. Diodoro, *Biblio. Hist.* 3,47:5–9; véase también Plinio, *Nat.* 6,28:161.

del hombre e imaginaba a los pueblos no romanizados envueltos en un aura de abundancia material debido a su aislamiento geográfico y a su contacto privilegiado con la naturaleza, un modo de tratar la información que es visible en largas secciones de su obra histórica, escrita con fines apologéticos. El pasaje de Estrabón sobre la riqueza compartida por sabeos y gerrheos es citado con frecuencia por académicos de la antigua Arabia, pero la comparativa de fuentes demuestra atendiendo a las razones anteriores que no es fiable si se toma en sentido literal. Lo más probable es que Estrabón extendiera los datos que había recabado de Artemidoro o incluso del propio Diodoro sobre el nivel de prosperidad adquirido por Saba al pueblo de Gerrha teniendo en cuenta que la riqueza de ambos pueblos debía ser semejante al estar involucrados en el mismo negocio de aromas y productos exóticos. Estrabón mantiene la descripción presente en Diodoro de Sicilia y que quizás ambos tomaron de Artemidoro, pero le atribuye otra causa material.[51]

En varios aspectos de la vida cotidiana ambos pueblos, Saba y Gerrha, tuvieron costumbres semejantes y seguramente el estatus adquirido por la alta sociedad quedó reflejado en decorados similares de las casas y en los mismos utensilios de lujo que no debían diferir en alto grado de aquellos utilizados por la rica sociedad griega o romana. El tesoro encontrado en la cripta funeraria de la niña de Thāj y otros objetos, estatuas y placas de bronce, collares, brazaletes, amuletos, anillos, hebillas de oro y plata recuperados en las ruinas de Yemen son expresión en pequeña escala del nivel de prosperidad que alcanzaron las clases adineradas de Arabia en su momento de mayor esplendor, pero el detalle presente tanto en Estrabón como en Diodoro sobre el decorado exterior de las casas de sabeos y gerrheos realizado en oro, plata, y con encajes de piedras preciosas resulta fabuloso en una cultura del desierto o de la antigüedad.[52]

REINOS PRODUCTORES Y COMERCIANTES DEL SUR: LA ARABIA FELIZ

Estrabón diferencia cuatro reinos en el suroeste de Arabia, mineos (μιναῖοι), sabeos (σαβαῖοι), hadramitas (χατραμωτῖται), y qatabaníes (καττα βανεῖς), siendo los mineos aquellos a los que Plinio atribuye la puesta en marcha de la así llamada "ruta del incienso" a través de Arabia.[53] El periodo helenístico

51. Compárese Diodoro, *Biblio. Hist.* 3,47:5–9 con Estrabón, *Geogr.* 16,4:19.

52. Simpson, *Queen of Sheba*, 120–36.172–79.

53. Estrabón, *Geogr.* 16,4:2, enumerando correctamente los cuatro reinos de norte a sur; Plinio, *Nat.* 12,30:54.

del Yemen, entendiendo este como el tiempo comprendido entre la imitación de las primeras dracmas griegas en el siglo IV y el auge del reino de Himyar en el I a.C., equivale con bastante exactitud a la cronología compartida por estos cuatro reinos caravaneros de edades diferentes durante la segunda mitad del milenio I a.C.[54] Durante este periodo Saba, que ha favorecido la difusión del lenguaje escrito entre los demás árabes del sur, sigue manteniendo una posición estratégica prioritaria dentro de Yemen pero no puede impedir que los estados emergentes, Maīn al norte, Qatabān al sur, y Hadramawt al este, obtengan un poder derivado de la gestión de su propia agricultura y de la intervención creciente en la ruta del incienso, de la que los cuatro son beneficiarios y competidores.

Visto desde afuera, el comercio lujurioso venido del Yemen, y desde un tiempo muy anterior al helenismo, hizo imaginar a las naciones del norte la existencia de una tierra muy fértil, rica, y peligrosa en el sur de Arabia, separada de la parte que ellas conocían de Arabia por una impenetrable extensión desértica. El imaginario heleno bautizó durante la época clásica el área con el nombre de "Arabia Feliz" (Ἀραβία Εὐδαίμων, latinizado *Arabia Felix*). El nombre posiblemente surgió en la edad dorada de la ruta del incienso, y así leemos en Estrabón: "Ahora, en cuanto a la India, Homero no sabía de ella (pues de haber sabido de ella, la hubiera mencionado); pero sí conocia la Arabia que es llamada hoy Feliz" (*Geog.* 1,2:32). El apelativo feliz era apropiado si se lo comparaba con la gran Arabia Desierta que separaba Yemen de la región mediterránea, pero solamente en parte correspondía a la verdad del terreno, aunque esto es algo que no estuvo completamente claro hasta la época de Plinio el Viejo, cuando los romanos ya operaban en los puertos yemenitas de los mares Rojo y Arábigo.[55]

LA RUTA DEL INCIENSO Y LAS VÍAS DE COMUNICACIÓN TRANSARÁBIGAS

La región productora del incienso se encontraba cerca de la costa suroriental de Yemen, comenzando a ocho días de marcha de la ciudad de Shabwa,

54. De Maigret, *Arabia Felix,* 195–96.213–25; Simpson, *Queen of Sheba*, 73–79.

55. Ver también Estrabón, *Geog.* 16,3:1. Herodoto, *Hist.* 3,107–09 describía la región del incienso como una tierra infectada de serpientes, algunas aladas, y creía que los recolectores debían mantenerlas continuamente alejadas con el humo de hogueras, algo que el imaginario occidental posiblemente consideraba cierto. Polibio y Estrabón consideraban en cambio la región rica por exceso. La visión completamente racional de Yemen no llegará hasta Plinio, cuando el comercio directo con el lugar está ya al alcance de los romanos.

según Plinio.[56] La ciudad fortificada de Shabwa, de forma rectangular, ocupaba un área de 17 ha (170.000 m^2) en el extremo occidental del reino de Hadramawt, posición que se debe explicar en parte por ocupar la terminal oeste de la región productora de incienso (entre las actuales Yemen y Omán) y por la necesidad de mantener contacto con el resto de ciudades de Arabia del Sur.[57] El árbol del incienso, el olíbano, crece en formaciones de poca densidad a lo largo del wadi Hadramawt al este de Shabwa, en barrancos y lechos calizos de sus afluentes, llegando por oriente hasta la región de Mahrah en la frontera de lo que hoy es Omán, y en el área de Dhofar dentro ya del sultanato, a más de 600 km de Shabwa. Algunos siglos después del periodo helenístico, la demanda para consumo doméstico, uso religioso y medicinal de la sociedad romana, incrementará el mercado con extracciones fuera de esta región de Arabia, en la isla de Socotora y en Etiopía, y con una segunda cosecha al año antes de marzo, de menos volumen pero aún rentable.[58]

En el milenio I a.C., el reino de Hadramawt, primero aliado de Saba y más tarde como poder independiente, es el mayor proveedor del mercado de exportación. La explotación de cada grupo de olíbanos pertenecía por derecho hereditario a una familia hadramita en sentido parental amplio, que debía poner los fardos de resina seca en manos de mayoristas locales. La técnica de resinado descrita brevemente por Teofrasto y mejor por Plinio difería poco del método tradicional que se ha conservado hasta día de hoy, dando lugar a una producción estimada de 1 a 3 kg por árbol con un año de descanso por cada cinco o seis de cosecha, y una vida productiva prolongable hasta 60 años por árbol, suponiendo una rentabilidad semejante en el área de extensión de los olíbanos a la que se genera en la actualidad.[59] Escogidas las partes idóneas de la corteza se practicaban una serie de incisiones menores que un palmo de longitud mediante una especie de cincel u otro instrumento cortante. El corte practicado alcanzaba el cámbium del olíbano, tras desprender la corteza y desgarrar parcialmente la capa inmediatamente por debajo (el cámbium mismo). De esta herida exuda casi inmediatamente un líquido blanquecino que al solidificar adquiere una

56. Plinio, *Nat.* 12,30:52.

57. De Maigret, *Arabia Felix*, 62.

58. Plinio, *Nat.* 12,30:51–32:65. Aparte de Teofrasto, autor griego del siglo IV a.C. cuyo pasaje sobre el árbol del incienso Plinio asume en diferentes puntos (Teofrasto, *Hist. Plant.* 9,1–10), Plinio ha tenido acceso a una fuente privilegiada de información sobre la producción de incienso, puede que un marinero, un empleado de caravanas, o un vendedor de aromas, quizás por medio de Juba. La información que ofrece sobre el incienso es detallada.

59. Plinio, *Nat.* 12,32:58–59; Teofrasto, *Hist. Plant.* 9,4; Walsh, *Frankincense*, 19.

tonalidad más oscura, variando desde el ocre al rosado, amarillo, o dorado según las calidades, y que forma el bruto del franquincienso, aunque todavía mezclado con algo de corteza e impureza, retirándose la resina acumulada en superficie pasados unos días con el mismo instrumento de corte.[60]

En el periodo helenístico, las familias hadramitas realizaban una única temporada de recolección al año entre los meses finales de la primavera y aquellos del verano, coincidiendo con el periodo de humedad traído por el monzón, aunque es posible que por exigencias sobre la calidad del producto en las regiones cercanas a la costa, más expuestas a las nieblas estacionales, fuese realizada la cosecha pasado el tiempo de mayor humedad.[61] Una vez recolectado el franquincienso, se depositaba en cuevas durante algunas semanas más para terminar el secado y poder ser llevado hasta Shabwa, que fue el primer gran mercado de incienso situado más al sur de Arabia. Para el siglo III a.C. debieron estar abiertas las rutas por mar desde la región de Dhofar hasta las bahías naturales 200 km al sur de la ciudad de Shabwa, algo que ha quedado demostrado por las prospecciones recientes en el puerto de Khor Rori en Omán, debido a la estratigrafía excavada y secundariamente a la tipología de las monedas encontradas, en contra de la opinión anterior que retrasaba el inicio hadramita del tráfico marítimo de incienso hasta la época romana.[62] Aun así, las construcciones del que será el primer puerto de Shabwa en el Océano Índico, Qana, hoy Bir Alí, destino del incienso embarcado en Khor Rori, no pueden remontarse más allá del siglo I a.C.[63]

Durante el helenismo las rutas hasta Shabwa desde las regiones productoras debieron ser principalmente terrestres y resulta aventurado querer probar que el transporte de incienso a través del reino de Hadramawt fuera dependiente del mercado marítimo desde el primer momento. Posiblemente a comienzos del milenio I a.C., incluso antes del dominio sabeo del Yemen, fueron instituidas rutas a lo largo (o en parte) del valle del Hadramawt aprovechando vías locales que se enlazaron en mayores recorridos conforme bienes no explotados en todas partes—sal, trigo, vino, o dátiles, iban siendo transportados entre las capitales de comarca. Algunas de las rutas serían perfeccionadas y preferidas a otras, sirviendo lo mismo a objetivos militares que mercantiles dando a conocer con posteridad la utilidad del incienso y de otras plantas en regiones donde estas no crecían,

60. Es prácticamente la misma técnica del resinado tradicional del pino en la región mediterránea.

61. Walsh, *Frankincense*, 19–21.

62. Avanzini, "Foreword," 9; Buffa y Sedov, "Residential Quarter," 15–29; Sedov, "Trench A13," 128–29; "Cultural Quarter," 183–90; "Coins from Sumhuram," 277–78.

63. Robin et al., "Qani'," 22–23.

favoreciendo la expansión de su uso medicinal, cosmético, o religioso, y estableciendo un sistema de aduanas a lo largo de todo el suroeste de Arabia.

Es sugerente constatar que los túmulos que aparecen alineados a lo largo de algunas de las antiguas rutas del incienso hacia el norte en los territorios de Hadramawt y Qatabān no corresponden a las costumbres funerarias de estos pueblos, dato del que se ha derivado la hipótesis de que la etnia que se dedicaba al transporte internacional de caravanas, era otra que aquellas que habitaban los reinos guerreros de Yemen. Es conocido por Plinio y Teofrasto que en el templo de Shabwa, al suroeste de la ciudad, los sacerdotes de Sayin, la divinidad solar de Hadramawt, tasaban la mercancía proveniente de las regiones productoras, la almacenaban, y cobraban un impuesto por su transacción a mercaderes de largo recorrido, que eran los que propiamente comenzaban la ruta del incienso hacia el norte de Arabia desde la capital de Hadramawt.[64]

Desde Shabwa, la vía principal hacia el norte bordeaba el desierto de Ramlat al-Sabatayn en el extremo occidental de Rub al-Khālī. A Marib se llegaba en diez días de caminata, después de una primera escala en Timnā, la capital de Qatabān, reino que acondicionó pasos a través de las montañas para evitar la exposición a grupos nómadas del desierto y atraer a los mercaderes que de otro modo escogerían un camino más económico hasta el territorio de Maīn, al norte de Shabwa.[65] En Timnā, pero también en Shabwa, Marib, Yathil, o cualquier fortaleza en ruta, las caravanas de largo recorrido podían incorporar productos al por menor—mirra en primer lugar, metales preciosos, cereales, vino, dátiles, harina para su propio consumo u otros, reponer fuerzas y sustituir los camellos, además de ser obligados al pago de nuevos impuestos que encarecían el precio final de los artículos que transportaban. Maīn era el último territorio antes de salir hacia Najrān, donde se bifurcaba el camino, abriendo paso a la región de ʻAsīr por el noroeste, y a la de los grandes desiertos de Arabia Central por el noreste.

Poco después de Najrān pues, a una semana de camino de Qarnaw, capital de Maīn, la ruta del incienso se dividía en dos grandes ramales, dos grandes conexiones: la de Arabia occidental con el área mediterránea, y la del centro-este con el área persa y mesopotámica oriental. De estos dos ejes

64. *Per. Mar. Ery.* 27. Según Plinio, *Nat.* 12,32:63 los sacerdotes reservaban un décimo del volumen total del incienso que ingresaba en la ciudad, siendo el templo de Sayin el primer destino obligado de la mercancía. Teofrasto, *Hist. Plant.* 9,5–6 valora el impuesto estatal de Hadramawt en un tercio de la venta que los mayoristas de incienso realizaban a los comerciales de largo recorrido en el mercado de Shabwa, aunque el dato parece impreciso por exceso.

65. De Maigret, *Arabia Felix*, 219.

comerciales, el occidental (incluyendo la versión marítima de la ruta por el Mar Rojo) fue el camino principal utilizado para el transporte internacional de productos aromáticos en los periodos helenístico (IV–I a.C.) y romano (I a.C.–III d.C.), y posiblemente también en los anteriores, dado el hecho de que la sociedad dilmunita de la Edad del Bronce no consumía ni vendía franquincienso, la antigüedad de las ciudades del noroeste de Arabia, su mención antigua en la Biblia, y en los Anales de los reyes asirios. Esta ruta, salvaba la región montañosa de ʻAsīr y después corría paralela (aunque alejada) a la costa árabe del Mar Rojo, alcanzando los oasis de Yathrib, Dedān, y Taymāʾ desde donde distintas conexiones menores se dirigían finalmente al Levante mediterráneo y la región sirio-palestina. La segunda conexión arriba indicada, que puede llamarse oriental porque pasado Najrān se dirigía hacia el este-noreste, hacía escala en la ciudad-estado de Qaryat al-Faw, y luego se dirigía a las regiones de al-Aflaj, wadi Hasa, Gerrha (Thāj), y en general del Golfo Pérsico.

El trazado general de las dos ramas principales de la así llamada "ruta del incienso" es el descrito. Pero en realidad existieron algunas alternativas más. En Taymāʾ, por citar el caso más relevante en este periodo, también existía la opción de dirigirse hacia el este haciendo escala en Dumat, hasta donde a su vez podía llegarse por medio de un trazado que partía de Gerrha pero en dirección opuesta (hacia el noroeste). Del oasis de Dumat era posible proseguir por el antiguo camino de Babilonia, aquél del que se sirvieron los asirios para sus expediciones contra los árabes, o remontar el wadi Sirḥān en dirección noroeste hasta los mercados sirios de Damasco y Palmira (el Tadmor bíblico). Desde Taymāʾ, en el supuesto de provenir no de Yemen (vía Yathrib y Dedān) sino del Golfo Pérsico (vía Gerrha) se podía también seguir en dirección oeste, hasta Gaza o Alejandría, atravesando Edom y el Sinaí.

La ruta terrestre del incienso fue una de las grandes epopeyas realizadas por los mercaderes de la antigüedad, personas en su mayor parte anónimas que contribuyeron con su trabajo diario a escribir una de las páginas silenciosas del libro de la vida, sin la cual episodios posteriores mucho mejor conocidos y de consecuencias universales, nunca hubieran resultado iguales. Según Plinio, los mercaderes completaban la distancia entre Yemen y el Mediterráneo, es decir, la variante occidental de la ruta, en dos meses.[66]

66. Plinio, *Nat.* 12,32:64.

4

ÉPOCA HELENÍSTICA EN ARABIA OCCIDENTAL. SIGLOS IV–I A.C.

ISRAEL Y EDOM, IDUMEA Y EL REINO NABATEO

Aunque está claro dónde aparece y cuándo, la procedencia exacta del pueblo nabateo es discutida entre los expertos cuando se intenta llevar a términos precisos. Tres asentamientos edomitas en el wadi ʻArabāh—la capital Bozrah, Tawilán, y Umm al-Biyara en el área de Petra, muestran entre los siglos III y I a.C. una discontinuidad en la ocupación humana previa a la aparición de cerámica típicamente nabatea.[1] Se asume por lo general que en este periodo Nabatea ocupa Edom del sur, absorbiendo a parte de su población y empujando las tribus asociadas al poder central de Bozrah hacia el norte, es decir, hacia la frontera del Mar Muerto y Judea de Israel. La desocupación urbana en Edom también permite deducir

1. Bienkowski, "Iron Age in Petra," 29–30. Bozrah (בָּצְרָה/ Bātsrāh) fue una ciudad principal de Edom en el periodo monárquico de Israel (Gen 36,33; Isa 34,6, Am 1,12, etc.). Significa "Fortaleza" y posiblemente es la actual Busayra, el asentamiento mayor del monte Seír (הַר שֵׂעִיר/ har Sēʻiyr; Gen 32,4; 33,14.16; Deut 1,2), actual Jebel Hārūn (Monte Aarón), de 1.396 m y hasta 400 mm de lluvia anuales. Bozrah, no debe confundirse con la ciudad nabatea del mismo nombre, al sur del Haurán, capital de Arabia Romana a partir del 106 d.C., la actual Buṣrā-Askī Shām. Ambas se escriben igual en hebreo y griego (Βόστρα), pero aquí las diferenciaremos por Bozrah y Bostra.

que los nabateos se asentaron en áreas desalojadas en las que el elemento pastoral edomita, de menor huella arqueológica, debió sobrevivir. Edomitas y nabateos fueron ambos sociedades tribales en las que la estructura política podía variar en función de la coyuntura. No cabe duda de que la estructura política edomita no fue puramente urbana, sino que dejaba amplio margen en los bordes del territorio que gestionaba para otro tipo de alianzas con grupos nómadas o seminómadas cuya forma de vida seguía compartiendo y con los que indefectiblemente se producían mezclas de parentesco en diverso grado que expliquen la sustitución de la cultura material edomita por la nabatea al sur y este de su territorio en condiciones pacíficas.[2]

El final del siglo IV a.C. corresponde a la irrupción nabatea en el mapa más temprana en cuanto a su posibilidad. La fecha se basa en la coincidencia de los restos del primer asentamiento en Petra con la mención por Diodoro de Sicilia de una serie de incursiones de los soldados de Antígono I (m. 301 a.C.) contra los árabes que vivían al sur de Edom y a los que quizás impropiamente otorga el nombre de nabateos.[3] Ciertamente, la fase de ocupación más primitiva de Petra de la que se tiene seguridad y que puede por su continuidad, relacionarse con los nabateos, proviene de finales del siglo IV o comienzos del III a.C., e incluso algunas muestras analizadas pueden provenir de la primera mitad del IV. Los parámetros de medición son fiables: restos de cerámica helenística de importación y análisis de isótopos del carbono en trece muestras orgánicas que incluyen combustible, dientes, y huesos de animales utilizados como alimento. Los elementos hallados, destacando una pequeña hornacina construida contra la pared del terreno, han sido encontrados directamente sobre la arena mientras que el segundo nivel de ocupación, que es el primero en presentar

2. Bienkowski, "Iron Age in Petra," 27–28.32.

3. Bienkowski, "Iron Age in Petra," 31; Diodoro, *Biblio. Hist.* 19,93–100. Antígono I Monóftalmos (m. 301 a.C.) participó en las campañas de Alejandro Magno en Asia Menor, donde fue constituido gobernador de Frigia (334–323 a.C.). A la muerte de Alejandro, Antígono entró en guerra con dos de los grandes generales del macedonio, Ptolomeo I Soter , sátrapa de Egipto (323–283 a.C.); y Seleuco I Nicátor, sátrapa de Babilonia (321–316) y primer rey del Imperio Seléucida (305–281 a.C.), por el reparto del vasto territorio que había conseguido Alejandro. El fracaso del joven Demetrio (m. 283 a.C.) en Gaza (312), hijo de Antígono, contra la alianza de Ptolomeo y Seleuco, precipitó su repliegue a Siria, donde Antígono acudió en su ayuda. Aprovechando el desplazamiento del ejército hasta Siria y Fenicia, Antígono quiso desquitarse lanzando una serie de campañas contra los árabes del desierto al llegar la primavera, a los que Diodoro de Sicilia, según el uso de la época en que escribe, el siglo I a.C., llama "árabes nabateos." Las sucesivas campañas, que sirven a Diodoro para realizar un alegato estoico en favor de la vida natural de los nómadas del desierto, fueron dirigidas por Ateneo, el propio Demetrio, y Hierónimo (Diodoro, *Biblio. Hist.* 19,81–86.93–100; sobre los nabateos también 2,48).

pavimento y una clara actividad constructora, ha revelado evidencia numismática ptolemaica de mediados del siglo III a.C.[4] Sin embargo, es apresurado aunque no imposible, pese a estas evidencias, llamar nabateos a los residentes de Petra en el siglo IV, y no árabes de otro tipo o edomitas.

La ciudad de Petra, al suroeste de la actual Jordania, construida literalmente dentro de la roca y sobre la roca, fue la capital del reino Nabateo entre finales del siglo II a.C. y comienzos del II d.C., tiempo en el que reside en ella la dinastía nabatea y lugar donde se han conservado los recintos funerarios, religiosos, y civiles de Nabatea con mayor carácter monumental. Confundida durante un tiempo con la Selah bíblica (2 Re 14,7) porque ambas palabras significan "piedra," "roca," (סֶלַע/ Πέτρα), Petra está situada más al sur de Bozrah, en el límite meridional del antiguo Edom, en un margen del wadi ʿArabāh, difícil de descubrir.[5] Petra fue el epicentro desde el que los nabateos extendieron su presencia hasta Ḥegra por el sur y Damasco por el norte, el Negev y el Sinaí a poniente, y el oasis de Taymāʾ en dirección Gerrha y Dumat al-Jandal por el este. Por efecto del comercio y el desarrollo de las ciudades de Transjordania en el siglo I d.C., la capitalidad de Petra como centro económico y cultural fue oscilando en la parte final de este siglo hacia Bostra, al sur de Damasco, que viene a sustitirla como capital de la cultura árabe-nabatea, pero ya muy romanizada, a partir del 106 d.C.[6]

Diodoro de Sicilia, Estrabón, Plinio el Viejo, y Flavio Josefo son las principales fuentes literarias sobre los nabateos. A estas se suman algunas referencias bíblicas indirectas, autores bizantinos, autores árabes clásicos, y una abundantísima información extraída de la arqueología y la epigrafía de Jordania, el Sinaí, sur del actual país de Israel, y norte de Arabia Saudí, principalmente. Diodoro basa su testimonio sobre los árabes nabateos en Hierónimo de Cardia, un oficial de Antígono I e historiador que participó en un campaña militar cuyo objetivo era la producción de asfalto en el Mar Muerto. La extracción de asfalto que nutría el embalsamamiento funerario de Egipto, dirigiendo la mercancía desde el Mar Muerto hacia el suroeste, fue descubierta por las tropas macedonias de Antígono durante el regreso de una campaña fracasada, aparentemente contra Petra.[7] Dos siglos más tarde, en el I a.C., que es cuando escribe Diodoro, la región al este del Mar Muerto es frecuentada por los nabateos, pero en la época de Hierónimo es

4. Renel-Mouton-Augé, "Qaṣr al-Bint," 39–50.

5. 2 Re 14,7: David conquistó «ha-Selah» (הַסֶּלַה), "la-Roca," posible nombre genérico de Edom, o lugar concreto quizás en el entorno de Bozrah. Ver también 2 Sam 8,13–14.

6. Hammond, *The Nabataeans*, 30–66.

7. Diodoro, *Biblio. Hist.* 19,44.100.

difícil suponer que eran estos, y no todavía edomitas o moabitas, quienes se dedicaban al tráfico de bitumen con Egipto.

La ruina de Edom es vaticinada por el profeta Abdías (1-18). Algunos autores, ven en la cita el desplazamiento temprano de Edom por los nabateos en confirmación del testimonio de Diodoro. La profecía de Abdías sobre Edom sería en este sentido una interpolación del siglo IV introducida sobre el original de Abdías, del siglo VI a.C. La interpolación se habría efectuado pues en el momento en el que este desplazamiento ya se hubiera producido, mediante un recurso hagiográfico conocido con el nombre de *vaticinium ex eventu*, que permitiría así al auditorio del presente situarse ante un texto de cumplimiento al escuchar una profecía del pasado. No obstante y pese a su acierto en algunos casos, no todas las profecías de los textos sagrados antiguos encajan en la categoría de estudio vaticinium ex eventu y apoyarse en este pasaje bíblico de venganza contra los pueblos vecinos que aprovecharon la caída de Jerusalén para penetrar en Judea, y adelantar el dominio de los nabateos en la región que quedaba libre al este y sur de Edom un siglo antes del testimonio de Hierónimo es arriesgado.[8]

JERARCAS ÁRABES DE TRANSJORDANIA Y PRIMEROS NABATEOS

Un papiro fechado en el 259 a.C. perteneciente a Zenón, el hombre de negocios de Apolonio, ministro del rey de Egipto Ptomeo II (285/282-246 a.C.), habla en dos ocasiones de un tal Rabbel a cuyo cargo estaban varias personas, quizás cocineros, que habían trabajado a costa de Zenón y a las que se debía entregar ciertas cantidades de harina. El mismo papiro menciona varias ciudades de Palestina a las que el propio Zenón había viajado o en las que había realizado operaciones de compraventa. Entre ellas se encuentran Jerusalén, Jericó, Cadés, y otras al este del río Jordán, Sourabit, Noéi, y Eitóis, identificadas con aldeas del Haurán, al sur de Siria, región que en este periodo gravitó en la órbita ptolemaica.[9] El nombre de Rabbel es conocido en la onomástica nabatea posterior y también ha sido utilizado para dar continuidad al testimonio de Diodoro sobre la presencia de los nabateos

8. También Sal 137,7; Joel 4,19; Mal 1,2-4.

9. Campbell, *Zenon Papiri*, I,7-10. El Haurán bíblico (Ezek 47:15-18) es llamado la Auranítida por LXX, actual Jebel Druze. Su ciudad principal era Canatha, moderna Qanawat. Por el norte limitaba con Damasco, y por el sur con Bostra. Bajo el Imperio Romano, el Haurán será administrado por la casa herodiana hasta la muerte de Agripa II (m. antes 93/94 d.C.), cuando pasa a la provincia romana de Siria.

al norte, este, y sur del Mar Muerto, esta vez durante el siglo III a.C.[10] La cita del papiro de Zenón sigue siendo sin embargo imprecisa. Nada prueba que este Rabbel fuera en efecto nabateo y no otro tipo de árabe y otros historiadores prefieren esperar al libro II de los Macabeos para poder hablar del primer registro seguro de un nabateo con nombre propio.

Al terminar el primer cuarto del siglo II a.C., un tal Jasón, sumo sacerdote, usurpador del cargo e introductor del helenismo en Jerusalén durante el tiempo de Antíoco IV (175–164 a.C.), fue suplantado a su vez por Menelao, que igual que Jasón había comprado el cargo con dinero.[11] En previsión del destino que le esperaba, Jasón cruzó el río Jordán y huyó a la Amanítida, cuyo centro entonces era Filadelfia, la actual Ammán. Esta interesante región limitaba por el oeste con el río Jordán y el Mar Muerto, por el norte con el Haurán, y por el este con el Desierto Sirio, y tanto la Amanítida como la región situada justo por debajo en el mapa, entre la fortaleza de Maqueronte y Bozrah, fue ocupada por población judía, edomita, y nabatea durante un periodo de dos siglos en el que se sucedieron los traspasos constantes de poder entre judíos, sirios, idumeos, y nabateos. En el tiempo de Jasón la Amanítida estaba gobernada por la familia de los Tobíades que dada su cercanía a Judea también tenía presencia en Jerusalén. Los Tobíades utilizaban el tesoro del templo como caja fuerte de sus finanzas, de la que Jasón había sido administrador, previamente a la usurpación del sumo sacerdocio.[12]

Después de lanzar un ataque fallido contra Jerusalén para recuperar el poder, Jasón fue rechazado por los helenizantes de Menelao y los propios Tobíades de Jerusalén. No pudiendo regresar a la Amanítida, Jasón se introdujo en los territorios del príncipe Aretas quien tampoco quiso aceptar al fugitivo que no tuvo más remedio que dirigirse a Egipto a través del Desierto del Sinaí.[13] Este Aretas (חרתת/ Ḥāretāt; árabe Ḥārith), llamado "tirano de los árabes" por el libro II de los Macabeos (5,8), es considerado el primer rey de la dinastía nabatea. De acuerdo con Flavio Josefo, la numismática nabatea, y algunas inscripciones, la secuencia dinástica puede ser reconstruida desde Aretas I en la primera parte del siglo II a.C. hasta el año 106 d.C., el momento de su desaparición tras la muerte de Rabbel II, pero presenta algunos vacíos considerables durante el periodo de su formación que pueden ser explicados como el paso de la cultura nómada nabatea a sedentaria.

10. Bowersock, *Roman Arabia*, 17–18.

11. 2 Mac 4,7–10.23–24.

12. 2 Mac 3,4.10; 4,26.

13. 2 Mac 5,5–8.

Josefo denota la participación de los nabateos en el conflicto judío contra Siria que se siguió al helenismo impuesto por Antíoco IV gracias al partido de Menelao. En la década de los 160s a.C. los nabateos son obligados a permitir el paso del guerrillero Judas Macabeo y en los 150s a.C., su hermano Jonatán les ataca sin mayor precedente en la orilla oriental del Mar Muerto, vendiendo después a los prisioneros nabateos en el mercado de esclavos de Damasco.[14] Poco antes de la hazaña de Jonatán, Ptolomeo VI había lanzado una operación contra Antioquía (145 a.C.) donde gobernaba Alejandro Balas, que era sucesor de Antíoco V y posiblemente otro de los hijos de Epifanes. Balas consiguió huir a Arabia, pero Zabdiel, un príncipe árabe—indica Josefo, cortó la cabeza de Alejandro y la envió a Ptolomeo VI Filométor.[15] Es imposible establecer con exactitud qué área controlaba Zabdiel, pero Alejandro Balas debió necesariamente evitar Fenicia durante su huida así como Galilea y dirigirse hacia las estepas al sur de Damasco o a la Amanítida, lugares en los que pudo ser capturado por los árabes.[16]

El gran beneficiado del magnicidio de Alejandro Balas fue el seléucida Demetrio II, aliado con Ptolomeo VI para derrocar a Balas. Demetrio era partidario de conservar a Jonatán y le confirmó como sumo sacerdote de Jerusalén. Pero pese a que la política al sur de Antioquía, en Judea, y en Egipto era favorable a Demetrio, un antiguo comandante de Balas soliviantó al ejército. El comandante seléucida, apodado Trifón, acudió entonces a Malcus el Árabe para que le entregara a Antíoco VI y proclamar rey al hijo de Alejandro Balas, al que más tarde asesinaría.[17] El nombre Malcus (Μάλχον) citado por Josefo aparece en la cronología nabatea posterior como Malicus (Μάλιχος; מלכא/ Malikū; árabe Malīk), y aunque no se puede esclarecer el vínculo que tuvo con Zabdiel, el verdugo del padre del joven Antíoco VI que Malcus custodiaba, parece razonable atribuirle el título de rey y ubicarlo en el tercer cuarto del siglo II a.C.[18]. De ser cierta, la concordancia demostraría

14. Josefo, *A.J.* 12,8–13,5.

15. Josefo, *A.J.* 13,4.

16. El fragmento paralelo de Diodoro, *Biblio. Hist.* 32,10 señala que Balas fue traicionado por dos de sus mandos, Heliades y Casio, cuando en su huida de Demetrio II buscó refugio en Abae, una población desconocida al sur de Siria regida por Diocles, un sheik árabe que podría identificarse con el príncipe Zabdiel citado por Josefo.

17. Diodoro, *Biblio. Hist.* 33,28; Josefo, *A.J.* 13,5.

18. Malikū, arameo מֶלֶךְ/ melek, es una palabra común de las lenguas norsemitas, significando "rey," "señor," a veces aplicado a las divinidad. En su versión árabe, al-Malīk (ٱلْمَلِك), es un nombre personal común, "el-Rey." Josefo, *A.J.* 13,5: Μάλχον τὸν Ἄραβα ὃς ἔτρεφε τὸν Ἀλεξάνδρου υἱὸς Ἀντίοχον (Malcus el Árabe, quien criaba a Alejandro el hijo de Antíoco). Ciertamente, Malcus estaba a la cabeza de una jurisdicción. Los reyes nabateos posteriores referidos, son Malicus I y II.

que la región al sur de Damasco seguía siendo favorable a Egipto un siglo después del papiro de Zenón y que, de proceder del Desierto Sirio, los nabateos debieron movilizarse hacia el sur en el transcurso del siglo II a.C.

En contra de la concordancia absoluta entre los nombres de reyezuelos árabes antes citados y los primeros reyes nabateos se encuentra la abundancia de nombres árabes (zbydw, zbd'lhy, 'bd'lhy, zydw, whbw, etc.) en dos colecciones palestinenses de ostraca y datadas ya en el siglo IV, y la diferencia regional entre los episodios descritos por el libro II de los Macabeos y Josefo por un lado, y la ciudad de Petra al sur de Edom por el otro[19]. Mientras que la dinastía nabatea se identifica con la ciudad de Petra, la presencia de Judas en el territorio de Aretas el Árabe, los episodios de Rabbel, Zabdiel, y Malcus parecen ocurrir en otro lado, entre 180 y 300 km más al norte. Para dirimir esta cuestión, la dependencia en fuentes literarias no-árabes es elevada, pues la cultura material nabatea y con ella la fijación de una cronología rigurosa vinculada a la estratigrafía no aparece hasta pasada la segunda mitad del siglo II a.C. En este momento se registran los primeros especímenes de cerámica nabatea en los sondeos más profundos del área residencial de Petra: cuencos rojizos de vaso profundo pobremente decorados con líneas rectas y onduladas mezclados con restos de importaciones de cerámica sigilata que permiten su datación, siendo difícil asegurar la sedentarización masiva en torno a Petra hasta esa fecha (150–100 a.C.).[20]

PROCEDENCIA DEL PUEBLO NABATEO: «DUSHARA,» "EL (DIOS) DE SHARĀ"

Una vez fijado el final del II a.C. para hablar de un dominio nabateo seguro sobre el sur de Edom, la difusa región del norte de Arabia se consolida como lugar de procedencia de los nabateos en subordinación de criterios lingüísticos. En este sentido y por semejanza etimológica algunos autores consideran que el antepasado lejano de los nabateos puede remontarse hasta las campañas de Tiglathpileser III, Senaquerib, y Asurbanipal contra los Nabatu y Nabiati al norte de Arabia, entre Babilonia y el sur de Dumat, y que a su vez estos pueden ser identificados con la tribu bíblica de Nebāyot,

19. Graf, "Arabs in Syria," 324–26: las dos colecciones suman más de 400 nombres personales entre 700 ostraca, y de los nombres, más de 70 tienen raíces árabes (un 17%). Los ostraca más antiguos portan fechas de Aratajerjes II (404–359/8 a.C.) y III (359/8–338/7 a.C.). Artajerjes (n. 13): 'rthshssh/ Artashersesh; Alejandro Rey (nn. 111–112): 'lksndr mlk'/ Aleksander Maliku; Filipo Rey (nn. 96–98): flfs mlk/ Filifos Malik ; Antígono (nn. 56, 108, 128): 'tgns/ Atigonos.

20. Schmid, "Hellenistic Period," 361–66; "Nabataean Fine Ware," 637–41.

primogénito de Ismael.[21] El alfabeto nabateo es de hecho una variante del arameo, escritura que fue utilizada por la vasta administración del Imperio Aqueménida, dentro del cual habría que localizar, simplificando el argumento lingüístico, al antepasado del pueblo nabateo. Sin embargo, el lenguaje a cuyo servicio se utilizó el alfabeto nabateo fue posiblemente un dialecto árabe, y aunque el elemento étnico arameo debió estar presente, sobretodo en el extremo norte del territorio nabateo, en contacto con Siria, donde incluso pudo ser predominante, el origen del pueblo nabateo que se asentó en la región de Petra pudo deberse a un desplazamiento más complejo.

La consolidación de una tribu originaria del Desierto Sirio dentro de la población del sur de Edom, puede servir dentro de este marco conceptual, para explicar la ausencia de Allāt en el panteón de Petra, su sustitución por ʿUzzā, y la adopción de Dushara como dios principal de la monarquía. Está ampliamente aceptado que el término «Dushara» debe explicarse por composición de dos palabras, «Dū» (o Dhū)—la palabra nabatea que designa "el-de" (a partir del pronombre relativo arameo דִּי/ diy, "quien/ que"), y «Sharā(t),» nombre de una cadena montañosa en la región de Petra, identificada hoy con aquella que bordea el wadi Musa en el acceso sureste de la ciudad.[22] Llamativamente, no existen pruebas directas de que Dushara, "el (dios) de Sharā," fuese adoptado por la realeza nabatea antes de comenzar el siglo I a.C., dato que aleja la posibilidad de que la dinastía de Petra dispusiera de un dios diferenciado entre aquellos adorados por los

21. Gen 25,13; 1 Cro 1,29; *ARAB* 1,788.805.809; 2,234.257.264.274.818.821 -23.870.880.

22. En su diario de viaje J. L. Burckhardt describe ampliamente su travesía por la región montañosa de Shera entre el 11 y el 27 de agosto de 1812, una altiplanicie en dirección sur, paralela al wadi ʿArabāh por el oeste y a la antigua ruta de peregrinos que baja desde Damasco hasta Medina por el este. Las ciudades que limitan el Shera son, al norte Busayra (antigua Bozrah), y al sur Maan, si bien el Shera continúa aún más al sur hasta Aqaba. El Shera puede ser identificado genéricamente con el territorio bíblico de Edom, llamado también montaña de Seír (Gen 14,6; 32,4; 36,6-8.21; Deut 33,2; Jos 24,4; Ezek 35,2; ver nota *supra*), e incluye la ciudad emblemática de Petra, que el propio Burckhardt redescubrió para Europa en el transcurso de este viaje. En tiempos de Burckhardt el Shera estaba controlado principalmente por árabes de la tribu Huweytat (Burckhardt, *Travels*, 406–44). En base a dos inscripciones nabateas del siglo I d.C., una del Negev y otra de Dumat al-Jandal, que asocian a Dushara con Gaia, antiguo nombre nabateo de uno de los valles que rodean Petra, el lugar preciso con el que se ha identificado la montaña de Sharā(t) dentro de la región del Shera, se encuentra en la actual población de wadi Musa, antigua Eldjy, situada una jornada al oeste de Maan, y desde donde se accede directamente a Petra por la garganta del Syk (o Siq) en dirección S-NO (Burckhardt, *Travels*, 420–21; Healey, *Religion of the Nabataeans*, 87–91).

nabateos en el momento de llegar a Petra.[23] En contra de la hipótesis según la cual la dinastía nabatea existiría con anterioridad, la adopción tardía de Dushara manifiesta más bien que ambas son consecuencia del proceso de sedentarización porque de no ser así la dinastía nabatea habría otorgado a Dushara una superioridad en el culto que hubiese sido registrada desde el comienzo del periodo de ocupación de Petra.

Petra habría sido el lugar escogido por los antepasados de los nabateos para crear un nuevo asentamiento al sur de Edom, y la adopción de nuevos dioses sería una de las consecuencias de la sedentarización durante el siglo II. La adopción de Dushara formaría parte por tanto, del más amplio proceso de creación de la identidad nabatea en el que los clanes dominantes de aquella primera sociedad que se instaló en Petra se consolidaron a sí mismos como familias de derecho monárquico. El proceso de creación de una identidad monárquica a partir del modelo árabe de confederación tribal, más antiguo, habría estado especialmente activo en el I a.C., momento en el que la dinastía nabatea decide dar un paso más desde la toma de poder y adopta a Dushara como dios propio de la realeza. Dushara correspondería pues, al paso del modelo árabe tribal al monárquico por efecto de la sedentarización y del centralismo administrativo.

PROCESO DE SEDENTARIZACIÓN: EL TÉRMINO «NBTW»

La palabra semita «nbtw» existe en versión asiria, babilonia, árabe antigua del norte, y sabea, y puede ser utilizada como verbo, sustantivo, o en composición de nombre propio.[24] En babilonio significa "horizonte" y en

23. La referencia explícita más antigua que relacione a Dushara con la realeza nabatea sería una inscripción del primer año de Obodas I, 96–95 a.C. La inscripción se encuentra en la pared trasera de un recinto de culto excavado en la roca llamado "Triclinio de Aslah," justo antes de la entrada Bab el-Siq de Petra que conecta con wadi Musa. En esta dedicatoria, Dushara es nombrado el "dios de Manbatu," posiblemente un clan nabateo al que pertenecía Aslah, el propietario de la capilla, construida "para la vida del rey Obodas hijo de Aretas," según informa la misma inscripción. La comparación gráfica con otras inscripciones del periodo, la existencia de triclinios de influencia alejandrina y siria parecidos al de Aslah en el siglo II y sobretodo la genealogía de la inscripción la remiten al reinado de Obodas I. No obstante, una datación menos respaldada, en el año primero de Obodas II, 62–61 a.C., también se ha propuesto (Wenning y Gorgerat, "Petra," 132–34).

24. El «árabe antiguo del norte,» previamente llamado «thamudeo 1, 2, 3,» etc., es en realidad un grupo heterogéneo de escrituras antiguas de los oasis del norte de Arabia, con un muy amplio rango de ocurrencia desde el siglo VIII a.C. al IV d.C. y unos 40.000 textos conocidos, en mayor parte grafitos rupestres muy breves. Aunque en nuestro estudio adquiere poca presencia, conviene diferenciarlo del árabe clásico

asirio "brillar intensamente." Más interesante es el significado sabeo (nbṭ) y árabe (ط/ ب/ ن) en el que «nabatu» designa "el agua que aparece cuando un pozo es excavado."[25] En el esplendor de Petra los nabateos destacaron por la ingeniería hidráulica, que parte de modelos de aprovechamiento previos, de Edom y Moab.[26] Diodoro subraya la habilidad de los árabes que repelieron a Antígono para sobrevivir en el desierto gracias a reservas de agua excavadas en la roca, siendo posible ver en ellos, un antecedente de los nabateos.[27] De modo semejante a Taymā' o Marib, las obras hidráulicas son rasgos de sedentarismo e incluyen el cultivo del suelo, pozos y reservas privadas y colectivas para personas y ganado, posibilidad de aumento de población que habita en casas o cuevas, protección frente a los torrentes causados por el agua estacional, y su aprovechamiento.

La sedentarización implicó una transformación respecto a la vida nómada, asumiendo los nabateos un compromiso en la agricultura allí donde era posible y en las rutas comerciales del norte de Arabia que debieron ser los dos sectores productivos principales, uno de subsistencia, y otro de capitalización. La agricultura debió estar en manos de las mujeres nabateas mientras que el negocio de caravanas, debido al volumen de mercancía, el valor económico de la misma, el riesgo en vidas humanas que conlleva su transporte, y la ausencia prolongada del domicilio familiar, en manos de hombres, aventureros, inversores en distinto grado, escoltas, y/ o funcionarios oficiales.[28]

Se sabe que Demetrio II fue el último seléucida que conservó efectivamente bajo su poder la satrapía de Babilonia, gobernada entonces desde Seleucia del Tigris, al norte de Iraq. Poco después de la victoria de Demetrio sobre Alejandro Balas, su ejército fue aniquilado por el parto Arsaces VI. Este Arsaces, llamado también Mitrídates I (m. 139/8 a.C.), captura al propio Demetrio en el año 139 a.C. A partir de entonces los dominios seléucidas se fueron reduciendo en favor de los partos y más tarde de los armenios, limitándose prácticamente a Siria y algunos enclaves en la costa mediterránea de Turquía. Los árabes del Desierto Sirio ampliamente entendidos, es decir aquellos que realizaban su vida nómada o sedentaria entre la cordillera del Líbano por el oeste, la satrapía de Babilonia por el este y el norte de Arabia por el sur, debieron aprovechar la ruptura de la

(a partir del VI–VII d.C.), cuyo ejemplo normativo es el Corán (Macdonald, "Ancient North Arabian," 179–84).

25. Al-Fassi, *Pre-Islamic Arabia*, 19.

26. Hammond, *The Nabataeans*, 72–73.

27. Diodoro, *Biblio. Hist.* 19,94.

28. Al-Fassi, *Pre-Islamic Arabia*, 67–72.

línea estatal de comunicaciones entre Antioquía, Seleucia del Tigris, y el Golfo Pérsico a consecuencia de la caída del Imperio Seléucida de Oriente para incrementar la participación en el negocio de caravanas e impuestos de mercancías.

Es presumible que la inestabilidad seléucida entregara a los nabateos trayectos determinados pasada la divisoria norte de Arabia, mientras que en la ruta que atravesaba la península por el oeste de sur a norte los nabateos se consolidaron como competidores comerciales del Egipto Ptolemaico tras el declive lihyanita de Dedān. El auge nabateo al sur de su territorio coincide básicamente con el ocaso del reino de Maīn en Yemen y el abandono de Dedān en los dos últimos siglos del milenio I a.C. El cambio de poder en el antiguo territorio de Dedān está atestiguado por la última inscripción que menciona a un rey lihyanita en lenguaje prenabateo, la escasez de moneda emitida en Dedān en comparación con la población vecina de Ḥegra en este periodo, el final de la producción de cerámica dedanita, y el abandono final de Dedān en beneficio de Ḥegra.[29] La creación de una administración independiente gracias a la confluencia de todos estos factores previos motivó la sedentarización de grupos nabateos antes nómadas, en especial alrededor de Petra y Ḥegra, que absorben población, así como la emigración de nabateos a ciudades ya existentes como Gaza, Alejandría, y Damasco donde, supeditada a las antiguas rutas comerciales existía una larga tradición de presencia árabe.

RELACIONES ENTRE JUDÍOS ASMONEOS Y ÁRABES NABATEOS

El epítome de la obra perdida de Trogo, escrito por Justino, reporta que Erotimus "el rey de los árabes" había sacado provecho de la debilidad creciente de Egipto y Siria al terminar el siglo II a.C. para conseguir victorias a su costa. El comentario, que no pasa de ser una anécdota en el resumen de Justino, sitúa al árabe Erotimus al final del reinado de Cleopatra III de Egipto en el 101 a.C. pero antes de la entrada del armenio Tigranes en Siria en el 88 a.C.[30] En el último tramo de su vida Cleopatra III (m. 101 a.C.) se había aliado con Antíoco VIII Grifo de Siria (m. 97 a.C.), hijo de Demetrio II, para evitar que su propio hijo Ptolomeo IX, gobernador de Chipre, ocupara el trono de Egipto, del que anteriormente su madre le había expulsado. Este periodo delirante en el que rezuma la sangre dentro de las

29. Rohmer y Charloux, "Lihyan to the Nabataeans," 301.310–13.

30. Justino, *Hist. Phill.* 39,4–40,1. Marco Justino, autor imprecisamente datado entre el II y el III d.C.

casas reales de Egipto y Siria, es contado a través de otra perspectiva por Flavio Josefo y equivale al final de Juan Hircano y al comienzo del gobierno de su hijo Alejandro Janeo.[31] A Hircano I (135–104 a.C.) de Jerusalén se le debe la conversión forzosa al judaísmo de Idumea en el último tercio del siglo II a.C., un hito trascendente para la historia religiosa futura de Arabia porque potencia la introducción del judaísmo en Arabia gracias a la conversión de una etnia emparentada tanto con los judíos como con los árabes.[32]

Poco después de suceder a su padre Hircano, Alejandro Janeo dirige una expedición contra Gaza aprovechando la confusión creada por la lucha entre Cleopatra III y su hijo mayor Ptolomeo IX.[33] Según Josefo, la principal fuente para los hechos judíos del periodo, Alejandro Janeo se dirigió hacia el sur después de que Cleopatra III sitiara Ptolemaida en la costa de Fenicia. Enfadado por la acogida que Gaza había dado a Ptolomeo IX, que había arrasado previamente Galilea y Judea, Janeo saqueó los entornos de Gaza y obligó a los habitantes a refugiarse dentro de las murallas. El rey Aretas de Arabia prometió enviar refuerzos a los gacitas si prolongaban el asedio, persona en la que la crítica ve una posible referencia al rey Erotimus (reportado por Trogo). Este segundo Aretas, no llegó a enviar la ayuda prometida. La ciudad después de un año de sitio se rindió a Janeo, aunque no sin sufrir muchas bajas, ya que Lisímaco, movido por la envidia asesina a su propio hermano, que era jefe del ejército de Gaza, abre las puertas a los judíos.

Alejandro Janeo (103–76 a.C.) chocó con Nabatea en varias ocasiones. Lo mismo que Judea, Nabatea ocupa el vacío creado durante las luchas de los sucesores de Grifo por el trono de Siria, para extenderse al este y norte del Mar Muerto en el comienzo del siglo I a.C. Janeo ocupa Gadara,

31. Josefo, *A.J.* 13,10–13.

32. Josefo, *A.J.* 13,9 hace coincidir la asimilación de Edom por Judea con la muerte de Antioco VII Sidetes, hermano de Demetrio II, contra los partos en el 129 a.C. Según Josefo, Hircano I aprovechó esta ocasión para lanzar campañas al este del río Jordan y en Samaría, prosiguiendo con Edom y obligando a los habitantes de las ciudades de Dora y Marisa a circuncidarse. El dato hace pensar que esta práctica fuera forzada por Hircano únicamente en las guarniciones sirias y macedonias que habitaban en el norte de Edom desde los tiempos de Antioco III o Antioco IV Epifanes (1 Mac 5,65–66; 2 Mac 10,14–15), siendo bastante posible que los edomitas, descendientes de Esaú (Gen 36,1–19), lo mismo que hicieron árabes y egipcios, practicaran la circuncisión con anterioridad. No obstante, la asimilación del judaísmo en Idumea más allá de la práctica de la circuncisión, que gracias a las tribus de Judá y de Simeón que habitaron al sur de Israel tuvo que comenzar mucho antes de la llegada de Hircano I (Jos 15,21–44; 19,1–9), fue creciente a lo largo de todo el siglo I a.C. en las jefaturas de Alejandro Janeo, Hircano II, Antípatro, y Herodes el Grande.

33. Josefo, *A.J.* 13,12–13 para este párrafo.

Moab, y Gilead, rivalizando por esta región con Obodas II (96–87 a.C.), el sucesor de Aretas II (120–96 a.C.), quien debió morir al poco del episodio de Gaza.[34] Janeo mantuvo estos territorios durante un tiempo aunque se vio forzado a devolver Moab y Gilead a Obodas a causa de divisiones internas en su ejército.[35] Cuenta Josefo que más o menos en este tiempo Antíoco XII Dionisio se había refugiado en Arabia, de donde salió para disputar el gobierno a su hermano Filipo I Filadelfo. Filipo había aparecido en escena después de que su otro hermano Demetrio III cayera en manos de los partos. Filipo se dirigió a Damasco pero fue encerrado en el hipódromo por el general Milesio, que a traición había tomado partido por Antíoco XII.[36] Conociendo el hecho, Antíoco intentó cruzar por Judea, pero fue algo que Alejandro Janeo impidió. Retirado de nuevo al desierto, chocó con Aretas III, que mata a Antíoco en Caná de Moab. Los habitantes de Damasco, posiblemente temieron una explosión de anarquía después de la muerte de Antíoco, así que pidieron a Aretas que entrara en la ciudad, lo que efectivamente hizo en el 84 a.C., que marca el final del periodo seléucida sobre Damasco. Poco más tarde, Aretas III derrota a Janeo en territorios del interior de Judea, donde acuerda con él una retirada pacífica.[37]

Aretas III (87–60 a.C.) es el primer rey nabateo en emitir moneda. El modelo utilizado imita la tetradracma helenística de 14 g de masa acuñada por Antíoco VIII Grifo, Demetrio III, y Antíoco XII. La diadema con la que Aretas se representa a sí mismo al estilo griego en las monedas de plata y bronce, la imagen de la diosa de la fortuna (Tyche) de Damasco en el reverso, y el título de "amigo de los helenos" (ΦΙΛΕΛΛΗΝΟΣ) que acompaña al de "rey" (ΒΑΣΙΛΕΩΣ) asocian este tipo de moneda con toda probabilidad al periodo nabateo de Damasco, del 84 al 72 a.C.[38] Aparte de la incertidumbre que generaban las políticas inconsistentes de los últimos seléucidas, la entrada de Aretas III en Damasco a petición de la ciudad, así como el ofrecimiento de ayuda por parte de Aretas II a la ciudad de Gaza, han de verse a la luz de la presencia de población árabe previa en ambas

34. Josefo, *A.J.* 13,13–14.

35. Según Josefo Moab y Gilead tenían entonces un elevado componente árabe: *καταστρεψάμενος δὲ τῶν ᾿Αράβων Μωαβίτας καὶ Γαλααδίτας εἰς φόρου ἀπαγωγήν* (y sometiendo a los árabes moabitas y galaaditas al pago de tributo…). Gilead: región entre el río Yarmuk al sur del Lago de Galilea, y la cabecera del Mar Muerto, que incluía la mitad norte de Perea gobernada por Herodes Antipas en el siglo I d.C. Limitaba al este y sureste con la Amanítida, y tanto Gilead como la Amanítida al sureste y sur respectivamente dejaban paso a Moab, que cae al este del Mar Muerto.

36. Josefo, *A.J.* 13,15.

37. Josefo, *A.J.* 13,15.

38. Smitt-Korte y Price, "Nabataean Monetary System," 93.

localidades. El Nuevo Testamento indica que mucho más tarde, hacia el año 37 de la era cristiana, el apóstol Pablo fue descolgado de la muralla de Damasco para evitar ser apresado por el etnarca del rey Aretas IV. De ambos datos se deduce una prolongada presencia árabe en Damasco.[39]

El etnarca judío de Alejandría administraba justicia en la comunidad judía de esta ciudad y era la persona encargada del impuesto destinado al templo de Jerusalén según se desprende de Josefo.[40] Si los nabateos disponían realmente de un etnarca en Damasco al estilo judío en la tercera década del siglo I sería señal de una comunidad nabatea afincada de alguna magnitud. La causa del problema de Pablo con los nabateos parece guardar relación con la predicación cristiana en las sinagogas de Damasco (Hch 9,22–25), pero cabe pensar que Pablo habría infringido además alguna ley con relación a los nabateos propiamente dichos, quizás un intento de conversión, y que no está relacionada con la actividad mercantil, que se presupone causa de la presencia nabatea ahí.[41] Es pues razonable asumir que Damasco un siglo antes de Pablo también fue gobernada por delegación del rey Aretas III, quien tendría la primera residencia en Petra. Paradójicamente, las monedas argénteas de estilo damasceno de Aretas III parecen haber circulado poco en el sur, donde por el contrario abunda la moneda de bronce de peor calidad, considerada la primera moneda acuñada en Petra tras la pérdida de Damasco en el año 72.[42]

39. 2 Cor 11,32–33; Ga 1,17–18.

40. Josefo, *A.J.* 14,7; 19,5.

41. Quizás judíos o prosélitos de etnia árabe residentes en la Decápolis a los que durante sus tres años de estancia en Arabia Pablo intentó acercar al cristianismo, o bien menos probablemente nabateos politeístas a los que Pablo quiso alejar de sus dioses nacionales (véase Hch 2,5–11; 9,22–25). Por otro lado, el intento de arresto de Pablo por el etnarca nabateo de Damasco se sitúa al trasluz del conflicto fronterizo entre Aretas IV y Herodes Antipas, cuyo lógico escenario fue Perea pero que tuvo una secuela bélica según Josefo en los territorios de su hermano Filipo, en Gamala (Josefo, *A.J.* 18,5). La muerte de Herodes Filipo en el 34 a.C. y la transferencia temporal de su territorio a la provincia romana de Siria pudo ser una ocasión para el refuerzo de la presencia nabatea en el norte y la entrada subsiguiente de soldados nabateos en Damasco. Es posible que el etnarca que quiso detener a Pablo limitara su jurisdicción a la comunidad nabatea de Damasco, sin ampliarla a toda la ciudad tal y como se ha sugerido (Bowersock, *Roman Arabia*, 65–68).

42. Smitt-Korte y Price, "Nabataean Monetary System," 95.119.

POMPEYO MAGNO, ARETAS III, HIRCANO II, Y ANTÍPATRO

El reinado de Aretas III fue duradero. A él se atribuye la primera fase de urbanización en escala de Petra, asociada a la construcción de una larga tubería de agua desde el acceso principal al centro de la ciudad.[43] Aretas tuvo ocasión de contemplar, poco antes de morir, la entrada de Roma en Siria (Pompeyo Magno, 64 a.C.) unos diez años después de que entregara pacíficamente Damasco al armenio Tigranes. En el intervalo Aretas fue un agente auxiliar en el conflicto dinástico entre los hijos de Alejandro Janeo tomando partido por el judío Hircano II (63–43 a.C.). Detrás de esta opción del rey Aretas por Hircano II y en contra de Aristóbulo se encuentra la influencia de Antípatro, un idumeo más conocido en la historia por ser el padre de Herodes el Grande.[44] Antípatro (m. 43 a.C.) era hijo del gobernador de Idumea puesto en su día por Janeo, aunque el origen racial de Antípatro en cuanto judío era dudoso. Se casó con Cipros, una mujer de la nobleza nabatea de la que tuvo una hija y cuatro hijos (judeonabateos): Fasael, Herodes, Feroras, José, y Salomé.[45] Antípatro era un hombre rico, podía movilizar una leva dentro de su territorio en caso de necesidad, y mantener el sueldo de una milicia fiel a su persona.[46]

Antípatro negoció con Aretas III y consiguió que el sumo sacerdote Hircano II se refugiara en Petra después de que su hermano Aristóbulo diera un golpe de estado en Jerusalén poco antes de que muriera su madre Salomé Alejandra (76–67 a.C.), que rigió Judea después de Janeo. El dialecto arameo de los idumeos de esta época no tuvo que ser desemejante al de los nabateos con los que la familia de Antípatro tuvo trato frecuente.[47] No es

43. Schmid, "Hellenistic Period," 364.

44. Para la sección que sigue Josefo, *A.J.* 14,1–11; *B.J.* 1,6.8.

45. Étnicamente, sus hijos judíos, Herodes el Grande entre ellos, son pues una mezcla entre idumeo y nabateo, o en otras palabras, entre edomita y árabe.

46. Josefo, *A.J.* 14,11. La fórmula de la tropa de élite idumea debió ser utilizada por Herodes el Grande en tiempos de Julio César y Marco Antonio, mientras vivió su padre Antípatro y Herodes fue primero estratego de Galilea y luego tetrarca de Israel (ca. 60–30 a.C.; Josefo, *A.J.* 14,8–9.13; 15,4). Cuando en el 23 a.C. Octavio Augusto amplió las competencias de Herodes con territorios al este del río Jordán, su ejército debió aumentar el reclutamiento incluyendo mercenarios extranjeros, damascenos, sirios, y amonitas, en función de los lugares donde Herodes realizó campañas más o menos duraderas o ejerció temporalmente la autoridad, pero es presumible que a lo largo de todo su reinado el componente idumeo continuara siendo fundamental (Josefo, *A.J.* 15,6.10). El vínculo entre Herodes y su tierra natal es patente en el asentamiento de 3.000 idumeos en Traconítida en un intento por frenar el bandidaje de la región (Josefo, *A.J.* 16,9).

47. Estrabón, *Geogr.* 16,2:34 dibuja el escenario étnico de Palestina a finales del

irrelevante el dato de que en Petra residieron los cinco hijos de Antípatro durante la primera parte del conflicto entre Hircano II y Aristóbulo, por espacio de tres años. Antípatro buscaba un lugar más seguro penetrando por la ruta del sur, de la que idumeos, árabes, y judíos tenían experiencia común gracias al idioma, la guerra, y el comercio.

La fórmula de "refugiarse en Petra" está constatada varias veces en la historia de Josefo. Hablando de sistemas de comunicación, Nabatea propicia la entrada de población judía en el noroeste de Arabia, aunque esta emigración es difícil de adelantar sin pruebas contrarias al siglo II o I a.C. En Moab e Idumea, Janeo había ocupado posiciones que pertenecieron a los árabes, Madeba, Zoar, Marissa, y otras nueve ciudades, e Hircano II prometió su devolución a Aretas III si recuperaba el trono de Jerusalén. Aretas proporcionó un ejército a Hircano y sitiaron a su hermano Aristóbulo en la fortaleza de Jerusalén en el año 65 a.C.[48]

En la primavera del 65 o a lo más tardar el año siguiente el general romano Pompeyo envió parte de su ejército con Emilio Escauro a Siria. Viendo que en pocos meses la situación de Damasco estaba asegurada, Escauro entró rápidamente en Judea. Hircano y Aristóbulo mandaron entonces delegados para pedir su ayuda. Escauro se decidió en nombre de Pompeyo por Aristóbulo a cambio de un soborno y pidió la retirada de Aretas III a no ser que quisiera ser tenido por enemigo de los romanos. Escauro emprendió el regreso a Damasco, factor que utilizó Aristóbulo para salir en persecución de Aretas hacia la Amanítida e infringir una derrota a los nabateos. Dos años o uno más tarde, en el 63, Pompeyo entró en Jerusalén con apoyo de Antípatro. Escauro lanzó una expedición contra Petra, quizás para obtener un éxito fácil antes de que terminara la campaña de Pompeyo en Siria y Palestina. Esta vez Hircano actuó en favor de Aretas convenciendo a Escauro para que pactara la paz a cambio de 300 talentos de plata.[49]

---

siglo I a.C. como una mezcla de tribus judías, fenicias, egipcias, y árabes. Aunque no ha visitado personalmente el territorio, es interesante constatar que Estrabón testifica el parecido racial de los idumeos con los nabateos al indicar que una sedición interna provocó el destierro de los idumeos antes de su unión a los judíos.

48. Para una concordancia cronológica de los eventos judíos y romanos del 67 al 62 a.C. Broughton, *Roman Republic*, 146–75.

49. Bowersock, *Roman Arabia*, 33. Josefo repite la cantidad en contextos diferentes durante su relato (*A.J.* 14,5.14; *B.J.* 1,6.8.14). Con esta cantidad puede que Josefo quiera indicar simplemente el carácter corruptible de Escauro. De otro modo, Aretas III hubiera estado en la incómoda disposición de entregar a Escauro 10 ton de moneda acuñada. El episodio se sitúa en el año 62 a.C.

MALICUS I, CLEOPATRA VII, Y HERODES EL GRANDE

Las relaciones diplomáticas entre judíos y nabateos se crisparon después de que Antípatro muriera y el conflicto entre Octavio y Marco Antonio se extendiera al norte de Egipto, aunque no llegaran al estado de guerra permanente entre árabes y judíos.[50] Aristóbulo fue de nuevo causa de disturbio. Quiso hacerse con el gobierno por segunda vez. El prefecto Gabino relevó a Escauro, hizo prisionero a Aristóbulo y le envió a Roma donde muere a manos de los partidarios de Pompeyo. Josefo indica que Gabino lanzó un ataque exitoso contra los nabateos algo después de este momento.[51] Hircano II oficiaba el sumo sacerdocio en Jerusalén y con el consentimiento romano Antípatro era de hecho el gobernador de Judea. Un comandante judío favorable a Hircano, consideró sin embargo oportuno suprimir a Antípatro y le envenenó. Su hijo Herodes ya era entonces gobernador de Galilea. Antígono, uno de los hijos de Aristóbulo, se rebeló, se alió con el parto Pacorus, entraron en Judea y provocaron la huida de Herodes a Petra, donde ya reinaba Malicus I (57–30 a.C.), sucesor de Aretas III.

Malicus I se disculpó por no poder recibir a Herodes en Petra y prestarle una cantidad de dinero que Herodes necesitaba con urgencia. La amenaza de los partos era suficientemente grande para que Herodes acudiera al general romano Marco Antonio. Malicus cambió entonces de idea y envió emisarios detrás de Herodes pero este ya había embarcado para Alejandría donde fue recibido por Cleopatra. En contra del consejo de Cleopatra, Herodes viaja a Roma. El senado escuchó la situación de Herodes, le declaró "amigo de los romanos" y "rey de los judíos." Una vez que Herodes fue declarado rey de los judíos, el afecto entre Cleopatra VII de Egipto y Marco Antonio resultó en perjuicio de Malicus. La declaración oficial del senado romano envestía a Herodes de autoridad en la guerra contra Antígono pero le confirmaba en la obligación de recaudar impuestos, labor por la que Herodes entra ahora en conflicto con los nabateos.

Después de que el problema de Antígono y los partos fuera resuelto, en la década de los 30s a.C. Cleopatra alquiló a Herodes la región de Jericó, rica en palma datilera y sede productora de un pequeño monopolio de opobálsamo, un arbusto en el que se practicaba el resinado de modo similar al olíbano.[52] El traspaso del impuesto afectaba al rey de Petra, que

50. Esta sección Josefo *A.J.* 14,11–14; *B.J.* 1,6–15.

51. Josefo, *A.J.* 14,6; *B.J.* 1,8.

52. Josefo presenta dos cronologías del suceso, una a continuación de la conquista de Jerusalén por Herodes en el año 37 a.C., y otra en el preámbulo de la batalla de

ahora debía entregar parte del beneficio a Herodes para que este lo enviara luego a Cleopatra. El cobro del impuesto del bálsamo de Jericó debió ser un derecho reclamado ya por los ptolomeos, pero había pasado a los reyes nabateos en algún momento, a lo que se sumaba posiblemente un acuerdo (desconocido) entre la dinastía asmonea, la nabatea, y Cleopatra, que se adueñó del negocio del 35 al 30 a.C. Los asmoneos Juan Hircano, Alejandro Janeo, y la reina Salomé Alejandra habían construido una serie de palacios en Jericó entre finales del siglo II y la primera mitad del I a.C. El valle disponía de torres fortificadas, talleres, y una gran finca dedicada al cultivo del bálsamo, aunque el monopolio del bálsamo producido en Jericó debe entenderse dentro de ciertos límites.[53] El elevado número de ungüentarios encontrados en osarios alrededor de la ciudad antigua de Jerusalén y en otros contextos arqueológicos de Ascalón, Meguido, Sebaste, Escitópolis, Ptolemaida, Ammán, Qumrán, Nizana, y Petra, sugiere que el sur del Levante mediterráneo probablemente—y no sólo Jericó, es decir el sur de Celesiria a ambos márgenes del Jordán y el valle del 'Arabāh produjeron la resina con miras a la exportación.[54]

COMERCIO DE OPOBÁLSAMO ÁRABE Y JUDÍO

Diodoro de Sicilia indica que ya en el siglo IV a.C. los árabes del Mar Muerto participaban del comercio de opobálsamo. Teofrasto describe aproximadamente en la misma época la especie botánica y Plinio le dedica un amplio capítulo de su *Historia Natural*.[55] En la antigüedad el bálsamo era utilizado como medicina, perfume, e ingrediente en otras drogas y cosméticos, siendo su precio muy elevado en el mercado. El opobálsamo pertenece al mismo género que la mirra (Commiphora). Agrupa varias especies que crecen en los márgenes del desierto, al sur de Palestina, en Arabia, Etiopía, y Sudán, habiéndose insinuado que fueron los propios árabes quienes importaron la planta a la región del Mar Muerto a finales del siglo IV y comienzos del III a.C.[56]

Accio en el 31 a.C. La primera de las dos fechas va acompañada de un relato más extenso, escrito por Josefo con posteridad a la versión más breve de la segunda cronología, por lo que la primera fecha puede ser tomada como referencia (*A.J.* 15,4–5; *B.J.* 1,18–19).

53. *NEAEHL* 2:682–86.690–91.

54. Kahane, "Jewish Ossuary-Tombs," 132.137–38.180–81; Khairy, "Nabataean Piriform Unguentaria," 88–89.

55. Diodoro, *Biblio. Hist.* 2,48; 19,98–99; Plinio, *Nat.* 12,54:111–23; Teofrasto, *Hist. Plant.* 9,6.

56. Hadas, "Balsam Afarsemon," 162–69. La especie típica, llamada "bálsamo de

Es también notorio que el ungüentario típico del IV a.C. en adelante haya sido decorado con motivos áticos mientras que la creación del recipiente en forma de huso sea alejandrina.[57] Esta forma de frasco de droguería es anómala en los yacimientos a partir del siglo II a.C., siendo difícil de negar su sustitución por el ungüentario piriforme o en forma de matraz de Palestina y Nabatea en los siglos I a.C. y I d.C.[58] Es coherente interpretar esta evolución del diseño en términos de una implementación y de la entrada de nuevos agentes comerciales en el negocio gracias al enfrascado cerca de las regiones productoras del bálsamo, y en el caso de Petra, por su relación directa con el mercado de otros aromas, proveniente desde Yemen a través de la histórica ruta del incienso.

Las relaciones entre judíos y árabes nabateos debieron intensificarse en el entorno productor de bálsamo del río Jordán, el Mar Muerto, y el ʻArabāh, lo mismo que por la coincidencia en el ágora de Alejandría u otras ciudades donde se discutía el precio de los cargamentos previo al transporte del producto rumbo final a Grecia, Asia Menor, Italia, y Roma, primeros importadores de medicinas y cosméticos. Los modelos nabateo y judío de ungüentario de cerámica oscilan entre 10 y 20 cm de altura. Comparten rasgos comunes, siendo el principal el cuello estrecho pensado para retrasar la evaporación del fluido y mejorar su dosificación, aunque el color de la arcilla y detalles menores en la forma impiden reducirlos a un único tipo de recipiente. Es más, raramente ocurren los modelos nabateos en las tumbas alrededor de Jerusalén.[59] Pese a su similitud, esta serie de factores hace creer que nabateos y judíos compartieron el negocio del bálsamo pero con centros de producción y/ o enfrascado propios. Aun así, el encuentro entre ambos modelos es evidente por la cercanía geográfica, y está sugerido por la intromisión de Herodes a petición de Cleopatra VII en el negocio nabateo del bálsamo y en menor medida por un pasaje del Nuevo Testamento en el que la judía María de Betania rompe un frasco de cosmético de posible manufactura nabatea generando indignación en algunos seguidores de Jesús.[60]

Meca," es *Commiphora gileadensis* u *opobalsamarum*. En la antigüedad el bálsamo de Jericó o de Judea, posiblemente una raza o especie local, se consideraba endémico. Véase Estrabón, *Geogr.* 16,2:41; Justino, *Hist. Phill.* 36,3.

57. Kahane, "Jewish Ossuary-Tombs," 138–39.

58. Khairy, "Nabataean Piriform Unguentaria," 85–86.

59. Kahane, "Jewish Ossuary-Tombs," 176–78.

60. La exégesis de Mc 14,3–5, muy lúcida en este punto, es de Hammond, *The Nabataeans*, 69–70, a quien resumo a continuación. El ungüentario común del siglo I a.C. y I d.C. del sur del Levante mediterráneo podía ser vertido sin necesidad de derramar todo el contenido mediante algún tipo de tapón que era puesto y retirado

Los medicamentos y cosméticos obtenidos de la mezcla de sustancias resinosas, pulverizadas, oleosas, o disolventes al alcance de los mercaderes árabes, alejandrinos, y judíos, comprendieron en este tramo de la antigüedad más productos comerciales que el bálsamo. Algunos otros, la sangre de dragón y el áloe por ejemplo, son enumerados por la obra de navegación del siglo I d.C. *Periplo del Mar Eritreo* entre la mercadería que podía comprarse en los distintos puertos del Mar Rojo y el Mar Arábigo, pero esta realidad no es óbice para que el estudio del ungüentario de cerámica palestino y nabateo dimane conclusiones pertinentes a la comercialización del bálsamo. Según Josefo, uno de los puntos centrales de la entrevista de Cleopatra VII con Herodes fueron los impuestos derivados del bálsamo, realidad que afectaba directamente al rey nabateo Malicus, pues la región árida cuyo clima hacía rentable la producción de bálsamo era compartida con Nabatea, al menos en la frontera sur y este de Israel. Por otro lado, parte de los cargamentos que eran dirigidos por tierra en mula, asno, o camello a los puertos sureños del Mediterráneo oriental tenían que atravesar el territorio de Malicus I.

A través del desierto del Negev o el Sinaí se accedía a Gaza, Rinocolura, Pelusium, y Alejandría. Aunque estas ciudades eran gobernadas con independencia al rey Malicus, algunas vías principales que conducían a ellas pasaban por Nabatea. Es posible que haya de entenderse la cesión de los impuestos del bálsamo por parte de Cleopatra a Herodes desde este contexto geográfico más amplio ya que esta sustancia lo mismo que otros productos refinados de alto coste con destino a las plazas del reino de los ptolomeos seguían desde antiguo rutas comerciales con trayectos en manos moabitas, edomitas, y árabes. Malicus I debió aceptar la intromisión de Herodes en el control de los impuestos del bálsamo si quería seguir colocando sus productos en Palestina y Egipto. Según Josefo, Malicus fue negligente en la entrega de la recaudación a Herodes, que enfadado trasladó el asunto al general Marco Antonio. Antonio ordenó entonces a Herodes hacer la guerra a los nabateos, creando una situación de enemistad de

---

sin afectar al recipiente. Marcos (14,3) indica por el contrario que una mujer de Betania, identificada con María la hermana de Marta y Lázaro por el evangelista Juan (12,3–6), "habiendo roto" (συντρίψασα) el frasco de perfume derramaró su contenido sobre Jesús, provocando el reproche de algunos testigos. La acción de la atrevida mujer evoca un modelo manufacturado en Petra, un artículo de lujo en el que el cuello del recipiente después del llenado era sellado con arcilla, una especie de garantía de calidad que impediría que su contenido fuese adulterado con otras sustancias, aceite de rosas, cera, o extracto de hipérico, una práctica común (Plinio, *Nat.* 12,54:119–22). En contrapartida, el frasco debía gastarse o derramarse completamente cuando se rompía el sellado del cuello a no ser que fuese traspasado a otro recipiente. Es muy posible que Marcos, que es el único de los tres evangelistas que recogen el suceso (ver también Mt 26,6–9) y utiliza la expresión συντρίψασα τὸν ἀλάβαστρον, tenga en mente este tipo de recipiente.

Herodes con Malicus que Cleopatra maniobró para debilitar en su provecho a los dos reyes.[61]

Desgraciadamente, la crispación por la cuestión del bálsamo se sumó a la disputa histórica por la región de Gilead, desembocando en una guerra intermitente entre Herodes y Malicus que tuvo por escenario la parte norte de Nabatea, hoy Jordania. Al menos esto es lo que se puede entender del reporte de Josefo, que sitúa la guerra de Herodes con los nabateos en la orilla oriental del curso medio y final del río Jordán, así como bastante más al este, en Canatha donde los judíos, nabateos, amonitas, y grupos semitas peor identificados van a mantener disputas que se explican mejor conjugando los motivos individuales que ofrece Josefo en cada uno de los casos. Aunque no lo menciona el registro histórico, la enemistad entre los dos reyes debió presionar sobre el sector, frustrando el hacer de recolectores, dueños, o encargados de fincas agrícolas, artesanos, recaudadores de impuestos, e intermediarios, encareciendo el producto.

Cleopatra VII puso a Malicus I en el ojo izquierdo del general Marco Antonio. De haberse resistido indefinidamente a la entrega de los impuestos acordados con Herodes, la voluntad del rey judío por obedecer a Antonio podía haber traído mayores consecuencias para Nabatea. Pero la balanza de la historia actuó y Malicus tuvo ocasión de recuperar la aprobación romana en la fase final de la guerra civil de Octavio contra Antonio y Cleopatra (años 32–30 a.C.), que sirvió de paso para devolver las relaciones entre las monarquías judía y nabatea a mejor cauce.[62] Cleopatra había transportado algunas embarcaciones desde el Delta del Nilo al Golfo de Suez para huir a la India, Sudán, o Etiopía con el tesoro de Egipto, en vistas de la derrota suya y de Antonio en Accio (31 a.C.). Según Plutarco, su plan era continuar trasvasando naves de guerra en espera de la llegada de Antonio a Egipto, pero los primeros barcos que llegaron al Golfo de Suez no pasaron desapercibidos

61. Josefo, *A.J.* 15,5; *B.J.* 1,19.

62. En el 32 a.C. Octavio declaró la guerra a Cleopatra, una acción de doble filo, ya que era una forma de aislar a Marco Antonio sin declararle la guerra directamente. El 1 de septiembre del 31 a.C., Antonio y Cleopatra perdieron la battalla naval de Accio, en la costa occidental de Grecia. Ambos se retiraron al sur, Antonio a Libia y Cleopatra a Egipto. Pasado el invierno, Octavio entró en Alejandría en agosto del año próximo, el 30, y Antonio, que se había refugiado ahí, tomó su propia vida. Cleopatra había ideado sin embargo una huída a través del Mar Rojo, pero fue impedida por Malicus I. Cleopatra sobrevivió a la muerte de Antonio, pero quiso acompañarle en su destino. Habiendo concentrado todo el poder sobre su persona, Octavio purgó las magistraturas y el senado romano, asumiendo el título de Augusto en el 27 a.C., acto que ponía fin a la República Romana y le convertía en el primer emperador romano (27 a.C.–14 d.C.).

y los árabes de Petra les prendieron fuego. Antonio desaprobó el plan y prefirió esperar su destino resistiendo a Octavio en Alejandría.[63]

ESPLENDOR DE NABATEA: PETRA, EJEMPLO DE CONFLUENCIA CULTURAL

En el siglo I a.C. y en lo concerniente a política internacional, Nabatea se mostró con frecuencia un reino rival de Judea pero los compromisos mutuos pese a todo evitaron que fuesen ardientes enemigos. Como se ha indicado en líneas precedentes, las relaciones de Nabatea con Judea fueron oscilantes, siendo esta la tónica que va a continuar dominando el siglo I d.C. El territorio de Nabatea durante su periodo clásico fue suficientemente amplio para la tarea de rivalizar con Judea, pero por supuesto eran ambos reinos más débiles que Egipto y Roma, aparte de clientes potenciales, y tener la misma tutela internacional amortiguó la duración de las ocasionales guerras entre ellos. Por su parte, los intereses de la población civil, entonces como en otros momentos históricos, parecen haber seguido su propia dinámica, si se pueden considerar al margen de la política. En los ámbitos estratégicos de intercambio fronterizo, producción agrícola, comercio, y arquitectura civil, Judea y Nabatea mostraron entendimiento, y políticamente las dinastías herodiana y nabatea quisieron emparentar, aunque sin demasiado éxito, traduciendo en forma de alianza lo que eran realidades geográficas, económicas, y hasta cierto punto lingüísticas compartidas. Abarcando los dos siglos de cambio de milenio, el reino de Nabatea alcanzó un grado de esplendor considerable que sorprende al mirar la rápida conversión en provincia romana en el 106 d.C. No obstante, si se tiene en cuenta el destino semejante de Israel, que desaparece defintivamente como entidad independiente en el 135 a.C., la desaparición de Nabatea es menos chocante, aunque a diferencia de Judea, fuera en su mayor parte pacífica.

El urbanismo de Petra aumentó al final del siglo I a.C., teniendo por consecuencia el auge de gremios artesanos. El enriquecimiento de la alta sociedad reflejado en el despegue urbanístico produjo su amaneramiento al estilo helenístico y romano, imitando costumbres presentes en Israel, Egipto, y Siria, una de las causas posteriores de su asimilación por el Imperio Romano. Uno de los conjuntos residenciales de la clase alta de Petra se encuentra en Umm a-Biyarah. Llegó a tener ocho cisternas para la retención de agua y casi una veintena de edificios, siendo uno de los varios testigos del esplendor que alcanzó la capital de Nabatea. Se trata de una montaña que se eleva sobre Petra permitiendo la panorámica del

63. Plutarco, *Ant.* 63–86; Dión Casio, *Hist. Rom.* 51,7:1.

centro urbano a la vez que una conexión con la línea de torres de vigilancia construidas en promontorios cercanos, visible desde Umm al-Biyarah pero no desde otros lugares. Las fases tempranas de Umm al-Biyarah son del último cuarto del I a.C., del tiempo de Obodas III (30–9/8 a.C.), sucesor de Malicus I. La ubicación de Umm al-Biyarah, 400 m por encima del centro urbano, la escasa vegetación, y su carácter árido exigieron la subida de materiales necesarios para la vida desde la base de la montaña, elevando el coste económico del barrio residencial y reservándolo para la clase alta de Petra, posiblemente vinculada a los negocios y a la monarquía.[64]

Una de las viviendas estudiadas destaca por su grado de suntuosidad. Proveniente de un periodo algo posterior, mediados del siglo I d.C., y construida en uno de los límites mismos del barranco, disponía de un calefactor de combustible que subía la temperatura del aire (nocturno o del invierno) para desplazarlo contra el suelo de uno de los cuartos (hypocausto) mediante ladrillos huecos. La vivienda gozaba de agua corriente alimentada por una cisterna de captación. Desde ahí una tubería de arcilla dirigía el líquido al interior del edificio que ha revelado estructuras claramente lujosas, dos estatuas de mármol de estilo romano de las que se han conservado los torsos de dos niños, uno con el apoyo visible de la tinaja sobre su hombro izquierdo, y un complejo de baño formado por tres habitaciones con canal de agua corriente que evacuaba hacia un lado de la montaña no construido. Este tipo de estructuras de baño y calefacción copian a todas luces las costumbres romanas y se repite en residencias de Herodes el Grande situadas en lo alto de montañas al sur, este, y oeste del Mar Muerto respectivamente: Masada, Maqueronte, y Herodium.

La tradición de construcción común al sur de Palestina y Nabatea hace sólida la suposición de que los nabateos imitaron el modelo de los edificios herodianos y lo que puede ser más interesante desde el punto de vista de la evolución de las poblaciones: que nabateos, idumeos, herodianos, sirios del sur, y otros pueblos y grupos del entorno pudieron contratar, al menos de manera ocasional y dada la posibilidad de entenderse hablando griego o arameo en toda esta amplia región cultural, los servicios de cuadrillas compuestas por arquitectos y albañiles que se desplazaran de ciudad en ciudad al servicio de diferentes contratistas. El estilo funerario típicamente nabateo de esculpir tumbas en la roca, dotadas de una fachada terminada en forma de cúspide o pirámide aparece reflejado en algunos mausoleos judíos al este de la Ciudad de David en el siglo I d.C. que se diferencian de otros diseños locales, siendo posible explicarlos aventurando la hipótesis

64. Este párrafo y el siguiente Schmid et al., "Nabataeans Kings at Petra," 75–85.

del desplazamiento de estilos, copiados no sólo por la imitación de modelos, sino por el recurso a mismos talleres de arquitectos y albañiles.[65]

Edificios de doble planta en un sector secundario a la entrada de Petra entre dos wadis, totalmente en ruinas aunque con largos trazados de paredes y columnas internas todavía identificables, forman un conjunto que combina lo que parecen ser instalaciones administrativas con espacios abiertos sin edificar, quizás jardines al modo del Herodium o de la residencia de Herodes en Jericó. Esta serie de notas, junto con la escalera de salida hacia un escarpado cercano, solamente accesible desde el propio sector, y su ubicación en frente de uno de los complejos funerarios mejor decorados de Petra, ha conducido a los investigadores a identificarlo con el cuartel general de los reyes de Petra mencionado varias veces por Josefo, más que las residencias de Umm al-Biyarah.[66]

La semejanza de algunas construcciones nabateas con las herodianas es indiscutible si se compara el complejo de recreo del Herodium con el área excavada a finales del siglo XX en un lateral del Gran Templo de Petra, posteriormente teatro, en el centro urbano. La fase inicial de esta zona de descanso coincide con la fase inicial del templo inmediato y del área residencial de Umm al-Biyarah, a finales del I a.C. Un delicado sistema hidráulico, que decantaba por cambio de dirección las impurezas arrastradas por agua suministrada desde un tanque, abastecía una piscina monumental de 40 m de largo, 20 de ancho, por 2,5 m de profundidad, forrada de una pequeña capa de hormigón impermeable, y en cuyo centro se hallaba un islote en forma de pabellón (kiosco) también construido, posiblemente abierto por los lados, dotado de columnas, paredes, y techo que permitía la estancia de varias personas dentro del mismo.[67]

La depresión del terreno que ocultaba la piscina y un jardín adyacente de las miradas indeseadas que podían surgir en la calle peatonal necesitó el desmonte de 30.000 m^3, material que debió utilizarse en la edificación del propio lugar y del entorno. El diseño siguió un plan casi idéntico a la piscina del Herodium, también dotada de un islote construido en el medio y un jardín en el terreno periférico, y cuya edificación a partir del 23 a.C. es coetánea a la fase de arranque de la piscina de Petra.[68] La tradición arquitectónica de edificios suntuosos rodeados de jardines que podían contener un aviario exótico, zoológico, paseos, fuentes, y piscinas, fue copiada de los persas por los sucesores de Alejandro Magno y transformada

65. *NEAEHL* 2:749–50.
66. Schmid et al., "Nabataeans Kings at Petra," 85–93.
67. Bedal, "Petra's City Center," 23–32.37.
68. Netzer, *Greater Herodium*, 10–21.

en moda por los romanos de la alta sociedad. El adorno de los palacios con masas de agua es observable ya en la fortaleza amanita de los Tobíades en Iraq el-Emir a comienzos del siglo II a.C., mientras que la combinación de jardines artificiales con piscinas que servían lo mismo para la natación que para el almacenamiento de agua con otros fines fue característico de la tradición asmonea que Herodes el Grande conservó y amplió, especialmente en Jericó.[69]

OBODAS III, SILEO, Y ELIO GALO: EXPEDICIÓN ROMANA AL YEMEN

Obodas III subió al trono en el año 30 a.C., cuando Malicus I murió. Obodas (עבדת/ Obodāt; arameo עַבְדָּה/ ʻAbdāh) aparece representado en las monedas junto a su esposa, un rasgo característico de las monedas nabateas a partir de ahora, que copian de las acuñaciones egipcias.[70] El nuevo rey se caracterizó por el acercamiento a Roma y la urbanización de Petra en escala monumental, si bien su gestión de la política internacional fue descalificada por Josefo y Estrabón. Obodas III confió esta a su ministro de exteriores Sileo, una persona astuta que aprovechó los asuntos romanos y judíos para arribar, mereciendo la valoración negativa de Estrabón y Flavio Josefo, aunque atendiendo a circunstancias diferentes. En contra de una interpretación maximalista de la acusación a Obodas de mal gobernante por parte de Josefo y Estrabón puede señalarse el despliegue urbanístico de Petra en su reinado, el hecho de que además de conjugado con la reina en el anverso, Obodas aparece representado en solitario en el reverso de las monedas, mostrando ambición por hacer circular su retrato, y una suponible reforma fiscal reduciendo la denominación de plata buscando la equivalencia del denario romano.[71]

69. Bedal, "Petra's City Center," 36–37; Netzer, *Greater Herodium*, 28–29.107–09; *NEAEHL* 2:687–90.

70. Obodas/ Obodāt es una derivación de la raíz norsemita común «ʻ-b-d» (עבד), "servir," "trabajar," "ser hecho," "realizar un rito religioso," etc., equivalente al estado definido arameo עַבְדָּה/ "el Siervo," "el Esclavo" (Sokoloff, *Palestinian Aramaic*, 391). Raíz muy común en el registro material (Hoftijzer y Jongeling, *North-West Semitic*, 806–16), que llega al árabe clásico sin modificación, د/ ب/ ع , de donde «ʻabduun,» "el esclavo." Es común formando nombres personales: «ʻAbdullāh» (o ʻAbd Allāh), "Siervo de Allāh," «ʻAbdelmalik» (o ʻAbd al-Malik), "Siervo del Rey"; en forma breve «ʻAbdul,» "Siervo de/ del," etc.

71. La doble circulación del retrato del rey en moneda que utiliza por primera vez Obodas III, en solitario en el reverso, y conjugado con la reina en el anverso (esta otra parte es de inspiración egipcia), es único en la numismática antigua (Schmitt-Korte y Price, " Nabataean Monetary System," 99–101).

Con Obodas IIII Nabatea siguió floreciendo gracias al mercado, la artesanía, y la arquitectura, pero quizás el rasgo mejor conocido de su reinado sea que colaboró con Roma en una maniobra militar transarábiga. En el 26/25 a.C. Octavio, ahora Augusto, encomendó al prefecto de Egipto, Elio Galo, la exploración de Arabia mediante una operación militar de grandes proporciones. Su fin era a la vez la conquista si posible y el reconocimiento del terreno. La expedición árabe de Galo y la posterior expedición romana a Nubia, deben ser incluidas en la política expansiva de Augusto al comienzo de la era del Egipto Romano (a partir del año 30 a.C.). Plinio el Viejo, Estrabón, Dión Casio, y la inscripción imperial Res Gestae son las fuentes que dan fe de la expedición de Galo, siendo Estrabón, amigo personal del prefecto, el mejor informado.[72] Según Estrabón 10.000 reclutas de Egipto, 500 judíos de Herodes, y 1.000 nabateos, todos bajo la guía del nabateo Sileo, ministro de Obodas III, se encaminaron al sur de Arabia para obtener la amistad de los pueblos productores de aromas o el sometimiento a Roma por la fuerza. Se trató de una maniobra militar en gran escala, la primera empresa de un poder occidental en Arabia, la segunda si se considera el plan ideado por Alejandro Magno.

Aprovechando los vientos del norte y posiblemente la mayor disponibilidad de madera para la construcción de naves, la expedición partió de Cleopatris en el extremo superior del Golfo de Suez, llegando en unos días a Leuke Kome (Aldea Blanca), el puerto nabateo del Mar Rojo en el que Sileo aconsejó desembarcar. La ubicación exacta de Leuke Kome ha sido disputada entre los especialistas, barajando dos alternativas, la Bahía de ʻAynūnah en la entrada del Golfo de Aqaba y el pequeño puerto de al-Wajh, en la misma costa árabe pero bastante más al sur.[73] El elevado número de soldados requirió que la expedición de Galo se realizara por fases, ofreciendo el hecho quizás la clave sobre el mejor candidato que se presta entre los dos puertos árabes de la costa del Mar Rojo propuestos para la identificación. Según Estrabón, Galo movilizó más de 100 naves para el transporte de tropas en la primera fase, que se llevó a cabo en catorce días.

PUERTO NABATEO DE LEUKE KOME E ITINERARIO DE LA EXPEDICIÓN

La Bahía de ʻAynūnah en la salida del Golfo de Aqaba, próxima al Estrecho de Tirán, parece el lugar más adecuado entre los dos propuestos por los

72. Dión Casio, *Hist. Rom.* 53,29:3–8; Plinio, *Nat.* 6,32:160; Octavio Augusto, *Res Ges.* 26,5; Estrabón, *Geogr.* 16,4:22–24 para este párrafo y los próximos.

73. Acojo la sugerencia de Sidebotham, "Aelius Gallus and Arabia," 593–94.

especialistas para un desembarco de las proporciones que requirió la expedición de Galo. ʻAynūnah tiene 20 km de anchura y una profundidad de 5 m a lo largo de 100 m de costa, dimensiones inexistentes en al-Wajh.[74] La ubicación de Leuke Kome en ʻAynūnah preferiblemente sobre al-Wajh encontraría validación en una inscripción comentada por Cosmas Indicopleustes, que cita (toda) la costa árabe del Mar Rojo mediante la expresión "desde Leuke Kome hasta el país de los sabeos." Aunque fue leída en el siglo VI d.C. y no ha sobrevivido, la inscripción se remontaría a Ptolomeo III (246–241 a.C.). Sea auténtica o no, muestra que al menos este viajero alejandrino situaba a Leuke Kome en el extremo norte del Mar Rojo.[75]

74. El explorador inglés Richard Francis Burton describe la ruta marítima entre Suez y el puerto saudita de Yanbu, comenzada el 6 de julio de 1853. La ruta fue realizada a lo largo de once días como parte inicial de su peregrinaje a los lugares santos de Medina y Meca. La nave que transportó a Burton y a unas 100 peregrinos más, un sambuk de doble mástil llamado Silk el-Zahab, de unas 50 ton de peso, ejecutó una ruta similar a la de las tropas de Elio Galo. Burton menciona la costumbre de navegar por el Mar Rojo durante el día con la costa a la vista y anclar durante la noche, así como la prudencia del piloto al esquivar los arrecifes y el temor de los marineros al estrecho de Tirán en la entrada al Golfo de Aqaba, donde con frecuencia se levantan tormentas que avisan del grave riesgo de naufragio. Después de invertir cinco días en atravesar el Golfo de Suez, cuatro de ellos de navegación y uno de parada forzosa en el-Tur debido al fuerte viento, Silk el-Zahab llegó el 12 de julio a la Bahía de Dumayghah. El 13 de julio Burton alcanzó al-Wajh, cercano al puerto anterior, donde pasó la noche. El 14 de julio partió de al-Wajh y tras dos escalas más alcanzó Yanbu al atardecer del 16 de julio, el puerto tradicional de acceso a la ciudad sagrada de Medina (Burton, *Pilgrimage to Meccah*, 128–56). El tiempo invertido por Silk el-Zahab desde Suez hasta al-Wajh fue de siete días, la mitad que el requerido por el ejército de Elio Galo desde Cleopatris hasta Leuke Kome. La diferencia en este caso puede atribuirse al transporte de tropas militares romanas en más de 100 naves, lo que debió requerir el ensamblaje de las lanchas y el desplazamiento intermitente, más que a las mejoras de navegación en tiempos de Burton. La comparación previene de utilizar los catorce días invertidos por Elio Galo según Estrabón como medida incuestionable de distancia, pues tanto en el caso de que Leuke Kome sea identificado con ʻAynūnah o lo sea con al-Wajh, el recorrido de una sola nave de vela desde Suez puede llevarse a cabo en menos de catorce días si las condiciones meteorológicas lo permiten.

75. Por los títulos que ostenta el rey al comienzo de la inscripción, únicamente conocida por Cosmas, su autenticidad ha sido puesta en cuestión. La inscripción fue leída y copiada por Cosmas en Adulis, actual Zula eritrea, donde acompañaba un monumento marmóreo en forma de trono en la línea del puerto. Traigo aquí sólo la sección pertinente. Habla Ptolomeo III (paréntesis añadidos): "Y al otro lado del Mar Eritreo habitado por arabitas y kinaidocolpitas, envié una flota armada y una a pie, y habiendo sometido a los reyes suyos, les ordené enviar tributos de la tierra, y (permitir) transitar (por tierra) y navegar con paz, desde Leuke Kome hasta el país de los sabeos (yo) hice la guerra" (*καὶ πέραν δὲ τῆς Ἐρυθρᾶς θαλάσσης οἰκοῦντας ἀραβίτας καὶ κιναιδοκολπίτας, στράτευμα ναυτικὸν καὶ πεζικὸν διαπεμψάμενος, καὶ ὑποτάξας*

La obra anónima de navegación Periplo del Mar Erítreo, escrita en el siglo I d.C., afirma que Leuke Kome era un emporio dependiente del rey de Nabatea. Aquí un centurión tasaba la mercancía embarcada en el sur del Mar Rojo y cobraba un impuesto consistente en la cuarta parte del valor transportado.[76] Construcciones con estructuras típicas para almacenaje 4 km tierra adentro destacan en este sentido actividad comercial en 'Aynūnah durante los siglos I a.C. y I d.C. 'Aynūnah fue de hecho el último puerto seguro que permitía evitar los arrecifes costeros y las rachas de viento del Golfo de Aqaba, que de no haber presentado estas difíciles condiciones para la navegación hubiera permitido el paso de cargueros de cierto tamaño desde el Estrecho de Tirán hasta Elat. Para evitar este riesgo 'Aynūnah derivaba la mercancía recibida por mar a la ruta de caravanas del wadi Ifal. El wadi salvaba Aqaba con dirección a Petra mediante un incremento de pocos días en el transporte, teniendo en cuenta que la navegación hasta Elat debía hacerse con viento en contra, encajando por tanto con el papel de emporio dependiente del rey de Petra que el Periplo del Mar Eritreo atribuye a Leuke Kome en este periodo.[77]

αὐτῶν τοὺς βασιλέας, φόρους τῆς γῆς τελεῖν ἐκέλευσα, καὶ ὁδεύεσθαι μετ' εἰρήνης καὶ πλέεσθαι, ἀπό τε Λεύκης Κώμης ἕως τῶν Σαβαίων χώρας ἐπολέμησα; *Top. Christ.* 2,75–76, ed. Winstedt).

76. *Per. Mar. Ery.* 19. El centurión de Leuke Kome con un destacamento militar a su cargo al que se refiere el Periplo (ἑκατοντάργης μετὰ στρατεύματος) debió ser un oficial nabateo, aunque no puede descartarse alguna clase de intervención romana en el impuesto portuario, herencia quizás de la administración ptolemaica y de la voluntad de gravar las mercancías que evitasen los puertos egipcios.

77. El puerto de al-Wajh se encuentra en la costa árabe 240 km al sur de 'Aynūnah. El Periplo del Mar Eritreo hace caer Leuke Kome al este del puerto egipcio de Myos Hormos y no al norte, motivo por el que la candidatura de Leuke Kome ha sido concedida por algunos expertos al puerto de al-Wajh, que efectivamente se encuentra en la orilla opuesta del Mar Rojo según se mira desde Myos Hormos hacia el este (*Per. Mar. Ery.* 19; Fiema et al., "al-Wajh Survey Project," 111–12; Nappo, "Leuke Kome," 335–42). Esta identificación está reforzada por el hecho de que Myos Hormos fue confundido durante algunas décadas con Abu Shaar, una fortaleza romana en la salida del Golfo de Suez. La fortaleza, de 77 por 64 m fue adecuada originalmente para 200 soldados, prestándose a esta identificación, pero una inscripción monumental en la entrada del fuerte que menciona a los césares Galerio, Licinio, y Constantino, y al gobernador de la región, Aurelio Maximino, y la ausencia de niveles de ocupación en el subsuelo, fijan su datación a comienzos del IV d.C. (Bagnall y Sheridan, "Documents from 'Abu Sha'ar," 159–63; Sidebotham, "Delaware Fieldwork," 272–74). Por otro lado, dos papiros que nombran expresamente a Myos Hormos trasladaron finalmente su identificación a Qusair al-Qadim, otra salida al mar en la costa egipcia, pero 150 km al sur de Abu Shaar. En función de la segunda identificación, la Bahía de 'Aynūnah, 230 km al noreste de Myos Hormos, supondría en cuanto candidatura para Leuke Kome la navegación en contra de los vientos dominantes del norte, algo aparentemente ilógico según las

La expedición de Galo llegó a Leuke Kome en el verano del 26/25 a.C., pero permaneció ahí hasta la primavera siguiente, del 25/24, recuperándose de una enfermedad contraída debido al agua contaminada. El invierno es, respecto a la incidencia de la radiación solar en el hemisferio norte, la época más benigna en cuanto a la temperatura se refiere para adentrarse a pie en la mitad norte de Arabia, aunque en dependencia de la disponibilidad de agua lo es tanto el invierno como la primavera, que son no obstante estaciones mucho más atemperadas en Arabia del Norte que en regiones más septentrionales. Estrabón culpa a la enfermedad del retraso de la expedición durante esta segunda fase, pero es difícil creer que Elio Galo tenía planeado atravesar Arabia durante el verano y/ o el comienzo del otoño, las épocas más calurosas, siendo posible que la demora debido a la enfermedad ocupara tan sólo una parte del tiempo invertido en la espera. Tampoco parece creíble que aquellos legionarios que no contrajeron la enfermedad permanecieran ociosos todo este tiempo en Leuke Kome, tratándose de un emporio comercial, presuponiéndose actividades de algún tipo en el sitio. En aquellos que murieron la enfermedad produjo "mal de cabeza," y en quienes sobrevivieron parálisis en las extremidades y dolor por todo el cuerpo. Podría tratarse de malaria, pero en tal caso sorprende que Estrabón y Casio no enumeren la fiebre entre los síntomas.

A partir de Leuke Kome, la traducción geográfica del relato de Estrabón es difícil de fijar yendo al detalle. Menciona cuatro poblaciones conocidas: Ḥegra en el norte de Arabia pero al sur de Nabatea, Najrān en la frontera de Yemen, Yahtil, y Marib, último lugar al que llegaron tropas romanas, dentro de este. El trayecto necesariamente incluyó el paso por regiones cercanas a la actual Meca, de la que nada se sabe sin carácter hipotético en este periodo. Entre Leuke Kome en el noroeste de Arabia y Marib en Yemen, el trayecto de la armada romana descrito por Estrabón se puede dividir en tres largos tramos, siendo el segundo el que cae dentro del espectro de Meca. La primera de las secciones comprende

instrucciones que da el Periplo. La actual identificación de Myos Hormos con Qusair al-Qadim, hizo entonces que la candidatura de Leuke Kome pasara para algunos expertos de 'Aynūnah a al-Wajh. Al-Wajh debió actuar como puerto dependiente de Ḥegra, la capital nabatea del sur que sustituye a Dedān en la ruta terrestre del incienso a finales del siglo I a.C. Al-Wajh debió asimismo mantener conexión regular con Myos Hormos y 'Aynūnah, pero sus proporciones son menores para albergar naves de guerra o mercantes de relativo tamaño en comparación con 'Aynūnah. Puede concluirse por tanto que los datos de navegación ofrecidos por el Periplo aparentemente conceden la candidatura de Leuke Kome a al-Wajh, pero que la falta de instalaciones en el puerto de al-Wajh hacen inconveniente situar el desembarco de Galo allí así como por su lejanía localizar un emporio comercial dependiente directamente de Petra (Juchniewicz, "Port of Aynuna," 34–40).

los dominios de un pariente de Obodas fuera de Nabatea, un tal Aretas, un territorio desértico en el que los romanos no encontraron resistencia armada. La residencia de este Aretas ha sido identificada con el oasis de Yathrib (futura Medina), aunque la identificación sin mayores pruebas no es segura. Los 30 días invertidos en esta segunda fase de la expedición hacen que Estrabón culpe a Sileo de conducir a las tropas por lugares sin caminos, estando asumido que el ministro de Obodas, quizás desinformado por este Aretas para no comprometer a sus socios comerciales, ocultó a Elio Galo las mejores rutas utilizadas por las caravanas.

El segundo tramo corresponde a una marcha de 50 días hasta Najrān, un territorio habitado por nómadas. Estrabón 16,4:24 menciona una aldea llamada Chaalla (Χάαλλα) y otra llamada Malotha (Μαλόθας) en el viaje de regreso que puede corresponder a esta segunda parte del trayecto.[78] Por último, la tercera sección del trayecto de ida comprende el espacio entre Najrān y Marib, la capital del reino de Saba en Yemen central, recorrido al parecer en unos nueve días. Los únicos dos enfrentamientos bélicos de la expedición se localizaron en este tramo, uno a la salida de Najrān y otro en Marib. En Marib los romanos desplegaron un sitio durante seis días. Habían sido informados por prisioneros de que la región productora de aromas se encontraba a tan sólo dos días más de marcha, pero tuvieron que abandonar el sitio por falta de agua, aunque otras causas sumadas a esta son creíbles. Dión Casio, a diferencia de la Res Gestae en la que Augusto realiza un recuento propagandístico de sus hazañas militares, no menciona Marib, y hace detenerse a la expedición de Galo en Athlula. Estrabón llama a la misma población "Athrula". Los romanos la invadieron sin dificultad

78. Plinio, *Nat.* 6,32:157 registra el nombre de algunos pueblos árabes entre los thamudeos al sur de Ḥegra y los mineos de Yemen, a los que llama "los cariateos," "los tóales," y "la población de Fodaca." Estos pueblos deben corresponder, con un margen geográfico más o menos amplio, al segundo tramo de la expedición terrestre de Elio Galo desde Leuke Kome en dirección al Yemen, y a la lista paralela de pueblos de Ptolomeo, *Geogr.* 6,7 entre Badais, quizás un oasis al oeste de Dedān, y Nagara, actual Najrān. En este último autor se encuentra «Macoraba,» que suele tomarse por la cita literaria más antigua de la ciudad de Meca a mediados del siglo II d.C., discutida por nuestro estudio más tarde. Es interesante constatar que Plinio señala la existencia de un centro mercantil en el territorio de los árabes arrenos, que diferencia de los thamudeos y los hegreos en su lista, diferencia que por el duplicado frecuente que Plinio presenta en su etnografía no debe tomarse al pie de la letra. El explorador moravo Alois Musil visitó Arabia del noroeste en 1910. En base a semejanzas lingüísticas, tradiciones beduinas, y conocimiento directo del terreno, Musil, *Northern Hegaz*, 290.299–313 identifica tentativamente las poblaciones árabes mencionadas por Plinio, Estrabón, y Claudio Ptolomeo, aunque sin alcanzar poblaciones más al sur de Dedān. El emporio comercial de los arrenos mencionado por Plinio correspondería según Musil a Ḥegra, capital nabatea del sur y cuya salida al mar debió ser probablemente al-Wajh.

porque el rey huyó y la utilizaron como guarnición, antes de proseguir hasta Marib.[79]

DECLIVE DEL REINO YEMENITA DE MAĪN: CONTEXTO DE LA EXPEDICIÓN

Athrula ha sido identificada con Yathil, hoy Baraqish, la segunda ciudad en importancia del reino de Maīn después de Qarnaw, 20 km al sur de esta. La última inscripción minea de Yathil data del 100 a.C. y la última mención de Maīn como unidad social aparece en Sana en el 50 d.C.[80] Ambas atestiguan la continuidad del antiguo reino de caravanas del norte de Yemen pero presuponen que la ciudad fortificada de Yathil se encontraba en un estado de falta de cohesión cuando llegaron los romanos. Una necrópolis desenterrada bajo una capa de detritos extramuros de Yathil ha mostrado un conjunto de tumbas formadas por una cavidad bordeada de ladrillos de barro o piedras cortadas, abandonadas definitivamente en el siglo I d.C.[81]

Simples en su construcción, las tumbas dispusieron de pequeñas estelas de piedra de no más de 40 cm de altura en las que aparece tallado el rostro del difunto y su nombre en caracteres mineos, de las que se han recuperado más de una treintena. Muchos de estos nombres, frecuentes en los idiomas del Yemen, tienen paralelos en los dialectos árabes del norte, safaítico,

79. Una inscripción bilingüe en griego y latín recuperada del expolio ilegal en el entorno de Yathil en los 70s del siglo pasado, ha sido señalada repetidas veces aunque no de modo incontrovertible, como prueba en favor de la historicidad de la presencia de Elio Galo en Yemen. Forma parte de una losa fragmentada de caliza local y contiene caracteres bien conservados en los que se lee *Poublis Cornel*[...] *Eques N/ M*[...]. Bowersock, *Roman Arabia*, 148–53 cree que es una inscripción funeraria de Publius Cornelius, un hipotético jinete desplegado por Galo antes del sitio de Marib, único contexto que podría explicar la presencia de una inscripción romana en esa latitud. Desgraciadamente, en el momento de adquirir la pieza de manos de un grupo beduino, los Banu Ashraf, el Museo Nacional de Sana no pudo determinar el lugar exacto de su procedencia, lo que hubiera esclarecido si perteneció a una tumba. La utilización del nominativo y no del genitivo en el nombre personal, hace dudoso en contra de la hipótesis anterior que se trate de una inscripción funeraria y remite más bien a una dedicatoria. Además, el nombre romano Publius, que sólo se ha conservado en la inscripción por el griego ΠΟΥΒΛΙΣ, omite la terminación «–us» y la sustituye por «–is,» recordando un uso del latín por la población griega del Imperio Romano del siglo III, no atestiguado antes. En el siglo III *eques* dejó de ser un rango militar para referirse a hombres que habían hecho fortuna con los negocios. Por todo ello se ha defendido la pertenencia de la inscripción a un mercader romano enriquecido que visitó el Jawf yemenita en el IV d.C. y no a un miembro del ejército de Elio Galo (Costa, "Latin-Greek inscription," 69–72; "Further Comments," 69–72).

80. De Maigret, *Arabia Felix*, 223.

81. Antonini y Agostini, *Minean Necropolis at Baraqish*, 11–13.

thamudeo, y nabateo, pero son simples y no presentan referencias a cargos comunitarios importantes, notables, miembros del clero, o gobernantes.[82] La total ausencia de huesos humanos en estas tumbas y su construcción modesta, hacen pensar en monumentos funerarios de simples empleados de caravanas que morían en trayecto, más que de promotores de negocios, a quienes resultaba imposible por la lejanía enterrar el cadáver. Restos datados por radiocarbón extraídos del nivel superficial de la necrópolis así como adentro de los propios cenotafios, en un sondeo paralelo a las murallas, y recogidos en un nivel de destrucción observado en el templo de Nakrāh, al suroeste de la ciudad, junto con algunos objetos de influencia alejandrina, coinciden en un abandono de Yathil entre el siglo I a.C. y comienzos del I d.C.[83]

En este tiempo el negocio de las caravanas que salían de Yemen era directamente promovido por entidades del sur, Saba y Qatabān. Yathil había perdido consistencia respecto a las tribus que vivían alrededor, en el valle del Jawf yemenita, y su sociedad no era capaz de asegurar por mucho más tiempo el poder de la monarquía minea dentro de la ciudad, lo que justifica que la destrucción del estrato anterior al siglo I d.C. tuviera como resultado la acumulación de detritos y no la reparación, algo que no se observa en Yathil hasta el nivel de ocupación islámico, en el siglo XII. El estado de debilidad interna de Yathil explicaría el rápido abandono de su rey ante la presencia de Elio Galo, mientras que la elección como base militar desde la que desplazarse más al sur se debió posiblemente a su buena visibilidad. Las murallas de la ciudad están construidas sobre un promontorio, se extienden por un perímetro mayor de 700 m, con una altura media de 14 m en esa época y, aunque la ciudad carecía de medios humanos para oponerse a una invasión, la infraestructura defensiva seguía siendo útil.[84] Según Estrabón, el regreso de Galo en 60 días, fue tres veces más rápido que el viaje de ida. Los romanos salieron de Yemen por el camino de Najrān, atravesaron la región central, y llegaron a Ḥegra, que Estrabón considera un puerto. Desde ahí los supervivientes embarcaron para Myos Hormos en Egipto, llegando a los once días, subiendo a continuación por Coptos en el Nilo hasta Alejandría.

82. Antonini y Agostini, *Minean Necropolis at Baraqish*, 15–23.49–67; De Maigret, "Italian Archaeological Mission," 60

83. Antonini y Agostini, *Minean Necropolis at Baraqish*, 43–45; De Maigret, "Italian Archaeological Mission," 55.

84. De Maigret, "Italian Archaeological Mission," 50–55.

5

EL POLITEÍSMO ÁRABE EN SU CONTEXTO SEMITA

FORMAS FEMENINAS ARCANAS DE RELIGIOSIDAD

HERODOTO CUENTA, A PROPÓSITO DE la ayuda que los árabes prestaron a Cambises para atravesar el desierto (del Sinaí), que los árabes adoraban a dos divinidades principales, a Dionisio y a Urania, y que el nombre que concedían a la divinidad celeste era «Alilāt.»[1] No resulta difícil relacionar a la diosa Alilāt mencionada por el historiador griego con la divinidad «han-Allāt» del templete de Ismailía donde fue encontrado el cuenco votivo de Qaynū, antes comentado, y a esta divinidad árabe con la Astarté fenicia, llamada Ishtar por babilonios y asirios.[2] Durante la fase madura de su

1. Herodoto, *Hist.* 3,8: *ὀνομάζουσι δὲ τὸν μὲν Διόνυσον Ὀροτάλτ, τὴν δὲ Οὐρανίην Ἀλιλάτ* (y llaman a Dionisio, Orotal, y a la (diosa) Celeste, Alilat). Ver también *Hist.* 1,131.

2. Rabinowitz, "Aramaic Inscriptions," 8. La Astarté fenicia es ampliamente mencionada por la Biblia. Patrona de Sidón, estuvo asociada a Baal, el principio celeste masculino, junto a quien renovaba el ciclo natural de la fertilidad mediante ritos que incluyeron la prostitución sagrada, es decir, la unión ritual sexual del principio masculino de virilidad de Baal con el femenino de fecundidad de Astarté (Deut 23,18; Jue 2,13; 10,6; 11,1.29–40; 1 Sam 2,22–23; 7,4; 12,10; 31,10; 1 Re 11,5.33). Aserá es el nombre de una divinidad cananea menor, diferente de Astarté, pero que por efecto del sincretismo debió ser asimilada a esta y quizás confundida. Las aserás presentes en los altozanos en forma de estelas, postes, o cipos sagrados durante la

culto la viva representación de esta diosa en la bóveda celeste fue para sus adoradores el planeta Venus, el tercer astro más brillante del firmamento después del Sol y la Luna[3].

Entre los elementos terrestres que estaban consagrados a Ishtar/ Astarté/ Alilāt destaca una gran variedad de formas: el águila, el caballo, león, y chacal en Erech (al sur de Babilonia); la oveja en Palestina, Chipre, y Cartago; el toro, la gacela, la paloma, y el jabalí en Fenicia; alguna clase de animal de cornamenta en Jordania; por último la paloma y la gacela en Arabia. Por lo que conocemos de tablillas cuneiformes, Ishtar de Asiria y Babilonia fue en el comienzo madre de los dioses y de los humanos, esposa, señora, reina de la guerra, virgen, diosa del amor y la fertilidad, entre otros atributos, pudiendo haber sido Babilonia el lugar donde se identificó por primera vez a la diosa Ishtar con el lucero de la mañana.[4] Narrativamente, la mención extensa más temprana de Ishtar se encuentra en la Epopeya de Gilgamesh, texto sumerio del siglo XX a.C., pero cuyas copias accesibles en asirio, proceden del inicio del milenio I a.C.[5]

Las prácticas idolátricas que condena Jeremías (7,18; 44,17–19) hablan de una festividad en honor de Astarté, "la Reina de los Cielos" (meleket ha-shāmayim/ מְלֶכֶת הַשָּׁמַיִם), observada por las mujeres de Judea, que preparaban pasteles especiales para dicha ocasión.[6] La institución del sacerdocio judío también se había contaminado por el ambiente politeísta general de Oriente Próximo, que imitaron todos los monarcas de Israel, a excepción del rey David, Ezequías, y Josías a juicio del Sirácida (49,4). Así parecen indicarlo costumbres rituales condenadas por Amós, la carta apócrifa de Baruc, y el matrimonio simbólico del profeta Oseas con una meretriz, representando la unión ilícita de YHVH con divinidades extranjeras.[7] Dentro del mismo contexto sincretista, es digno de mención

---

época monárquica de Israel representaban el principio vital que da el crecimiento a las plantas, razón por la que las aserás también se encontraban en los altares de Baal, aunque más como fuerza telúrica en forma de poste de madera que como la consorte celeste de Baal, que propiamente era Astarté (Jue 3,7; 6,25–30; 2 Re 23,4–15; Os 4,12–13; 14,9). La presencia de cipos en los altares de las divinidades paganas fue una costumbre adoptada por Israel, incluso dentro del templo de Jerusalén (2 Re 23,4; Os 10,1–2.8).

3. Otros nombres menos conocidos de la misma divinidad son «'Athtart[u]'» en Ugarit, donde aparece 46 veces mencionada, e «Inanna» en los textos sumerios (Van der Toorn et al., *Dictionary of Deities*, 109.452)

4. Barton, "Istar Cult," 30–73. En origen Venus fue posiblemente una divinidad masculina (ver Isa 14,12) de la que por asociacion derivó una divinidad femenina.

5. "Reina de los Cielos" o "del Cielo": הַשָּׁמַיִם/ ha-shāmayim, plural mayestático.

6. Jer 44,17–19.

7. Bar 6,9.42–43; Os 1,2–8 (compárese con Isa 8,1–4); 3,1–4; 4,10.14; 6,10; Am 2,8.

el testimonio de Herodoto a propósito de lo que él denomina "el culto de Afrodita en Babilonia," donde las mujeres, quizás hieródulas profesionales, quemaban incienso a la diosa y mantenían intercambio con extranjeros venidos a la ciudad.[8]

EL CULTO DE ALLĀT EN ARABIA

El culto a la Diosa del Cielo fue realmente persistente en Oriente Próximo. «Alilāt»—«Lāt,» «Ilāt,» o «Allāt» para los árabes, es una diosa atestiguada en el norte de Arabia desde el periodo aqueménida hasta la llegada del islam, pero muy posiblemente estuvo presente antes; mientras que en el sur, en Saba, el masculino Īl ('l) o Ilāh ('lh) se registra ya en el siglo VIII–VI a.C.[9] El significado de todas estas formas gramaticales, femeninas y masculinas, parece residir en el nombre de la divinidad masculina «Él» (אֵל/ eyl) atestiguada ya en el lenguaje ugarítico de Rash Shamra (Latakia al norte de Siria) donde ocupa la posición de dios supremo (s. XIII a.C.), y luego en el fenicio, hebreo, babilonio, y arameo entre otros idiomas.[10] «Él» es usado a veces en nombre propio de la divinidad Él y a veces en genérico significando "dios," formas que adaptadas pasan mucho más tarde pero con mismo significado al árabe clásico (s. VII d.C.): "Diosa" (Lāt), o "la-Diosa" (al-Lāt).[11]

Un pasaje del Corán condena el culto de Allāt/ اللّات (53:19–21) y algunos de la historiografía islámica temprana tienen en su eliminación uno de los primeros objetivos de la reforma de Mahoma.[12] Se presupone que con

8. Herodoto, *Hist.* 1,199; Schmid et al., "Nabataeans Kings at Petra," 78–84.

9. Robin, "Ancient Kingdom of Himyar," 192.

10. En la Biblia hebrea, אֵל/ Eyl (Ēl) parece haber sido un nombre personal de Dios en la era patriarcal, previa a su identificación con YHVH. Así tenemos teónimos de marca muy antigua que habrían sido respetados por los hagiógrafos posteriores: אֵל עֶלְיוֹן/ Eyl 'Elyoun (Dios Altísmo; Gen 14,18), אֵל עוֹלָם/ Eyl 'Oulam (Dios Eterno; Gen 21,22), אֵל רֳאִי/ Eyl Raiy (Dios Vidente), etc. (Van der Toorn et al., *Dictionary of Deities*, 274–80). אֵל con sentido monoteísta puede ser castellanizado por "Él," que debe diferenciarse de la forma mayúscula del pronombre personal de la tercera persona (él), derivada esta del pronombre latino *ille*.

11. En masculino, los nombres genéricos del dios politeísta en Arabia fueron «al-lāh» (ال لـه) y la forma contracta «ilāh» (إلـه/ el-dios). El femenino se obtiene añadiendo la terminación «–t» (ت en árabe clásico, ة en forma final). De esta forma, Allāt o al-Lāt consisten en el artículo árabe al/ 'l (ال en árabe clásico) añadido a Lāt. El nombre monoteísta de Dios por excelencia en el islam, «Allāh» (الله), será analizado nuevamente en el capítulo final. Robin, "Allāh avant Muḥammad," 59–89 para un análisis detallado.

12. Ibn al-Kalbī 16–17; Ibn Isḥāq 916; Ṭabarī 1692. El santuario principal de Allāt en el siglo VII d.C. estaba en Taif, a menos de 70 km al sureste de Meca.

algunas modificaciones, las costumbres referidas al culto de Ishtar-Astarté en las culturas al norte de Arabia debieron practicarse dentro de esta, donde mostraron una gran capacidad de adaptación y una asombrosa persistencia al paso del tiempo.[13] En Dedān una de las cuatro únicas inscripciones (JSLih 277) que hablan del sacerdocio lihyanita, datada del IV al II a.C., menciona de hecho a un "sacerdote ('fkl) de Lāt."[14] Curiosamente, otra de las cuatro (JSLih 064), menciona a una sacerdotisa ('fklt) pero del dios masculino Baalshamin (Señor del Cielo; b'ls^{1}mn), de origen sirio.[15] En Ḥegra, 30 km al noreste de Dedān, el nombre de Allāt aparece también en una lista de dioses en un monumento funerario del siglo I a.C. que perteneció a una mujer con genealogía matrilineal, según consigna su epitafio. Teniendo en cuenta la costumbre de dotar a las diosas del panteón semita de sacerdotisas, y el hecho de que la inscripción funeraria de Ḥegra ordena el pago de multas a un sacerdote y no a la administración civil en caso de profanación, se ha especulado la existencia de un sacerdocio femenino hereditario en Ḥegra que explicara el carácter matrilineal de la genealogía de la dueña de la tumba, que dependería de un templo de mayor envergadura gestionado por varones, no descubierto.[16]

La escritura safaítica también conoce a Allāt como «Ilāt,» «ha-Lāt,» y «Lāt» en Transjordania, donde su culto fue frecuente entre los árabes nabateos al finalizar el milenio I a.C. y durante los primeros siglos de nuestra era. Dispuso de templo propio en el wadi Ramm y fue adorada en el

13. Robertson, *Early Arabia*, 297–306.

14. Fares-Drappeau, *Dedan et Lihyân*, 181; Hidalgo-Chacón y Macdonald, *Dadanitic Inscriptions*, 577: «ḏ 'l[m] [']fkl l[t]» (ḏ 'lm sacerdote de Lāt).

15. Fares-Drappeau, *Dedan et Lihyân*, 89–90.177–78; Hidalgo-Chacón y Macdonald, *Dadanitic Inscriptions*, 441–43.

16. Al-Fassi, *Pre-Islamic Arabia*, 62–65. La genealogía de Kamkam es matrilineal en cuatro generaciones, que son todas aquellas que se indican en la inscripción contando a su hija. Datada en el año 1 a.C., la tumba de Kamkam (H16) está ubicada en la necrópolis de la clase alta de Ḥegra junto a los sepulcros de un estrategos, un quiliarco, un hiparco, un centurión, y un médico. La multa que establece la tumba de Kamkam es elevada, similar a la de sus compañeros de cementerio, 1.000 unidades de moneda nabatea de la época. El término utilizado en las tumbas de Ḥegra para referirse a la unidad de moneda (*sela*) es similar al del siclo judío, equivalente este a la tetradracma de plata de 14 g de Tiro o siclo fenicio, aunque la comparativa exacta con Nabatea es complicada debido a la heterogeneidad de las monedas que circulaban en el tiempo de Kamkam. En caso de reducirse la comparativa a los papiros del Mar Muerto que mencionan transacciones entre judíos y nabateos hacia el año 130 d.C., la unidad de moneda nabatea indicada en la tumba de Kamkam sería igual al siclo y equivaldría por ello a cuatro de las pequeñas monedas de plata del rey Aretas IV (9 a.C.–40 d.C.) y cada una de estas a un denario romano (CIS 2/I, 224–26; Healey, *Nabataean Tomb Inscriptions*, 154–62; Negev, "Necropolis at Egra," 208–18; Schmitt-Korte y Price, "Nabataean Monetary System," 72–73.112.127–29).

santuario de Khirbet et-Tannur como consorte del dios local entre el siglo I a.C. y el III d.C., ambos en el sur de Jordania. El templo de wadi Ramm, 50 km al este de Elat, corresponde a una estructura casi equilátera de 140 m^2 en cuyo entorno se han registrado más de quince inscripciones que mencionan a Allāt. Un betilo fragmentado reminiscente de la iconografía de Allāt conocida por otros santuarios y una de las inscripciones, escrita sobre un soporte de arenisca que hace mención expresa del santuario de Lāt y que fue colocado en el pavimento durante una posterior reforma nabatea, permiten la identificación segura del lugar como un santuario de esta diosa.[17] Su estudio, y el del templo hermano de Khirbet et-Tannur, arrojan luz sobre prácticas religiosas en Arabia interior donde el culto a la-Diosa está atestiguado por fuentes literarias y epigráficas, pero donde la recuperación de templos de Allāt no ha sido tan afortunada.

TEMPLOS DE ALLĀT EN WADI RAMM Y KHIRBET ET-TANNUR EN JORDANIA

El templo de Allāt en Ramm estuvo dotado de capillas laterales adornadas con columnas a las que se pegaron paredes durante una fase posterior, y de un pequeño patio que delimitaba el espacio reservado al altar principal, ubicado siempre dentro del témenos.[18] Ambas estructuras, el patio y el estrado algo más elevado donde se encontraba el altar mayor reservado únicamente a los sacerdotes, estuvieron separados por un pasillo en los cuatro puntos cardinales con suficiente anchura como para permitir la libre circulación de personas. Este tipo de templo nabateo en el que el espacio más sagrado dedicado al culto estuvo rodeado de un pasillo por el que era posible ambular recuerda en su sentido primitivo, salvando la distancia en el tiempo y la anchura del pasillo, al templo preislámico de Kaba en Meca, y se diferencia de aquellos otros templos nabateos como el de Qasr el-Bint de Petra o el judío de Jerusalén (sancta sanctorum) en los que el témenos estuvo construido contra la pared firme del santuario y donde el desplazamiento de los fieles no podía bordear completamente la parte más sagrada del templo sino situarse únicamente de lado o sobretodo de frente.[19]

17. Zayadine y Fares-Drappeau, "Lat at Wadi Iram," 256–57.

18. Tholbeq, "Wadi Ramm," 241–47. τέμενος: espacio que rodea al altar, considerado parte del espacio consagrado a una divinidad. El altar con la imagen del dios suele ocupar la parte central o el frente del témenos.

19. Hammond, *The Nabataeans*, 63–64; Mckenzie, *Khirbet et-Tannur I*, 252–63; Schmid, "Hellenistic Period," 371.

La excavación en Khirbet et-Tannur durante el primer tercio del pasado siglo reveló hallazgos de cierta relevancia que permiten, en contraste con el resultado de otros estudios y las fuentes literarias, esclarecer el culto que realizaron los árabes en wadi Ramm y en otros santuarios peninsulares antes de la llegada del islam. Granos de trigo sin salvado, lo que pueden ser restos carbonizados de pasteles, huesos de animales, y combustible, tanto en pequeños habitáculos excavados en el suelo a modo de reserva como alrededor del altar principal, sugieren ofrendas al fuego o incluso comidas rituales en honor de los dioses del santuario.[20] Tallas de piedra bien conservadas recuperadas en Tannur relacionan a Allāt con la diosa Tyche de la fortuna y con el Zodiaco, a las que se habría asociado o asimilado por sincretismo al ser deidades con aspectos de personalidad proclives a la asimilación y estar relacionadas con finalidades de protección a los fieles, beneficio, y agradecimiento semejantes. Un par de inscripciones con un amplio conjunto de figuras de piedra de mediano y pequeño tamaño otorgan una perspectiva del intercambio y mezcla de nociones religiosas de los árabes nabateos en Tannur durante un periodo de cuatro siglos, abarcando a Qos, el antiguo dios edomita, el Dushara nabateo, el Serapis egipcio, el Hadad sirio, y el Zeus griego.[21]

Los pasillos que bordearon el altar en los templos de wadi Raam y Tannur, sugieren la realización de ritos de circunvalación. Esta forma de culto ya era practicada por los judíos del Segundo Templo en el séptimo día de la fiesta de los Tabernáculos ante el altar exterior (Sukkah 4:5), por lo que no resulta una sorpresa encontrarla en otras culturas del Levante antes del islam.[22] No obstante, pasillos o simples espacios libres alrdededor de un altar o de un podio para betilos no significan por sí mismos la performación necesaria de ritos ambulatorios semejantes al «tawāf» que se realizaba en Meca preislámica, más tarde incorporado al islam con sentido puramente monoteísta. Sin embargo, la posibilidad de que en efecto así fuese es confirmada por un pasaje de Epifanio de Salamina (m. 403), patriarca chipriota que pasó sus años de formación monástica en Palestina.

20. Mckenzie, *Khirbet et-Tannur I*, 235–40; *Khirbet et-Tannur II*, 73–81.117–26.

21. Mckenzie, *Khirbet et-Tannur I*, 45–50.168–73.189–226.

22. Sukk. 4:5: "Cada día iban en procesión una sola vez alrededor del altar, diciendo, ¡hoshanna Te suplicamos, oh Señor! Te suplicamos, oh Señor, envía ahora la prosperidad. R. Judá dice: ¡Ani waho! ¡sálvanos te pedimos! ¡Ani waho! ¡sálvanos te pedimos! Pero en aquél día (el séptimo) ellos iban en procesión siete veces alrededor del altar. Cuando se marchaban, ¿qué decían? ¡Belleza para tí, oh Altar! ¡Belleza para tí, oh Altar!" (trad. Danby). Ver también Middoth 3:1 y Sal 26,6. Actualmente, la circunvalación en el séptimo día de Sukkot (Hoshana Rabba) se realiza alrededor del bimah, el podio dentro de la sinagoga donde está el pupitre con la Torá (*EncJud* 3:701; 19:301).

RITUALES DE CIRCUNVALACIÓN DURANTE EL PERIODO NABATEO

Epifanio, escritor de la segunda mitad del siglo IV d.C., muestra que la circunvalación estaba bien asentada en Egipto y en los habitantes de Petra en el periodo tardío de la cultura nabatea. La traducción castellana que ofrecemos de uno de sus pasajes sobre las herejías activas en el periodo, describe la circunvalación alrededor de una imagen tallada de la diosa Kore, el planeta Venus, por los paganos de Alejandría durante la fiesta nocturna del solsticio de invierno, y un ritual de similares características alrededor de Kore y Dushara en Petra que otorgan un buen contexto de lectura para los restos arqueológicos de los templos de wadi Rumm y Tannur, y de otros del entorno nabateo. El pasaje es una digresión temática dentro de la sección que el obispo de Salamina dedica a condenar los herejes que rechazan el Evangelio de Juan por su aparente imprecisión histórica, trayendo a colación una discusión sobre la fecha exacta del nacimiento de Jesús que a su juicio está indirectamente reconocida incluso por la fiesta que la religiosidad popular pagana celebraba en ese día:

> "Primero, en Alejandría en el así llamado de Koreion: es un templo muy grande, es decir, el témenos de Kore. Pues toda la noche están en vela con cantos y con flautas tocando himnos al ídolo y asi incensatemente durante todo el festival nocturno... Y llevan alrededor del centro del templo la estatua misma siete veces en círculo con flautas y tambores e himnos, y celebrándolo la bajan otra vez al lugar subterráneo. Y preguntados te responden y dicen que, hoy a esta hora, es este el misterio de Kore (es decir la virgen), que ha dado a luz al Eón...Y esto también ocurre igual en la ciudad de Petra (es una metrópolis de Arabia, la cual es la Edom mencionada en las Escrituras), en el templo idolátrico de allí. En el idioma árabe cantan himnos a la virgen, llamándola en árabe Kamós, esto es Kore, es decir virgen, y al que de ella ha nacido (le llaman) Dusares, es decir el unigénito del Señor. Y también esto ocurre en la ciudad de Elusa por aquella noche, lo mismo ahí que en Petra y en Alejandría." (Epifanio, *Pan.* 51,22:9–11)[23]

23. πρῶτον μὲν ἐν Ἀλεξανδρείᾳ ἐν τῷ Κορείῳ οὕτω καλουμένῳ· ναὸς δέ ἐστι μέγιστος τουτέστιν τὸ τέμενος τῆς Κόρης. ὅλην γὰρ τὴν νύκτα ἀγρυπνήσαντες ἐν ᾄσμασί τισι καὶ αὐλοῖς τῷ εἰδώλω ᾄδοντες καὶ παννυχίδα διατελέσανες... καὶ περιφέρουσιν αὐτὸ τὸ ξόανον ἑπτάκις κυκλώσαντες τὸν μεσαίτατον ναὸν μετὰ αὐλῶν καὶ τυμπάνων καὶ ὕμνων καὶ κωμάσαντες καταφέρουσιν αὐτὸ αὖθις εἰς τὸν ὑπόγαιον τόπον. ἐρωτώμενοι δὲ ὅτι τί ἐστι τοῦτο τὸ μυστήριον ἀποκρίνονται καὶ λέγουσιν ὅτι ταύτῃ τῇ ὥρᾳ σήμερον ἡ Κόρη (τουτέστιν ἡ παρθένοῷ), ἐγέννησε τὸν Αἰῶνα. τοῦτο δὲ καὶ ἐν Πέτρᾳ τῇ πόλει

El templo idolátrico de Petra mencionado aquí por Epifanio, similar por los ritos ahí celebrados al Koreion de Alejandría, es con alguna probabilidad el Afrodision (Ἀφροδεισίον) mencionado en el Archivo de Babatha (P. Yadin 12), un edificio público de carácter religioso-civil del que se servía la administración romano-nabatea para conservar contratos y otras emisiones fiscales en seguro.[24] En cualquier caso estamos ante un ejemplo de sincretismo religioso entre el mundo grecorromano y el árabe. Allāt era conocida también en Bostra y en el entorno de Petra, pero su ausencia dentro de la capital nabatea es marcada. Aquí fue sustituida por otra diosa con funciones semejantes, 'Uzzā. 'Uzzā es la consorte del dios Dushara, la deidad de la montaña cercana a Petra de la que toma el nombre, como ya hemos analizado vinculada a la realeza nabatea. Al-'Uzzā, "la Muy Poderosa," fue una diosa de la guerra posiblemente asociada a Afrodita durante el periodo de la influencia romana en el noroeste de Arabia.[25] La identificación de 'Uzzā con Venus y la paloma sugiere que fue un aspecto segregado del culto de Allāt, que habría diferenciado y personificado por razones desconocidas su función guerrera en una divinidad distinta. En favor de esta hipótesis se puede citar el hecho de que en el mundo nabateo 'Uzzā y Allāt nunca aparecen equiparadas, juntas, como en el registro anteislámico del entorno de Meca, sugiriendo que una diosa ocupaba el lugar de la otra allá donde era invocada.[26]

(μητρόπολις δέ ἐστι τῆς Ἀραβίας, ἥτις ἐστὶν Ἐδὼμ ἡ ἐν ταῖς γραφαῖς γεγραμμένη) ἐν τῷ ἐκεῖσε εἰδωλείῳ οὕτως γίνεται, καὶ Ἀραβικῇ διαλέκτῳ ἐξυμνοῦσι τὴν παρθένον, καλοῦντες αὐτὴν Ἀραβιστὶ Χααμοῦ τουτέστιν Κόρην εἴτ᾿ οὖν παρθένον καὶ τὸν ἐξ αὐτῆς γεγεννημένον Δουσάρην τουτέστιν μονογενῆ τοῦ δεσπότου. τοῦτο δὲ καὶ ἐν Ἐλούσῃ γίνεται τῇ πόλει κατ᾿ ἐκείνην τὴν νύχτα, ὡς ἐκεῖ ἐν τῇ Πέτρᾳ καὶ ἐν Ἀλεξανδρείᾳ. Holl, *Panarion*, 286 considera Χααμοῦ correcto y no una variación de Χααβοῦ (tras la cual podría encontrarse una referencia temprana de la palabra que da nombre al santuario de Meca, Kabba; *contra EI* 4:321). El nominativo Χααμός puede ser castellanizado indistintamente como Camós y Jamós. Por otra parte, la-Kaba islámica significa "el-Cubo" (الكَعْبَة), de la raíz ب/ ع/ ك (k-'-b). Designa un lugar en referencia a su forma, mientras que Χααμός es en Epifanio nombre personal de divinidad. En este sentido una palabra muy sugerente dentro del territorio nabateo es Kemosh (כְּמוֹשׁ), el ídolo moabita de Num 21,19; 1 Re 11,7; 2 Re 23,13; y Jer 48:46; menos sugerente, pero con un sonido parecido traspasado al griego es el topónimo Qamón (קָמוֹן), significando "firmeza" (raíz קוּם; muy frecuente; Davidson, *Concordance of the Hebrew*, 719–24), en Jue 10:5.

24. El así llamado "Archivo de Babatha" será examinado más adelante.

25. العُزَّى, de la raíz ز/ ز/ ع, «'-z-z,» "poder," "poderío," "ser duro," etc., un tanto frecuente en el Corán (Badawi y Abdel Haleem, *Qur'anic Usage*, 617–18).

26. Healey, *Religion of the Nabataeans*, 113–14.

POLITEÍSMO EN MECA PREISLÁMICA: ALLĀT, 'UZZĀ, Y MANĀT

La diosa al-Lāt dispuso de culto permanente en Taif, al sureste de Meca.[27] Era adorada por los Banu Thaqīf bajo la forma de una piedra cúbica que estuvo erigida donde más tarde se encontrará el lado izquierdo del minarete de la antigua mezquita de esta ciudad. Según se desprende de la tradición islámica temprana, el culto de Allāt llegó antes al centro de Arabia que el de 'Uzzā porque la costumbre árabe de utilizar teónimos para nombrar a los hijos fue adoptada con posterioridad en el caso de 'Uzzā que de Allāt.[28] La diosa al-Lāt recibió culto en la mayor parte de Arabia, aparece registrada en un periodo muy amplio de tiempo, y es difícil determinar su origen geográfico: hal-Lāt en Qatabān (TC 19/ s. II d.C), han-'Ilāt en Najrān (Inscripción de Li'adhar'īl/ s. IV a.C.), al-Lāt en Qaryat al-Faw (MURS F3-23/ s. III a.C.), son sólo algunos de la docena aproximada de ejemplos que pueden traerse a consideración.[29] Pese a dicha variedad, cabe pensar que la personificación femenina Allāt surge al norte de Arabia bajo la influencia de Ishtar-Astarté, y que después fue desplazada hacia la región central y del sur. 'Uzzā, surgiría de forma semejante pero a partir de Allāt, y mucho más tarde.

Al-'Uzzā (العُزَّى) fue la diosa principal para los politeístas de Meca durante los siglos VI y VII d.C., antes de la llegada del islam. Era adorada bajo la forma de un betilo de piedra y su custodio era de la tribu de Sulaym.[30] No es algo sorprendente su presencia en el entorno de Meca, ya que en los primeros siglos de la era común su culto estuvo extendido por la mitad norte de Arabia. Es difícil identificar el punto exacto de su génesis, registrándose su presencia bien por fuentes epigráficas, bien literarias, en la Auranítida (Transjordania), Petra y Nabatea ('l-'z'/ 'zy'), Sinaí, Dedān (hn-'zy), al-Ḥīra (Iraq), Meca, Nakhla, y Qaryat al-Faw, mientras que las referencias del Yemen existentes en antiguo sudarábigo ('zyn), son posibles importaciones del norte.[31] Su santuario de Nakhla, estaba en el valle de Hurad, a la derecha del camino que salía de Meca con dirección a Iraq, donde algunas gargantas especialmente llamativas le estaban dedicadas. Tenía un lugar específico llamado «ghabghag» para el sacrificio de víctimas rituales al pie de tres acacias que pasaban por ser la personificación de la

27. C 53:19; Ibn Isḥāq 849.916–18.
28. Ibn al-Kalbī 16–17.
29. Robin, "Allāh avant Muḥammad," 66–71.
30. Wāqidī 874.
31. *EI* 9:967–68 para referencias epigráficas y literarias concretas.

diosa, donde además había algunos betilos erigidos, posiblemente de dioses menores acompañantes.

El santuario de Nakhla tenía derecho de visitación sobre los habitantes de Meca y los sacrificios que se ofrecían ahí eran de comunión, recordando la tradición islámica que la carne era compartida entre quien había degollado el animal y los asistentes a la ceremonia. El sacrificio de comunión fue practicado en todo Oriente Próximo y se basaba en la creencia de que la comida compartida entre los fieles transmitia la vitalidad asociada a la divinidad: poder guerrero, salud, buenas relaciones amorosas, éxito económico, protección durante las travesías, etc. La casa del santuario de al-'Uzzā en Nakhla era famosa por la recepción de oráculos sobre cuestiones que preocupaban a los peregrinos. Aunque la tradición islámica en este caso no lo menciona específicamente, se presupone el cambio del servicio por especie o dinero.[32]

«Manāt» (مَنَاة) es la tercera de las diosas paganas mayores que fueron invocadas en Meca antes del islam. Su antepasado es «Manatū,» una diosa nabatea que aparece mencionada varias veces en inscripciones funerarias del siglo I d.C. como protectora de las tumbas de Ḥegra.[33] En el siglo VII d.C. Manāt seguía siendo venerada por los habitantes de Medina, 350 km al sur de Ḥegra. Le habían consagrado un santuario en Qudayd, aún más al sur, que los habitantes de Medina visitaban cuando viajaban a Meca.[34] El Corán rechaza su culto junto con el de Allāt y 'Uzzā, a las que los árabes anteislámicos consideraban hijas de Allāh y ante quien creían tener un poder de intercesión similar al de los ángeles (C 53:19–23).[35]

HUBAL, EL ÍDOLO TRAÍDO DEL NORTE

La divinidad principal adoptada en el panteón de los politeístas de Meca preislámica no era sin embargo una diosa, sino una deidad masculina, el dios «Hubal.» Su importancia para los árabes de Meca parece haber sido incluso mayor que la de Allāt, 'Uzzā, y Manāt. Su estatua era custodiada dentro del perímetro sagrado de la Kaba.[36] Era con bastante probabilidad una divinidad tribal, custodia del santuario y dios de la guerra, que a diferencia de las tres diosas anteriores, era patrimonio exclusivo de un clan

32. Ibn al-Kalbī 18–27; Ibn Isḥāq 55.

33. Ibn al-Kalbī 13–15; Ibn Isḥāq 839; Healey, *Nabataean Tomb Inscriptions*, 115 (H8).154 (H16).166 (H19).206 (H31).219–20 (H34).

34. Ibn Isḥāq 55.303–04.

35. C 6:100; 17:40; 37:149–153; 72:3.

36. Ibn Isḥāq 97.

determinado.[37] Esto explicaría en parte por qué su imagen fue importada. Dos tradiciones respetables afirman que el ídolo Hubal había llegado a Meca desde el norte. Según la más conocida de ellas, una caravana lo había traído desde la región de Balqā' en el país de Moab, mientras que para la otra su procedencia sería la ciudad de Hit en Mesopotamia.[38] El responsable de la introducción de Hubal en la Kaba sería 'Amr bin Luḥayy, un personaje nebuloso del siglo IV d.C. La tradición hace en realidad traer a 'Amr bin Luḥayy los distintos ídolos que los politeístas adoraban en Meca—no sólo Hubal. La epigrafía de Arabia ha desautorizado la cronología tradicional atribuida a la segunda acción de Ibn Luḥayy, pero en esta figura sigue presente un recuerdo acertado de la influencia que la región de al-Shām (región sirio-palestina) ejerció en el sincretismo religioso árabe:

> "El primero en cambiar la religión de Ismael, colocar imágenes para adorarlas... fue 'Amr bin Rabī'ah, quien es Luḥayy bin Ḥārithah bin 'Amr bin 'Amīr al-Azdi, el padre de la (tribu) Khuzā'ah... Fue al-Ḥārith quien solía ser el custodio de la Kaba. Pero cuando 'Amr bin Luḥayy vino (a Meca) disputó su derecho a su custodia, y con ayuda de los hijos de Ismael, combatió a los jurhumitas, los derrotó, y los sacó de la Kaba; luego los condujo fuera de Meca, y tomó posesión de la custodia de La Casa después de ellos. Más tarde, él se puso muy enfermo, y le fue dicho: 'Hay una fuente termal en al-Balqā', en al-Shām; Si irías ahí, serías curado.' Así que marchó a la fuente termal, se bañó en ella, y fue curado. Durante su estancia allí, advirtió que los habitantes del lugar adoraban ídolos. Él, en consecuencia, les inquirió diciendo, '¿Qué son estas cosas?' A lo que ellos replicaron: 'A ellos rezamos para lluvia, y de ellos buscamos victoria sobre el enemigo.' A todo esto les preguntó para darle (unos pocos de estos ídolos), y ellos lo hicieron. Los tomó de

37. Ibn al-Kalbī 28; Ibn Isḥāq 582.

38. Azraqī 1,117.119; Ibn al-Kalbī 8; Ibn Hishām 63. En el siglo X d.C. el geógrafo musulmán al-Muqaddasī 123.134 sitúa Hit a cinco jornadas de Bagdad, unos 150 km, en la orilla del Eúfrates y cerca del desierto. La ciudad de Hit, Ida en asirio, es menciona ya en los anales de Adad-Nirari II (911–891 a.C.), Tukulti-Urta II (890–884 a.C.) y Salmanasar III (858–824 a.C.), cuando era conocida como fuente de bitumen (*ARAB* 1,362.409.561). Aunque su población fuese aramea antes de las conquistas islámicas, razón que pudiera explicar su etimología, es difícil establecer la procedencia de Hubal en Hit teniendo una única referencia clara en Ḥegra nabatea, siendo por otra parte la ruta de Meca con Siria más importante que la ruta con Mesopotamia en los siglos que antecedieron al islam. Quizás la estatua pudiera venir de Hit, pero no el dios que, aunque oscura, parece haber tenido una tradición en el noroeste de Arabia.

vuelta con él a Meca y los erigió alrededor de la Kaba." (Ibn al-Kalbī, *Kitāb al-Aṣnām* 8, trad. Faris)[39]

La tradición islámica describe a Hubal como una estatua de piedra, un betilo de forma humana al que le faltaba un brazo que fue sustituido por otro chapeado con oro.[40] La falta de brazo y su obtención en el lugar donde los mercaderes de Meca comerciaban indica con moderada probabilidad que se trataba de una reliquia que fue vendida o sustraída, más que una pieza por encargo.[41] Los antecedentes en el mundo árabe de Hubal son oscuros. Su único antepasado conocido es «Hubalu,» un dios menor nabateo. Hubalu aparece componiendo nombres personales, aunque con certeza, la única inscripción que recoge la forma «hblw» con claridad se encuentra en una tumba de Ḥegra de comienzos del siglo I d.C., siendo enigmática la transmisión de su culto al siglo VII.[42] Hubal, ʻUzzā, Wadd, y otras divinidades confirman que en el siglo VII los árabes representaban a las deidades con forma humana o teriomórfica, pero también lo hacían utilizando piedras erigidas, estelas, o betilos, con una forma no siempre reconocible. Una tradición anteislámica indica que cuando un árabe viajaba y se disponía a pasar la noche a cielo abierto, escogía cuatro piedras, utilizando tres de ellas a modo de soporte para cocinar su cena y la cuarta como representación del dios del lugar.[43]

BETILOS Y MATSĒVOT: FORMAS ANCESTRALES DE RELIGIOSIDAD SEMITA

Aunque es mucho más reciente, la tradición islámica indicada al finalizar el apartado previo, hace memoria de una tradición mucho mejor conocida por el mundo judeocristiano, el episodio de Jacob, el nieto de Abraham, en su huida de Esaú, del que se sirve el libro del Génesis para explicar el origen de un santuario en la antigua ciudad cananea de Luz (לוּז). Cansado por el viaje, Jacob coloca una estela como soporte donde reclinar la cabeza para echarse a dormir, pero después de un sueño revelatorio, al despertarse, derrama aceite sobre la estela y pone al lugar el nombre de «bēyt-Ēl»

39. Ibn Hishām 63: "...él les preguntó que le reservaran un ídolo para llevárselo a la tierra de los árabes y ellos le dieron uno llamado Hubal. Así que lo llevó a Meca y lo colocó y ordenó a la gente que lo sirviera y que lo venerara" (trad. Guillaume). Otras versiones: Azraqī 1,73–74; Ibn Isḥāq 51.

40. Azraqī 1,117.119.

41. Ibn al-Kalbī 42.

42. Healey, *Nabataean Tomb Inscriptions*, 154 (H16).

43. Ibn al-Kalbī 33.

(בֵּית־אֵל).[44] El compuesto nominal semita «byt-'l», significa "casa del dios" o "casa de Él" y está en la base de la palabra griega βαιτύλια (baitylia) con la que se designa, a partir del siglo II d.C. a los bloques de piedra generalmente rectangulares, verticales, y aplanados con los que culturas semitas del Levante mediterráneo y especialmente los árabes representaban a la divinidad. El relato ya comentado de Moisés en Exod 24,4 según el cual erigió un altar y doce betilos al bajar del monte de YHVH, responde al mismo universo conceptual.

El culto a los betilos y estatuas, o en base a estos a divinidades cuyo favor era invocado a traves de sus imágenes, fue extremadamente resistente al paso del tiempo en Arabia, pues varias fuentes islámicas tempranas afirman que la Kaba estuvo rodeada por multitud de betilos que el profeta Mahoma derribó cuando tomó posesión del santuario, en una fecha tan tardía como el 630 d.C.[45] La tradición de representar a una deidad mediante un betilo al que se consideraba la casa del dios, tiene uno de sus antecedentes mejor documentados en el mundo nabateo, aunque en sí misma es, como se ha mostrado, mucho más antigua (milenios IV–II a.C.) y con razón sus orígenes han sido comparados (no asemejados) con la cultura megalítica europea.[46] En las inscripciones nabateas los betilos son expresados con las palabras «nṣb» y «mṣb'.» En ambos casos la raíz semita es «n-ts-b» (hebreo נצב) o su equivalente «y-ts-b» (hebreo יצב), significando "colocar," "erigir," "poner en un lugar," y guarda relación con la piedra erigida del Antiguo Testamento o «matsēvāh» (מַצֵּבָה), mencionada en Gen 28,18 a propósito de Jacob.

La matsēvāh nabatea es un betilo cúbico de piedra que representa a una deidad, generalmente sin marcas faciales y de hasta 1,20 m de altura.[47] Su morfología varía entre el tallado simple en la pared de la roca y el que se sostiene sobre sí mismo, portátil. El betilo nabateo suele ser rectangular y plano, aunque a veces también puede ser redondeado en la parte superior, recordando la forma de una estela.[48] En el caso del betilo portátil, este podía ser emplazado en un nicho excavado en la pared, un templete en miniatura en el que poder colocarlo durante una procesión religiosa, una visita a la ciudad, o una comida ritual. Se conocen cientos de nichos de

44. Gen 28,10–22; 35,1–15. לוּז/ luz en hebreo significa "almendro." El episodio atribuye a Jacob la fundación de un santuario en Luz, quizás de origen cananeo.

45. Azraqī 1,121; Bukhāri 2478.4287–88.4720; Ibn al-Kalbī 31; Ibn Isḥāq 821.

46. Ver final del capítulo 1 para la presencia del culto a los betilos en el Desierto del Sinaí durante el periodo mosaico (s. XIII a.C.) y en épocas anteriores.

47. Alpass, *Life of Nabataea*, 81; Healey, *Religion of the Nabataeans*, 155–56; Wenning, "Betyls of Petra," 81.84.87–88.

48. Wenning, "Betyls of Petra," 85–87.

este tipo excavados en Petra, a menudo acompañando complejos religiosos más amplios que incluyen tumbas, templos, o espacios para reuniones. Algunos nichos portan relieves en la base que indican el lugar donde cada betilo podía ser apoyado. Otras veces, el simple hueco rectangular del nicho excavado representa el betilo en negativo.[49]

Además de la matsēvāh, los nabateos presentan otro tipo de betilo, el «npsh.» La palabra semita «nefesh» (hebreo נֶפֶשׁ) significa "aliento," "persona," y su identificación con piedras erigidas indica por sí misma que los nabateos creían en la vida de ultratumba.[50] El nefesh nabateo era un monumento de piedra, erigido en memoria de un difunto. Los hay en forma de obelisco o cono, bien en singular, bien en grupo, o tallados como las matsēvot en la pared de la roca. La creencia en la vida del Más Allá es evidente si se tiene en cuenta el diseño de algunas tumbas de pozo nabateas en cuyos cabezales fueron colocados betilos representando a dioses, así como la existencia de triclinios para banquetes rituales dentro de los monumentos funerarios.[51] Por último, a este conjunto de representaciones de piedra, han de sumarse las estatuas propiamente dichas. La representación en forma de estatuas, imitaciones directas de la imagen de un animal o de una persona, no son el modo más frecuente que los árabes nabateos tienen de representar a la divinidad. Incluso cuando la imagen de un dios nabateo se representa en forma humana, como es el caso de Khirbet et-Tannur, se tiende a conservar el soporte tradicional del betilo.[52] No obstante, las estatuas en cuanto tal existieron en el mundo nabateo y se conocen algunos ejemplos, posiblemente por influencia grecorromana. La palabra que designa a la estatua en este caso es «ṣlm.»[53]

CULTO IDOLÁTRICO EN ARABIA PREISLÁMICA Y REFORMA RELIGIOSA DEL ISLAM

La tradición islámica ha recogido el significado de muchas prácticas betílicas y paganas, que con ciertas modificaciones no fueron exclusivas de los nabateos, en el concepto de idolatría. El Corán diferencia de hecho

49. Wenning, "Betyls of Petra," 88.

50. Ver la amplísima entrada epigráfica para *npsh* en las lenguas semitas occidentales, árabe antiguo, púnico, hebreo, palmireno, en Hatra, etc.: Hoftijzer y Jongeling, *North-West Semitic*, 744–49, significando "vida," "persona," "alma," "tumba," y "monumento funerario."

51. Alpass, *Life of Nabataea*, 77–83; Healey, *Religion of the Nabataeans*, 166.

52. Patrich, "Nabataean Art," 79–81.

53. Healey, *Religion of the Nabataeans*, 156–57; Scagliarini, "ṢLM/ ṢNM," 253–55.

entre «ṣanam» (صنم), "estatua" o "imagen que recibe culto," condenada cinco veces (C 6:74; 7:138; 14:35; 21:57; 26:71); «wathan» (وثن), el "ídolo de piedra," condenado en tres versículos (C 22:30; 29:17.25); y «nuṣub» (نُصُب), "betilo" o "altar de piedra sobre el que se realiza un sacrificio," condenado en dos versículos (C 5:3.90).[54] Los tres vocablos son sinónimos y suelen traducirse por "ídolo," pero su etimología muestra diferentes procedencias, siendo el primero y el tercero (ṣanam y nuṣub) préstamos de raíces norsemitas, y el segundo (wathan) una palabra en origen sudarábiga, lo cual ya nos da la noción misma de la procedencia geográfica de las prácticas politeístas asociadas:

> "Los árabes estuvieron apasionadamente inclinados a la adoración de ídolos. Algunos de ellos tomaban para sí mismos un templo alrededor del cual centraban su culto, mientras otros adoptaban un ídolo al que ofrecían su adoración. La persona que no podía construir ella misma un templo o adoptar un ídolo erigiría una piedra en frente de la Casa Sagrada o en frente de cualquier otro templo que prefiriese, y luego lo circunvalaba de la misma manera en que circunvalaría la Casa Sagrada. Los árabes llamaban a estas piedras betilos (anṣāb). Allá donde estas piedras asemejaban la forma viviente, las llamaban ídolos (aṣnām) e imágenes (awthān)." (Ibn al-Kalbī, *Kitāb al-Aṣnām* 33, trad. Faris)

La persistencia de la religiosidad nabatea y en general del norte de Arabia hasta ya entrada la era islámica es observable por tanto en los términos ṣanam, del radical «ṣlm,» y nuṣub, del radical «nṣb,» cuyo significado equivale con bastante idoneidad a la raíz «n-ts-b» (נצב), concepto que como ya se ha mostrado, está detrás de la matsēvāh hebrea y nabatea. Pero conviene hacer una nueva precisión, y es que a diferencia de la matsēvāh nabatea, el árabe nṣb parece haber absorbido el significado del nefesh. Los «anṣāb,» plural de nuṣub, son para la tradición islámica temprana monumentos de piedra ante los que se realizaba un sacrificio.[55] Engloban en este sentido a los dioses paganos colocados en los santuarios o dentro de las casas, pero también a las tumbas de santos o personajes ilustres que los árabes judíos o cristianos veneraban buscando en ellos protección. Es pertinente constatar antes de cerrar el presente capítulo, que a juicio de la teología coránica la veneración de santos, ángeles, o cualesquiera otras formas de seres intermedios, supone

54. Scagliarini, "ṢLM/ ṢNM," 255–56. «Ṣanam», plural «aṣnām» (أصنام); «wathan», plural «awthān» (أوثن); «nuṣub», plural «anṣāb» (أنصاب).

55. Bukhāri 3826; 5499.

falta de fe en el poder absoluto del único Dios y conlleva un inaceptable pecado de idolatria (C 5:17; 6:100–102; 9:31; 17:111; 72:3).[56]

56. Bukhāri 426.435–37.1330–90.3453.4441.4444.5815.

6

EL PERIODO ROMANO EN ARABIA. SIGLOS I A.C.–II D.C.

EL FINAL DEL NABATEO SILEO: CONFLICTOS CON HERODES EL GRANDE

Estrabón culpa al nabateo Sileo del fracaso de la expedición romana a Arabia interior comandada por Elio Galo, quizás porque según cuenta en otra tesitura, él mismo era amigo personal del prefecto romano.[1] Pero muy al contrario a la imagen negativa que, movido posiblemente por el deseo de exculpar a su amigo trasmite Estrabón, la imagen del ministro de Obodas III que se deriva del análisis de Flavio Josefo sugiere un aumento de la reputación de Sileo en los años que siguieron a la expedición.[2] En efecto, entre el 24 y el 6 a.C., fecha oficial de la muerte de Sileo por decapitación, transcurren dos décadas de intensa actividad política de Sileo en el territorio norte de Nabatea, con arriesgadas intromisiones en la política herodiana impensables en una persona que ha caído en desgracia ante el César. Cuenta Josefo que después del regreso de la expedición al Yemen, Sileo continuó su ambicioso plan de promoción, intentando nada menos que emparentar con Herodes el Grande, a quien pidió la mano de su hermana Salomé. Las negociaciones entre las dos partes progresaron durante un tiempo. Pero Herodes dio su aprobación sólo a cambio de que Sileo aceptara el judaísmo.

1. Estrabón, *Geogr.* 2,5:12; 16,4:24; 17,1:53.
2. Josefo, *A.J.* 16,7–17,6.

Sileo se excusó diciendo que sus compatriotas le apedrearían si cambiaba de religión.[3]

En contra de lo que pudiera establecerse atendiendo únicamente al relato de Estrabón, la causa de la muerte de Sileo fue, pese al fracaso de la expedición de Galo, la colaboración del nabateo en unas revueltas en la Traconítida quince años después, a la que se sumaron otras causas graves. La Traconítida fue un territorio al noreste de Galilea, a la altura del lago Hule aunque adentrado en Transjordania, limitando por el norte con la región de Damasco y por el sur con la Auranítida (Haurán)[4]. Su administración había sido entregada a Herodes por Augusto con el fin de evitar las incursiones de grupos nómadas, ejercer la recaudación de impuestos, y favorecer la agricultura (colonización).[5] Durante un tiempo—deja entender el relato de Josefo, la Traconítida aceptó el yugo de Herodes, pero la visita a Roma de Herodes en el 12 a.C. para solucionar la herencia política de sus hijos hizo correr el rumor entre algunos grupos árabes de que el rey judío había muerto.[6]

Una serie de revueltas en la Traconítida fueron sofocadas por Herodes a su regreso de Roma, instalando de paso una colonia de 3.000 idumeos que asegurara la paz. Sin embargo, un grupo de rebeldes que habían cometido asesinatos, primero 40 y luego 1.000 en número, huyeron a Sileo, de quien recibieron cobertura desde el norte de Nabatea para continuar operando el bandidaje, tanto en la Traconítida como en Judea. El ministro de Obodas fue solicitado por los gobernadores de Siria, Volumnio y Saturnino, para entregar a los salteadores y una suma de dinero que Obodas III debía a Herodes, 60 talentos, pero Sileo se resistió provocando que Herodes lanzara un ataque sobre Raepta en la Amanítida. Sileo, confiando en su raposería diplomática se adelantó y viajó a Roma para acusar a Herodes de haber violado la soberanía del territorio nabateo.[7] Herodes reaccionó y en el 8

3. Josefo, *A.J.* 16,7.

4. El Haurán limitaba a su vez con Gilead por el suroeste y por el sureste con la Amanítida.

5. Josefo, *A.J.* 15,10; *B.J.* 1,20.

6. Josefo, *A.J.* 16,4. Para lo que sigue *A.J.* 16,9–10; 17,3–6.

7. Dos inscripciones sobre piedra incompletamente preservadas, una en el templo de Apolo en Mileto, y otra en Delos atestiguan el viaje de Sileo a Roma y la confianza que tenía en su posición dentro de la corte de Petra, pues se designa a sí mismo con la expresión "hermano del rey" (Obodas; aḥ malka). La inscripción de Delos permite datar la de Mileto, cuya fecha es ilegible, en el 10/9 a.C. La inscripción de Mileto tiene cuatro líneas, las dos superiores en nabateo, y las dos inferiores en griego. La copiamos aquí de la edición y traducción de Barkay, "Usurper Syllaeus," 69–70 (griego corregido): «...shly ḥ mlk br Tymw... | [ldushara ala ma]nkwt 'l ḥyy 'bdt mlk' byrḥ Ṭb[t shnt...] | [ΣΥΛΛ]ΑΙΟΣ ΑΔΕΛΦΟΣ ΒΑΣΙΛ[ΕΩΣ...] | ΑΝΕΘΕΚΕΝ ΔΙΙ

a.C. envió a Nicolás de Damasco (m. a partir del 4 a.C.), su secretario, presentando causas al César contra Sileo. La versión de Nicolás prevaleció y Sileo fue condenado a la pena capital y a devolver, antes de que se ejecutara la sentencia, la cantidad de dinero que Obodas III debía a Herodes. Sileo fue llamado a un segundo juicio a Roma y Saturnino incorporó a las acusaciones ya existentes contra Sileo la de sobornar a un mayordomo en un complot doméstico contra la vida Herodes.

Aretas IV (9 a.C.–39/40 d.C.), que hacia el 9 a.C. había subido al trono de Nabatea, aprovechó la situación irremediable de Sileo para inculparle del envenenamiento de Obodas III y de haber liquidado a algunos notables árabes de Petra, entre ellos Fabato, siervo del César. Curiosamente, una tirada de pequeñas monedas de plata al comienzo del reinado de Aretas IV, emitidas entre el 9 y el 6 a.C., incluyendo las iniciales del nombre de Sileo (שׁ) y del de Aretas (ח), enriquecen el relato de Josefo, dejando ver que el antiguo ministro de Obodas III gozó, forzosamente o no, de la aprobación inicial de Aretas IV.[8] Según Josefo, los delegados enviados a Roma por Aretas IV cumplieron la doble misión de acusar a Sileo del asesinato de Obodas III y de presentar regalos a Augusto con motivo de la entronización de Aretas. Considerando las monedas en común con Sileo, no queda probada completamente la no-participación de Aretas IV en el asesinato de Obodas III, dejando abierta la pregunta de si la acusación a Sileo formaba parte de un plan de exculpación de Aretas.[9]

Josefo indica que Augusto (Octavio) se enfadó con Aretas IV por haberse nombrado rey sin su permiso, pero que viendo las disputas existentes entre los hijos de Herodes por el reparto de su herencia, decidió confirmar a Aretas en el trono y ejecutar a Sileo. La vida de Sileo, el famoso nabateo que guió la expedición de Elio Galo al Yemen y que intentó ser el cuñado de Herodes el Grande tuvo un desenlace dramático en el 6 a.C.

ΔΟΥ[ΣΑΡΕΙ]...» (Arameo: "...Sileo, hermano del rey, hijo de Teim[u] | [A Dushara el dios, la rea]leza(?) para la vida de Obodas el rey, en el mes de T[evet del año...]"; Griego: "Sileo, el hermano del rey... | Dedicado al dios Dushara...").

8. Las monedas de plata de Sileo son de media dracma, con 2,2 g, y de un cuarto de dracma, con 1,1 g. Todos los ejemplares muestran la ח/ ḥet inicial del nombre de Aretas (חרת) y la שׁ/ shin de Sileo, e incluso algunas monedas el nombre de Sileo entero (Shulay), mediante un idiograma que agrupa las tres letras שׁ/ shin, ל/ lamed, y י/ yod (Schmitt-Korte y Price, "Nabataean Monetary System," 101–03; Barkay, "Usurper Syllaeus," 71).

9. Al-Rawabdeh, "Minister Sylleus," 76–81 considera que Aretas IV no hizo valer su ascenso al trono inmediatamente, sino solamente cuando estuvo seguro de la aprobación de Roma, explicando ser este el motivo por el que en algunas monedas tempranas de Aretas, junto a la inicial de su nombre y la de Sileo en el reverso, aparece aún en el anverso el busto del anterior monarca, Obodas III.

Josefo da a entender que la condena a muerte de Sileo fue una sentencia firme. Aunque el escritor judío no cita explícitamente de qué manera fue ejecutada, se puede tomar la decapitación señalada por Estrabón como prueba histórica de su final.[10]

El perfil ambicioso y en un principio exitoso de Sileo en la política judeonabatea extraído del relato de Flavio Josefo da fuerza a la hipótesis de que, en consonancia con Dion Casio, las enfermedades contraídas, la ausencia de ríos, y de poblaciones cuyas riquezas directas interesaran a los romanos, fueran las verdaderas causas del fracaso de la expedición de Elio Galo en Arabia, y no Sileo.[11] Dichas difíciles condiciones sobre el terreno debieron convencer a los romanos, ya durante el transcurso de la expedición, de que la conquista de Arabia interior no era una empresa rentable. Los investigadores han recogido la hipótesis de que Sileo se pudo ver forzado a colaborar con los romanos y al mismo tiempo en la necesidad de mantener en secreto todo aquello relacionado con el monopolio del incienso.[12] Quizás en este sentido Sileo operó con astucia, no revelando a los romanos todo lo que él sabía de las poblaciones vinculadas a la ruta del incienso, pero vista la trayectoria posterior del ministro de Obodas III no parece creíble una traición abierta a los intereses imperiales. Cabe también la opción, por otro lado, de que los romanos quisieran ver el terreno por sí mismos, decidiendo después si merecía o no la pena establecer un dominio directo. La política imperial podía de hecho conservar altos beneficios gracias a la ya existente alianza comercial con Nabatea e intensificando el transporte marítimo de mercancías desde el Egipto Romano a los reinos del Yemen.

ARABIA DEL SUR: EL REINO DE MAĪN ES ABSORBIDO POR SABA

La ausencia de graves conflictos durante el largo mandato de Augusto (30/27 a.C.–14 d.C.) permitió el desarrollo sin grandes sobresaltos de los negocios que tenían que ver con bienes preciados para uso privado, siendo el primer consumidor la ciudad de Roma a través del puerto de Puteoli.[13] La pequeña obra escrita Periplo del Mar Eritreo es inversa y sobreabundantemente rica en detalles sobre la variedad de productos que circulaban en los mares de Arabia con destino al Imperio, involucrando a factorías de India, Persia, Yemen, y noreste de África, y ofreciendo indicaciones de navegación útiles

10. Estrabón, *Geogr.* 16,4:24.
11. Dion Casio, *Hist. Rom.* 53,29:4.6.
12. Al-Rawabdeh, "Minister Sylleus," 74–75.
13. Warmington, *Between the Roman Empire and India*, 5.

sobre los mejores puertos donde adquirirlos.[14] El incremento del tráfico en el Mar Rojo después de la conversión de Egipto en provincia romana y de modo notable a partir del descubrimiento del Hípalo a mediados del siglo I d.C., afectó sin duda a la ruta del incienso en su lugar de origen.

El colapso del reino de Maīn en Yemen así como la debilidad de Qatabān, se entienden mejor teniendo por escenario un cambio del transporte terrestre del incienso en beneficio del marítimo, favoreciendo la entrada de otros intermediarios que ya no usaban la ruta transyemenita de Ramlat al-Sabatayn por Timnā y Marib, ahora evitable. Himyar, al principio una confederación de tribus separadas de Qatabān y unidas a Saba, con su capital Zafar y salida al mar gracias a ciudades en las proximidades del Estrecho de Bab al-Mandeb—Muza, Ocelis, y Adén, se constituye en el siglo I d.C. en la segunda gran región política en Yemen occidental, después de Saba.[15] El reino de Saba continúa ejerciendo influencia sobre el norte de Yemen en lo que correspondía al territorio de Maīn por donde pasaba la ruta del incienso camino de Arabia Central, pero a partir de la entrada en escena de Himyar los sabeos tienen más motivos para mirar hacia el sur que hacia el norte. La solución inicial del reino de Saba va a ser aliarse con el nuevo poder haciendo de Zafar la segunda capital. La expedición de Elio Galo fue contemporánea de estos cambios geopolíticos, siendo posible por tanto contemplar el desinterés posterior de Roma por dominar militarmente

14. Con la desaparición de la dinastía ptolemaica y la explotación por parte de Roma del comercio egipcio del Mar Rojo no hay que suponer una gran innovación en el tipo de mercancía respecto al periodo anterior, sino un incremento del volumen de importaciones y exportaciones. Ofrecemos únicamente detalle sobre las importaciones, aquello que se adquiría con destino a Alejandría, derivado después a los demás puertos del Mediterráneo. *Per. Mar. Ery.* 4–6 (emporio de Adulis en Eritrea: marfil de elefante y rinoceronte africanos); 11–12 (Cabo Guardafui en Somalia: esclavos, conchas de tortuga, e incienso); 16–17 (Rapta al este de Tanzania: marfil, conchas de tortuga, nauplio); 21–24 (factoría de Muza/ Moca, en Yemen occidental: mirra, aceite de mirra, mármol blanco, cristal de roca); 27–28 (puerto de Qane en el Golfo de Adén: incienso y áloe); 30–31 (Ras Fartak en la costa de Yemen oriental, e isla de Socotora: concha de tortuga auténtica, sangre de dragón, esclavas); 32 (puerto de Khor Rori en Omán: incienso). A estas mercancías de producción local deben sumarse las importaciones de Persia e India que podían ser adquiridas directamente en sus puertos o en los puertos árabes o africanos antes mencionados. *Per. Mar. Ery.* 36 (puerto de Sohar en el Mar de Omán: cobre, oro, madera de sándalo, de sésamo, y de ébano, esclavos, y dátiles); 39 (Barbárica en Pakistán: rizoma medicinal de *Saussurea lappa*, resina de bedelio, licio, nardo, turquesa, lapislázuli, pieles chinas, paños, seda, e índigo), 41–46 (Barigaza en la costa oeste de India: vestidos indios, moloquino, algodón, ónice, ágata, finos tejidos, nardo, bedelio, pimienta larga, raíz de *Saussurea*); 54–56 (factoría de Nelcinda en India suroccidental: diamantes, perlas, paños chinos, gemas, zafiros, marfil indio, pimienta, canela, y concha de tortuga).

15. De Maigret, *Arabia Felix*, 230–35.

el interior de Arabia en esta más amplia perspectiva caracterizada por la continuidad de las relaciones económicas con Nabatea y un incremento del comercio romano marítimo, directo con Yemen vía el Mar Rojo.

EL REY DHAMAR'ALĪ Y EL SANTUARIO DE AL-LAWD

Una serie de inscripciones en Jabal al-Lawd, la montaña que accede al valle del Jawf yemenita en la antigua ruta que salía de Saba hacia Maīn, mencionan al primer soberano que lleva el doble título de "rey de Saba y Dhū Raydān" en el inicio del siglo I d.C.: Dhamar'alī Watār Yuhan'im.[16] Su segundo apellido, Yuhan'im, es de origen qatabaní, y aunque probablemente el rey era de etnia sabea, su nombre compuesto manifiesta un interés de los reyes sabeos de Marib por ejercer influencia sobre el palacio-fortaleza de Raydān en Zafar, la capital de Himyar, 200 km al suroeste de la primera.[17] La inscripción de Dhamar'alī Watār, muy posiblemente, expresa que en el momento de llegar Elio Galo, el reino de Saba ya había comenzado a enfocarse hacia el sur gracias a la alianza con una segunda capital en la región de Himyar.

La montaña al-Lawd contiene un complejo formado por dos santuarios, uno al pie de la montaña, más o menos al mismo nivel que el valle de Jawf, y otro en la cumbre, a la que se accede tras ascender unos 1.000 m de pared por una vía ascensional de 6 km de longitud. El estudio del complejo, dada la abundancia de inscripciones sobre piedra que encontraron los primeros especialistas que pudieron estudiarlo, unas 135 en total—algunas bellamente talladas en estelas o en el canto de mesas de libación, y los restos de edificios que han permanecido sobre el suelo durante casi dos milenios, esclarece parcialmente la situación que se encontró Elio Galo al norte de Yemen. El santuario se encuentra en la frontera natural entre las tierras del norte de Yemen y del centro, en la salida del wadi Jawf al desierto de Ramlat al-Sabatayn. Jabal al-Lawd no se encuentra, por otro lado, demasiado lejos de las zonas de Maīn que pueden ser habitadas, pero en sí mismo está barrido por la aridez.

Veinte de las inscripciones mencionan a Dhamar'alī Watār Yuhan'im. Por el estilo de letra y la genealogía del título monárquico, se sitúan al comienzo de la era cristiana con la incertidumbre de algunas décadas, en la época en que Maīn desaparece como reino. Las inscripciones de al-Lawd, tanto las de Dhamar'alī como las que fueron mandadas grabar por otros

16. Para la sección de al-Lawd: Robin y Breton, "Ǧabal al-Lawd," 590–629.

17. Robin y Breton, "Ǧabal al-Lawd," 619–20.

monarcas en el santuario, dividen las ceremonias religiosas del lugar en dos tipos: el sacrificio por el fuego, indicado por el verbo «hnr,» y el pacto federativo. Uno de los textos cuyo autor es Dhamar'alī habla de un pacto de tribus, una ceremonia importante que consistía en la aceptación del patronazgo del dios de la realeza y del monarca por el conjunto de tribus que se acogían al pacto. Uno de los edificios en la parte baja del santuario, aquél que está situado más al norte, con un lado máximo de 98 m, presenta hileras de piedra con pasillos en medio, situadas por pares simétricos. Aunque no se puede determinar su función exacta, pudiendo ser más de una, es sugerente pensar que fueron ideadas para ceremonias con gran cantidad de invitados. Una de las dos partes del edificio indicado, la situada al sur, presenta en este sentido dos baterías de lo que han sido interpretados como bancos, con un total de 48 hileras.[18]

Antes de llegar a Marib, los romanos atravesaron un territorio fácil de vencer por las armas. A pesar de ello, el paisaje urbano del norte de Yemen era poco atractivo, ya que Maīn se encontraba en fase de decadencia económica. Cuando el sabeo Dhamar'alī Watār Yuhan'im realizó un pacto federativo en el santuario de al-Lawd algunas décadas después, en uno de los pasos que accedían a Maīn desde Marib, muy posiblemente la situación era la misma. Dentro del margen razonable de la hipótesis, el pacto se puede entender como un intento por extender la autoridad de Marib hacia tribus que habían requerido o solicitado asistencia de un gobierno más fuerte. Por motivos paralelos, los nabateos, sucesores de los lihyanitas de Dedān (a través del oasis vecino de Ḥegra) en el tráfico de caravanas que subían de Maīn, debían estar al tanto de la situación al norte de Yemen. Quizás no es coincidencia que en el periodo que la dinastía lihyanita de Dedān había dejado de ser importante en beneficio de Ḥegra, arrastrada por la decadencia de Maīn, Roma interviniese en Arabia. Tanto Sileo como Aretas, el pariente de Obodas III en quien debe presuponerse una entrevista por medio de interlocutores con Elio Galo, debieron informar de la posibilidad de alcanzar Yemen sin encontrar enemigos que no pudieran vencer, excepto el propio desierto, ya que es inconcebible la movilización del ejército de Roma dentro de Arabia sin perspectiva de éxito.

El interés de los romanos, hubiera pasado, como sugiere Estrabón, en continuar más allá de Marib, hacia el este en dirección a Shabwa y Hadramawt, la región productora de incienso, pero en este caso Galo hubiera debido atravesar el desierto de Ramlat al-Sabatayn o bordearlo por terrenos de Saba y Qatabān.[19] Esta posible nueva fase de la expedición

18. Robin y Breton, "Ǧabal al-Lawd," 621–27.

19. Estrabón, *Geogr.* 16,4:24.

no debió ser asumible en el estado en el que se encontraba el ejército de Galo, y el rodeo por Timnā y regiones habitadas hasta Shabwa, teniendo en cuenta la necesidad de regreso, hubiera desembocado en la imposibilidad de defenderse contra enemigos en la retaguardia. Galo procedió desde el norte de Arabia hacia el sur, pero sólo en la medida en que no encontró un enemigo lo suficientemente fuerte como para impedir su regreso. Miradas así las cosas, la expedición no careció de base.

COMERCIO MARÍTIMO EN ARABIA OCCIDENTAL: EL PERIPLO DEL MAR ERITREO

El Periplo del Mar Rojo afirma que un tal Caribael (Χαριβαήλ), rey de Himyar y de Saba, despedía embajadas frecuentes a Roma, dejando suponer que cuando fue escrita esta obra Roma y Saba mantenían desde hacía tiempo alguna clase de acuerdo en cuestiones económicas. Otros reyes árabes mencionados por el Periplo que han sido discutidos para datar este escrito de navegación son Malicus (Μαλίχας), rey de Petra, Eleazos (Ἐλεάζος), rey de Hadramawt, y Colebo (Χόλαιβος), tirano de los árabes mafaritas.[20] Siendo una obra compuesta durante el periodo imperial romano, Malicus sólo puede ser Malicus II, cuyo reinado sobre Nabatea se extiende del 40 al 70 d.C., ofreciendo el dato más seguro para la datación. La epigrafía consolida la veracidad del Periplo en estos puntos, información que damos al pie.[21] El buen estado mercante reflejado en el Periplo puede también, con

20. El nombre Eleazos (Ili'adh Yaluṭ) aperece en la epigrafía de los reyes de Shabwa, capital de Hadramawt, certificando la exactitud del Periplo en este punto, aunque los (al menos) dos registros conocidos no pertenecen al siglo I AD (ver Avanzini, "History of Sumhuram," 634–37).

21. *Per. Mar. Ery.* 19.23.26–27. Caribael o Karib'īl es un nombre común en los reyes sabeos e himyaritas. Tratándose del siglo I d.C., el rey al que se refiere el Periplo puede ser Karib'īl Watār Yuhan'im, rey de Saba e Himyar, situado alrededor del 40 o 50 d.C., o su nieto Karib'īl Bayān, entre el 80 y el 90 (De Maigret, *Arabia Felix*, 229; Robin, "Arabie du Sud," 4.23–25). Eleazos ha sido reconocido en el nombre hadramita Ili'azz, atestiguado entre el siglo I a.C. y el III d.C. (Robin, "Arabie du Sud," 18–20). En cuanto al tirano Colebo, ha sido identificado gracias a una inscripción descubierta por un estudiante de la Universidad de Sana en 1987. La inscripción se encontraba en un grupo de ruinas dispersas, 22 km al suroeste de Taiz, cerca del ángulo recto que forma la costa de Yemen en el Estrecho de Bab al-Mandeb, visto desde el mapa. Menciona a «Kulayb Yuha'min,» señor de Sawa. Su datación es imprecisa, dependiendo de la forma de las letras. Ha sido asignada a un grupo de cuatro inscripciones con estilo similar, dos de ellas del siglo I a.C. y una de mediados del II d.C. No obstante, el contexto de la inscripción es coherente con los datos del Periplo para Colebo. Según el Periplo, Colebo era tirano de los árabes mafaritas y gobernaba sobre Save y Rhapta, pero estaba sometido a Caribael, rey de Saba e

relativa expectativa de acierto, remontarse algunas décadas al momento en el que fue escrito.

El Periplo sigue una descripción geográfica ordenada, siendo el punto de partida Egipto en el norte. Los datos concernientes a los puertos árabes o de África del Este son también más precisos que los del Golfo Pérsico y el Mar de la India. Su autor fue deduciblemente un egipcio mercante que operaba en el Mar Rojo y en la parte occidental del Mar Arábigo, que habría escrito su obra después de varios años, puede que décadas, de navegación. Poco antes de terminar el milenio, hacia el año 7 a.C., Estrabón dice que en un pasado reciente los navíos que se atrevían a salir del Mar Rojo no eran más de 20, pero que ahora eran 120 desde el puerto egipcio de Myos Hormos.[22] El mercado por mar había aumentado, muy probablemente en detrimento de la ruta terrestre.

EL NAVIO ROMANO Y EL NAVÍO ÁRABE: NAVEGACIÓN DE ALTA MAR Y CABOTAJE

A la buena relación portuaria de Arabia con Roma debió ayudar la imposibilidad técnica para competir en mar abierto contra los navíos romanos. Además de ser sus proporciones menores en comparación con los navíos romanos, las barcazas árabes tradicionales de esta parte del mundo carecieron de clavos de hierro hasta el siglo XVI, cuando copiaron el sistema de los portugueses o de los chinos.[23] Las barcas árabes tradicionales estaban, por el contrario, cosidas con cuerda o fibra vegetal donde los tablones formaban una junta. El cosido permitía reciclar los materiales de la barca o desmontarlos para su reparación, pero la falta de clavos de hierro limitaba sus dimensiones y las hacía en cualquier caso menos resistentes en el piélago, mientras que los navíos romanos podían transportar más cargamento y tripulación, y enfrentar travesías más largas, aprovechando una mejor resistencia al oleaje en alta mar.

Himyar (*Per. Mar. Ery.* 16.22–23.31). La tribu de Maarif a la que pertenece Kulayb también es mencionada en la inscripción, «M‘frm,» así como «S³wm,» posiblemente Save. Puede afirmarse con probabilidad que la inscripción y los datos del Periplo son contemporáneas (Robin, "Kulayb Yuha‘min," 91–97). Es lógico, en este sentido, situar con más probabilidad la obra del Periplo en el siglo I d.C., y más en concreto en la segunda mitad, que en otras épocas.

22. Estrabón, *Geogr.* 17,1:13.

23. La técnica parece haber sido copiada por primera vez en la colonia de mercaderes árabes de Calcuta y Malabar (Moreland, "Arabian Sea," 177–80). Para este párrafo la referencia obligada es Hourani, *Arab Seafaring*, 87–105.151.

Los motivos para esta diferencia pudieron ser los precios poco atractivos de la industria árabe del hierro, el crecimiento anudado de los árboles del desierto que hacía impracticable el clavado, y la ausencia de madera de anchura y longitud suficiente cerca de las costas.[24] Aun así, las desventajas frente a los barcos con clavos eran compensadas por la audacia de los pilotos árabes cuando era necesario y por una mayor flexibilidad de la estructura para atracar en regiones difíciles donde se podía encallar o rozar un arrecife. Técnicamente, es sostenible por consiguiente que el tonelaje de la marina romana preparada para alta navegación no entrara en competencia directa con la embarcación tradicional árabe. Esta seguía siendo idónea para el litoral y en el transporte de mercancías entre tierra firme y el lugar de anclaje de las grandes naves. Es bastante probable que en el plano marítimo, Saba e Himyar no percibieran en los navieros romanos a unos invasores de su negocio sino a buenos clientes, y que las embajadas frecuentes de Caribael a Roma tuvieran por fin conservar el buen estado de la economía.

Una situación análoga al Mar de Arabia es presumible en el Mar Rojo donde el régimen de vientos del norte y la dificultad para proseguir con grandes navieros desde el sur a partir de cierta latitud sería para algunos estudiosos la causa de que Leuke Kome fuera un puerto visitado principalmente por barcos pequeños.[25] La vela árabe tradicional debió permitir, precisamente, viajar en bolina pegado al viento, descomponer su fuerza en una tangente que desplazara la nave con una trayectoria zigzagueante en el sentido opuesto al viento.[26] Los grandes barcos podían navegar también en bolina, pero no en maniobras tan rápidas como una nave de menores dimensiones, la cual podía adaptarse a cambios locales en la dirección del viento y realizar viajes en épocas o condiciones no aconsejables para los grandes navieros. Aun así, es posible que la preferencia por el transporte terrestre pasando Berenice o Myos Hormos en Egipto y Leuke Kome en Nabatea se debiera a la inconveniencia, más que a la total imposibilidad, de viajar con dirección norte a partir de esta latitud. Esta razón pudo ser, por añadidura a otras de conveniencia militar, la causa del

24. Moreland, "Arabian Sea," 184–87.

25. *Per. Mar. Ery.* 19; Nappo, "Leuke Kome," 343–44.

26. Hourani, *Arab Seafaring*, 110. Con el extremo de la vela que da a la proa, girado en un ángulo modesto hacia babor, y gracias al contacto de la quilla con el agua, el viento norte empuja el barco en dirección este-noreste, es decir, hacia un lateral en diagonal. Una vez que, gracias a esta maniobra, la barca ha girado tanto que sitúa el eje de la quilla en dirección paralela al viento, la vela se cambia a estribor con un pequeño ángulo. El viento entonces empuja la barca en dirección oeste-noroeste. Indudablemente, el avance hacia el norte es más lento con esta técnica que con viento sur, pero permite dirigirse al norte describiendo trayectorias curvas.

desembarco de Elio Galo en el puerto egipcio más cercano a Ḥegra durante el viaje de regreso.[27]

PUERTOS DE MYOS HORMOS Y BERENICE EGIPCIOS: MATERIAL DE DIAGNÓSTICO

El siglo I d.C. fue próspero para los negocios de mercancías, algo que quedó registrado en los puertos con salida al Mar Rojo, el Golfo Pérsico, y el Mar Arábigo. Uno de los puertos en el Mar Rojo donde se ha estudiado esta relación, aplicable al lado árabe de este mar, es Quseir al-Qadim, antiguo Myos Hormos. El puerto romano de Myos Hormos, 500 km al sur de Suez, estuvo ubicado en un pequeño brazo de mar entre dos salientes de tierra firme, hoy colmatado de arena. Tiene una estratigrafía que va desde Augusto hasta el siglo III d.C. El transporte de mercancías alcanzó su máximo en este puerto a finales del siglo I, comenzando un declive a mediados del siglo II d.C. De hecho, el máximo número de tapones de ánforas de vino, de aceite de oliva, y de ánforas para pescado, que han sido encontrados en capas donde se amontonaban residuos derivados de la actividad comercial, se encuentra entre el siglo I d.C. tardío y el final del siguiente siglo.[28] Otro indicador muy semejante son los mosquetones utilizados para el aparejo de velas, redes, y cuerdas de barcos, fabricados de hueso de animal y de madera, con un pico de abundancia de ejemplares recuperados en el siglo I d.C. tardío.[29] Por último y aunque el catálogo de objetos estudiados podría alargarse mucho más, de las 26 monedas datadas que fueron halladas en las

27. Entre las islas Dahlak, en la costa eritrea, atravesadas por el paralelo 16°N, y el paralelo 26°N, que coincide con los puertos de al-Wajh en Arabia Saudí y de Myos Hormos en Egipto, las condiciones de navegación no son difíciles, con vientos máximos de la escala de Beaufort 4, es decir, menores de 30 km/ h. Sin embargo, por encima de 26°N, los vientos del norte son de Beaufort 5–6, hasta 50 km/ h, durante uno de cada cuatro días, aumentando a uno de cada tres días en septiembre. En el Golfo de Aqaba, los vientos medios son de Beaufort 4, pero ocasionalmente pueden ser muy ásperos, vendavales de más de 75 km/ h, con Beaufort 8 o superior. En Aqaba cambios en la dirección del viento pueden ocurrir en menos de una hora y soplar rachas durante varios días, especialmente en los meses del invierno boreal, lo que convierte a ʻAynūnah, candidatura propuesta aquí para Leuke Kome, en el último puerto seguro antes de llegar a Petra (Juchniewicz, "Port of Aynuna," 33–34). El régimen del Golfo de Aqaba explica también el desarrollo tardío del puerto de Elat en el extremo norte del mismo (Warmington, *Between the Roman Empire and India*, 49–50).

28. Ross, "Roman Vessel Stoppers," 18.

29. Blue, "Amphora Installations," 189–96.209.

campañas norteamericanas de los 1980s en Myos Hormos, diecinueve son del siglo I d.C.[30]

Excavaciones realizadas en Berenice egipcia 300 km más al sur de Hormos y en un eje casi paralelo con la ciudad islámica de Medina, han mostrado del mismo modo un despegue urbanístico y un aumento de objetos de consumo desde finales del siglo I a.C. y a lo largo de todo el I d.C. Noventa y cinco kilogramos de escoria de plomo, un fragmento de crisol de cerámica, clavos de aleación de bronce, tapones para el sellado de jarras en gran cantidad que pueden indicar supervisión aduanera de mercancías, dos tetradracmas de Tiberio (14–37 d.C.), moneda de billón, puntas de flecha romanas, canastos, y esteras con las que construir estructuras ligeras para la cubierta de los barcos, son algunos de los objetos catalogados en este otro puerto.[31] Debido a que el incremento de mercancías marítimas durante todo el siglo I d.C. fue un fenómeno global que involucró al Imperio Parto, el Cuerno de África, y la India, la misma relación estratigráfica y de objetos arqueológicos es aplicable a la costa que rodea la península árabe en su totalidad.

COMERCIO MARÍTIMO EN ARABIA ORIENTAL: OMANA

En Arabia del Este el próspero siglo I d.C. guarda relación con el nombre de "Omana," un enclave citado por Plinio y el Periplo. Omana fue el centro árabe del eje comercial entre el Imperio Parto, el Reino de Mesena en la desembocadura del Eúfrates, e India a través del Golfo Pérsico y el Mar de Omán.[32] Según el Periplo, Omana importaba incienso de Hadramawt a cambio de barcas cosidas ('ῥαπτὰ πλοιάρια) a la manera tradicional y gran cantidad de perlas. Gracias a la arqueología comparada, hoy se sabe que Arabia en términos de navegación se dividía en dos circuitos. Omana era el centro árabe del circuito que puede denominarse "del este," que en términos internacionales estaba bajo influencia parta e irania. El circuito del este abarcaba las costas orientales de Omán y Arabia Saudí, Emiratos, isla de

30. Sidebotham, "Ancient Coins," 353–57.

31. Sidebotham y Wendrich, *Berenike*, 30–54.200–10.216–17.219.233–45.270–84.

32. *Per. Mar. Ery.* 36 indica que Omana pertenecía a Persia y Plinio, *Nat.* 6,32:149 localiza, no sin intuición, Omana en la costa de Carmania. Aunque Omana en sentido genérico pudo incluir anclajes en el lado iraní del Estrecho de Ormuz, la información que recibieron ambos autores posiblemente provenía de navegantes que no habían visitado el lugar personalmente. Ver Schoff, *Periplus*, 150–51 para la confusión entre *Ommana* en Persia y *Omana* en Omán (Arabia).

Bahréin, y península de Qatar, evocando relaciones geográficas equivalentes a las presuponibles en el periodo dilumnita previo a la Edad del Hierro.

Por oposición, el "circuito del oeste" en términos de navegación fue básicamente el Mar Rojo hasta el puerto de Qana en Yemen (ya en el Mar de Arabia), con un motor propulsor periférico en las economías del Mediterráneo grecorromano. Se trata, aquí también, del paralelo marítimo del eje terrestre occidental. La divisoria entre los dos circuitos marítimos, se localizaba en un puerto-bisagra que era a la vez la terminal más occidental del circuito del este, y la más oriental del circuito del oeste, situado mucho más al sur de Omana pero al este de Qana: la antigua Sumhuram, nombre identificado gracias a las inscripciones de Khor Rori, al suroeste del actual Omán.[33]

Es altamente probable que Omana se localizara en la costa de Emiratos, siendo alcanzada por los productos mediterráneos indirectamente, a través de comerciantes mesenas, árabes, o gerrhenos, bien por medio de rutas terrestres o marítimas.[34] Más en concreto: la arqueología en el este de los Emiratos Árabes Unidos ha revelado asentamiento humano en tres puntos geográficos que han sido identificados con Omana, uno en el desierto interior, Mleiha que debió actuar como capital, y dos en la costa, ed-Dur en el extremo sur del Golfo Pérsico, y Dibba donde el Estrecho de Ormuz se abre al Mar de Omán. La información literaria sobre Omana es imprecisa, pero los objetos que han sido obtenidos en las excavaciones y la ausencia de otros asentamientos de entidad suficiente al sur de Qatar, prácticamente, no dejan lugar a dudas a la hora de identificar a Omana con el conjunto formado por estos tres lugares.[35]

ECONOMÍA Y RELIGIOSIDAD ÁRABE EN MLEIHA, ED-DUR, Y DIBBA: EAU

Mleiha se encuentra 50 km al este de Sharjah y 40 al oeste de Fujaira. La ciudad estuvo ubicada en un oasis de palmera datilera y acacias dispersas

33. Avanzini, "History of Sumhuram," 609–41.

34. Schoff, *Periplus*, 139–40, mucho antes de los estudios arqueológicos contemporáneos, localizó *Omana* en una región muy amplia de la costa de Omán, al este de Ras Fartak, pero puntualizando acertadamente que para el Periplo el término designaba también el sur del Golfo Pérsico y la costa del Mar de Omán.

35. Haerinck, "Internationalisation and Business," 199. El centro administrativo de Omana, el oasis de Mleiha, fue colonizado ya en el siglo III y II a.C., pero como ciudad del desierto todavía sin salida al mar. Las rutas a camello con el noreste de Arabia y el sur fueron entonces predominantes, y continuaron siendo utilizadas durante el tiempo de mayor prosperidad de Omana, en el que se sitúa el Periplo. Pero en este segundo periodo, lo que más destaca son los objetos transportados en barco.

con agua a 8 m de profundidad en los pozos antiguos, mezclando la vida urbana, la crianza caprina, y el correo a camello con la actividad costera. Consta de monumentos funerarios, restos de viviendas, y una pequeña fortaleza del último periodo en la que debió residir el poder central.[36] Es significativa la importancia que tuvo el camello en Mleiha. Doce enterramientos de dromedarios en el cementerio local, algunos orientados al este, y dos de ellos asociados a esqueletos de caballos, indican la creencia de sus habitantes en la vida del Más Allá donde la montura acompañaría al dueño que tuvo en vida.[37]

Después de una fase de colonización nómada que dejó pocos residuos en el suelo virgen, el urbanismo de Mleiha se prolonga desde la segunda mitad del siglo III y el primer cuarto del II a.C. hasta la época de dominación persa sasánida en el III d.C.[38] De estos cinco siglos, el periodo de mayor actividad en el oasis de Mleiha es correlativo al aumento del tráfico marítimo, entre fines del siglo I a.C. y comienzos del II d.C., coincidiendo con el periodo de mayor actividad de ed-Dur y Dibba.[39] El contacto del triple enclave de Omana con las naciones que tenían salida al Océano Índico se evidencia, entre otras pruebas de diagnóstico, por la abundancia de cerámica anaranjada fina con decoración en negro procedente de Irán, y abalorios de cornalina, algunos de procedencia india, encontrados en Dibba. Pese a la mención de Omana en Plinio y el Periplo, los objetos mediterráneos que han descubierto los arqueólogos, entre ellos intaglios bellamente grabados y cuencos vidriados con estrías en la base—y otro tipo de recipientes que pudieron llegar vía terrestre o a través de marinos árabes, characenos, o indios, hacen improbable que los cargueros romanos viajasen directamente hasta allá.[40]

Por otro lado, el contacto con el norte en esta parte de Arabia es evidente por varios testigos pertenecientes al periodo clásico. Destaca una cantidad notable de bitumen almacenado en jarras en el puerto de Dibba, monedas del "tipo Abi'el" de Mleiha y ed-Dur en imitación de las monedas seléucidas, y la existencia de un templo al dios solar Shamash en ed-Dur.[41] Dos muestras del bitumen de Dibba fueron analizadas en laboratorio. Debido a la semejanza de una sustancia química que permite identificar el

36. Mouton, "Environnement, Stratégies," 266–72.

37. Jasim, "Camel Cemetery," 70–86.95–99.

38. Mouton, "Présentation du Site," 13–26.

39. Haerinck, "Internationalisation and Business," 203; Jasim, "Trade Centres," 227–28.234; Jasim y Yousif, "Dibba," 50.

40. Haerinck, "Internationalisation and Business," 203–05; Jasim, "Trade Centres," 218–28.236; Jasim y Yousif, "Dibba," 59–77.

41. Haerinck, "Abi'el," 124–28; Haerinck, *Excavations*, 15–16.

origen fósil del hidrocarburo, el oleanano, una de las muestras encontrada dentro de una jarra de almacenaje mesopotámica, parece haberse originado en Hit (Iraq), y la otra en Irán.[42] Dichos testigos indican una relación directa entre el sureste de Arabia y regiones al norte y al este. Las monedas de tipo Abi'el, y el culto a Shamash, corroboran la relación con la región de procedencia de la primera muestra de bitumen, en especial.

Durante un tiempo se creyó que Mesena (Charace) al sur de Iraq, fue la vía principal de acceso para los objetos de origen romano encontrados en Omana, que pudieron llegar hasta ahí asociados a otro tipo de mercancías re-exportadas desde Palmira, bien en caravana, bien en barcas a través del río Eúfrates.[43] Pero una tumba colectiva en Dibba al-Hisn de unos 10 m^2 más recientemente excavada que ed-Dur y Mleiha, ha mostrado coincidencia con objetos encontrados en ed-Dur, es decir más al norte: un anillo de plata con un grabado de Atenea o Minerva, placas de marfil o hueso con grabados de escenas domésticas, y cuencos romanos de vidrio con estrías moldeadas en el apoyo, los cuales invitan a revisar el alcance de la hipótesis precedente. Debido a que Dibba se haya en el Mar de Omán que da al Océano Índico y el Mar Arábigo, este tipo de objetos pudo haber alcanzado Omana desde los mares del sur y no desde el reino Mesena.[44] Aun así, otra serie de indicativos hacen que no pueda negarse que entre ambas procedencias, la del sur y la del norte, el mundo mesopotámico oriental fuera más influyente sobre el pequeño reino de Omana que Arabia del Sur e India.[45]

MONEDAS DEL TIPO ABI'EL

Los primeros ejemplares conocidos de monedas del tipo Abi'el corresponden al tesoro de 300 tetradracmas de plata encontrado al pie de un muro en Qalaat en la isla de Tylos, datado en el tiempo de Antíoco III (242–187 a.C.).[46] Pasado al menos siglo y medio de esta fecha, en el periodo de mayor

42. Jasim y Yousif, "Dibba," 65–66.

43. Haerinck, "Internationalisation and Business," 200–04.

44. Jasim, "Trade Centres," 215–36.

45. Aparte de la gran cantidad de cerámica que ha sido importada a ed-Dur desde el reino Mesena, de las 32 monedas extranjeras encontradas en ed-Dur y 17 en Mleiha, el primer grupo representado es el reino Mesena con quince monedas. A continuación vienen las monedas sudarábigas e indias con siete monedas cada grupo, y nabateo-palestinas con seis monedas (Haerinck, "International Contacts," 281-99).

46. Callot, "Trésor de Monnaies," 354–56; Potts, *Supplement*, 82 propone una datación de las monedas de tipo Abi'el del tesoro de Qalaat a comienzos del siglo II a.C. en base al hecho de que el arameo, idioma utilizado en la leyenda de las monedas, no llegó al este de Arabia hasta esa fecha.

actividad de ed-Dur y Mleiha, desde mediados del I a.C. y a lo largo de todo el siglo I d.C., han aparecido gran cantidad de monedas que imitan este tipo de estampación, aunque de peor calidad que las de Qalaat, tanto en los detalles como por tratarse de aleaciones con cobre y no de plata pura.[47] La procedencia exacta de las monedas del tipo Abi'el del siglo III o II a.C. encontradas en Bahréin es desconocida, aunque puede sugerirse que fueron acuñadas no en Bahréin misma, sino en Gerrha o Hagar, cerca de la costa este de Arabia.[48] El hecho explicaría el surgimiento de poderes regionales independientes en esta región cuando los reyes seléucidas perdieron influencia en el Golfo Pérsico, pero bajo cuya iconografía y mundo simbólico no obstante los nuevos poderes siguieron representándose a sí mismos.[49]

Podría pensarse que las monedas de ed-Dur y Mleiha que imitan a su vez los modelos anteriores, fueron también acuñadas en algún centro productor más al norte si no fuese porque un negativo de piedra caliza para la creación de estas monedas fue hallado en Mleiha. Muchas de las monedas de Abi'el de Mleiha y ed-Dur presentan una leyenda degradada pero que conserva el estilo arameo original de las letras del dios solar Shamash, además del dibujo del caballo sobre el brazo derecho de una figura entronizada en el reverso (en origen el Zeus griego) y la palmera (tema indígeno). La gran cantidad de monedas de Abi'el de ed-Dur y Mleiha, y el molde para su acuñación en Mleiha, indican que Omana fue el centro de un poder político y económico con cierta continuidad en el tiempo y que Mleiha siguió el estilo seléucida en las monedas incluso mucho tiempo después de que el modelo clásico desapareciera.[50]

CONFLICTOS FRONTERIZOS EN EL NORTE: ARETAS IV Y HERODES ANTIPAS

El siglo I d.C. fue el último siglo de la dinastía nabatea, descontados los únicos seis primeros años del siglo II d.C. La primera mitad del siglo I corresponde, hasta el año 40 d.C., al longevo reinado de Aretas IV, sucesor de Obodas III que habría subido al trono en el 9 a.C. y que por tres años habría gobernado en común con Sileo según se desprende de las pequeñas monedas de plata, ya comentadas, en las que aparece el busto del monarca

47. Potts, *Pre-Islamic Coinage,* 79–101; *Supplement*, 53–76.

48. En contra de esta opinión se sitúa Potts, *Supplement*, 82, que propone la acuñación de las monedas tempranas de Abi'el en la propia Mleiha.

49. Callot, "Trésor de Monnaies," 355–58; Mørkholm, "Coin Hoard," 200–01.

50. Potts, *Pre-Islamic Coinage*, 106–17; *Supplement*, 81–83.

nabateo y la inicial de Sileo.[51] La historia de Aretas IV contada por Josefo enriquece un célebre episodio de los evangelios, la muerte de Juan el Bautista, situándolo en el contexto de las relaciones nabateo-judías en la región del Mar Muerto y Transjordania, de nuevo puestas bajo tensión por Aretas IV y Herodes Antipas.

Poco antes de su muerte, acaecida entre el 7 y el 4 a.C., Herodes el Grande viajó a Roma para que su herencia política fuese aceptada en una discusión de términos con el emperador Augusto que se desarrolló de modo más o menos paralelo al juicio en el que Sileo fue condenado a la pena capital. Sin embargo, las torturas usadas por Herodes como medio de información desvelaron, de regreso a Palestina, un complot para envenenarle en el que habían participado una mujer afín a Sileo y el propio Antípatro, hijo mayor de Herodes. Herodes modificó la herencia en el último momento y mandó apuñalar a su hijo en el palacio de Jericó, lugar donde el propio Herodes también murió.[52] La herencia que dejó a sus hijos fue: Arquelao (4 a.C.–6 d.C.) recibió Judea, Idumea, y Samaría; Herodes Filipo (4 a.C.–34 d.C.), un hombre que se diferenció de sus hermanos por el equilibrio personal y la justicia para con los súbditos, recibió Traconítida, Gaulonítida, y la región que hoy se llama Altos del Golán; y Herodes Antipas (4 a.C.–39 d.C.) las provincias de Galilea y Perea. De especial interés para las relaciones árabe-judías del periodo es Perea, por consistir en el margen oriental del curso medio y bajo del Jordan (Galaad sur y parte de la Amanítida norte), y en el margen oriental del Mar Muerto hasta el río Arnón (parte de la Amanítida sur y de Moab norte).[53]

El territorio de Perea heredado por Herodes Antipas incluía por tanto zonas de ascendencia amanita y moabita que hacían frontera directa con la Decápolis y Nabatea que habían sido objeto de disputa entre los judíos y sus vecinos nabateos desde los tiempos de la dinastía asmonea.[54] Aretas IV,

51. Las monedas de Sileo con Aretas IV muestran las letras iniciales de ambos nombres, la ḥet (ח) y la shin (שׁ), y en algunos ejemplares el nombre de Sileo completo, aunque nunca su busto. Las monedas de plata de Sileo son de 2,2 y 1,1 g al 90% de pureza, equivaliendo a media dracma y un cuarto respectivamente (Schmitt-Korte y Price, "Nabataean Monetary System," 101–03).

52. Josefo, *A.J.* 17,3–6; *B.J.* 1,31–33.

53. Josefo, *A.J.* 17,8.11. Sobre la valoración del reinado de Herodes Filipo, *A.J.* 18,4. El bíblico río Arnón que desemboca en la orilla oriental del Mar Muerto, en el país de Moab (Num 21,14–15; Deut 3,12; 4,48; Jos 13,8.16) es el actual wadi Mujib, en Jordania.

54. En realidad, la aspiración judía sobre la orilla oriental del río Jordán y del Mar Muerto hasta wadi Mujib se remonta al tiempo del Pentateuco, según el cual las tribus de Rubén, Gad, y parte de la tribu de Manasés habrían recibido el territorio conquistado por Moisés a Sijón, rey de los amorreos (Num 32; Jos 13,8–33).

aunque había tenido un mal comienzo a los ojos de Augusto por entronizarse sin haberle pedido permiso, hizo una acción favorable al buen entendimiento con los romanos enviando tropas de apoyo a Séforis para sofocar el levantamiento de un insurrecto, Judas el Galileo, que se había rebelado contra el pago de impuestos a Roma poco después de la muerte de Herodes el Grande.[55] El interés común, mezclado de rivalidad, llevó a Antipas y Aretas a emparentar, mostrando a las claras que las pretensiones de Sileo sobre Salomé, hija de Herodes y hermana de Antipas, no estuvieron desprovistas de realismo político. Cuándo se produjo la boda entre Herodes Antipas y la hija de Aretas IV es algo desconocido para la historia, pero la triste ruptura del enlace, que desencadenó la muerte de Juan el Bautista y una guerra entre Aretas y Antipas acaeció hacia el final de la segunda década del siglo I.

JUAN EL BAUTISTA: JOSEFO, EL EVANGELIO, Y EL CORÁN

El drama que acompañó al asesinato del Bautista ha sido contado en dos mitades.[56] Josefo sostiene de acuerdo con el capítulo sexto del Evangelio de Marcos que Juan se había convertido en una persona influyente, temida por Antipas, pero Marcos está interesado sobretodo en cómo sucedió la muerte del Bautista y no dice nada de Aretas ni de su hija. Josefo en cambio, explica las consecuencias políticas que produjo la ruptura de Aretas IV con Antipas cuando se enteró de que había deshonrado a su hija y sitúa en este más amplio contexto la muerte del Bautista.

De acuerdo al historiador judío, mientras Herodes Antipas se encontraba de viaje en Roma, arregló un nuevo matrimonio de espaldas a la hija de Aretas IV, a quien divorció de antemano. Pero para que Antipas contrajera matrimonio con Herodías, su nueva esposa, esta también debía ser divorciada por Filipo, uno de los hermanastros de Antipas, diferente del otro Filipo que era rey de Batanea y Traconítida. Durante el viaje de Antipas a Roma la hija de Aretas se enteró de que había sido divorciada. Consiguió arreglárselas para ser escoltada desde la fortaleza herodiana de Maqueronte, al norte del río Arnón, por un general de su padre Aretas hasta Petra.

Las nuevas nupcias de Herodes movilizaron a la opinión pública y Juan el Bautista, que según los evangelios predicaba en el curso medio y bajo del Jordán, recalcó que la unión de Antipas con Herodías era ilegítima

55. Josefo, *A.J.* 17,10. Judas de Gamala, *el Galileo*, es el originador del movimiento zelota.

56. Mc 6,14–29; Mt 11,2–3; 14,1–12; Lc 3,19–20; 9,7–9; Josefo, *A.J.* 18,5.

estando vivo Filipo.[57] En caso contrario, la antigua ley del levirato amparaba a Antipas, pero mientras Filipo continuase con vida seguía siendo el esposo legítimo de Herodías y a Herodes no le estaba permitido contraer matrimonio con ella.[58] Herodes se desquitó de la influencia creciente del Bautista en su territorio y lo metió en la cárcel. Herodías, un ser dispuesto a manipular voluntades para conseguir sus fines, pidió durante una cena de Herodes con los arcontes de su jurisdicción eliminar a Juan. Por Josefo es sabido que esto ocurrió en Maqueronte, donde debe situarse la decapitación de Juan a petición de Herodías y su hija Salomé, y la recogida del cadáver por los discípulos de Juan contada por Marcos.[59]

Josefo prosigue con el fin del relato. Aretas IV aprovechó su ruptura con Antipas para reavivar una disputa fronteriza en Gamala y atacó posiciones herodianas causando una rotunda derrota en el ejército de Antipas que fue interpretada por los judíos como un castigo divino por haber matado a Juan el Bautista, un hombre cuya justicia Josefo pone en relieve. Herodes informó a Tiberio. El emperador se enfadó con Aretas y concentró dos legiones en el puerto de Ptolemaida para invadir Petra y capturar a Aretas vivo o muerto. Vitelio, el general a cargo de la operación, no prosiguió. Afortunadamente Tiberio murió al poco y Vitelio no quiso continuar la guerra por su cuenta.[60]

57. Juan Bautista predicaba en el Desierto de Judá (Mt 3,1; Mc 1,4; Lc 3,2), que se extiende al sureste de Jerusalén hasta el Mar Muerto, y en el margen "israelita" del río Jordán desde Aynón de Samaría en el curso medio (Jn 3,23) hasta su desembocadura en el Mar Muerto (Mt 3,5–6.13; Mc 1,9.12; Lc 3,3), pero también predicó en la boca oriental del Mar Muerto (ἐν Βηθανίᾳ πέραν τοῦ 'Ιορδάνου; Jn 1,27). Aparte de *Betania del otro lado del Jordán*, la predicación del Bautista posiblemente incluyó el lado oriental del Jordán en algunos otros puntos, es decir, en regiones de Perea. La relación entre Juan y el desierto hace objeto primero de su predicación a los judíos de la región de Judea (Mc 1,5), pero su desplazamiento a lo largo del Jordán y en ambas orillas incluyó judíos de la jurisdicción de Antipas, galileos que viajaban al sur como Jesús y sus discípulos (Jn 1,28–29.35–40; 3,23–26), y judeopereos, lo que explicaría su detención por Herodes sin que este recurriese a los romanos, bajo quienes caía desde el año 6 d.C. la jurisdicción de Judea (Mt 3,5; Lc 3,3).

58. Deut 25,5.

59. Mc 6,14–29.

60. La enemistad entre Antipas y Aretas IV puede ser datada con algo de precisión. Lucas sitúa el comienzo de la predicación del Bautista en el año 15 de Tiberio, aproximadamente el 27–28 d.C., pero quizás más probablemente este sea el momento de su muerte, lo que daría una fecha para el comienzo de la enemistad entre Aretas y Antipas (Lc 3,1–3). Tiberio murió unos diez años después del Bautista, en el 37 d.C., año en el que Hammond, *The Nabataeans*, 38 localiza la disputa de Aretas y Antipas por Gamala indicada por Josefo (Tschanz, *Nabataeans*, 30 la sitúa en el 36 d.C.; Josefo, *A.J.* 18,5). Gamala fue una ciudad judía al este del lago de Galilea en el Bajo Golán, fronteriza con el Haurán nabateo. Perteneció a Herodes Filipo,

El profeta Juan/ Yaḥya aparece en dos pasajes del Corán (3:38–41; 19:1–15) que son una clara alusión al evangelio de la infancia de Lucas.[61] Su presentación en el libro sagrado del islam es semejante al de otras personas importantes del mundo bíblico. En el Corán Yaḥya (يَحيَى) ha conservado rasgos de carácter originales pero ha perdido otros teológicos, además de referencias geográficas y temporales precisas. Es un profeta desde el seno de su madre, nacido por un milagro, un hombre casto, justo, respetuoso con sus padres, y aferrado al Libro, enviado para confirmar la palabra de Allāh, aunque poco se dice del contenido específico de su predicación y nada de su relación con el bautismo.[62] Zacarías/ Zacariyyā (ذَكَرِيّا), el padre de Juan, ha adquirido además un rasgo arabizante en línea de los profetas que precursaron la llegada de Mahoma, en este caso la atribución a Zacarías de la oración islámica del amanecer y del anochecer.[63]

Dejando a un lado su presencia en el Corán, Juan tiene un sitio en la historia de los árabes por ser una víctima colateral de la política fronteriza entre Nabatea y Herodes Antipas. Los antepasados directos de Juan y la religión que Juan practicó pertenecen enteramente al mundo judío, pero puede ser de interés considerar que la predicación del Bautista le sitúan no demasiado lejos de Nabatea y que el oficio ocupado por algunos de sus oyentes, cobradores de impuestos y soldados, pero posiblemente también agricultores y comerciantes, pudo guardar relación con actividades económicas desarrolladas en la región del Mar Muerto y Perea de las que participaron judíos, nabateos, y otras etnias genéticamente cruzadas en mayor o menor grado con los árabes, amanitas, y moabitas.[64] Algunos

hermano de Antipas fallecido sin descendencia en el 33–34 d.C., cuando su tetrarquía se incorpora transitoriamente a la provincia de Siria (Josefo, *A.J.* 17,11; 18,4). Posiblemente este incidente creó inestabilidad, lo que Aretas aprovechó para intentar hacerse con parte de la región. Lo mismo que Aretas, Antipas actuaba fuera de su territorio pero lo hacía para mantener el orden establecido por Roma y eso explicaría la decisión de Tiberio. En el 37 d.C. Agripa I heredó Gamala y el resto de lo que fue el territorio de Filipo del nuevo emperador Calígula (Josefo, *A.J.* 18,6; *B.J.* 2,9). Gamala fue protagonista de un esforzado asedio durante la I Guerra Judía contra Roma, siendo destruida por Vespasiano en el 67 a.C. (Josefo, *B.J.* 4,1).

61. Referencias menores: C 6:85; 21:89–90.

62. C 3:39 establece que Juan es una confirmación de una palabra (venida) de Dios. Puede referirse al ministerio precursor de Juan, quien anunció la inminente llegada del Mesías (Mt 3,1–12; Mc 1,1–8; Lc 3,2–17). Jesús/ ʻIysā (عِيسَى) es de hecho llamado "palabra de Allāh" y "Mesías" poco más adelante (C 3:45; 4:171) y permite dicha interpretación, pero cabe también entender la aleya en el sentido de una confirmación de la revelación anterior a Juan, la Torah, motivo constante en el Corán (2:41.89.91.97.101; 3:3; 5:46.48; 6:92; 7:157).

63. C 3:41.

64. Lc 3,12–14.

testigos de cerámica nabatea y una cantidad considerable de monedas de Aretas IV encontradas al investigar a fondo un edificio de 'En Boqeq, al suroeste del Mar Muerto en territorio judío, sugieren en este sentido que los intereses comerciales nunca fueron tan restrictivos como los políticos y que los productos en bruto o elaborados de origen nabateo pasaron la frontera en la primera mitad del siglo I d.C.[65]

JUDÍOS Y NABATEOS TRABAJANDO JUNTOS: LA PERFUMERÍA DE 'EN BOQEQ

El centro económico de la región a la que pertenece 'En Boqeq, que limitaba por el oeste con el Desierto de Judea, es el oasis de 'En Gedi, famoso por el cultivo del bálsamo judío en las fuentes literarias antiguas, 30 km al norte de 'En Boqeq.[66] Setenta kilómetros separan 'En Boqeq de la desembocadura del Jordán y solamente quince de la cola sur y la frontera con Nabatea. Construido en un oasis inclinado sobre una ladera en frente del mar, el edificio investigado tiene forma rectangular, mide algo más de 15 m por 20 y fue ocupado en la primera mitad del siglo I d.C., presentando una breve reocupación en la primera mitad del siguiente siglo. El comienzo de la principal fase de ocupación puede establecerse por una jarra fundacional completa que fue enterrada en la esquina sureste asociada a una moneda del procurador Valerio Grato del 18 o 19 d.C.[67]

El edificio de 'En Boqeq, a pie de costa, tuvo un carácter industrial muy marcado. Su arquitectura es parecida a la de otros edificios de Idumea y Nabatea. Se dispone como un patio central al aire libre rodeado de cuartos de única planta que carecieron de techo de piedra o teja, ya que no se han encontrado restos de arcos ni columnas para soportar una estructura pesada sino que al parecer este fue construido con troncos de palmera cruzados.[68] En cuanto al uso, la retirada de material mostró instalaciones inequívocas de transformación: hasta cuatro hornos en el patio central, morteros de varios tipos, lo que puede ser la base de un molino, pequeños pozos de medio metro de profundidad, suelo para prensado, multitud de frascos, y contenedores

65. Para la sección que sigue Fischer et al., *'En Boqeq*, 10–44.85–128.137–44.

66. De la comparación de Estrabón, *Geogr.* 17,1:15 y Plinio el Viejo, *Nat.* 12,114 se puede deducir que el cultivo del opobálsamo en tierras judías fue reducido en tiempos herodianos a dos plantaciones para mantener elevado el precio. Por Josefo, *A.J.* 14,4; 15,4 y *B.J.* 1,6 sabemos que la plantación más grande estaba en Jericó. La segunda era 'En Gedi, a orillas del Mar Muerto, citada por Galeno, *Anti.* 1,4; Eusebio, *Onom.* 484 (ver 119,12 de la edición griega de De Lagarde); Jerónimo, *Epist.* 108,11.

67. Fischer et al., *'En Boqeq*, 3.10.88.

68. Fischer et al., *'En Boqeq*, 19.127–28.

de almacenaje. Se han identificado más de 400 especímenes diferentes de cerámica. En su práctica mayoría responden a recipientes con diseños judíos, lo que marca el carácter étnico del edificio y al menos el de la mayor parte de sus trabajadores. En atención al tipo de recipientes e instalaciones, a la ubicación de 'En Boqeq muy cerca del centro productor de bálsamo judío, los restos de canalización de agua, y algunas terrazas en el entorno, el edificio fue interpretado como un centro productor de perfumes.[69]

'En Boqeq se presenta como una instalación única en la historia arqueológica del Levante, que fue abandonada dejando en el lugar muchos de los utensilios necesarios para la transformación de las materias brutas en perfumes y medicinas.[70] La gran cantidad de ceniza encontrada cerca de los hornos y el tamaño medio de los recipientes sugiere el hervido de disoluciones y la preparación de perfumes y mezclas farmacéuticas.[71] Posiblemente la empresa productora perteneció a una familia judía. Hay no obstante una representación de cerámica nabatea que no deja de ser significativa y que merece atención en este estudio. Está compuesta por una treintena de ejemplares, entre ellos doce cuencos, cuatro pucheros de cocina que van del color rojo al marrón oscuro, catorce frascos, y una jarra de color crema. El registro numismático es también relevante. En primer lugar, permite datar el estrato de ocupación principal, que parte de la moneda fundacional de Valerio Grato fechada en el año quinto de Tiberio y termina con dos cuadrantes de Antonio Félix de los años 54 o 55 d.C.[72] De un total de 41 monedas que pudieron ser identificadas atribuibles a este periodo, dieciocho son nabateas, quince de las cuales son de Aretas IV, once de los procuradores romanos de Judea, y tan sólo cinco herodianas. Además, otras siete monedas del total son dudosamente nabateas.[73] El registro arqueológico indica por tanto que los nabateos pudieron cumplir alguna clase de función subsidiaria en 'En Boqeq. Es posible inclinarse por el suministro de materia prima o el transporte de productos ya elaborados, aunque no puede excluirse la presencia de empleados nabateos.[74]

69. Fischer et al., *'En Boqeq*, 138.
70. Fischer et al., *'En Boqeq*, 138.
71. Fischer et al., *'En Boqeq*, 93.
72. Fischer et al., *'En Boqeq*, 85.90.
73. Fischer et al., *'En Boqeq*, 85–90.
74. Fischer et al., *'En Boqeq*, 137–38.

FIN DE NABATEA: CREACIÓN DE LA PROVINCIA ROMANA DE ARABIA

El siglo I d.C. de Nabatea atraviesa los reinados de Aretas IV (9/8 a.C.-40 d.C.), Malicus II (40–70), y Rabbel II (70/71–105/106), alcanzando el año 106 d.C. en el que Trajano decide transformar Nabatea en la provincia romana de Arabia. Quizás, uno de los signos más emblemáticos de este acontecimiento son las monedas emitidas por Trajano en las que Arabia aparece personificada en el reverso mediante la imagen de una mujer y un pequeño camello a la izquierda. Estas primeras monedas y otras en las que simplemente aparece un camello ocupando el centro del reverso fueron acuñadas poco después de la asimilación, entre el 109 y el 113 d.C., y continúan la tradición de la dracma nabatea de 3 g, con una aleación mitad cobre, mitad plata.[75] Las monedas de Rabell II son las últimas de la monarquía nabatea. En algunas estampaciones de plata Rabbel es representado con su hermana Gamilat, a la que la leyenda en nabateo llama "Gamilat su hermana, reina de los nabateos," sugiriendo una posible tradición monárquica de esposamiento entre hermanos o hermanastros.[76]

Rabbel II (רבאל/ Rabbeyl, "Dios/ Señor Grande") trasladó su residencia a Bostra en el Haurán, territorio donde su nombre está múltiples veces atestiguado en las inscripciones. Varias lecturas son posibles de este traslado. Marca en cualquier caso la creciente importancia de Bostra para la cúpula nabatea vinculada a su último monarca, pero no debe verse como un declive notorio de Petra, no por el momento. La inscripción más significativa es aquí RES 83 proveniente de un pequeño santuario en Tell Maʿāz, al sureste de Bostra. Pertenece al año 93, y está dedicada a "Dushara

75. Woytek y Butcher, "Camel Drachms," 117–18.130–31. La dracma de algo más de 3 g de masa estandarizada a la mitad de pureza en plata es instituida por Aretas IV entre el 18 y el 21 d.C. para las monedas en las que aparece representado el monarca junto a su esposa Shaqilat. La reducción en plata, que conservan Malicus II y Rabbel II en sus propias estampaciones, va encaminada a la retención de divisa dentro de Nabatea frente a las monedas extranjeras—la dracma siria, el denario romano, y el siclo fenicio usado también por los judíos, de mayor pureza. En cuanto a la dracma ptolemaica, estaba devaluada a un 45% cuando gobernaba Cleopatra VII, cayendo a un 30% al comienzo del siglo I d.C., y más tarde a un 16 %, siendo inaceptable fuera de Egipto. La moneda romana de plata, el denario, equivalente a un cuarto de siclo, se mantuvo por el contrario en alta pureza hasta Nerón (54–68). En tiempos de Augusto, fue una de las monedas más sólidas, de una pureza casi total. Nerón reduce el metal valioso en diez partes por cada 100, llegando a 20 partes en la época de Trajano (98–117), contemporáneo de Rabbel II (Schmitt-Korte y Price, "Nabataean Monetary System," 112–28; Sydenham, "Roman Monetary System", 114–15.130).

76. Barkay, *Coinage of the Nabataeans*, 67–68.

y A‘ra, el dios de nuestro señor (Rabbel) que está en Bostra, en el año 23 del rey Rabbel" (líneas 5–9).[77]

Al morir Rabbel II en el 106, desaparece la monarquía nabatea y la legión III Cirenaica, traída de Egipto, es encomendada con la misión de mantener la seguridad en lo que fue Nabatea, ahora convertida en una nueva provincia romana, la de Arabia.[78] La III de Cirene establece su cuartel general en Bostra ya en la primera mitad del siglo II d.C.[79] Como se ha adelantado, la asimilación de este territorio por el Imperio Romano, presagiada ya de alguna forma con el traslado de Rabbel II a Bostra, no es consecuencia de

77. לרבאל 23 | בבצרא בשנת | מראנא די | אערא אלה | דושרא ו־. «A‘ra» es quizás, una versión local de Dushara.

78. Bowersock, *Roman Arabia*, 106–08. El asentamiento de la III Cirenaica en Arabia fue progresivo a lo largo de las tres primeras décadas del siglo II, conociendo un regreso a su base anterior de Nicopolis en Egipto entre el año 116 y el 123 d.C. Una reconstrucción probable, aunque no concluyente, de su traspaso sería la siguiente: a) Transferida a Arabia Pétrea en el 106 para evitar la sucesión dinástica de Rabbel II, la III Cirenaica se establece en territorio nabateo, ahora romano, hasta el 116 d.C., si bien la anexión se atribuye a Cornelio Palma, gobernador de Siria, según una nota marginal de Dion Casio (*Hist. Rom.* 68,14:5). b) Una inscripción del año de la anexión o del 107 d.C. en Jerusalén atestigua la presencia de un destacamento de la III Cirenaica en camino de sofocar los levantamientos en Egipto y Cirene. c) Una carta en papiro, hallada en Karanis, Egipto, fechada con seguridad en marzo del 107 d.C. fue escrita por un legionario desde Bostra, al parecer de la III Cirenaica. d) Un epitafio, de datación dudosa no más tarde del 111 d.C., registra el deceso de un soldado de la III Cirenaica en Petra. e) Más tarde, en el 115 d.C., otra inscripción del arco triunfal de Dura Europos en la frontera este de Siria señala la presencia de al menos un cuerpo de la misma legión con motivo de la guerra de Trajano contra Partia (114–117 d.C.). f) En el 119 la legión entera regresa a Egipto, y entre esa fecha y el 123 d.C. es relevada en Arabia por la VI Ferrata, con base inicial en Samosata, al norte de Edesa y Dura. g) Finalmente, poco después del 123 d.C. la VI Ferrata pasa a Judea donde se une a la X Frentensis, y la III Cirenaica se asienta de manera permanente en Bostra, donde permanece su sede hasta la conquista islámica en la década de los 630s (Kennedy, "Early Garrison of Arabia," 283–99.307–08).

79. Ptolomeo, *Geogr.* 5,16. La elección de Bostra como sede de la III Cirenaica se debió posiblemente a una confluencia de factores, entre ellos su cercanía de la frontera romana con Partia, más que a la recesión económica de Petra en el siglo II d.C. (Fiema, "Roman Petra," 41–45; Erickson-Gini, *Nabataean Settlement*, 46–50). Tampoco carece de interés que la policía romana en Transjordania se hubiera apoyado en la dinastía herodiana, encargada de mantener la recaudación de impuestos y de la seguridad a lo largo de las vías de comunicación utilizadas tanto por nabateos como por mercaderes sirios, árabes de otra procedencia, y judíos (Josefo, *A.J.* 15,10; 17,11; 18,6; *B.J.* 1,20; 2,6.9). El traspaso a los romanos de la tetrarquía de Agripa II en el 93 a.C., incluyendo los territorios de Batanea y Traconítida que limitaban con el norte de Nabatea en la región de Bostra y el Haurán, no debió ser por tanto un motivo ajeno a la decisión de incorporar al Imperio Romano el reino de Rabbel II, cuya corte ya se asentaba en Bostra (Josefo, *A.J.* 20,7; *B.J.* 2,12; Peters, "Nabateans in the Hawran," 263–70.275).

una crisis económica, no al menos una recesión marcada. Esta no llega hasta el declive general en el siglo III d.C. atestiguado, entre otros factores de medición, por la caída en picado del transporte de mercancías en Myos Hormos, puerto egipcio del Mar Rojo, y por el desarrollo de terrazas e infraestructuras hidráulicas para el cultivo agrícola en el Negev que indican una recesión de la economía basada en caravanas.[80]

CONFLUENCIA CULTURAL ROMANO-NABATEA: CRÁTER RAMÓN Y MOYAT AWAD

Un indicador cierto de que el siglo II no se caracterizó en (el sur de) Nabatea por la crisis económica, fue que los romanos mantuvieron en uso la antigua red de caminos nabateos, aquellos de la ruta del incienso desde Petra a Gaza así como el enlace entre Gaza y la región productora de bálsamo en el Mar Muerto, donde reparan infraestructuras del periodo nabateo o las aumentan con nuevas construcciones. Uno de los ejemplos de este interés renovado por el comercio de caravanas al hilo de la anexión romana de Nabatea, es la estación construida en Cráter Ramón en las primeras décadas del siglo II, en la ruta que se dirigía desde Petra a Gaza pasando por Oboda.[81] El diseño es el mismo observado en otras estaciones, un perímetro amurallado de aproximadamente 40 x 40 m, con un gran patio interior para el apeo de cargas y animales, cuartos de casamata contra las paredes interiores en los que poder dormir, y una casa para el jefe de estación en la esquina opuesta a la entrada. En la vivienda llegó a encontrarse un juego de cocina, con un horno panadero, huesos de camello, y recipientes del siglo II y III d.C.[82]

Muy interesante para el conocimiento de las relaciones económicas nabateo-romanas del siglo II es también el complejo encontrado en Moyat Awad, a medio camino entre Petra y Cráter Ramón, donde a cierta distancia uno de otro están asociados un fuerte romano, una piscina para el almacenamiento de agua, y una estación nabatea para caravanas con cuarto de baño alimentado desde la piscina a través de un acueducto. Aquí la estación de caravanas fue construida antes, en la primera mitad del siglo I d.C., pero tiene un diseño idéntico al de Cráter Ramón, con un patio interior con capacidad para 20 o 30 camellos. Dentro del fuerte se descubrió una prensa de aceite de la última fase de ocupación, comenzada después de la anexión de Nabatea a Roma, en el siglo II d.C. El aceite debía

80. Erickson-Gini, "Nabataean Agriculture," 50–51.53–54; *Nabataean Settlement*, 51–64; Thomas, "Roman Vessel Stoppers," 18.33; Blue et al., "Ship's Fittings," 209.

81. Erickson-Gini, *Nabataean Settlement*, 12–13.

82. Erickson-Gini e Israel, "Nabataean Incense Road," 28–29.39–41

ser producido a partir de olivos cultivados en el entorno. Se ha pensado que era utilizado después para producir perfumes, posiblemente imitaciones de las marcas comerciales de Petra y Alejandría.[83]

MAMPSIS EN EL NEGEV: NABATEOS DEDICADOS A LA VENTA DE CABALLOS

Otro caso de estudio a destacar, quizás por encima de los anteriores, es Mampsis, una antigua aldea nabatea del Negev construida en la primera mitad del siglo I d.C., que fue ampliada en el siglo II d.C., abandonada en el siglo III posiblemente a consecuencia de una epidemia, y ocupada de nuevo entre el IV y el tiempo de las conquistas islámicas (s. VII).[84] Estuvo ubicada en la intersección entre el camino de Petra a Gaza (este-noroeste), y el de Jerusalén a Petra (norte-sureste), teniendo conexión por el este además con el Mar Muerto. En el tiempo anterior a la anexión romana, albergó unas 20 familias nabateas en estrecha relación entre sí y con quienes transitaban por los caminos. Aquí, la estación de caravanas es rectangular, con dos trazados paralelos, el más largo de unos 40 m y el ancho de poco más de 20. Dispuso de dos aleros de cuartos sin pavimentar con arcos que testimonian la existencia de un tejado, que por la anchura de los muros pudo albergar una segunda planta dormitorio. La planta superior no está, por lo demás, atestiguada ya que el edificio fue desmantelado casi por completo en el siglo IV.

La estación de caravanas de Mampsis pudo albergar de 50 a 70 camas, o el doble en caso de que los camelleros utilizaran esteras, contando sólo el espacio de la planta baja. Fue construida en el tiempo de Aretas IV o Malicus II, manteniendo uso continuado o ampliado durante el reinado de Rabbel II y el siglo II d.C. A juzgar por un tesoro familiar de monedas que fue escondido en un falso doble de una torre, el poblado de Mampsis fue abandonado en el primer tercio del siglo III. Posteriormente, durante la época bizantina, la estación de caravanas no fue ya reutilizada, sino que el material de la estación de caravanas sirvió de cantera en la siguiente fase de ocupación.[85] Para ilustrar el tipo de vida que llevaban los habitantes del periodo romano en este sitio otras tres estructuras al menos, merecen mención. La primera es una casa con establo, con ocho pesebres construidos de sillares, cubiertos, y con ventanas arqueadas del siglo I d.C. tardío o comienzos del II. La casa ocupó un área de más 500 m^2 y fue hecha en poco

83. Erickson-Gini e Israel, "Nabataean Incense Road," 44–49.

84. Negev, *Mampsis Final Report*, 1–3.

85. Negev, *Mampsis Final Report*, 191–94.

tiempo, a deducir por la ausencia de adiciones en la estructura, lo que puede ser tomado como prueba de la inversión económica inicial.[86]

Otra vivienda de Mampsis, de mayores dimensiones que la anterior, tenía también una cuadra de diseño similar, aunque con doce pesebres. Para el excavador del conjunto, sus propietarios nabateos estuvieron dedicados a la venta de caballos, actividad con la que se enriquecieron entre la segunda mitad del siglo I d.C. y comienzos del siglo III. El establo tenía una nave central de 6 m de anchura donde era posible la visita de personas interesadas en la compra de animales. Los animales podían ser vistos a través de los ventanucos de los pesebres, o cuando el dueño sacaba el espécimen seleccionado a la estancia central para su inspección.[87] A semejanza del edificio anterior, disponía de una torre con escaleras que albergó la sorpresa de una urna de bronce con el tesoro familiar. Escondido detrás de la pared, estaba formado por unas 10.000 monedas cuyo estudio recorre la historia del edificio desde Trajano (98–117) hasta su abandono poco después del año 222 d.C., fecha de las últimas monedas. De esta segunda vivienda sobrevivieron varias estancias con frescos—dos hombres de cuerpo desnudo, otros dos bustos masculinos dentro de medallones, dos mujeres aladas reminiscentes de la diosa Tyche, una escena erótica de dos jóvenes, y partes de una alfombra, todos en vivos colores, rojos, marrones, y verdes, con algunos azules y amarillos.[88] Los dibujos no están muy bien ejecutados pero bastan para probar que la adinerada familia nabatea se identificaba con la cultura romana del momento.

El tercer edificio a comentar en esta aldea nabatea en la frontera con Judea es una casa de baño público, donde la influencia de una costumbre romana queda patente. La casa de baño disponía de vestuario, un frigidarium con dos bañeras para agua fría, y un tepidarium con bancos bajos contra la pared para agua calentada gracias a un hipocausto subterráneo. Este baño público fue construido antes de finalizar el siglo I d.C. y se mantuvo en uso hasta finales del siglo III o comienzos del IV. Era alimentado por un conducto descendente desde una reserva de agua de mediano tamaño, de 500 m^3. La reserva no disfrutaba por desgracia de alimentación directa. Uno de los trabajos de la población seminómada del entorno de Mampsis (ayudada de esclavos familiares), mucho más humilde en medios de subsistencia, tuvo que ser la carga de agua desde los diques que paraban el

86. Negev, *Mampsis Final Report*, 88–103.

87. El edificio número XII de Mampsis arriba descrito, ofrece un buen contexto arqueológico para entender la imagen mental que pudo tener Lc 2,6–7 cuando relató el nacimiento de Cristo en un establo (φάτνη) donde animales y personas podían tener espacios diferenciados bajo un mismo techo.

88. Negev, *Mampsis Final Report*, 130–46.147–62.

torrente formado durante el invierno en los barrancos cercanos–sostiene A. Negev, el arqueólogo judío que extrajo toda esta valiosa información.[89]

JUDÍOS Y NABATEOS CULTIVADORES DE OASIS: EL ARCHIVO DE BABATHA

Los ejemplos anteriores dan al lector de hoy la oportunidad de mirar desde un primer plano en los vestigios de la cultura material a los árabes nabateos que convivieron muy cerca de los judíos y en contacto con ellos en una época precedente al desplazamiento de los propios judíos a Arabia, hecho al cual debe remitirse, como en su origen, el grueso de los elementos judaizantes inculturados en el islam. Pero no son los únicos ejemplos, ni los más elocuentes en este sentido. Cincuenta kilómetros separan Mampsis de los oasis agrícolas de 'En-Gedi y Ghor as-Safi, el primero al norte de Mampsis colindando con el Desierto de Judea, y el segundo al noreste dentro de territorio nabateo, ambos a orillas del Mar Muerto. Ghor as-Safi es la ubicación propuesta por la investigación para la antigua Zoar, citada varias veces en la Biblia, perteneciente a Moab aunque ubicada en su frontera sur, esto es al norte del 'Arabāh.[90]

A finales del siglo I d.C. la región meridional del Mar Muerto estaba habitada principalmente por nabateos, aunque en Maḥoza, una aldea perteneciente al distrito de Zoar, existía un componente social judío, de al menos dos o tres clanes familiares que habían emigrado atraídos por el cultivo de la palmera datilera. Un conjunto de 35 papiros conocidos bajo el nombre de "Archivo de Babatha," en honor a su dueña judía, revela un entramado de relaciones judías en esta región al sur del Mar Muerto durante la última etapa del reinado de Rabbel II y el fin de la Segunda Guerra Judía contra Roma, en el 135 d.C. Merece la pena observar con lupa brevemente estas relaciones por las que algunos grupos judíos se van arabizando progresivamente, desencadenando relaciones económicas y culturales duraderas dentro de Arabia que explican, algunos siglos más tarde, la llegada de tradiciones judaizantes al Corán.

Todos los documentos del Archivo de Babatha son jurídicos: títulos de propiedad en los que destacan varios palmerales en Maḥoza, una herencia, citaciones judiciales relacionados con la propiedad de Babatha o con la tutela de su hijo Jesús, el segundo de los contratos matrimoniales de Babatha, y el de una hijastra suya por su segundo marido. Veintitrés de los documentos

89. Negev, *Mampsis Final Report*, 167–91. Mampsis fue excavado por Avraham Negev en los años 80s del siglo pasado.

90. Gen 13,10; 14,3; 19,20–23; Deut 34,3; Isa 15,5; Jer 48,34.

responden al tipo común de doble contrato en el que el texto legal aparece escrito dos veces.[91] En este tipo de documentos, una de las copias del texto era enrollada sobre sí misma para prevenir la falsificación y luego cosida contra la parte extendida y que al quedar a la vista contenía la segunda copia del texto legal, de similar extensión o algo resumida. Las firmas de los testigos y del escriba que realizaba el documento no tenían duplicado e iban por la parte de atrás que no estaba enrollada. El componente judío es predominante en el archivo, pero al tratarse de documentos compulsados en Nabatea, el componente nabateo aparece representado igualmente. Junto a testigos y escribas judíos de los documentos aparecen algunos nabateos que debieron estar presentes con los judíos en el momento de la redacción.

Las relaciones entre judíos y nabateos eran favorecidas no sólo por el uso del arameo, la lengua franca de esta región de confluencia cultural, sino desde hacía tiempo por el griego. De los 35 papiros del Archivo de Babatha, seis están escritos en nabateo, tres en arameo, diecisiete en griego, y nueve en griego con suscripciones y firmas en arameo y nabateo.[92] Cuatro de los documentos escritos en nabateo son los más tempranos del archivo, del tiempo de Rabbel II. El primero de ellos está fechado en el año 23 del rey Rabbel, es decir el 93 d.C., y consiste en la titularidad de propiedad que un nabateo, «Maqnamu,» traspasa como dote a su esposa «ʻAmatʻisi hija de Kamanu» y que Simeón, el padre judío de Babatha, aparentemente compró al último propietario. Otro contrato, del año 99 d.C. concierne a un palmeral situado en una buena ubicación de Maḥoza ya que limitaba con otro palmeral de la corona nabatea e incluso menciona a un príncipe nabateo que era desconocido hasta el momento de encontrarse el archivo, Obdath, hijo de Rabbel II y nieto de Malicus II. Este contrato indica también el derecho de irrigación del palmeral, una hora cada domingo del año.[93]

La pericia de uno de los escribas del Archivo de Babatha era elevada. Su firma y su caligrafía en diferentes documentos revelan que era capaz de escribir en arameo, hebreo, y nabateo. Esta persona debía tener cierta reputación porque en un documento del año 130 se menciona a sí mismo como tutor legal de Babatha de cara a la validez del documento y lo más curioso, parece ser una persona con doble origen, porque su nombre es judío y su patronímico nabateo: «Yoḥana bar ʻAbdʻobodat» (ywḥnʼ br ʻbdʻbdt).[94] Las relaciones del clan familiar de Babatha con los nabateos dependían

91. Hartman, *Archivio di Babatha*, 18.65–66; Yadin, *Bar Kokhba*, 229–31.

92. Hartman, *Archivio di Babatha*, 61; Yadin, *Bar Kokhba*, 229.

93. Yadin, *Bar Kokhba*, 235–36; "Cave of Letters," 238.

94. P. Yadin 8; 9; 14; 16; 20; 22; Hartman, *Archivio di Babatha*, 53–56.85–88.95–99.116–20.124–27.

también de las sedes administrativas donde tuvo que dialogar vía escrita o presencial, a veces por propia iniciativa y otras por acusación ajena. Las sedes administrativas de Maḥoza en los papiros de Babatha son Petra y Rabbath Moab. Babatha es citada a juicio en al menos dos ocasiones a Petra. En una, el judío «Besas bar Yeshuah,» tutor de unos sobrinos de Ele'azar, el segundo marido de Babatha, le acusa de retener unas propiedades en Maḥoza contra el derecho de los sobrinos.[95]

En la otra citación, una ciudadana romana, una tal Iulia Crispina, retoma el contencioso y se presenta junto con Besas ejerciendo de tutora de los sobrinos del segundo marido de Babatha. El documento es del 131 d.C., un año posterior al anterior, y en él aparece también escrita en griego una contracitación de Babatha en la que su tutor legal ante el juzgado de Petra es otro nabateo, «Maras hijo de 'Abdalgos» (Μαρας Ἀβδαλγου).[96] El panorama de las relaciones judeonabateas dibujado por los documentos de Babatha, aunque solamente permita ir al exterior de los datos con suposiciones, es cuando menos interesante. Una resolución del senado de Petra del año 124 determina la tutela que debe cuidar de «Yeshuah hijo de Yeshuah,» el descendiente de Babatha con su primer marido que quedó huérfano al enviudar esta. Para evitar que la herencia fuese repartida por la viuda, el derecho romano establecía que los huérfanos menores de edad fuesen mantenidos económicamente por un tutor a quien se encomendaba la gestión de una suma de dinero. Cuando el judío «Yeshuah bar Yosef» (Jesús hijo de José), el primer marido de Babatha falleció, el senado de Petra nombró dos tutores para su hijo huérfano, «Joḥanan bar 'Egla,» judío, y «'Abd'obodat bar Illuṯa,» un nabateo.[97]

HUELLAS JUDÍAS E INTERCULTURALES EN EL CORÁN

Las relaciones entre nabateos y judíos fueron inevitables porque compartieron amplias regiones fronterizas. En correlación con ello, se estimularon gracias a dialectos que hacían fluido el entendimiento (arameo palestinense y nabateo), el comercio, el interés común en la perfumería, la arquitectura civil, y la política exterior de reyes judíos y nabateos. Relaciones tales de confluencia cultural existieron en Perea, en la franja al este del Mar Muerto que fue entregada por Augusto a la dinastía herodiana; al sur del

95. P. Yadin 23, causa judicial retomada en P. Yadin 24; Hartman, *Archivio di Babatha*, 128–33.

96. P. Yadin 25; Hartman, *Archivio di Babatha*, 134–37.

97. P. Yadin 12; Hartman, *Archivio di Babatha*, 30.80–81.

Mar Muerto, en el norte del Negev, y en la Decápolis de Transjordania. Pero es a partir del Archivo de Babatha que se tienen testimonios muy concretos de personas de origen judío no involucradas directamente en la política que desarrollaron su actividad en el último periodo del reino nabateo y en el primero de la provincia romana de Arabia. Es de destacar que Babatha perteneciera a una familia judía adinerada dedicada a las explotaciones de palmeras en un entorno principalmente árabe-nabateo. Rodeado Israel mismo de desierto, el aprovechamiento agropecuario de los oasis nunca fue extraño a la cultura judía del sur y del este, dotando al judaísmo de unas habilidades económicas que dirigieron su emigración a territorios tradicionalmente árabes. Es justo en consecuencia, poner ahora en relieve la motivación económica de la familia de Babatha, ya que se repite en el caso de los judíos que Mahoma, el profeta fundador del islam, se encuentra en la ciudad sagrada de Medina (antigua Yathrib) al comienzo de la Hégira.

El dogma islámico tradicional considera que el Corán en su conjunto proviene de una revelación progresiva de Dios al profeta Mahoma (مُحَمَّدٌ/ Muḥammad) a través del ángel Gabriel (جِبرِيل/ Jibrīl) y de hecho son numerosos los pasajes del Corán con elevado grado de originalidad, que no tienen un paralelo en los textos bíblicos de judíos y cristianos.[98] Las semejanzas en algunas secciones con tradiciones judeocristianas siguen, pese a lo anterior, siendo notorias, y el alto contenido de referencias a personajes bíblicos, a tradiciones judías, y a algunas tradiciones cristianas en el Corán hace surgir la pregunta sobre un origen derivado de estos otros pasajes coránicos. Una grave afirmación de esta naturaleza requiere justificación, y aunque la información accedida previa a la redacción de futuros capítulos del presente estudio convierten en inevitable ahondar en la cuestión, se ofrece ahora en el cuerpo secundario del texto un sumario de paralelos que afloran al estar en posesión simultánea de un Corán y una Biblia hebrea.[99]

---

98. Muḥammad, de la raíz د/ م ح (ḥ-m-d), "alabar." مُحَمَّدٌ, "Uno muy merecedor de alabanza," nombre original del profeta Mahoma, con dos ocurrencias en el Corán (47:2, donde da nombre a la azora 47; 48:29).

99. Me remito a los paralelos en los que se reconoce una tradición de la Biblia hebrea. a) Adán (آدَم/ 'Ādam): C 2:31.35–38; 3:59; 7:11–25; 15:26.28–29; 20:115–123. Texto base: Gen 2,4–3,24 (Adán es creado del barro y del soplo divino. Vive en el paraíso y pone nombre a los animales. Adán es tentado por el demonio y expulsado del paraíso. Es el antepasado de todos los humanos); b) Enoc (ادريس/ Idrīs): C 19:56–57. Texto base: Gen 5,21–24 (Enoc es arrebatado por Dios); c) Noé (نُوح/ Nūḥ): C 7:59–64; 11:25–48; 23:23–30; 26:105–120; 37:75–82; 54:9–16. Texto base: Gen 6,8–9,17 (Dios anuncia a Noé el diluvio. Episodio del arca y repoblación del mundo después del diluvio); d) Abraham (إبرَاهيم/ 'Ibrāhīm): C 2:124; 11:69–82; 37:102–108. Texto base: Gen 18,1–19,25; 22,1–13 (Abraham recibe la visita de los seres divinos. Estos le anuncian el nacimiento de Isaac. Pecado de los sodomitas. Destrucción de Sodoma y Gomorra por los seres y huida de Lot. Dios prueba a Abraham con el sacrificio de su

La hipótesis de que los intercambios económicos precedieron a la inculturación árabe de tradiciones religiosas hebreas, adquiere fuerza de verdad no sólo a partir de la comparativa de pasajes coránicos y bíblicos.

---

hijo); e) José (يُوسُف/ Yūsuf): C 12:4–101. Texto base: Gen 37,2–36; 39,1–47,27 (José interpreta sueños. Es echado por sus hermanos a una cisterna y recogido por una caravana que le vende como esclavo. José es tentado por la esposa de su amo en Egipto. José interpreta sueños en la cárcel y ante el Faraón. José ministro del Faraón. José, sus hermanos y su padre. Los israelitas bajan a Egipto); f) Moisés (مُوسَى/ Mūsā): C 2:49–61.67–71; 5:20–26; 7:103–155; 10:75–92; 17:101–103; 20:9–97; 26:10–66; 27:7–14; 28:3–46; 43:46–56; 79:15–25. Texto base: Exod 2,1–12,42; 14,21–28; 15,22–17,7; 19,6–20,17; 24,1.12–18; 32,1–28; Num 11,16–17.24–25; 13,1–14,35; 15,32–36; 19,1–22 (Moisés es dejado en el Nilo por su madre y recogido por el Faraón. Moisés mata a un egipcio y huye a Madián. Episodio de la zarza ardiendo. La misión encomendada por Dios a Moisés. Protesta de Moisés y concesión de hacer milagros. Moisés y Aarón. Moisés y el Faraón, los hechiceros y las plagas. Los israelitas salen de Egipto de noche. Los egipcios ahogados en el mar. Las doce fuentes, las codornices, el maná, y el agua que sale de la roca. Los 70 ancianos. Moisés y los ancianos ven a Dios. Moisés pasa 40 días en el monte. Recibe las tablas de la Ley en el Sinaí. Aarón y el becerro de oro. La transgresión del sábado. La vaca roja); g) David (داوُد/ Dāwūd): C 2:246–251; 21:78; 38:21–26. Texto base: Jue 7,1–7; 1 Sam 6,1–7,1; 8,1–9,2; 10,1; 17,1–54; 2 Sam 6,1–12; 11,1–12,13 (Dios separa para Gedeón a los israelitas válidos de los no válidos para la batalla cuando beben agua de un río, episodio atribuido por el Corán a David. Los israelitas piden un rey al profeta Samuel. Saúl, David, y Goliat. La recuperación del arca. Pecado de David condenado por el profeta Natán y perdonado por Dios); h) Elías (اليَاس/ 'Ilyās): C 37:123–132. Texto base: 1 Re 16,30–19,18 (Elías predica contra el culto a Baal en el norte de Israel); i) Jonás (يُونُس/ Yūnus): C:10:98; 21:87–88; 37:139–148; 69:48. Texto base: Jon 1–4 (Jonás es echado al mar y tragado por una ballena. Conversión de los ninivitas. Episodio del ricino); j) Job (أيُّوب/ 'Ayyūb): C 21:83–84; 38:41–44. Texto base: Job 1,1–2,10; 42,10–17 (Job es probado por Satanás. Dios premia la paciencia de Job con bienes e hijos abundantes). El Corán trata exegéticamente a los protagonistas bíblicos con carácter uniforme, predicando estos el mismo mensaje que Mahoma predicó en su tiempo y entre ellos mismos. El tamiz oral de la tradición islamizante ha reducido o eliminado así referencias históricas, etnográficas, y geográficas de los relatos bíblicos, siendo por el contrario perceptible en algunos versos la situación que vive Mahoma respecto a sus opositores o seguidores, introducida en el discurso de los personajes bíblicos. Una exégesis similar en algunos aspectos se encuentra también en el Nuevo Testamento en el que se atribuyen significados cristianizantes a pasajes del Antiguo Testamento, que en general son posibles (metasentido) pero no necesariamente indicados por la Biblia hebrea, con la sustancial diferencia de que la referencia bíblica judía original fue conservada sin modificación por los cristianos, quienes recibieron los libros del Antiguo Testamento como canónicamente revelados. Véase por ejemplo Gal 4,21–31 donde se considera a Hagar una prefiguración del pueblo judío (cuando según el Génesis fue expulsada de la parentela de Abraham y dejó por tanto de pertenecer al clan de los hebreos) y a Sara del pueblo cristiano, o Hebreos 11,17–19 donde se atribuye a Abraham fe en que Dios resucitaría a su hijo Isaac (sentido ausente del texto del Génesis). Visto desde afuera de la comunidad musulmana, la lectura islamizante de las tradiciones bíblicas resulta inaceptable para la fe cristiana y judía, de manera algo parecida a como lo fue la lectura cristianizante del Antiguo Testamento para buena parte del judaísmo.

Aunque el estudio de la fijación del texto coránico excede el propósito de la presente obra—al pertenecer al siglo VII, no deja de ser apropiada en este punto la referencia a la cercanía que existió entre los judíos árabes y los musulmanes durante el periodo en el que las azoras del Corán reveladas oralmente no se habían fijado todavía en un único texto escrito. Esta relación fue sembrada, precisamente, por la economía agraria y mercantil de los oasis de Arabia, donde los judíos se desplazaron a vivir en un momento de su historia. Es llamativa al hilo de estas consideraciones, la personalidad del experto coránico Zayd bin Thābit (m. 665), de quien se dijo ser la persona más instruida en materia islámica (después del Profeta). Fue uno de los escribas de Mahoma durante el periodo en el que más intensamente estuvo en contacto con los judíos de Medina (622–632 d.C.), después secretario de los tres primeros califas, Abū Bakr, Omar, y Otmán, y una de las autoridades principales en quien recayó la responsabilidad de fijar la versión oficial del Corán en la década de los 650s:

> "Él vino al Mensajero de Dios, en Medina cuando tenía once años de edad... Fue un ḥāfiẓ, un hombre instruido de elevada inteligencia. Es establecido sobre él en la colección ṣaḥīḥ de al-Bukhārī que el Mensajero de Dios le ordenó aprender el sistema de escritura de los judíos a fin de que fuese capaz de leer al Profeta cualquier cosa que ellos le pudieran escribir. Él aprendió esto en quince días... Él fue uno de aquellos que compilaba el Qur'ān durante el tiempo de vida del Mensajero de Dios a partir de los recitadores, tal y como es establecido en ambas colecciones ṣaḥīḥ a partir de Anas... Fue él a quien Abū Bakr posteriormente ordenó buscar y reunir el Qur'ān. Le dijo: 'Tú eres un hombre joven inteligente de entre quienes tenemos ninguna sospecha; y tú solías escribir la revelación para el Mensajero de Dios. Por tanto, busca y reúne el Qur'ān.' Y Zayd hizo como Abū Bakr se lo había ordenado... Él fue uno de aquellos que escribió maṣāḥif al-a'immā, "las copias maestras," que 'Uthmān bin 'Affān despachó a todas partes. Fueron estas que dieron a la lectura el sello oficial de consenso y aprobación, como hemos establecido en nuestro libro Tafsīr (Exégesis de) al-Qur'ān." (Ibn Kathīr, *al-Sīra* 4,489–91, trad. Le Gassick)[100]

100. Ver también Ṭabarī 1460.1782.2480.2528.2560.2646.2936.3058; Ya'qūbī 2,87.157.177.187.195.

7

EL PARQUE ARQUEOLÓGICO DE MADA'ĪN ṢĀLĪḤ

NABATEOS EN ARABIA SAUDÍ: EL OASIS DE ḤEGRA

ḤEGRA ES UNA DE LAS grandes joyas arqueológicas de Arabia Saudita. Oasis extendido a lo largo de una llanura arenosa rodeada por pequeñas montañas, permitió a lo largo de varios siglos la agricultura, el comercio, y la cría de ganado resistente a la sequía con una precipitación media de 50 mm al año.[1] Conectaba por el noreste con Taymā', por el sur con Yathrib, y por el noroeste con la región de Madián (Tabūk), pudiendo considerarse sin temor al equivoco sustituto del oasis vecino de Dedān en su antigua área de influencia. Ḥegra es, por añadido, uno de los lugares emblemáticos mencionados por el Corán (15:80) mejor conservados por sus construcciones en piedra. Del mismo modo que el resto de ciudades nabateas, quedó incorporada a la provincia romana de Arabia, aunque la romanización del lugar fue muy escasa debido al gran desierto que separa el oasis de la meseta edomita y de Transjordania, lugares donde se concentraba la mayor parte de la población provinciana, nudos de comunicaciones, e infraestructuras. Ḥegra es famosa sobretodo por sus tumbas monumentales del periodo nabateo, semejantes a los mausoleos de Petra.

1. Nehmé, "Ancient Hegra," 13–16.

Menos conocido por el gran público pero con igual valor histórico, es el complejo cultual de Ḥegra, Jabal Ithlib, donde los nabateos celebraban comidas rituales en honor de los dioses, deducidas a partir del gran triclinio ceremonial excavado en la roca y los varios betilos dentro del complejo. El tercer sector del oasis fue el centro urbano.[2] Pero existieron en esta ciudad, además, otras construcciones singulares. Merecen ser nombradas una tumba circular de torreta muy anterior al periodo nabateo del oasis, en la que se han datado por carbono 14 restos humanos de más de 3.000 años de antigüedad; lo que parece ser un campamento militar activo durante los siglos II y III d.C., una muralla periférica con relación a este en la que se ha excavado una puerta con inscripciones militares, un segundo triclinio asociado con nichos y betilos, y un pequeño templo pagano no demasiado lejos del centro urbano.[3]

El complejo arqueológico de Ḥegra ocupa un área extensa, de unos 400 km^2 (22 km N-S por 18 km E-O). El clima es muy árido, con precipitaciones inferiores a 50 mm anuales en los años malignos, si bien, la súbita forma de lluvia del desierto es suficiente para crear avenidas. Su situación dentro de una cuenca de captación concentraba por tanto agua suficiente para mantener una agricultura que debió oscilar entre cultivos de subsistencia y excedentes de mercado en función del año hídrico. Los habitantes de Ḥegra construyeron de hecho más de 100 pozos, extrayendo agua a partir de 10 m de profundidad. A diferencia de Petra, en Ḥegra los acueductos, presas, y tanques de almacenaje no son característicos del paisaje.

Ḥegra es atravesada por un wadi que desciende desde el noroeste y que consiste en el oasis de vegetación propiamente dicho.[4] La agricultura de Ḥegra se caracterizó por la predominancia de la palmera del dátil acompañada de otros frutales resistentes al calor, olivo, higuera, y granado. Sumadas a las anteriores especies, se han analizado indicios del cultivo de pequeñas plantas domésticas, cebada, trigo, lenteja, alfalfa, viña, y algodón, a juzgar por los restos filtrados por flotación o recogidos a mano mezclados en la tierra, en cenizas, o en otros contextos arqueológicos.[5] Entre los huesos de mamíferos analizados, predomina la cabra doméstica sobre la oveja. El camello es inusual entre los siglos I–III d.C., sugiriendo que los nabateos y los posteriores habitantes de Ḥegra no lo utilizaron de modo

2. Babelli, *Mada'in Saleh*, 14–18.35–47; Healey, *Religion of the Nabataeans*, 53–55.

3. Abu-Azizeh et al., "Areas at Madâ'in Sâlih," 10–39; Nehmé, "Nabataean Sanctuary," 154–60.266–68; *Report on Ith 78*...107–13.128–36.

4. Nehmé et al., "Hegra of Arabia Felix," 290–91.

5. Bouchaud, "Archaeobotanical Report," 237–38.

frecuente como alimento. El asno aparece representado a partir del siglo IV d.C., cuando sin duda la ciudad ya estaba en declive.[6]

Ḥegra en el Corán: al-Ḥijr y el profeta Ṣāliḥ

El Corán titula al-Ḥijr (الحجر) a la azora número 15.[7] Ḥijr es el equivalente árabe del arameo Ḥegra (חגרא) y uno de los dos nombres utilizados para el lugar por los habitantes de Arabia Saudita. El segundo y principal nombre actual del lugar es Madā'in Ṣāliḥ, "Las Ciudades de Ṣāliḥ," en honor al profeta anteislámico que predicó el monoteísmo al pueblo de Thamūd mucho antes de la llegada de Mahoma.[8] Mencionada nada menos que en 22 capítulos del Corán, la historia de los thamudeos a quienes Ṣāliḥ (صالح) predica es un paradigma de la pedagogía divina seguida con los pueblos incrédulos.[9] El Corán describe a Ḥegra como una ciudad esculpida en la roca, en cuyas moradas los thamudeos vivían seguros hasta que colmaron la medida de sus pecados y despreciaron la invitación que uno de sus ciudadanos, el profeta Ṣāliḥ, ignorado por la Biblia, les hizo para abandonar la corrupción y volver sus ojos al único Dios.

Según la cronología derivada del Corán, Thamūd es el pueblo semita que sucede a 'Ād en Arabia, en línea histórica con el pueblo de Noé, de Lot, y de Hūd.[10] A diferencia de 'Ād, situado por la tradición islámica posterior en uno de los márgenes del desierto de Rub' al-Khālī, entre Yemén y Omán, el dominio de Thamūd substituye geográficamente más bien al de Madián, pueblo al norte de Thamūd.[11] Diodoro de Sicilia, hacia la mitad del siglo

6. Studer, "Preliminary Report," 284–85.

7. C 15:80–84.

8. Babelli, *Mada'in Saleh*, 11.

9. Relatos más extensos sobre Thamūd y Ṣāliḥ: C 7:73–79; 15:80–84; 26:141–158; 27:45–53; 51:43–45; 54:23–31; 91:11–15. Menciones coránicas breves: C 9:70; 11:61–68.89; 14:9; 17:59; 22:42; 25:38–39; 29:38; 38:13; 40:31; 41:13.17; 50:12; 53:51; 69:4–5; 85:18; 89:9. Ṣāliḥ significa "Justo," "Piadoso," de la raíz ص /ل /ح (ṣ-l-ḥ), "ser o venir a ser bueno," "justo," "virtuoso," "incorrupto," etc., frecuente en el Corán, con 240 ocurrencias (Badawi y Abdel Haleem, *Qur'anic Usage*, 531–33).

10. C 7:74. Los pueblos semitas de Noé, Lot, 'Ād, y Thamūd aparecen nombrados conjuntamente en las siguientes aleyas: C 9:70; 11:89; 22:42; 25:38; 29:38; 38:12–13; 40:31; 41:13–17; 50:12; 69:4–6.

11. C 89:6 relaciona a 'Ād con Iram, relación que es discutida en el sentido de considerar a Iram otra tribu a la par que 'Ād, o su capital. La hipótesis de que Iram es un lugar y no una tribu encuentra soporte en «'rm» de algunas inscripciones del templo de Raam, al este de Aqaba (*EI* 1:208; 3:1270). Los aditas son reportados en profetas anteislámicos, en Zuhayr (*Muallaqat* 3,32) y otros, dando cierta consistencia

I a.C. localiza en efecto a Thamūd en la costa árabe del Mar Rojo, pasado el Estrecho de Tirán, limitando al norte con los árabes banizomenas y por el sur con los debas, después de una gran extensión de dunas de arena.[12] Una conclusión preliminar a partir de estas dos fuentes independientes—el Corán y Diodoro, es que en Thamūd, el investigador no parece encontrarse ante un dato mitológico. Plinio añade algún detalle más, no siempre preciso debido a su tendencia a mezclar listas de poblaciones. Sitúa a los thamudeos en la ciudad de Baclanazada, pero no en Ḥegra, donde coloca a los árabes leanitas, nombre derivado de Elat, el puerto en la cabeza del Golfo de Aqaba. En la época en la que Plinio escribe, los habitantes de Elat eran nabateos, haciendo sugerente la distinción que hace de las tribus de esta región, pese a los duplicados y su general carácter impreciso.[13]

La capacidad para esculpir casas en la roca citada por el Corán asocia al pueblo de Thamūd con el periodo nabateo de Ḥegra.[14] La concordancia absoluta es no obstante difícil, ya que la sucesión de Madián como pueblo dominante en el noroeste de la península Arábiga, adelanta la historia de Thamūd unos cuantos siglos al periodo nabateo de Ḥegra. Por otro lado, la antigüedad del pueblo árabe de Thamūd no debe subestimarse ya que está atestiguada en los anales de Sargón II al final del siglo VIII a.C.[15] Pero la falta de adecuación entre el registro histórico y los datos aportados por el Corán enfrenta otra posibilidad. El pueblo de Thamūd despreció a Ṣāliḥ porque predicaba contra la religión pagana de los antepasados. Thamūd le pidió a Ṣāliḥ un signo para ser creído, pero cuando Dios envió milagrosamente una camella, Thamūd lo desmintió. Dios castigó entonces a Thamūd con una catástrofe, dejando sus casas vacías.[16] En caso de adelantarse algunos siglos la historia de Thamūd al periodo nabateo de Ḥegra, la catástrofe enviada por Dios explicaría el origen del pueblo nabateo como una migración de los thamudeos (de Dedān) hacia el norte.[17]

---

al relato coránico.

12. Diodoro, *Biblio. Hist.* 3,42:5–45:4.

13. Plinio, *Nat.* 6,32:156–57.

14. C 15:82; 26:149; 89:9.

15. *ARAB* 2,17: "Las tribus de Tamud, Ibādid, Marsimanu, Haiapā, árabes distantes, quienes habitan el desierto, quienes conocen ni alto ni bajo oficial (gobernadores ni tampoco superintendentes), y quienes no hubieron traído su tributo a rey alguno—con el arma de Asur, mi señor, yo los derribé, el resto de ellos yo deporté y los asenté en Samaría." También 2,118.

16. C 7:78; 11:67; 27:52; 41:13; 51:44; 54:31.

17. Recogido por Babelli, *Mada'in Saleh*, 20–21.

LAS TUMBAS MONUMENTALES DE ḤEGRA: SHUBAYTU EL JUDÍO

Como se ha dicho, el oasis de Ḥegra es sobretodo conocido por sus tumbas monumentales, existiendo más de 80, todas del periodo nabateo (s. I a.C.–II d.C.). El número no es desdeñable, aunque si se habla de la magnitud que alcanzaron las proezas de los nabateos, por encima de Ḥegra saudita deben recordarse las 600 tumbas de Petra en Jordania. Con frecuencia, estas estructuras talladas se encuentran en paredes rocosas que miran hacia el centro urbano de Ḥegra, constatando el prestigio que le otorgaban sus habitantes. La fina arenisca del lugar fue aprovechada por los artesanos en este tipo de construcción, aunque tiene en contra su elevado coeficiente erosivo. Las tumbas monumentales eran tumbas colectivas. Cada tumba tiene una media de seis o siete nichos que eran probablemente sellados con mortero y ladrillo.[18]

Una de las tumbas monumentales de Ḥegra, la IGN 12, perteneció a un judío, "Shubaytu hijo de 'Ali'u." Por suerte, el daño que la erosión y un par de marcas de fusil beduinas crearon en la inscripción que preside el monumento afectaron únicamente a las partes no sustanciales. En la segunda línea de la inscripción, el calificativo "el judío," (yhwdy')—forma aramea derivada del nombre oficial de la provincia de Judea (yhwd) durante el periodo aqueménida, y el sustantivo judeoarameo «'ntth», "su esposa," son legibles (paréntesis añadidos):

> "Esta es la tumba que Shubaytu hijo de 'Ali'u, el judío, hizo para sí mismo y para sus hijos y para 'Amirat su esposa. Ellos deben ser enterrados aquí por título hereditario. Que ningún extranjero (?) tiene el derecho de ser enterrado en ella, y quienquiera que de los hijos de Shubaytu mencionado arriba o sus herederos legales busque escribir para esta tumba un contrato o cesión o cualquier documento, no tendrá parte en esta tumba. Y esto fue (escrito) en el día primero de Ab, el año tercero de Malicus, Rey de los Nabateos. 'Abd'obodat hijo de Wahballahi... (la) hizo." (IGN 12/ H4, trad. Healey)[19]

18. Nehmé et al., "Hegra of Arabia Felix," 295.

19. «dnh kpr' dy 'bd sh[bytw br] 'ly'w | yhwdy' lnpshh wlyldh wl 'mrt 'ntth dy | ytqbrwn bh 'sdq b'sdq wl' rshy 'nwsh 'dyy | dy ytqbr bh wmn yb'' dy yktb bkpr' dnh | mwhbh 'w ktb klh mn bny shbytw dy | 'l' 'w 's<d>qyhm dy l' yhw' lh bkpr' dnh | hlq wd' bym ḥd b'b shnt tlt l[mnkw m]lk' | mlk nbṭw 'bd'bdt br whb['lhy...] 'bd.» (edición, traducción, y comentario: Healey, *Nabataean Tomb Inscriptions*, 95–100). El término arameo «yhwdy'» es sin embargo trazable hasta el periodo monárquico de Israel, hasta el hebreo «yehudiy» (יְהוּדִי), "de Judea."

¿Fue Shubaytu el único progenitor judío que vivió en Ḥegra nabatea? Posiblemente no. Accidentalmente, la construcción del ferrocarril Damasco-Medina en la primera década del siglo XX, encontró en Ḥegra un reloj de sol de estilo romano que sugiere una presencia judía más allá de la familia de Shubaytu. El dial tiene menos de 0,5 m de altura, fue hecho de arenisca, y tiene la forma de un semicírculo, con once líneas para diferenciar las horas del día. La dimensión de los compartimentos sugiere que se trata de una copia de otro reloj, más que el fruto del cálculo exacto. Dispone de un pie que forma una sola pieza con el reloj y en el que aparece una inscripción dentro de un marco con una caligrafía que confirma el siglo I d.C. En la inscripción claramente se lee «mnsh' br nln shlm,» una leyenda posiblemente judía significando "Manasés hijo de Natán, paz."[20] Es posible que Manasés fuese el dueño del reloj de piedra y no el artesano que lo produjo.

Otro rasgo destacable de la inscripción de la tumba de Shubaytu, es el nombre de «ʿAbdʿobodat hijo de Wahballahi» en la última y octava línea. Aunque la parte final de la palabra *Wahballahi* en esta inscripción se ha borrado, la reconstrucción es cierta. ʿAbdʿobodat y su padre Wahballahi fueron escultores nabateos que aparecen nombrados en otras cuatro tumbas, la IGN 11, IGN 117, IGN 45, y IGN 93.[21] No es impropio citar aquí nuevamente el Archivo de Babatha, donde aunque referidos a distintas personas, la combinación entre nombres judíos y el nombre nabateo ʿAbdʿobodat está múltiples veces atestiguada.[22] Las relaciones entre la familia judía de Shubaytu y los nabateos tuvieron que desarrollarse en varios aspectos, el jurídico, el mercantil, el intercambio de bienes comestibles, o la producción agrícola, pero es interesante verificar el contrato económico entre Shubaytu y ʿAbdʿobodat en el campo de la construcción. La IGN 12 y la IGN 45 son tumbas casi contemporáneas, del año tercero y décimo primero del reinado de Malicus II, en los años 40s del siglo I d.C. La IGN 12 expresa la voluntad de Shubaytu de que su familia fuera enterrada a perpetuidad en Ḥegra, lo que visto desde el contexto del estudio presente puede indicar la permanencia de una pequeña comunidad judía allí. La familia de Shubaytu es en los 40s del siglo I d.C. de hecho y con seguridad la primera célula judía atestiguada en la cultura material de Arabia interior.

El nombre del padre de Wahballahi, aparece indicado en la tumba IGN 39, y es el mismo que el que puso a su hijo. Otro detalle interesante es que en la IGN 45, ʿAbdʿobodat, el hijo, es nombrado junto a otros

20. Healey, *A Nabataean Sundial*, 331–34.

21. Healey, *Nabataean Tomb Inscriptions*, 86–94.154–62.171–73.226–31.

22. P. Yadin 12; 13; 14; 15, etc.

dos constructores, «Hani'u hijo de 'Ubaydat» y «'Apsa' hijo de Ḥutu.» Posiblemente la construcción en roca fue un trabajo hereditario que debió ocupar el tiempo de varias familias durante algunas generaciones. Las inscripciones de Ḥegra confirman que los propietarios de las tumbas monumentales fueron personas pudientes: un centurión, tres heparcas, y dos estrategas o gobernadores locales, miembros de familias de estrategas, y un médico.[23] Fuera cual fuese la dedicación laboral de Shubaytu, no le iban mal los negocios. Pudo costearse un mausoleo entre los notables de Ḥegra y dictaminar que su familia seguiría disponiendo de él.

OTRAS TUMBAS DE ḤEGRA: POSIBLE CREENCIA EN LA VIDA DEL MÁS ALLÁ

La última tumba datada, del año 74 o 75 d.C. (IGN 111), sugiere que algún tipo de cambio ocurrió en el oasis en ese momento.[24] Algunas tumbas monumentales de Ḥegra de hecho fueron dejadas incompletas, dejando al descubierto la técnica utilizada por los escultores. Se ejecutaban comenzando por la parte superior de la fachada. A tiro de plomada se iba descendiendo conforme se tallaba el frontal, procediendo por tramos de la altura de una persona, y excavando simultáneamente las cámaras interiores. La tumba IGN 46, que de haberse terminado hubiera tenido una fachada de 25 m de altura, dispone de una inscripción al pie en la que se menciona al dueño, un gobernador local nabateo. Gracias a esta información se puede deducir que el contratista compraba una parcela de pared rocosa probablemente a la administración local y que después realizaba el encargo al gremio de escultores de ir construyendo la tumba empezando por la parte superior.[25]

En Ḥegra existen tumbas monumentales con otro diseño, sin fachada. Además, hay tumbas de zanja o túmulo, menos visibles que las tumbas monumentales tanto por sus dimensiones como porque están ubicadas en las cimas de los escarpados. Se han contado 2.000 tumbas de zanja,

23. Nehmé et al., "Hegra of Arabia Felix," 295. Hasta la anexión de Nabatea en el año 106 d.C., la equivalencia de los títulos militares nabateos «'strg'» y «hprk'» mencionados en las tumbas IGN 20, 21, 45, 66, 87, 100, y 128, con los griegos στρατηγός, jefe de gobierno, y ὕπαρχος/ ὕπταρχος, rango militar por debajo de aquél, debe tomarse con cautela, aunque ciertamente se trata de préstamos que han debido ser tomados por el nabateo por su correspondencia en algún grado (Healey, *Nabataean Tomb Inscriptions*, 106–07.171.180.219.212.234).

24. De las 80 tumbas de Ḥegra, 36 portan inscripciones que van del 1 a.C./d.C. al 74/75 d.C., y de las cuales solamente tres no están datadas (Healey, *Nabataean Tomb Inscriptions*, 6).

25. Nehmé et al., "Hegra of Arabia Felix," 293.

agrupadas en cementerios sobre los escarpados en cuya base se encuentran construidas las tumbas monumentales y cuyos destinatarios fueron individuos de las clases medias.[26] Por desgracia, la mayor parte fueron saqueadas en la antigüedad, dejando pocos objetos mortuorios con los que reconstruir el tipo de vida que llevaron las personas que fueron depositadas en ellas. Una excepción de apreciable valor es la tumba colectiva IGN 116.1, que pasó desapercibida para los saqueadores.

IGN 116.1 se encontraba cubierta de arena en el momento de su descubrimiento. Estaba sellada con losas y mortero y contenía dos arcones de madera dentro de una cámara mortuoria. Los baúles medían unos 2 m de largo y 60 cm de ancho, sumando restos de un total de 27 individuos diferentes. Uno de los dos baúles corresponde a un depósito primario, no modificado por la reutilización del baúl o su recolocación. Portaba esqueletos de seis adultos, una mujer adolescente, y un niño orientados en el eje oeste-este, algunos de los cuales fueron envueltos en un sudario y todos con el rostro mirando al oeste. El significado de la orientación no aleatoria de los rostros puede tener relación con los fragmentos de cerámica en el exterior de la tumba. Incluyen objetos enteros datados en el siglo I d.C., entre ellos cuencos de profundidad media, que sugieren alguna clase de ceremonial realizado en honor de los difuntos.[27]

CULTO BETÍLICO EN JABAL ITHLIB E IGN 132

La práctica religiosa de Ḥegra se concentró en Jabal Ithlib, la montaña rocosa al noreste del centro urbano.[28] Un intenso culto a los dioses nabateos se realizó en este lugar, que presenta las cimas más escarpadas del entorno. Se accede al sitio por un estrecho pasillo entre dos paredes de roca presidido por un gran triclinio dentro de una capilla excavada de 10 m de larga por 12 de profunda, y por nichos grabados en el pasadizo por el que se accede al triclinio (así como en diversos lugares de Jabal Ithlib), pequeñas hendiduras en la roca para almacenar agua con fines rituales, y algunas inscripciones. Continuando el pasillo de entrada, no lejos del triclinio, destaca una triple estela marcada dentro de un nicho en la pared en el que la más elevada de las tres ocupa la posición central.[29] Esta clase de jerarquía entre betilos es semejante al simbolismo de algunas monedas imperiales de Bostra.[30]

26. Nehmé et al., "Hegra of Arabia Felix," 291–92.
27. Abu-Azizeh et al., "Areas at Madâ'in Sâlih," 16–19.
28. Para este párrafo Nehmé et al., "Hegra of Arabia Felix," 296–98.
29. Babelli, *Mada'in Saleh*, 39.42.
30. Hill, *Mints of Roman Arabia*, 138.169 describe dos ejemplares de monedas

La conexión entre Jabal Ithlib y Bostra puede establecerse gracias a una inscripción del año 1 del rey Malicus II, 40 d.C., muy similar a RES 83 del Haurán y al parecer escrita por un visitante.[31] La inscripción se atribuye la autoría del betilo sobre el que está escrita y está dedicada "a A'ra que está en Bostra, dios de Rabbel."[32] En las paredes de Jabal Ithlib existen grafitos con escenas de caza y camellos en caravana. Cabe concluir que visitantes a Madā'in Ṣāliḥ acudían al lugar para ofrecer oblaciones y plegarias a los dioses, antes de continuar su camino.[33]

Fuera de Jabal Ithlib, en el centro urbano, se encuentra un promontorio más pequeño, todo él catalogado bajo el acrónimo IGN 132, datado por cerámica del entorno entre mediados del siglo I a.C. y mediados del I d.C.[34] Parcialmente derrumbado, presenta una cámara excavada en la roca y algunos betilos separados, en la pared de uno de los lados. Aquí, la técnica de los constructores nabateos parece haber fallado en algún punto. El estudio del material derrumbado ha permitido identificar un tejado contiguo a la cámara y una escalera que subía a la cima, que debieron desplomarse después de la excavación de la cámara. Lo más interesante de este complejo es la plataforma finamente pavimentada de la cima. Originalmente, la instalación consistía posiblemente en un cuadrado de 4,5 m de lado, del que se encontraron casi 20 losas de arenisca sobre una capa de relleno. A menos de un metro de la plataforma, se perciben marcas para cuatro soportes, quizás para un pequeño cobertizo sobre la instalación. Fijado con mortero a la plataforma, otro bloque rectangular de piedra más grueso estaba colocado mirando hacia el sur. Puede ser la base de un altar, lo que ha

imperiales de Elagabalus y Decio Trajano, ambas del siglo III d.C. en las que se observa un triple betilo con una misteriosa estructura sobre la estela central en forma de ladrillos superpuestos, en número de siete. El betilo central se eleva ligeramente sobre los otros y descansa sobre lo que parece ser un mōtab o altar. Con cierta incertidumbre, el conjunto podría interpretarse como la representación de una prensa de vino sobre un triple betilo en el que el central sería Dushara debido a la asimilación tardía de esta divinidad nabatea con Dionisio (ver también Peters, "Nabateans in the Hawran," 273).

31. Hipótesis traída por Nehmé et al., "Hegra of Arabia Felix," 298. Si en efecto se trató de un visitante ocasional de Bostra y no de una prueba de la existencia de relaciones de carácter más permanente entre Ḥegra y Bostra, surge la pregunta de porqué este visitante fue autorizado a tallar un betilo dentro de un nicho en el pasillo de entrada a Jabal Ithlib.

32. Jaussen y Savignac, *Mission Archéologique I*, 204–06. Llamativo de Jabal Ithlib es otro betilo, un ejemplar anicónico con ojos y nariz cuyo estilo es reminiscente del betilo de 'Uzzā del Templo de los Leones de Petra (Babelli, *Mada'in Saleh*, 47; Healey, *Religion of the Nabataeans*, 54–55).

33. Healey, *Nabataean Tomb Inscriptions*, 9.

34. Nehmé, "Nabataean Sanctuary," 154–59.

hecho pensar en un posible santuario en honor al dios Sol, algo defendible a partir de un pasaje de Estrabón.[35]

POSIBILIDAD DE UN CATACLISMO EN ḤEGRA

El registro arqueológico ha puesto también al descubierto un episodio de destrucción en el centro urbano de Ḥegra que cronológicamente no se sitúa lejos de la última tumba monumental nabatea datada, IGN 111, ni de la cerámica más tardía asociada al lugar de culto IGN 132.[36] Recipientes de cocina y almacenaje completos fueron desenterrados en el cuarto principal de un edificio en el sector oeste del centro urbano, colocados de tal manera que parecen haber sido empujados.[37] Aparecieron aplastados contra una esquina del cuarto, acompañados de una capa de arcilla de 20 cm y en la que uno de los recipientes aparecía dado la vuelta, siendo deducible que la capa de arcilla se originó por el efecto del agua sobre el adobe de las paredes. Una capa de grava sobre la capa de arcilla, el fundido de la arcilla, y el aplastamiento sugieren que el lugar fue abandonado por el efecto de una riada, que también parece haber dejado efecto en todas las estructuras del sector sur del centro urbano.

El episodio de destrucción de Ḥegra relatado en la historia sagrada del profeta Ṣāliḥ (C 7:78; 51:44–45; 54:31) aparece relacionado con tres posibles acontecimientos: con un terremoto, un rayo, o con algo que produjo un sonido espantoso. Es complicado concordar exactamente la historia de Ṣāliḥ con el registro arqueológico, pero dada la autoridad del Corán dentro de su esfera de influencia no resulta indebida la comparación cuando se disponen de datos materiales. En este sentido, tres monedas de Aretas IV y una de Malicus II sitúan el periodo de abandono causado por la riada a finales del siglo I d.C. y II temprano.[38] Episodios de crecidas esporádicas del nivel wadi por el volumen repentino de agua descargada, falta de vegetación

35. Estrabón, *Geogr.* 16,4:26 cita la costumbre doméstica nabatea de honrar al dios Sol sobre la azotea (ἥλιον τιμῶσιν ἐπὶ τοῦ δώματος), en pequeños altares construidos en la parte superior de las casas, donde derramaban libaciones a diario y quemaban incienso (σπένδουντες ἐν αὐτῷ καθ' ἡμέραν καὶ λιβανωτίζοντες).

36. La inscripción de IGN 111 es del año quinto de Rabbel II, el 74–75 d.C. Otras inscripciones contemporáneas son IGN 51, del año tercero de Rabbel II, 72–73 d.C., e IGN 89, del cuarto, 73–74 d.C. (Healey, *Nabataean Tomb Inscriptions*, 163.175–76.225).

37. En este párrafo sigo de cerca a Rohmer, "Madâ'in Sâlih," 56–57.

38. Rohmer, "Madâ'in Sâlih," 57. Suponiendo que la vida de circulación de las monedas se extendió algunas décadas más allá de su emisión: Aretas IV (9 a.C.–40 d.C.); Malicus II (40–70 d.C.).

que frene el curso del torrente, y su concentración en unas pocas vertientes hidrográficas, pueden arrasar regiones aparentemente inconexas con el lugar de la tormenta. Aunque esta atractiva hipótesis debe confrontarse a otros datos, es sugerente conectar la última tumba monumental que puede ser datada (75 d.C.) con aquellas que no fueron terminadas, pudiendo pensarse que algo imprevisto ocurrió en torno a esta fecha.

Qué llevó al abandono de este tipo de construcciones es algo que puede debatirse también, apelando a otras razones que las anteriores. Si se estima la hipótesis, cuestionada por algunos historiadores, de la importancia creciente de la ruta del Eúfrates y wadi Sirḥān en dirección a Bostra, el abandono de las inversiones privadas monumentales en Ḥegra podría establecerse como un apaciguamiento de la ruta terrestre del sur, pues la marítima por el Mar Rojo no parece haber sufrido un fuerte declive al término del siglo I, sino más bien lo contrario.[39] Pero lo que es cierto en función de vestigios materiales de otra naturaleza es que Ḥegra después de la anexión romana en el 106 y el abandono de las construcciones monumentales siguió reteniendo atención dentro de la nueva provincia imperial, al menos durante un siglo más.

39. Healey, *Nabataean Tomb Inscriptions*, 27–28 cree que la existencia de un contingente militar nabateo en Ḥegra durante el siglo I d.C. podía responder a dos factores: una reserva militar estratégica de los reyes nabateos, quienes se retirarían a Ḥegra desde Petra en caso de una posible invasión romana, y la necesidad de asegurar los intereses de la ruta del incienso frente a las incursiones de los grupos nómadas hostiles. En apoyo del primer factor pueden recordarse las amenazas venidas a Nabatea desde el norte en el siglo I a.C.—la expedición del general romano Craso a Petra tras la llegada de Pompeyo a Damasco en el 64 a.C., y la guerra de Herodes el Grande, aliado de Marco Antonio, contra Malicus I en los años 30s; y en el siglo I d.C.—la escalada de violencia entre Aretas IV y Herodes Antipas, que provocó a Tiberio el desplazamiento de dos legiones romanas a Ptolemaida con intención de atacar Petra (Josefo, *A.J.* 14,2.5; 15,5; 18,5). Si la hipótesis de Healey es cierta, la mejora de las relaciones con el Imperio Romano durante los últimos reyes nabateos, Malicus II y Rabbel II, habría hecho que la función de Ḥegra como ciudad a la que escapar en caso de invasión dejara de tener sentido y que existiera un motivo menos para la conservación del contingente militar, que era una de las fuentes de financiación de las obras monumentales, atendiendo a los epitafios de las tumbas. La voluntad romana de conservar en Ḥegra la presencia militar después del 106 d.C. indica, no obstante, que la importancia económica y estratégica del oasis seguía en pie.

8

ARABIA NOROCCIDENTAL EN EL SIGLO III D.C.

ACLARACIÓN METODOLÓGICA

Al depender en gran medida de información obtenida por medios arqueológicos, es difícil, hoy por hoy, establecer una secuencia comprensible de sucesos de Arabia interior que sea extensible a todo el territorio basada en hechos asignables al siglo III únicamente. Por el contrario, la información datable adquiere mayor inteligibilidad contrastada con lo que se conoce de los siglos II y IV, de los que es imposible desprenderse para reconstruir el siglo III de forma satisfactoria. Siendo por ende imposible como es, en obras que abarcan grandes periodos del pasado separar el tiempo en segmentos estancos cuando se carece de suficientes marcas cronológicas, tratar el siglo III en Arabia con referencias al II y el IV parece una obligación. Por otro lado, exigencias metodológicas han obligado al autor de estas páginas a optar por una ulterior división temática, consagrando el presente capítulo a la situación de Arabia del Norte y el limes romano con Arabia para el cual sí se dispone de evidencia (no siempre directa) proveniente de relatos escritos, y el siguiente capítulo a la situación de Yemen y Arabia Central, con la diferencia de que en este segundo caso el siglo III será estudiado junto con el siglo IV.

LA CRISIS SOCIAL DEL SIGLO III EN EL LEVANTE MEDITERRÁNEO

El marco de estudio general para el siglo III en los territorios que estaban bajo la influencia romana, como lo es la así llamada "ruta del incienso" en su mitad norte, fue la crisis. El siglo III fue de hecho un periodo de crisis política, social, y económica para todo el Imperio Romano y no solamente para los territorios dependientes, especialmente acusada en su segunda mitad cuando el ejército imperial se fragmentó bajo el mando de sucesivos usurpadores y las élites dirigentes y militares se cargaron de asesinatos.[1] Las invasiones germanas, alanas, y francas de Italia, Hispania, y Galia, y las godas y escitas de Grecia, Macedonia, Anatolia, y África concentraron recursos humanos lejos de la frontera oriental, circunstancia que capitalizaron agentes disgregantes.[2] La inestabilidad en la provincia de Siria y en la región del Eúfrates fue especialmente marcada.

Tres pretendientes al trono imperial, Jotapiano (m. 250), Uranio Antonino (m. 253/4), y Macriano (m. 261) que reclamaron la adhesión de los soldados romanos y de las tropas auxiliares se sucedieron en apenas diez años, y el persa Sapor I (239/42–270/72) había capturado las plazas de Barbalisos en el 253 y Dura en 256, extendido el saqueo a través de Siria hasta Antioquía en las puertas mismas del Mediterráneo, ejecutando a Valeriano después de la toma de Edesa en el 260, forzado a entregarse al enemigo porque la ciudad fue asolada por una plaga.[3] Fruto de la anarquía

1. La terrible anarquía del siglo III tuvo un máximo exponente en los así llamados "Treinta Tiranos" durante el reinado de Galieno (259–268; Historia Augusta, *Tyran.* 1–30), pero comenzó ya en los últimos años de Alejandro Severo (222–235). Ver Dion Casio, *Hist. Rom.* 80,3:1–4 y su comentario por De Blois, "Rome and Persia," 33–44, quien sostiene que las intervenciones de Arsaces I y de su hijo Sapor I en el este romano (ver *infra*) se debieron al intento de controlar los emporios de Hatra, Dura, y Nisibis en la región de Mesopotamia, entregando Siria al pillaje cuando la victoria sobre una gran plaza se lo permitía, pero sin el propósito de crear un imperio permanente hasta el Mediterráneo.

2. El periodo entre Maximino (235–238) y Quintilo (270) conllevó para el Imperio Romano una grandísima deslocalización del poder, con urgentes frentes bélicos muy distantes entre sí, imposibles de ser atendidos simultáneamente. Para el contexto general del periodo, con especial énfasis en las invasiones godas al sur del Danubio y en las rebeliones sucesorias de poder, Drinkwater, "Maximinus to Diocletian," 28–64.

3. Zósimo, *Hist. Nov.* 1,36. Sapor I fue hijo de Arsaces I (224–239/40), fundador del Imperio Sasánida, principal rival del Imperio Romano y Bizantino en el este, que asume el área de influencia del Imperio Parto tras la victoria de Hormozgan en el 224. Los reyes sasánidas gobernaron principalmente desde Ctesifonte (Iraq), aunque su origen está más al este, en el Isfahán iraní. Perdurarán hasta Yezdejerd III (632–651), cuando el poder sucumbe irremediablemente por efecto de las conquistas islámicas.

generalizada, la reina Zenobia creó, además, entre los años 270 y 272 un principado en torno a Palmira con aspiración de dominio sobre las provincias romanas orientales, Siria, Palestina, Arabia Romana, y Egipto. Perfectamente comprensible en el contexto del siglo III, la hazaña de Zenobia vino provocada por la inexistencia de un poder efectivo en el Oriente que fuese fiel al gobierno romano central, pero socialmente nuevas guerras en la misma región no crearon sino más incertidumbre e inestabilidad.[4]

Aunque los desórdenes militares afectaron más al limes entre Damasco y el Eúfrates, los efectos económicos y sociales de la crisis del siglo III fueron universales en el levante romano. El tributo pagado a los bárbaros en algunas regiones, el exceso de guerras, reclutamientos, y alzamientos concatenados requerían suministro de dinero para mantener la fidelidad de las tropas y pagar los asesinatos de dirigentes por encargo. Pero, carentes de salario suficiente para la manutención que necesitaban, las milicias en marcha contando personas y cabalgaduras exprimieron a la población civil, sobretodo a lo largo de grandes vías o allí donde se acantonaban.[5] A este ambiente de por sí tenso, se sumaron factores igualmente difíciles. La extinción o insuficiencia de metales preciados en las minas, una epidemia intermitente que comenzando en el 252 diezmó ciudades enteras, la desaceleración pronunciada del comercio internacional, y la caída de la productividad, confluyeron todos en una subida moderada pero sin descanso de la inflación durante varias décadas, forzando al Estado a devaluar la moneda como medida compensatoria, pasando de un 50% de pureza en plata para el antonino en la década de los 40s a un 35% para el año 253, y a un solo 2,5% en el 270, cuando el sistema monetario colapsa.[6]

4. Para el caos del siglo III véase Zósimo, *Hist. Nov.* 1,19–64, autor pagano (m. 520) que inculpa la desgracia del Imperio Romano a la barbarización del mismo y al abandono de los dioses paganos. A modo de resumen del periodo puede traerse una de sus frases: Ὄντων δὲ τῶν ἀμφὶ τὴν ἑῴαν ἐν τούτοις, πάντα μὲν ἦν ἄναρχά τε καὶ ἀβοήθητα (Y estando las cosas así por el este, todo estaba en anarquía y sin ayuda; 1,37). El alzamiento de Zenobia, aduciendo fuentes pertinentes, ha sido bien descrito por Stoneman, *Palmyra*, 97–100.111–27.155–79.

5. De Blois, "Rome and Persia," 43 para bibliografía sobre este particular en Anatolia, situación extensible a otros lugares.

6. Wassink, "Financial Policy," 465–83. En contra de la opinión de que la extracción minera de metal precioso sufrió un retroceso en el siglo III, Corbier, "Coinage and Taxation," 327–92 considera que las necesidades financieras crecientes de los emperadores y la carencia de un sistema de préstamo imperial basado en el interés fueron los principales causantes de la devaluación de la moneda, y no la inexistencia de stock de metales preciosos. Pero, aún aceptada la posición de M. Corbier, debe admitirse en su contra que la minería de metal destinado a dinero-moneda no aumentó en proporción a las necesidades imperiales, lo cual debería haber ocurrido de disponerse de suficiente metal preciado en bruto.

Es comprensible que en medio de esta situación, la falta de confianza en los negocios y el caos social generalizaran la inseguridad, para cuyo estudio se dispone de algunos testimonios escritos.[7] A finales del siglo III, cuando ya era insostenible, Diocleciano (284–305) quiso tomar riendas de la situación fijando el precio de más de 1.000 productos y servicios y obligando a la población rural a cultivar el agro, creando una especie de casta en el campesinado para asegurar la producción de la tierra.[8] No hace falta ser una persona experta en economía para deducir qué había ocurrido durante las décadas anteriores a los sectores secundario y terciario en una sociedad deficientemente apoyada en el dinero-moneda: muchos empleos antes dedicados al intercambio y a la artesanía tuvieron que desaparecer por falta de ingresos.[9]

La lectura derivada de esta serie de factores hace más inteligibles los datos desenterrados por la arqueología en Arabia del Norte y en las regiones limítrofes del motor económico imperial. El flujo de bienes intercambiados entre las ciudades del Mediterráneo, Yemen, e India a través de los puertos egipcios del Mar Rojo, Berenice, y Myos Hormos sufre una reducción notoria, lo mismo que el abasto a través de las antiguas grandes ciudades nabateas de la ruta del incienso, Ḥegra, Aila, Gaza, Petra, y Bostra, y de los asentamientos intermedios, donde es esperable una pérdida de ocupación laboral, especialmente la dedicada al comercio y al transporte. Las grandes estructuras civiles y defensivas parecen sin embargo haber sufrido distinta suerte: en algunas regiones del limes romano con Arabia, se abandonan,

7. La crisis del comercio será analizada más tarde. Una carta memorable de Dionisio Alejandrino a su feligresía en Eusebio, *Hist. Eccl.* 7,22 describe la conducta opuesta de cristianos y paganos durante la epidemia del 252. Los presbíteros, diáconos, y algunos laicos servían a los infectados sin importarles compartir su letal destino, mientras que los paganos huían por miedo del contagio incluso de las personas más cercanas. En palabras del propio Dionisio: *οὐ γὰρ ἔστιν οἰκία, ἐν ᾗ οὐκ ἔστιν ἐν αὐτῇ τεθνηκώς* (pues no hay casa, en la que no haya en ella muerte). Sobre la misma plaga, Zósimo, *Hist. Nov.* 1,26 comenta: *οὔπω πρότερον ἐν τοῖς φθάσασι χρόνοις τοσαύτην ἀνθρώπων ἀπώλειαν ἐργασάμενος* (jamás primero entre los tiempos anteriores hubo tal destrucción de seres humanos). Ver también Eutropio, *Brev.* 9,5. Sobre la despoblación causada durante el brote del 260: Zósimo, *Hist. Nov.* 1,37.

8. Diocleciano ejecutó dos reformas de la moneda, en 294/296, y en 301. Para ello puso en circulación dos denominaciones, el argénteo de 3,4 g y un numus de cobre de 10 g, fijando su valor recíproco al que tenían denario y sestercio tras la reforma de Nerón (1:4). La primera medida no consiguió su objetivo, pues la inflación se disparó todavía más, pero favoreció el paso a la segunda medida, que tuvo un éxito relativo (Bowman, "Diocletian," 83; Corbier, "Coinage and Taxation," 334–35).

9. Wassink, "Financial Policy," 485–93.

pero en otras, especialmente en el sector norte (Azraq) y medio (Lejjun), se construyen nuevas.[10]

DECLIVE MERCANTIL DEL MAR ROJO: MYOS HORMOS COMO PRUEBA DIAGNÓSTICA

En Myos Hormos (Quseir al-Qadim), de los 205 tapones desenterrados de ánfora de vino que por su perfil redondeado son catalogados como tipo-1 del periodo romano, menos de 10 pueden ser asignados al siglo III, mientras que en el siglo I tardío, estos superan los 40 ejemplares, y en el siglo II alcanzan 90 unidades. Una decadencia semejante del siglo III en los tapones catalogados como de tipo-2 y tipo-3 también se observa, pasando de unos 75 ejemplares en el siglo II para el tipo-2 y de unos 50 del tipo-3 en el mismo siglo a su práctica desaparición en el siglo III. Podría objetarse que la importanción se redujo drásticamente en el siglo III pero manteniendo un elevado índice de comercio regional en este enclave portuario, pero los ejemplares encontrados de tapones de fibra de palma con sello de yeso para ánforas manufacturadas en Egipto o Nubia (tipos-5A y B) también caen drásticamente en el puerto de Myos Hormos durante el siglo III, con 3 ejemplares en este siglo para 34 ejemplares en el siglo II.[11]

La interpretación de estos datos como un síntoma de la crisis comercial del siglo III parece ajustada al nivel de ocupación a lo largo de la costa, más reducido en el siglo III que en los dos anteriores. Los mosquetones utilizados para cuerdas y aparejo de navegación, también pasan de más de 60 en el registro arqueológico a finales del siglo I, a unos 35 en la mitad del siglo II y a menos de 10 en el siglo II tardío y III, cuando el diámetro de los mosquetones también se reduce, indicando posiblemente el paso por esta parte del Mar Rojo de naves más pequeñas y en menor cantidad.[12] Una última confirmación de la hipótesis proviene de las monedas. De 25 monedas catalogables del periodo romano en Myos Hormos, 24 son de los siglos I y II y solamente una tetradracma de 9,70 g de baja pureza es del

10. Más al norte de Azraq en Jordania y hasta el río Eúfrates, el limes romano oriental discurre por el margen oeste del Desierto Sirio, sin duda área de influencia árabe, pero que en cuanto tal no se incluye aquí bajo la entidad geográfica de Arabia.

11. Más al sur, en el puerto de Berenice, encontramos que la tasa de caída en la vida comercial del puerto, ya estaba acentuada en el siglo II: de unos 250 tapones de ánfora atribuibles al siglo I, se pasa a 50 en el siglo II y a menos de 10 en el siglo III, incluyendo en todos los casos la suma de productos importados y producidos en Egipto. Datos extraídos de Ross, "Roman Vessel Stoppers," 15–19.33, especialmente Figs. 3.4, 3.5, y 3.16 cuya conversión a unidades he efectuado.

12. Blue et al., "Ship's Fittings," 205–09.

siglo III, posiblemente del periodo que va desde Filipo el Árabe (244–249) a Valeriano I (253–260).[13] Teniendo en cuenta que Myos Hormos es un puerto rodeado de desierto, con poca disponibilidad de agua dulce, y que su población debía en correspondencia depender grandemente del tráfico marítimo, el conjunto de datos anteriores puede interpretarse como una reducción del comercio al menos en la mitad norte del Mar Rojo que afectó con toda seguridad a otros puertos árabes del mismo mar, como Leuke Kome y Aila, pues una significativa proporción de cerámica axumita e india en el area de ocupación del siglo III sugiere un repliegue del comercio hacia el sur durante la fase de declive de Myos Hormos.[14]

Similarmente significativo es el consumo de carne o la utilización de animales de carga que puede rastrearse a través de los framentos de hueso encontrados en Berenice, 300 km más al sur que Myos Hormos en el Mar Rojo. En el siglo I se encontraron 102 fragmentos de hueso de cerdo, 285 de oveja o cabra, 36 de bovino, 26 de équidos, y 91 de camello, cayendo en los siglos III y IV a 4, 139, 9, 0, y 0 para las especies indicadas, de donde se puede extraer la esclarecedora lectura de que el lugar conservó principalmente la población dedicada al pastoreo (cabra y oveja), perdiendo aquella dedicada al transporte (équidos y camello).[15]

Los datos precedentes no corresponden a yacimientos árabes propiamente dichos, pero sí a lugares vinculados con el tráfico que vinculaba Yemen y el Mediterráneo, que debió drececer por igual en las vías terrestres de Arabia occidental, cuyos oasis dedicados tradicionalmente al paso de caravanas debieron experimentar una ruralización durante el siglo III, aunque muy posiblemente sin caer en el desusuo total de su función de escala en el transporte de distancia. Una inscripción votiva de la demarcación administrativa de Sana en el Yemen, de finales del siglo III, bautizada con el nombre Riyām 2006–17, así lo sugiere. Contiene el agradecimiento de un viajero al dios Ta'ab después de una misión diplomática terminada con éxito (es decir, sin haber perdido la vida ni el objetivo implícito a la misión) por diferentes lugares de Arabia interior, entre ellos Nabaṭ y Liḥyān, en los que se presupone la existencia de poblaciones sedentarias donde el autor de la inscripción posiblemente fue recibido.[16]

13. Sidebotham, "Ancient Coins," 353–57.

14. Blue et al., "Ship's Fittings," 209.

15. Hamilton-Dyer, "Faunal Remains," 252, Tabla 20.6.

16. Por razones de método y evitar la repetición, la importancia de Riyām 2006–17 para esclarecer el mapa etnográfico de Arabia Desierta será analizada en el capítulo dedicado al siglo IV.

ḤEGRA EN EL SIGLO III: ABANDONO DEL CUARTEL MILITAR ROMANO

La aparición de Nabaṭ y Liḥyān en Riyām 2006–17 acerca nuevamente el hilo de la discusión a Ḥegra. Situada tres grados de latitud más al norte que Berenice, el oasis de Ḥegra fue a juzgar por la riqueza invertida en sus tumbas monumentales, la segunda ciudad en importancia del reino nabateo y la ciudad más alejada en el interior de Arabia que mantuvo presencia permanente del ejército oficial romano. En este sentido, a partir del siglo III d.C. se observa en Ḥegra el abandono de una estructura de grandes dimensiones identificada con un campamento militar y la falta de reparación en la muralla de la ciudad, obra que atendiendo a las inscripciones fue llevada a cabo por los legionarios.[17] La misión arqueológica en Ḥegra ha sido una de las más fructíferas del reino saudita y ha alumbrado un complemento valioso de datos aplicados al siglo que nos ocupa que puede ser contrastado con fuentes literarias del periodo clásico.

La estructura identificada como un campamento militar se presenta en una planicie, unos 10 m más elevada que el centro urbano de Ḥegra, disponiendo de visibilidad sobre este y el wadi de acceso. Tiene forma de gran rectángulo, con un lado largo de 130 m. Presenta construcciones en paralelo rodeando un patio central, que aparentan ser barracones para soldados. La estructura es la única construcción que aprovechó a modo de soporte la muralla periférica que rodea el centro urbano. Por otro lado, no se encuentra lejos de una pequeña fortaleza en la cima de una colina contigua de la que han sobrevivido los cimientos y que debe provenir del periodo anterior en el que los nabateos controlaban Ḥegra. La muralla perimetral, en su origen, también proviene del siglo I d.C. Fue hecha de ladrillos de barro y alcanza los 3 km de extensión, con una anchura media de 2 m; dependiendo de las secciones presenta cimientos de piedra, una anchura mínima de 1 m y una máxima de casi 4. La muralla cubre un área de más de 50 ha donde se localizan el campamento y el centro urbano, que visto desde afuera debía tener aspecto de recinto amurallado. De las cuatro o cinco puertas de acceso descubiertas en la muralla, una sirvió de entrada al campamento. Las paredes de sillar de piedra de esta puerta presentan una apertura de más de 3 m y estaban protegidas por dos torretas incorporadas a la muralla.

La interpretación de la estructura rectangular como un campamento militar está avalada ulteriormente por 27 inscripciones griegas, latinas, y nabateas encontradas en las piedras utilizadas para las paredes de la puerta,

17. Para esta sección Abu-Azizeh et al., "Areas at Madâ'in Sâlih," 19–42.

algunas nombrando mandos del ejército. Este conjunto de inscripciones se relaciona con una losa que porta una inscripción monumental encontrada en otra parte del área intramuros, fechada claramente en el gobierno de Marco Aurelio (175–177) y reutilizada por una vivienda del último periodo de ocupación de Ḥegra, entre el siglo IV y el VII. Según se deduce de la posición ocupada por las piedras, las inscripciones de la puerta fueron grabadas a lo largo de varias fases de la puerta, que de acuerdo a la información aportada por la inscripción monumental habría sido reconstruida en el tercer cuarto del siglo II d.C. para caer en desuso poco después, unos 50 años más tarde.[18]

La cerámica recogida en la explanada del campamento se limita al siglo II d.C. y III. Todo apunta a que la legión romana permaneció en Ḥegra unos 100 años. Probablemente su retirada fue causada por la crisis económica y política del siglo III, que o bien habría convertido en inoperativa la misión por falta de interés (comercial) en Ḥegra, o habría quizás generado urgencias defensivas más al norte, en tal suponer en la región del Sinaí, en el Hisma, o en Transjordania. Destacamentos de la III Cirenaica suministrados quizás por la base de Bostra parecen haber participado de los desórdenes de Siria en el siglo III, en concreto de una segunda toma de Palmira, la del año 273 (Historia Augusta, *Aurel.* 31), e incluso ejecutaron misiones más al norte, en Mesopotamia y en Dura Europos entre el 215 y 222.[19] Eventos de este tipo quizás no requirieron nunca la presencia de soldados de Ḥegra, pero

18. De las inscripciones de la puerta, cinco son latinas, once griegas, y once nabateas. Una de las inscripciones latinas con siete líneas, nombra dos centuriones y soldados *stationarii*, con base en Ḥegra, de la legión III Cirenaica. Otra, también latina y de cinco líneas, está dedicada a Júpiter Amón, el dios protector de la legión, apareciendo cerca de la inscripción un busto masculino sostenido por un águila. La inscripción monumental, en diez líneas con letras regularmente trazadas, es más solemne y conmemora la ejecución de una obra en Ḥegra con carácter civil. La primera parte de la palabra que se refiere a la obra en cuestión está erosionada y sólo puede leerse el final «-lum» por lo que al principio se pensó que esta obra civil podía ser la reparación del *vallum*, la muralla periférica. Otra posible lectura es *templum* pero el descubrimiento posterior de las inscripciones de la puerta de acceso al campamento permiten decantarse por la primera hipótesis. Los títulos imperiales de Marco Aurelio y la ausencia de referencia a su hijo Cómodo sitúan la inscripción monumental en los años 175–177 d.C., fecha que dataría la obra de reparación que se hizo en la puerta de acceso al campamento en cuanto parte de la muralla (Abu-Azizeh et al., "Areas at Madâ'in Sâlih," 25–27; Nehmé et al., "Hegra of Arabia Felix," 304–05).

19. Menos conocida, la segunda insurrección de Palmira ocurrió apenas un año de ser capturada Zenobia y fue encabezada por un tal Antioco, pariente suyo. Según Historia Augusta, *Aurel.* 31, la Legión III saqueó y desmanteló la ciudad. El oasis será utilizado en adelante como campamenteo militar y habitado por beduinos, pero los negocios de caravanas de la ruta norte en dirección a Damasco ya no se cerrarán más en sus casas, templos, o palacios. Para las inscripciones que sitúan la III Cirenaica en la frontera parta, Kennedy, *Roman Army in Jordan*, 48.

pudieron suponer una restructuración de la milicia. En cualquier caso, el mejor documento existente sobre distribución del ejército romano, la Notitia Dignitatum, fechada del 395 al 413 y conteniendo información del siglo IV, carece de mención alguna de Ḥegra.[20]

INSCRIPCIONES GRIEGAS DE LA LEGIÓN III CIRENAICA

Es muy difícil dadas las distancias implicadas y el inestable contexto del siglo III, saber con certeza qué le ocurrió a la misión romana de Ḥegra. Pudo aprovechar el paso de un convoy comercial para replegarse en el norte, pero muy bien pudo simplemente por efecto de la turbulencia del siglo III haberse disuelto. En este periodo, siglos II y III, deben situarse las demás inscripciones griegas de Ḥegra, una treintena de grafitis a unos 7 km en la carretera que se dirigía por el este al oasis de Dedān, una firma de un pintor de escudos de la III Cirenaica sobre una piedra que fue reutilizada en la pared interior de un pozo, y otras inscripciones más en los márgenes del paso que atraviesa Jabal Ithlib.[21]

Las inscripciones griegas siguen todas la misma fórmula: sea recordado + nombre del soldado + referencia del ala (por ejemplo: Μνησθῇ Σεουῆρος εἴλης δρομιδάριος). Después de algunas primeras publicaciones en 1910 en las que se copiaron 10 inscripciones de este tipo en los montículos de Qubur al-Jundí, así como una latina, el cuerpo se ha ido enriqueciendo llegando hasta las 22 inscripciones actuales en griego, mencionando únicamente soldados del εἴλης δρομεδαρίων (ala de dromedarios).[22] En Jabal Ithlib se reconocen otros 18 textos griegos, algunos del ἄλε Γετουλῶν y tan solo uno de la de dromedarios. El latinismo ἐκκύης (*eques*) y la palabra ἱπ(π)εύς se encuentran representadas en ambos grupos. En vistas a las inscripciones, el destacamento de Ḥegra se dividía por consiguiente en dos pelotones, un ala de jinetes de dromedarios en el acceso al oasis desde el sur, posiblemente el más frecuentado por las caravanas comerciales, y otro en el propio Ḥegra, quizás de jinetes a caballo.[23]

20. Kennedy, *Roman Army in Jordan*, 53–54.

21. Las primeras publicaciones son de J. Euting y C. Huber, y el grupo de once de Jaussen y Savignac, *Mission Archéologique II*, 644–47.

22. Jaussen y Savignac, *Mission Archéologique II*, 644–47, aunque antes de 1910 ya existieron publicaciones menores de Julius Euting y Charles Huber.

23. Gatier, "Troops at Hegra," 79–112. El Ala Veterana Gaetulorum es conocida en Judea en el año 86 y probablemente en el siglo II tardío en la Arabia romanizada. El Ala Dromedarium también aparece atestiguada al norte de Bostra (Kennedy, *Roman Army in Jordan*, 48–49).

GRUPOS JUDAIZANTES EN ḤEGRA Y TAYMĀ'

Otra pieza arqueológica muy llamativa de Ḥegra para nuestro estudio, claramente ya durante su periodo de declive es, una estela funeraria en arameo nabateo con dos ocurrencias de un nombre judaizante, Shmw'l (Samuel). Teniendo en cuenta esta inscripción, el abandono de la estación militar no debe ser visto como el ocaso completo de Ḥegra, donde parece haber subsistido una colonia cuyo príncipe lleva un nombre bíblico: "[......] 'Adnān hijo de Ḥny hijo de Samuel, príncipe de Ḥegra, para Mwnh su esposa, hija de 'Amr(w) hijo de 'Adnān hijo de Samuel, príncipe de Taymā'."[24] Datada en el 251 de la era de la provincia de Arabia, esto es, en el 356 d.C., sugiere la existencia de una colonia judaizante en Ḥegra y otra emparentada con la primera en el oasis de Taymā' que parecen haber seguido manteniendo contactos con el norte, pues lo mismo la inscripción de Ḥegra que otras dos incripciones funerarias en arameo nabateo más al sur con nombres también aparentemente judíos, una en al-'Ulā (Dedān) y otra en al-Mabiyyat, portan datación de los años 175 y 201 de la provincia de Arabia, que corresponden al 280 y 307 de la era actual respectivamente:

> "Esta es la estela que Yaḥyā hijo de Simón (yḥy' br shm) ha construido para su padre Simón (shm), quien murió en el mes de Sīwan del año 201." (Hoyland 3/ JS Nab 386)
>
> "Paz (šlm) sobre la tumba de R{mn}h su esposa, hija de José (brt ywsp), hijo de 'Rr, quien es de Qrayyā, quien murió en el día 26 de Abril, año 175." (Hoyland 18/ Nehmé 2010/ Fig. 8)[25]

24. «[......]| 'dnwn br Ḥny br Shmw'l rysh | Ḥgr' 'l Mwnh 'tt-h brt | 'mrw br 'dnwn br Shmw'l | rysh Tym'» (II.2–5). La inscripción y la traducción está tomada de Robin, "Judaïsme de Ḥimyar," 152, citando a Altheim y Stiehl, "Jüdische Dynastem," 305–10, fuente primaria que me ha sido imposible verificar para dilucidar el contexto. La inscripción puede accederse también en Hoyland 6 (para esta referencia ver siguiente nota). La repetición de los nombres 'Adnān y Samuel induce a pensar en dos núcleos familiares distintos pero emparentados.

25. Toda la posible evidencia epigráfica obtenida hasta el año 2011 relacionada con el judaísmo de Ḥegra, al-'Ulā, wadi al-Qurā, Taymā', Tabūk, y de parte del Sinaí, ha sido recopilada en una exposición de gran utilidad por Hoyland, *Jews of the Hijaz*, 93–105. Se reduce en el mejor de los casos a 31 inscripciones en un espectro del siglo I a.C. al V d.C. De todo el corpus, 7 provienen de Ḥegra y 16 de al-'Ulā, 22 son grafitos de pobre calidad y únicamente una es confesamente judía (IGN 12/ H4). Sigo para las dos inscripciones de arriba la traducción, transcripción, y numeración del autor citado. Hoyland n.3: «...dnh npsh' dy bn' yḥy' br šm 'wn 'lshm 'wn 'byh dy myt b-yrḥ sywn shnt m'tyn w-'ḥdy»; n.18: «...shlm 'l q[b]r r[mn]h 'ntth brt ywsp br 'rr dy mn qry' dy mytt ywm 'shryn w-shth b'yr shnt m'h w-shb 'yn w-ḥmsh.»

En auxilio de la hipótesis de que dicha colonia judaizante era realmente judía, acuden cuatro referencias de la tradición judía oral de los siglos II al IV, la más antigua de las cuales es Mishna, Giṭṭīn 1:1 donde Rabbi Gamaliel considera válido el certificado firmado de divorcio traído "incluso desde Petra o Ḥegra," queriendo indicar con la expresión las colonias judías más distantes de la tierra de Israel en esa dirección (sur).[26] ¿Fue gobernado Ḥegra por una colonia judaizante tiempo después de la retirada de la III Cirenaica? Es difícil de saber, pero posiblemente debe optarse por una sociedad mixta. Restos de consumo de asno, animal impuro según Lev 11,2–3 desautorizan la consideración de que, de haber judíos en Ḥegra, estaban solos, al menos en el siglo V.[27]

En cualesquiera de los casos, Ḥegra sobrevivió a la reducción del flujo internacional de mercancías del siglo III que afectó a todo el este romano y a los emporios periféricos que dependían del tráfico de bienes de consumo. El oasis de Ḥegra fue relegado entonces al ámbito regional y la III Cirenaica se retiró, dejando un vacío que quizás fue capitalizado por una presencia judía anterior o árabe judaizante. De las 31 inscripciones en las que consiste todo el corpus que, en el mejor de los casos, puede ser asociado por su terminología con el judaísmo en el cuadrante noroeste de Arabia, 23 provienen del entorno de Ḥegra y al-ʿUlā, separadas entre sí por unos 20 km. Nada impide sugerir nuevamente que la ruta del incienso fue

26. Mishna, Giṭṭīn 1:1 (sobre la validez de los certificados de divorcio firmados y traídos desde el extranjero) "R. Gamaliel dice: incluso (es válido) aquel que trae uno desde Reqem (Petra) o Ḥeger (Ḥegra)...." Para la discusión de las escasas fuentes rabínicas existentes sobre el judaísmo de Ḥegra y Taymā'—Mishna, Giṭṭīn 1:1; TB Yevamōt 116a; Gen. Rabbah 79:7; y Num. Rabbah 13:2 (griego), remito al lector al meritorio artículo de Mazuz, *Arabia and its Jewery*, 151–59. No obstante, obsérvese que la opacidad de estas fuentes requiere crítica documental, ya que H. Mazuz ha leído חַגְרָא דַעֲרָבְיָא (Ḥaggrā de Arabia) en Gen. Rabbah 79:7 donde otros traductores leen תַּגְרָא דַעֲרָבְיָא (taggrā de Arabia = *mercader* de Arabia). Asimismo, cabe decir que la raíz indicando "un muro," "una defensa," pero también "piedra" (árabe ح/ ج/ ر) aparece lo mismo en periodo post-mishnaíta en el nombre de al-Ḥīra (medio-sur de Iraq) que en el de Ḥegra nabatea y al-Ḥijr árabe (para al-Ḥīra ver siguiente capítulo). De hecho, el Targum de Onkelos comentando Gen 16,14 identifica *Reqem* (רֶקֶם) y *Ḥeger* (חֶגֶר) con Kadesh y Bered, tal y como ya notó Danby, *Mishnah*, 307. Esto abre la posibilidad de que Mishna, Giṭṭīn 1:1 tampoco se refiera a Ḥegra nabatea sino a otra población amurallada menos relacionada con nuestro caso, aunque la identificación de Arekem con Petra por Josefo, *A.J.* 4,7—notada por H. Danby y H. Mazuz, así lo sugiere.

27. Studer, "Preliminary Report," 284–85. La doctrina bíblica derivada de Lev 11,1–8 considera impura toda bestia que no realiza la rumia y/o que no tenga la pezuña partida. Por la forma plana de su pie, queda excluido de la dieta judía por consiguiente el camello (11,4), pero también los équidos, caballo, mula, asno, asno salvaje, y zebra, pues aunque tienen pezuñas partidas no son rumiantes.

objeto de migración de judíos hacia el sur a la luz de términos arameos y nombres del ámbito bíblico que han quedado fijados en este corpus, Yaḥyā bar Simón (yḥy br šm), Daniel (dny'l), 'Ezer ('zr), Joseph (ywsf), Yehūdā (yhwd'), Isaac ('sḥq), Ismael ('smʿyl), paz (šlm), y bendecir (brk).[28]

La concentración de estas inscripciones en el área de Ḥegra y al-'Ulā lo es sin embargo más en el espacio que en el tiempo ya que el corpus abarca un espectro que va desde el s. I a.C. al V d.C. Además, contiene una única inscripción expresamente judía (IGN 12/ H4), por lo que la identificación de este corpus con un judaísmo residente en Arabia y en uso del idioma nabateo no es completamente segura yendo individualmente a cada espécimen, aunque sí probable en conjunto. Al margen de la religión, la estratigrafía constata que en los siglos IV, V, y VI había población en Ḥegra. Hay restos de fuego, consumo de carne, objetos abandonados, y huellas de remodelación leve de edificios, pero nada comparable a la época de esplendor nabatea o a la de ocupación durante el siglo II d.C.[29] Cuando pasa Mahoma con su ejército al final del verano del 631, durante la campaña de Tabūk, Ḥegra se presupone completamente abandonada.[30]

DUMAT AL-JANDAL BAJO LA ÓRBITA ROMANA

Otro asentamiento cuya huella puede rastrearse en el siglo III es Dumat al-Jandal, actual al-Jawf saudita. Del mismo modo que Ḥegra lo fue en el sur, Dumat correspondió al extremo más oriental del reino Nabateo dentro del desierto árabe, a un tercio del camino en línea recta entre Petra y el Golfo Pérsico, o aproximadamente a medio trayecto si se toma de referencia en uno de los extremos no a Petra sino el Mar Mediterráneo. Absorbido

28. Para la bibliografía, ver nota *supra*. Sobre la tumba de Ḥegra perteneciente a un judío (IGN 12), el archivo de Babatha y su relación con Petra en el primer tercio del siglo II, ver capítulo dedicado a dicho siglo.

29. Charloux, "Area 1," 27–28; Fiema, "Area 2," 98; Rohmer, "Madâ'in Sâlih," 62–64; Studer, "Preliminary Report," 285.

30. Bukhāri 1481.4702.4420; Ibn Isḥāq 898–99; Ṭabarī 1697–98 relatan brevemente el paso de Mahoma por Ḥegra de camino a Tabūk, un oasis 220 km al norte de Ḥegra. Al caer la noche, el ejército de Mahoma se detuvo en el entorno del oasis y los hombres comenzaron a abrevar el ganado en un pozo, pero Mahoma prohibió el uso del agua y adentrarse en las ruinas sin ir acompañado, quizás por tratarse de un lugar sujeto a la influencia de los djinns. Según la tradición islámica, dos hombres hicieron caso omiso de la advertencia del profeta, costándoles casi la vida. Uno de ellos bebió agua y fue atacado por una enfermedad en la garganta, mientras que el segundo, que había dado de beber a su camello, fue arrojado por una tormenta de viento hacia el interior del desierto. Ya de mañana, una lluvia repentina abasteció al ejército de agua y este siguió su camino.

como el resto de territorios nabateos por la nueva provincia de Arabia en el 106 d.C., Dumat se convirtió en la presencia más alejada del Imperio Romano en esa dirección, separada de Bostra y de Petra por una gran franja desértica. Teniendo en cuenta su alejamiento, el interés romano por este oasis probablemente fue más una herencia económica nabatea que estratégica, en la medida en que ambos factores puedan concebirse como diferentes.

El wadi Sirḥān, de 300 km de longitud y en cuyo extremo sur se encuentra Dumat, forma la comunicación natural entre la Amanítida (y por medio de esta con Siria) y la parte norte de Arabia Central (desierto de Nafūd).[31] La posición de Dumat en la entrada al desierto de Nafūd, hacía por tanto que recibiese mercancías desde Gerrha en la costa este o incluso venidas desde el norte del Yemen. Una vez que las caravanas pagaban peaje y compraban servicios en Dumat, eran derivadas al wadi Sirḥān. Por el noroeste el wadi terminaba en Azraq, pero una vez ahí se podía seguir con menos sacrificio hasta Bostra o más al norte hasta Damasco. Como ya se ha indicado anteriormente, otras comunicaciones de gran distancia desde Dumat eran Babilonia por el noreste, Charax por el este, y Ḥegra a través de Taymā' por el suroeste. Por último, un ramal occidental se dirigía a Petra a través de Maan siguiendo el camino del Sol.[32]

Las medidas tomadas por un geógrafo del siglo XIII d.C., 25 km de largo, contando palmerales y otras plantaciones, pueden en ausencia de otras más precisas, tomarse como estimativas del oasis de Dumat en el periodo nabateo y romano.[33] A comienzos del siglo XXI eran pocas las estructuras del periodo nabateo estudiadas en Dumat exhaustivamente. En comparación con Ḥegra o Petra, no hay grandes monumentos visibles en Dumat de este periodo y los hallazgos singulares son más bien pocos, pero los elementos y estructuras estudiadas son significativos. Destacan aquí un edificio de grandes dimensiones del periodo nabateo o romano con una posible fundación anterior, una instalación en la parte superior de una colina identificada con un triclinio para comidas rituales, un cementerio con una fase de utilización reconocida en el siglo II d.C., y algunas inscripciones.

31. Razón por la que Hogarth, *Arabia*, 157 calificaba a Dumat como "el último oasis en Siria o el primero en Arabia," pero geográficamente pertenece a Arabia. El desierto de arena del Nafūd conecta a su vez, por el sur, con el Najd en Arabia Central.

32. Al-Muaikel, *Jawf Region*, 54–59; Charloux y Loreto, *Dûma I*, 33–35. Una ruta entre el Sinaí y Dumat quizás equivalente a la utilizada en la antigüedad fue redescubierta para Occidente en 1812 por Burckhardt (Hogarth, *Arabia*, 157–58).

33. Charloux y Loreto, *Dûma I*, 28.

ARQUEOLOGÍA DEL DUMAT SAUDITA

El edificio de grandes dimensiones del periodo nabateo o romano de Dumat fue encontrado a resultas de una construcción islámica temprana que se había levantado sobre lo que quedaba del mismo. Este edificio islámico mostró, a 5 m por debajo del nivel actual del terreno, un relleno compacto de tierra mezclada con miles de fragmentos de cerámica nabatea tardía o romana sobre el que se construyeron una serie de paredes que luego colapsaron.[34] El relleno fue utilizado para cubrir un suelo anterior de roca cortada, y a su vez, el periodo islámico construyó sobre este segundo suelo del periodo nabateo. El suelo de roca está tan bien labrado que hace incomprensible la colocación de un nuevo nivel de tierra compacta sobre el que construir, a no ser que se trate, por alguna razón no comprendida, de un nivel de ocupación que fue descartado en el periodo nabateo. Misteriosamente, el trazado de una pared coetánea del suelo de roca cortada sugiere una fase fundacional pre-nabatea por lo demás difícil de datar. En cuanto a la función del edificio en esta época, a lo sumo puede deducirse la inversión costosa requerida para perfilar la roca a lo largo de una superficie considerable hasta dejarla plana. El edificio nabateo que se montó sobre la capa de tierra compacta posterior, con unas medidas de 220 m^2, tampoco aporta la solución al misterio.

Una serie de losas de piedra caídas indica que existió una segunda planta en el edificio islámico temprano, perteneciendo posiblemente a una persona adinerada, al no haberse encontrado indicios de viviendas que dispusieran de una segunda planta en el casco histórico de Dumat.[35] Su ubicación a los pies del castillo de Mārid (Qasr Mārid), hoy centro de la atracción turística, sugieren una fase preislámica del castillo.[36] Una zanja probatoria dentro del área histórica de Dumat reveló en el último cuarto del siglo XX una figurilla femenina atribuida a la Edad del Hierro, pero una figura muy semejante asociada a monedas del periodo romano temprano y a otros objetos recuperados más recientemente en la antigua necrópolis del oasis, vasos de cerámica amarillenta, una lámpara delfiniforme de tipo mediterráneo oriental, y un denario de Adriano (117–138), retrasan la datación de la primera figura.[37] La forma del cementerio es diferente a otras necrópolis nabateas, siendo relevante el hecho de no haber aparecido durante su investigación cerámica fina pintada nabatea, excepto una única

34. Charloux y Loreto, *Dûma II*, 101–37.143.

35. Charloux y Loreto, *Dûma II*, 115.117.

36. Al-Muaikel, *Jawf Region*, 23.

37. Al-Muaikel, *Jawf Region*, 85–86; Charloux et al., "Necropolis of Dumat," 193–204.

pieza, pudiendo suponerse que Dumat, aunque estuvo bajo el dominio nabateo y romano, conservó un fuerte carácter regional y étnico en sus costumbres.[38]

La tercera instalación atribuida al periodo nabateo o romano en función de la cerámica se encuentra en la cima de Rijm el-Burj, un montículo varias decenas de metros elevado sobre el oasis de Dumat. La construcción tiene forma de «U» y mide 15 m por 18, con un espacio amplio y libre de estructuras entre las paredes. En apariencia, sus tres muros monumentales, de casi 2 m de ancho, no sobrepasaron la altura de una persona, siendo por tanto la finalidad de la instalación otro misterio. Nada hace creer que tuviera un techo y el tipo de cerámica recuperada, restos de cuencos nabateos en su mayor parte, han hecho suponer que se trató de un triclinio al aire libre, siendo posible que en este caso fuera utilizado únicamente por la élite nabatea del oasis.[39] El dominio visual de su posición en el borde mismo del montículo puede traer, empero, otras funciones a consideración, teniendo en cuenta que los nabateos no debieron ser el único componente étnico de Dumat y que pudieron dedicarse únicamente a funciones de vigilancia, supervisión de convoys, y cobro de impuestos.

La Historia Natural de Plinio el Viejo incluye Dumat en el listado de poblaciones de Arabia del Norte. La ciudad estaría habitada por los árabes leanitas, aunque en otro reporte da a entender que la misma región estaría ocupada por los cedreos, que serían los descendientes de la bíblica Qēdār.[40] La falta de construcciones típicamente nabateas como tumbas monumentales, circuitos hidraúlicos, templos con suelos pavimentados y columnas, apoya en efecto la suposición de una presencia modesta de la cultura nabatea. El control del oasis, en base a esta suposición, debió hacerse con un sistema de alianzas que sería renovado por el Imperio Romano cuando absorbió a Nabatea, aunque Dumat continuó manteniendo una independencia de carácter hasta la conquista islámica en el siglo VII d.C. En ese momento Dumat era gobernado por un reyezuelo árabe-cristiano, Ukaydir bin ‘Abd

38. Charloux et al., "Necropolis of Dumat," 189–93.206–07.

39. Charloux y Loreto, *Dûma II*, 187–205.

40. Plinio, *Nat.* 5,12:65 indica que los cedreos limitan por el este con los canchleos, y en algún punto también con los nabateos (presumiblemente por el oeste o suroeste). Los cedreos estarían al sur de los árabes escenitas, en quienes incluye el gran grupo de los nómadas del Desierto Sirio, más allá del flanco derecho del río Eúfrates según se desciende. *Nat.* 6,32:157 agrupa Dumatha y Haegra en el territorio de los leanitas, el cual quedaría al norte de los thamudeos (aunque la propia ciudad de Haegra quedaría al sur de los thamudeos). Ptolomeo, *Geogr.* 5,18 localiza Dumaetha en Arabia Desierta, teniendo al norte a las tribus cauchabenita y aesita en dirección a Babilonia. Para la bíblica Qēdār: Gen 25,13; 1 Cro 1,29; Sal 120,5; Cant 1,5; Isa 21,16; 42,11; 60,7; Jer 2,10; 49,28; Ezek 27,21.

al-Malīk, quien técnicamente había renovado la alianza con el mundo mediterráneo pero que posiblemente jugaba un papel intermedio entre el mundo sasánida, el bizantino, y el árabe.[41] La cerámica que fue enterrada en la necrópolis de Dumat durante el periodo romano tardío (II–IV d.C.), nabateo (I a.C.–106), y precedente, y el conjunto de apariciones en los anales asirios consolidan desde tiempos remotos una ascendencia mesopotámica de los negocios desarrollados en la región de al-Jawf. Al mismo tiempo, la comunicación natural de wadi Sirḥān con las ciudades de Transjordania y del sur de Siria marcaba una obligación respecto a la órbita mediterránea, pero por razón de su alejamiento no consta que Dumat haya dejado en algún momento de pertenecer culturalmente al mundo árabe.

EVIDENCIA EPIGRÁFICA DE PRESENCIA ROMANA EN DUMAT

La presencia militar romana en Dumat dejó aún así algunas huellas producidas por soldados de etnia nabatea que debieron ser incorporados a la obediencia romana en el siglo II d.C., y por otro soldado en el próximo siglo vinculados a la legión III Cirenaica asentada en Bostra.[42] Una inscripción militar conteniendo la palabra nabatea «prshy',» "jinete," de las aproximadamente quince que se han localizado en el área de al-Jawf con esta palabra, contiene la fecha aislada del año 30, en la que es más cómodo leer el año 30 de la provincia romana de Arabia, 135–136 d.C., que el año 30 de un rey nabateo no mencionado. Otra inscripción que lee «'zyzw [] rywn',» en la que la segunda palabra puede ser restituida con «[qnṭ]rywn',» "centurión," fue escrita en la misma piedra que otra inscripción datada en el año 9. De ser correcta la reconstrucción de la palabra incompleta y de la fecha en años de la provincia romana de Arabia de la inscripción acompañante, se podría afirmar el servicio prestado por un centurión de nombre 'Azizu en el 114–115 d.C. en el área de Jawf.

Las tres inscripciones indicadas fueron escritas sobre grandes piedras dentro de un desfiladero a unos 20 km según se sale de Dumat en dirección noroeste al wadi Sirḥān. Dan constancia del trabajo paciente de una patrulla de vigilancia o inspección, aunque es difícil en tal caso establecer el lugar exacto en las cercanías de Dumat donde la centuria de soldados se alojaba. Sin construcciones materiales atribuibles, cabe la opción de imaginar un campamento de tiendas militares no amurallado, permanente solo en parte, con unidades móviles de acción rápida o bien que se desplazara él mismo

41. Ibn Isḥāq 903.

42. Para este párrafo Nehmé, "New Dated Inscriptions," 122–24.133–49.

en su totalidad a merced de la emergencia, de la necesidad de proteger caravanas con sufiente valor económico, y de la estación del año (del agua y pasto).

COMPARACIÓN ENTRE ḤEGRA Y DUMAT EN EL PERIODO ROMANO

En ausencia de vestigios de estructuras construidas, tampoco se puede saber si la presencia militar de un ejército regular fue continua como en Ḥegra, o si el oasis se defendía gracias a los lazos tribales con sus propios hombres de guerra. Se han explicado ya los indicios existentes de permanencia militar en Ḥegra durante el siglo II y parte del III, es decir, de un acuartelamiento permanente. Pero es difícil saber si este se sirvió además de instalaciones móviles para patrullar el entorno extendiendo la vigilancia hasta una distancia considerable del cuartel, y es más difícil determinar si la dinámica militar que se utilizó para la vigilancia en Ḥegra lo fue también en Dumat. Una inscripción nabatea del tiempo de Malicus II en Dumat conmemora la reconstrucción de un templo a Dushara por un tal Ganimu, donde ocupaba la posición de «rab-mashrīṯa,» esto es estratopedarca o jefe del campamento.[43] La inscripción es significativa por presuponer la existencia de un campamento, y por mencionar un templo oficial de Dushara en Dumat. Las personas con autoridad en Dumat o dependientes del estado nabateo como los soldados debieron realizar ofrendas y votos a Dushara, pero la población local posiblemente expresó su independencia dando culto a otras divinidades.

Si en algún momento los romanos se hicieron cargo de Dumat, debieron en la medida de lo posible y conveniente reutilizar las estructuras del periodo nabateo. Una inscripción latina del III d.C. encontrada en Dumat presenta en un sentido semejante la dedicación de un soldado llamado Flavio Dionisio de la III Cirenaica a los dioses Júpiter Amón y Sulmus, siendo la primera divinidad el patrón oficial de esta legión romana y la segunda posiblemente una deidad étnica.[44] En teoría el batallón al

43. Savignac y Starcky, "Inscription Nabatéene," 196–203. Este Ganimu puede ser la misma persona que aparece en una inscripción de Jabal Ithlib, Ḥegra, ocupando la posición de estratega (Jaussen y Savignac, *Mission Archéologique I*, 206).

44. "Pro salute/ Dom(inorum) N(ostrum duorum) Aug(ustorum)/ I(oui) O(ptimo) M(aximo) Ham/moni et San/cto Sulmo/ Fl(auius) Dionysi/us (centurio) leg(ionis) III Cyr(enaicae)/ u(otum) s(olvit)." La inscripción carece de fecha, pero la mención de dos augustos y la fórmula «DOMM NN» sugieren una datación entre la asociación al trono de Séptimo Severo con su hijo Caracalla a partir del 198 d.C. y la institución de la Tetrarquía en 293 d.C. (Bauzou, "Bostra à Dumata," 24). Mientras

que pertenecía Flavio Dionisio pudo haberse desplazado hasta Dumat desde Ḥegra a través de Taymā', pero debe vincularse preferiblemente con Azraq, donde se recuperó una estela militar indicando varios nombres de batallones, incluyendo la III Cirenaica, y la mención de una ruta existente entre Bostra y Dumat. Teniendo a la vista la situación geográfica de Ḥegra, la presencia militar en un lugar tan alejado como Dumat no es extraña al espíritu romano, pero una presencia fortificada en el propio oasis hubiera requerido un sistema de avituallamiento a lo largo del wadi Sirḥān, del cual no hay evidencia.[45] Es mejor por consiguiente entender la ruta entre Bostra y Dumat mencionada en la estela de Azraq como una ruta sobre la que los romanos ejercían control, sin ver necesariamente un acuartelamiento romano en el extremo sur del wadi.[46]

QASR EL-AZRAQ, LEJJUN, Y UDRUH JORDANAS: LIMES ROMANO CON ARABIA DESIERTA

La fortaleza de Azraq (Qasr el-Azraq) ocupó la posición estratégica más importante del sector norte de la frontera de la provincia romana de Arabia hacia el desierto, controlando la entrada y salida del wadi Sirḥān.[47]

que Júpiter Amón es el titular de la legión, el dios Sulmus puede corresponder al dios étnico del soldado, quizás la divinidad solar semita «SLM.» Una inscripción nabatea descubierta en Abū al-Qays, un monte cerca de Dumat, en la que se hace referencia a un sacerdote llamado «ʿAwīdū» puede en este sentido evocar la presencia de un santuario en la región (Charloux y Loreto, *Dûma I*, 44–45).

45. Parker, *Romans and Saracens*, 16.

46. La palabra *praetensio* en la inscripción, sinónimo de *praetentura*, indicaría la existencia de un acuartelamiento romano en los mismos límites cultivables del desierto, pero no más allá, lo cual hace terminar el dominio efectivo romano en el extremo norte del wadi Sirḥān. El resto del wadi hacia el interior de Arabia sería lugar visitado por patrullas, pero no de ocupación estable: más tarde, en los siglos V y VI, el patrullaje de este wadi pasó a formar parte posiblemente de las obligaciones contraídas por las tribus árabes federadas, Salīḥ y Ghassān (Shahīd, *Arabs in the Fifth Century*, 503–04). Interesantemente, la inscripción da una distancia bastante precisa de 208 millas romanas entre Amata y Dumat, 308 km, suponiendo que Amata equivale a la pronunciación antigua de Azraq. "[...] per mil(ites) fortiss(imos) suos/ leg(ionum) XI Kl(audiae) et VII Kl(audiae)/ et I Ital(icae) et IIII Fl(auiae) et/ I Ill(yriciorum) praetensione/ colicata mil(itibus) suis ex/ leg(ione) III Kyr(enaicae). A Bostra/ Dasianis mil(ia passuum) XVI, et/ a Basienis Amat(a) XXXII,/ et ab Amata Dymata/ m(ilia) p(assuum) CCVIII" (Bauzou, "Bostra à Dumata," 26–33; Kennedy, *Roman Army in Jordan*, 60 considera esta interesante inscripción del tiempo de Aurelio).

47. Qasr el-Azraq es la mayor fortaleza del sector norte del limes romano oriental

Azraq se situa al sureste de Bostra y del Haurán, es decir, en la vertiente meridional del sector norte del limes de Arabia Romana (llamada también Arabia Pétrea). Pero como otros lugares estratégicos, Azraq permitía varias direcciones de tránsito aparte de conectar con Arabia Desierta en dirección sureste por wadi Sirḥān, esto es, dirigía al Desierto Sirio en dirección norte o noreste, y al sur de Transjordania (Petra y Sinaí) en dirección suroeste.

Qasr el-Azraq mide 80 por 72 m, siguiendo el esquema de muchas de las fortalezas de la frontera, con torres proyectadas hacia el exterior en cada una de las esquinas de al menos dos alturas. Su fundación se remonta a comienzos del siglo IV siendo posible una ocupación previa a comienzos del III d.C. en consonancia con otras plazas cercanas.[48] Algunas decenas de kilómetros al sur de Azraq comenzaba el sector central de la frontera de Arabia Romana, que se extendía desde Esbus en el camino transversal que unía Ammán con Jericó hasta Kerak—equivaliendo a la región al este del Mar Muerto que fue llamada Moab, Perea (parcialmente), o Nabatea dependiendo de la época. Defendía las ciudades del tramo medio de la Via Nova Traiana que conectaba Elat con Bostra con una serie de fortificaciones en un área de cobertura de 20 km hacia el este de la calzada. Los sectores norte y central de la frontera se extendían por tanto en la dirección de territorios áridos en el borde del Desierto Sirio que reciben muy pocas precipitaciones anuales, unos 50 mm, provenientes del Mediterráneo.[49]

El contexto político y económico del siglo III debió afectar al área de Azraq. Varias fases de ocupación se observan en este área del limes mismo que dividía la zona cultivable al oeste y el desierto propiamente dicho al este y sureste. Azraq se encuentra además en el fondo de una pequeña cuenca de captación que la convierte en la mayor reserva hídrica de la mitad sur del Desierto Sirio (siendo Palmira la mayor de la mitad norte) por lo que fue considerado un enclave prioritario tanto para la entrada de enemigos como de aliados comerciales desde Arabia. Fragmentos en poca cantidad de cerámica nabatea y del periodo romano temprano (siglos I-II) indican que el área de Azraq estuvo monitoreada antes del siglo III. Dos inscripciones en bloques de piedra, una portando el nombre "M[arium]

trazado entre Bostra y Petra, pero estuvo asociado a seis fortines más en un radio de unos 25 km. Un resumen del área puede ser accedido en Kennedy, *Roman Army in Jordan*, 53–68. Como se ha indicado en una nota más arriba, al noreste de la carretera entre Bostra y Azraq, debe hablarse del limes romano con el Desierto Sirio. En Azraq mismo todavía puede hablarse de limes con el Desierto Sirio y no estrictamente con el desierto de Arabia, al que no obstante se accede desde Azraq pero en dirección sureste.

48. Parker, *Romans and Saracens*, 15–36.

49. Parker, *Romans and Saracens*, 15.37–86.

Perpetu[uum] leg(atum)," y otra "Mucia[nus] et Fab[ian]o" sugieren que la fase más importante de ocupación se produjo a partir de los años 201–202. Por otro lado, la abundancia de trozos de cerámica del siglo III y la ausencia de cerámica bizantina invitan a asumir el hecho de que al menos parte del área fue abandonada alrededor del año 400.[50]

Un patrón de ocupación similar se observa en el sector medio del limes romano con Arabia Desierta. Lejjun es el cuartel más grande entre Bostra y Petra y está situado en el tramo medio que las separa, que traza básicamente un paralelo a unos 20 km de la orilla oriental del Mar Muerto. Lejjun fue construido en la misma longitud que la cola sur del Mar Muerto, pero más al este de Kerak. Vigila los tributarios del wadi Mujib en un paisaje terrible propicio para el ataque sorpresa. Tiene un lado largo de 240 m y uno corto de casi 200 y fue edificado en una elevación natural. Dispuso de barracones suficientes para 1.000 o 1.500 soldados. Lejjun y la mayor parte de fuertes y torres de vigilancia del sector central tuvieron también una vida útil de dos siglos entre el III y el IV d.C., sufriendo un abandono en el V ya que no se han encontrado restos de cerámica bizantina en su interior posteriores a este siglo.[51] Una aparente contradicción del sector central y del norte, a diferencia del sur, es que parece haber resurgido en el siglo III d.C., en medio de la inflación y el declive económico internacional que probablemente se encuentra detrás de la retirada romana de Ḥegra.

Soluciones a este interrogante pueden buscarse en las dinámicas mismas del siglo III. En primer lugar, el pico de la crisis ocurrió a mediados de siglo, siendo cómodo aceptar una inversión militar en la era de Séptimo Severo (193–211), de la cual existen indicios en el sector norte de la frontera con Arabia Desierta.[52] En segundo lugar, el descenso de la fiscalidad que al avanzar el siglo tuvo que producirse en Ḥegra (quizás también en Taymā' y Dumat) desencadenaría un desequilibrio de las alianzas tribales, lo que a su vez traería una mayor presión de los grupos beduinos y una necesidad creciente de replegarse hacia sectores más estables de la frontera romana.[53] Ḥegra sería abandonada por los soldados auxiliares de la III Cirenaica y el interés por tener alguna clase de presencia militar permanente en Dumat (y quizás Taymā') se enfriaría. En cambio, una nueva serie de construcciones en el territorio más romanizado al oeste del limes pudieron compensar el enfriamiento de la economía en otros sectores o al menos frenar la

50. Parker, *Romans and Saracens*, 17–18; Kennedy, *Roman Army in Jordan*, 54.

51. Parker, *Romans and Saracens*, 58–74.

52. Para la "Via Severiana," Kennedy, *Roman Army in Jordan*, 69–70.

53. Hausleiter y Eichmann, "Oasis of Taymā'," 38 consideran que la inclusión de Taymā' en la provincia romana de Arabia tras el 106 trajo un mayor acercamiento del oasis al Levante, al menos en términos de cerámica y arquitectura.

desocupación laboral, pero es muy difícil preveer qué ocurrió a las unidades destinadas en las nuevas construcciones del siglo III, si en el periodo de mayor inestabilidad en la provincia limítrofe de Siria o Egipto estas fueron resituadas.

Otra explicación, no totalmente incompatible, es la necesidad de ampliar la fiscalización con la ampliación de tierras cultivadas en los límites del desierto, haciendo posible la vida propia de los soldados romanos en las regiones áridas, utilizando la colonización como método defensivo. Parece ser este el caso de los fortines de Hamman y Mutrab en el sector sur, construidos en los siglos IV y V d.C. para fiscalizar y proteger un área agrícola al este de Maan en la meseta del Shera, o de la misma Azraq en el sector norte durante el tiempo en el que el área se mantuvo activa.[54] Este segundo motivo da razón además de la irregularidad del limes romano.[55] Las estructuras defensivas están situadas al lado de fuentes perennes de agua, sugiriendo que el criterio defensivo no fue el único en la selección de los lugares a defender, pese al considerable número de postas, torres de vigilancia, y fortines mayores a lo largo de la frontera.[56] Por ende, la trashumancia es un fenómeno sujeto a las estaciones de lluvia, haciendo a los nómadas del desierto más presentes en ciertos meses del calendario, y resultando menos necesaria o rentable la vigilancia militar cuando el agua y la hierba escasea. El mapa completo de la dinámica fronteriza es por tanto difícil de precisar.[57]

El sector sur de la frontera de la provincia romana de Arabia se encargaba de proteger la Via Nova Traiana entre el puerto de Elat (Aila romana en el Golfo de Aqaba) y wadi al-Hasa cerca de la cola sur del Mar Muerto, teniendo también algunos puestos de vigilancia mirando a la parte norte del desierto del Hisma, que separa el Hejaz de la meseta edomita. La fortaleza mayor del sector fue Udruh, 15 km al este de Petra.[58] Una superficie mayor a las 4 ha y múltiples torretas en forma de horquilla, aparte de cada una de las cuatro esquinas, la asemejan a Lejjun y sitúan su vida de mayor ocupación del siglo III al IV, similarmente a Qasr el-Azraq, si bien la muralla previa a la adición de las torretas puede ser del siglo II d.C. El muro, una doble tirada de bloques de caliza con relleno, de 3 m de espesor medio,

54. Bauzou, "Bostra à Dumata," 30–33; Parker, *Romans and Saracens*, 100–02.112.

55. Graf, "Via Militaris," 274–81.

56. También es posible que los romanos no esperasen una amenaza seria proveniente de Arabia que requiriera una respuesta coordinada de todas las bases.

57. Intuiciones, una vez más, recogidas y desarrolladas a partir de Parker, *Romans and Saracens*, 110–12.129.

58. Sobre Udruh: Parker, *Romans and Saracens*, 94–98; Ptolomeo, *Geogr.* 5,16.

y sus 1.000 efectivos hacían de Udruh en su periodo de mayor ocupación un objetivo fuera del alcance de las tribus del desierto.

PALMIRA Y LA REBELIÓN DE ZENOBIA: INESTABILIDAD EN EL DESIERTO SIRIO

Conviene, en este momento del recorrido, dirigir la mirada a los acontecimientos del final del siglo III, en concreto a la mitad norte del Desierto Sirio, donde una mezcla étnica, principalmente aramea de Siria pero también árabe, participa de un episodio notorio que ha sido anunciado al comienzo del presente capítulo: la rebelión de la reina Zenobia de Palmira (270–272). El análisis consolidará en el lector, junto a la argumentación previa, una visión completa del limes romano con el área de influencia árabe, extensible al Desierto Sirio, necesaria para apuntalar el curso de los acontecimientos entre los siglos IV y VII. Tras el fracaso de Zenobia, el Imperio Romano va a compartir la defensa oriental con tres grandes confederaciones tribales de origen árabe que se suceden una a otra desde el siglo IV hasta el VII, cuando toda la frontera sucumbe sin excepción al empuje musulmán salido de Arabia interior. Sumadas a las tropas regulares bizantinas, los árabes de Banu Tanūkh, Salīḥ, y Ghassān, van a tener por cometido vigilar la frontera oriental al borde del Desierto Sirio y participar conspicuamente en guerras abiertas entre Bizancio y Persia Sasánida en la región del Eúfrates, acontecimientos que serán pormenorizados en próximos capítulos.

La rebelión de Zenobia es inexplicable sin la crisis del siglo III. Odenato, su marido, había conseguido restaurar en los años 261 y 262 el dominio romano en Siria y en la región del Eúfrates: hizo caer el alzamiento de Macriano asesinando a su hijo Quieto, recapturó Dura y Barbalisos en el banco occidental del Eúfrates, Carrahe y Nisibis en el banco oriental, persiguiendo al persa Sapor I hasta las puertas de Ctesifonte, razón por la que Galieno le otorgó los títulos de "Dux Romanorum" y "Corrector Totius Orientis."[59] El nombre de Odenato es árabe (Pequeña Oreja), pero el de su padre Hairan y el de su abuelo Nasor son arameos.[60] Es posible por tanto que nos encontremos frente a un sinodarca de la aristocracia siria o palmirena que ha establecido lazos de sangre con tribus del Desierto Sirio, cuyos servicios de escolta debieron ser necesarios en la gran ruta comercial

59. Historia Augusta, *Tyran.* 12–15. Macriano mismo, será sin embargo derrotado en los Balcanes por un general de Galieno en el 261. Odenato termina la obra, ya que Quieto había sido asociado a su padre.

60. Estoy agradecido a Stoneman, *Palmyra*, 77 por esta precisión.

entre Charax en el Golfo Pérsico y Antioquía del Orontes, ruta que atravesaba un territorio disputado por el Imperio Romano, Parto, y después Persa (Sasánida) extendido a lo largo de una línea natural comprendiendo el río Eúfrates y el Desierto Sirio al sur de aquel. Aproximadamente a medio camino, la ruta del Eúfrates conectaba con otra vía menor en dirección a Palmira desde donde existían dos terminales a su vez, con Antioquía una, y con Damasco y Bostra otra.[61]

A la muerte de Odenato en Emesa en el 267, el poder pasó tácticamente a su viuda Zenobia y a su hijo Vabalato (Wahballāt). Zenobia en el 270 derrotó al duque de Arabia Romana, Traso, cerca de Bostra; capturó ese mismo año Alejandría y Antioquía, y Vabalato, sin ser confirmado por el nuevo emperador, Aurelio, cristalizó la fractura con Roma atribuyéndose en las monedas los mismos títulos de su padre y el de "Imperator."[62] La insurrección de Zenobia es un episodio breve del siglo III, pero visto desde la claridad que da el paso del tiempo a los grandes procesos históricos manifiesta la fragilidad del oriente romanizado en el periodo, donde agentes secundarios se consideraron a sí mismos capaces de separar amplias regiones del poder imperial, personalizado en aspirantes que alcanzaban fortuitamente la cúspide del ejército.

La tradición árabe relata una historia fabulosa de Zenobia, a la que conoce como al-Zabbā' y en la que es presentada como la responsable de la muerte de Jadhīmah al-Abrash, fundador de la dinastía que gobernará el Bajo Iraq durante los siglos IV al VII (Ṭabarī 757–61). Interesantemente,

61. El oasis de Palmira estuvo situado entre dos mundos: el Mediterráneo conectando por el oeste con Antioquía a través de Chalkis (Quinnesrín); y Mesopotamia conectando Palmira por el noreste con el Eúfrates a través de Barbalisos, Sura, Dura Europos, o Hit (Bauzou, "Routes Romaines de Syrie," 205.212). Aunque en cuanto cruce de caminos, Palmira fue atravesada por convoys de muy diversa procedencia, los mercantes residentes en Palmira iban y venían principalmente de Charax o de una ciudad llamada Vologesias. Se ha sugerido que la segunda parte del trayecto podía ser realizado en barca, aprovechando el curso del Eúfrates (Gawlikowki, "Palmyra," 28–31), una cuestión que aquí no puede ser analizada en profundidad. Palmira también mantuvo conexión con la "ruta de la seda" (Kolb y Speidel, "Eastern Trade Routes," 153), que en su ramal sur coincidía en parte con el trayecto desde Palmira hacia el Golfo Pérsico. A comienzos del siglo IV, el trazado entre Damasco y el Eúfrates a la altura de Sura pasando por Palmira fue transformado en una vía romana, la Strata Diocletiana.

62. Se conocen monedas de Vabalato y Aurelio tanto de la fábrica de Antioquía como Alejandría, y de Vabalato y Zenobia solos, impresas en mucha menor cantidad, de la de Alejandría. Las monedas de Antioquía son dracmas de 3,4 g y plata al 10–11 %, que llevan el rostro del hijo de Odenato con la leyenda «V C R IM D R» (Vabalathus Vir Clarissimus, Rex, Imperator, Dux Romanorum), y el de Aurelio en el reverso. Tras la captura de Palmira, la pureza de las monedas de Aurelio cae al 2,5–4 % (Bland, "Coinage of Vabalathus," 143–53).

nada hay recogido en la versión árabe del conflicto de Zenobia con Aurelio y de la forma por la que al-Zabbā' llega al poder, y tampoco lo hay en la versión romana sobre la relación expresa de Zenobia con los tanukhitas, razón que permite a priori considerar ambas fuentes como complementarias.[63] Pero el conjunto de la versión árabe resulta en este episodio altamente fabuloso y hace legítimo dudar de la existencia de algún conflicto entre Palmira y Tanūkh.[64] Más bien se puede deducir que las relaciones fueron pacíficas, y que la riqueza que llevó a Odenato al poder se basó en un próspero negocio de caravanas por la ruta del Eúfrates al que los árabes afincados en la estepa siria contribuyeron, negocio que en último término fue el responsble por evergetismo, servicios prestados en ruta, y cobro de peaje, de la suntuosidad de los edificios del periodo clásico en el centro urbano de Palmira.

En el 272 Aurelio infringió dos derrotas consecutivas al ejército de Zenobia en Antioquía y Emesa. Replegada con lo que quedaba de su ejército en Palmira y viendo que eran pocas las esperanzas de resistir el asedio, Zenobia huyó hacia la frontera persa, pero fue capturada por los soldados de Aurelio, quien la exhibió como parte de su triunfo en Roma, un año más tarde (274).[65] El oasis de Palmira perdió su papel de mercado de caravanas y se convirtió en una estación militar en la Strata Diocletiana, un nuevo sector romano fortificado de la frontera oriental en la ruta que conectaba Damasco con el Eúfrates via Palmira.[66] El estado-vasallo de Palmira desaparecía, pero su área de influencia pasaba a ser administrada directamente por el Imperio Romano. Desde entonces se va a recurrir por igual a soldados en nómina y a tribus árabes aliadas, parcialmente sedentarizadas, para conservar bajo dominio la frontera oriental.

63. Ver por ejemplo Zósimo, *Hist. Nov.* 1,39–59.

64. *Contra EI* 10:79–80, de quien he tomado el argumento previo acerca de la independencia de la versión árabe de Zenobia.

65. Después del triunfo de Aurelio, el destino final de Zenobia es incierto (Historia Augusta, *Tyran.* 27).

66. Varias otras rutas conectando con Palmira eran posibles. Ver nota *supra*.

9

ARABIA DEL SUR Y CENTRAL EN LOS SIGLOS III-IV D.C.

UNIFICACIÓN BAJO HIMYAR Y MARCO GENERAL PARA EL ESTUDIO

El siglo II d.C. en el Yemen y su paso al III conocen cambios políticos significativos cuya repercusión se hace irreversible en el comienzo del siglo IV. Entonces el territorio es unificado por el último de los reinos autóctonos de Arabia del Sur en aparecer, Himyar, el cual merece un lugar prominente en los estudios de Arabia preislámica por dos motivos. En primer lugar, la huella de los reyes de Himyar a partir del meridiano del siglo V, es notoria, aunque no siempre precisa, en la historiografía islámica temprana. Por otra parte, la monarquía de Himyar, de facto relevante por sí misma en función de los vestigios de la cultura material, epigráficos, y de otra índole que han sobrevivo hasta el presente, antecede en unos 200 años al islam en la profesión de un monoteísmo árabe, dependiente del judaísmo y al final extinguido.

En la medida en que los capítulos anteriores se han centrado en Arabia del Norte y la evolución acaecida en Arabia Central y del Sur ha querido ser presentada de manera más unitaria por el autor de estas páginas, resulta ineludible retrotraernos ahora también algo más allá del siglo IV. Un acontecimiento inicial que prepara la unificación de Yemen bajo Himyar es la desaparición del reino de Qatabān, atacado por Hadramawt en la segunda mitad del siglo II. Una estela de caliza hallada al norte de Sana y propiedad del Museo Nacional, de 48 cm de alto por 25 de ancho, registra una alianza entre Saba y Hadramawt. El pacto se celebró entre los reyes Alhān y Yada'īl en el lugar que hoy corresponde a Hajar bin Humayd, en territorio qatabaní, indicando que para el año 200 d.C. en el que se data la estela, Qatabān ya no era un reino independiente.[1]

Otro hecho decisivo para la unificación de Yemen fue la competencia bélica entre Saba e Himyar a lo largo del siglo II que desemboca en la derrota de Saba. Gobernados por dinastías rivales desde Marib y Zafar, los monarcas de ambos territorios se atribuyen el mismo título de "reyes de Saba y Dhū Raydān," expresando la aspiración de conquista de uno sobre el otro. En este punto es conveniente considerar que Himyar aspiraba a heredar la supremacía cultural y prestigio de Saba y no sólo su territorio, algo apreciable en el hecho de que acepta desde el momento de su separación de Qatabān en el siglo I a.C. la escritura sabea y rechaza la qatabaní.[2] Al comenzar el siglo III Yemen puede explicarse por la presencia de tres reinos nativos de Arabia del Sur que oscilan entre la guerra y la alianza—Saba, Himyar, y Hadramawt, de los cuales Himyar resulta en menos de 100 años el gran beneficiado del colapso de los otros dos. Por último, el siglo III en Yemen se caracteriza por la entrada en escena de un nuevo agente histórico, al principio tan sólo en el área costera del oeste y más tarde por todo el territorio, Axum, el reino con sede en Etiopía que va a luchar contra Himyar por el control de Yemen, reino sobre el que caeremos en el capítulo dedicado al siglo VI d.C.[3]

Las fuentes tradicionales reconstruyen con bastante detalle, aunque a veces alejado de la realidad, los acontecimientos del Yemen en los siglos IV, V, y VI que guardan mayor importancia para la historia temprana del islam.[4] Pueden caracterizarse estos tres siglos como el periodo de verdadera influencia monoteísta en Arabia, y de cara al islam es este monoteísmo su elemento más notable. En el tercer cuarto del siglo IV, los monarcas de Himyar y posiblemente la clase alta del país se adhieren a la religión judía y muchos

1. Simpson, *Queen of Sheba*, 62.

2. Posiblemente Saba con su pretensión de gobernar la tribu de Himyar después de que esta se separara de Qatabān contribuyó a que Himyar tomara conciencia de su unidad política frente a otros reinos. 'Amdan Bayyin Yuhaqbiḍ es a finales del siglo I d.C. el primer rey de Saba y Dhū Raydān en prescindir del patronímico, en lo que se puede entender que su origen no era sabeo. Cuando su reinado termina en el 100–120 d.C., los reyes de Himyar en Zafar y los de Saba en Marib comparten el mismo título pero se constituyen en rivalidad (De Maigret, *Arabia Felix*, 235–38). La escritura sabea fue utilizada por Himyar a lo largo de toda su historia (110 a.C.–570 d.C.; Simpson, *Queen of Sheba*, 52.56–57).

3. De Maigret, *Arabia Felix*, 240–43.

4. Ibn Isḥāq 9–41; Ṭabarī 901–56; Ibn Kathīr 1,12–32.

templos paganos son abandonados, mientras que los etíopes convertidos al cristianismo intentan, con el beneplácito de Bizancio, expandir su área de dominio en Yemen de manera más o menos afortunada. La tensión entre el Himyar judaizante y la Etiopía cristiana va a tener su máxima cota en dos sucesos desgraciados recogidos en el Corán: el martirio de los cristianos de Najrān—Aretas y compañeros, quemados vivos por el rey yemenita Dhū Nuwās (C 85:4–8), y el intento de destruir el santuario de Meca en el año 570 por el abisinio en el trono de Himyar, Abrahah (C 105:1–5), suceso recordado como el año del nacimiento del profeta Mahoma.[5]

Sobre los últimos asuntos enunciados se regresará en el último capítulo, pero es apropiado citarlos antes a fin de enmarcar el acercamiento a Arabia Central y del Sur donde las referencias mentales del lector de ascendencia judeocristiana no acostumbrado a los estudios críticos puede experimentar un potente cambio de perspectiva. Sin embargo, resultaría una excentricidad académica pretender escribir una historia del centro y sur de Arabia preislámica prescindiendo enteramente del norte, pues sur, centro, y norte de la península nunca estuvieron completamente aislados en Arabia desde el punto de vista del intercambio cultural, no al menos desde que en la Edad del Hierro surgió el eje comercial occidental.[6]

En esta linea de argumentación, el Edicto de Teodosio en el 380 d.C. conlleva la cristianización de regiones limítrofes al norte de Arabia con amplia presencia árabe entre su población. La presencia de tribus convertidas al judaísmo y al cristianismo en áreas conectadas por las rutas de caravanas, en especial la antigua ruta del incienso desde Yemen a Siria que directamente o a través de ramales secundarios atravesaba las ciudades sagradas de Meca y Medina, y las relaciones de intercambio mantenidas con centros monoteístas de Yemen, sur de Iraq, Siria-Palestina, y Etiopía en los siglos IV, V, y VI—más marcadamente en el V y VI, dan razón bajo dicha óptica de muchos elementos que aparecen después estructurados en el islam dentro de un formato de religión distinto. Los siglos IV, V, y VI corresponden de hecho al verdadero periodo de influencia monoteísta en

5. Ibn Isḥāq 29–41. La azora 105, al-Fiyl (El Elefante), de únicamente cinco versículos, fue compuesta en el periodo mecano de la revelación coránica (612–622 d.C.). A diferencia de la tradición, el Corán es escaso en referencias históricas al periodo que antecede al islam en Yemen. Contiene datos sustanciales, pero muy sumarios. Aparte del suceso del Elefante, animal de guerra que Abrahah desplazó hasta Meca para destruir su santuario y dirigir la peregrinación de los árabes hacia la catedral de Sana, el Corán comenta otros dos sucesos del siglo VI en Yemen, el indicado martirio de los cristianos de Najrān (C 85:4–8), y el abandono de la gran presa de Marib junto con la desolación que accarreó al país sabeo (C 34:15–19).

6. Prescindo aquí de la referencia a la cultura dilmunita, que parece haber sufrido en Arabia del Este una discontinuidad al salir de la Edad del Bronce.

Arabia, anterior al islam. En contra de todo el periodo histórico anterior, en la medida en que las fuentes arqueológicas y literarias, estas últimas ahora abundantes, permiten aseverarlo, Arabia ya no permanece impermeable al monoteísmo judeocristiano.

'INĀN 75 Y RIYĀM 2006–17: MAPA POLÍTICO DE ARABIA INTERIOR

El detalle de las tradiciones islámicas acerca de lo sucedido en lugares relacionados con la vida del Profeta y en el periodo precedente puede ser contrastado por material epigráfico recuperado en territorios periféricos y por fuentes grecorromanas y en menor medida persas que hablan del interior de Arabia en el mismo periodo. El trabajo en Yemen ha sido de hecho suficientemente fecundo para proporcionar información epigráfica sobre Arabia Central occidental ya en el siglo III d.C., cubriendo territorios cercanos al área de Meca, gracias a los contactos diplomáticos de los reyes de Saba con regiones distantes de Arabia en el último periodo de la existencia de ese reino. Destacan aquí dos inscripciones votivas del III d.C. que recogen sendas embajadas despachadas por Saba a los territorios situados al norte de Yemen en las que sus autores agradecen a la divinidad el regreso del viaje en buenas condiciones; y una tercera inscripción del siglo IV que permite localizar dentro o cerca de los límites de la tribu de Ghassān los territorios ocupados hoy por las ciudades sagradas de Meca y Medina. Un seguimiento de estas inscripciones y de algunas otras nos va a permitir una reconstrucción fidedigna de la evolución acontecida tanto en el sur de Arabia, como en el centro.

La primera de las inscripciones en función del criterio cronológico, 'Inān 75, menciona a Ilīsharaḥ Yaḥḍub, rey de Saba y Dhū Raydān. Ilīsharaḥ aparece citado en la inscripción sin la compañía de Ya'zil Bayān, arrojando una pista que la datan en la década de los 50s del siglo III.[7] En 'Inān 75 son cuatro los territorios de Arabia, afuera de Yemen en ser citados, Ghassān, al-Azd, Nizār, y Madhḥij. De los cuatro, Ghassān y Nizār corresponden a territorios situados más al norte que al-Azd y Madhḥij, los que limitaban con Yemen por el norte y noreste respectivamente. Las cuatro tribus son designadas en la inscripción con el término sabeo «s^2'b,» el usado en las inscripciones para designar poblaciones sedentarias y diferente de «s^2rt,» la palabra utilizada para las poblaciones del desierto.[8] Aplicada a cada una de

7. Robin, "Ghassān en Arabie," 111–12.

8. Robin, "Ghassān en Arabie," 95–96. Ilīsharaḥ Yaḥḍub es el penúltimo rey de Saba, en corregencia durante unos años con su hermano Ya'zil. Ambos lucharon en el

las cuatro tribus anteriores, la palabra «s²ʿb» caracteriza posiblemente a una población con cierto grado de urbanismo, explotación agrícola, y capacidad para recibir embajadas, pero que tendría como confederados multitud de tribus y grupos, muchos de ellos nómadas. De otro modo no se explicaría la aplicación de este término sabeo (s²ʿb) a grandes áreas desérticas al norte de Yemen, donde el sistema tribal de alianzas tenía posiblemente un mayor componente nómada que en las tierras interiores de Yemen.

La segunda inscripción según su fecha de datación, es Riyām 2006–17. Presenta un mapa mucho más completo de los territorios de Arabia al norte de Yemen. La roca sobre la que fue tallada tiene poco más de 1 m de altura por unos 40 cm en la parte más ancha, ya que se encuentra sensiblemente fragmentada por el lateral superior izquierdo y las líneas están diversamente incompletas. Su datación ha sido propuesta del 260 al 280 d.C., hacia el final del reinado del último monarca de Saba, Nasha'karib Yuhaʿmin, o poco después de este. En este suponer la embajada fue una empresa (financiada) de tres señores de Bataʿ, linaje de la tribu de Ḥumlān al norte de Sana. El número de territorios afuera de Yemen a los que fue enviada la embajada es mucho mayor que en la anterior inscripción, sumando un total de doce distribuidos por toda la península y más allá, desde aquellos estados clientes de Roma y del Imperio Sasánida en el Desierto Sirio hasta las grandes tribus limítrofes con Yemen, pasando por las grandes confederaciones del norte y centro de Arabia.[9] No obstante, el orden en el que los topónimos aparecen enumerados en la inscripción es un tanto desconcertante. Ghassān aparece nombrado después de Lakhm y antes de Maʿadd, algo difícil de cuadrar con el orden de un itinerario geográfico exacto sin que se expliquen ulteriores razones:

> "Y agradeció Ḥay[...] mayordomo de Yarīm, Awsallāt, y Barig, el poder y la autoridad de Ta'lab Riyām^{um}, conforme Él le trajo de regreso desde la tierra del norte donde sus señores le habían despachado en una misión (diplomática) y él alcanzó la tierra

253 d.C. la batalla de Dhū Ḥurma contra el himyarita Karib'īl Ayfa', rey de Zafar, tal y como atestigua una bella estela del templo de Awām en Marib en la que dos oficiales sabeos al servicio de ambos corregentes agradecen al dios Almaqah haber regresado de la batalla a salvo y vencedores. Ilīsharaḥ es sucedido por Nasha'karib Yuhaʿmin, el último rey sabeo, quien definitivamente sucumbe ante los himyaritas Yāsir Yuhanʿim y Shammar Yuharʿish (De Maigret, *Arabia Felix*, 229.242–43; Simpson, *Queen of Sheba*, 62–63).

9. Jabal Riyām (Monte Riyām) pertenece a la demarcación de Sana, Yemen. La inscripción pertenecía a un lote de 26 textos extraídos de un antiguo templo desmantelado dedicado al dios Ta'lab Riyām. Las diez inscripciones más recientes, incluida Riyām 2006–17, fueron catalogadas como pertenencientes a los siglos I–III d.C. (Schiettecatte y Arbach, "Political Map of Arabia," 1–4).

de Asd^{ān}, la tierra de Nizār^{um}, la tierra de Tanūkh, la tierra de Liḥyān, la tierra de Tadmur^{um}, la tierra de Nabaṭ^{um}, la tierra de Rūmān, la tierra de Lakhm^{um}, la tierra de Ghassān, la tierra de Ma'add^{um}, la tierra de Ṭayy^{um}, y la tierra de Khaṣāṣat^{ān}. Y ellos confiaron (esta inscripción) a la protección de Ta'lab Riyām." (Riyām 2006–17, líneas 11–20, trad. Schiettecatte y Arbach)[10]

Ma'add puede ubicarse en Arabia Central oriental, entre el desierto del Najd y las costas árabes del Golfo Pérsico. Banu Lakhm es una tribu famosa en las genealogías árabes por ser la tribu de 'Amr bin 'Adī, el fundador de la dinastía de al-Ḥīra al finalizar el siglo III d.C., un estado vasallo de Persia Sasánida que ocupó el Eúfrates Medio y Bajo en un área que compartió incialmente con otra tribu famosa en la cuestión del cristianismo árabe, Banu Tanūkh.[11] El ancestro común de Lakhm es Rabī'a bin Nasr. Según las genealogías Rabī'a (o Rabī'ah) sería uno de los reyes de Himyar, contándose trece sucesiones desde él hasta la islamización en el siglo VII.[12] Una media de

10. «mw ''rs$^{2\text{m}}$ w-ḥmd Ḥy[... m] | qtwy Yrm w-'ws1lt w-Brg khyl [w]- | mqm T'lb Rym^{m} ḥgn 'wl-hw | bn 'rḍ S^{2}'mt b-kn blt-hw 'mr'- | hmw w-'dw 'rḍ 's^{1}d^{n} w-'rḍ N | zr^{m} w-'rḍ Tnkh w-'rḍ Lḥyn | w-'rḍ Tdmr^{m} w-'rḍ Nbṭ^{m} w-' | rḍ Rm^{n} w-'rḍ Lkhm^{m} w-'rḍ Ḡ | s^{1}n w-'rḍ M'd^{m} w-'rḍ Ṭy^{m} w-'r | ḍ Khṣṣt^{n} w-rtdw b-T'lb Rym» (Schiettecatte y Arbach, "Political Map of Arabia," 1–4.22, especialmente 2 para cotejar la traducción y transcripción completa). Agrupando por regiones los epónimos, tenemos: cuatro tribus del oeste de Arabia (Asd, Nizār, Ghassān, Khaṣāṣat), tres del norte de Arabia (Liḥyān, Nabaṭ, Ṭayy), una del centro (Ma'add), dos del valle del Eúfrates (Tanūkh y Lakhm), y dos de la estepa siria (Tadmur/ Palmira; Rūmān/ provincias romanas de Siria, Arabia, o Palestina).

11. Schiettecatte y Arbach, "Political Map of Arabia," 16–20. El origen, poco claro de Tanūkh estaría en el Tihāma. Desde ahí habría emigrado a la costa árabe del Golfo Pérsico, desde donde confederado con Azd y Lakhm pasó al Iraq Bajo y Medio en búsqueda de mejores condiciones para vivir. Es posible que este desplazamiento guarde relación con la crisis de gobierno persa en Iraq, Bahréin, y la costa este de Arabia del Norte y Central, que desembocó posteriormente en la expedición restauracionista del sasánida Sapor II en 324. Tanūkh es la primera gran confederación tribal que va a apoyar a Roma en el limes nororiental, al que habría llegado desde la parte persa del Creciente Fértil, independizándose—aunque no se conoce en qué medida, de la convivencia inicial con Lakhm. Su paso al norte del Creciente Fértil desde el medio-sur de Iraq donde aparece asociada a Lakhm a finales del siglo III, pudo deberse a la continuidad del movimiento trashumante, pero su paso al bando romano quizás estuvo empujado por una intolerante política zoroastrista que habría afectado por igual a Lakhm y Tanūkh. Más que posiblemente, los príncipes sarracenos (Saracenarum reguli gentium) que juraron fidelidad a Juliano en Calinico durante su campaña persa del año 363 eran tanukhitas (Amiano, *Rer. Gest.* 23,3.7–8; Ṭabarī 747.822.836–39; Shahīd, *Arabs in the Fourth Century*, 372–73.413–15.544; *EI* 9:73; 10:190–92).

12. Ibn Kathīr 1,12–17 cuenta cinco generaciones desde el ancestro de los nasridas hasta Dhū Nuwās (Yūsuf As'ar Yath'ar): Rabī'a bin Nasr, Ḥassān bin Abū Karib, 'Amr bin Tubbān As'ad, y Lakhnī'a dhū Shanātir, a quien el joven Dhū Nuwās mata con un

30 años por generación situarían a Rabīʿa bin Nasr en el siglo III. De hecho, Rabīʿa es colocado por la tradición en el tiempo de Shammar Yuharʿish, himyarita completamente histórico conocido por las inscripciones del final del siglo III.[13] La presencia de este rey antiguo en las tradiciones islámicas tempranas es por tanto meritoria pero el relato que sitúa a Rabīʿa en línea con él tal y como está contado no parece fiable sino que más bien intenta dotar al padre de la dinastía que va a gobernar el desierto del centro-sur de Iraq de un pasado noble y glorioso.[14]

Rabīʿa es antepasado directo de ʿAdī bin Nasr, el primer rey de los árabes sedentarios de la mitad sur de Iraq, cuya administración se condensó en la ciudad de al-Ḥīra, fundada a tal efecto en lo que sería el límite norte del

puñal cuando intenta abusar sexualmente de él. Desde Aryāt, el abisinio que destrona a Dhū Nuwās hasta Sayf bin Dhū Yaz'ān, el himyarita que expulsa a los abisinios de Sana gracias a un ejército persa, Ibn Kathīr 1,32 cuenta cuatro sucesiones en el gobierno etíope del Yemen: Aryāt, Abrahah al-Ashram, el responsable de la matanza de cristianos en Najrān y del ataque fallido a Meca, Yaksūm bin Abrahah, y Masrūq bin Abrahah. En último lugar, Ibn Kathīr 1,32–33 cuenta otros cuatro gobernadores persas en Yemen hasta la islamización: Wahriz, puesto en el gobierno con ayuda de Sayf bin Dhū Yaz'ān, al-Marzubān bin Wahriz, al-Taynujān bin Wahriz, y Bāhān, quien acepta el islam en el año 6 de la Hégira (628 d.C.; Ṭabarī 1571–75).

13. Robin, "Himyar au IVe Siècle," 133–40 estudia cinco de las 31 inscripciones en las que Shammar Yuharʿish (285–300 d.C.) aparece nombrado con el título de rey, bien en corregencia con su padre Yāsir Yuhanʿim y portando la titularidad corta, «mlk S^{1}b' w-ḏ-Ryd^{n}» (rey de Saba y Dhū Raydān), bien a solas portando la titularidad larga, «mlk S^{1}b' w-ḏ-Ryd^{n} w-Ḥḍrmwt w-Ymnt» (rey de Saba y Dhū Raydān y Hadramawt y Yamanat), que Himyar adopta después de la conquista de Hadramawt occidental hacia el 296–297 d.C.

14. La tradición islámica hace a Rabīʿa bin Nasr presa de un sueño tormentoso en el que veía un fuego venido del mar que lo devoraba todo a su paso. Dos visionarios llamados Shiqq y Satih revelan al rey que el fuego nacido del mar representa a los abisinios que invadirán la tierra y pondrán fin a su dinastía. El rey pregunta sobre el momento en el que esto tendrá lugar y los dos visionarios anuncian las diversas eras que se van a suceder en Yemen después del gobierno himyarita, una abisinia, otra persa, y finalmente una islámica que durará para siempre (Ibn Isḥāq 9–12; Ṭabarī 911–14). Más allá de que la estructura del relato muestra ya tratarse de un vaticinium ex eventu (compárese con Dan 4,1–5; 11), hoy se sabe por la epigrafía que la presencia abisinia en el Yemen comenzó antes del momento en el que Rabīʿa aparece situado por la tradición, conociéndose al menos 19 textos del siglo III, que van desde el año 200 d.C., primera intervención etíope bajo el reinado del sabeo ʿAlhān Nahfān (CIH 308), hasta una última mención bajo el himyarita Yāsir Yuhanʿīm I (260–270 d.C.) en la que los etíopes alternan periodos de alianza con periodos de enfrentamiento tanto contra Sana como contra Himyar (Robin, "Premiere Intervention," 147–55). Con los hechos a la vista, el anuncio de una futura invasión abisinia no hubiera supuesto ninguna sorpresa para los monarcas del siglo III en los que cronológicamente se sitúa el relato de Rabīʿa bin Nasr.

territorio dependiente (cerca de la actual Najaf).[15] El nombre de esta ciudad (misma raíz que el árabe al-Ḥijr), "la-Muralla," deja ya ver que la dinastía comenzó a existir cuando el conjunto de tribus inmigrantes del más variado origen asentadas entre el curso medio-bajo del Eúfrates y el desierto de Arabia se organizaron bajo un poder central sedentario al final del siglo III d.C. Parte del flujo migratorio que colonizó este área vino del sur, más en concreto del sureste. Pero el asentamiento inicial que dio lugar a la ciudad de al-Ḥīra no surgió a consecuencia, como sostiene la tradición islámica del sur, de tropas yemenitas afincadas ahí después de una expedición masiva en la que los pies de Abīkarib As'ad pisaron Iraq, pues este monarca himyarita pertenece sin lugar a dudas a mediados del siglo V.[16]

INSCRIPCIÓN DE NAMĀRA: IMRU' AL-QAYS, EL REY DE TODOS LOS ÁRABES

Más nombrado que 'Adī entre los historiadores es su hijo Imru' al-Qays, primer rey árabe en cristianizar a ojos de la tradición.[17] En él encontramos

15. 'Adī, hijo de Nasr bin Rabī'a (otro nombre de Rabī'a bin Nasr) es con seguridad el primer rey preislámico de los árabes que habitaban al oeste del Medio y Bajo Eúfrates, y posiblemente aquél que levantó los cimientos de al-Ḥīra. "Al-Ḥīra" significa "El Cercado" y hace referencia a la muralla que diferenciaba a los habitantes de esta ciudad con casas de adobe de sus vecinos escenitas (ḍāḥiyah) del área no-amurallada. El conjunto de tribus que llegaron hasta allí es variado: Liḥyān, Jufi, Ṭayy, Kalb, y Tamīm, además de Tanūkh, que en el momento anterior al ascenso de Lakhm fue predominante. La historia romántica en Ṭabarī 745–54 de 'Adī con Raqāsh, la hermana de Jadhīmah, el jefe tanukhita a quien 'Adī servía, deja espigar el origen poco noble de 'Adī. 'Adī era de la tribu de Iyād, y cuando murió Jadhīmah, que no tenía descendientes varones, pasó a hacerse cargo del tributo que Jadhīmah ya había empezado a cobrar a los árabes del lugar. A 'Adī se le debe por consiguiente el haber invertido este tributo en la construcción de una defensa para al-Ḥīra y la formación de una pequeña milicia, que en germen heredó de su cuñado. Otro anacronismo hilado dentro del mismo romance entre 'Adī, Raqāsh, y Jadhīmah, personajes que deben estudiarse dentro del siglo III, solidifica el origen poco noble de 'Adī pero a la vez el gran interés de los tradicionalistas por enlazar hechos históricos de diverso origen: Ḥassān bin Tubba', un rey de Himyar epigráficamente atestiguado en el siglo V d.C., se habría desplazado hasta la región de Thāj (al-Yamāmah) y luchado contra Jadhīmah, rey de Tanūkh, quien tuvo que retirarse de nuevo hacia su base en el Eúfrates tras perder un destacamento (*EI* 1:450; 5:632–34).

16. Ṭabarī 749. Ver nota anterior sobre Banu Tanūkh. Para Abīkarib As'ad, también llamado Abū Karib, rey plenamente atestiguado a mediados del siglo V, ver el siguiente capítulo.

17. Ṭabarī 834. Imru' al-Qays es un nombre iterativo en la historia preislámica. Las raíces paganas de este nombre, significando "siervo de (el dios) Qays," hizo pensar al erudito Shahīd, *Arabs in the Fourth Century*, 414–15, que al cristianizar Imru' habría cambiado su nombre por el bíblico Naamán (ver 2 Re 5), que arabizado por

algunos datos impactantes traídos a memoria en su tumba a los pies de la posta de Namāra, al noreste de Bostra y 120 km al sureste de Damasco, en el año 328. Cuando fue descubierta, la tumba tenía el aspecto de un montículo de manpostes derrumbados, aparentemente algo superiores a 0,50 m en su lado más largo, ocupando un área completamente ruinosa de 3,30 x 4,40 m, que pudo estar diseñada originalmente en forma de pirámide, algo común en la Siria antigua. Una única inscripción en nabateo-árabe, trasladada al Louvre, presenta nombres de tribus del centro y sur de Arabia sobre los que Imru' habría ejercido autoridad (líneas 2–3), la mención de una victoria en Najrān (ngrn; línea 3), un nombre personal sudarábigo, Shammar (smr; línea 3), y otra mención a nuestro juicio menos evidente del oasis oriental de Thāj (tg; línea 1), todo lo cual es bastante pretencioso en vistas al diseño humilde de su tumba.[18]

En la primera línea de su epitafio, Imru' es atribuido el título "rey de todos los árabes" (mlk 'l 'rb).[19] Este título de un rey de al-Ḥīra enterrado

al-Nu'mān habría hecho pasar a Imru' al primer puesto de la lista de reyes tanukhitas recordados por la tradición. Además de este Imru' nasrida, hijo de 'Adī, conocido también como Imru' al-Qays al-Bad (el Originador) deben señalarse el poeta kindita Imru' al-Qays bin Ḥujr, muerto hacia el 550 d.C., y otro Imru' al-Qays, contado entre los compañeros del profeta Mahoma. 'Adī, el padre del Imru' al-Qays que nos ocupa, fue perseguido por profesar el maniqueísmo, circunstancia que pudo motivar la salida de su hijo Imru' de al-Ḥīra, y su defección a los romanos (ver también nota sobre Tanūkh). La sepultura de Imru' en Namāra en la boca del wadi al-Shām, al este del monte al-Durūz que separaba una posta militar en Namāra de Bostra, debe guardar relación con la posición estratégica que Imru' y los árabes bajo su patrocinio desempeñaron en el Haurán, protegiendo la calzada que unía Bostra con Palmira de posibles ataques provenientes del Desierto Sirio (*EI* 3:1176–78; 7:944–45). Shahīd, *Arabs in the Fourth Century*, 544, era también de la opinión de que la migración de Tanūkh a Siria a comienzos del siglo IV y la presencia de los lakhmidas de Imru' al-Qays—cuya abuela paterna era tanukhita (Raqāsh), en la provincia romana de Arabia pueden responder en realidad a la misma causa, pero aunque a nuestro juicio la conjetura guarda más tintes de realismo que la identificación de Imru' con al-Nu'mān primer rey de Tanūkh, dada la versatilidad de las tribus árabes y su sistema de alianzas es algo incierto, aunque por otro lado la común alianza con Roma es signo de que los tanukhitas de Siria y los lakhmidas de Imru' debieron mantener al menos en rasgos generales buenas relaciones.

18. Dussaud, *Syrie*, n. 20, línea 1: «ty nps mr'lqys br ʿmrw mlk 'lʿ rb» (Este es el monumento funerario de Umru 'al-Qays hijo de ʿAmr, rey de todos los árabes).

19. La inscripción nabatea-árabe de Namāra fue descubierta por R. Dussaud en 1899, 1 km al sureste de la posta de vigilancia de Namāra, formando parte de un dintel funerario (1,73 m de largo x 0,45 m de ancho x 0,40 m de espesor; Dussaud, *Syrie*, 314.428–29). La forma es la de un cartucho enmarcado típicamente romano, dentro del cual está el texto (ver Calvet y Robin, *Musée du Louvre*, 265). Es uno de los primerísimos textos escritos supervivientes que se hace inteligible en árabe, y donde se observa un estadio transitorio de este idioma, cuyo alfabeto no había evolucionado todavía hasta una forma propia distinta del nabateo cursivo, del cual se sirve la

dentro del limes romano, no es inesperable, pero sí sospechoso, si por lo que afirma el resto de la inscripción quiere entenderse al pie de la letra. Pues, en la mejor de las interpretaciones, a continuación sigue un elenco de tribus muy distantes entre sí de Arabia interior sobre las que Imru' habría ejercido el poder, Azd, Nizār, y Ma'add, seguido de una victoria sobre la tribu de Madhḥij en Najrān, en el país de Shammar, logros que ningún otro rey (árabe) habría igualado.[20] Cabe juzgar la amplitud geográfica del dominio de Imru' implicada por todos estos nombres pues, con mucha prudencia. Si el rey Shammar mencionado es Shammar Yuhar'ish, muerto hacia el 300, ha de aceptarse que su nombre habría sido retenido en la cultura popular, o que Imru' es atribuido un éxito que pertenece más al tiempo de su padre que al suyo propio.[21] Tampoco debe verse el poder de Imru' como un poder absoluto, ya que Arabia no es unificada bajo un solo mando hasta el siglo VII. Traemos aquí una traducción, para que el lector pueda mejor enfrentarse al alcance histórico del texto (paréntesis míos):

> "Este es el monumento de Umru' al-Qays b. 'Amr, rey de todos los árabes, quien envió sus tropas a Thāj, | y rigió ambas secciones de al-Azd, y Nizār, y sus reyes, y castigó severamente a Madhḥij, así que le golpeó | exitosamente, en la tierra irrigada de Nagrān, el reino de Shammar (Yuhar'ish), y rigió Ma'add, y entregó a sus hijos | las comunidades sedentarias, cuando le hubo sido dada autoridad sobre estas de parte de Persia y Roma. Y ningún rey ha igualado sus logros | hasta el tiempo cuando murió, en prosperidad, en el año 223 (de Bostra), el séptimo día de Kislul..." (RES 483, trad. Beeston, corrigiendo a R. Dussaud, el descubridor)[22]

inscripción (Bellamy, "Namārah Inscription," 31).

20. RES 483/ Louvre 205. El epitafio presenta términos insolubles cuando se pretende una lectura completamente segura, pero la mayor parte, especialmente los geográficos están claros, donde reside la importancia de la inscripción fuera del ámbito lingüístico. Suele aceptarse que 'Amr es aquí otro nombre de 'Adī bin Nasr.

21. La cronología aproximada de los primeros reyes de Himyar es, según Robin, "Himyar au IVᵉ Siècle," 148: Yāsir^{um} Yuhan'im I (275–285); Shammar Yuhar'ish (285–300); Yāsir^{um} Yuhan'im II (300–310); Dhumar'alī Yuhabirr II (310–315); Tha'rān III Yuhan'im (315–340); Malkīkarib Yuha'min I (340–345); Karib'īl Watār Yuhan'im III (345–360); (Ḥaśšān Malkīkarib Yuha'min II (375–410). Calvet y Robin, *Musée du Louvre*, 268 consideraba probable la referencia a Shammar Yuhar'ish.

22. Omito la transliteración. La traducción de «'l-sdyn» podría ser también leída "las dos Sirias" en vez de "ambas secciones de al-Azd" (línea 2), al poder ser la misma letra usada para el sonido /d/ y /r/, pero en este caso parece que requeriría una letra más «'l-sdyyn,» (así Calvet y Robin, *Musée du Louvre*, 267).

El enterramiento de Imru' en el limes de Arabia Romana y su tumba modesta sugieren más bien una pérdida de poder o quizás sí acaso "una pretensión de poder" sobre secciones de las tribus de Arabia Central con las que la necesidad mutuamente compartida en materia de seguridad o económica con la ciudad de al-Ḥīra llevó a establecer alianzas. Pero, aunque Imru' no hubiese ostentado un poder concomitante tan amplio como el que da a entender su epitafio, para el estudio de Arabia preislámica la falta de referencia a Meca en esta inscripción del siglo IV en la que una serie de topónimos se toman en representación de todo Arabia, sin ser determinante por sí misma, puede ser tomada en favor de la limitada capitalidad que tuvo Meca en este tiempo, lo que sumado al resto de evidencias del periodo es una prueba más de su invisibilidad.[23] La ausencia de Ghassān, la gran tribu de Arabia occidental reportada junto con Azd, Nizār, y Ma'add en 'Inān 75 y Riyām 2006-17, hace también probable que Imru' al-Qays ignorase o se mantuviera indiferente ante lo que ocurría en Arabia noroccidental, más al sur del Hisma y de la región madianita, pero más al norte de Meca. Esta región habría seguido manteniendo un interés político y comercial para Roma, aunque en retroceso, tal y como atestigua el declive de la economía imperial y el abandono de la ya comentada Ḥegra romana en el siglo III.

EL ÁREA DE MECA EN EL SIGLO IV A PARTIR DE LA INSCRIPCIÓN 'ABADĀN 1

La delimitación de los territorios de Ghassān y Nizār auxiliada de otra serie de constataciones puede colmar el silencio documental sobre Meca en el siglo III y aún en el IV y ofrecer luz sobre cuál pudo ser el estado de la región en la que nacerá Mahoma y que recibió por primera vez la revelación coránica, tanto en el plano político como desde la perspectiva de la ocupación humana. Según el orden textual en el cual las tribus aparecen en Riyām 2006-17, Ghassān podría ubicarse dentro de una vasta área, fronteriza con Ma'add al este, Nizār al sur, y Lakhm al norte. La tercera inscripción yemenita según el orden cronológico que menciona a Ghassān, 'Abadān 1, pone nuevamente a Ghassān en relación con Ma'add y Nizār y ofrece aquí otro dato preciso, circunscrito al siglo IV.

23. Shahīd, *Arabs in the Fourth Century*, 31-53.60-66.73, sitúa la expedición de Imru' a Najrān en un plano, a nuestro juicio, maximalista, arguyendo que puesto que Constantino debía tener interés en la región sur de Arabia, la expedición de Imru' muy probablemente representa un hecho real favorecido por la posición política de Imru' dentro de Arabia y la política exterior de Roma.

'Abadān 1 establece lo que probablemente fue el límite meridional de Ghassān en "los pozos de Sigah" donde se desarrolló una batalla de una confederación de tribus hadramitas contra 'Abd al-Qays, en este tiempo posiblemente un aliado de Ma'add.[24] Según 'Abadān 1, en la batalla de Siyyan, sobre los pozos de Sigah (o Sijā) entre el país de Nizār y el país de Ghassān, el jefe hadramita de Banu Yaz'ān y sus confederados apresaron 400 cautivos, 4.000 camellos, y 12.000 ovejas del enemigo. Siyyan es un dato bastante preciso porque corresponde al árabe «al-Siyy,» una estepa a un mínimo de 100 km al noreste de Meca donde Ghassān estaría en su frontera sureste con Nizār, tribu que se habría incorporado a Ma'add en el siglo IV, al que se adscribe 'Abadān 1.[25]

El límite norte de Ghassān también puede localizarse gracias otra inscripción en escritura nabatea tardía recientemente descubierta 80 km al sur de Ḥegra. La inscripción es denominada Dhuyayb 2005/65 en referencia al descubridor y contiene la firma de un tal "Aretas hijo de Zaydmanat, rey de 'Assān," en lo cual reside su principal valor.[26] La escritura nabatea posterior al periodo clásico sigue siendo todavía una variante del arameo y no puede considerarse proto-árabe, por lo que la inscripción ha sido fechada del III al IV d.C., no existiendo otro modo mejor de asociarla a un periodo que el criterio caligráfico. En arameo el fonema /'/ (ע) que precede al término «sn» en la inscripción se pronuncia «'ayn» debido a la carencia del fonema /g/, pronunciado «ghayn» por el árabe (غ), de forma que 'Assān sería el equivalente arameo del Ghassān árabe en esta inscripción concreta.[27]

24. Robin, "Ghassān en Arabie," 112–13; Robin y Gajda, "Wādī 'Abadān," 116.119–25.

25. Schiettecatte y Arbach, "Political Map of Arabia," 7–8 ubica los pozos de Sigah 330 km al sureste de Medina y 380 km al noreste de Meca. Para el desarrollo completo del argumento Robin, "Ghassān en Arabie," 99–102.

26. Dhuyayb 2005 n. 65: «bl dkyr nshyb Ḥrtt br Zydmnwtw mlk 'sn» (ciertamente en recuerdo del muy noble Ḥaritah hijo de Zaydmanutu, rey de 'Assān; Robin, "Ghassān en Arabie," 113–14).

27. El argumento que he adaptado está tomado de Robin, "Ghassān en Arabie," 97, apoyado este a su vez por una carta siriaca del siglo VI conservada en un manuscrito del siglo XII, comentada por Millar, "Ghassanid Abokarib," 27–32 y cuyo autor no puede identificarse. En la nota terminal de la carta puede leerse la mención de un tal Gabala rey de «'SNYA» y de su campamento en «GBYT'.» La nota sirve para justificar el uso del fonema 'ayn/ ע por «ghayn» pero la existencia en cuanto tal de Gabala rey Ghassān en el siglo VI es dudosa debido a la tendencia de las tribus árabes periféricas a los imperios Bizantino y Sasánida de atribuir su procedencia a un linaje de reyes. Otro manuscrito siriaco del siglo VI que contiene las suscripciones de más de 130 monjes, comentado por la misma autora, permite identificar a «GBYT'» con Gabitha, lugar del monasterio de Mar Sergio y no con un campamento nómada, poniendo en duda la verosimilitud general de la nota terminal en la que se menciona a Gabala rey de «'SNYA» (Millar, "Ghassanid Abokarib," 15–22.30).

El grafito habría sido por tanto escrito por un tal "Aretas rey de Ghassān" en lo que sería pues el límite noroccidental de la tribu.

Si Dhuyayb 2005/65 puede adscribirse al siglo III, Ghassān limitaría entonces con Ḥegra, el satélite más al sur de la provincia romana de Arabia, que sería todavía considerado parte de Nabatea para los sabeos que mandaron grabar la inscripción Riyām 2006–17.[28] Adicionalmente, la hipótesis de que Ghassān estuviera comprendido entre al-ʻUlā por el norte (según Dhuyayb 2005/65) y "los pozos de Sigah en el país de Siyyan" por el sur (según ʻAbadān 1) encuentra soporte en la presencia de grupos árabes judaizados del siglo VII de Medina, Banu Tha'laba y Banu Jafna, clanes cuya genealogía incluye a Ghassān y que habrían permanecido en el lugar de origen de sus antepasados.[29] Ha sido argumentado por uno de los mayores expertos en Arabia preislámica, C. J. Robin, que la ciudad sagrada de Medina, antigua Yathrib, ocupa en efecto el centro geográfico dentro de los dos extremos representados por las inscripciones de "Aretas rey de Ghassān" (Dhuyayb 2005/65) y de "los pozos de Sigah en Siyyan" (ʻAbadān 1). En miras a que Yathrib pudo continuar habitada en el siglo II según se deduce del listado de poblaciones árabes de Ptolomeo (*Geog.* 6,7), existe algún grado de certidumbre de que también en el III y IV mantuviera población y que estuviera habitada por Ghassān.[30]

A propósito de esto último, en el itinerario descrito por Estrabón que Elio Galo recorrió desde la ciudad de Aretas, pariente de Obodas III, hasta Najrān (Νεγράνων), hay dos franjas geográficas correspondientes al país de este Aretas (Aretas distinto del Aretas reportado en Dhuyayb 2005/65)—una estepa seca que conllevó 30 días de travesía; y al "país de Sabo," rey de la Ararene, desierto según Estrabón que añadió otros 50 días hasta Najrān. Desde el país de Aretas hasta Najrān en la entrada de Yemen Estrabón señala pues una marcha de 80 días que puede equivaler a la distancia de 1.200 km entre Najrān y Yathrib por el país de Sabo, que abarcaría al menos en posibilidad, el territorio de Meca.[31] A lo anterior puede añadirse que el territorio amplio al sur de Ḥegra indicado por Estrabón, habitado por gramíneas y palmeras dispersas, árido pero no tan desértico como el país de Sabo que separa Yathrib de Najrān, es concorde con el aspecto real del

28. Schiettecatte y Arbach, "Political Map of Arabia," 12–14.

29. Lecker, *Constitution of Medina*, 75–80, con especial referencia a Ibn Isḥāq 341–44.351.

30. Robin, "Ghassān en Arabie," 97–102. Ptolomeo, *Geogr.* 6,7 recoge Iabri (Ἰάβρι) pasadas siete poblaciones al sur de Ḥegra (Ἔγρα) nabatea.

31. Estrabón, *Geogr.* 16,4:24. El argumento original, es desarrollado también por Robin, "Ghassān en Arabie," 97.

terreno[32]. No obstante, Sabo (Σάβως) es tan símil a Saba (Σαβάς) que puede representar un término genérico.[33]

Estrabón puntualiza que el territorio de la Ararene o país de Sabo "era en su mayor parte verdadero desierto habitado por nómadas" (νομάδων ἦν καὶ ἔρημος τὰ πολλὰ ὡς ἀληθῶς). Todo parece apuntar pues a que Elio Galo no recibió noticia de la existencia de ciudad alguna previa a Najrān—Meca o alguna otra del entorno, aunque el reporte no lo excluye imperiosamente.[34] Tampoco es posible establecer con seguridad que Aretas el pariente de Obodas III, posible rey de Yathrib antes del siglo I d.C., perteneciera a un pueblo emparentado con Nabatea que después pasó a llamarse Ghassān. Lo único que puede decirse fuera de incertidumbre es que el territorio de este Aretas o parte del mismo perteneció a Ghassān en el tiempo de Riyām 2006–17, es decir, tres siglos después de Estrabón. De la comparativa entre Riyām 2006–17, 'Abadān 1, y Dhuyayb 2005/65 parece desprenderse que al territorio de Ghassān pertenecerían dos terceras partes del Hejaz incluyendo Yathrib, pero que no necesariamente comprendería el área de Meca o sur del Hejaz, cuya realidad en este tiempo parece que podemos definir más por la ausencia de datos seguros que por su contrario. Varios análisis que se seguirán a continuación y en los dos capítulos finales, exhaustivos y cruzados entre los datos geográficos, climáticos, arqueológicos, y literarios disponibles sobre el entorno de Meca parecen así establecerlo.

REGIONES DEL HEJAZ Y DE 'ASĪR. CORREDOR JEDA-MECA-TAIF Y OASIS DE NAJRĀN

El Hejaz es la altiplanicie que se extiende al sur del desierto del Hisma hasta la región elevada de 'Asīr, y ambas responden al topónimo general del Sarat saudita, uno en su parte norte, otro en su parte sur.[35] 'Asīr era

32. El término que utiliza Estrabón para definir las gramíneas silvestres en la parte del trayecto de Galo anterior al país de Sabo es ζειά (escanda), pero no ha de verse en él un signifcado más allá de lo genérico.

33. LXX 1 Re 10,1; 2 Cro 9,1; Isa 60,6: Σάβα; Diodoro, *Biblio. Hist.* 3,47: Σαβάς.

34. Ver Estrabón, *Geogr.* 16,4:21 donde reduce toda la población de Arabia occidental a nabateos y sabeos. La ambigüedad del término sabeo parece servida en Estrabón en atención a 16,4:10, pues define a Berenice saliendo del Golfo de Suez como ciudad en frente del puerto de Saba y al parecer de sabeos (Βερενίκη πόλις ἡ κατὰ Σαβὰς καὶ Σαβαί). Sabeos podría quizás ser para Estrabón (o la fuente que utiliza) sinónimo de "comerciante con las regiones al sur del Mar Rojo."

35. *EI* 9:39–40. El término es similar aunque distante geográficamente a los citados Shara(t) y Shera edomita-nabateos a propósito de la etimología de Dushara, "el dios de Shara(t)."

la meseta ocupada por Azd en el tiempo de Riyām 2006–17, separada de la franja costera por una súbita elevación montañosa que al igual que el Hejaz discurre paralela al Mar Rojo, desprovista de grandes bosques en su mayor parte y alcanzando en algunos picos los 3.000 m. El límite norte del territorio preislámico de Azd en los pozos de al-Thamalā 51 km al noreste de la ciudad saudita de Bīsha se conoce por una inscripción del rey Shar'um Awtar de Saba (215–225 d.C.), rescatada en el templo de Awām en Marib.[36] En ese punto concreto del Thamalā estaríamos en el extremo norte de 'Asīr hacia la frontera con Nīzar en los tiempos de Riyām 2006–17 y 'Abadān 1. Nīzar, como ya se ha dicho, limitaría con Ghassān por el norte pero posiblemente no por el oeste, dejando sin dominio claro el área baja entre Meca y Jeda en dirección a la costa del Mar Rojo, una de las pocas interrupciones del Sarat a lo largo de su trazado paralelo a la costa del Mar Rojo entre el Hisma y Yemen. Esta serie de consideraciones permite aislar en el mapa con algo de precisión la región baja de Meca y Jeda como aquella área fronteriza con Ghassān por el norte, Azd por el sur, y Nīzar por el este en el paso del siglo III al IV.[37]

El Hejaz, lo mismo que 'Asīr, es una cordillera montañosa más extensa en dirección norte-sur que en dirección este-oeste, con una anchura máxima al oriente de Medina de 140 km. El Sarat responde a un clima desértico con franjas pluviométricas de menos de 200 mm y menos de 100 mm máximos anuales en el Hejaz, pero que llega a 300 en 'Asīr.[38] La causa de las tormentas es también diversa. De origen norte, hasta la línea Meca-Taif en la divisoria entre el sur del Hejaz y el norte de 'Asīr llegan las últimas nubes del Mediterráneo durante el invierno boreal, pero Meca misma puede pasar varios años sin escorrentía del preciado líquido, y cuando la recibe, la descarga es torrencial durante tres a cinco horas al día y en muy pocos días. Más al sur de la línea Meca-Taif comienza 'Asīr, que por contra y gracias a su altitud recibe lluvias regulares en "invierno" en su parte norte, y en su parte sur durante el verano boreal por efecto del monzón del Mar Arábigo.

Actualmente 'Asīr es una región con enebros y olivos silvestres, aunque no densamente arbolada, pero sí donde abundan los huertos y está normalizado el cultivo cerealista en terrazas de montaña, lo que frena el

36. Ja 635 menciona una batalla del rey Sharum Awtar contra el rey de Kīnda, Qaḥṭān, y los habitantes de Qaryat al-Faw (Qaryat dhāl-Kahl) en "el límite del territoro de al-Asd, en el cruce de caminos por los dos pozos de dhū-Thumāl" (b-knf ʾrḍ ʾl-ʾs¹d mgzt mwn-hn ḏ-Ṯml; líneas 36–37, tomada de Schiettecatte y Arbach, "Political Map of Arabia," 5).

37. Ver mapa en Schiettecatte y Arbach, "Political Map of Arabia," 4.

38. Al-Sayari y Zötl, *Quaternary Period*, 21.27–28.38–39. Ver también siguientes notas.

agua torrencial y evita el lavado del suelo.[39] Históricamente, es probable que la diferencia pluviométrica marcase la frontera del territorio montañoso de Azd, abierta por el norte a una región más nómada que sedentaria en la divisoria entre el norte de 'Asīr y el sur del Hejaz. Esta divisoria transcurre perpendicular a la línea norte-sur del Sarat (Hejaz-'Asīr) y corresponde a la región baja del actual corredor oeste-este de Jeda-Meca, el cual se abre al interior de Arabia prosiguiendo más hacia el este, en dirección a la actual Riyādh, y donde Taif ocupa una posición elevada en el extremo sureste de dicho corredor.[40]

Según Estrabón, Elio Galo requirió 50 días de travesía por un territorio en su mayor parte desértico desde el país de Aretas (pariente de Obodas III) hasta la ciudad de "los negrani" (νεγράνων), sin duda Najrān en el extremo sur de 'Asīr, territorio aludido por Estrabón con la expresión "país apacible y benigno" (χώρας εἰρηνικῆς τε καὶ ἀγαθῆς).[41] Es imposible

39. Aunque el Hejaz y 'Asīr pertenecen a la misma gran línea geológica del Sarat (la cual prosigue en las tierras elevadas del Yemen occidental), existe una divisoria geográfica natural entre Hejaz y 'Asīr a través de la línea Jeda-Meca-Taif que se conserva en la organización territorial del reino de Arabia Saudí, dividido en cinco grandes regiones administrativas: Región Central (Nadj, cuya capital es la capital del reino, Riyādh), Occidental (Hejaz), Sur (Tihāma y 'Asīr), Oriental (al-Hasa y Qatif), y Rub' al-Khālī. 'Asīr significa "región difícil" en referencia a la multitud de wadis de montaña que la atraviesan en todas las direcciones, aunque las principales vertientes transcurren en dirección este u oeste. Abha, la capital de 'Asīr, goza a 2.200 m de altura de la mayor pluviometría de Arabia Saudí, con una media de 229 mm/año para el periodo 1978–2009. En el mismo periodo, Jeda (18 m sobre el nivel del mar) registra únicamente 52 mm, Meca 110 mm (273 m), y Taif (1.455 m) que mira desde el punto de la actividad humana a Meca pero que geológicamente pertenece ya al extremo norte de 'Asīr, 172 mm al año (Scott, *Saudi Arabia*, 13–17.97.140–49; Almazroui et al., "Arabian Peninsula," 954–55).

40. Ali Bey, *Travels*, 125–28.142–44.160 describió Beled el-Haram, el espacio sagrado alrededor de Meca, como un duro desierto en el que rara vez el visitante encuentra un árbol o siquiera una planta y en el que las formas naturales que más destacan son las piedras, la arena, y las montañas desprovistas de vegetación, mismo aspecto que puede descubrir el visitante actual. La temperatura que el peregrino español obtuvo al colocar su termómetro al sol un 3 de marzo de 1803 en el-Hadda, cerca de Jeda, fueron 57ºC, aunque ya durante su estancia en Meca en el mes de enero constató que la mantequilla se encontraba en estado líquido a temperatura ambiente. Pese a estas descripciones emotivas, la menor temperatura que Alí Bay observó en Meca fue el 16 de febrero a las 7 a.m., con 16ºC, dejando entender que la actividad humana en la región se adaptaba mejor a las horas suaves de la mañana y de la noche. Poco más allá de Beled el-Haram pero todavía en el Hejaz se encuentra la ciudad de Taif, que ocupa una posición más elevada que reduce la evaporación, algo más bondadosa en la descarga de lluvias, con huertos y plantaciones en la que es difícil no imaginar alguna clase de asentamiento cuando Ghassān gobernada la región, siglo III.

41. Estrabón dibuja el territorio de Aretas al sur de Nabatea como un paisaje donde crecían algunas palmeras y forraje silvestre de mala calidad, aunque la ζειά

conocer qué ruta exacta siguió Elio Galo en estos 50 días, pero el contexto que acompaña el relato de Estrabón sugiere que evitó una trayectoria desde el Hejaz hasta Najrān por la costa del Mar Rojo, sino que bordeó ʻAsīr por el este. La región de ʻAsīr está de hecho descrita en las líneas anteriores que Estrabón dedica a la geografía de Arabia, cuando habla de una tierra en la que "habitan otras gentes más civilizadas, bien regada, y suplida con chubascos" (ἡμερώτεροι τούτων ἄνδρες, εὐκρατοτέραν οἰκοῦντες γῆν· καὶ γὰο εὔυδρός ἐστι καὶ εὐόμβρος) que linda con la tierra de los sabeos (συνάπτει δ' ἡ τῶν Σαβαίων).[42] Elio Galo parece por tanto no haber conocido la región de ʻAsīr hasta su llegada a Najrān y haber sufrido un rodeo excesivo por los desiertos al este de la misma, engañado por el nabateo Sileo si es que el ministro nabateo acompañó a Galo durante toda la expedición.

En Najrān, la ruta del incienso que provenía del Yemen se bifurcaba en dos vertientes. Una de ellas proseguía en dirección noreste hacia la capital de Kīnda, Qaryat al-Faw, desde donde continuaba hasta Gerrha, Thāj, y el sur de Iraq.[43] Este camino, a la inversa, es el que se sugiere en la inscripción de Namāra si es que la lectura de una victoria de Imru' al-Qays sobre Madhḥij en Najrān se acepta como histórica durante su etapa de rey de al-Ḥīra o de aliado posterior de los romanos. El otro camino, como ya se ha indicado fue principal por el volumen de mercancía en la época más gloriosa del poder romano, y continuaba desde Najrān en dirección noroeste alcanzando Yathrib, Ḥegra, y Petra, pero su transcurso por el territorio de ʻAsīr es complicado de averiguar ya que los wadis de montaña de ʻAsīr más importantes discurren al este (hacia el desierto de arena de Subaiʻ y Jebel Tuwaiq) y oeste (hacia el Mar Rojo), obligando al escalado continuo de colinas en caso de que, efectivamente, la ruta del incienso atravesara el paisaje montañoso de ʻAsīr mismo y no lo recortase donde ʻAsīr se abre a un paisaje menos escalonado por el este.[44]

---

o escanda indicada aquí por Estrabón es un término poco exacto. La pluviometría subscribe la descripción, por lo demás genérica: Medina (a 630 m sobre el nivel del Mar Rojo) registra, para el periodo 1978–2009, 63 mm de media anual, y Yanbu (a 8 m) más al sur y en la costa, 30 mm (Almazroui et al., "Arabian Peninsula," 955).

42. Estrabón, *Geogr.* 16,4:18–19. Que linda con Saba por el sur se deduce del esquema norte-sur que sigue Estrabón en su descripción de Arabia.

43. Qaryat al-Faw (o simplemente al-Faw) se encuentra 300 km al noreste de Najrān, en un lugar donde el wadi al-Dawāsir es cruzado por las montañas de Tuwaiq a la altura de un canal seco llamado *al-Faw*, esto es, "El Hueco" (al-Ansary, *Qaryat al-Fau*, 15).

44. Scott et al., *Western Arabia*, 13–14. ʻAsīr, geológicamente, forma una unidad con la parte occidental de las tierras altas del Yemen, semejanza que también fue conservada en la cultura. La descripción que hace Estrabón, *Geogr.* 16,4:18 del adorno de los pueblos que habitaban la región más lluviosa de Arabia tiene un

Es imposible decantar el itinerario exacto de Elio Galo. El prefecto romano pudo haber bordeado 'Asīr desde lo que hoy es la ciudad de Taif en dirección sur-sureste, sin coincidir con la ruta de las caravanas, cuyo trazado exacto en esta parte de Arabia tanto Sileo como los demás nabateos debían desconocer tanto por su alejamiento geográfico de Nabatea como por la importancia estratégica que tenía el enclave para los pueblos dedicados al avituallamiento o al peaje. Pero también es posible que Elio Galo hubiera recorrido la misma ruta de las caravanas en alguna de sus variantes regionales de 'Asīr, pero durante la época del año en la que las mercancías están paradas, e incluso pudo acompañar desde el norte del Hejaz a alguna caravana en su regreso hacia el sur por caminos que los romanos interpretaron como un engaño, sobretodo tras la experiencia del regreso, mucho más corta. Las variables históricas son múltiples.

Aunque la personalidad astuta de Sileo no está dentro del ámbito de lo cuestionable, el juicio que emite Estrabón sobre el ocultamiento voluntario de información que hizo Sileo sobre la hoja de ruta para llegar hasta Arabia Feliz no es del todo creíble, o al menos no lo es en esta región tan alejada de Nabatea e inexplorada. Bordear 'Asīr en dirección sur-sureste implicaría cruzar perpendicularmente a su cauce natural los wadis Turaba, Ranya, Bīsha, y Tathlīth, y en último lugar Habauna hasta Najrān. Tres de estos cuatro wadis, Turaba, Ranya, y Bīsha, debieron representar a comienzos del siglo III el límite de los feudos de las tribus sedentarias de Nīzar y Azd según la inscripción Ja 635, circunstancia que saltando la separación en el tiempo permitiría atribuir alguna realidad histórica a la figura del rey Sabo cuyos territorios, según Estrabón, atravesó Elio Galo para llegar hasta Najrān.

Estrabón da a entender que la marcha desde el territorio de Aretas (en el Hejaz) hasta Najrān por el país de Sabo se realizó durante la estación seca, o por partes apenas con vegetación, si la expresión "desierto en su mayor parte verdadero" (ἔρημος τὰ πολλὰ ὡς ἀληθῶς) que utiliza para definir esta parte del trayecto se toma literalmente, aunque otra posibilidad mucho más remota sería atravesar o bordear el desierto de arena de Subai' ('Arq Subai') todavía más al este. En sentido inverso, la ruta del incienso desde Najrān hasta el Hejaz cruzaba 'Asīr por un lugar indeterminado, quizás diferente según la estación del año, de la capacidad que tenían los mecenas de las caravanas para asegurar el agua, el alimento de los camellos, la mercancía, y vidas humanas comprometidas por la empresa al atravesar los diferentes feudos tribales. Las alturas de 'Asīr fueron productoras de mirra (Commiphora) por duración indeterminada hasta el año 1930. Si la región

---

correlato en el ornato tradicional de las mujeres sauditas y yemenitas de esta región (compárese Scott, *Saudi Arabia*, 16–17.142–49 y Maréchaux, *Arabie Heureuse*, Figs. 2–15.28.32–33.36–37.47).

produjo también esta sustancia en tiempos pretéritos, entonces la ruta del incienso podía pasar cerca de ʻAsīr o por las montañas de ʻAsīr mismo hasta Taif, donde nace wadi ʻAqīq que permitiría ya un trazado más seguro hasta Yathrib.[45]

ÁREA DE MECA EN EL SIGLO IV: ALGUNOS TESTIMONIOS INDIRECTOS

Wadi ʻAqīq comienza en las alturas de Taif (1.455 m) y sigue un trayecto norte-noreste, evitando la ciudad de Meca por un mínimo de 70 km. Esta circunstancia hace posible pero incierta la existencia de Meca durante el periodo clásico de la ruta del incienso, que pudo haber evitado Meca por una distancia equivalente a dos o tres días de marcha. Banu Hudhayl fue una tribu que habitó la región al este y oeste de Meca en el periodo preislámico y de la que no existe tradición referente a su llegada ahí desde otro lugar, estando relacionado un episodio de su pasado politeísta con la vida de Mahoma en el siglo VII.[46] Misteriosamente, el clan de Hudhayl involucrado en el suceso fue Banu Liḥyān, el cual retiene el nombre de la cultura que se asentó en al-ʻUlā (antigua Dedān) entre el siglo VI y el I a.C.[47] En los

45. Wadi Najrān tiene una longitud de aproximadamente 300 km. Su cabecera se haya en la falda suroeste de ʻAsīr, y termina en Rubʻ al-Khālī, donde las aguas (estacionales) desaparecen en la arena. Durante la estación de lluvia, que persiste por unos dos meses, su cauce en crecida puede alcanzar los 80 o 100 m de anchura por varios m de profundidad. Sus aguas nutren un área de palmerales y huertos de hasta 2 y 3 km de espesor en cada banco, suministrando agua de pozo disponible a lo largo de todo el año (Massari y Dagher, *Najran*, 20–21). Rodeado por montaña sin vegetación y desierto, bajando desde el Yemen, wadi Najrān invita a proseguir su curso hacia el este, donde el wadi se abre al llano, en dirección al wadi Habauna. Aproximadamente a partir de ese punto, para alcanzar la capital de Kīnda debía cruzarse una llanura desértica en dirección este-noreste hasta el wadi al-Dawāsir, dejando Habauna y Najrān a la izquierda. Para dirigirse al Hejaz, podía cruzarse Habauna en dirección perpendicular a su curso hacia los wadis indicados arriba, pero también cabe la posibilidad de adentrarse en ʻAsīr a través de una ruta más occidental (ver descripción del área en Scott et al., *Western Arabia*, 27–29.203–04 y Fig. 6).

46. *EI* 3:540–41. Ibn Isḥāq 638–48.

47. Ibn Isḥāq 718–19 describe una expedición fracasada en el año 627 contra el campamento de Banu Liḥyān en el wadi Ghurān, unos 80 km al noroeste de Meca (Ṭabarī 1501–02). La expedición perseguía vengar la sangre de Khubayb bin ʻAdī y compañeros, delegados musulmanes que fueron asaltados por Hudhayl en un distrito del Hejaz llamado al-Had'ah dos años antes, al este de Medina (Ṭabarī 1432–33; comparar Ibn Isḥāq 638–48 con 757 para una localización de los sucesos de al-Rajīʻ cerca de Khaybar, a un día de marcha desde Medina). En Ṭabarī 749 Liḥyān aparece como un remanente de Jurhum, extraña noticia teniendo en cuenta el origen norteño del reino lihyanita y la inmigración yemenita de Jurhum a Arabia interior.

albores del islam, Liḥyān era el custodio de Suwāʿ, una piedra adorada en las cercanías de Yanbu, que al parecer también tenía un santuario menor en Nakhla, a dos días de marcha de Meca en dirección a Taif.[48] En el mejor de los casos Suwāʿ podría retroceder en algunas generaciones la presencia de Liḥyān en el sur del Hejaz ya que el ídolo aparece condenado por una de las azoras coránicas del periodo mecano de la revelación (612–622 d.C.; C 71:23), dejando entrever que su culto estaba bien asentado al comienzo del siglo VII y era bien conocido entonces en Meca.[49]

La mención de Liḥyān entre los pueblos árabes del siglo III d.C. por Riyām 2006–17 establece la línea de continuidad desde el siglo I a.C., cuando Liḥyān es desplazado de al-ʿUlā en beneficio de Ḥegra nabatea, y el siglo VII, cuando reaparece como uno de los pueblos pastoriles del Hejaz, con presencia permanente quizás en el entorno de Meca.[50] Aun así, la presencia humana permanente en Meca durante el siglo III en base al argumento de que Liḥyān o Hudhayl pudieron frecuentar y habitar la región baja que separa el Hejaz de ʿAsīr debe ser valorada con precaución. Por un lado, Hudhayl, la confederación a la que pertenecía Liḥyān, veneraba al ídolo Manāt en Qudayd, a 15 km de Yathrib, y esto reduce la posibilidad de que Hudhayl orbitase más en el entorno de Meca que en el de Yathrib. Por otro lado, la presencia de un segundo santuario de Suwāʿ en Nakhla pudo deberse a que la principal ruta comercial circulaba al norte de Meca, y aunque el santuario de Suwāʿ podría ser coetáneo con Meca, esta parte de la ruta del incienso podría ser mucho más antigua que Meca misma.[51]

48. Ibn al-Kalbī 9–10; Ibn Isḥāq 52–53. Al parecer el puerto de Yanbu, mencionado por Ptolomeo, *Geogr.* 6,7 último en la primera lista de lugares al sur del Golfo Elanita (Ἰαμβία Κώμη), siguió habitado hasta tiempos de Mahoma (Ṭabarī 1269.1271). Se encuentra 200 km al sur de al-Wajh y más de 300 km al norte de Jeda. En los wadis de Nakhla había dos santuarios paganos, uno de Suwāʿ y otro de al-ʿUzzā, el principal de los cuales era el de al-ʿUzzā. Se dice que C 1:1–2 y 46:29–32 descendieron a propósito de una pernocta de Mahoma en Nakhla en el año 619, donde fue escuchado rezar por djinns o genios del desierto, espíritus cuya realidad es intermedia entre el ser humano y los ángeles. Ver *EI* 7:924; Azraqī 1,74; Ibn Isḥāq 55.281.424.839.

49. *EI* 9:908–09. La azora de Noé evoca el desierto y deja entrever quienes fueron sus primeros destinatarios—los habitantes de Meca, pues la bendición de Dios es contemplada como abundancia de lluvias y vegetación (71:10–12) mientras que en la historia bíblica de Noé la lluvia (el diluvio) se asocia a la destrucción (Gen 6–7), y los dioses paganos que Noé condena en su diálogo con Dios son algunos de los ídolos preislámicos de Arabia: Wadd, Suwāʿ, Yagūth, Yaūq, y Nasr.

50. Ibn al-Kalbī 13–15; Wāqidī 535–37.

51. Ibn Isḥāq 839 recoge que todos los árabes de Mudar veneraban a al-ʿUzzā en Nakhla. Siendo Mudar el epónimo de las tribus del norte de Arabia, el dato confirmaría la conexión de Nakhla con la principal vía comercial entre el norte y el sur de Arabia, cuyo trayecto Medina-Taif seguiría el camino natural del wadi

POSIBLE PREMINENCIA DE YATHRIB SOBRE MECA

Si el Hejaz pertenecía a Ghassān durante los siglos III y IV y si los sabeos se referían a esta y otras grandes confederaciones del norte y centro de Arabia con el término utilizado para poblaciones sedentarias, «s²ʻb,» entonces Yathrib podría ser su capital.[52] Sin embargo, esta hipótesis inclusiva sigue dependiendo del argumento no del todo sólido que considera una única inscripción, Dhuyayb 2005/65, prueba suficiente del límite noroccidental de Ghassān 80 km al sur de Ḥegra nabatea, así como de la suposición de que las tribus ghassanitas Banu Thaʻlaba y Banu Jafna permanecieron en su lugar de origen y no llegaron hasta Yathrib desde el norte, donde está atestiguado Ghassān en el siglo V y VI con relación a las guerras de Persia con Bizancio y donde llegó por vez primera por efecto de las migraciones.[53]

ʻAqīq. Por tanto, un segundo santuario de Suwāʻ en Nakhla podría más significar el aprovechamiento del mismo enlace comercial entre el norte y el sur de Arabia occidental y no tanto garantizar la presencia de Liḥyān o Hudhayl en el entorno cercano de Meca durante el siglo III. Pero considérese también que Nakhla no se encuentra lejos de ʻArafāt, llanura unos 21 km al este de Meca en el camino a Taif, donde tanto en la época inmediatamente preislámica como en la actualidad, se desarrollan partes esenciales de la peregrinación o ḥajj. Caben entonces por efecto de todo lo anteriormente dicho dos explicaciones alternativas: a) los santuarios de Suwāʻ y al-ʻUzzā en Nakhla capitalizaron la ruta del incienso antes de que existiera asentamiento permanente significativo en Meca; b) capilizaron la conexión Meca-Taif con Medina-Taif, y serían por tanto coetáneos con Meca.

52. Robin, "Ghassān en Arabie," 101–02 y Schiettecatte y Arbach, "Political Map of Arabia," 17–18 para la localización de la capital de Ghassān en Yathrib (y *supra*), si bien el segundo autor también señala la localización posible en lo que ahora es el suroeste saudita, pues Ptolomeo, *Geogr.* 6,7 trae el "país de los cassanitas" (κασσανιτῶν χώρας) mucho más al sur de Yanbu (Ἰαμβία). Musil, *Northern Hegaz*, 256–58 delimita la frontera norte del Hejaz, barruntando varias posibilidades que incluyen o no la región del Hisma que cae al sur del Shera. La frontera este del Hejaz es más fácil de identificar, representada por la cadena montañosa que discurre desde cerca de Taymāʼ hacia el sur. En cuanto al límite sur del Hejaz, consiste en la divisoria Jeda-Meca-Taif. El centro regional de este amplio territorio pudo ser en el siglo III–IV Yathrib como afirma C. J. Robin, pero la falta de noticia documental y la existencia de otros oasis en la región, Taymāʼ, Ḥegra, wadi al-Qurā, y Khaybar invitan a la prudencia histórica. El nombre Yathrib (يَثْرِب), aparece una única vez en el Corán (33:13), donde el mismo lugar más frecuentemente es llamado al-Madiynat (ٱلْمَدِينَة), "la Medina/ Ciudad" (C 9:101.120; 33:60, 63:8).

53. Avner et al., "Thaʻlaba," 243–49 discute el conjunto de noticias sobre Ghassān, siendo notaria una predominancia durante los siglos V y VI d.C. de localizaciones en el norte de Arabia y el Desierto Sirio. Una de estas fuentes es Amiano Marcelino, *Rer. Gest.* 24,2:4, que menciona ya en el siglo IV una emboscada fallida sobre los romanos en el valle del Eúfrates lanzada por al-Malik Podosaces, un filarca de los sarracenos ghassanitas (Malechus Podosacis, phylarchus saracenorum assanitarum) al servicio

A pesar de todas estas razones, de la inscripción Riyām 2006–17 no está completamente ausente la posibilidad de que existieran poblaciones al sur del Hejaz asociadas al carácter sedentario de Ghassān.[54]

En cualquier caso, la suposición de que existían poblaciones sedentarias al sur del Hejaz en los siglos III y IV debe ser tomada con cautela si quiere justificarse a partir de ella la capitalidad de Meca y la existencia de su santuario en ese momento. En el área de Meca no han sobrevivido visibles en superficie grandes vestigios de culturas extinguidas que de manera semejante a Ḥegra o Dedān puedan atribuirse a un periodo desplazado muchos siglos antes del islam. El edificio más importante de Meca, la Kaba, presenta un diseño sencillo en forma de cubo construido con bloques de piedra local, de poco más de 10 m de lado y 14 de alto, en el que son adivinables pocas grandes reformas arquitectónicas y ninguna ampliación realmente sustancial, ni del edificio mismo ni de su perímetro inmediato, lo que sería una verdadera rareza en la historia religiosa del Levante si, previa a su consagración como centro del monoteísmo islámico en el siglo VII, hubiera tenido una existencia milenaria en el tiempo.[55]

Las riadas torrenciales que se acumulan en la cuenca del fondo del valle donde está ubicada Meca abastecen la tabla freática. La impermeabilidad de la roca subterránea prolongaría la disponibilidad de agua de pozo fuera de la época de lluvias, pero el régimen pluviométrico en sí mismo suministraría, desde que el desierto hizo acto de aparición en esta región, sólo muy ocasionalmente agua temporalmente estática en superficie, conociéndose años enteros en los que Meca no ha sido visitada

---

de los persas.

54. Avner et al., "Tha'laba," 253, comentando una firma semejante a Dhuyayb 2005/65 pero encontrada 8 km al oeste de Elat, en el Desierto del Sinaí, que lee «'Adiyu hijo de Tha'laba el rey,» también en nabateo post-clásico del siglo V, resalta la dificultad de otorgar incuestionable carácter probatorio a la información derivada de un grafito aislado en la orilla de un camino, fuera de contextos oficiales y lugares donde podía ser visto por las tribus. Para Jeda en la época de Mahoma, Ibn Isḥāq 122.825.

55. La Kaba se presenta exteriormente como un cubo cuyas esquinas corresponden aproximadamente a los cuatro puntos cardinales. En su esquina oriental contiene una reliquia encasetada, la Piedra Negra, una roca basáltica cristalizada cuyo origen preciso es ignoto por falta de análisis directo. Entre la esquina oriental y la esquina Iraquí, al norte, corre un muro de sillar de 11,68 m donde es reconocible la puerta, elevada a unos 1,50 m sobre el nivel del suelo. El lado opuesto mide 12,04 m de largo, y los otros dos lados, también de sillar—el que conecta la Piedra Negra (este) con la esquina Yemenita (o sur) y el que conecta las esquinas Iraquí (norte) y Siria (oeste), poco más de 10 m (Tottoli, *Ka'bah*, x.xix). Este cubo nunca ha sido incorporado a una estructura arquitectónica más grande y compleja, lo que es muy difícilmente compatible con una existencia milenaria previa a la fundación islámica.

por la lluvia. La colonización temprana de Meca no está fuera del alcance de los árabes—considérese la cultura dilmunita y los niveles de ocupación de Taymā' datables en la Edad del Bronce, pero el régimen de lluvias que es suponible en el pasado y la falta de datos seguros hasta el siglo IV sugieren el sigilo. Para determinar la primera fase de ocupación sedentaria de Meca en ausencia de prospecciones arqueológicas in situ, todo depende de cuándo comenzó la extracción de agua de pozo, porque en el entorno de Meca esto debió marcar la diferencia entre ser un lugar visitado intermitentemente y un asentamiento permanente, dotado de cobro de impuestos, instituciones civiles, y religiosas.

ORIGEN DE MECA Y LA KABA SEGÚN LA TRADICIÓN: CONSIDERACIONES PRELIMINARES

La tradición islámica basada en el Corán vió el origen de Meca en la emigración de Ismael, quien habría construido con su padre Abraham el santuario de la Kaba, lo que situaría la lupa del historiador en el siglo XIX a.C. Al contrario de lo que sugiere la evidencia disponible, Meca y la Kaba existirían por tanto para el Corán desde el Bronce Medio. He aquí, nuevamente, uno de los textos más importantes del mundo religioso y, para la historia comparada de las creencias religiosas, otro de los más controvertidos:

> "Recordad cuando hicimos de la Casa un lugar de reunión y seguridad para los hombres. Tomad el sitial de Abraham como lugar de oración. E hicimos un acuerdo con Abraham e Ismael: 'Purificad Mi Casa para aquellos que la circunvalen, aquellos que hagan retiro, y aquellos que se inclinan y postran.' Y (recuerda) cuando Abraham dijo: '¡Señor mío! Haz a esta ciudad segura y provee a su gente con frutos: a aquellos que crean en Allāh y en el Día del Juicio.' Él dijo: 'Al que no crea le dejaré disfrutar un tiempo, después lo conduciré por la fuerza al castigo de fuego.' ¡Qué pésimo final del camino! Y (recuerda) cuando Abraham e Ismael levantaron los cimientos de la Casa: '¡Oh, Señor! Acepta (nuestra obra). Verdaderamente Tú eres Omnioyente, Omnisciente.'" (Corán 2:125–127, trad. Nasr)[56]

Este suceso relatado por la azora de La Vaca, correspondería a la primera fase de habitación permanente en Meca. Basada en lo que en este

56. Ver también C 22:26.

texto es una sugerencia, la historiografía islámica temprana identificó el origen de Meca con la fundación de su santuario. Pero la lógica poblacional, especialmente en el desierto, es más bien otra: la aparición de un templo en un entorno habitable surge a consecuencia de un asentamiento en el propio lugar o en una ubicación cercana que ha ido creciendo hasta dotarse de instituciones. Este momento parece estar recogido en la mejor historiografía árabe sobre la vida del profeta Mahoma, la Sīrat de Ibn Isḥāq, que atribuye a Quṣayy bin Kilāb algunas reformas en el culto de la Kaba que no estarían muy alejadas, para la crítica documental, de su etapa fundacional. Quṣayy es antepasado de Mahoma en la quinta generación, lo que situaría su actividad en la primera mitad del siglo V d.C.

Antes de restructurar el culto, Quṣayy tuvo que desplazar del poder a Banu Khuzā'a, tribu yemenita del gran grupo de Azd que ostentaba el poder sobre Meca. Khuzā'a, a su vez habría sido precedida por Jurhum, con quien Ismael, constructor del templo de la Kaba, habría emparentado por vía marital en la época fundacional. Dos elementos, por tanto, pueden diferenciarse en esta tradición: uno de origen bíblico, otro yemenita. El primero se explica por la vocación monoteísta que reclama el islam para su ciudad sagrada en su etapa fundacional. Establecida así como verdad constituyente y clave hermeneútica, la fundación de la Kaba por Abraham e Ismael según C 2:125–127 se convirtió en la piedra angular desde la que leer la historia precedente de Meca.[57] Las primeras raíces de este elemento están, empero, en el judaísmo y su presencia en el Corán no encuentra mucha justificación extra-coránica si se prescinde de la entrada de tradiciones bíblicas a Arabia. El segundo elemento, que ha sido fusionado con el primero, es la verdadera fuente de información independiente y consolida la hipótesis de que Meca pudo estar habitada en un principio por emigrantes provenientes del sur, sus verdaderos fundadores:

> "Ismā'īl engendró doce hijos: Nābit el mayor, Qaydhar, Adhbul, Mabshā, Misma', Māshī, Dimmā, Adhr, Taymā', Yatūr, Nabish, Qaydhumā. Su madre fue Ra'la bint Muḍāḍ bin 'Amr al-Jurhumī... La historia de Jurhum... de acuerdo a lo que Ziyād bin 'Abdullah al-Bakkā'ī me dijo en la autoridad de Muḥammad bin Isḥāq al-Muṭṭalibi, es que cuando Ismā'īl el hijo de Ibrāhīm murió, su hijo Nābit estuvo al cargo del Templo el tiempo que Dios quiso, luego estuvo al cargo de Muḍāḍ bin 'Amr al-Jurhumī." (Ibn Isḥāq, *Sīrat Rasūl Allāh* 4.71, trad. Guillaume)[58]

57. Ibn Isḥāq 4.

58. La lista de los hijos de Ismael es un paralelo de Gen 25,13–15. Ibn Isḥāq 71–84 para la tradición completa.

En el hecho de que a Ismael la misma tradición dote de una esposa de la tribu de Jurhum, «Raʿla bint Muḍāḍ bin ʿAmr al-Jurhumī,» se encuentra, a juicio de quien escribe estas páginas, el dato seguro más primitivo sobre la ocupación de Meca al que se ha solapado el personaje bíblico de por sí mucho más antiguo de Ismael por medio del recurso a un matrimonio con una mujer yemenita, y esto limitaría la existencia de Meca, al menos como asentamiento permanente y no meramente estacional, al siglo IV d.C. si se prescinde del Corán como fuente histórica en este punto.[59]

LA HIPÓTESIS "MACORABA" Y EL TÉRMINO SABEO «MKRB»

La objeción extra-coránica clásica al postulado de que Meca y en concreto su santuario no tienen un origen muy remoto, sitúa la discusión a mediados del II d.C., cuando Claudio Ptolomeo (m. 168) presenta Macoraba (Μακοράβα) entre las poblaciones al sur de Yathrib, indicación que ha sido considerada la primera referencia histórica superviviente de Meca y que de asumirse, derrotaría la que puede denominarse "hipótesis del siglo IV."[60] Caminando en esta otra dirección, la asociación de ambos nombres, Macoraba y Meca, podría establecerse a partir de una subsiguiente fundamentación: el término sabeo «mkrb.» El término aparece (al menos) en siete inscripciones del Yemen, cinco de ellas en contexto monoteísta, donde el vocablo significa "santuario," pareciendo seguro que mkrb fue un neologismo al que los primeros conversos monoteístas himyaritas recurrieron para referirse a las sinagogas judías o templos judaizantes en su propio territorio e idioma.[61]

La aparición más temprana del término mkrb, alrededor del 380 d.C., se encuentra en una inscripción sudarábiga (Ja 856) del reinado de Malkīkarib donde designa un santuario construido por el rey en Marib al que ha dado el nombre propio de «bryk», sirviéndose de un préstamo

59. Shahīd, *Arabs in the Fifth Century*, 335.343–44 se mostraba favorable a la identificación de Nābit, el Nebāyot bíblico, con los nabateos, y a considerar sustentada en una fuente independiente del judaísmo y del cristianismo su aparición en la tradición preislámica con relación a la historia de Ismael, pero es algo que queda fuera de la posibilidad de ser demostrado. Más bien, el elemento que aporta Nābit es servir de nexo entre uno de los hijos de Ismael, que ciertamente representan las tribus del norte de Arabia en Gen 25,12–16, y Jurhum, es decir entre el periodo bíblico antiguo y la historia de Meca preislámica conocida por los tradicionalistas y eruditos islámicos. Nebāyot es el primogénito de Ismael, y así, la elección de este y no de otro hijo explica por sí mismo su vinculación con el pasado remoto de Meca, desconocido por la tradición islámica.

60. Ptolomeo, *Geog.* 6,7 (n. 32 ed. Nobbe).

61. Robin, "Judaïsme de Ḥimyar," 122–23.

semita que significa "bendecido" (בָּרַךְ).[62] Otra referencia de mkrb pertenece a una inscripción de cinco líneas (Garb Bayt al-Ashwal 1) del reinado de Dhara''amar Ayman en corregencia con su hermano Abīkarib, es decir, de los últimos dos decenios del siglo IV o primeros del V d.C. En este caso mkrb está utilizado con un sentido más específico, designando a una sinagoga llamada «Aḥlāk.»[63] La vinculación de mkrb con el monoteísmo yemenita y su posible relación con Μακοράβα es atractiva, pero por su vinculación con el siglo IV y V, pone en alerta al investigador frente a una aplicación muy temprana del mismo en la Arabia Central del siglo III, y más del II, tiempo en el que Ptolomeo escribe.[64] Aunque esto no cierra por completo todas las puertas, si consideramos Μακοράβα como un binomio.

«Mkrb» (árabe ب/ ر/ ك/ م), sería para esta hipótesis un término de cuatro sílabas, *m-k*, y *r-b*. Puede objetarse que Meca proviene de una raíz de tres sílabas (m-k-k: ك/ ك/ م), pero esto es fácilmente salvable reduciendo la doble kaph a una duplicación de la consonante que no da lugar a una segunda sílaba (كّ) cuya ausencia, en cualquier caso sería entendible por el paso al griego, el idioma de Ptolomeo. Juzgadas así las cosas, la primera parte de Μακο-ράβα contendría la palabra "Meca," y el conjunto del término griego podría entonces ser una composición de مكّة y رَبّة, es decir, de «Makkah» y «Rabbah» o "Meca la Grande" (مَكّة رَبّة). Esta formidable hipótesis ha sido brillantemente blindada por G. Bowersock apelando a la existencia de ciudades en la esfera del Antiguo Testamento a partir del femenino semita rabbah/ רַבָּה (grande), repetido por ejemplo en Rabbath Moab y Rabbah Amón, ambas en Transjordania (Deut 3,11; 2 Sam 10,8; 11,1; 1 Cro 20,1).[65]

62. Robin, "Himyar et Israël," 857; Robin, "Judaïsme de Ḥimyar," 105; Robin, "À propos de la Prière," 56.

63. Robin, "Himyar et Israël," 883–84; Robin, "À propos de la Prière," 49–50.

64. Crone, *Meccan Trade*, 134–37; Beeston et al., *Sabaic Dictionary*, 78. Para Bowersock, *Crucible of Islam*, 53–54 el término Μακοράβα de Claudio Ptolomeo provendría de la unión de dos raíces, «mk» que conservaría en común con la palabra árabe de Meca, y el arameo «rb» (grande), y aduce como prueba adicional que el adjetivo árabe «mukarram» (noble) suele acompañar asimismo al término Makka (Makka mukarram/ la noble Meca). La interpretación es limpia y aguda, aunque sin llegar a ser probatoria. Aunque Robin, "Ghassān en Arabie," 97 considera posible la utilización del arameo-nabateo al sur de al-'Ulā, región más meridional donde existe evidencia de su uso, es difícilmente explicable su presencia tan temprana en la región de Meca, 600 km al sur de al-'Ulā. Ver también siguiente nta.

65. Ver Bowersock, *Crucible of Islam*, 48–63, quien para corroborar la hipótesis de "Meca la Grande" aduce además *Hierapolis* (Ciudad Santa), una variante poco autorizada de *Geapolis*, población dentro del elenco de ciudades de Arabia reportadas por Amiano Marcelino (*Rer. Gest.* 23,6:47). Pese a la genialidad que pueda contener esta hipótesis, la adaptación de mkrb al contexto islámico fuerza en algo la composición del término en una era tan temprana como la Μακοράβα de Ptolomeo.

Por desgracia, no disponemos de una alusión clara a la capital del islam en otras fuentes clásicas, Plinio y Estrabón, y especialmente en el Periplo del Mar Rojo, interesado en todo puerto y su conexión con tierra que fuera de interés comercial, factor que debe tenerse aquí por muy significativo.[66] Los geógrafos árabes altomedievales, algunos de los cuales utilizaron a Ptolomeo o a obras basadas en él, tampoco muestran en ningún caso una correlación cierta entre la Macoraba de Ptolomeo y la Meca islámica.[67] En opinión del autor de estas páginas este vacío documental sería la objeción más significativa a la identificación de Macoraba y Meca Rabbah, pero otras como la palabra rabb (رَبّ) que en árabe es un sustantivo y no un adjetivo, o la incompatibilidad entre la kaph árabe (ك) y la kappa griega (ϰ) también han sido traídas a primer plano.[68]

MECA EN EL CORÁN: ANÁLISIS ETIMOLÓGICO

Meca (مكّة) es nombrada trece veces en el Corán, de las cuales una única vez explícitamente (48:24), otra mediante una variante (3:96), y el resto en formas o compuestos genéricos pero que tras la revelación islámica han pasaado a ser nombres propios (2:126; 6:92; 14:35; 16:112; 27:91; 28:57; 29:67; 42:7; 90:1; 90:2; 95:3). Las formas genéricas son invariablemente "ciudad" y "santuario," destacando los compuestos nominales «Umm al-Quray,»

La raíz árabe «r-b-b» (ب/ ب/ ر), "maestro," "señor," "propietario," etc., es una de las más frecuentes en el Corán, con 969 ocurrencias, de las que unas 960 corresponden a la palabra Rabb (رَبّ), *Señor*, aplicada a Dios (C:1:2; 3:51; 6:154; 21:56, etc; ver Badawi y Abdel Haleem, *Qur'anic Usage*, 342–43), por lo que sorprendería en exceso que la ciudad Makkah Rabbah (Meca la Grande), fuese conocida por un nombre magestuoso del que la predicación de Mahoma y la tradición del hadith no hubiera después sacado mayor provecho. Ver también nota anterior y siguientes.

66. *Per. Mar. Ery.* 19–21 describe el trayecto por la costa árabe del Mar Rojo entre Leuke Kome y Muza (actual Moca yemenita) como desprovisto de puertos seguros, sometido al peligro de los naufragios y de las acciones de piratería árabe en caso de ser avistadas las naves de los comerciantes. Este testimonio verifica la posible existencia de pueblos nómadas en la costa más cercana a Meca, pero dificulta mucho la posibilidad de que en el siglo I la futura capital del islam tuviera alguna relevancia mercantil, pues en ese caso, Jeda, el puerto natural de Meca al Mar Rojo, no hubiera pasado desapercibido para el autor del Periplo, más cuando aporta amplia información del puerto axumita de Adulis (nn. 3.4.7) en la costa africana opuesta, con la que Meca atestiguará contacto en el siglo VII (Ibn Isḥāq 208–21.781–88).

67. Me remito aquí a la autoritativa lista de Morris, "Mecca and Macoraba," 6–8: al-Khwārizmī (m. después de 232 H/ 847), Ḥabash al-Ḥāsib (m. después de 255 H/ 869), Yaqut (m. 284 H/ 897), al-Būzjāni (m. 387 H/ 998), e Ibn Ḥazm (m. 456 H/ 1064).

68. Ver sumario de objeciones a la hipótesis "Macoraba-Makkah Rabbah" en Morris, "Mecca and Macoraba," 14–40.

"Madre de las Ciudades" (أُمَّ الْقُرَى), «al-Balad 'Amin,» "Ciudad Segura" (الْبَلَدَ أَمِنًا), y «Ḥaram 'Amin,» "Seguro Santuario" (حَرَمًا ءَامِنًا), entendido este último como extensión de la sacralidad proveniente de la Kaba a toda la ciudad de Meca. La fe en el Corán encuentra grandes connotaciones en estos términos, pero para la crítica de la historia comparada su significado no conecta necesariamente con un pasado muy lejano. Balad (بَلَدٌ) por ejemplo, puede significar "lugar," "ciudad," "torre," "tierra," "parcela cultiva," etc., y como otras palabras semitas sumamente contextuales en cuanto a su significado nos dice poco acerca del origen remoto de Meca.[69] Desde este ángulo de juicio, la expresión más interesante es *Madre de las Ciudades*, pero una vez más, la falta de capitalidad de Meca en el registro histórico antiguo obliga a creer que la capitalidad aquí expresada no debe remontarse geográficamente más allá de Arabia ni indefinidamente en el tiempo.

Más explícitamente, en C 48:24 leemos la expresión "dentro del valle de Meca" (بِبَطْنِ مَكَّةَ). El genitivo مَكَّةَ (mākkāta, "de Meca"), es la única palabra del libro árabe sagrado que se sirve de la raíz «m-k-k» (م /كّ / كّ). De origen oscuro, m-k-k puede hacer referencia a "succionar la leche de la madre" (del camello) hasta gastarla, pero también "abarrotamiento," dos significados que no parecen mantener entre ellos solución de continuidad. Corán 3:96 presenta la variante «Bakkah» (بَكَّةَ), una pronunciación alternativa de Makkah (مَكَّةَ). El intercambio entre los sonidos /m/ (م) y /b/ (ب) es frecuente en árabe y puede estar en el origen de esta variante sin necesidad de recurrir a otras explicaciones que conecten con el abarrotamiento de la peregrinación religiosa.[70] Pese a ello, el mismo sonido o uno muy parecido se repite en הַבָּכָא בְּעֵמֶק (en el valle de Bākā') del Salmo 84,7, un versículo dedicado a la peregrinación a Jerusalén donde los LXX han entendido ἐν τῇ κοιλάδι τοῦ κλαυθμῶνος (en el valle del Lamento).[71] La raíz בכא significa "llorar," de ahí que también la planta del bálsamo, que segrega una sustancia lechosa, sea llamada "llorón" o "bakah" en otras partes de la Biblia (2 Sam 5,23–24; 1 Cro 14,14–15).[72]

---

69. Badawi y Abdel Haleem, *Qur'anic Usage*, 110–11. En resumen, en el Corán tenemos los siguientes términos genéricos aplicados a Meca: Ciudad (2:126; 27:91; 90:1; 90:2), Ciudad Segura (14:35; 95:3; 16:112), Madre de las Ciudades (6:92; 42:7), y Seguro Santuario (C 28:57; 29:67). Los dos nombres propios, Meca (48:24) y Bakka (3:96), serán discutidos en el siguiente párrafo, *supra*. En total: trece menciones.

70. El genitivo مَكَّةَ (mākkāta, "de Meca") es el único compuesto de la raíz «m-k-k» (م /كّ / كّ) en el Corán. La raíz «b-k-k» (ب /كّ / كّ) significa "agolpamiento," "presión," "ruptura," de donde es fácil conectarla con Meca debido al abarrotamiento de peregrinos, pero Bakkah se explica mejor por la sustitución del sonido /m/ por el /b/ (Badawi y Abdel Haleem, *Qur'anic Usage*, 109.890–91).

71. Notado por Nasr, *Study Quran*, 58.156.

72. Davidson, *Concordance of the Hebrew*, 136–37.

La etimología de בָּכָא merecería pues una línea de investigación adicional a las anteriores. Una raíz coránica muy parecida, «b-k-y» (ب /ك/ ي), también significa "llorar" o "lamentarse" (C 9:82; 19:58; 44:29; 53:43), y el bálsamo de Jericó (*Commiphora opobalsamum*) que crece de forma silvestre en la región de Meca, debió ser una importación árabe, como ya se ha indicado más arriba.[73] Aunque el recorrido de esta hipótesis puede también ser breve: se hace difícil concebir porqué el bálsamo de Meca habría conservado su nombre original en tierra extranjera mientras que la ciudad de Meca habría perdido memoria del origen de su propio nombre. Miradas las cosas friamente, Ibn Hishām 99 trae una posibilidad más realista: «Bakkah» provendría de «tabākkū,» "venir juntos en muchedumbre," posible alusión a la estrecha concentración de camellos en torno a un abrevadero o quizás por extensión a la de población en el valle de Meca.[74] De ambas explicaciones de tabākkū, la primera parece más antigua que la segunda, ya que en su nacimiento muchas poblaciones antiguas se deben a realidades humildes pero necesarias, como es la disponibilidad de agua en Arabia.[75]

LA KABA EN EL CORÁN: ANÁLISIS ETIMOLÓGICO

De la nomenclatura coránica de la Kaba tampoco se llega a una posición concluyente en cuanto a su antigüedad. Como se verá, esta es claramente defendida por algunos versículos, pero en su conjunto la terminología es imprecisa o al menos insatisfactoria a la hora de apoyar a partir de la misma una fundación muy arcaica de la Kaba. El nombre propio del santuario, "la-Kaba," significando "el-Cubo" (الكَعْبَة), goza de dos apariciones en el Corán, ambas en el capítulo quinto (C 5:95; 5:97), uno de los últimos en descender, pues fue revelado entre la conquista de Meca en el 630 y el fin de la revelación con la muerte del Profeta en el año 632.[76] De las dos menciones, el versículo C 5:97 es el de mayor contenido teológico, donde aparece acompañando a otro título en una frase de gran altura confesional:

73. *EncJud* 3:97–98. Debe tenerse en cuenta que tanto el hebreo בָּכָא como el árabe بَكى carecen de la duplicación del sonido k que encontramos en Bakkah y Makkah.

74. Ibn Isḥāq 73, menos creíblemente, lo explica directamente por el verbo «bakka» (ك/ ك/ ب), "romper," aludiendo a que Meca rompía el yugo de los tiranos que introducían innovaciones religiosas en ella.

75. Ver Ibn Isḥāq 95–96 y comentario *infra*.

76. La azora 5, La Mesa Servida, es una de las últimas azoras completas que fueron reveladas en último lugar, junto con la 48, La Victoria, aunque la número 110, La Ayuda suele ser considerada la última (Nasr, *Study Quran*, 270).

"Dios ha hecho de la Kaba, la Casa Sagrada, una ayuda para la humanidad" (جَعَلَ اللهُ الْكَعْبَةَ الْبَيْتَ الْحَرَامَ قِيَامًا لِلنَّاسِ).[77]

Además de los dos versículos referidos en nombre propio (C:5:95; 5:97), el Corán reporta 28 menciones de la Kaba (C 2:125; 2:125; 2:144; 2:149; 2:150; 2:191; 2:196; 2:217; 3:96; 3:97; 5:2; 5:2; 5:97; 8:34; 9:7; 9:19; 9:28; 14:37; 17:1; 22:25; 22:26; 22:26; 22:29; 22:33; 48:25; 48:27; 52:4; 106:3), trece de ellas utilizando la palabra casa/ bayt (بَيْت), y quince el compuesto nominal Mezquita Sagrada/ al-Masjid al-Ḥaram (الْمَسْجِدِ الْحَرَام).[78] Entre aquellas que contienen la palabra «bayt» merecen atención significativa dos referencias a la "Antigua Casa," «al-Bayti al-'Atiyqi» (ٱلْبَيْتِ ٱلْعَتِيقِ) en el capítulo de La Peregrinación (C 22:29; 22:33), y la mención de la "Primera Casa" de adoración monoteísta de la humanidad, «Awwal Baytiin» (أَوَّل بَيْتٍ) en C 3:96.[79]

DINÁMICA POBLACIONAL DE LOS MERCADOS REGIONALES EN EL ÁREA DE MECA

Otro análisis complementario, el estudio de la dinámica poblacional relacionada con las ferias mercantiles de Arabia Central occidental, muestra un comportamiento atestiguado y reciente que puede decirnos una palabra conclusiva al presente capítulo sobre la antigüedad de Meca y su santuario, o al menos sobre su prominencia como capital de región. En el entorno

77. Aunque el sentido de este verso está claro, la palabra «al-nās» (النَّس), "ser humano," no tiene aquí necesariamente connotación universal, y puede significar simplemente "gente" (Nasr, *Study Quran*, 326). Igual de amplia es la acepción de «qiyaman» (قِيَمًا), de la raíz «q-w-m» (ق/ و/ م), "ser derecho," "estar de pie," "levantarse," "ayuda moral," "apoyo," etc.

78. En total y concreto, la Kaba es referida en el Corán en 30 ocasiones: Casa (106:3); Sagrada Casa (5:2; 5:97; 14:37); Antigua Casa (22:29; 22:33); Casa Frecuentada (52:4); La Casa (2:125; 3:97; 22:26); Primera Casa (3:96); Mi Casa (2:125; 22:26); Mezquita Sagrada (2:144; 2:149; 2:150; 2:191; 2:196; 2:217; 5:2; 8:34; 9:7; 9:19; 9:28; 17:1; 22:25; 48:25; 48:27); Kaba (5:95; 5:97). La palabra "masjid," no tan antigua como "bayt" (casa), da origen a través del árabe hispánico a la palabra "mezquita," y proviene de la raíz «s-j-d» (س/ ج/ د), "postrarse," "adorar."

79. Comparar C 3:95–97 con 2:124–129. Abraham, como otros profetas bíblicos cuyas historias son recogidas por el Corán, aparece islamizado y asemejado a Mahoma, cuyo antetipo representa. Algunos de sus rasgos anacrónicos y arabizantes detectables son: a) C 2:129: Abraham pide a Dios que envíe a los mecanos un profeta de su propia tribu—se sobreentiende, a Mahoma; b) C 21:70 y 60:4–6: Abraham se opone a la idolatría de su pueblo y es perseguido por este (ver también 6:74.79–83; 19:41–50; 26:70–82; 29:16–18.24–25; 37:85–98); c) C 14:40: Abraham establece la oración regular islámica; d) C 2:260 y 26:85–100: Abraham tiene fe en la resurrección y en una escatología personal paradisiaca.

de Meca preislámica existieron varios mercados, 'Ukāz, Dhūl-Majāz, y Majanna entre los que la peregrinación había establecido durante ciertos meses del año un circuito de estaciones cuyo centro en el siglo VII era el santuario de Meca, que obligaba una visita para quienes participaban del circuito. Ninguno de estos mercados se desplegaba sin embargo en Meca misma, y esto legimita la suposición de que la afluencia a estos mercados en el corredor natural Taif-Meca-Jeda fue en origen más antigua que la obligación de visitar la Kaba, que habría sido añadida en una fase posterior relacionada con el auge de la aristocracia mecana sobre otros poderes regionales.[80]

El último argumento no es irrefutable, pero sumado a todos los anteriores merece atención, más cuando la mayor de las tres ferias, 'Ukāz, situada en la ruta del incienso 40 km al este de Taif y controlada al principio por los habitantes de esta ciudad, parece no haber alcanzado el estatus de población permanente hasta después de la conquista islámica. Con relación a ello, la aristocracia de Meca, de la tribu de Quraysh, solamente impuso su criterio sobre Taif tras las guerras Fidjār poco después de nacer Mahoma, en el último décimo del siglo VI.[81] Ibn Isḥāq 95–96 y al-Balādhuri 48–53 contienen una breve historia de los pozos de agua excavados por Quraysh, la tribu que se hizo con el control de Meca en el siglo V y de la que nacerá Mahoma en el último tercio del siguiente siglo (año 570). El excavado de estos pozos debe corresponder al incremento de población y de la periferia

80. El argumento, apoyado auxiliarmente en la ausencia del nombre de Meca de la lista de ferias árabes preislámicas en Marzūqī, Azmina, Ibn Ḥabīb, y Azraqī, y en propia opinión sólido, fue traído por Crone, *Meccan Trade*, 170–72 y criticado severamente a la par que otra serie de argumentos en contra de la antigüedad de Meca, por Serjeant, "Misconceptions," 472–81.

81. La más importante de las ferias preislámicas, 'Ukāz, se beneficiada de su posición en la ruta de las especies entre Nakhla y Taif en el territorio de la tribu Hawāzin, con una de cuyas secciones, Thaqīf, la aristocracia mecana (Quraysh) mantendrá las intermitentes guerras Fidjār (hacia el 585–590 d.C.; Ibn Isḥāq 119; Ibn Hishām 124) en disputa por el control de las rutas comerciales que atravesaban el desierto del Najd y que conectaban el corredor Jeda-Meca-Taif con al-Ḥīra en el Éufrates Medio y con los oasis de al-Yamāma en el centro-este de Arabia. 'Ukāz fue posiblemente una llanura desprovista de edificios hasta pasada la conquista islámica (8 H/ 630), en la que los árabes llegados de los más apartados lugares se albergaban en tiendas estacionales. Como asentamiento permanente, 'Ukāz fue eclipsada pronto, tras el saqueo del 127 H/ 745 (*EI* 2:883–84; 3:285–86; 10:789). Sus ruinas en superficie pueden (o al menos podían) encontrarse en uno de los márgenes de la carretera pavimentada Taif-Riyādh, consistiendo en un área de 150.000 m^2 en un eje este-oeste. Únicamente un polígono edificado de la época islámica temprana con algunos arcos y nichos, conservando parte de lienzos de muro hasta su arranque y rodeado de varios pozos abandonados, era observable, al menos hasta finales del milenio pasado (al-Muaikel, "Suq 'Ukaz," 1–3).

urbana, consolidando la hipótesis de que Meca no fue una metrópolis destacada antes del siglo V y de que la peregrinación a su santuario todavía no existía o tenía entonces unas dimensiones muy reducidas.

10

YEMEN MONOTEÍSTA. SIGLOS IV-V D.C.

DE LA "TITULARIDAD CORTA" A LA "MUY LARGA" DE LOS REYES DE HIMYAR

La adopción oficial del monoteísmo por los monarcas de Yemen en la segunda mitad del siglo IV d.C. surge poco después de la unificación del territorio bajo Himyar y hasta cierto punto pueden estudiarse como dos procesos paralelos. Con todo, puede establecerse una notable diferencia entre ambos procesos. El monoteísmo de Arabia del Sur, al menos en la forma en que ha quedado consignado en la epigrafía y en las fuentes islámicas, parece ser una consecuencia de la presencia de judíos y árabes judaizados en el ámbito de la corte himyarita y en este sentido responde en su origen a un elemento exterior, mientras que la unificación política se explica sobretodo a partir de un proceso autóctono de Arabia meridional.[1] En cuanto a la unificación política, esta se evidencia ya en la ampliación de la titularidad que portan los reyes del poder central en las inscripciones de finales del siglo III. Así, en los años 270–280, momento de la conquista final de Saba, el himyarita Yāsir Yuhan'im en corregencia con su hijo Shammar Yuhar'ish porta todavía la así llamada "titularidad corta," «mlk S^1b' w-ḏ-Ryd^n,» "rey de Saba y Dhū Raydān," pero en el 296–297 d.C., tras la victoria

1. Robin, "Judaïsme de Ḥimyar," 106 considera la aparición del monoteísmo yemenita una consecuencia clara del proceso político de unificación, pero su dependencia del judaísmo no permiten respaldar completamente esta postura.

sobre Hadramawt y su capital Shabwa, Shammar Yuhar‘ish adopta la “titularidad larga,” «mlk S^{1}b’ w-ḏ-Ryd^{n} w-Ḥḍrmwt w-Ymnt,» “rey de Saba y Dhū Raydān y Hadramawt y Yamnat.”[2]

La palabra «Yamnat» de la que en último término deriva “Yemen,” usualmente significa “sur” en sabeo, pudiendo asumirse que su inclusión en la “titularidad larga” de Shammar Yuhar‘ish se refiere a la adquisición de territorios qatabaníes al sur del desierto de Ramlat al-Sabatayn, a saber: Markha, Dura, ‘Abadān, y Jurdan.[3] También es probable que la anexión de todo Hadramawt no fuese inmediata y que se produjeran intentos posteriores en los territorios unificados, por lo demás sin éxito, de recuperar la independencia. Unos 100 años después de su consolidación en las tierras altas del Yemen, Himyar se extiende a la zona costera y se hace notar en los territorios al norte de Yemen. La titularidad “muy larga,” «mlk S^{1}b’ w-ḏ-Ryd^{n} w-Ḥḍrmwt w-Ymnt w-’‘rb-hmw Ṭwdm w-Thmt,» que Abīkarib As‘ad utiliza por primera vez en la mitad del siglo V d.C. (inscripción Ry 509), expresa de hecho y bajo este contexto que la unificación de Arabia del Sur ha sido completa, incluyendo a partir de ahora en la titularidad la región costera del Tihāma así como una pretensión de autoridad sobre Arabia Central que con probabilidad incluía territorios en el Hejaz sur—Taif y el área de Meca, pero que a juicio de quien escribe estas líneas nunca se ejerció directamente.[4]

El paso de la así llamada “titularidad corta” a la “larga” al terminar el siglo III y durante el siglo IV responde por tanto a la unificación del Yemen bajo Himyar, y el paso de la “titularidad larga” a la “muy larga” a mediados del siglo V, a la continuación del expansionismo yemenita en dirección norte y oriente, es decir, a expensas de Arabia Central. Otro hecho destacado del siglo IV es que el título de rey, «mlk,» no aparece ya en las inscripciones yemenitas unido a las grandes tribus de Tanūkh, Ghassān, Nizār, Azd, Qaḥṭān, Madhḥij, o Kīnda, que Himyar posiblemente ya no reconoce como poderes autónomos.[5] Pero en el ámbito religioso, el hecho más significativo de las transformaciones acaecidas en Arabia del Sur durante el siglo IV, pensando en el efecto propedeútico que este haya podido tener sobre la irrupción posterior del islam, consiste en el abandono por parte de la corte yemenita del politeísmo y su conversión a una forma de monoteísmo aparentemente más neutra que el judaísmo aunque en dependencia de

2. Robin, “Himyar au IVe Siècle,” 133–40.

3. Una vez más, la claridad del argumento proviene aquí de Robin, “À propos de Ymnt,” 131–35.

4. Robin, “Himyar au IVe Siècle,” 133.

5. Avner et al., “Tha‘laba,” 249.253; Robin, “Ghassān en Arabie,” 108–09. Madhḥij = Maḏḥiğ.

este. Los investigadores han desvelado abundantes indicios para explicar este importante fenómeno religioso de forma escalonada, siendo difícil no ver un camino en cierta escala anticipatorio del islam en esta forma de fe en el Dios único que adoptó Himyar. El primer estadio que conduce hacia la asimilación oficial del monoteísmo—intermedio entre el politeísmo que adoraba dioses nacionales identificados con fuerzas de la naturaleza o con ámbitos de la experiencia humana (la guerra, los matrimonios, la salud, etc.) y la fe en un solo Dios creador, herencia de la religión del pueblo de la Biblia, fue inmortalizado por la pluma de Filostorgio.

EL JUDAÍSMO SE INSTALA EN YEMEN: EL TESTIMONIO DE FILOSTORGIO

En la *Historia Eclesiástica* de Filostorgio, accesible hoy únicamente a través de extractos de Focio, se relata la embajada del obispo Teófilo el Indio a la corte de Himyar en Zafar.[6] Filostorgio afirma que un número no pequeño de judíos habitaba el país, y por lo que se deduce de una frase corrompida algo posterior del mismo extracto, quizás en el entorno mismo de la corte. Teófilo observó que los "homeritas" (himyaritas) adoraban al Sol, la Luna, y los dioses locales, y que practicaban la circuncisión, un hecho notable que Filostorgio se limita a citar pero que pudo generar simpatía hacia el judaísmo en los primeros momentos de su presencia en Arabia del Sur (paréntesis añadidos):

> "Porque Contancio, dice (Filostorgio), envío una embajada tiempo atrás a los sabeos, ahora llamados homeritas. Pues este pueblo son los descendientes de Abraham por Keturá. El país es la llamada Arabia Magna o Feliz por los griegos, y baja hacia lo más exterior del océano. Cuya metrópolis es Saba, y desde la cual la reina (de Saba) llegó a Salomón. Y el pueblo practica la circunsición en el octavo día, y sacrifican al Sol y la Luna y a (otras) divinidades del país. No poca multitud de judíos se encuentra mezclada entre ellos. Hacia estos pues, Constancio despachó una embajada con la meta de hacer que se convirtieran... solicitando también procurar iglesias para los romanos que llegaran allí (por mar) y construirlas para cualquiera de los autóctonos que se inclinara a la piedad (cristiana)... Entre los

6. Focio, *Biblio.* 40: "Leáse de Filostorgio el de la religión arriana, la así llamada Historia Eclesiástica..." La obra de Filostorgio cubría el periodo 315–425 en doce libros.

principales (hombres) de esta embajada estaba Teófilo el Indio."
(Filostorgio, *Frag.* 3,4)[7]

La historia de Teófilo el Indio está situada en tiempo de Constancio II, quien comenzó a gobernar en el 337 y fue depuesto por Juliano en el 361 d.C. De acuerdo a la cronología de Himyar que ha sido reconstruida con mucho esfuerzo académico, la embajada de Teófilo habría tenido lugar durante el reinado de Tha'rān Yuhan'im, considerado el último rey politeísta.[8] La presencia de judíos en Yemen durante el gobierno de Constancio II encuentra verosimilitud en una de las criptas menos famosas de Beth Shear'im en la Baja Galilea conocida con el nombre de *Tumba de los Himyaritas*. La cámara está compuesta por dos aleros con diversos grupos de tumbas en ambos lados. Sobre el arco de entrada al último lóculo de la izquierda, en el momento de su apertura era legible el genitivo «όμηριτῶν» (de los homeritas), pero que fatalmente se degradó a partir de entonces por efecto del aumento de humedad que trajo el acceso a la cripta. La inscripción, es muy genérica y breve. No contiene fórmulas ni nombres personales y las letras son irregulares en tamaño, pero deja identificar sin margen de error la procedencia de los dueños de la catacumba.[9]

El motivo por el que judíos himyaritas fueron enterrados ahí puede obedecer al prestigio que alcanzó el cementerio de Beth Shear'im antes de su abandono en el 352 d.C. Tumbas pertenecientes a individuos de Palmira, Siria, y Fenicia en Beth Shear'im avalan la presencia de enterramientos de judíos de la Diáspora pero sugieren conjuntamente otras opciones, siendo la más lógica la existencia de una pequeña comunidad judía de origen yemenita en Palestina o en regiones limítrofes lo suficientemente adinerada para procurarse un lugar de enterramiento ahí. El viaje de un cadáver, o de los huesos que lo formaron, desde Yemen a Palestina es de todos modos posible en función de los restos de un cofre de plomo encontrado en otro

7. ὅτι Κωνστάντιόν φησι διαπρεσβεύσασθαι πρὸς τοὺς πάλαι μὲν Σαβαίους, νῦν δὲ Ὁμηρίτας καλουμένους. ἔστι δὲ τὸ ἔθνος τῶν ἐκ Χεττούρας τῷ Ἀβραὰμ γενομένων. τὴν δὲ χώραν μεγάλην τε Ἀραβίαν καλείσθαι καὶ εὐδαίμονα πρὸς τῶν Ἑλλήνων. καθήκειν δὲ ἐπὶ τὸν ἐξωτάτω Ὠκεανόν. ἧς μητρόπολις ἡ Σαβά, ἐξ ἧς καὶ ἡ βασιλὶς ὡς τὸν Σολομῶντα παραγεγόνει. ἐμπερίτομον δὲ τὸ ἔθνος κατὰ τὴν ὀγδόην περιτεμνόμενον ἡμέραν. καὶ θύουσιν ἡλίῳ καὶ σελήνῃ καὶ δαίμοσιν ἐπιχωρίοις. οὐκ ὀλίγον δὲ πλῆθος καὶ Ἰουδαίων αὐτοῖς ἀναπέφυρται. πρὸς τούτους οὖν διαπρεσβεύεται Κωνστάντιος ἐπὶ τὴν εὐσέβιαν σκοπὸν ποιούμενος αὐτοὺς μεταθέσθαι... ἀξιοῖ δὲ καὶ παρασχεῖν ἐκκλησίας τοῖς ἐκεῖσε τῶν Ῥωμαίων ἀφικνουμένοις ἀνοικοδομήσασθαι καὶ εἴ τι ἄλλο τῶν αὐτοχθόνων ἐπὶ τὴν εὐσέβειαν ἀποκλίνοιεν... ταύτης τῆς πρεσβείας ἐν τοῖς πρώτοις ἦν καὶ θεόφιλος ὁ Ἰνδός.... Para el pasaje completo: Bleckmann-Stein, *Kirchengeschichte*, 212–14.

8. Robin, "Himyar et Israël," 896–97.

9. Robin, "Himyar et Israël," 836–39.

lóculo de la cripta.[10] Una pieza de colección, el *Epitafio de Yoseh*, proveniente posiblemente de Zoar en el extremo sur del Mar Muerto, confirmaría también el desplazamiento de judíos desde lejos. Datada en el último tercio del siglo V d.C. y escrita en arameo, la estela reporta el viaje desde Yemen del cadáver de Yoseh hijo de Awfã en el año 400 de la destrucción del templo de Jerusalén, posiblemente el 470 d.C. El nombre de su padre es árabe, Awfã, pero no sabeo, sugiriendo una enigmática conexión entre la etnia de Yoseh, su muerte en Himyar, y su desplazamiento final a la región del Mar Muerto.[11]

JUDÍOS EN ZAFAR: EVIDENCIA EPIGRÁFICA

En vistas a todos los testimonios anteriores y a las inscripciones del reinado de Malkīkarib Yuha'min y de su hijo Abīkarib As'ad en Himyar es acertado otorgar credibilidad al relato de Filostorgio y presuponer la existencia de una comunidad judía en Zafar en la primera mitad del siglo IV d.C. Un texto de Zafar de dicho periodo, de los años 380–420 (Bayt al-Aswal 1), y otro del mismo lugar pero del periodo posterior, del 470 d.C. (ZM 2000), muestran la secuencia «Dios- pueblo de Israel- nombre del rey de Himyar.»[12] Entre los dos abarcan aproximadamente siete décadas en las que dan a entender la existencia de una relación entre judíos de origen aristócrata y la monarquía.[13] El más tardío de ambos textos, ZM 2000, muestra dos nombres

10. En el hall de los homeritas, nombre helenístico por asimilación de los himyaritas, fueron descubiertas cuatro inscripciones, todas en griego, de las cuales los más destacables para nuestro estudio son la n. 109, «Εἷς Θεὸς β[οήθει]», y la n. 111, «ὁμηριτῶν», relacionando la confesión de fe monoteísta de inspiración judeocristiana (Único Dios ayúdanos) y el origen himyarita de las personas ahí enterradas (Schwabe y Lifshitz, *Beth She'arim*, 89–90).

11. Robin, "Himyar et Israël," 838–39.890–91, de quien tomo la traducción que sigue. Yoseh hijo de Awfã..."quien murió en la ciudad de Tafar (Ṭfr) en la tierra de los himyaritas, dejó por la tierra de Israel y fue enterrado en la parasceve del sábado, el 29 del mes de Tammuz, el año primero de la semana (de dos años), igual al año 400 (ת) de la destrucción del Templo. Paz (Shalom), paz sobre ti en tu morada subterránea."

12. Robin, "Himyar et Israël," 844–52.882–84.

13. La más antigua de ellas, Bayt al-Aswal 1, alternativamente llamada *Inscripción de Yahūda*, expresa su propósito en la primera de sus cinco líneas: «Yhwd' Ykf br' w-hwṭrn w-hs²qrn byt-hw Ykrb bn mwṭr-hw 'dy mrymⁿ» (Yahūda Yakkuf ha construido, puso los cimientos y terminó su palacio Yakrub, desde los cimientos al techo...; ver texto completo *infra*). El nombre Yahūda es típicamente judío (Judas), pero el sobrenombre Yakkuf aparece en uno de los apodos de un rey himyarita, Shuriḥbi'īl Yakkuf (465–472 d.C.) lo que hace pensar en un origen aristocrático a Robin, "Judaïsme de Ḥimyar," 106–07. Según una tradición, el abuelo de Shuriḥbi'īl había ocupado un alto rango militar (qawāid) durante el reinado de Abīkarib As'ad (384–433 d.C.). El dato permite por tanto considerar la hipótesis de la participación de judíos en los asuntos de guerra en tiempos de Yahūda (sobre Shuriḥbi'īl Yakkuf,

hebreos para el judío responsable de la inscripción y su hijo (Benjamín y Judas), un apodo himyarita en el caso del padre (Abīshammar), y un listado adjunto con seis casas nobiliarias yemenitas (Banu Ḥryn, Dhāriḥ, Kahnal, B'ln, Nḥsln, y Haywatum).[14] De modo similar, Bayt al-Aswal 1 presenta a un hombre judío, Yahūda (Judas) Yakkuf, construyendo un palacio en la capital de Himyar y agradeciendo la ayuda del rey Dhara''amar Ayman, hijo también de Malkīkarib Yuha'min y en ese tiempo corregente de Abīkarib As'ad.[15]

EL "JUDÍO" ABĪKARIB AS'AD: EL REY TUBBA' DE LA TRADICIÓN ISLÁMICA

Abīkarib As'ad, Abū Karib en su versión árabe, es para la tradición islámica el introductor del monoteísmo en Yemen.[16] La tradición identifica el monoteísmo de Abū Karib con el judaísmo y le responsabiliza de la conversión de su pueblo después de que el rey regresara acompañado de dos rabinos desde Yathrib.[17] La tradición se equivoca al considerar a Abū Karib y no a su abuelo Tha'rān el introductor del monoteísmo pero al mismo tiempo manifiesta sorprendente proximidad cronológica a los hechos. La extensa duración del reinado de Abū Karib contando la corregencia con su padre Malkīkarib bin Tha'rān, unos 50 años, le revelan como el artífice de la consolidación del monoteísmo en Yemen, confirmando el dato indirectamente la tradición islámica, que habría borrado por simplificación

Gajda, *Royaume de Ḥimyar*, 65–69).

14. ZM 2000, de once líneas, conmemora la construcción de una casa palacial. Traigo aquí únicamente las líneas 1–5: «[Bny](m)n 'bs^{2}mr w-ḥs^{2}kt-hw 'b'ly w-'lwd-hmy (Y)[hw] | [d](') (M)rṯd'l^n bnw Ḥry^n w-Ḏrḥ w-Khnl w-B'l^n w- | Nḥs^{ln} w-Hywt^m br'w w-hwṯrn w-hs^{2}qrn byt-hmw | Yrs^3 l-ḥyw w-ṣlḥ 'fs^1-hmw w-'lwd-hmw | w-s^{1}hm-hmw w-n'm-hmw» (Benjamín Abīshammar, su esposa Abī'alī y sus hijos Yahūda' Marthad'ilān, banu Ḥry^n, Dhāriḥ, Kahnal, B'l^n, Nḥs^{ln}, y Haywat^{um}, han construido, puesto los cimientos y acabado su casa Ysr^3 para la vida y la salud de ellos mismos, de sus hijos, y de sus parientes y de sus siervos). Para más detalle sobre ZM 2000 me remito de nuevo a Robin, "Himyar et Israël," 882–83.

15. El contexto inclina a considerar un origen himyarí para Yahūda Yakkuf, pese a que Robin, "Judaïsme de Ḥimyar," 177–78 ve en el sabor arameo de Bayt al-Aswal 1 un origen extranjero. Para los préstamos arameos de esta inscripción, ver más abajo.

16. Los nombres con los que la tradición y las inscripciones conocen al mismo rey son diversos: Abīkarib As'ad, As'ad Abū Karib, Tubba' As'ad bin Malkīkarib, As'ad Tubba' al-Kāmil, Tubba' bin Ḥassān, Abū Karib, etc. (Gajda, *Royaume de Ḥimyar*, 48–53).

17. Ibn Isḥāq 12.

los datos de sus antepasados y corregentes, pero que habría conservado un núcleo de la verdad en los estratos orales hasta su puesta por escrito por Ibn Isḥāq e Ibn Hishām en los siglos VIII y IX, ya durante la era islámica.[18]

Es digno de subrayar que la tradición haya conservado referencias al reinado de Abū Karib, 384–433 d.C., cuando el judaísmo sin duda se afianzó en Yemen 200 años antes de la irrupción del islam. La más relevante es la mención de una expedición de Abū Karib en Arabia interior tras la cual habría realizado un amago de conquistar Yathrib/ Medina. Situar a Abū Karib en una coordenada tan alejada al noroeste está casi fuera de probabilidad, pero la inscripción Mā'sal 1 (Ry 509) en Arabia Central alrededor del año 450 aporta evidencia de primer orden de que al menos una expedición de gran envergadura fuera de Yemen durante el reinado de Abū Karib tuvo lugar.[19] Respecto al resto de los detalles sobre la vida de este rey que ofrece la tradición, debe decirse que parecen haber sustituido a las referencias originales, puestos los ojos en lo que sucedió durante la vida de Mahoma: Yathrib, la ciudad donde transcurre el segundo periodo de revelación coránica en vida de Mahoma (622–632), se propone como el lugar desde donde el judaísmo se importa a Yemen; los grupos sociales del siglo VII, los árabes Ansar y los judíos de Banu Qurayza, son los mismos habitantes de Yathrib en tiempos de Abū Karib según la tradición; a este rey se atribuye la colocación de la tela (kiswa) que cubre el templo sagrado de Meca, después de haber sido inspirado por sueños; y a este santuario se describe como un templo originariamente abrahámico corrompido por cultos idolátricos pero sobre el que todavía vela sin cesar la protección divina.[20]

Algunas de estas atribuciones pueden tener respaldo histórico, como el origen del judaísmo del Yemen en el norte del Hejaz donde el corpus de inscripciones judaizantes es suficientemente significativo en la línea Ḥegra—al-'Ulā—wadi al-Qurā como para suponer, amparado en unas pocas referencias dentro de la literatura rabínica, la presencia de una comunidad judía o árabe judaizante de alguna envergadura en tiempos de Abū Karib.[21]

18. Para este pormenor y la cronología de los reyes himyaritas, Robin, "Himyar et Israël," 869–70.895–99. Ibn Isḥāq (m. 150 H/ 767) e Ibn Hishām (m. 218 H/ 833) van a ensalzar la tradición yemenita dándole un merecido espacio en la crónica temprana del islam. El primero por su vinculación con tribus medinesas de ascendencia yemení y como contrapeso a la propaganda omeya que acentuaba el mérito de la tribu mecana de Quraysh, y el segundo debido a su origen sureño (Guillaume, *Prophet Muhammad*, xiv–xix).

19. Para el análisis de Mā'sal 1 ver *infra*.

20. Ver Ibn Isḥāq 13–18, donde el recurso al vaticinium ex eventu es constante.

21. Nos limitamos aquí a citar de nuevo a Hoyland, *Jews of the Hijaz*, 93–105, que recoge la evidencia epigráfica comentada previamente sobre el judaísmo en el NO

El conjunto de detalles sugiere no obstante una recreación posterior, mientras que graves afirmaciones para las religiones bíblicas anteriores al islam como la atribución a Abraham de la fundación del santuario de Meca (C 2:125–127; 3:96–97) reclaman soporte arqueológico, teniendo a mano una tradición muy anterior en el tiempo que sitúa a Abraham mucho más al norte, como es la israelita, y siendo más lógico y defendible el origen de la tradición islámica sobre Abraham, una vez asumida la biografía del profeta Mahoma, a partir de una prolongada inculturación y adaptación de la israelita al contexto árabe que viceversa.

Es casi evidente, visto desde cualquier ángulo, que el judaísmo del noroeste de Arabia depende en su origen de la emigración de israelitas desde Palestina o Transjordania hacia el sur y de su progresiva arabización, proceso que a gran escala comenzó con las conquistas del asmoneo Hircano I y la conversión de Edom septentrional (Idumea) al judaísmo en el siglo II a.C., se afianzó durante la época de esplendor comercial de Nabatea (s. I a.C.–I d.C.), y continuó bajo la provincia romana de Arabia (s. II–III d.C.), todo bajo la matriz del idioma nabateo que guardaba amplios puntos de conexión con el judeoarameo y que favoreció la asimilación de determinados grupos sociales de ambas culturas, judía y árabe, dentro del mismo medio geográfico de confluencia económica y cultural. El judaísmo de Yathrib que encontrará Mahoma en el siglo VII debe su origen a la decantación tardía de este proceso que en último término deriva de las más antiguas rutas comerciales entre Arabia y el sur del Levante mediterráneo que fueron creadas en primer lugar por los propios árabes, pero que con el paso de los siglos también fueron aprovechadas por judíos en su desplazamiento hacia el sur. Así, los préstamos arameos incorporados al lenguaje himyarita en su periodo monoteísta (siglos IV al VI) lo relacionan inequívocamente con el judaísmo y localizan su procedencia en áreas de larga tradición judía fronterizas con el norte de Arabia.

TERMINOLOGÍA RELIGIOSA JUDÍA EN LA ESCRITURA HIMYARITA: BAYT AL-ASWAL 1/2–3

Hasta 20 términos himyaritas de índole religiosa proceden del judaísmo, de los cuales la Inscripción de Yahūda durante el reinado de Abū Karib

de Arabia acumulada hasta el año 2011, sumando 31 inscripciones en el mejor de los casos para un espacio que va desde el siglo I a.C. al V d.C. La literatura rabínica relacionada con este particular, también tratada en el mismo capítulo, es a juicio de Mazuz, *Arabia and its Jewery*, 151–59, Mishna, Giṭṭīn 1:1; TB Yevamōt 116a; Gen. Rabbah 79:7; y Num. Rabbah 13:2 (griego).

presenta una significativa concentración de cinco términos arameos en el cuerpo central, más dos términos hebreos en un texto acompañante grabado con letras más pequeñas.[22] Más allá de su importancia filológica, el texto de Yahūda es un admirable testimonio temprano de la llegada a Yemen de la fe personal en el único Dios, señor de vivos y muertos, creador del Cielo y de la Tierra:

> "Yahūda Yakkuf ha construido, puso los cimientos, y terminó su palacio Yakrub, desde los cimientos al techo, con la ayuda y la gracia de su Señor que ha creado su persona, el Señor de vivos y muertos, el Señor del Cielo y de la Tierra, que ha creado todo, con la oración de su pueblo Israel, con la ayuda de su señor Dhara''amar Ayman, rey de Saba, Dhū-Raydān, Hadramawt y Yamnat, y con la ayuda de (sus hijos) y de su familia, y a fin de que no haya nadie que intente una acción (?) contra él y el mknt del rey concerniente a la sinagoga Aḥlāk, ..[................]. Yahūda lo ha escrito; que sea bien recordado; amén; paz; amén." (Bayt al-Ashwal 1/2–3, trad. Robin)[23]

Los términos judeoarameos de la Inscripción de Yahūda incluyen el ya comentado «mkrb» (מכרב) designando posiblemente una "sinagoga," el verbo «br» (בר), que significa "crear," «shlt» (שלת), "oración," y «zkt» (זכת), "gracia." Los términos hebreos son «'mn» (אָמֵן), "amén," y «s^{1}lwm» (שָׁלוֹם), "shalom" (paz). La incripción es confesamente monoteísta. Tenemos «Mr' S^{1}my^{n} w-'rḍ^{n}» en el paso de la segunda a la tercera línea, "Señor del Cielo y de la Tierra," donde en la palabra *Cielo* (shamayin) encontramos claramente el plural mayestático de la tradición bíblica (S^{1}my^{n}/ shamayin = שָׁמַיִם/ shamayim).[24] El plural intensivo «shamayin» dentro de una fórmula

22. Robin, "À propos de la Prière," 56–59. La inscripción Bayt al-Ashwal 1/2–3 o Inscripción de Yahūda (Judas) en honor a su autor judío, menciona a Dhara''amar Ayman, hijo y corregente de Abū Karib, lo cual permite datarla en el 380–420 d.C. (Robin, "Himyar et Israël," 883–84).

23. Texto en himyarita (alfabeto sabeo): «Yhwd' Ykf br' w-hwṯrn w-hs^{2}qrn byt-hw Ykrb bn mwṯr-hw ʻdy mrym^{n} | b-rd' w-b-zkt Mr'-hw ḏ-br' nfs^{1}-hw Mr' ḥyn w-mwtn Mr' S^{1} | my^{n} w-'rḍ^{n} ḏ-br' kl^{m} w-b-ṣlt s^{2}ʻb-hw Ys^{3}r'l w-b-mqm mr'-hw Ḏ | r''mr 'ym'n mlk S^{1}b' w-ḏ-Ryd^{n} w-Ḥḍrmwt w-Ymnt w-b-mqm [bny-] | hw w-'rhṭ-hw w-k-ḏ-'l yknn l-s^{3}ʻn-hw w-mknt mlk^{n} l-mkrb^{n} 'ḥlk f[................].» Breve texto en caracteres hebreos: «ktb Yhwdh | zkrwr l-ṭwb | 'mn shlwm | 'mn.» Transliteración también tomada íntegramente de Robin, "Himyar et Israël," 883–84.

24. Algunas palabras bíblicas aparecen siempre en plural intensivo para acentuar la magnitud del singular, por lo que pueden y a veces deben entenderse en singular: אֱלֹהִים (dioses: Gen 1,1; 5,1; Job 1,1.5, etc.), תְּהֹמוֹת (abismos: Sal 78,15; Isa 63,13, etc.), שָׁמַיִם (cielos: Gen 1,8; Isa 1,2, Ezek 1,1, etc.). Ejemplo clásico es TM Génesis 1,1 (בְּרֵאשִׁית בָּרָא אֱלֹהִים אֵת הַשָּׁמַיִם וְאֵת הָאָרֶץ) con dos plurales mayestáticos, אֱלֹהִים y שָׁמַיִם, que LXX traduce correctamente en singular (Ἐν ἀρχῇ ἐποίησεν ὁ θεὸς τὸν οὐρανὸν καὶ

judaizante es de la mayor abundancia en las inscripciones creacionistas del Yemen preislámico, apareciendo en once de 20 inscripciones monoteístas para el periodo 380–560.[25]

«RAḤMĀN» Y «RAḤMANĀN» EN YEMEN: DIOS "EL COMPASIVO"

A partir del año 420, con una primera ocurrencia en la inscripción Ja 520 en Qaryat al-Qābil 10 km al noroeste de Sana, concurre otro vocablo sumanente importante al lenguaje himyarita para referirse al Dios creador, «Rḥmn» (רחמן), "Compasivo."[26] De los vocablos arameos que han pasado a la posteridad en la epigrafía de Himyar, los de mayor trascendencia para un estudio sobre las fuentes del islam son precisamente «Rḥmn,» «shlt,» y «zkt,» porque conservan su raíz monoteísta y adquieren posteriormente un sentido fundamentalmente coránico.

El «ṣalāt» (صلاة) u oración diaria en tiempos establecidos y el «zakāt» (زكاة), este último entendido como el deber de realizar limosna, fueron practicados asiduamente por Mahoma, convirtiéndose en normativos para la comunidad islámica en la ciudad de Medina (años 622–632).[27] Ambos, ṣalāt y zakāt, son citados conjuntamente en el Corán en multitud de ocasiones hasta el punto de constituir, después de la profesión de fe, los rasgos más característicos de la piedad musulmana.[28] El Corán reconoce su

---

τὴν γῆν/ En el principio creó Dios el *cielo* y la *tierra*).

25. Traigo aquí la utilísima tabla de Robin, "Judaïsme et Christianisme," 93 (comentario en Robin, "Kingdom of Himyar," 175–82): RES 3383 (Mr' S^{1}my^n; Zafar); Bayt al-Ashwal 1 (Mr' S^{1}my^n w-'rḍ^n; Zafar); Bayt al-Ashwal 2 (Mr' S^{1}my^n; Zafar); Ry 534 + Rayda 1 (Mr' S^{1}my^n w-'rḍ^n; Rayda); RES 5085 (B'l S^{1}my^n; wadi Raḥayla); CIH 540 (B'l S^{1}my^n; Marib); Dostal 1 (B'l S^{1}my^n; wadi al-Sirr); CIH 537 + RES 491 (B'l S^{1}my^n; ?); Garb NIS 4 (B'l S^{1}my^n; Zafar); Garb AY9d (B'l S^{1}my^n; Zafar); Ry 508 (S^{1}my^n w-'rḍ^n; Kawkab).

26. Ja 520, línea 5: l-ḏt ḫmr-hmw Rḥ[mn^n] (Jamme, *Inscriptions Sud-Arabes*, 117–18).

27. Nótese que en la progresiva arabización del término, el sonido /s/ contenido en la shin/ ש hebreo-aramea ha pasado a la «s^1» himyarita y después a la sad/ ص árabe.

28. La primera de las responsabilidades rituales del islam es la oración diaria, distribuida en cinco momentos con el fin de santificar la vida entera de un musulmán: «ṣalāt al-Fayr» (el-Alba), «ṣalāt Aḍḥ Ḍḥuhr» (Mediodía), «ṣalāt al-'Aṣr» (la-Tarde), «ṣalāt al-Magrib» (el-Ocaso) y «ṣalāt al-'Iṣḥa» (la-Noche). Durante la estancia de Mahoma en Medina la oración islámica se fue fijando alrededor de momentos concretos de la jornada, que el Corán nombra expresamente, aunque todavía sin utilizar la terminología posterior: C 2:238 (oración intermedia, posiblemente al-'Aṣr); 7:205 (oraciones de la mañana y la tarde, posiblemente Aḍḥ Ḍḥuhr y al-'Aṣr); 11:114

existencia en las comunidades judías (2:43; 2:83; 5:12; 19:55; 21:73; 98:5) y cristianas (19:31; 98:5) que antecedieron a Mahoma pero no existen detalles en número para discernir a partir de las referencias coránicas en qué medida se diferenciaban estas prácticas del modelo islámico de oración y limosna al que han sido asimiladas.[29]

El nombre divino «al-Raḥmān» (الرَّحْمَن), de la raíz semita «r-ḥ-m» (árabe ر/ ح/ م), responde a uno de los atributos de Dios más santos y masivos del Corán, donde ocurre 57 veces de manera independiente, y otras 113 seguido de «al-Raḥīm» (الرَّ حِيم) en la basmallāh introduciendo la recitación de cada capítulo excepto en la azora 9.[30] La historia filológica de al-Raḥmān arroja resultados muy satisfactorios para el presente estudio aunque el último traspaso léxico que finalizó con la inclusión de al-Raḥmān en el Corán en el siglo VII continúe envuelto en el misterio.

«Raḥmān» está atestiguado en las inscripciones paganas de Palmira del periodo clásico bajo la forma enfática «rḥmn'» (CIS 3974, 3981, 3988, 4001, 4002, 4007, 4027, RIP 119), pero el préstamo desde el dios Baalshamin al lenguaje himyarita parece poco probable porque el paganismo de Palmira fue eclipsado por el cristianismo a comienzos del siglo IV, unos 100 años por tanto antes de que el término se presentara en Yemen.[31] Más interesante

(oraciones durante el día y la noche, posible inclusión general de los cinco ṣalawāt rituales); 17:78 (oraciones pasado-el-mediodía, noche, y alba, posiblemente al-'Aṣr, al-'Iṣḥa, y al-Fayr, o bien las cinco ṣalawāt excepto Aḍḥ Ḍḥuhr). Las referencias coránicas conjuntas de la oración y el zakāt son muy abundantes: C 2:3.43.83.277; 4:77.162; 5:12.55; 7:156; 9:5.11.18.71; 21:73; 22:41.78; 23.4.9; 24:37.56; 27:3; 33:33; 58:13; 73:20; 98:5. Referencias del zakāt sin relación a la oración: C 7:156; 30:39; 41:7 y especialmente C 9:60, donde se especifican sus destinatarios: "el zakāt debe ser distribuido entre los pobres, los menesterosos, los que trabajaban en su recaudación y distribución, aquellos de los que se desea ganar sus corazones, la liberación de los prisioneros, los endeudados, la causa de Dios, y el viajero insolvente."

29. Como es frecuente en el tratamiento dado a otros profetas anteriores a Mahoma, el modelo islamizante ha suplantado la esencia histórica del ṣalāt y zakāt de judíos y cristianos. Compárese por ejemplo Gen 12, donde Dios jura por sí mismo a Abraham cumplir la alianza con el pueblo de Israel, con C 5:12 donde este presupuesto se condiciona al cumplimiento por parte de Israel del ṣalāt y zakāt. Véase también C 19:54–55 donde Ismael es un promotor del ṣalāt y zakāt entre su gente.

30. El atributo «raḥīm» (misericordioso) derivado de la misma raíz, ocurre 117 veces en el Corán, de las cuales al menos 22 corresponden al título divino "el Misericordioso" (الرَّحِيم). La basmallāh, la fórmula introductoria que exceptuando la azora 9 aparece al comienzo de cada capítulo coránico y además en C 27:30, consiste en una invocación del nombre divino en la que aparece tanto al-Raḥmān como al-Raḥīm: بِسْمِ الله الرَّحْمَنِ الرَّحِيمِ (En el nombre de Allāh, el Clemente, el Misericordioso). Para la devoción musulmana, la basmallāh debe preceder cualquier acto que quiera recibir la bendición divina, pero existe la discusión antigua de si debe o no computar como versículo, algo que suele ser declinado excepto en C 1:1.

31. Hoftijzer y Jongeling, *North-West Semitic*, 1071–72; Gajda, *Royaume de*

para nuestro caso, es la abundancia del término ya como nombre personal de Dios en el Talmud de Babilonia donde posiblemente hay que buscar su antecedente judeoarameo más próximo al himyarita, aunque esto no puede defenderse con total aplomo puesto que el término también es usado ocasionalmente en el Talmud de Jerusalén a finales del siglo IV y por el cristianismo palestinenense.[32] En cualquier caso, la concordancia de «Raḥmānā'» (רַחְמָנָא) en el Talmud Babli en el siglo V alcanza las 56 ocurrencias, no estando fuera de la realidad la posibilidad de que los judíos de habla aramea empujaran el uso del término del siglo IV al V, siglo este último en el que irrumpe su utilización en Himyar de acuerdo a Ja 520.[33]

De acuerdo a una tabla autorizada y actualizada en el año 2009 se han recuperado 58 inscripciones monoteístas del periodo himyarita del Yemen que van desde la primera mitad del siglo IV (Ḍayq Bura' al-A'lā 3) hasta el año 558 d.C. (Ja 546). De las 58 inscripciones, 43 contienen invocaciones de Raḥmānān. En el siglo V «Raḥmānān» aparece en 9 inscripciones del Yemen (Ja 520; Gar SY A-B; CIH 44 y CIH 45; Ry 520; CIH 537 + RES 4915; Gl 1194; MAFRAY- Abū Thawr 4; RES 4069), en otras 16 inscripciones del siglo VI (ver nota), y en 13 textos atribuibles a los siglos V y VI aunque no datables con precisión (ver nota).[34]

Si comparamos esta abundancia de registro con la mención de los otros tres nombres divinos del periodo monoteísta del Yemen, «Īl» ('l), «Ilhān» ('ln), e «Ilahān» ('lhn), sumando entre los tres únicamente quince ocurrencias, obtenemos una proporción aproximada de tres invocaciones de Raḥmānān por cada invocación de Dios derivada del antiguo término

---

Ḥimyar, 225.

32. Horovitz, *Jewish Proper Names*, 201–03.

33. Para el uso de רַחְמָנָא en el Talmud Babli me sirvo del minucioso estudio de Bacher, *Jüdischen Traditionsliteratur*, 207–08 al que remito para una concordancia completa: Ber. 11a; 35a; Pescach 12a; 23a; 59a; 90b; Sabb. 84b; 128a; 153b; Jebam 31b; Joma 72a; Chag. 10b; Menach 41a; etc. Aunque contienen elementos ciertamente posteriores, Rabina III y Bar Yose (460–500) pueden considerarse los editores del Talmud Babli tal y como lo conocemos. El Talmud de Jerusalén debió terminarse alrededor de un siglo antes del Babli en consonancia con los últimos Amoraim mencionados, Rab Papa, R. Mana, y R. Yose ban Abun (350–375); el final del patriarcado, y el exilio de la última academia galilea a Damasco hacia el 425 (Guggenheimer, *First Order*, 14–17).

34. Sigo aquí el orden cronológico para cada inscripción dentro de cada siglo. Ver la tabla completa en Gajda, *Royaume de Ḥimyar*, 227–31 para una referencia más detallada. Siglo VI: Fa 74; Gar NIS 4; Gar AY 9d; Robin-Viallard 1; Ja 2484; Ry 508; Ry 507; Ry 513; Ry 515; Ja 1028; Ist. 7608Bis; Wellcome A103664b; CIH 541; DAI-GDN 2002–20; Ry 506; Ja 546. Imprecisamente datadas pero atribuibles al siglo V o VI: CIH 543; Twitchell 3 = Ja 857; CIH 542; CIH 539; Gar NIS 3; ATM 425; RES 5064; Hamilton 11; RES 4699; Ry 403; RES 4109; Ja 857; 'Aydarūs 10–2.

semita común para la divinidad, «Él» (אֵל).[35] Los términos Īl e Ilhān están de hecho atestiguados en la epigrafía del periodo politeísta del Yemen, anterior al siglo IV, por lo que el conjunto de la evidencia sugiere sin ningún género de dudas que Raḥmānān es un término judeoarameo de importación cuya implantación en Himyar se produjo a lo largo del siglo V y se extendió a lo largo del siglo VI, incluyendo el reinado cristiano de Abraha, a quien pertenece el último registro epigráfico conocido de la antigua escritura sabea en el año 558 (Ja 546).[36]

Es justo traer aquí la observación de que Raḥmānān es una forma de Raḥmān a la que se ha añadido el artículo definido «-an,» creando una forma enfatizada equiparable al árabe coránico al-Raḥmān con la diferencia de que en al-Raḥmān el artículo es un prefijo y no un sufijo.[37] Un paso hermenéutico atrevido en función de la forma de llamar a Dios que parece haber sido predominante en el monoteísmo himyarita, sería considerar al islam como un desarrollo lineal a partir del mismo, un producto de la inculturación de la fe himyarita en Arabia Central occidental. Uno de los seguidores mecanos de Mahoma de la segunda hora de la revelación se llama en este sentido ʻAbd al-Raḥmān (Ibn Isḥāq 162.211). Esta prometedora hipótesis, en la que la invocación islámica de al-Raḥmān continúa la tradición monoteísta yemenita de Raḥmānān quedaría mayormente confirmada si en el periodo

35. La relación entre «Él» utilizado como nombre propio y «él» como sustantivo referido a un dios cualquiera no está clara, pero es posible que el nombre personal del dios cananeo Él corresponda al uso más antiguo. Basta traer aquí un poema de Él en tablillas, cabeza del panteón de Ugarit antes del 1200 a.C.: "[El trabajo] de plata de Asherá que espía, el trabajo de plata y [...] de oro. La Dama Asherá del Mar se regocija: "Mira tú, el Habilidoso, sí [presta atención], oh pescador de la Dama Asher[á del Mar]. En voz alta sobre su zagal [Ella] que [llora]. Coge una red en tu mano, una gran jábega sobre tus dos manos, arrójala adentro del Amado de Él [Yamm], adentro del Mar de Él Be[nigno,] [adentro de lo Profun]do de Él..." (Pritchard, *Ancient Near East I*, 99–100; II AB2, líneas 26–36). Gajda, *Royaume de Ḥimyar*, 227–31 trae una única inscripción monoteísta con el nombre divino «Īl,» Ry 534 en el año 433. Las inscripciones de «Ilhān» en sentido monoteísta son bastante más abundantes, sumando once en total: a) dos en el s. IV: Ḍayq Buraʻ al-Aʻlā 3; Ḍayq Buraʻ al-Aʻlā 2; b) cuatro en el s. V: MAFY-Bayt Ghurf 1; RES 5085; Dostal 1; ZM 2000; c) una en el s. VI: Ja 1028; d) cuatro sin fecha (aunque del periodo monoteísta): Ir 71; CIH 151+152; RES 4107; RES 4111. Por último, «Ilahān» se registra una vez en el año 455–456 con CIH 540, y dos veces bajo Yūsuf Asaʼr en el 523 con Ry 507 y Ry 508.

36. Robin, "Judaïsme de Ḥimyar," 192 trae varios ejemplos del uso politeísta de Īl en Yemen, de los que recojo tres. CIH 534: «ʼlh-hw ḏ-s^{1}mw^{4}y bʻl bqrm» (su dios dhu-Samāwī poseedor de Baqarum); CIH 560: «ʼl^{4}h-hw qynn bʻl^{5} ʼwtn» (su dios Qaynān poseedor de Awtan); «Sharʻabī al-Sawā 1: mḥrm ʼlhn [ḏ-s^{1}mw]y ʼlh ʼmrm» (el santuario del dios dhu-Samāwī dios de Amīrum).

37. La observación es válida también para Ilhān, Ilahān, formas enfatizadas de Il, significando "el-Dios."

temprano de la revelación islámica, años 612 al 615, al-Raḥmān encontrase un correlato coránico significativo. Sin embargo, Mahoma parece haber evitado este término aplicado a Dios durante dicho periodo, donde por el contrario abundan los términos «Allāh» y «Rabb» (Señor).[38] Estos son bastante más generales en su significado y aparecen en el periodo inicial del Corán con una frecuencia muy significativa de 67 menciones para Señor y 45 para Allāh en las 43 azoras que van desde la número 70 a la 114.[39]

EL MONOTEÍSMO ḤANĪF: POSIBILIDAD DEL MONOTEÍSMO PREISLÁMICO EN MECA

La existencia de un movimiento de índole monoteísta en Meca, minoritario y más tarde llamado «ḥanīfiyya»—en nuestro idioma "la religión hanif," es según el parecer de quien escribe estas líneas, casi segura. Pero la presencia de la ḥanīfiyya como algo diferenciable del judaísmo y cristianismo, solamente parece segura en Meca al comienzo del siglo VI por razones que serán expuestas con detenimiento en el próximo capítulo, dejando en el entredicho su dependencia del monoteísmo himyarita. Otro argumento que disuade al investigador de la presentación del islam como una prolongación inevitable del monoteísmo de Yemen, incluso asumiendo el paso intermedio

38. Un poema puesto en boca de Zayd bin ʻAmr, uno de los monoteístas de Meca precursores a Mahoma, se sirve del apelativo «al-Raḥmān» (Ibn Isḥāq 145), pero el propio poema y la sección a la que pertenece está muy caracterizada por el vaticinium ex eventu. Interviene, por ejemplo, un monje de Transjordania supuestamente bien instruido en el cristianismo con quien Zayd habría conversado y a quien el monje habría anunciado la venida del profeta Mahoma. Aunque el pasaje completo, Ibn Isḥāq 143–49, contiene rasgos que improbablemente habría inventado la tradición, como la historia de ʻUbaydullāh bin Jash (Ibn Isḥāq 144.783–84), el motivo islamizante está tan marcado que es difícil aseverar la historicidad del poema de Zayd (Ibn Isḥāq 143–49).

39. La revelación coránica puede dividirse en cuatro periodos, los tres primeros correspondientes a las azoras descendidas en Meca y el último a las reveladas en Medina: a) entre el año 612 de la primera revelación (C 96:1–5) y la emigración de musulmanes perseguidos a Abisinia en el 615; b) entre el año 615 y el regreso infructuoso de Mahoma de Taif en el 620; c) entre el 620 y el 622, año de la Hégira; d) entre el año 622 y el 632, cuando muere el profeta. Comparando las clasificaciones de G. Weil, T. Nöldeke, y R. Blachère referentes al primer periodo mecano ofrecidas por *EI* 5:416, y descartando las no coincidentes, se obtiene la siguiente lista de 43 capítulos del primer periodo (a): C 52, 53, 56, 69, 70, 73, 74, 75, 77, 78, 79, 80, 81, 82, 83, 84, 86, 87, 88, 89, 90, 91, 92, 93, 94, 95, 96, 97 ,99, 100, 101, 102, 103, 104, 105, 106, 107, 108, 109, 111, 112, 113, y 114. El estilo de estas revelaciones es reconocible por la abundancia de oráculos breves, la ausencia de legislación, el uso de los nombres divinos, y el aparente desconocimiento general de las historias bíblicas de los profetas anteriores a Mahoma.

de la religión hanif, es el hecho de que cuando descendieron las primeras revelaciones coránicas (C 96:1–3; 74:1–5; 93:1–11), ningún grupo de personas asociadas prestó adherencia en bloque a Mahoma, sino que fue apoyado por individuos concretos que crecieron en número hasta conformar la primera comunidad islámica. Entre ellos, que se sepa, se encontraban dos únicos monoteístas ḥunafāh. Uno de ellos murió al poco de conocer la primera revelación coránica—Waraqa bin Naufal; el otro islamizó y luego cristianizó—'Ubaydullāh bin Jash, y ninguno de ambos ejerció una influencia tan activa en la fundación de la nueva religión como los grandes compañeros del Profeta, Abū Bakr, 'Umar bin al-Khaṭṭab, 'Uthmān bin 'Affān, Zayd bin Ḥāritha, y 'Alī, aparentemente todos provenientes del politeísmo (Ibn Isḥāq 143–49.159–65).

Cirilo de Escitópolis (m. 558), es la fuente principal para el monasticismo palestinense del siglo V y VI.[40] En su descripción de la vida virtuosa de San Eutimio (m. 473), de quien afirma haber perseverado 68 años en el desierto, reporta al detalle la conversión de Aspebetos, un jerarca árabe a cuyo hijo Terebón curó Eutimio con su plegaria de una afección maligna y desesperante para la que Aspebetos no encontraba solución.[41] La conversión de Aspebetos fue seguida de la cristianización del mayor grupo de semi-nómadas de la parémbola de Palestina, sobre quienes Aspebetos mismo—después llamado Pedro, fue ordenado obispo por Juvenal, el patriarca de Jerusalén.[42] Lo destacable aquí de esta historia a la que remetimos al lector, es que Cirilo de Escitópolis hace un enfoque literario sobre la forma de religiosidad denominada "soledad" o "retiro" que Eutimio, San Sabas, Maris el tío de Aspebetos, y otros muchos monjes del desierto palestinense practicaron y que evoca directamente la religiosidad de Mahoma en el periodo anterior a las primeras revelaciones coránicas.

La «hesyquía» (ἡσυχία) palestinense consistía en el apartamiento de uno o muy pocos monjes de la comunidad a la que pertenecían a zonas del desierto realmente inaccesibles, para vivir en estado permanente de oración durante unos días, el tiempo que durasen los alimentos que llevaran con ellos, retornando luego a la comunidad tras haber realizado una experiencia de intenso acercamiento a Dios. Al comienzo de la obra monumental de Bukhāri, autorizado compilador sobre hadices de la vida de Mahoma y sus primeros seguidores, en la versión paralela y anterior de Ibn Isḥāq, y en el comentario filológico que Ibn Hishām hace sobre las palabras de Ibn

40. Price, *Cyril of Scythopolis*, x–xi.xxviii.

41. Desde los 29 años de edad a los 97 (Cirilo, *Euthy.* 60,14). Para el resto de información sobre Cirilo y Eutimio, siguiente nota.

42. Cirilo, *Euthy.* 18,10–21,15; 24,10–25,10.

Isḥāq que serán citadas, se reporta lo que a nuestro ver es una fuente de información independiente que cubre la hesyquía de la obra de Cirilo:

> "(Mahoma) solía ir en reclusión a la cueva de Ḥirā', donde solía continuamente adorar (a Dios únicamente) por muchas noches antes de regresar (o su deseo de ver) a su familia. Él solía llevar para su estancia la comida del viaje y luego regresar a (su mujer) Khadīja para coger asimismo su comida de nuevo hasta que repentinamente la Verdad descendió sobre él mientras estaba en la cueva de Ḥirā'." (Bukhāri, *Sahīh* 3, trad. Mushin Khan)

> "El Apóstol rezaba en reclusión en Ḥirā' cada año por un mes para practicar taḥannuth conforme era la costumbre en Quraysh en los días del paganismo." (Ibn Isḥāq, *Sīrat Rasūl Allāh* 152, trad. Guillaume)

> "Los árabes dicen taḥannuth y taḥannuf significando la religión hanifa, substituyendo *f* por *th*, justo como ellos dicen jadath y jadaf significando una lápida." (Ibn Hishām 147, trad. Guillaume)

Por lo que se deduce al leer la tradición completa, el hesicasmo practicado por Mahoma (taḥannuth) antes de que recibiera la misión profética, aparece desligado de una iglesia cristiana y vinculado por contra a uno de los ḥunafāh de nombre conocido del periodo preislámico: Waraqa bin Naufal. De Waraqa se dijo que conocía las Escrituras cristianas, dato que no parece fiable dada la importancia que tiene la figura de Moisés cuando este explica a Mahoma el significado de la experiencia impactante que este había tenido en el monte Ḥirā' después de su retiro. Por otro lado y por razones que aún no serán expuestas, la ḥanīfiyya no debe fijarse antes de la segunda mitad del siglo VI, pero no puede descartarse que prácticas judeocristianas como la hesyquía y nociones monoteístas acompañantes se desplazaran a Arabia interior ya desde el tiempo de Aspebetos (segunda mitad del siglo V), que estas fueran con posterioridad practicadas en el entorno de Meca, y que en un tercer momento el contenido de las mismas fuera en parte conservado sin modificación por la tradición y en parte reinterpretado desde el significado que adquirieron los elementos judeocristianos preexistentes en la religión islámica(ver asimismo C 2:187 y Bukhāri 2025–27.2042–44). En vistas al monasticismo palestinense, parece pues posible que la propagación de algunos de estos elementos desde los territorios periféricos al interior de Arabia se produjera en la segunda mitad del siglo V.

En el siglo V se sitúa por otro lado la misión cristiana en la region costera de Arabia oriental de acuerdo al *Synodicon Orientale* aunque muy posiblemente la principal influencia monoteísta sobre Meca preislámica no debe buscarse en Arabia del Este sino en el eje occidental.[43] Aparte de la evidencia que será discutida en lo referente al siglo VI, puede decirse ahora que para la tradición islámica temprana el cristianismo de Najrān, más al sur de Meca en el mismo eje comercial occidental, provino gracias a un asceta venido de Siria.[44] En realidad, la comparación de la *Crónica de Séert*, un escrito nestoriano conocido únicamente por una traducción árabe, con el Libro de los Himyaritas, decanta una introducción del cristianismo en Najrān desde al-Ḥīra (Iraq) por medio de un mercader llamado Ḥannān/Ḥayyān en tiempos del sasánida Yezdejerd, posiblemente Yezdejerd II (438–457). Pero con todo, en la tradición islámica construida a partir de la memoria ligada a las ciudades de Meca y Medina y reflejada en la introducción del cristianismo en Najrān a través del eje occidental, debe verse una intuición de la verdad.[45] De hecho, la confusión delata una mezcla de datos que pueden ser tenidos por históricos: el primer oasis con una comunidad cristiana en el interior de Arabia ampliamente reconocida fue Najrān (años 450–475), pero los tradicionalistas posteriores atribuyeron este cristianismo lo mismo que la introducción del judaísmo en Yemen bajo Abīkarib (algunas decenas de años antes) al eje sirio-palestino, que es el que va a estar más relacionado con la presencia judeocristiana en el Hejaz durante los siglos VI y VII, con la biografía de Mahoma, y con la génesis del Corán.

Conviene apuntar, que las prácticas y nociones monoteístas desplazadas a través del eje occidental (y otras rutas transarábigas en menor medida) se habrían propagado no sólo por verdaderos judíos y cristianos sino también por medio de grupos árabes desprovistos de clero o rabinos y por tanto poco afiliados a la ortodoxia de comunidades árabes cristianas y judías ya existentes, como fue posteriormente o a consecuencia de ello

43. Los concilios nestorianos mencionan a siete obispos pertenecientes al siglo V en al-Ḥīra, Bahréin, y Omán, y seis obispos más en el próximo siglo. Pongo en lista de norte a sur los datos extraídos de Chabot, *Synodes Nestoriens*, 665–85. Ḥīrta (al-Ḥīra): Oseas (410), Simeón (424), Elías (497), José (585), y Simeón (aprox. 585); Bahréin e islas cercanas: Pablo (410?), Baṭai (410), Elías (410), Isaac (576), Sergio (576), y Jacobo (585); Omán: Yoḥannan (424), David (544), y Samuel (576).

44. Ibn Isḥāq 20–22.

45. Ḥayyān es para *Frag. Lib. Hom.* 31a–32b el introductor del cristianismo najranita y el abuelo de Ḥabṣa, una noble cristiana que fue martirizada en el 523. Ḥayyān debe ser identificado con el mercader najranita Ḥannān, bautizado en al-Ḥīra según la Crónica de Séert (330–31 de la ed. de Sherr) por las dos razones expuestas por Robin, "Nagrān vers l'Époque du Massacre," 66–67: la letra nūn árabe en posición media (ـنـ) es confundible con la yā media (ـيـ), y tanto la versión cristiana nestoriana como la cristiana monofisita han conservado la atribuición del cristianismo de Najrān al mismo nombre, asumida la confusión anterior.

la ḥanīfiyya. Finalmente, la prueba determinante de que la tradición que acompaña a la figura de Waraqa durante los estadios iniciales de la vocación profética de Mahoma pudo muy bien no inventarlo todo, son los resúmenes de las vidas de algunos otros ḥunafāh preislámicos, presentando detalles que difícilmente crearía la tradición sin estar basados en la verdad, como se verá más adelante.[46]

TRADICIONES CORÁNICA, BÍBLICA, Y YEMENITA: EL ORIGEN CONFESIONAL DE MECA

Una influencia monoteísta de origen himyarita igualmente minoritaria que la ḥanīfiyya y quizás antecesora de la misma durante la fundación de Meca no es por otra parte, totalmente descartable. Es muy significativo el hecho de que Meca sea, con alguna posibilidad, una fundación yemenita de finales del siglo IV o primera mitad del V, pues la etapa abrahámica a la que el propio Corán y la tradición atribuyen la construcción del templo de Meca se conecta sin mayor intermediario histórico con emigrantes Jurhum (y Qatūrā') del Yemen, a los que la crítica actual, dado el alcance limitado de las fuentes escritas y mientras no existan estudios nacidos de la arqueología que lo desmienta, ha de estimar como los primeros habitantes conocidos de Meca.[47] La necesidad de ofrecer al lector únicamente los datos pertienentes

46. Para las primeras revelaciones que padeció Mahoma, cuando tenía unos 40 años de edad, y la mediación de Waraqa: Bukhāri 3–4, y el paralelo Ibn Isḥāq 153. Doy aquí un resumen de lo que no se ha dicho arriba. Al recibir la primera revelación, el ángel Gabriel le obligó a recitar C 96:1–3 (o C 96:1–5). Mahoma regresó entonces asustado a su domicilio en Meca. Tras escucharle su esposa Khadīja, le puso en contacto con un primo suyo, Waraqa bin Naufal. Según la misma tradición, Waraqa se había convertido al cristianismo y había redactado el evangelio (injīl) "en letras hebreas hasta donde Allāh quiso." Waraqa explicó a Mahoma (Ibn Isḥāq 153: "a Khadīja") el sentido del episodio que había sufrido en la cueva y predijo la persecución que Mahoma padecería a manos de su pueblo. Después de este encuentro, Waraqa murió al poco y la revelación también remitió, hasta que pasado un tiempo descendió C 74:1–5 (Ibn Isḥāq 156–57: C 93)... La valoración de la vocación de Mahoma, en la medida en que está recogida por esta tradición, presenta algunos desafíos para el credo islámico. Aunque el miedo y la incertidumbre que experimenta Mahoma son signos de autenticidad, y Waraqa es presentado como un monoteísta ḥanīf por Ibn Isḥāq 143, es difícil considerar a Waraqa un verdadero cristiano pues su mensaje tiene en Moisés la figura principal (Ibn Isḥāq 154), carece de cualquier cristología, y el evangelio es presentado como un texto redactado en hebreo al estilo coránico, es decir, producido por inspiración individual y desvinculado de la pertenencia a una iglesia concreta.

47. Este argumento se ha desarrollado más brevemente en el capítulo anterior. Ver

al objeto de discusión obligan una vez más a dar una versión explícita pero reducida de la tradición:

> "De acuerdo a lo reportado, Ismā'īl vivió 130 años. Cuando él murió fue enterrado dentro de los sagrados precintos (ḥijr) de la Ka'ba al lado de su madre Hagar... cuando Ismā'īl el hijo de Ibrāhīm murió, su hijo Nābit estuvo a cargo del templo mientras Dios quiso, luego este estuvo a cargo de Muḍāḍ bin 'Amr al-Jurhumī. Ellos habían salido desde el Yemen y viajado juntos y Muḍāḍ mandaba sobre Jurhum y Samayda', uno de sus hombres, sobre Qatūrā'... Después Jurhum y Qatūrā' se pelearon y lucharon por la supremacía de Meca... La disputa entre Muḍāḍ y Samayda' fue el primer error abierto cometido en Meca, al menos según algunos alegan. Luego Dios multiplicó la descendencia de Ismā'īl en Meca y sus tíos de Jurhum fueron los gobernantes del templo y jueces de Meca." (Ibn Isḥāq, *Sīrat Rasūl Allāh* 4–5.71–72, trad. Guillaume)

Para esta tradición, «Muḍāḍ bin 'Amr al-Jurhumī,» "Muḍāḍ hijo de 'Amr el de Jurhum," es el suegro de Ismael, es decir, el padre de Ra'la bint Muḍāḍ, de quien Ismael había engendrado sus doce hijos. El dato de Muḍāḍ y su hija Ra'la ha sido añadido aquí (ver Ibn Isḥāq 3) desde la tradición yemenita a la información proveniente de Gen 25,13–15 sobre la descedencia de Ismael, como ya se mostró poco antes de concluir nuestro capítulo previo.[48] Esta parte de la tradición islámica, cuya función es servir de nexo entre la etapa fundacional de Meca atribuida a Abraham e Ismael por el Corán (2:125–127) e incuestionable en su carácter histórico por los tradicionalistas islámicos, y el dato conocido de la presencia de inmigrantes de Jurhum y Qatūrā' en Meca, muestra un desplazamiento de la cronología bíblica de más de 2.000 años con el intermediario de Nābit (el Nebāyot de Gen 25,13), y una dislocación de 1.200 km, la que existe entre el desierto de Bersheba en el Bajo Israel donde Gen 21,8–20 sitúa la expulsión de Hagar e Ismael, y el valle de Meca en Arabia Central occidental.[49]

Puede contra-argumentarse que, pese a que el anacronismo entre la tradición islámica y la bíblica en este punto de la comparativa parece evidente, cabe la posibilidad de que Nābit—entendido este como un epónimo de los árabes del noroeste (quizás antepasados de los nabateos),

---

Ibn Isḥāq 3.51.71–72.

48. La misma historia se encuentra en Azraqī 1,81–82.

49. Gen 21,8–20 tiene un duplicado en Gen 16,1–16, con información complementaria. Gen 21,21: "(Ismael) vivió en el páramo de Farán, y su madre tomó una esposa para él de la tierra de Egipto."

habitara ciertamente Meca durante más de dos milenios desde el tiempo de Abraham e Ismael hasta la inmigración de Jurhum. Puede señalarse por tanto, que el recurso al silencio documental en cuestiones del pasado no es una prueba determinante ya que el silencio permite, organizando la información de otra manera, la lectura contraria. Pero un poco más adelante la misma tradición establece el tiempo que duró la permanencia de Jurhum en Meca en tres generaciones desde que Ismael estaba vivo, esto es, en menos de 100 años. Pues la custodia del templo pasó de Muḍāḍ bin ʿAmr (suegro de Ismael), a su hijo al-Ḥārith, y de este a su hijo ʿAmr (nieto de Muḍāḍ), quien fue expulsado por Banu Khuzāʿa, tribu que entregó la Kaba a otro tal ʿAmr bin al-Ḥārith al-Ghubshānī (Ibn Isḥāq 73–75), a quien el escrutinio genealógico coloca a mediados del siglo IV.[50] En resumen: la tradición presenta aquí un anacronismo difícil de salvar, pero ofrece de modo concurrente una joya exegética: los datos se hacen precisos a partir de la llegada de Jurhum a Meca, lo que permite, como ya se ha explicado antes, establecer el origen conocido de la ciudad de Meca.

PRECISIÓN CRONOLÓGICA SOBRE EL ORIGEN DE MECA

La tradición prosigue: "Así que Khuzāʿa poseyó el templo, pasando este de hijo a hijo hasta el último de ellos, Ḥulayl bin Ḥabashīya bin Salūl bin Kaʿb bin ʿAmr al-Khuzāʿaī" (Ibn Isḥāq 75). «ʿAmr al-Khuzāʿaī,» "el de Khuzāʿa," es con toda probabilidad ʿAmr bin al-Ḥārith al-Ghubshānī, lo que permite decantar el tiempo que Khuzāʿa controló la Kaba después de Jurhum en cinco generaciones. A partir de Ḥulayl bin Ḥabashīya el gobierno de Meca va a pasar a Banu Quraysh, un clan de Kināna, del que procederá Mahoma en la quinta generación contando desde Quṣayy bin Kilāb, nuero de Ḥulayl bin Ḥabashīya, con cuya hija Ḥubbā se había casado Quṣayy (Ibn Isḥāq 75). La fecha del nacimiento de Mahoma es conocida por la tradición: el año 570, año de la expedición del abisino Abraha en el trono de Himyar contra Meca (Ibn Isḥāq 102), fecha que ha sido ajustada con dieciocho años de margen por la inscripción Ry 506 en Arabia Central occidental.[51] El

50. Jurhum fue expulsado por el clan Ghubshān de Banu Khuzāʿa y el clan aliado de Bakr bin ʿAbdu Manāt de Banu Kināna. El usurpador es llamado «ʿAmr bin al-Ḥārith al-Ghubshānī», es decir, "el de Ghubshān," clan de Khuzāʿa, para diferenciarlo así de «ʿAmr bin al-Ḥārith bin Muḍāḍ», de Jurhum.

51. Para la así llamada *Expedición del Elefante*, Ibn Isḥāq 29–38. Gajda, *Royaume de Ḥimyar*, 137–44 discute Ry 506, hallada en Bir Murayghān 230 km al N-NO de Najrān, y su posible identificación con la Expedición del Elefante, lo que separaría el nacimiento de Mahoma de este evento por unos 18 años. Ry 506 menciona una

nasab de Mahoma es: «Muḥammad bin ʻAbdullah bin ʽAbdul-Muṭṭalib bin Hāshim bin ʽAbdu Manāf bin Quṣayy bin Kilāb» (Ibn Isḥāq 3).

Retrocediendo cuatro generaciones desde el año 570, obtenemos el comienzo del dominio de Quraysh sobre Meca alrededor del año 470.[52] Retrocediendo otras cinco generaciones, el de Khuzāʻa hacia el 350, y por último, descontando tres generaciones más, la llegada de los emigrantes yemenitas Jurhum al valle de Meca al final del siglo III o comienzo del siglo IV. Cristalizando esta hipótesis cronológica, dos hemistiquios del poeta preislámico Zuhayr bin Abū Sulmā de sabor coránico unen el templo (de Meca) al nombre de Quraysh y Jurhum, sin decir nada de Ismael: "entonces juro por el templo (o casa) alrededor, del cual caminan hombres (o beduinos) de Quraysh y Jurhum" (Muallaqat 3,16).[53] El verso es reminiscente de los oráculos del primer periodo de la revelación islámica, especialmente de C 75:1–2 y C 90:1 que comienzan con una fórmula muy similar de juramento utilizando formas de la raíz «q-s-m» (ق/ س/ م).[54] Zuhayr es él mismo un

campaña de Abraha contra Maʻadd^{um} en dos frentes: Turabān, actual Turaba, 300 km al E-NE de Meca (130 km al E de Taif); y Ḥulubān, mucho más al NE, en el desierto central del Najd. Conrad, "Abraha and Muḥammad," 227–28, identificando Ry 506 con la Expedición del Elefante, la considera no posterior al año 555, y explica su conexión con Muḥammad por la costumbre antigua de datar los eventos con relación a un gran hecho del pasado reciente. Ver también el extenso comentario en el siguiente capítulo.

52. Si se toma como punto de partida el nacimiento de Mahoma, deben descontarse cuatro generaciones y no cinco hasta Quṣayy. La duración de una generación no debe extenderse más allá de 25 años naturales: ʽAbdul-Muṭṭalib bin Hāshim, es visto por la tradición en la plenitud de sus fuerzas cuando Meca organizó su defensa frente a Abraha, es decir, el año en que nació su nieto Muḥammad (Ibn Isḥāq 33–34).

53. فأَ قسَهتُ بِالبَيتِ الَّذِي طَافَ حَولَرُ ۔ رِجَالٌ بَذَوَةٌ مِن قُرَيشٍ وَ جُرهُمِ. En la tercera oda de las Muallaqat, Zuhayr alaba la iniciativa de dos jefes del clan Murra que habían traído la paz entre las tribus de Banu Zubyān y Banu 'Abs gracias al pago de la indemnización económica por pena de sangre (Johnson, *Seven Poems*, 67–89; *EI* 11:556–58).

54. C 75:1–2: "Juro por el Día de la Resurrección, y juro por el alma que se reprocha a sí misma"; C 90:1: "Juro por esta Ciudad (Meca)..." Prescindiendo del verbo q-s-m, el oráculo de juramento fue una de las fórmulas más frecuentes utilizadas por Mahoma para el anuncio profético en el primer periodo de la revelación (años 612–615): 77:1 (Por los vientos enviados...); 79:1 (Por los ángeles...); 79:2 (Por los que amablemente toman las almas de los bendecidos); 79:3 (Y por aquellos que...); 85:1 (Por el cielo...); 85:2 (Por el día prometido...); 85:3 (Por uno que testifica...); 86:1 (Por el cielo y la noche visitante...); 86:11 (Por el firmamento...); 86:12 (Y por la tierra...); 89:1 (Por el amanecer...); 89:2 (Por las diez noches...); 89:3 (Por lo par y lo impar...); 91:1 (Por el sol y su esplendor...); 91:2 (Por la luna...); 91:3 (Por el día...); 91:4 (Por la noche...); 91:5 (Por el firmamento...); 91:6 (Por la tierra...); 91:7 (Por el alma...); 92:1 (Por la noche...); 92:2 (Por el día...); 92:3 (Por la creación de macho y hembra...); 93:1 (Por el glorioso lucero matutino...); 93:2 (Y por la noche...);

beduino de la tribu Ghaṭafān con presencia en el Hejaz norte que escribe en el último tercio del siglo VI, periodo en el nacerá Mahoma.[55] Sin ser determinante por sí, porque se trata de nuevo de un caso de omisión de información, la ausencia de referencia a Ismael y Abraham en este verso es un elemento más que sumado al resto sugiere el desconocimiento en el entorno de Zuhayr de las raíces abrahámicas posteriormente asignadas por el Corán a Meca y que por contra consolida la hipótesis de que, prescindiendo de datos arqueológicos aún no disponibles y en función casi únicamente de la crítica textual, sus primeros habitantes fueron inmigrantes yemenitas.

A la deducción previa puede añadirse que Meca durante su dominio por Jurhum no muestra indicios de haber mantenido dependencia directa (quizás sí indirecta) con los monarcas de Himyar durante la época de implantación del monoteísmo en Yemen, entre Malkīkarib bin Tha'rān y su hijo Abīkarib As'ad (Abū Karib), ya durante la primera mitad del siglo V. Entonces, los ojos de Himyar sobre los territorios al norte del Yemen, así como la política exterior del Imperio Bizantino en Arabia, concentran su mirada no en el Hejaz sur, sino en otro territorio más al este, en Ma'add, cuyo gobierno después de una gran movilización de fuerzas aliadas va a ser entregado por Himyar a otra tribu de origen sureño (hadramita) no emparentada con Jurhum ni con Quraysh, a Banu Kinda.

MĀ'SAL 1 (RYCKMANS 509): HIMYAR IMPONE SU AUTORIDAD EN ARABIA CENTRAL

La inscripción Mā'sal 1 (Ry 509), encontrada en Mā'sal al-Jumḥ, unos 240 km al oeste de Riyādh y 600 al este de Meca, fue descubierta en 1948 y copiada en 1950. Está grabada en la roca a 2 o 3 m de altura, en uno de los laterales del wadi Mā'sal. La inscripción supone una expedición militar atribuida a Abū Karib y fue grabada entre 440 y 450 d.C. aprovechando un alto durante el regreso. Atendiendo a las líneas 5–10, el alto después de la expedición correspondió al establecimiento de un contingente de colonos en el país de Ma'add en Arabia Central, incluyendo fuerzas militares y civiles de origen yemenita y de tribus alidas de Himyar. En el encabezamiento se nombra a los líderes supremos de la expedición, Abīkarib As'ad y su hijo Ḥassān Yuha'min, seguidos de la así llamada "titularidad muy larga" de los

95:1 (Por la higuera y el olivo...); 95:2 (Y por el monte Sinaí...); 95:3 (Y por esta Ciudad Segura...); 100:1 (Por los corceles...); 103:1 (Por el tiempo...). En las Muallaqat, los versos introducidos por juramento son: 1,86; 2,101; 3,16; 3,42; 6,1.

55. *EI* 2:1023.

reyes de Himyar que aparece por primera vez en esta inscripción (líneas 1–2).[56]

Las conquistas anteriores de los reyes "de Saba y Dhū Raydān y Hadramawt y Yamnat" se amplían en Mā'sal 1 a los pueblos sometidos esta vez fuera de Yemen: "árabes Tawdum y Tihamat" ('ʿrb Ṭwd w-Thmt). La expresión *arab Tawdum* en la línea 2 puede traducirse por "árabes del País Elevado" y designa a las tribus de la Meseta Central de Arabia, incluyendo principalmente a Maʿadd^{um} mencionado en la línea 6 (Mʿd^{m}), en cuyo territorio tuvo lugar la expedición. «Tihāma» es el nombre que la tradición ha reservado para el territorio costero situado entre el Mar Rojo y el Sarat, nombre retenido por la geografía actual.[57] La "titularidad muy larga" corresponde, en síntesis, a la extensión de la autoridad de Himyar hacia el norte durante el último periodo del largo reinado de Abū Karib, hacia la llanura costera (limítrofe con Yemen) y la Meseta Central de la península árabe, esta última habitada por Maʿadd.

El territorio histórico de Maʿadd se extendía, bajo límites difusos, a lo largo de una gran franja al sur y este del desierto del Najd, en Arabia interior, alcanzando la región intermedia del Yamāma (actuales Riyādh y Kharj) y menos probablemente los oasis en la cercanía del Golfo Pérsico (actuales al-Ḥasā y Hofūd). La imposibilidad de fijar con exactitud este extenso dominio debe buscarse en el carácter trashumante de los árabes maaditas, mayoritariamente grupos beduinos de la estepa central de Arabia. Los maaditas o maadenos habrían sido llamados "árabes del País Elevado" por su localización geográfica y forma de vida dedicada al pastoreo de camellos, al cobro de peaje de las caravanas que cruzaran su territorio, y al asalto sorpresa de oasis habitados y de flotas comerciales cuando no cedían a sus exigencias. Que esta argumentación maestramente hilada por un experto contemporáneo, M. Zwettler, se enraíza en el suelo de la realidad se demuestra porque las inscripciones que tan pronto como la de Namāra en el año 328 nombran a Maʿadd (ʿAbadān 1; Ry 509; Ry 506) nunca lo designan con los términos propios de los pueblos sedentarios (s^2ʿb), ni siquiera como tribu (s^2rt), y tampoco se dice de Maʿadd haber tenido príncipes ('qwl) o señores ('mr'/ 'bʿl).[58]

56. Robin, "Rois de Kinda," 94 sitúa Ry 509 necesariamente antes del 456, fecha de otra incripción, CIH 540, en la que Shuraḥbi'īl Yaʿfur, hijo de Abīkarib Asʿad, aparece reinando solo.

57. Ry 509, líneas 1–2: «'bkrb' s^1 ʿdw-bnw-hw Ḥs^3n mlky S^1b' w-ḏ-Ryd^n w-Ḥḍrmwt w-Ymnt w-'ʿrb-Ṭwdm w-Thmt...,» "Abīkarib Asʿad y su hijo Ḥassān Yuha'min reyes de Saba y Dhū Raydān y de Hadramawt y de Yamnat y de los árabes de Tawdum y Tihamat..." Véase discusión en Robin, "Royaume Hujride," 675–85.

58. Zwettler, "Maʿadd" 223–57, a quien le estoy sumamente agradecido por

HIMYAR Y LAS TRIBUS DE MA'ADD Y KĪNDA

Para los estudios islámicos, es ilustrativo considerar la evolución del terrritorio de Arabia Central a través de las relaciones de Ma'add con Kīnda e Himyar. En un inicio remoto, a comienzos del siglo III d.C. los árabes de Ma'add habrían estado aliados con Kīnda, tribu de origen yemenita (muy) al suroeste de Ma'add, siendo la capital de Kīnda en ese momento Qaryat al-Faw, 300 km al noreste de Najrān y representando al-Faw el extremo norte de Kīnda (inscripción Ja 635).[59] Al sur de su propio territorio, Kīnda limitaba con otro aliado natural, Hadramawt, y de hecho Kīnda se cuenta entre los aliados de Hadramawt en la inscripción 'Abadān 1 del año 360 d.C., cuando Hadramawt ya forma parte de Himyar. Pero esta nueva circunstancia, la anexión de Hadramawt y de Saba mismo por Himyar es con toda probabilidad la responsable de que Kīnda ya no se cuente entre los aliados de Ma'add a partir de la segunda mitad del siglo IV.

Como ya se indicó en el capítulo precente a propósito de Ghassān, en la batalla de Siyyan en los pozos de Sigah registrada por 'Abadān 1, auxiliares de Kīnda, Murad, y Madhḥij al servicio de Himyar, combatieron a la tribu 'Abd al-Qays, un posible aliado de Ma'add, objetivo principal de la expedición.[60] Ochenta años más tarde (440–450), en la inscripción Mā'sal

haber contrastado y ordenado buena parte de la información que he incluido en este párrafo, decantando entre otras cosas el carácter trashumante de Ma'add. No obstante, hay que añadir que si bien Ma'add fue al principio un nombre genérico e impreciso, pasó pronto a designar al antepasado común de los nómadas de Arabia Central, a no ser que haya que admitir la interpolación posterior de las Muallaqat preislámicas, donde Ma'add aparece dos veces como epónimo (3,22; 5,98) y una como nombre de tribu (5,44).

59. Ja 635, líneas 25–28 (hacia el año 220): "...y hasta la ciudad de Qaryatum dhāt Kahlum dos campañas contra Rabī'at del linaje de Thawrum, rey de Kiddat y de Qaḥṭān y contra los ciudadanos de la ciudad de Qaryatum" (...w-'dy hgrn Qrytm ḏt khl | m ṯty ḍb'tn b-'ly Rb't ḏ-'l | Ṯwrm mlk Kdt w-Qḥṭn w-b-'ly | 'b'l hgrn Qrytm). La traducción y la referencia está tomada de Robin, "Rois de Kinda," 62–67, quien comenta también DAI-Bar'ān 2000–1, inscripción perteneciente al mismo reinado de Shar'um Awtar (años 210–230) en la que este rey de Saba afirma haber capturado y llevado preso al rey de Kiddat (Kīnda), Mu'āwiyat del linaje de Thawrum, a la ciudad de Sana. Un facsímil sobre la aparente inscripción funeraria de este rey de al-Faw puede accederse en al-Ansary, *Qaryat al-Fau*, 144.

60. Para 'Abadān 1, Robin, "Ghassān en Arabie," 112–13; Robin, "Rois de Kinda," 90–93. Posiblemente la enemistad de Kīnda con su vecino del norte Ma'add se deba a la conquista de Hadramawt por Himyar, más que a los ataques de Saba sobre Qaryat al-Faw en el último periodo de la monarquía sabea en el que Kīnda pudo ser obligado a posicionarse en contra de Ma'add, tal y como induce el brillante análisis de Robin, "Royaume Hujride," 665–66. Previamente a la anexión de Saba por Himyar a finales del siglo III, Kīnda habría sido aliada de Ma'add y Hadramawt, es decir, de sus vecinos del norte y del sur, pero un siglo más tarde se habría enemistado con su

1 (Ry 509), Abū Karib o al menos su hijo Ḥassān (actuando en su nombre) se encuentra en el país de Ma'add (línea 6) con ocasión del establecimiento de contingentes de Hadramawt y sabeos de Marib (línea 7), acompañado de su ejército (línea 8), y de árabes de Kīnda, Sa'd, y 'Ulah (líneas 9–10) en lo que parece el intento de fundar una colonia pro-himyarita en Arabia Central. Este gran desplazamiento hasta Arabia Central atestiguado por Mā'sal 1 parece el intento de someter a Ma'add, que pudiera de lo contrario obstaculizar el expansionismo de Himyar en Arabia Central.[61]

En Mā'sal 2 (Ry 510), grabada en el mismo lugar que Mā'sal 1 pero en el año 521 d.C., Ma'add no es mencionada pero Kīnda vuelve a aparecer convocada por el rey de Himyar, esta vez el cristiano Madīkarib Yafur, contra un territorio posiblemente del norte aunque vagamente identificado.[62] Con relación a Kīnda lo más relevante de esta serie de incripciones, especialmente Mā'sal 1 y Mā'sal 2, es que presencian la intervención de Kīnda en grandes campañas de Himyar en Arabia Central. Himyar no pudo por supuesto, sin estar asociada a un sentimiento radical de identidad panarabista que únicamente va a surgir con la llegada del islam, sostener un gobierno directo y continuo en Arabia Central, pero sí fue suficientemente poderosa para establecer un protectorado sobre Ma'add en manos de Kīnda que velara sobre sus intereses. Mā'sal 1 y Mā'sal 2 no afirman esto por sí mismas, pero son perfectamente coherentes con las fuentes islámicas, bizantinas, y persas en las que los príncipes de Kīnda y los maaditas aparecen múltiples veces

---

vecino del norte en beneficio de los intereses de Himyar en Arabia Central.

61. Robin y Gajda, "Wādī 'Abadān," 119. 'Abadān 1 pone en lista doce expediciones de diferentes épocas bajo la bandera de Himyar en las que participaron los qayls de Banu Yaz'ān de Hadramawt. En la octava se menciona a Khargān, que puede identificarse con seguridad con al-Kharj, oasis del Najd 80 km al sureste de Riyādh, donde Khawliyum, hijo de Tha'rān y hermano de Ma'dikārib (Malkīkarib) ataca a un clan de Ma'add. La decimosegunda batalla va también dirigida contra Ma'add, registrando un gran choque en los pozos de Sigah contra 'Abd al-Qays, combatiendo esta vez el ejército himyarita contra las facciones menores de Shann, Nukrat, y Sabirat. Como ya se ha indicado en el capítulo precedente, la inscripción 'Abadān 1 tiene una importancia añadida porque permite delimitar el territorio de Ghassān, que hacía frontera con Ma'add y Nizār en los pozos de Sigah (Robin y Gajda, "Wādī 'Abadān," 113–29).

62. «'rq Kt',» topónimo traducido tentativamente por el "Iraq de Kúta" e identificado con Khutha, muy cerca de Ctesifonte en el Iraq Medio. En tal caso se trataría de la mención conocida más antigua de Iraq, ya que en época preislámica el país era conocido como as-Sawad (Robin, "Royaume Hujride," 687–88). En vistas a que durante el siglo VI d.C. se reportan expediciones de los príncipes hujridas contra al-Hīra en el Medio Iraq y a las largas distancias recorridas por los guerreros musulmanes en el siglo VII durante las guerras Riddah, la identificación de «'rq Kt'» con un lugar en Mesopotamia no es improbable, pero no deja de ser tentativa dada la enorme distancia que la separa de wadi Mā'sal.

atestiguados y que permitirán en el capítulo final del presente estudio situar a ambas inscripciones en su contexto histórico más amplio.

EL PRINCIPADO KINDITA EN ARABIA CENTRAL: LA DINASTÍA HUJRIDA

La información sobre Kīnda en la tradición abarca desde el siglo V d.C. hasta las conquistas islámicas, comprendiendo el establecimiento de la dinastía hujrida, la vida de al-Ḥārith bin 'Amr, el más ilustre de sus príncipes, y la decadencia del que fue el primer ensayo de un poder central sobre el territorio de Ma'add en las llanuras de Arabia Desierta donde su aislamiento permitió a Kīnda considerarse a sí mismo un reino independiente. La época de mayor esplendor de Kīnda se extendió a lo largo de un siglo, entre mediados del siglo V, momento en el que Himyar favorece su empoderamiento sobre Ma'add, y mediados del VI. En este periodo Kīnda fue gobernado por la dinastía hujrida. Su fundador fue Ḥujr bin 'Amr, apodado «Akil al-Murar,» "el Comedor de Hierbas Amargas," el abuelo paterno de al-Ḥārith bin 'Amr.

Un comentador islámico (Ibn al-Kalbī) afirma que cuando Tubba' el rey de Yemen iba de camino a Iraq, vino al país de Ma'add y puso a Ḥujr como rey.[63] Una lectura aceptada de Mā'sal 1 propone identificar ese momento con la expedición de Abīkarib y su hijo Ḥassān en Arabia Central. Dado el caso, el objetivo de dirigirse hasta Iraq sería una magnificación de los hechos añadida por la tradición. Sin embargo, en cuanto a la creación de la dinastía hujrida como una empresa política de Himyar en Arabia Central, no hay razones para creer lo contrario y resulta propicio hacer coincidir la ampliación de la "titularidad larga" de los reyes de Himyar a la "muy larga" que se constata por primera vez en Mā'sal 1 con la colocación de príncipes kinditas sobre los territorios de Ma'add, a quienes Mā'sal 1 denomina "árabes del País Elevado."[64]

63. Abū al-Faraj 15,86, autor del siglo X, citando a Ibn al-Kalbī (Gajda, "Ḥuğr b. 'Amr," 65; Olinder, *Kings of Kinda*, 38). Para Ṭabarī 881 es el hijo de Ḥujr, 'Amr bin Ḥujr al-Akil quien fue puesto al cargo de ciertos asuntos por Ḥassān bin Tubba', es decir, por el hijo de Abū Karib, pasando después 'Amr bin Ḥujr al servicio personal del hermano de Ḥassān, también llamado 'Amr (bin Tubba'). Este usurpador del trono himyarita llamado 'Amr habría accedido al poder matando a Ḥassān, y después habría casado (quizás por la fuerza) a 'Amr bin Ḥujr con una hija de Ḥassān, es decir, con una sobrina suya. Ibn Isḥāq 18–19 e Ibn Hishām 27 comentan el asesinato de Ḥassān por su hermano 'Amr, pero prescinden de referencia alguna a Kīnda. Ver *infra.*

64. Robin, "Himyar au IVe Siècle," 133; "Royaume Hujride," 692–93; Olinder, *Kings of Kinda*, 37–46. Según Ṭabarī 881 Ḥujr tenía la misma madre que Ḥassān

El príncipe hujrida de mayor importancia no es Akil al-Murar sino, como se ha apuntado, su nieto al-Ḥārith bin ʻAmr, conocido en la tradición bizantina bajo el nombre de "Aretas" (Ἀρέθας). Cinco autores, Nonnosos, Procopio de Cesarea, Juan Malalas, Pseudo-Josué el Estilita, y Teófano el Confesor, contienen reliquias historiográficas sobre la intervención de dos filarcas árabes con el nombre de Aretas en las contiendas fronterizas durante los años de Anastasio (491–519) y Justiniano (527–567), uno de los cuales es con toda certidumbre al-Ḥārith bin ʻAmr.[65] Aunque al-Ḥārith rige sobre Kīnda en el centro de Arabia, la precariedad del limes romano oriental va a requerir el acercamiento de al-Ḥārith a la política bizantina para que el eje de fuerzas, movido desde el sur, no se incline en beneficio de su máximo enemigo, Persia. Esto desplaza la atención del historiador a la región del Desierto Sirio donde las incursiones persas siembran el caos desde el inicio del siglo VI, mostrando que de ahora en un futuro la política de Oriente Próximo, por una razón u otra, nunca más volverá a entenderse sin contar con el protagonismo del pueblo árabe.

---

bin Tubbaʻ. Este Ḥassān hijo del rey Tubbaʻ debe ser Ḥassān Yuha'min, que habría reinado del 445 al 450 d.C., una vez muerto su padre Abīkarib, aunque habría subido a la corregencia muy temprano, hacia el 400, donde se puede ver la fecha de su nacimiento. Entre el 450 y el 468 encontramos reinando sobre Himyar al hermano de Ḥassān, Shuriḥbi'īl Yaʻfur, gobernando en solitario a fecha segura del 456 d.C., según una inscripción (CIH 540; ver *supra* y Gajda, *Royaume de Ḥimyar*, 58–63.227). Shuriḥbi'īl habría matado a su hermano Ḥassān si se quiere concordar completamente la tradición islámica, donde Shuriḥbi'īl sería extrañamente conocido como ʻAmr bin Tubbaʻ. Para Gajda, *Royaume de Ḥimyar*, 59 ʻAmr sería una corrupción de Yaʻfur, pero quizás se trata simplemente de la traspolación del nombre del hijo y sucesor de Akil al-Murar, ʻAmr bin Ḥujr, apoyado en el poder sobre Kīnda primero por Ḥassān y luego por Shuriḥbi'īl (Olinder, *Kings of Kinda*, 47–50). El episodio del asesinato de Ḥassān por Shuriḥbi'īl habría ocurrido al norte de Yemen, pero improbablemente en Iraq o Bahréin como la tradición afirma (Ibn Isḥāq 18–19; Ibn Hishām 27; Ṭabarī 914–17; Robin, "Rois de Kinda," 89–90.93–95).

65. Para el comentario de estas fuentes, que abordaremos por separado en el próximo capítulo, Olinder, *Kings of Kinda*, 51–69; Robin, "Rois de Kinda," 70–82.

11

ARABIA EN EL SIGLO VI D.C.

CUADRO GENERAL PARA EL ESTUDIO

La política internacional del siglo VI viene trazada, en los imperios situados al norte de Arabia, por la rivalidad entre Bizancio y Persia Sasánida. Cuatro guerras fronterizas marcan la trayectoria: la de 502-506 durante el reinado de Anastasio (491-518), las de 527-532 y 540-545 durante Justiniano (527-565), y la de 578-580/1 con Tiberio II (578-582). La lucha armada en la cuenca del Eúfrates perpetúa el recurso a federados del Desierto Sirio, Ghassān por Bizancio, y Lakhm por Persia, tribus árabes que conocen su altura máxima pero también su declive en este siglo. Al juego de poder, se suma un tercer agente desde Arabia interior: Kīnda. Mucho más al sur, los acontecimientos más importantes guardan todos relación con Himyar, conquistado primero por el reino cristiano de Axum (Etiopía) con soporte inicial de Bizancio en 531, y en el 570 por Persia, cuando pierde definitivamente su independencia. Por último, beneficiado por la inseguridad que asolaba la antigua ruta comercial que unía al-Ḥīra con Palmira y el receso final de Kīnda arrastrado por Himyar, en el interior de Arabia lo más destacado durante el siglo VI es el auge regional de Meca y la constitución de su templo en un verdadero centro religioso, donde concurren por igual corrientes monoteístas de índole diversa y politeístas.

INCURSIONES EN TERRITORIO ROMANO: TEÓFANO Y ARETAS EL DE LA THALABANE

Los sucesos más interesantes que cronológicamente primero aparecen en el resgistro escrito referente al siglo VI para el entendimiento del mapa tribal de Arabia y su contorno, son incursiones rápidas y devastadoras de árabes escenitas en la frontera bizantina oriental, en el área de Siria, Palestina, Arabia Romana, y también en Fenicia. Según Teófano el Confesor (m. 818), principal informador, las incursiones localizadas más al norte, en Bithrapsa de Siria, fueron llevadas a cabo por árabes aliados de Persia, pertenecientes a Naamán, en quien debe verse a al-Num'ān II de las fuentes árabe y persa, rey de al-Ḥīra.[1] Pero siendo el objetivo de este estudio Arabia antes del islam, preferentemente de Arabia interior, nuestra atención pasará sin embargo a los otros tres sucesos, porque involucran a un tal Jabala, a dos hermanos llamados Agaros y Badicharimos, y a su padre, un tal Aretas hijo de la Thalabane con quien Anastasio realiza un acuerdo que permite, este último y por un camino documental insospechado, dirigir la mirada al corazón mismo de Arabia.

Detrás de los sucesos árabe-romanos explicados por Teófano, fijados en los años séptimo (497–498), decimoprimero (501–502), y decimotercero de Anastasio (502–503), se encontraría una subtribu de Ghassān, Mudar, que antes de que su confederación tribal entrara en alianza con Bizancio actuó depredando el limes romano.[2] Conviene extraer aquí una traducción de los pasajes de Teófano para poner en relieve la gran dificultad que pese a la pericia de Romano, el duque de Palestina, enfrentaba el Imperio Bizantino para controlar con sólo sus propios recursos materiales el limes con Arabia.

> "Este año (497–498)... este mismo Romano, el jefe del ejército de Palestina, hombre excelente en consejo y estrategia, capturó en la batalla a Agaros el de Aretas llamado el de la Thalabane con una gran multitud de prisioneros. Pero Romano, antes de aquella lucha, batallando contra otro escenita, de nombre Jabala, lo puso a la fuga habiendo este saqueado Palestina antes de su llegada. Entonces, la isla Iotabe que cae en el golfo del

1. Teófano, *Chron.* 141. Los hechos de Teófano se sitúan en el 498 o 499 (ver *supra* y Ṭabarī 900, pasaje clave informado por Muḥammad bin al-Kalbī para datar los reyes lakhmidas del siglo VI). Según el monje e historiador bizantino, al-Num'ān II fue derrotado por el comandante romano Eugenio en Bithrapsa, quizás Rusafa/ Sergiópolis (Shahīd, *Arabs in the Fifth Century*, 123–24). Al-Num'ān II sobrevivió a la derrota y extorsionó la región de Harrán en la campaña persa de Kawad del 502–503, muriendo cerca de Calinico a consecuencia de una herida recibida en la cabeza (Josué el Estilita, *Chron.* 51–58).

2. Teófano, *Chron.* 141.143–44.

> Mar Rojo, gobernada por el rey de los romanos pero que en este intervalo había sido invadida por los árabes escenitas, fue liberada por Romano después de fuertes luchas, restituyéndola a los mercaderes romanos para vivir bajo sus propias leyes en la isla y para importar bienes de las Indias, y llevar el tributo establecido para el emperador." (Teófano, *Chron.* 141)

> "Este año (501–502) sucedieron de nuevo incursiones de sarracenos en Fenicia y Siria después de la muerte de Agaros. Su hermano Badicharimos a la manera de un huracán asaltó aquellos lugares, y con gran rapidez, se retiraba con el botín de forma que persiguiéndolo Romano no podía apresar a los enemigos." (Teófano, *Chron.* 143)

> "Este año (502–503) Anastasio pactó con Aretas, el padre de Badicharimos y Agaros, llamado el de la Thalabane, y en adelante toda la Palestina, Arabia, y Fenicia disfrutaron de mucha tranquilidad y paz." (Teófano, *Chron.* 144)[3]

Tal y como Teófano presenta la información del año 497/8, los combates entre los escenitas y el duque de Palestina en la isla de Iotabe (actual Tirán) en la boca del Golfo Eleanita parecen ser una secuela de la incursión de Jabala en Palestina, a quien Romano habría perseguido en dirección al Mar Rojo, o bien una operación de extorsión sincronizada, distinta aunque simultánea a la de Palestina, de los árabes de Jabala. Una explicación plausible para el ataque de Jabala y la invasión de la pequeña isla de Iotabe sería ver en ella la respuesta a la cancelación de un acuerdo comercial en activo en Iotabe con los árabes, y del que existe documentación previamente a Anastasio.[4]

En efecto, según otra fuente bizantina, Malco de Filadelfia (ca. 500), un árabe llamado Amorkesos se había hecho con el poder de Iotabe en el último año de León I (457–474), forzando a este emperador a entregarle el control de la isla, sobre cuyos impuestos le otorgó a Amorkesos un privilegio

3. Traducción desde la edición de Migne nn. 121.123.124, que presenta un calendario con desfase de siete u ocho años. Fechas corregidas a partir de Mango-Scott. El final extraído del n. 121 (141) es difícil de traducir literalmente al castellano sin añadir más palabras, especialmente los infinitivos *καὶ... ἐκπορεύεσθαι... καὶ... εἰσαγεῖν*.

4. Iotabe estuvo habitada por judíos desde antiguo según Procopio, *Bell. Pers.* 1,19.3–4, quien da la distancia desde Aila en 1.200 estadios, lo que permite identificar Iotabe con la actual Tirán, en el estrecho homónimo. No obstante, la falta de restos arqueológicos en Tirán ha cuestionado que se trate de Iotabe, donde además los vientos extremos desaconsejan la identificación del lugar como un puerto seguro y frecuentemente usado. Otra propuesta pues para Iotabe sería la pequeña isla de Jazirat Faraum, unos 12 km al suroeste de Aila (Mayerson, "Island of Iotabê," 1–4).

personal. Conociendo la historia de Amorkesos, es posible por tanto entender la acción de Jabala como resultado del descontento producido a la muerte de Amorkesos, a quien Jabala habría querido sustituir en el cargo y quien habría atacado Palestina y quizás también Iotabe para manifestar su desencanto.[5] La hipótesis que nosotros tomamos aquí del gran arabista fallecido I. Shahīd, es muy lógica, pero en realidad nada más aparte de la propia naturaleza de los escenitas del desierto, que no están sujetos a la ley de la propiedad, se requiere para producir un asalto sobre territorios cultivados (ver nota *infra*). En cuanto a si Jabala pertenecía o no a una rama de Ghassān, que ciertamente está al mando de los árabes aliados de Constantinopla contra Persia a partir de la década de los 520s, subsiste también una posibilidad, pero no puede ser demostrada.

Más vinculante para nuestro estudio es sin embargo, el caso de Agaros (Ἄγαρος) y Badicharimos (Βαδιχαρίμος), hijos de Aretas el de la Thalabane, que según el relato de Teófano también parecen haber asaltado Palestina en sincronicidad con Jabala.[6] Por un tiempo, la crítica creyó que este Aretas era al-Ḥārith bin ʻAmr de Banu Kīnda, quien a través de sus hijos estaría activo también en el limes romano.[7] En efecto, en ausencia de mejores datos, la identificación deviene plausible: al-Ḥārith bin ʻAmr también tiene dos hijos llamados Ḥujr (Agaros) y Maʻdīkarib (Badicharimos), su madre era de una tribu llamada Thalaba, y firmó un acuerdo de asistencia militar con Anastasio.

5. La historia de Amorkesos (ʻAmr al-Qays), un árabe que tras abandonar su alianza con Persia se adueñó de la isla de Iotabe en el Mar Rojo, expulsó a los oficiales romanos, y amasó en ella una fortuna cobrando impuestos, no puede ser tratada aquí con amplitud. Una discusión completa de esta intrigante figura, conocida únicamente a través del historiador bizantino Malco, *Test.* 1,1–44, puede hallarse en Shahīd, *Arabs in the Fifth Century*, 59–113, autor que otorga un papel mucho más relevante a Amorkesos en Palestina Tertia que Blockley, *Fragmentary Classicing*, 456, editor y traductor del fragmento de Malco cuya opinión respaldo.

6. Como bien observó Shahīd, *Arabs in the Fifth Century*, 496. No obstante, otras razones menos aparentes, como la necesidad de organizar una incursión de escenitas para hacerse con el liderazgo tribal, o como la facilidad para asaltar la zona civilizada dado el abandono que sufrió en los siglos V y VI la línea de defensas a lo largo de la frontera y su reconversión a uso civil, son posibles. Para el estado del limes en los siglos V–VI ver Parker, *Romans and Saracens*, 95.

7. Olinder, *Kings of Kinda*, 51–52; Shahīd, *Arabs in the Fifth Century*, 496. La madre de al-Ḥārith el kindita pertenecía al clan de Thalaba de la tribu de Bakr. El problema de las diversas tribus llamadas "Thalaba" no puede ser abordado aquí. Ver tabla en Avner et al., "Thaʻlaba," 245 donde al menos tres clanes de Thalaba se registran en otro gran grupo, el Dir' al-Azd.

ACUERDO ENTRE ARETAS DE BANU KĪNDA Y ANASTASIO: NONNOSOS

El acuerdo entre Anastasio y los árabes de Banu Kīnda es conocido por otra fuente, Nonnosos, por medio de cuyo abuelo este emperador estableció una alianza con un tal Aretas, abuelo a su vez de un tal Kaïsos, jefe este de los árabes de Kīnda y de Ma'add. El reporte de Nonnosos se conserva en dos comentarios griegos, uno de Juan Malalas (ca. 570), que puede ser considerado contemporáneo de los hechos que relata, y otro de la obra de Focio, patriarca de Constantinopla (m. 893). Delegado imperial como su padre Abrames y su abuelo, Nonnosos perteneció a una familia de embajadores enviados en distintas misiones orientales durante los reinados de Anastasio, Justino, y Justiniano. Nonnosos en concreto, fue despachado por el último de los tres emperadores a Etiopía (Axum), al corazón de Arabia, y Yemen, en búsqueda de aliados. Para nuestro estudio de Arabia interior, es el pasaje de Focio el que presenta una información mejor agrupada para la historiografía. En él se informa de lo siguiente (paréntesis añadidos):

> "En este tiempo Justiniano ostentaba el gobierno romano: y el filarca de los sarracenos era Kaïsos (al-Qays), nieto de Aretas, él mismo un filarca, a quien el abuelo de Nonnosos fue enviado como embajador cuando Anastasio reinaba, para concluir un tratado de paz... En cuanto a Kaïsos, a quien Nonnosos fue despachado, regía dos de las tribus más ilustres de los sarracenos, los kindenos y los maadenos... Nonnosos fue confiado con una doble misión: a Kaïsos, para de posible, llevarle al emperador; y (para) alcanzar al rey de los axumitas—Elesbaas entonces reinaba sobre esta tribu; y además de a estos llegar al (rey) de los homeritas." (Focio, *Biblio.* 3,2a–b)[8]

8. "Homeritas": ἀμερίται; "los kindenos y los maadenos": Χινδηνῶν καὶ Μααδηνῶν. Juan Malalas, *Chron.* 18,457 recoje bajo Justiniano la embajada de Nonnosos, la cual partió en barco desde Antioquía. Malalas se refiere a Nonnosos simplemente como "legado" (πρεσβευτής) y no habla de él en nombre propio, y a diferencia de Focio y en cuanto al tiempo de Anastasio (*Chron.* 16), Malalas tampoco dice nada acerca de la embajada del abuelo de Nonnosos. Por Focio, *Biblio.* 3 también sabemos que el padre de Nonnosos, llamado Abrames, fue despachado por Justiniano a Alamoundaros, consiguiendo la liberación de dos generales romanos, Timostrato y Juan. Alamoundaros es aquí al-Mundhir III de al-Ḥīra, y el reporte sobre el secuestro de Timostrato y Juan puede hallarse en Procopio, *Bell. Pers.* 1,17:43–44. La metodología del estudio presente y lo complicado de la organización de la información recogida por las fuentes en este punto del recorrido me obligan a recortar el pasaje de Focio. El pasaje traducido es *Biblio.* 3,2a:23–28.34–36.41; 2b:1–4 de la edición de Henry.

En Aretas el abuelo de Kaïsos (al-Qays), debe verse prioritariamente a al-Ḥārith bin ʻAmr, perteneciente a la dinastía hujrida que, como ya se anunció al término del capítulo precedente, fue colocada por Himyar en el poder sobre las tribus de Arabia Central a mediados del siglo V, especialmente sobre Maʻadd que era la principal de ellas (inscripción Mā'sal 1/ Ry 509). Como Teófano informa de que "Aretas el de la Thalabane" estableció también un acuerdo con Anastasio en el año 502–503, resulta cómodo identificar este tratado con el que estableció el abuelo de Nonnosos con Aretas el abuelo de Kaïsos el kindita.[9] Analizados así los datos, la identificación entre al-Ḥārith de Kīnda y Aretas el padre de Agaros y Badicharimos parece cierta y segura.

La identificación introduce sin embargo la investigación en un escollo, concediéndole a al-Ḥārith un papel excesivo afuera de Arabia. La inferencia se obtiene de un valioso reporte de la crónica de Josué el Estilita (n. 57) en el que árabes thalabitas, sin duda aquellos pertenecientes a la misma casa que Agaros y Badicharimos, aparecen activos durante la guerra de Anastasio contra Kawad, evidenciando que el tratado con Aretas el de la Thalabane reportado por Teófano incluyó el de asistencia militar contra los persas.[10] La guerra contra Kawad del 502–503 está bien sitúada por Josué el Estilita en el Alto Eúfrates (nn. 51–56), y la intervención de los thalabitas consistió en una maniobra sorpresa contra la Ḥīra de Numʻān II, todo lo cual sitúa el escenario más probable para el despliegue de la contraofensiva romana por medio de los árabes thalabitas en el Desierto Sirio, o poco más al sur de este.[11]

La intervención en este episodio de al-Ḥārith de Kīnda, en quien también estuvo interesado Anastasio por medio del abuelo de Nonnosos, aunque siendo posible, otorgaría sin embargo un protagonismo desmesurado a Kīnda en Palestina, Transjordania, y el Desierto Sirio, es decir, ya fuera de Arabia.[12] Por otro lado, la ocurrencia múltiple en la historiografía y en la

9. El nombre del abuelo de Nonnosos era Eufrasio. Es conocido por la *Carta de Simeón de Beth Arshām*, que se refiere a él brevemente en dos ocasiones cuando menciona la embabaja enviada por Justino en la persona de "Abramo, sacerdote, hijo de Eufrasio," a Mundhir de al-Ḥīra para "hacer la paz entre los árabes persas y los romanos" (ver Simeón, *Epist.* 481.486–87). Sobre esta fuente, ver *infra*.

10. Kawad el persa reinó del 488 al 531. Fue sucedido por Cosroes I (531–579).

11. Según Josué el Estilita, *Chron.* 57, los thalabitas condujeron un ataque contra la Ḥīra de Naamán, capturando una gran caravana con provisiones que se dirigía hacia el frente sirio y aniquilándola, pero sin asaltar al-Ḥīra cuyos habitantes huyeron hacia el desierto.

12. Ṭabarī 882 reporta el ataque de al-Ḥīra por al-Ḥārith bin ʻAmr en tiempos de Kawad, y el asesinato de al-Numʻān II por parte de al-Ḥārith. Aparentemente está ofreciendo una versión sobre los mismos hechos que Josué el Estilita, *Chron.* 57, y

epigrafía de los nombres Thalaba, Ḥugr, Ḥārith, Ma'dīkarib, es suficiente indicio para creer que en una sociedad polígama como era la árabe, la coincidencia de algunos de estos nombres, Ḥārith, Thalaba, Ḥugr, y Ma'dīkarib en más de una casa nobiliaria no fue imposible.[13] Finalmente, un grafito en escritura transicional del nabateo al árabe datada en el siglo V y encontrado en 1979 a 8 km al oeste de Aila, menciona un rey «Ta'labah»: "Yo soy 'Adiyū hijo de Ta'labah el rey" ('nh 'dyw b{r} | t'lbh 'l-mlk).[14] Leído contra un reporte del *Kitāb* de Ibn Ḥabīb (m. 245 H/ 860) sobre el primer príncipe de Ghassān al servicio de Bizancio, llamado «Thalaba bin 'Amr bin al-Mujālid,» hace más que plausible la identificación de "Aretas el de la Thalabane" con el clan derivado de este primer príncipe ghassanita aliado de Bizancio, que llegó a la región de Palestina Tertia a finales del siglo V.[15]

La solución más probable es por tanto que Aretas el de la Thalabane fuera un líder tribal diferente al rey de Kīnda con el mismo nombre. El Aretas mencionado por Teófano perteneció a la confederación de Ghassān, confederación tribal que se desplazó hacia el norte terminando el siglo V, para abandonar Arabia en el VI, cuando ya Ghassān es utilizada por Bizancio contra Persia y contra sus aliados árabes de al-Ḥīra, presumiblemente desde sus bases en Siria. Confirmación de lo anterior también se encuentra en la inscripción Mā'sal 2, donde Kīnda (Kiddat) y una casa de Banu Thalaba aparecen como tribus diferenciadas, algo que no sería el caso si Kīnda estuviera gobernada por un príncipe thalabita, aceptada la identificación de Aretas el de la Thalabane con al-Ḥārith bin 'Amr.

INSCRIPCIÓN MĀ'SAL 2 (RYCKMANS 510): SITUACIÓN POLÍTICA DE ARABIA CENTRAL

Conviene en este punto del recorrido, regresar la mirada a la inscripción Mā'sal 2 (Ry 510). Son nueve líneas que contrastadas de nuevo con fuentes bizantinas y persas esclarecen el mapa de Arabia Central en el año 521 (631

esto refuerza la identificación entre al-Ḥārith de Kīnda y Aretas el de la Thalabane. Nosotros obtamos no obstante por su no-identificación, siguiendo a Robin, "Royaume Hujride," 696–99, y los argumentos que se expondrán más abajo.

13. Sigo el razonamiento de Avner et al., "Tha'laba," 248, que trae el ejemplo de Abīkarib As'ad quien también tuvo dos hijos llamados Ḥujr y Ma'dīkarib. Con este último nombre encontramos también a Ma'dīkarib Ya'fur (519–522), rey de Himyar responsable de Mā'sal 2/ Ry 510. *EI* 10:433–34 registra diez tribus diferentes llamadas Thalaba tanto en distritos de Arabia del Este, como del Sur, y Norte.

14. La joya historiográfica proviene también aquí de Avner et al., "Tha'laba," 237–42.

15. Para el texto traducido de Ibn Ḥabīb, Avner et al., "Tha'laba," 243–44.

de la era de Himyar), y desplazan, por efecto de un segundo movimiento en el transcurso de la investigación, la atención del lector a la situación de Meca durante la primera mitad del siglo VI:

> "Ma'dīkarib Ya'fur, rey de Saba, de Dhū-Raydān, de Had|ramawt y de YMNT, así como de sus árabes del País Elevado y el Tihāma | ha mandado y hecho escribir esta inscripción en Ma'sal Gumhān... en el curso de las operaciones de la campaña en la estepa de KT' en el momento que hosti|gaba a los beduinos en rebelión y Mun|dhir vino a luchar contra él... cuando se encontraba en expedición con sus comunas Saba, Himyar, Rahāb|atan, Hadramawt, y YHN, y en compañía de sus beduinos Kiddat y Madḥ|hij y en compañía de Banu Tha'labat, de Mudar y de... | en el mes de dhū Qyzn del año 631." (Mā'sal 2/ Ry 510)[16]

Después de un interregno de casi cinco años, el rey Ma'dīkarib Ya'fur (519–522) sucedió en el trono de Himyar a Marthad'ilān Yanūf (515–519), bajo quien a juzgar por un breve pasaje de Juan Diacrinomeno, se había producido un acercamiento de la monarquía himyarita al cristianismo bizantino.[17] Poco se puede saber de la religión profesada por Ma'dīkarib desde la epigrafía más allá del monoteísmo neutro de las inscripciones regias anteriores. En parte porque Ma'dīkarib únicamente ha dejado dos inscripciones conocidas, Ry 510, y Ja 2484; en esta segunda inscripción, invoca a Rahmān, una variante de Rhamanān.[18] Pero la escasez epigráfica no es en este caso un impedimento para conocer algo mejor su personalidad, ya que es mencionado por dos fuentes persas.

En una de ellas, la *Carta de Simeón de Beth Arshām*, Ma'dīkarib Ya'fur es referido con la expresión "el rey que los etíopes habían puesto en el trono"

16. Adapto levemente a Cohen y Rodinson, "Éthiopien et Sudarabique 1967," 131–33, de quien tomo también la transliteración: «M'dkrb Y'fr mlk Sb' w-ḏ-Ryd^{n} w-Ḥ(ḍ) | rmt w-Ymnt w-'ʿrb hmw Ṭwdm w-Thmtm | (h)wrw w-wtf ḏn msndn b-M'slm Gmḥn | 'ly mhn-sb 'tm b-'rq Kt' l-hm ḏn | ndyn-hmw 'rbn qsdm w-ḥrb-hmw Mḏ | rm w-sb'w b-s'b-hmw Sb' w-Ḥmyrm w-Rḥb | tn w-Ḥ(ḍ)rmt w-Y[]n w-bʿm ʿrb-hmw Kdt w-Mḏ | ḥ[j]m w-b-ʿm Bny Ṯ'lbt w-Mḍr w-S(b)' | [b-wr]hn ḏ-Qyẓn ḏ-l-'ḥd w-ṯlṯy w-sṯm'tm.» La mayor dificultad se encuentra en las líneas 4, 5, y comienzo de la 6: sigo la tercera lectura propuesta por M. Rodinson.

17. Agradezco a Gajda, *Royaume de Ḥimyar*, 75–76 esta observación, quien considera posible que el acercamiento se produjo ya en el precedesor de Marthad'ilān. El obispo enviado por Anastasio (a la corte de Zafar) se llamaba Silvano, aparentemente en 512, y era el tío de Juan Diacrinomeno, autor del siglo VI conocido por otros autores, como Focio y Teodoro Lector, este último del mismo siglo (Teodoro Lector 152.157, tra. Hansen; Nicholson, *Late Antiquity*, 823.1477).

18. Gajda, *Royaume de Ḥimyar*, 76–81.

(de Himyar; *Epist.* 482.488), mientras que en el *Libro de los Himyaritas*, aparece una vez como Ma'dīkarim (43b). Ambos escritos pertenecen al siglo VI y presentan a Ma'dīkarib como un agente de cambio pro-etíope en el trono de Himyar, del cual se derivó una violenta reacción nacionalista judaizante que desembocó en el asesinato del propio Ma'dīkarib (*Epist.* 482), el exterminio de los cristianos pro-etíopes de Zafar, y la matanza de los cristianos árabes de Najrān, último suceso al que ambas fuentes conceden el peso de la narrativa. Aunque ninguna de las dos son por lo general obras fidedignas descendiendo al detalle, la comparativa entre sí y con la tradición greco-romana donde el conjunto de los hechos es conocido a través del *Martirio de Aretas y Compañeros*, espiga una independencia de las fuentes persas que permite leer la verdad desnuda rebajando su elevado carácter edificante.[19]

Las fuentes anteriores iluminan mutuamente a Mā'sal 2 y sirven en bandeja la personalidad de Ma'dīkarib: un rey pro-etíope en el trono de Himyar y en este sentido pro-bizantino. Con estos datos en la mano, la expedición reportada por Mā'sal 2 buscando desestabilizar la extensión del dominio del pro-persa al-Mundhir III de al-Ḥīra hacia Arabia Central, puede ser entendida también como una colaboración en favor de los intereses pro-occidentales.[20] Debido al breve reinado de Ma'dīkarib, dicha expedición conmemorada por Mā'sal 2 tuvo que ser la única gran acción del

19. Moberg, *Syriac Work*, xxv–xli para la sinopsis de las tres fuentes. Su juicio en cuanto a la independencia de la Carta de Simeón sobre el Libro, debe ser tenido por definitivo: el Libro presenta una planificación narrativa mucho mayor que la Carta, cuya falta de orden e improvisación perceptible en la composición temática sería inexplicable si hubiera tenido delante el Libro. No obstante, como ambos escritos coinciden en muchos puntos—por ejemplo en transcribir una carta del autor de la persecución de los cristianos de Najrān (el rey Dhū Nuwās de la tradición árabe) que no es sino en el caso de la Carta un extenso elogio de Cristo y de las virtudes de los mártires (Simeón, *Epist.* 482–84; *Frag. Lib. Hom.* 25, subsistiendo únicamente en el índice), A. Moberg juzgó que la Carta y el Libro se inspiraron en una misma fuente oral, de por sí ya edificante, y que al menos en el caso del Libro fue compuesto poco después del martirio de los najranitas, hacia el 525. En cuanto al *Acta St. Arethae*, depende de ambas fuentes, y en lo mayor posiblemente más del Libro.

20. Robin, "Royaume Hujride," 686, lee en Ry 510/4 "en el curso de una operación en el Iraq de Kuta," lo que otorga un alcance geográfico mucho más amplio a la operación. Iraq de Kuta sería aquí además la más antigua mención de Iraq. La lectura de C. J. Robin encuentra soporte en Ṭabarī 881–82 que menciona una expedición de al-Ḥārith a las tierras de Ma'add, al-Ḥīra, y los distritos adjacentes con ayuda del rey de Yemen, tras la cual al-Num'ān II muere, pero su hijo al-Mundhir (III) logra escapar (quizás hay un eco de la misma expedición en Ṭabarī 889). Si se acepta la diferencia entre Aretas el de la Thalabane y al-Ḥārith de Kīnda, esta expedición relata por Ṭabarī encaja mejor con el contexto de Mā'sal 2 que con la muerte de al-Num'ān II durante la campaña de Kawad del 502–503, para quien debe seguirse preferiblemente a Josué el Estilita (para esta campaña de Kawad ver Ṭabarī 887).

rey afuera del Yemen. Mā'sal 2 repite, en grandes líneas, la estrategia del rey Abīkarib 70 años antes según Mā'sal 1 (ca. 450), pues ambas inscripciones fueron grabadas en el mismo wadi e incluso en la misma pared de piedra.[21] Tratándose de reyes que proceden en masa desde el mismo territorio e involucrando a agentes históricos semejantes, debe presuponerse una misma ruta de desplazamiento entre Abīkarib y Ma'dīkarib y la misma estrategia de aglutinamiento de fuerzas y alianzas en Arabia interior.

La presencia de Kīnda (Kiddat) en esta macro-operación puede leerse de forma adicional desde la embajada del abuelo de Nonnosos: desde la embajada de Anastasio, Kīnda orbita dentro de la esfera de atracción política de Bizancio, y una expedición que restituyera la autoridad de Himyar en Arabia Central y debilitara al aliado de Persia contra Bizancio beneficiaba y obligaba doblemente a Kīnda, restituyendo su autoridad a la cabeza de Ma'add con el apoyo de Yemen y Bizancio, sus valedores al norte y al sur.[22] Por otro lado, Qaryat al-Faw se encuentra justo en medio de la línea que, en dirección norte, une Zafar con wadi Mā'sal. Dadas las características del sitio publicadas después de la excavación, puede afirmarse que este oasis desempeñó un rol importante en la expedición conocida por Mā'sal 2.

QARYAT AL-FAW Y MA'ADD: TESTIMONIOS INDIRECTOS SOBRE MECA

Las temporadas arqueológicas de los investigadores sauditas entre 1972 y 1981 revelaron un perímetro amurallado en Qaryat por los lados norte, oeste, y sur a 1 km de distancia del centro urbano. Qaryat fue una de las mayores ciudades de caravanas de Arabia, que a los más de 2 km en el eje norte-sur hay que añadir 1 km en el perpendicular, sin contar 500 m aproximados de área cultivable de palmeras, Boswellia, y viñas en cada uno de los extremos del segundo eje basada en la explotación del agua subterránea y superficial del wadi al-Faw. Una única entrada al oeste a más de 8 m de altura hacían imposible el asalto directo, incluso si el

21. Mā'sal 2 fue inscrita por encima de Mā'sal 1 en la misma espaldera de roca, a 5 o 6 m por encima del fondo del wadi.

22. Décadas más tarde de Mā'sal 2, un ataque contra al-Ḥīra y Persia desde el corazón de Arabia y con la participación de Kīnda y del ejército himyarita fue interés declarado de Bizancio, en vistas de Procopio, *Bell. Pers.* 1,20:9–13, lo cual justifica aún más la lectura de C.J. Robin de Ry 510/4 (ver nota *supra*), pero la misma fuente informa también de que "parecía a los homeritas una cosa difícil el cruzar un país que era desierto (Arabia) y que se extendía tan lejos que requería un largo tiempo para el viaje a través de él. Y luego marchar contra un pueblo mucho más dado a la guerra (los persas) que ellos mismos" (1,20:12–13).

enemigo hubiera superado las defensas externas, según dedujo el equipo arqueológico.[23] Las características anteriores y el hecho de que se encuentre en la mitad de la trayectoria entre Yemen y wadi Mā'sal hacen más que probable que las expediciones conocidas por Mā'sal 1 y Mā'sal 2 utilizaran este oasis-fortaleza como base de suministro, siendo muy difícil para Qaryat al-Faw sustraerse a las obligaciones impuestas por los reyes de Himyar.

Dos o tres décadas más tarde de Mā'sal 2, Procopio menciona expresamente que bajo Justiniano los maadenos eran tributarios de los himyaritas (*Bell. Pers.* 1,19:14) y esto puede leerse también desde Mā'sal 2 viendo a Kīnda a la cabeza de algunas secciones de Ma'add.[24] De hecho, y aunque no la menciona expresamente, Mā'sal 2 sugiere una polaridad de grupos en Ma'add, en cuyo territorio vuelve a producirse una gran intervención. La deducción puede establecerse a partir de la comparación de Mā'sal 2 con el reporte de Procopio y otra noticia de la Carta de Simeón de Beth Arshām en la década de los 520s en la que Simeón afirma haber visitado el campamento de al-Mundhir donde había árabes paganos y maadenos (*Epist.* 481–82), a los que hay que presuponer orbitando dentro del campo de atracción de Persia.

Los maadenos, entendiendo por este término los árabes no sedentarios de los desiertos centrales de Arabia, Najd especialmente y Nafūd, sufrieron y posiblemente estimularon la violencia entre al-Ḥārith de Kīnda y al-Mundhir III de al-Ḥīra derivada de la voluntad mutua de control sobre Arabia nororiental y central. Al-Mundhir III (ca. 503–554) va a ser de hecho quien mate a al-Ḥārith hacia el año 530, pese a que Mundhir estaba casado con Hind, hija de al-Ḥārith.[25] A grandes rasgos, la enemistad entre Kīnda

23. Al-Ansary, *Qaryat al-Fau*, 15–21.

24. "Junto a este pueblo hay otros sarracenos en posesión de la costa, quienes son maddenos y quienes viven sujetos a los homeritas" (οἳ δὴ Μαδδηνοὶ καλοῦνται, Ὁμηριτῶν κατήκοοι ὄντες). Por las referencias geográficas anteriores y posteriores en el mismo pasaje, se deduce que la costa aquí referida es la del Mar Rojo, en concreto el Tihāma saudita.

25. Sigo la opinión más común, aunque criticamente hablando las causas de la muerte de al-Ḥārith son oscuras. Según algunas tradiciones, después de la muerte de su padre al-Num'ān II (ca. 503), al-Mundhir aceptó casarse con una princesa kindita en un momento que carecía del apoyo de Kawad de Persia, que habría demandado a Mundhir convertirse al mazdeísmo si quería ser el sucesor de su padre. Al-Ḥārith de Kīnda habría aceptado y eso le habría concedido brevemente el gobierno de al-Ḥīra (ver también Ṭabarī 888–99). Pero a lo anterior puede objetarse que la entrega de al-Ḥīra a al-Ḥārith cuando este formalizaba su alianza con Anastasio presenta problemas. Al morir Kawad, al-Mundhir habría regresado y al-Ḥārith se refugiaría en la tribu de Kalb, siendo asesinado al poco (Ṭabarī 888; Robin, "Rois de Kinda," 73–74; *EI* 5:118). Ṭabarī 882 da el nasab de Hind incorrectamente como «H. bint Zayd Manāt bint Zayd Allāh bint 'Amr al-Ghassāni», y en 900 correctamente como «Hind bint

y al-Ḥīra puede considerarse ulteriormente potenciada por la enemistad entre Himyar y Persia, cada uno presionando sobre alianzas que refuercen su autoridad en Arabia interior.

El eje comercial occidental, que en su mitad norte seguía el trazado del Hejaz, por contra, no ha registrado gran conflictividad en este periodo. En este contexto más amplio, la presencia de Thalaba y Mudar en Mā'sal 2 probablemente indica que las tribus del norte y centro-oeste que colaboran en la causa de Himyar y Kīnda lo hacen también con Bizancio.[26] Esto deja a Meca en una situación favorable para el comercio, oficio este principalmente y no el de las armas por el que la aristocracia local, Banu Quraysh, va a distinguirse a sí misma en la primera mitad del siglo VI.[27]

En contra de Qaryt al-Faw, Taymā', y Ḥegra, la identidad puramente comercial de la ciudad antigua de Meca puede leerse subsiguientemente en el urbanismo de la capital del islam, que en su fundación carecía de murallas y fuerte militar.[28] La inseguridad en las rutas de Siria y del Eúfrates en el siglo VI con el consiguiente encarecimiento del negocio de mercancías, repercute de forma paradójica y positiva en el Levante sur, en el renacimiento de la conexión entre Aila y el Mediterráeo, que sumado a las alianzas militares bajo Aretas el de la Thalabane y al-Ḥārith de Kīnda,

al-Ḥārith bin Amr bin Ḥujr.»

26. El nasab de Mudar es: «Mudar bin Nizār bin Ma'add» (Ibn Isḥāq 49). La familia de Thalaba en Mā'sal 2 son probables aliados de Bizancio, pero que los thalabitas de Teófano el Confesor y Josué el Estilita son esta misma familia de Thalaba es algo improbado. No obstante, uno se siente tentado de aceptar la identificación y así reconstruir el mapa de la mitad norte de Arabia occidental a través de Mā'sal 2: al sur de Palestina III y sobre los árabes nómadas que viven en esta o la transitan, gobernaría Banu Thalaba, es decir en la región del Sinaí y del Hisma; y más al sur, en el Hejaz, gobernaría Mudar. Quraysh, que a principios del siglo VI gobierna parte del Hejaz sur (la otra, en torno a la ciudad de Taif, la gobierna por el momento la tribu Thaqīf), pertenece de hecho a Mudar. El primer patriarca de Quraysh es «Firh bin Mālik bin al-Nadr bin Kināna bin Khuzayma bin Mudrika bin Ilyās bin Mudar» (Ibn Isḥāq 3).

27. Ibn Hishām 83 entendió el nombre de Quraysh (قُرَيش) derivado de *taqarrush*, "mercancía y beneficio" (de *tajara*, تَجَرَ, comerciar). Ibn Isḥāq 61, a quien Ibn Hishām 83 comenta, explica taqarrush como "reunirse juntos," haciendo referencia al momento fundacional de Quraysh cuando Quṣayy agrupó a distintos clanes de Kināna y repobló el área de Meca. Guillaume, *Prophet Muhammad*, 41 añade una nota en la que apunta el significado totémico de "tiburón," de la raíz ق /ر /ش (q-r-sh), en mi opinión menos probable porque Quraysh es una tribu poco relacionada con el mar y con la costa. Los eruditos Badawi y Abdel Haleem, *Qur'anic Usage*, 752 traen para Quraysh en C 106:1 la definición "pequeño o bonito tiburón," llamado así por las tribus por su propiedad para dominar sobre otras tribus sin ser dominada por ninguna.

28. La conquista de Meca por Mahoma en el 630 va a ser, por eso, una conquista sin asedio (Ibn Isḥāq 817–20; Balādhuri 38–40).

incide de forma beneficiosa a su vez sobre el Hejaz. El auge epigráfico y la construcción de dos iglesias en Nessana durante los siglos V y VI, localidad del wadi Hafir conectando Aila con Gaza en Palestina Tertia, deben ciertamente leerse desde el mismo contexto, el del renacimiento del eje transarábigo occidental, especialmente en su versión terrestre.[29]

AUGE DE MECA EN EL SIGLO VI: HĀSHIM BIN 'ABDU MANĀF

La activación de la ruta árabe hacia el Mediterráneo en el siglo VI está en correlación con las caravanas provenientes del Hejaz, región de Arabia donde es suponible un crecimiento demográfico, aunque este sólo es explicable parcialmente a partir del comercio exterior. Que en Meca fueron frecuentes los viajes por la ruta occidental puede establecerse a partir de la muerte en Gaza de un afamado mercader qurayshita que frecuentaba la ruta, Hāshim bin 'Abdu Manāf.[30] No sorprendentemente, Hāshim—el antepasado de la dinastía hachemita, había contraído matrimonio con Salmā bint 'Amr, una mujer de la alta sociedad de Yathrib, oasis situado en la misma ruta.[31] Hāshim es el bisabuelo de Mahoma, y aunque mayor puntualidad cronológica no es posible, su fallecimiento en Gaza debe situarse dentro de la primera mitad del siglo VI, coincidiendo con el comienzo del verdadero florecimiento comercial de Quraysh:

> "Es defendido (entre los tradicionalistas) que Hāshim fue el primero en instituir los dos viajes de caravanas de Quraysh, verano e invierno, y el primero en proveer tharīd—caldo sobre el que es partido pan, en Meca. En realidad, su nombre era 'Amr, pero fue llamado Hāshim porque él rompía el pan de esta manera para su gente en Meca... Hāshim bin 'Abdu Manāf murió en Gaza en la tierra de Siria mientras viajaba con su mercancía, y al-Muṭṭalib bin 'Abdu Manāf (su hermano) asumió el derecho

29. Dunscombe, *Nessana*, 7–22, quien ve también en la peregrinación cristiana a los santos lugares del Sinaí y Egipto una fuente adicional de ingresos para las poblaciones de Bersheba y Sinaí. Las iglesias de Nessana muestran una elevada inversión económica: la llamada Iglesia Norte, dedicada a los Santos Sergio y Baco y cuya primera inscripción es del año 464, sobre una fina capa de cemento dispuso de suelo de mármol, material de importación que debía traerse desde el puerto de Gaza, a 80 km. En cuanto a la Iglesia Sur (Santa María), de 14,10 x 20,80 m, tuvo un presbiterio tripartito que por su semejanza a otro de Jerash, no debe ser anterior a la segunda mirad del siglo VI (Kendall, "Architectural Report," 32–44).

30. Ibn Isḥāq 89–90.

31. Ibn Isḥāq 88.

de alimentar y dar de beber a los peregrinos." (Ibn Isḥāq, *Sīrat Rasūl Allāh* 87, trad. Guillaume)[32]

En realidad, Meca se encontraba en el cruce de cuatro rutas responsables de su enriquecimiento en el siglo VI, aunque eran desiguales en cuanto a las empresas voluminosas de largo alcance: una ruta se dirigía por el norte a través de Yanbu y Yathrib a Palestina (Gaza), Siria (Damasco), y Egipto (Alejandría); por el noreste a través del paso de Taif que separaba el Hejaz de 'Asīr, Meca mantenía comercio con al-Ḥīra en Iraq; por el sur lo hacía con Yemen vía Najrān; y por el oeste los mercaderes mecanos accedían al Mar Rojo y Etiopía desde el puerto de Jeda. El eco de la iniciativa de Hāshim bin 'Abdu Manāf y el enriquecimiento que trajo sobre Meca continúa sonando tres generaciones más tarde en los versos del Corán: "Dios prepara una parábola: una ciudad segura y en paz, su provisión viniendo sobre ella abundantemente de todos lados" (16:112); "y (recuerda) cuando Abraham dijo: Mi Señor, haz esta tierra segura, y provee a su gente con frutos" (2:126; ver también 14:35, 29:67).

EL «ĪLĀF» Y EL CALENDARIO PREISLÁMICO: MERCADOS EN EL ENTORNO DE MECA

De los cuatro ejes comerciales de Meca, el occidental norte-sur era ciertamente el que aportó mayor beneficio, como deja entender Mahoma en una de las azoras tempranas en las que hace referencia explícita a los dos viajes instituidos por su bisabuelo Hāshim: "(Juro) por el paso seguro de Quraysh, su seguro paso en el viaje de invierno y de verano" (C 106:1–2). *Paso seguro* traduce aquí «ālifā,» ألِفَ, construido a partir de la raíz ف/ ل/ ا ('-l-f), indicando que "uno es familiar con algo" o "que se apoya en algo habitualmemte." De la misma raíz proviene el término «īlāf,» un sistema de alianzas entre tribus interesadas en el paso de la mercancía entre las que se establecía un necesario circuito de compraventa que implicara a diferentes inversores en ruta, especialmente mecanos pero no únicamente. El īlāf, reforzado adicionalmente por contrato matrimonial, garantizaba el aprovisionamiento y la seguridad en ruta, muy en especial durante los viajes de invierno a Yemen y verano a Siria-Palestina, tal y como vemos en Hāshim bin 'Abdu Manāf, considerado el fundador de la institución.[33]

32. Paréntesis míos.

33. Ghulam, *Holy Qur'ran*, 26. Aunque no siempre se respetó, el īlāf—asegurando el tránsito por territorios pertenecientes a diferentes tribus, posibilitó grandes inversiones en el negocio de caravanas, lo que favoreció la economía de Meca, pero no únicamente, ya que abastecía por igual a los beduinos, a cuyos jeques comprometía

Una institución paralela, el calendario árabe, reforzó el īlāf y el ambiente dado a los negocios de las plazas mercantiles de Arabia. El calendario preislámico promulgaba cuatro meses sagrados al año (Muḥarram, Rajab, Qadah, e Ḥijjah) en los que el derramamiento de sangre quedaba vedado por el interés general de las tribus en permitir el paso de mercancías hacia capitales de región, acopiadas de productos de Arabia y del exterior. Un mes intercalar extra, «nasī',» نسيء, de posible origen judío, era añadido cada varios años para que los meses sagrados siguieran coincidiendo con la recolección y el año agrícola.[34] Los tradicionalistas islámicos presentan diferencias en el número de mercados en uso antes de la revelación coránica, variando entre los seis y los trece, pero coinciden en citar el nombre de cinco de ellos, todos en el área de Meca (Majanna, Dhū al-Majāz, 'Arafāt, Mina, 'Ukāz), lo que prueba la importancia que tuvo el eje occidental también para el tráfico inter-arábigo. La institución aparece mencionada en el reporte de Nonnosos, hacia el año 530, debiendo haber estado en funcionamiento en el tiempo de la generación anterior, por lo que puede leerse al trasfondo de la vida de Hāshim.[35]

en la seguridad en torno a abrevaderos y caminos del desierto (Ibrahim, "Pre-Islamic Mecca," 344–45). La institución en cuanto tal, tuvo que ser muy anterior a Hāshim, pero es a Hāshim a quien, según la tradición, se debe haberla extendido y centralizado en torno a los inversores de Meca frente a otros competidores. Ibn Hishām 42 comenta el origen de la palabra que da nombre a la institución.

34. Ibn Isḥāq 29–30. El calendario lunar tuvo que ser la única medida de tiempo asequible para las clases populares o las poblaciones beduinas, ya que a diferencia del año solar las fases lunares podían ser observadas sin gran dificultad (C 10:5). Sin embargo, el año de doce meses lunares se desplaza por el año solar que marca en realidad el tiempo agrícola de la recolección con un retraso de unos 11 días por año solar, lo cual genera un desfase de un mes lunar en tan sólo tres años. Este motivo llevó a los árabes, por posible imitación de los judíos (ver 1 Re 12,32–33), a realizar una conjunción del año lunar con el solar, de forma que la peregrinación religiosa coincidiera con las estaciones agrícolas y los mercados. Para conseguir este fin, se había intercalado un mes lunar extra, el «nasī',» que el Corán condenará (C 9:37). Una discusión del contexto y de la posible trasposición de los meses judíos a los árabes puede hallarse en Zein y El Wakil, "Hijrī Calendar," 1–6. El calendario preislámico y la intercalación son un argumento en contra del origen abrahámico de Meca, pues no puede ser anterior a Quṣayy, y debe ser más bien coetáneo de Hāshim (paso del siglo V al VI), pues uno de los meses, dhū'l Ḥijjah, significa "el de la Peregrinación" (raíz ج/ ج/ ح, «ḥ-j-j»; *peregrinar* y *peregrinación*; ver C 2:197; 3:97; 9:20), y no debe ser anterior al auge de Meca y de los mercados del entorno donde esta se realizaba.

35. Focio, *Biblio.* 3,2a:20–2b:34, atestigua la observancia de meses sagrados por los árabes del siglo VI, y ofrece un nombre genérico del lugar de peregrinación, Φοινικῶνος (Palmeral). El mismo lugar parece ser mencionado también por Procopio, *Bell. Pers.* 1,19, pero retratado como un lugar sin interés en el tiempo en que Procopio escribe, quizás al norte del Hejaz o poco más allá de este, lo que sugiere que Focio

URBANISMO DE MECA EN EL SIGLO VI: GESTIÓN DEL AGUA

El protagonismo de Hāshim no termina con el īlāf. Él y su familia son considerados por la tradición promotores del urbanismo de Meca. Extendida a lo largo de un pequeño valle con dirección norte-sur, el contorno inicial de Meca estaba definido por su pendiente natural, y por los montes Quaiqian al oeste y Qubays al este. Esta depresión era llamada «al-Biṭāh,» de la raíz ن / ط /ب (b-ṭ-n), pudiendo significar "el-Hoyo," "la-Hondonada," "el-Valle," como en C 48:24 donde parece que la denominación está en mente: بِبَطْنِ مَكَّةَ (En el valle de Meca...). Al-Biṭāh, también llamada «Masfala,» era sobretodo la parte baja de la ciudad, aquella a la que la naturaleza había condedido más vegetación, donde se desarrolló el asentamiento original de Jurhum y Khuzā'a. Es de hecho el centro administrativo que crece a partir de Quṣayy, donde se encuentra la Kaba y la Casa del Consejo (Dar al-Nadwah), bordeado por el monte Abu Qubays unos pocos cientos de metros al este.[36] Al-Biṭāh conectaba con la parte alta de la ciudad, Malat, por el mismo curso seco que desciende del norte.[37]

El estudio de la gestión del agua en época antigua revela datos elocuentes sobre la historia de Meca y su santuario. Las precipitaciones en Meca son muy escasas, pudiendo permanecer varios años sin ver correr la lluvia. Por eso raras veces el fondo del valle de Meca fue escenario de avenidas que afectaron sustancialmente al santuario, aunque una vez

---

recoge una noticia imprecisa, aunque plausiblemente basada en hechos. Para el detalle de los mercados de Arabia preislámica, entre los cuales existía un circuito estacional, Ḥaq, "Pre-Islamic Arabia," 212–14, citando a Azraqī y otras fuentes antiguas.

36. Quṣayy bin Kilāb dotó a Meca de las siguientes instituciones (Ibn Isḥāq 80.83): a) Nadwah, senado o asamblea de jefes de clan, que se llevaba a cabo en la que fue la propia casa de Quṣayy, que se construyó para tal efecto al lado de la Kaba; b) Ḥijābah, custodia de las llaves de la Kaba; c) Siqāyah, supervisión del suministro de agua para peregrinos del pozo de Zamzam (Ibn Isḥāq 91); d) Rifādah, suministro de alimento a los peregrinos venidos de afuera, financiado a partir de un impuesto anual sobre la propiedad de los vecinos de Meca; e) Liwā, honor de portar el estandarte de guerra. Khel, "Pre-Islamic Arabia," 382–84, enumera cinco instituciones más, pero en la época de Quṣayy posiblemente estaban agrupadas o no eran diferenciadas, y otras como Siqāyah no pudieron tomar una forma estable hasta que el pozo de Zamzam se excavara, una generación después de Hāshim (ver nota *infra*).

37. Hamidullah, *Prophet Muhammad*, 88.167. En la actualidad, el área urbana de Meca ocupa 333 km^2, extendida por la parte baja del valle y de las montañas circundantes, pero en la época de Hāshim el centro urbano se limitaría a una superficie de 1–2 km^2, 3–5 km^2 contando el perímetro exterior. Su población, a censo del año 2017, es de 2.017.793 residentes, con un flujo de visitantes anual de casi 14 millones, de los que 6,98 millones son sauditas y 6,75 internacionales (Pienaar et al., *Makkah City Profile*, 51–59).

comenzado el registro literario sobre la historia de Meca, a largo de decenios o siglos se computaron varias. Ocasionalmente pues, cuando descargaba la lluvia, podía hacerlo de manera muy torrencial. Según al-Balādhuri (m. 279 H/ 812) una de las riadas que afectó al santuario, bajo el califato de Omar (633–644), fue bautizada con el nombre de "Umm Nahshal" en honor a la mujer que falleció arrastrada por el agua.[38]

En respuesta, Omar mandó construir dos muros de contención para cambiar el curso de futuras riadas. Antes de Quraysh, un reporte afirma que existió una murulla para la Kaba llamada al-Jādir.[39] La puerta de la Kaba estaba entonces al nivel del terreno, manifestando que los constructores no habían diseñado un mecanismo para evitar grandes avenidas de agua. De esta realidad es posible extraer el valioso dato de que la ocupación del lugar era reciente.[40] Otros datos registrados por la tradición respaldan ampliamente lo anterior. En origen, la altura de la Kaba era aproximadamente la de una persona, estaba construida con piedra de sillarejo y carecía de techo, el cual no será instalado hasta que Quraysh reutilice la madera de un naviero bizantino que naufragó en Jeda, hacia el año 595, momento en el que se eleva la altura de la puerta.[41]

Al ocurrir una vez cada varios o muchos años, el fenómeno de una gran avenida de agua no debió suponer una emergencia urbanística en la primera fase de ocupación de Meca. Más normalmente, cuando descargaba agua en al-Biṭāh tenía que producír un entrante de líquido beneficioso, que se acumulaba en el fondo del valle, pero sin llegar la mayor parte de las veces a ser destructivo. Esto, y la vegetación resistente a la sequía de al-Biṭāh, sin duda y como ya se ha comentado, produjo la atracción de

38. Balādhuri 53–54 cuenta seis riadas hasta su tiempo, separadas por unos 30 o 40 años cada una: a) Umm Nahshal bajo Omar (633–644); b) bajo ʻAbd al-Malik (685–705); c) no datada; d) bajo Hishām bin ʻAbd al-Malik (724–743); e) no datada; f) bajo al-Mamum (813–833). Para riadas en el periodo posterior, hasta el año 1621, Gaudefroy-Demombynes, *Le Pèlerinage*, 39–41.

39. Ibn Hishām 94. El reporte explica así el nombre de un clan árabe, «Jadara,» por el plural de «al-Jadir,» la muralla que Jurhum habría construido para la Kaba. El reporte siendo posible es no obstante, dudoso, pues durante la época de Jurhum y Kuzāʻah, no existían posiblemente estructuras urbanas de carácter público. Fuera del templo, la primera edificación pública permanente en ser construida es la vivienda de Quṣayy, después Casa del Consejo (Ibn Isḥāq 75.80; Balādhuri 52), por tanto del siglo V.

40. Balādhuri 46–48.

41. Ibn Isḥāq 122–23, y la versión algo más tardía de Azraqī 1,148–65. Balādhuri 46: "En los días de Abraham, Jurhum, y los amalecitas, la parte baja de la puerta de la Kaba estaba nivelada con el terreno hasta que fue construida por Quraysh, en cuyo tiempo Abu Ḥudhayfa bin al-Mughīra dijo: 'Levantar, gente, la puerta de la Kaba, de manera que nadie pueda entrar sin una escalera'" (sigo la traducción de Ḥitti).

animales y después de los primeros pobladores permanentes, Jurhum (y Qatūrā'), en el siglo IV. Pero, pese a que la lluvia era tan escasa en Meca, la ocupación humana estaba llamada a crecer, dependiendo de cisternas y pozos de extracción. Al-Balādhuri comenta que antes de Quṣayy los habitantes recogían agua en tanques sobre las colinas circundantes, y en dos pozos excavados, ambos afuera de al-Biṭāh. Quṣayy y su padre Kilāb bin Murrah, continuaron la dinámica previa e instalaron cuatro pozos más—Khumm, Rumm, Jafr, y 'Ajul, el último de los cuales luego quedó inutilizado. A Quṣayy se le atribuye también la tala de árboles en al-Biṭāh, derivada del crecimiento urbano.[42]

EL POZO DE ZAMZAM Y EL POZO DE BERSHEBA: FUSIÓN DE TRADICIONES

En el siglo VI (o desde poco antes) el crecimiento continúa: Hāshim y su hermano 'Ābd Shams construyen cuatro pozos más, y se re-excavan dos anteriores, Khumm y Rumm. De estos seis pozos, únicamente uno se encontraba cerca del santuario, Sajlah. Otro de ellos, Ṭawi, es excavado por 'Ābd Shams en la parte superior de Meca, que alberga ya una población significativa en el periodo.[43] El más famoso de los pozos, Zamzam, fue excavado dentro del perímetro de la Kaba. La tradición atribuye una vez más este importante elemento de la identidad islámica a un antepasado de Mahoma, 'Abdul-Muṭṭalib, su abuelo e hijo de Hāshim.[44] El pozo queda

42. Ibn Isḥāq 80.

43. Balādhuri 48–53; Ibn Isḥaq 95–96 contiene un reportaje sobre los pozos algo más breve. Que la parte baja de Meca, relacionada con la mayor abundancia vegetal en su época fundacional, y después con la instalación del santuario y de la Casa del Consejo, es la más antigua, se prueba también porque los clanes más influyentes de Quraysh viven en ella: 'Ābd Shams, 'Abd al-Dār, Nawfal, al-Muṭṭalib, Hāshim. Los habitantes de la parte baja reciben también el nombre de Quraysh al-Biṭāh, y los de la parte alta, Quraysh al-Zawāhir (Montgomery, *Muhammad at Mecca*, 7 para el árbol genealógico de Quraysh).

44. 'Abdul-Muṭṭalib es procreador de varios hijos, entre ellos 'Abdullah, padre de Mahoma, y al-Abbas, su tío paterno. Al-Abbas es el antepasado de la dinastía abasida, bajo la cual se da forma completa a las tradiciones fundacionales del islam—entre ellas la de Zamzam, en la segunda mitad del siglo VIII y a lo largo del IX, razón que ha hecho sospechoso el protagonismo de 'Abdul-Muṭṭalib en la excavación de Zamzam (*EI* 11:441; Peters, *Islamic World*, 244–66). Sin embargo, la vinculación de al-Abbas con la Siqāyah es de hecho antigua, y aunque el papel del abuelo de Mahoma y padre de al-Abbas ha sido exagerado por la tradición, la ausencia de mención en los listados de pozos preislámicos de Meca sugiere una excavación tardía, coetánea del circuito de mercados regionales del entorno, cuando creció la necesidad de proveer a los peregrinos en el área del santuario. A mi juicio, y aunque esto no puede

incorporado al circuito de la peregrinación, tiene carácter público, y eclipsa por este motivo y por su ubicación al resto de pozos.[45] El origen de la palabra "Zamzam" es del tipo onomatopéyico y puede hacer referencia al murmullo en el fondo del pozo.[46] El nombre del pozo no tiene raíz coránica y parece haber sido de secundaria importancia en vida de Mahoma frente al Maqam Ibrāhīm, donde Corán 3:97 encuentra una prueba material del carácter monoteísta de la Kaba.[47] Para la tradición posterior al Corán, Zamzam será el pozo donde Ismael y Hagar encuentren agua, resignificando con sentido islámico la expulsión de ambos al desierto de Bersheba por Sara relatada en Gen 16,6–14, esposa de Abraham (paréntesis añadidos):

> "(Zamzam) es el pozo de Ismael el hijo de Abraham donde Dios le dio agua cuando estaba sediento y era un pequeño niño. Su madre fue a buscar agua para él y no la pudo encontrar, así que marchó arriba a al-Ṣafā rezando a Dios e implorando auxilio para Ismael; luego fue a al-Marwa e hizo lo mismo. Dios envió a Gabriel, quien cavó un hoyo en el suelo con su talón donde apareció el agua. Su madre escuchó los gritos de las bestias salvajes que le aterrorizaron por causa suya (de Ismael), y vino apresuradamente hacia él y le encontró escarbando con su mano en el agua por debajo de su mejilla mientras bebía, y ella le hizo un pequeño agujero." (Ibn Isḥāq, *Sīrat Rasūl Allāh* 71, trad. Guillaume)[48]

establecerse con criterio de verdad mientras no se ejecute una estratigrafía del sitio, que un pozo tan necesario para el santuario haya existido en la era de Jurhum, y luego haya sido tapado y permanecido olvidado hasta el tiempo de 'Abdul-Muṭṭalib tal y como reclama la tradición, no parece cierto. Ver Ibn Isḥāq 71.73, Bukhāri 3364, y Gaudefroy-Demombynes, *Le Pèlerinage*, 71–79 para la historia de Zamzam.

45. Ibn Isḥāq 71.73.91–94.

46. La raíz «z-m-z-m» no es coránica. En el Corán encontramos sin embargo dos raíces probablemente onomatopéyicas comenzando por la letra zāy, e implicando ambas la noción de movimiento (Badawi y Abdel Haleem, *Qur'anic Usage*, 395–96.400: ل/ ز /ل/ ز (z-l-z-l), "agitar violentamente," "temblar," de donde "terremoto" (C 33:11; 99:1–2, etc.); y ح /ز/ ح/ ز (z-ḥ-z-ḥ), "ceder," "desalojar," "empujar afuera," "mover afuera" (C 2:96; 3:185)). Tratándose Zamzam de un pozo, ambas raíces sugieren un origen de z-m-z-m a partir del sonido del agua en movimiento, en el fondo del pozo o al sacarla del mismo.

47. C 2:125 también menciona el Maqam: «Y (recuerda) cuando Nosotros hicimos la Casa un lugar de visitación para la gente, y un santuario; toma la Estación de Abraham como lugar de oración. Y Nosotros hicimos un pacto con Abraham e Ismael: "Purifica Mi Casa para aquellos que circumbalan, aquellos que se arrepienten, y aquellos que se inclinan y se postran."»

48. Paréntesis añadidos. La resignificación de la historia relatada en Gen 16,6–14 será incorporada al circuito islámico de la umrah entre al-Ṣafā y al-Marwa, evocando la "carrera" de Hagar desesperada en búsqueda de agua para Ismael, saciada

REVELACIÓN DEL CARÁCTER ABRAHÁMICO DE MECA

El carácter abrahámico de Meca es revelado desde el tercer periodo mecano del Corán (620–622; C 14:35–41), y más marcadamente en las azoras reveladas cuando Mahoma vivía en Medina (622–632).[49] En el periodo medinés, Mahoma se ve inmerso en disputas teológicas con las tribus judías de Yathrib, controversias que provocan la revelación de la dirección de la oración islámica (alquibla), que deberá efectuarse a partir de entonces hacia el santuario de Meca y no hacia Jerusalén (C 2:140–145).[50] Va a ser en Medina también donde Mahoma se convenza de que su religión es diferente del judaísmo y deje en desuso el día de ayuno llamado «Ashura» coincidente con el día del Kippur judío que él y los musulmanes de Meca observaron antes de que se revelase en Medina la obligación de ayunar en Ramadán (C 2:183–185).[51] Ambos hechos son muy persuasivos, desde las categorías de juicio de la religión comparada, para inferir que en origen el carácter abrahámico de la Kaba fue desconocido por el grueso de la población de Meca preislámica, y que este fue acentuado por el Corán cuando Mahoma

finalmente cuando el ángel Yibril le muestre el pozo de Zamzam. Los dos relatos bíblicos paralelos sobre la expulsión de Ismael y Hagar, Gen 16,1–14 y 21,8–21 sitúan la escena del ángel y el pozo de agua en el desierto de Bersheba (Gen 21,14), o algo más al suroeste, entre Kadesh y Bered (Gen 16,14).

49. Sigo la datación tradicional, pero obsérvese que C 14:35 contiene un duplicado de C 2:126, del periodo medinés. Del primer periodo mecano (612–615), existen dos menciones muy breves de Abraham en unión a Moisés y las Escrituras: C 53:36–37; 87:18–19. Las referencias a Abraham en el resto de azoras de Meca (no del primer periodo) son en cambio abundantes. Se dividen en cuatro temas: a) con relación a Meca: C 14:35; b) Abraham, ejemplo de religión ḥanīf: C 6:79.161; 16:120–123; c) historias similares entre sí sobre el rechazo de Abraham hacia los ídolos de su pueblo y hacia la religión de su padre en las que es fácil de intuir la situación de Mahoma respecto a Quraysh: C 6:74–83; 19:41–50; 21:51–73; 26:69–89; 37:83–113; 43:26–28; d) formas abreviadas de Gen 18–19 con relación a la promesa de un hijo y la destrucción de Sodoma: C 11:69–83; 15:51–79; 51:24–34. Muy interesante es C 29:25–35, composición mezcla de c) y d). Del periodo medinés (622–632) son: C 2:124–141; 3:65–68.95–97; 4:125; 22:26–29.78.

50. Ibn Isḥāq 381–82; Ṭabarī 1279–81; Bukhāri 399. Mahoma enfocó la oración hacia Jerusalén durante los primeros diecisiete meses de la hégira. Eliade, *Historia de las Creencias III*, 106–07 veía en el suceso un intento ensayado por Mahoma de convencer a los judíos de su profecía. La tradición islámica matiza que durante su estancia en Meca, Mahoma rezaba mirando al lado sur de la Kaba, lo que colocaría a Jerusalén al norte, esto es detrás de la Kaba (Ibn Isḥāq 190.228). La explicación islámica no puede ocultar, sin embargo, el hecho de que el carácter preferente de la Kaba como lugar de culto se revela a raíz del conflicto entre Mahoma y los judíos de Medina.

51. Bukhāri 1592; 2001–02.

tomó conciencia de que el monoteísmo puro de Abraham no debía mirar más hacia Jerusalén.

LA KABA EN EL SIGLO VI: POLITEÍSMO Y MONOTEÍSMO ÁRABE

El edificio actual de la Kaba, en su estructura fundamental, data del año 693 y reproduce el edificio construido por Quraysh en el 595, que había sido desmantelado por Ibn Zubayr en 683–684, durante su ocupación de Meca. Ibn Zubayr quiso devolver la Kaba al estado que tenía previo al año 595 y que él creía equivaler a la Kaba construida por Abraham e Ismael, aunque es posible que su intención de reconstruir el santuario se debiera en origen al daño que sufrió durante el sitio de Meca al final del califato de Yazīd bin Muʻāwiya (680–683).[52] Ciertamente la Kaba anterior al 595 era la que conoció Quṣayy en el siglo V, y quizás esta Kaba, de la altura de una persona y sin techo, conservaba los elementos originales del culto heredado de los jurhumitas y de Khuzāʻa practicado en el siglo IV. El edificio del año 595, como el actual, tenía forma de cubo. Los muros actuales son de 12 por 11 m, con altura de 14 m.[53]

52. Ṭabarī 426–27.537.854 de la segunda serie numerada. Ibn Muʻāwiya envió a Muslim bin Uqbah a sofocar la rebelión de Ibn Zubayr, pero falleció en las inmediaciones de Meca. El sucesor de Muslim y comandante en jefe, al-Husayn bin Numayr, atacará el santuario de Meca donde Ibn Zubayr se había refugiado, sirviéndose de una catapulta instalada en el monte Qubays. La Kaba ardió durante el ataque, al parecer comenzando por la cortina y por el techo que era de madera. Por efecto del incendio, la Piedra Negra se fracturó en tres fragmentos, estado en el que desde entonces se encuentra.

53. Las medidas exactas exteriores son: 12,04 m en el lienzo SO; 11,68 en el muro opuesto, el NE; y unos 10 m cada uno de los lados SE y NO. En la parte inferior, el Cubo tiene además un anillo de bronce de unos 50 cm de espesor que refuerza la base de la estructura. El interior, descontado el espesor de los muros de piedra, es un único habitáculo de 10 x 8 m aproximadamente, con tres columnas de madera en el medio que sujetan el techo (Bukhāri 505 habla de seis columnas en el pasado; Bukhāri 1167 de dos). El mobiliario interno consiste en lámparas colgantes de oro y plata. La puerta de acceso, de 1,90 m de anchura, está en el lado NE, a unos 2,10 m de altura sobre el pavimento de la mezquita, más cerca de la esquina E (donde está la Piedra Negra) que de la N. Aproximadamente en frente de la puerta está el Maqam Ibrāhīm, y por detrás de este algo más alejado en la misma dirección, Zamzam. Los muros de la Kaba están hechos de sillar de color gris-azulado con piedra de las montañas circundantes. El edificio se cubre por el exterior completamente con una cortina negra de brocado dorado (kiswa), que se reemplaza cada año. Por último, algo más alejado de 2 m de sus esquinas N y O, se encuentran los extremos de un muro semicircular de 0,90 m de alto por 1,50 m de ancho, «al-Ḥaṭīm,» que cae justo en frente del lienzo NO y que delimita un espacio considerado especilmente sagrado, «al-Ḥijr,» donde según

Un verso del periodo mecano de la azora de José, C 12:106, dice que una mayoría de personas no creen en Dios sin asociar con Él una falsa divinidad, personas en las que estarían referidos para la literatura paralela los miembros de Quraysh, que reconocerían la divinidad suprema de Allāh, pero que a la hora de invocar a Dios le asociarían otros dioses menores.[54] La misma idea, con alguna connotación distinta, está repetida en C 29:61–63, 39:38, y 43:9.87. Ibn al-Kalbī (m. 205 H/ 820), en un apreciable pasaje de su *Libro sobre los Ídolos* (Kitāb al-Aṣnām) explica que Quraysh creía que las tres diosas, Allāt, ʻUzzā, y Manāh (Manāt), tenían poder de intercesión ante Dios (n. 19). La expresión "las Hijas de Allāh," con las que estas diosas eran denominadas según el pasaje de Ibn al-Kalbī es en sí misma sincrética, incorporando el elemento monoteísta de la fe en Allāh y otro politeísta—la coparticipación en el poder de auxilio del único Dios por divinidades inferiores.[55] Entre las diferentes deidades en las que el Quraysh preislámico ponía su esperanza, ʻUzzā era la más venerada entre las femeninas, pero no era ella sino Hubal, la estatua de color rojizo usada con fines adivinatorios, la que ocupaba la posición central en el espacio circundante a la Kaba.[56]

Lo más sobresaliente en este momento del análisis, es considerar la posibilidad de que Allāt, ʻUzzā, y Manāt se habían mezclado con la creencia, por baja o lejana que sea, en el Dios supremo.[57] Una práctica tal de asociacionismo entre el único Dios y divinidades de otro tipo en grupos semitas no estrictamente judíos, es algo por otra parte verificable ya en el siglo VIII–VII a.C. según el pasaje 2 Re 17,24–34, donde se denuncia el monoteísmo mezclado con la invocación de dioses locales en los altozanos de Samaría. Un punto de confirmación del presupuesto de que una forma adulterada de monoteísmo fue practicado en Meca preislámica previa a

la tradición yacen enterrados Ismael y su madre Hagar (Tottoli, *Ka'bah*, xiv.xix; *EI* 4:317–18).

54. Ibn Isḥāq 52; Yaʻqūbī 1,295–96, quien extiende lo dicho de Quraysh también a otras tribus.

55. La idea de la intercesión de estas diosas ante Allāh está sugerida también en C 53:19–26.

56. Ibn al-Kalbī 28; Yaʻqūbī 1,300–04. Hubal disponía de siete flechas, cada una para un asunto importante: matrimonios, nacimientos, acerca de los muertos, sequías, etc. El ritual adivinatorio consistía en preguntar al ídolo alguna cuestión importante, como la conveniencia o no de asumir un contrato matrimonial, o de emprender un viaje. A continuación se echaban a suertes las flechas (¿al vuelo?), y se determinaba por lo que estaba escrito en cada flecha la respuesta: "sí," "no," "de ti," "contra ti," etc. De Hubal se dice que estaba o bien dentro de la Kaba, o más probablemente fuera, cerca de un pozo utilizado para conservar las ofrendas económicas (Ibn Isḥāq 97).

57. Ibn Isḥāq 743–44 trae dos invocaciones más de Allāh por miembros de Quraysh antes de su conversión al islam.

la reforma islámica, resaltado por un exégeta contemporáneo, S. Kjær, se encuentra en el año 628, cuando se comenzaron a redactar los términos del acuerdo de paz de Hudaybiya. En él participaron Mahoma y Suhayl bin 'Amr, un delegado representante de Quraysh cuando todavía no había aceptado el islam, evento del que se cuenta lo siguiente (suplo los paréntesis):

> "Y el apóstol convocó a 'Alī y le pidió escribir 'En el nombre de Allāh, al-Rahmān (el Compasivo), al-Rahīm (el Misericordioso).' Suhayl dijo: 'Yo no reconozco esto; pero escribe 'en tu nombre, oh Allāh.'' El apóstol le dijo (a 'Alī) de escribir lo segundo, y así hizo él. Luego dijo: 'Escribe: 'esto es lo que Muḥammad el apóstol de Dios ha acordado con Suhayl bin 'Amr.'' Suhayl dijo: 'Si yo reconociera que tú eres el apóstol de Dios no te hubiera combatido. Escribe tu propio nombre y el nombre de tu padre.' El apóstol dijo: 'Escribe: 'esto es lo que Muḥammad bin 'Abdullah ha acordado con Suhayl bin 'Amr: ellos han acordado dejar a un lado la guerra por diez años...''."
> (Ibn Isḥāq, *Sīrat Rasūl Allāh* 747, trad. Guillaume)

En vistas a dicho pasaje, al finalizar el primer tercio del siglo VII Quraysh parece en la persona de Suhayl bin 'Amr reconocer la existencia de Allāh pero no la invocación de al-Rahmān (el Compasivo) y al-Rahīm (el Misericordioso), expresando la posible existencia en Meca de un monoteísmo preislámico independiente de la confesión islámica de Mahoma.[58] No se trata de una prueba conclusiva porque leyendo más abajo en la misma sección de la obra de Ibn Isḥāq, se expresa la idea de que para los musulmanes presentes en Hudaybiya los mecanos qurayshitas eran todavía considerados politeístas.[59] Aun así, una solución de continuidad entre la consideración de los qurayshitas como politeístas por parte de los musulmanes y el reconocimiento que los qurayshitas preislámicos tributaban a Allāh mientras seguían practicando una religiosidad mayormente pagana según las tradiciones comentadas es posible atendiendo a la semejanza fonética entre el nombre personal de «Allāh» (Dios/ الله) identificado por el Corán con la Deidad única, y el nombre árabe genérico politeísta

58. Agradezco a Kjær, "Rahman," 776–79 haber llamado mi atención sobre este particular. Kjær refuerza su argumento sobre la particularidad del monoteísmo islámico, caracterizado por la invocación de Dios como al-Rahmān, en las cartas que el falso profeta Musaylima y Mahoma intercambiaron, una encabezada con las palabras "en el nombre de Allāh," y otra "en el nombre de Allāh, el Compasivo, el Misericordioso" (Ibn Isḥāq 965–66; Ṭabarī 1749). Musaylima bin Ḥabīb perteneció a la tribu de Banu Ḥanīfah (Ibn Isḥāq 945–46), oriunda del este de Arabia, zona bajo influencia del cristianismo nestoriano. Perdió la vida en las guerras Riddah durante el califato de Abū Bakr (632–634).

59. Ibn Isḥāq 748.

«al-lāh» (el-dios), ampliamente atestiguado epigráficamente y compuesto del artículo «al» y la forma árabe del nombre semita Él, es decir, «Īl» o «Ilāh.»[60]

LA INVOCACIÓN DE ALLĀH EN ARABIA PREISLÁMICA

Teónimos personales compuestos de la partícula al-lāh, son algo frecuentes en el periodo inmediatamente anteislámico en personas árabes a las que se presupone una religiosidad monoteísta. En una de las iglesias de Nessana del Sinaí, ya a comienzos del siglo VI, encontramos la siguiente inscripción de un niño fallecido a la edad de doce años que lleva nombre cristiano pero cuyo padre es árabe con certeza: "Lápida de Esteban, hijo de Khalafallāh, muerto con edad de doce años, en el décimo (día) del mes Dius en el año 436 (de la provincia de Arabia)..." (n.112, líneas 1–4).[61] Sin salir de la misma localidad, Nessana, se reconocen 39 nombres árabes diferentes en inscripciones griegas de los siglos V y VI ('Abbas/ Ἄββας; 'Abus/ Ἄβοσος; Sad/ Σάδος; Ayyun/ Ἠιοῦνος, etc.), entre los cuales tres son teofóricos: «Khalafallāh,» «Alafallāh,» «Awsallāh.»[62] Pero dicha evidencia, no es un caso aislado de Nessana. A fecha del año 2020 se conocen seis inscripciones fuera de Nessana de cristianos árabes con nombres con la terminación «-allāh,» y múltiples grafitos cuya naturaleza no puede determinarse si es politeísta o monoteísta: «'Osallāh,» «Sa'dallāh,» «Tēmallāh,» «Wahaballāh,» «Awsallāh,» y «'Abdallāh.»[63]

Las genealogías árabes, estudiadas concienzudamente por Ibn al-Kalbī muestran lo comunes que eran estos nombres teofóricos, con hasta 700 ocurrencias del más frecuente de ellos, 'Abdallāh ('Abd Allāh o simplemente 'Abdallah/ "Siervo de Dios" o "Siervo del dios"), muchas de

60. Remito al lector al denso estudio de Robin, "Allāh avant Muḥammad," 46–96 para la ocurrencia de las formas árabes del teónimo semita Él: Īl, Ilāh, al-Ilāh, al-Lāh, y al-Lāt. La segunda de estas formas, al-Ilāh, habría producido por contracción el nombre monoteísta Allāh. La última forma, al-Lāt, "la-Diosa" por citar una posibilidad más de las examinadas por C. J. Robin, sería a su vez una evolución fonética de la cuarta, al-Lāh, que habría dado lugar a su vez al nombre de la diosa Allāt. Ver también el capítulo dedicado aquí al politeísmo árabe.

61. μνεμεῖον Στεφάνου | Ἀλαφάλου· ἐτε[λ]ε[ύ] | τεσεν ἐτὸν ιβ' ἐ[ν μη(νὶ)] | Δίου ι' ἔτ(ους) υ(λ)f'... (Kirk y Bradford, "The Inscriptions," 180). Otras ocurrencias de Khalafallāh: Nessana nn. 30.64.116.123.

62. Kirk y Bradford, "The Inscriptions," 134–35.

63. Robin, "Allāh avant Muḥammad," 57.

ellas del periodo preislámico.[64] El progenitor de Mahoma, ʻAbdallah bin ʻAbdul-Muṭṭalib es en esta perspectiva otro ejemplo concreto de Meca preislámica que sugiere el conocimiento del nombre divino en la segunda mitad del siglo VI. Mucho más al sur, en Najrān, pero muy cercano en el tiempo al padre de Mahoma, e incluso perteneciente a la misma generación, encontramos varias personas más llamadas ʻAbdallah en el listado martirial del Libro de los Himyaritas, si bien el jefe y más famoso de los cristianos muerto por efecto de la persecución es al-Ḥārith, Aretas para la tradición bizantina.[65] Que el nombre Allāh, al menos para algunos árabes de Meca, podía ser comprendido con sentido monoteísta es por tanto algo muy posible en razón de la evidencia revisada hasta el momento.

LA ḤANĪFIYYA EN EL SIGLO VI: MONOTEÍSMO AUTÓCTONO EN MECA

La existencia de creencias monoteístas en Meca preislámica, puede rastrearse con bastante seguridad hasta la segunda mitad del siglo VI por un camino paralelo al anterior a través del movimiento ḥanīfiyya, el más relevante para los primeros musulmanes de los monoteísmos árabes anteislámicos porque es para el Corán la expresión fidedigna del monoteísmo puro de Abraham, llamado el ḥanīf (حنيف; C 2:135; 3:67.95; 4:125; 6:79.161; 16:120.123; 22:31). La tradición islámica ha memorizado hasta diez nombres de personas concretas que pertenecieron a la ḥanīfiyya, cuatro de ellas de Meca.[66]

El desenlace religioso de la vida de dos de estos cuatro ḥunafāh, convertidos al cristianismo—ʻUbaydullāh bin Jash y ʻUthmān bin al-Ḥuwayrith, contradice el objetivo literario fundamental de los primeros historiadores musulmanes y aún del propio Corán, que era autorizar la figura de Mahoma y del islam como el verdadero cumplimiento de la religión ḥanīf frente a judíos y cristianos (C 2:135–140; 3:65–68).[67] Estamos

64. Para el conteo del *Jamharat al-Nasab* de al-Kalbī y las inscripciones cristianas con nombres derivados de «al-Ilāh», Robin, "Allāh avant Muḥammad," 58.89–95. Recojo una de Dumat que fue acompañada del signo de la cruz (╬) a modo de ilustración, DAJ 144 Parl, del año 548–549: «dkr'l-'lh (Ḥgʻb)br Slmh b-yr[h] 443» (Que al-Ilāh se acuerde de... hijo de Salama en la fecha de 443 (de la provincia de Arabia).

65. *Frag. Lib. Hom.* 19; Robin, "Allāh avant Muḥammad," 95, sin citar la fuente.

66. No es posible escrutar aquí las diez. Remito al lector al artículo todavía válido de Lyall, "Ḥanīf," 772–80.

67. Ibn Isḥāq 143–49; ver también el interesante pasaje más tardío de Yaʻqūbī 1,298–99 (m. 284 H/ 897). Waraqa bin Naufal, otro de los cuatro ḥunafāh de Meca, sirve de nexo entre los ḥunafāh preislámicos y la primera revelación coránica en el

aquí en consecuencia, ante un verdadero caso de *lectio difficilior* respecto al sentido original del dato que ha sido respetado por fidelidad a la verdad histórica por la cadena de transmisores frente al marco teológico general de la narrativa en el que se inserta. Así, el testimonio de 'Ubaydullāh bin Jash, describiendo el cristianismo como una religión más perfecta que el islam predicado en Meca durante su primera hora, difícilmente hubiera podido ser inventado por la tradición (añado el segundo y tercer paréntesis):

> "'Ubaydullāh marchó en búsqueda (de la religión de Abraham) hasta que llegó el islam; luego emigró con los musulmanes a Abisinia (en el año 615) tomando consigo a su mujer, Umm Ḥabība, bint Abū Sufyān. Cuando llegó allí adoptó el cristianismo, abandonó el islam, y murió cristiano en Abisinia. Muḥammad bin Ja'far bin al-Zubayr me dijo que cuando él ('Ubaydullāh) vino a ser cristiano, conforme pasaba por los compañeros del Profeta que estaban ahí solía decir: 'Nosotros vemos claramente, pero vuestros ojos están medio abiertos', como diciendo 'Nosotros vemos, pero vosotros estáis solamente intentando ver y no véis aún'." (Ibn Isḥāq, *Sīrat Rasūl Allāh* 144, trad. Guillaume)[68]

Dos argumentos, extraídos de la propia tradición islámica y del tratamiento que el Corán da a la figura de Abraham en tanto que ḥanīf, respetan una barrera para el monoteísmo de origen mecano anterior a Mahoma al comienzo de la segunda mitad del siglo VI (año 550), tiempo al que aproximadamente deben adscribirse los ḥunafāh Waraqa bin Naufal y Zayd bin 'Amr, pertenecientes por los datos biográficos que se ofrecen más a la generación de 'Abdallah bin 'Abdul-Muṭṭalib, padre de Mahoma, que a la suya propia.[69] En primer lugar, está el hecho de que la ḥanīfiyya sea

año 612, por lo que la descripción de su figura está conformada a canónes islámicos. En este sentido, su figura como cristiano es contradictoria: se dice que Waraqa adoptó el cristianismo, pero cuando diáloga con Mahoma, poco antes de morir, la figura que Waraqa destaca en su discurso es Moisés (Ibn Isḥāq 153–54; Bukhāri 3). La figura de 'Ubaydullāh, no cumple ninguna función en la vocación de Mahoma, y por eso ha sido conservada, a mi juicio, verídicamente por Ibn Isḥāq (ver siguiente nota). Muy posiblemente, la primera parte de la vida de Zayd bin 'Amr, y lo poco que se dice de la vida de 'Uthmān, conservan también y por el mismo motivo datos originales.

68. El testimonio de 'Ubaydullāh bin Jash—primo del propio Mahoma pues su madre era Umayma bint 'Abdul-Muṭṭalib, es una reliquia histórica, el testimonio de un seguidor de Mahoma durante la primera hora de su movimiento que cristianizó después de que emigrase acompañado de otros musulmanes a Axum en el 615, forzados por la persecución de los qurayshitas politeístas.

69. Según Ibn Isḥāq 143 el nasab de Waraqa es «W. bin Naufal bin Asad bin 'Abdu'l 'Uzzā bin Quṣayy.» Es pues descendiente de Quṣayy en la cuarta generación (Mahoma lo es en la quinta). Es además nieto de Asad, el abuelo de Khadīja bint Khuwaylid bin Asad, lo que le convierte en primo de la primera esposa de Mahoma

para la tradición una religión sin instituciones, sin escrituras sagradas ni registros propios, todo lo cual revela una trayectoria histórica muy reciente. En segundo lugar y por la razón anterior, un porcentaje elevado de ḥunafāh, al menos cinco de diez personas, asumieron otra religión después de la ḥanīfiyya, cristianismo o islam, lo que prueba el carácter incompleto que tuvo el movimiento ḥanīf. El carácter "no-terminado," incompleto, de la ḥanīfiyya pudo en cambio durante su propia generación suponer una ventaja para el islam, autorizando a los primeros musulmanes a presentarse como verdaderos ḥunafāh (C 10:105; 30:29–30), es decir, como restauradores del verdadero monoteísmo (C 98:5–6).[70]

ORIGEN JUDAIZANTE DEL CARÁCTER ABRAHÁMICO DEL ISLAM

Aunque el monoteísmo ḥanīf parece un dato enraizado en la realidad, que este exigiera la creencia en la figura de Abraham como elemento central se torna improbable, aunque es posible que pese a ello la figura de Abraham tuviese algún papel en Meca al comienzo del siglo VI, ya que Mahoma la trae brevemente junto a Moisés en las primeras azoras (C 53:36–37; 87:18–19). Por otro lado, la evolución de la palabra Allāh (Dios) a partir de una contracción de al-Ilāh (el-Dios) pudo haber sido una innovación de los cristianos de Najrān, y teniendo en cuenta el creciente carácter mercantil de Meca en el siglo VI, haber pasado por inculturación a su bagaje religioso, haciendo de ella un término propio una vez asimilada por el nuevo contexto.[71] Pero si esto es así, sorprende que el movimiento ḥanīf hubiera sido asociado por sus continuadores en Meca a la figura de Abraham, mucho más relevante para el judaísmo que para el cristianismo. Según C 11:13, 21:5, 25:4, y 46:8, Mahoma fue acusado por sus detractores de inventar una nueva religión, pero no de ser declaradamente cristiano o judío. El dato prueba indirectamente la independencia y autenticidad frente a judíos y cristianos árabes de la vocación de Mahoma, el cual posiblemente

(Ibn Isḥāq 120). Zayd era tío de ʻUmar bin al-Khaṭṭāf, el futuro califa Omar (634–644, nacido ca. 592), pero se dice que fue monoteísta antes de nacer Mahoma.

70. Puede verse en el resumen de la religión de los árabes preislámicos de Yaʻqūbī 1,297–98, quien añade el mandeísmo. Aparte de lo ya dicho, para el destino de los distintos ḥunafāh, Lyall, "Ḥanīf," 772–80.

71. Esta es la tesis de Robin, "Allāh avant Muḥammad," 100–03.

incorporó la ḥanīfiyya.[72] Prueba de ello sería el testimonio de ʻUbaydullāh bin Jash, quien primero fue ḥanīf, luego musulmán, y finalmente cristiano.[73]

La figura de Abraham como elemento central de la fe musulmana, indica otra dirección que no la de Najrān, incluso a expensas de la aceptación de que el término «Allāh» con sentido monoteísta sea una inculturación que deba remitirse en su origen a los cristianos de Najrān. Najrān, y quizás también el cristianismo etíope a través de la milicia de lanceros de la que disponía Quraysh, pudo ser responsable junto a otros grupos menos relacionados con Meca preislámica—cristianos de al-Ḥīra a través de la ruta del Najd conectando vía Taif o cristianos árabes del Sinaí y del sur de Transjordania a través de la ruta occidental, del entendimiento de la palabra genérica «al-lāh,» desde un creciente sentido monoteísta o henoteísta, evolucionando finalmente hacia «Allāh.»[74] Pero el elemento abrahámico, el peso dado por el Corán a la figura de Moisés y a la de Abraham comparada con la de Jesús, y otra serie de cuestiones en las que no podemos entrar en el cuerpo central del presente estudio, denotan una marcada ascendencia judía o judaizante, especialmente si esta es juzgada desde el cristianismo.[75]

72. Otras pruebas de la autenticidad de la vocación de Mahoma son, desde el criterio de la psicología religiosa, la presencia de miedo en sus primeras revelaciones en el monte Ḥirā', su confusión, y el hecho de que la revelación se detuvo por espacio de dos o tres años. No podemos entrar más ahora en esta cuestión. Ibn Isḥāq 152–56; Bukhāri 1–3; C 93:3.

73. Nota *supra* para este particular.

74. Sobre la milicia abisinia: Ibn Isḥāq 743. Esta comunidad africana en Meca preislámica abre una línea de investigación, ya que al presuponerse desprovista de sacerdotes y obispo (clero encargado de velar por la ortodoxia) posiblemente practicaba un cristianismo genérico y tendente al sincretismo. Los contactos entre al-Ḥīra y el Hejaz sur en el siglo VI ciertamente existieron. Como ya se ha indicado más arriba, un disturbio a consecuencia de un comerciante de al-Ḥīra que conducía una caravana propiedad de al-Nuʻmān bin al-Mundhir IV y que fue asesinado en el mercado de ʻUkāz, produjo una guerra en la que participó Quraysh en el 585, conocida como "La Guerra Sacrílega," porque infringió el tabú del mes sagrado (Ibn Hishām 124).

75. Varios puntos doctrinales del Corán muestran una raíz judaizante, extraña al Nuevo Testamento: a) ideal moral representado por el talión, que justifica el homicidio bajo ciertas condiciones (C 2:178–179.216; 5:44–45; 9:5.12–14; comparar con la doctrina cristiana del "amor al enemigo" en Mt 5,38–48; Lc 6,27–36; Rom 12,17; 1 Jn 4,15.20–21; no obstante, el cristianismo imperial de Axum y Bizancio que tuvo a la vista la Arabia coránica nunca entendió que la doctrina del amor al enemigo debiera gobernar la política del Estado); b) concubinato, poligamia, y divorcio, ampliamente practicados por Mahoma y el núcleo de sus íntimos seguidores (C 2:228–230.236–237; 4:3.24; 30:28–32; 66:1–5; comparar con Mt 5,31–32; 19,3–12; Mc 10,1–12; 1 Cor 7); c) leyes de pureza ritual y abluciones (C 4:43; 5:6; comparar con Mc 7,1–23); y d) preferencia dada a un lugar de culto (Kaba) frente a otros (C 2:125–127.144.196; 22:26; comparar con Jn 4,21–24).

JUDAÍSMO ÁRABE DEL SIGLO VI (Y VII): SITUACIÓN DEL HEJAZ

En el siglo VII, el judaísmo está ampliamente distribuido por el Hejaz norte y otros oasis del cuadrante noroccidental de Arabia, con los que Quraysh mantiene desde el tiempo de Hashīm bin ʻAbd Manāf relaciones económicas, ampliadas por el īlaf y reforzadas por el matrimonio y la poligamia.[76] Los más importantes poblados judíos son, a comienzos del siglo VII, Yathrib (futura Medina) y Khaybar, siendo probable que para el judaísmo árabe lo fueran ya en la segunda mitad del siglo VI, o incluso antes. Otros oasis no tan relacionados con los mercaderes qurayshitas de Meca pero con presencia mayoritaria judía en la primera mitad del siglo VII son Fadak, wadi al-Qurā, y Taymā'.[77] En último lugar, un caso poco conocido del siglo VII, son los judíos residentes en Taif, al sureste de Meca, pues así leemos en un reporte temprano y temáticamente aislado de al-Balādhuri sobre esta ciudad: "En el distrito de Taif vivían algunos judíos salidos de Yemen y Yathrib, quienes se habían asentado ahí para el comercio" (n. 56, trad. Ḥitti). En dependencia del registro epigráfico examinado anteriormente, abarcando un abanico de inscripciones y grafitis rupestres judaizantes durante un largo periodo desde el siglo I d.C. al V, cabe considerar a estos asentamientos del siglo VII herederos de una emigración antigua y étnicamente árabes.

Dentro de las relaciones maritales judeo-árabes, dos casos del siglo VI llaman la atención. Uno de los dos, hace referencia a la segunda esposa de Hashīm bin ʻAbd Manāf, una judía de Khaybar, de la que tuvo dos hijos, Sayfī, y Abū Sayfī.[78] Estos otros dos hijos siguen una línea genealógica

76. Lecker, "Jews of Northern Arabia," 257–90. Poligamia es aquí un término que abarca la poliandria, de la que se expondrán algunos casos poco más adelante.

77. Los judíos de Yathrib se dividían en tres clanes mayores y familias menores, que guardaban una relación de clientela con las dos tribus árabes principales Aws, y Khazraj, después aliadas de Mahoma. Algunas de las familias menores de judíos formaron parte junto a sus socios árabes de la "Constitución de Medina" (año 624), un documento en el que se reconocía el arbitraje de Mahoma tras su llegada a Medina (Ibn Isḥāq 341–44.352; posibles referencias coránicas: C 2:83–85; 3:81.103; 4:59–66; 5:41–50; 8:63.72; 57:8; 59:9). En cuanto a los clanes judíos mayores, dos de ellos, Qaynuqa y Naḍīr, dedicados al comercio de bienes preciados y a la agricultura, fueron expulsados por Mahoma en los años 624 y 625 (Wāqidī 176–80.363–80). El tercero, Qurayza, comerciante de armas, acusado de colaboración con el enemigo, habría rechazado un ultimatum y luego fue masacrado y reducido a esclavitud en el 627 (Ibn Isḥāq 541–47; Wāqidī 496–522). Los judíos de Khaybar y Fadak, en un contexto menos dramático, serán expulsados por el califa Omar, pero los de wadi al-Qurā y Taymā' permanecieron en Arabia al no ser considerados parte del Hejaz (Balādhuri 34; Muqaddasī 84).

78. Lecker, "Quraysh and Jewish Women," 19–36, citando principalmente a Ibn Ḥabīb, *Kitab al-Munammaq* (ed. K. A. Fāriq, 1964, 506–07). M. Lecker considera que

diferente a los hijos de Hashīm por Salmā, por lo que han recibido menos atención por la tradición y son desconocidos por el público en general. Otro de los hijos de 'Abd Manāf, al-Muṭṭalib, hermano por tanto de Hashīm y 'Ābd Shams, tuvo también un hijo llamado Makhrama, hermanastro de Sayfī y Abū Sayfī, es decir, de la misma madre judía. Impactante para el lector occidental contemporáneo, es también el caso de un nieto de 'Ābd Shams y de un nieto de otro de sus hermanos por vía del mismo padre, Naufal bin 'Abd Manāf. Ambos se casaron con otra misma judía, de la que tuvieron un hijo cada uno, al-Ḥuṣayn en el caso de Sufyān bin Umayya bin 'Ābd Shams, y al-Khiyar en el de 'Adī bin Naufal bin 'Abd Manāf. Ar-Ribāb—así se llamaba la esposa judía, aún llego a tener dos hijos más de dos maridos qurayshitas diferentes, pero de clanes no tan vinculados con Mahoma.[79]

Alianzas de este tipo denotan una motivación político-económica, la que generalmente subsiste en el fenómeno de la poligamia árabe (aunque en los casos descritos es poliandria). Sin embargo, la historia demostró que era prácticamente imposible que estas alianzas permanecieran limitadas por la necesidad económica o política y que tarde o temprano no afectaran al plano de las ideas religiosas. Desde este punto de vista, es interesante pues verificar la conexión entre Quraysh y los judíos del norte del Hejaz tan pronto como la institución del īlaf y el renacimiento de la ruta de Arabia occidental bajo el patronazgo de Hashīm bin 'Abd Manāf en el siglo VI.[80] Es más, la influencia judaizante entre las tribus del interior de Arabia no se detuvo en Quraysh. Un pasaje de Ya'qūbī las extiende a varios grupos más, todos del cuadrante occidental de Arabia. Teniendo al alcance la suma de toda la evidencia anterior, que algunas ideas del contexto religioso del Dios monoteísta pasaran a ser conocidas en Meca preislámica no parece algo implausible (paréntesis míos):

> "Algunos de los de Aws y Khazraj (tribus árabes de Yathrib) también se hicieron judíos debido a que vivían como vecinos de los judíos de Khaybar, los Qurayza (de Yathrib), y los al-Naḍīr (de Yathrib); algunos de los Banu al-Ḥarīth bin Ka'b, algunos de los Ghassān, y algunos de los Judhām también se hicieron judíos." (Ya'qūbī, *Tar'īkh* 1,298, trad. Gordon)[81]

---

la primera mujer de Hashīm fue esta judía de Khaybar y no Salmā de Yathrib, ya que de Abū Sayfī se dice ser el primogénito.

79. Lecker, "Quraysh and Jewish Women," 20.24–27.

80. Sobre el cementerio judío de Medina durante el califato de Otmán (644–656): Ṭabarī 3046–47.

81. Banu al-Ḥarīth bin Ka'b pertenecía a la confederación de Mudar (Ya'qūbī 1,260).

Sobre el suelo construido por la documentación expuesta, la inscripción Mā'sal 2 (Ry 510), año 521, se presta también a una lectura religiosa. En ella encontramos a varias grandes confederaciones tribales, Himyar, Kīnda (Kiddat), Mudar, Madhḥij, y posiblemente varios tipos de creencias religiosas. Kīnda y Madhḥij tuvieron un componente predominantemente pagano, pero no pueden descartarse componentes judaizantes o cristianos, al menos en los dirigentes. La fidelidad de Kīnda y Madhḥij a Himyar hace que los encontramos luchando en favor de Ma'dīkarib Ya'fur, que era cristiano y pro-etíope, pero también en favor de Yūsuf As'ar, el rey judío que dio muerte a Ma'dīkarib y que era abiertamente anticristiano (Ry 507; Ry 508; Ja 1028).[82] En cuanto a Kīnda, la evidencia de su judaísmo es tardía, allá por el 632–634. Después de la disolución de Himyar hacia el 573, Kīnda se localiza sobretodo en Hadramawt, contexto geográfico en el que su judaísmo hace aparición en fuentes escritas, pero pudo ser anterior.[83]

ÚLTIMO REY JUDAIZANTE DEL YEMEN: LA PERSECUCIÓN DE DHŪ NUWĀS

Ma'dīkarib Ya'fur tuvo un reinado muy breve, apenas tres años, 519–522. Por la Carta de Simeón de Beth Arshām se sabe que Ma'dīkarib, puesto en el trono de Himyar por el Negus de Etiopía, fue asesinado por el yemenita Dhū Nuwās.[84] Dhū Nuwās es un nuevo usurpador del trono proveniente de la facción judaizante de Himyar, presumiblemente descontenta con el acercamiento político a Bizancio y Etiopía cristianas, del cual se sospecha que se derivaron acciones anti-judías.[85] Dhū Nuwās es conocido por fuentes cristianas, árabes, y epigráficas. Gracias a estas últimas se sabe que su nombre completo era «Yūsuf As'ar Yath'ar.»[86] La reacción de Dhū

82. Sobre los judíos de Najrān, ciudad en el territorio de Madḥhij: Balādhuri 66.

83. Ṭabarī 2006–08 describe el sitio de la fortaleza kindita de Nujayr en Hadramawt. En este epidosodio, uno de los líderes kinditas de Nujayr, que entregó la fortaleza a la coalición musulmana, es acusado de judaísmo por fuentes complementarias. Ver Lecker, "Judaism Among Kinda," 637–43.

84. Simeón, *Epist.* 482. Comentado más arriba.

85. En *Frag. Lib. Hom.* 32b, Ḥabṣa bint Ḥayyān, una mujer noble, nieta del introductor del cristianismo en Najrān (ver nota *supra*), le responde a Dhū Nuwās durante un interrogatorio que "Ḥayyān, mi padre, una vez quemó vuestras sinagogas" (en Najrān). El episodio de la quema de sinagogas en Najrān sería poco anterior a la represión de Dhū Nuwās en el 523, pero aunque el martirio y el linaje de Ḥabṣa son posiblemente ciertos, su discurso es una reconstrucción. No obstante, la persecución de judíos en este contexto tiene otra pieza de evidencia más: consultar Gajda, *Royaume de Ḥimyar*, 77.

86. Ninguno de los tres términos corresponde a su nombre de nacimiento sino

Nuwās a las maniobras pro-etíopes y pro-bizantinas de Ma'dīkarib, no se hace esperar. Las tres inscripciones, Ry 507, Ry 508, Ja 1028, de los años 522 y 523 forman un conjunto de información sinóptica único para el desvelamiento de la política anticristiana del rey Yūsuf. Fueron grabadas por orden de un general de Yūsuf, Sharaḥ'īl Yaqbul del clan de Yaz'ān y describen el itinerario que siguió la operación de castigo y el purgado de personas profesas del cristianismo por parte de Dhū Nuwās.[87]

Yūsuf descarga primero en la capital de Himyar, Zafar, donde quema una iglesia (qlsn) y mata a 300 cristianos.[88] Ma'dīkarib debe ser la primera o una de las primeras víctimas. A continuación Yūsuf se dirije al Tihāma yemenita hasta el extremo de Bab al-Mandeb, donde extiende la represión y refuerza una línea de defensas en la costa. En tercer lugar envía al yazanida Sharaḥ'īl a los habitantes de Najrān, que, por lo que se conoce del martirologio cristiano, fueron obligados a judaizar o morir. Más allá de la motivación religiosa—si es que bajo el contexto del periodo puede entenderse como un fenomeno aislado, las circunstancias de estas tres grabaciones paralelas Ry 507, Ry 508, y Ja 1028, dejan adivinar una tensión interna en Himyar en correlación con la colonización del litoral yemenita y de la costa de Bab al-Mandeb por etíopes, intensificada por la presencia de cristianos posiblemente etíopes en la capital, Zafar, que estaría tutorizada por el pro-bizantino Ma'dīkarib Ya'fur.[89] Fiel al modo antiguo de contar los

---

que representan datos biográficos relacionados con su reinado: «Yūsuf» es "José," «Yath'ar» provendría de la raíz «Ṯ'R,» "vengar," y «'s'r» sería "superviviente," haciendo referencia quizás a su familia oprimida bajo el rey anterior (Rodinson, "Dhoū Nowās," 28, y 26–34 para el texto de Ja 1028 y comentario). Ibn Isḥāq 19–20 elabora a su manera la historia y presenta al joven Yūsuf asesinando al rey anterior, que habría intentado sodomizarlo. Otros nombres que recibe Yūsuf son Δουννάς (Acta St. Arethae) y Masrūq (Libro de los Himyaritas), Δαμιανός (Teófano el Confesor), etc.

87. Ry 507 y 508 fueron grabadas por la misma persona, Sharaḥ'īl Yaqbul, con un mes de diferencia en el año 523 (633 de la era de Himyar). Ja 1028 contiene información semejante, está fechada también en 523, y permite hacer una lectura sinóptica o paralela de las tres. Ja 1028 menciona a Sharaḥ'īl pero no da el apellido, aunque sí el clan, Yaz'ān. En las líneas 10–11 cita los hombres de guerra de Yaz'ān que han participado en la operación, donde puede verse el núcleo más fiel al rey Nuwās (compárese por ejemplo Rodinson, "Dhoū Nowās," 27–32 con Cohen y Rodinson, "Éthiopien et Sudarabique 1967," 122–24). Ry 507 y Ja 1028 fueron grabadas en Bir Ḥima, y Ry 508 en el monte Kawkab, las tres entre 80 y 110 km al NE de Najrān, en la actual Arabia Saudí (Robin, "Aksūmites à Ẓafār," 99–105).

88. El término «qlsn» es un grecismo de ἐκκλησία, "reunión" o "asamblea" (verbo ἐκ-καλέω, "llamar-de" o "convocar") y por extensión, nombre del edificio donde los cristianos se reúnen.

89. Un pasaje extrañamente situado en la obra de Teófano en el que Dhū Nuwās es nombrado con el nombre griego de Damián (Δαμιανός), desfasado cronológicamente unos diez años (se atribuye al año 535), sugiere y añade, a las razones indicadas

grandes hechos, las inscripciones hacen propaganda del éxito condecido al rey Dhū Nuwās, exagerando las cifras de esclavos y personas eliminadas, entre 9.500 y 14.000, pero que no por eso dejan de atestiguar que el martirio de cristianos a manos de un rey judío del Yemen fue realidad y no ficción.

El Libro de los Himyaritas contiene una lista con 174 mártires, una cifra creíble (24b–25b ed. Moberg). El suceso dejó en los árabes un fuerte impacto. Cien años más tarde, C 85:4–10, en una versión muy escueta, se hace eco del suceso. Los mártires de Najrān son conocidos ahí como los "habitantes de la zanja," en honor a la zanja donde fueron arrojados y quemados.[90] En la misma línea 4 de la inscripción Ja 1028 y después de la mención de «Ngrn» se habla de "la restauración de la cadena de Mdbn" (w.tṣnʿ ssltn Mdbn). «Mdbn» (Madabān) sería aquí un vocablo retenido en la nomeclatura actual del estrecho que separa Yemen del Cuerno de África, es decir, una referencia a la línea de costa de Bad al-Mandeb, punto más cercano a Etiopía desde el que era esperable un contra-ataque axumita. Reforzando la batería costera, el rey Yūsuf estaría dejando ver al historiador que era consciente del alcance de sus acciones represivas, tal y como sugirió recientemente un analista.[91]

LA REACCIÓN ETÍOPE-BIZANTINA: EL REY ABRAHA

Cosmas Indicopleustes, un viajero alejandrino, dijo haber visto en Adulis (Zula) al comienzo del reino de Justino (518–527) un preparativo bélico del rey etíope Elesbaás (Ἐλλατζβάας) contra los himyaritas. Cosmas se entretiene en explicar una inscripción en letras griegas que existía en un monumento del puerto y no da más datos para determinar si el episodio guarda relación con la puesta en el poder de Maʿdīkarib Yaʿfur, o con el contra-ataque cristiano que acabó con Dhū Nuwās unos pocos años después. Cosmas dice recordar estos eventos ocurridos unos 25 años antes de que los pusiera por escrito (ca. 545–550), por lo que tampoco ofrece mayor garantía de precisión.[92] Por datos adicionales extraídos de Procopio,

---

arriba, un conflicto comercial entre himyaritas y romanos/ etíopes en el litoral yemenita (Teófano, *Chron.* 188–89).

90. Ibn Isḥāq 24–25. En contra de algunas dudas que recoge Moberg, *Syriac Work*, xlvii–xlviii, la parquedad de información de C 85:4–10 muestra a mi juicio una fuente popular independiente, más que derivada de fuentes cristianas, mucho más ricas en detalles. Esto se prueba por el propio texto coránico, que aunque en este caso no sea explícito por lo general apela a la memoria popular del auditorio.

91. Sigo la interpretación de Gajda, *Royaume de Ḥimyar*, 92.

92. Cosmas Indicopleustes, *Top. Christ.* 2,101.

cabe suponer que Ma'dīkarib Ya'fur fue un rey de origen yemenita, pero proclive a la política del Imperio Bizantino y su aliado en el Mar Rojo, Etiopía. Es algo que no puede asegurarse, pero la política de implantar en el poder de Yemen a un nativo fiel a los intereses de Etiopía es la que va a seguir el Negus, cuando acabe con Dhū Nuwās (paréntesis añadidos):

> "...Él (Elesbaás), reuniendo una flota de naves y una armada marchó contra ellos (los himyaritas), y habiendo vencido en una batalla al rey y extendido (la matanza) a muchos de los homeritas, colocó en su lugar a un rey cristiano, homerita de nacimiento, de nombre Esimifaios, ordenándole que debía pagar un tributo cada año a los etíopes, y luego regresó a su casa. De esta armada de etíopes, muchos esclavos y todo aquél dispuesto a delinquir tampoco querían ir detrás del rey (Elesbaás) a ninguna parte, sino que por deseo de un lote de la tierra de los homeritas se quedaron (ahí), pues es buena y muy productiva." (Procopio, *Bell. Pers.* 1,20:1–2)[93]

Según la tradición islámica, el rey judío de Yemen fue acorralado por las tropas del rey de Etiopía cerca de un acantilado y se arrojó al mar en un caballo, poniendo fin a su vida. Un poco más abajo del mismo pasaje traducido arriba, Procopio explica lo que ocurrió pasada esta primera fase de la invasión etiópica de Himyar: uno de los mercenarios de la armada convocada por el rey Elesbaás destronó a Esimifaios, haciéndose con el poder. Su nombre era Abramos (Ἄβραμος), un esclavo que previamente había trabajado al servicio de un mercante romano en Adulis.[94] Este Abramos, «Abraha» y «Abū Yaksūm» para la tradición árabe, ha sido épicamente recordado por lanzar, años más tarde, una expedición contra Meca, a la que el Corán dedica el capítulo El Elefante (al-Fiyl, الفيل), en honor al animal que encabezaba el ejército (C 105:1–5).[95] Afortunadamente,

93. ...στόλον τε νηῶν καὶ στράτευμα ἀγείρας ἐπ’ αὐτοὺς ἦλθε, καὶ μάχῃ νικήσας τόν τε βασιλέα καὶ τῶν Ὁμηριτῶν πολλοὺς ἔκτεινεν, ἄλλον τε αὐτόθι Χριστιανὸν βασιλέα καταστησάμενος, Ὁμηρίτην μὲν γένος, ὄνομα δὲ Ἐσιμιφαῖον, φόρον τε αὐτῷ τάξας Αἰθίοψι φέρειν ἀνὰ πᾶν ἔτος, ἐπ’ οἴκου ἀνεχώρησε. τούτου τοῦ Αἰθιόπων στρατοῦ δοῦλοί τε πολλοὶ καὶ ὅσοι ἐπιτηδείως ἐς τὸ κακουργεῖν εἶχον τῷ μὲν βασιλεῖ ἕπεσθαι οὐδαμῆ ἤθελον, αὐτοῦ δὲ ἀπολειπόμενοι ἔμενον ἐπιθυμίᾳ τῆς Ὁμηριτῶν χώρας: ἀγαθὴ γὰρ ὑπερφυῶς ἐστιν. Esimifaios es una persona completamente histórica: Sumyafa 'Ashwa', de la inscripción Ist. 7608.

94. Procopio, *Bell. Pers.* 1,20:4.

95. Varias de estas tradiciones menos accesibles, se hayan traducidas y discutidas en Kister, "Campaign of Ḥulubān," 427–34. Otro de los nombres de Abraha para la tradición islámica es al-Ashram (Cara Cortada, de la raíz ر/ ش/ ا, "cortar"). En un duelo, Aryāṭ, un segundo capitán que Elesbaas envió para aplacar la sublevación de Abraha, en un duelo personal le cortó con su lanza la ceja a Abraha, parte de un

durante su gobierno Abraha mandó grabar algunas inscripciones de las que varias conservan un alto valor histórico, entre ellas CIH 541 y muy especialmente Ry 506. CIH 541, datata en junio de 547 (dhū Qiyāẓān del año 657 de la era himyarita) describe grandes trabajos de reparación en la gran presa de Marib, que pueden leerse también desde la inscripción Ja 544–547, sobre obras en un canal lateral de la presa, fechada en noviembre de 558 (dhū Muhlatān del año 668).[96]

CIH 541 es la primera fecha fijada por la epigrafía del rey Abraha, en el año 547. Las *Guerras Persas* de Procopio se publicaron del 545 al 550, de donde se deduce que la usurpación de Abraha a Esimifaios que él relata tuvo que realizarse antes de esa fecha. El episodio de destronación (de Yūsuf) por Esimifaios está de hecho situado hacia el 531, después de la Batalla de Calinico, y por el contexto tanto de Procopio como de la versión árabe Abraha parece haber pertenecido al partido de mercenarios enviados por Etiopía menos fieles a Elesbaás y a Esimifaios. La ascensión de Abraha se situaría mejor hacia el 530 o 531, poco después de la de Esimifaios.[97]

RYCKMANS 506: INTERVENCIÓN DE ABRAHA EN ARABIA CENTRAL

Una vez decantada la fecha del comienzo del reinado de Abraha, la asignatura de estudios preislámicos se enfoca principalmente en Ry 506. Fue grabada en Bi'r Murayqhān, más allá de la región de ʿAsīr 230 km al N-NO de Najrān, al regreso de una gran expedición en dos frentes. Uno de los frentes, fue dirijido contra Maʿadd y ʿAmr bin al-Mundhir (III). En él participó el propio rey Abraha, tuvo la asistencia de Kīnda, y puede calificarse de "frente-norte" en función de la posición geográfica respecto al lugar donde se grabó la inscripción, es decir respecto a Bi'r Murayqhān. Este frente, que se desarrolló en Ḥalibān, repite básicamente la situación de Mā'sal 2: se sitúa en la misma dirección (que el wadi Mā'sal al-Jumḥ), aunque algo más al sur, y los enemigos son otra vez rebeldes maadenos aliados del rey lakhmida de al-Ḥīra sobre los que Himyar quiere imponer o reimponer su autoridad (líneas 6–8). La otra ala del ejército de Abraha,

---

ojo y la nariz, razón por la que Abraha fue apodado "Cara Cortada" (al-Ashram). Sobre Aryāṭ y la usurpación de Abraha, Ibn Isḥāq 26–29; Azraqī 1,134–35. Interesantemente, Ṭabarī 933 añade que cuando el Negus reconoció la autoridad de Abraha, este le quitó la esposa a un miembro de Dhū Yaz'ān.

96. Gajda, *Royaume de Ḥimyar*, 111–56 para estas inscripciones y el reinado de Abraha.

97. Sigo el razonamiento de Gajda, *Royaume de Ḥimyar*, 111–12. Calinico es la actual ar-Raqqa, en Siria.

se encaminó a lo que puede calificarse de "frente-oeste." Desembocó en la batalla de Turabān, con apoyo de las tribus Saʿd y Murād. El comandante Bishr bin Ḥuṣayn pasó a cuchillo al enemigo ahí y obtuvo un gran botín y prisioneros de guerra.[98]

Turabān (TRBN) es la actual Turaba, 130 km al este de Taif. El lugar se encuentra relativamente próximo a Meca y suscita la pregunta de si acaso Ry 506 equivale o no a la así llamada "Expedición del Elefante" de la azora 105 del Corán y la que, según la tradición musulmana, terminó en fracaso. En primer lugar, cabe traer a consideración que Abraha no realiza, a saber por la arqueología, expediciones posteriores a Ry 506 contra las tribus de Arabia Central. En segundo lugar, ʻAbdul-Muṭṭalib bin Hāshim, jefe de Quarysh en ese momento, es para la tradición el delegado encargado de conseguir un acuerdo de paz con Abraha para evitar un ataque contra Meca. Abraha rechaza la oferta, se dispone para acometer a Meca a la mañana siguiente, pero Dios envía una epidemia y Abraha debe regresar a su tierra, gravemente enfermo. El conjunto sería un primer plano de la historia sumaria contada por C 105:1–5.[99]

Sin embargo, existen objeciones a la interpretación historicista de la tradición. Para esta, Abraha quería derivar la peregrinación de los árabes a una catedral himyarita recientemente construida por el rey en Sana, la nueva capital. La catedral es recordada por la tradición y la población actual de Sana por el nombre de «al-Qulays» (l-qls). En el presente, restos de muros fundacionales en una hondonada que se considera la ubicación de la antigua catedral, subsisten al oeste de la ciudadela de Sana. Una discreta cruz perceptible en dos capiteles reutilizados por la mezquita mayor de Sana, convierten en creíble la identificación del sitio.[100] En la

98. Bishr hijo de Ḥuṣayn por «BSHR B ḤṢN» en Ry 506/4, nombre probable. Kister, "Campaign of Ḥulubān," 425–26, o Cohen y Rodinson, "Éthiopien et Sudarabique 1966," 125–31 para traducción de Ry 506 y comentario.

99. C 105:3–5 ve la razón de la retirada del ejército del Elefante en "bandadas de pájaros" (milagrosamente) enviadas por Dios que arrojaron piedrecitas, dejando al ejército como cáscaras carcomidas, una posible referencia al granizo, raro pero a veces muy impetuoso en Arabia. El motivo reaparece en Ibn Isḥāq 35–36. Más abajo, Ibn Isḥāq 35–36 trae una noticia interesante: aquél año fue el primero en el que se vio el sarampión y la viruela en Arabia, que en efecto pudo haberse extendido entre las filas de Abraha por un brote esporádico entre los mercenarios y agua contaminada.

100. Robin, "Chrétiens de l'Arabie," 29, citando a Azraqī (1,137–50) da medidas para al-Qulays de 150 codos de largo, 40 de ancho, y 60 de alto, con muros policromados, cúpula recubierta de oro y plata, una placa de alabastro traslúcida de 10 x 10 codos, y una cátedra tallada en ébano y marfil (productos típicamente etíopes). Reconvertida en uso pagano, la catedral fue destruida en el 750–775. Según Daum, "Abrahah's Cathedral," 72–73 la catedral estuvo ubicada en realidad al lado de la gran mezquita actual, en el lugar conocido como la Tumba del profeta Ḥanzalah.

versión confesional de la expedición de Abraha, ʻAbdul-Muṭṭalib profesa el monoteímo abrahámico de la Kaba, pero este es incompatible con el politeísmo qurayshita del periodo (ver Bukhāri 1360). Un monoteísmo tan explícito en el hombre principal de Meca dos generaciones antes de la Hégira es incompatible con la misión que desarrollará su nieto. Esto y el hecho de que los motivos de Abraha para atacar Meca están centrados en la Kaba, pone en claro que se trata de una interpolación tardía.[101]

AL-FIYL: EL AÑO DEL NACIMIENTO DEL PROFETA

Ry 506 revela un escenario diferente al de la tradición, aunque trasluce la parte de la verdad que esta ha fijado después de su transmisión oral. Abraha ha combatido en el "frente norte" donde se encontraba al parecer ʻAmr bin Mundhir III, el territorio que seguramente causaba la principal preocupación y que exigía la presencia del rey y de las mejores tropas, en número y calidad (líneas 6b–9).[102] El "frente-oeste" puede considerarse una operación que protegiera la retaguardia, aunque pudo tener interés por sí misma. Ry 506 fue grabada después de las operaciones, lo que no sugiere un ejército en desbandada. Una epidemia en plena campaña es pese a lo dicho posible, dada la concentración de personas, la escasez de agua en el desierto, y la necesidad de consumirla allá donde se encuentra. Sopesado el conjunto, una explicación que se presta verosímil es que la tradición ha incorporado y adaptado el dato histórico de la expedición de Abraha a la biografía de Mahoma. El ala occidental de Abraha se acercó al Hejaz, repercutiendo en la conciencia popular de Meca y las tribus aliadas. En una fase posterior a la muerte de Mahoma, la tradición asociaría el año de su nacimiento al Año del Elefante, hecho previamente convertido en un evento de la memoria común a partir del cual contar el tiempo.[103] Una concordancia completa

101. Ibn Isḥāq 29–38. Tradiciones secundarias, hablan de un conflicto de naturaleza económica con mercaderes yemenitas, perfectamente posible pero a mi juicio igualmente incierto (ver Kister, "Campaign of Ḥulubān," 429–30).

102. «ʻmrm bn Mḏrn» (línea 7). ʻAmr bin Mundhir III, también llamado ʻAmr bin Hind, fue el hijo mayor de al-Mundhir III (505–554) y de Hind, una afamada princesa cristiana de al-Ḥira que patrocinó la construción de un monasterio. ʻAmr bin Mundhir III (554–569) será sucedido por dos hermanos: Kābūs (569–574), y al-Mundhir IV (575–580). El último rey de al-Ḥira será un hijo de al-Mundhir IV, al-Nuʻmān III (580–602), el más memorable de toda la dinastía lakhmida después de su abuelo al-Mundhir III.

103. Ṭabarī 945 habla de trece elefantes en la expedición.

daría una fecha tardía para Ry 506, alrededor del año 570 en el caso de que se identifique con al-Fiyl.[104]

Pero esta concordancia resulta fallida. Del año 570 hay que recordar más, posiblemente y por eso, el nacimiento de Mahoma que la Expedición del Elefante. Ry 506 está datada en el 662 de la era himyarita. Restando 110 años, se obtiene el año 552, fecha real de la expedición. El profeta Mahoma se mantuvo militarmente activo hasta el año 630, con cerca de 60 años de edad, pasando de este mundo al otro en el 632. Aumentar en dieciocho años su edad no parece coherente con el vigor requerido para su misión. Una tradición secundaria, afirma en este sentido:

> "Quraysh contaba (los años), antes de la cronología del Profeta, desde el tiempo del Elefante. Entre el Elefante y la (batalla del) Fidjār ellos contaban cuarenta años. Entre el Fidjār y la muerte de Hishām bin al-Mughīra ellos contaban seis años. Entre la construcción de la Kaba y la partida del Profeta a Medina (la Hégira) ellos contaban quince años; él estuvo cinco años (de esos quince) sin recibir la revelación. Luego el recuento (de la cronología usual) fue como sigue." (Ibn Asākir, *Ta'rīkh Dimashq* 1,28, trad. Kister)

La batalla del Fidjār ocurrió a raíz del asesinato del piloto de una caravana con mercancía de al-Num'ān III de al-Ḥīra (580–602), cerca de Taif. La tribus de Kināna y Quraysh en tanto que tribu aliada de Kināna, lucharon contra Thaqīf, esta última hasta entonces dominante en la ciudad de Taif y su entorno. Después de la batalla, con resultado favorable para los aliados de Meca, Quraysh impuso su criterio sobre Taif, incrementando su control de la ruta comercial hacia Arabia Central y del Este. Al-Num'ān III, el último príncipe de al-Ḥīra, reinó entre el 592 y el 604. Cuarenta años antes dan una fecha entre el 552 y el 564. Ry 506 está datada precisamente en el 552, emergiendo como un candidato muy probable para la Expedición del Elefante, algo que ya fue demostrado brillantemente en el mundo académico hace unas décadas por M. Kister.[105]

104. Retomo aquí el argumento de Conrad, "Abraha and Muḥammad," 227–28. Ver nota en el capítulo anterior.

105. El argumento es de Kister, "Campaign of Ḥulubān," 427–28. No obstante, la segunda parte de la cronología de Ibn Asākir (citando a al-Zhurī, transmisor de la tradición) presenta problemas: la construcción de la Kaba dataría del 607, y no del 595, dato improbable. Ṭabarī 1834–36 afirma que Mahoma murió con 60, 63, o 65 años de edad, según los informadores. La muerte de Mahoma ocurrió con certeza en 632, lo que fijaría aproximadamente su nacimiento en el 570, considerando una edad de 60 años. Ṭabarī 1136 dice también que el Fidjār ocurrió cuando Mahoma tenía 35 años de edad y quince después de la reconstrucción de la Kaba. Obtendríamos

OCASO DEL REINO DE HIMYAR. EL AMANECER DE UNA CIVILIZACIÓN

Abraha es el último rey himyarita del que se conservan inscripciones. Según Ibn Isḥāq 41–48 fue sucedido por dos hijos suyos consecutivamente que actuaron tiránicamente, Yaksūn y Masrūq. Se les reprocha raptar mujeres y niños de las familias yemenitas que entregaban a los abisinios.[106] El descontento se hizo insoportable. Después de buscar ayuda bizantina sin éxito, un notable de Banu Yaz'ān llamado Sayf pidió asistencia al sasánida Cosroes I (531–579), prometiéndole una alianza política si le suministraba ayuda para acabar con la tiranía. Cosroes actuó, enviando una flota con 800 reclutas extraídos de las cárceles (mercenarios) a las órdenes del capitán Wahriz. Este breve periodo de transición se caracterizó por nuevas guerras entre la facción de la población pro-etíope o anti-persa, y el ejercito de Wahriz y los yemenitas inclinados al cambio, continuando la erosión creciente del estado de Himyar. Fue este contexto degradado, con el resultado del empobrecimiento de la hacienda de Himyar, el que arrastró la gloria de Banu Kīnda y de los príncipes hujridas a su fin, siendo suponible que Ry 506 testifique la última operación de gran envergadura de Kīnda como aliada de Himyar. Hacia el cambio de siglo Kīnda se replegó presumiblemente en Hadramawt, su lugar de origen, desempeñando a partir de entonces un papel secundario para los estudios islámicos.[107]

En realidad, el protectorado inaugurado por Wahriz en Yemen fue un dominio del Imperio Sasánida más bien leve, centrado en la extracción de un impuesto anual y no en la intervención directa. Puede entenderse de hecho como un alargamiento de la influencia persa a través de los emporios de la costa árabe del Golfo Pérsico y de Omán. Con Wahriz, la cultura material de Himyar, heredera de la tradición sabea y cuya historia equivale a un valioso patrimonio de unos 1.200 años, entró en su fase conclusiva.

---

así las fechas del 610 para el Fidjār y del 595 para la reconstrucción de la Kaba. Pero puesto el Fīdjar en el 595 Ibn Asākir daría a su vez el año 555 para la expedición de Abraha—595 menos 40 años, prácticamente idéntico a la datación de Ry 506.

106. Ṭabarī 950–57 trae una historia paralela, informada por Ibn al-Kalbī. Tanto Ibn Isḥāq 46–48 como Ṭabarī 945 dan una cifra de 72 años para el dominio abisinio del Yemen, pero debió ser de unos 42 años, desde Esimifaios, osea ca. 528–570.

107. Ry 506/4 da el nombre del comandante jefe al mando de Kīnda y 'Alī, y que accompaña el rey Abraha en el frente-norte contra Ma'add: «Abū Jabr» ('B JBR). Kister, "Campaign of Ḥulubān," 434–36 identifica a Abū Jabr con un príncipe hujrida que murió envenenado y que recibió en una de sus luchas tribales ayuda de Cosroes I. Robin, "Rois de Kinda," 77–87 analiza la dinastía hujrida a la muerte de al-Ḥārith bin Amr (m. 528): múltiples ramas secundarias se dispersan en Arabia Central, del Este, y Hadramawt. Abū Jabr sería nieto de al-Ḥārith por medio de Shuraḥīl.

El protectorado persa del Yemen se extiende hasta el califato de Abū Bakr (632–634), suegro y sucesor de Mahoma, aunque esto pertenece ya al estudio del siglo VII, sobrepasando el objetivo marcado al comienzo de la presente obra.

Mucho más al norte, en las antípodas de la península árabe, la segunda mitad del siglo VI produjo una relajación desde el punto de vista de la presencia militar, del limes bizantino con Arabia Desierta. La frontera romana con Arabia, especialmente el sector sur, va a sufrir dentro de este contexto una transformación, comenzada ya en el siglo V y acentuada en el VI d.C. La imposibilidad de mantener el salario de tropas regulares inclina al Imperio Romano de Oriente a confiar el cuidado de la frontera a Ghassān, tribu entonces parcialmente cristianizada, pero a la que pertenecieron también células judías o judaizantes y paganas hacia el interior de Arabia. Muchos fuertes bizantinos, algunos provenientes incluso del periodo romano o nabateo, son abandonados u ocupados por familias que reconvierten su uso. En función de la cerámica, la fortaleza de Udruh 15 km al este de Petra por ejemplo, mantuvo ocupación ininterrumpida desde el periodo nabateo hasta el otomano, pero la conversión a uso civil debió producirse a partir del siglo V, cuando aparecen elementos arquitectónicos que delatan la transformación de un edificio dentro del fuerte en basílica, así como la aparición de otra iglesia bizantina extramuros indicando el crecimiento del perímetro urbano.[108]

Udruh y otros casos al alcance de la crítica actual, indican que desde la posición del Imperio Bizantino no se esperaba un enemigo proveniente del sur, signo por otra parte de que varios siglos de relaciones con los árabes de la frontera, parcialmente cristianizados y romanizados, habían alcanzado el equilibrio. Pero militarmente, aquello tiene hoy otra lectura: El persa Cosroes II (590–628), repitiendo y superando la hazaña de Zenobia, la reina de Palmira, se apoderó a partir del 604 de Edesa, Antioquía, Cesarea, Damasco, y Jerusalén, rindiéndose Egipto en el 619. El emperador Heraclio (610–641) restableció el dominio bizantino, pero los límites orientales del imperio, que nunca estuvieron completamente asegurados, habían vuelto a mostrar su debilidad.

A tan sólo dos años de la muerte de Mahoma, el califa Abū Bakr no va a encontrar resistencia proporcional a su empuje en el sector sur de la frontera romana con Arabia, (batalla de Adjnādayn, julio 634) mostrando que la desmilitarización se había extendido por toda la región al sureste del Mar Muerto. Bajo 'Umar bin Khaṭṭaf (el califa Omar), otras pérdidas o derrotas irreparables para el mundo cristiano-bizantino—Jerusalén (634/5), Bostra

108. Parker, *Romans and Saracens*, 95.

(635), Yarmuk (636), y Egipto (641), anuncian un cambio histórico sin retroceso. El gobernador de Aila, Yuḥanna bin Ru'ba, y la gente de Udruh aceptan pacíficamente la soberanía de Mahoma ejercida desde Medina ya en otoño del año 630 d.C.[109] Que la islamización de Palestina Tertia (península del Sinaí) en la frontera del desierto del Hisma no obtuviera una rápida represalia armada del emperador Heraclio demuestra que el estado mayor bizantino no estaba prevenido contra la aparición de un enemigo numeroso y organizado salido del desierto de Arabia. Durante el primer tercio del siglo VII, Bizancio y Persia siguen mirándose fijamente, y devorándose el uno al otro. En pocos años la frontera de Arabia será testigo del paso de un elevado numero de tropas provenientes de lo más profundo del desierto, efecto de la irrupción de un nuevo agente histórico, considerado a partir de entonces un digno rival.

109. Ibn Isḥāq 902 recoge el tratado pacífico de Mahoma con el gobernador de Aila a cambio del pago de la yiziah o impuesto exigido a los monoteístas no-musulmanes que viven en territorio islámico, cristianos o judíos: "En el Nombre de Dios el Compasivo, el Misericordioso. Esta es una garantía de Dios y de Muḥammad el profeta, el apóstol de Dios, para Yuḥanna bin Ru'ba y la gente de Aila, para sus barcos y sus caravanas por tierra y mar. Ellos y todos lo que están con ellos, hombres de Siria, y del Yemen, y marineros, todos tienen la protección de Dios y de Muḥammad el profeta. Si alguno de ellos rompe el tratado introduciendo algún nuevo factor entonces su riqueza no le deberá salvar; es el justo precio de él quien lo toma. No está permitido que sean impedidos de bajar a sus pozos o de usar sus caminos por tierra o mar" (trad. Guillaume).

ANEXOS

CRONOLOGÍA APROXIMADA PARA ARABIA DEL NOROESTE[1]

Paleolítico Bajo	500.000–70.000 a.C.
Paleolítico Medio	70.000–30.000 a.C.
Paleolítico Superior	30.000–10.000 a.C.
Neolítico Precerámico	10.000–6000 a.C.
Neolítico	6000–4000 a.C.
Edad del Cobre	4000–3300 a.C.
Edad del Bronce I	3300–1950 a.C.
Edad del Bronce II	1950–1550 a.C.
Edad del Bronce III	1550–1200 a.C.
Edad del Hierro I	1200–900 a.C.
Edad del Hierro II	900–332 a.C.
Helenístico	332–64 a.C.
Nabateo	300 a.C.?–106 d.C.
Romano Temprano	64 a.C.–135 d.C.
Romano Tardío	135–324
Bizantino	324–640
Islámico	640–1918
Moderno	1918–presente

1. La cronología basada en la evidencia tecnológica está sujeta a un margen de error, especialmente en los tiempos antiguos e intermedios que conectan un periodo con otro. Esto es así porque una misma industria puede haberse implementado antes en un territorio que en otro territorio. La bisagra entre la Piedra y el Metal puede ponerse en la evidencia de fundido del cobre (a 1052°C) en Tepe Yahya en Irán hacia al 3800 a.C. (*Hist. Hum.* 2:97). Antes de esta fecha, el cobre fue utilizado en forma pulverizada posiblemente con fines cosméticos, o en bruto con fines decorativos, por ejemplo en la península del Sinaí, por lo que algunos autores señalan el comienzo del Calcolítico ahí antes del fundido del cobre. Para el noroeste de Arabia, adapto aquí las tablas dadas por *Hist. Hum.* 1:1050 para Arabia en su conjunto antes de la Edad de los Metales, y por Kennedy, *Roman Army in Jordan*, 8–9 para el territorio limítrofe de Jordania desde los Metales en adelante.

ESCRITURA HEBREA Y ARAMEA CUADRADA[2]

HEBREO/ ARAMEO		HEBREO/ ARAMEO	
א	'	ל	l
ב בּ	b v	מ ם	m
ג	g	נ ן	n
ד	d	ס	s
ה	h	ע	'
ו	w (v)	פ פּ ף	p ph (f)
ז	z	צ ץ	ts
ח	ḥ	ק	q
ט	ṭ	ר	r
י	y	שׁ שׂ	s sh
כ כּ ך	k kh	ת	t

ESCRITURA GRIEGA CLÁSICA

GRIEGO		GRIEGO	
α	a	ν	n
β	b	ξ	x
γ	g	ο	o
δ	d	π	p
ε	e	ρ	r
ζ	ds	σ ς	s
η	ē	τ	t
θ	th (z)	υ	u i
ι	i	φ	f
κ	k	χ	j
λ	l	ψ	ps
μ	m	ω	ō

2. El arameo cuadrado carece de la forma no enfática de la letra hebrea shin (שׂ).

ESCRITURA ANTIGUA SUDARÁBIGA

SABEO/ HIMYARITA		SABEO/ HIMYARITA	
𐩱	’	𐩳	ḍ
𐩨	b	𐩷	ṭ
𐩩	t	𐩼	ẓ
𐩻	ṯ	𐩲	‘
𐩴	ḡ	𐩶	ġ
𐩢	ḥ	𐩰	f
𐩭	ḫ	𐩤	q
𐩵	d	𐩫	k
𐩹	ḏ	𐩡	l
𐩧	r	𐩣	m
𐩸	z	𐩬	n
𐩯	s^3	𐩠	h
𐩪	s^2	𐩥	w (v)
𐩦	s^1 (sh)	𐩺	y
𐩮	ṣ		

ESCRITURA ÁRABE CLÁSICA

ÁRABE		ÁRABE	
ا	’	ض	ḍ
ب	b	ط	ṭ
ت	t	ظ	ẓ
ث	ṯ	ع	‘
ج	ḡ	غ	ġ
ح	ḥ	ف	f
خ	ḫ	ق	q
د	d	ك	k
ذ	ḏ	ل	l
ر	r	م	m
ز	z	ن	n
س	s	ه	h
ش	sh	و	w (v)
ص	ṣ	ي	y

LISTADO DE EXTRACTOS E INSCRIPCIONES

TEXTO	PÁG.	TEXTO	PÁG.
Génesis 17,18–21	19	Bayt al-Ashwal 1/2-3/ Yahūda	255
Ninurta-Kudurrī	54	Bukhāri, *Sahīh* 3	262
Esarhadón: rebelión de Uabu	60	Ibn Isḥāq, *Sīrat Rasūl Allāh* 152	262
Herodoto, *Hist.* 3,7:9	67	Ibn Hishām 147	262
Arriano, *Anab.* 7,20:7b–8	79	Ibn Isḥāq, *Sīrat Rasūl Allāh* 4–5.71–72	265
Estrabón, *Geogr.* 16,3:3	90	Teófano, *Chron.* 141	275–76
Epifanio, *Pan.* 51,22:9–11	137	Teófano, *Chron.* 143	276
Ibn al-Kalbī, *Kitāb al-Aṣnām* 8	141–42	Teófano, *Chron.* 144	276
Ibn al-Kalbī, *Kitāb al-Aṣnām* 33	145	Focio, *Biblio.* 3,2a–b	278
Ibn Kathīr, *al-Sīra* 4,489–91	179	Mā'sal 2/ Ry 510	281
IGN 12/ H4	184	Ibn Isḥāq, *Sīrat Rasūl Allāh* 87	286–87
Hoyland 3/ JS Nab 386	200	Ibn Isḥāq, *Sīrat Rasūl Allāh* 71	292
Hoyland 18/ Nehmé 2010/ Fig. 8	200	Ibn Isḥāq, *Sīrat Rasūl Allāh* 747	296
Riyām 2006-17	219–20	Ibn Isḥāq, *Sīrat Rasūl Allāh* 144	299
RES 483/ Namāra	224	Ya'qūbī, *Tar'īkh* 1,298	303
Corán 2:125–127	237	Procopio, *Bell. Pers.* 1,20:1–2	307
Ibn Isḥāq, *Sīrat Rasūl Allāh* 4.71	238	Ibn Asākir, *Ta'rīkh Dimashq* 1,28	311
Filostorgio, *Frag.* 3,4	249–50		

BIBLIOGRAFÍA

SAGRADAS ESCRITURAS Y TRADICIÓN JUDÍA

Allahbuksh, Abdullah Yusuf Ali, trad. *The Holy Qur'ān: English Translation with Original Arabic Text*. New Delhi: Kitab Bhavan, 2023.

Biblia de Jerusalén: Nueva Edición Revisada y Aumentada. Bilbao: Desclée de Brouwer, 1998.

Blair, Thom, ed. *The Hebrew-English Interlinear ESV Old Testament*. Wheaton: Crossway, 2013.

Danby, Herbert, trad. *The Mishnah: Translated from the Hebrew with Introduction and Brief Explanatory Notes*. London: Oxford University Press, 1949.

Guggenheimer, Heinrich W., ed. *The Jerusalem Talmud First Order: Zeraim. Tractate Berakhot*. Berlin: De Gruyter, 2000.

Nasr, Seyyed Hossein, ed. *The Study Quran: A New Translation and Commentary*. New York: HarperCollins, 2015.

Rahlfs, Alfred, ed. *Septuaginta: Id est Vetus Testamentum Graece Iuxta LXX Interpretes I*. Stuttgart: Württembergische Bibelanstalt Stuttgart, 1965.

OBRAS CLÁSICAS

Agatárquides. *Sobre el Mar Eritreo*. Traducido por Luis A. Moreno y F. Javier Gómez. En *Relatos de Viajes en la Literatura Griega Antigua*, 122–277. Madrid: Alianza, 1996.

Amiano Marcelino. *The Roman History*. Traducido por John C. Rolfe. 3 vols. LCL. Cambridge (Mass): Harvard University Press, 1935–1939.

Arriano. *Anábasis de Alejandro Magno*. Traducido por Antonio Guzmán Guerra. 2 vols. Madrid: Gredos, 1982.

———. *Anabasis Alexandri*. Traducido por E. Iliff Robson. 2 vols. LCL. London: Heinemann/ Harvard University Press, 1929–1933.

Augusto Octavio. *Res Gestae*. Editado por Luca Canali. Milano: Mondadori, 2019.

Cirilo de Escitópolis. *The Lives of the Monks of Palestine*. Traducido por R.M. Price. Collegeville: Liturgical, 2008.

Cosmas Indicopleustes. *Christian Topography*. Editado por E.O. Winstedt. Cambridge: Cambridge University Press, 1909.

Diodoro de Sicilia. *The Library of History*. Traducido por C.H. Oldfather et al. 12 vols. Cambridge (Mass.): Harvard University Press/ Heinemann, 1933–1967.

Dión Casio. *Roman History*. Traducido por Earnest Cary. 9 vols. London: Heinemann/ Harvard University Press, 1914–1927.

Epifanio de Salamina. *Ancoratus und Panarion*. Editado por Karl Holl. 2 vols. Leipzig: J.C. Hinrich Buchhandlung, 1922.

Estrabón. *The Geography*. Traducido por Horace Leonard Jones. 8 vols. Cambridge (Mass.): Harvard University Press/ Heinemann, 1917–1932.

Eusebio de Cesarea. *The Ecclesiastical History*. Traducido por Kirsopp Lake y J.E.L. Oulton. 2 vols. LCL. London: Heinemann/ Harvard University Press, 1926–1932.

———. *Onomasticon. Pèlerinage en Terre Sainte*. Paris: Du Cerf, 2019.

Eusebio-Jerónimo. *Onomastica Sacra*. Editado por Paul de Lagarde. Gottingae: Aedibus Adalberti Rente, 1870.

Eutropio. *Breviarium*. Editado por J.C. Hazzard. New York: American Book, 1898.

Filostorgio. *Kirchengeschichte*. 2 vols. Traducido por Bruno Bleckmann y Markus Stein. Paderborn: Ferdinand Schöningh, 2015.

Focio. *Bibliothèque*. Editado y traducido por René Henry. 8 vols. Paris: Belles Lettres, 1959–1977.

Galeno, Claudio. *Opera Omnia*. Editado por Carolus Gottlob. 20 vols. Leipzig: Car. Cnoblochii, 1821–1833.

Herodoto. *Historia*. Traducido por Carlos Schrader. 5 vols. Madrid: Gredos, 1979–1985.

———. *Historiae*. Traducido por A.D. Godley. 4 vols. LCL. Cambridge (Mass.): Hardvard University Press/ Heinemann, 1920–1925.

Historia Augusta. *Scriptores Historiae Augustae*. Traducido por David Magie. 3 vols. LCL. London: Heinemann/ Putnam, 1922–1932.

Jerónimo. *Cartas de San Jerónimo*. Editado por Juan Bautista Valero. 2 vols. Madrid: BAC, 1962.

Josefo, Flavio. *The Complete Works of Flavius Josephus*. Traducido por William Whiston. Green Forest: New Leaf, 2008.

Juan Malalas. *Andreas Cretensis. Joannes Malalas. Elias Cretensis. Theodorus Abucarae*. Patrologia Graeca. Editado por J.P. Migne. 162 vols. Paris: 1857–1886.

Justino-Trogo. *Epítome de las «Historias Filípicas» de Pompeyo Trogo. Prólogos. Fragmentos*. Madrid: Gredos, 1995.

Libro de los Himyaritas. *Fragments of a Hitherto Unknown Syriac Work*. Editado y traducido por Axel Moberg. Lund: Gleerup, 1924.

Malco de Filadelfia. *The Fragmentary Classicing Historians of the Later Roman Empire: Eunapius, Olympiodorus, Priscus and Malchus Vol. 2: Text, Translation and Historiographical Notes*. Traducido por R.C. Blockley. Liverpool: Francis Cairs, 1983.

Muallaqat. *The Seven Poems Suspended in the Temple at Mecca*. Traducido por Frank E. Johnson. Bombay: Education Society, 1893.

Periplo del Mar Eritreo. *Text with Introduction, Translation, and Commentary*. Traducido por Lionel Casson. Princeton: Princeton University Press, 1989.

Plinio el Viejo. *Natural History*. Traducido por H. Rackham et al. 10 vols. LCL. Cambridge (Mass.): Harvard University Press/ Heinemann, 1938–1963.

Plutarco. *Parallel Lives*. Traducido por Bernadotte Perrin. 11 vols. LCL. London: Heinemann/ Putnam, 1914–1926.

———. *Vidas paralelas: Alejandro-César, Pericles-Fabio Máximo, Alcibíades-Coriolano*. Traducido por Emilio Crespo. Madrid: Cátedra, 2009.

Polibio. *Historias*. Traducido por Manuel Balasch. 3 vols. Madrid: Gredos, 1981–1983.

Procopio. *History of the Wars*. Traducido por H.B. Dewing. 6 vols. LCL. London: Heinemann/ Macmillan, 1914–1935.

Pseudo-Josué el Estilita. *The Chronicle*. Traducido por Frank. R. Trombley y John W. Watt. Liverpool: Liverpool University Press, 2000.

Ptolomeo, Claudio. *Geographia*. Editado por Carolus F.A. Nobbe. Lipsiae: Caroli Tauchnitii, 1845.

———. *Geography*. Traducido por Edward Luther Stevenson. 1932. Reimpreso, New York: Cosimo, 2011.

Simeón de Beth Arshām. "La Lettera di Simeone Vescovo di Bêth Arśâm i Martiri Omeriti." Editada y traducida por Ignazio Guidi. En *Atti della Reale Accademia dei Lincei anno CCLXXVIII Vol. 7*, 471–515. Roma: Reale Accademia dei Lincei, 1881.

Synodicon Orientale. *Recueil de Synodes Nestoriens*. Editado y traducido por Jean Baptiste Chabot. Paris: Imprimerie Nationale, 1902.

Teodoro Lector. *Theodoros Anagnostes Kirchengeschichte*. Editado por Günter Christian Hansen. Berlin: Akademie, 1971.

Teófano el Confesor. *The Chronicle*. Traducido por Cyril Mango y Roger Scott. Oxford: Clarendon, 1997.

———. *Theophanes. Leo Grammaticus. Auctor Incertus. Anastasius Bibliothecarius*. Patrologia Graeca. Editado por J.P. Migne. 162 vols. Paris: 1857–1886.

Teofrasto. *Historia de las plantas*. Traducido por Jose María Díaz-Regañón. Madrid: Gredos, 1988.

Zosimo. *Ex Recognitioni Immanuelis Bekkeri*. Traducido por Barthold Georg Niebuhr. Bonn: Weber, 1837.

———. *New History: A Translation and Commentary*. Traducido por Ronald T. Ridley. Canberra: Australian Association for Byzantine Studies, 1982.

HISTORIA ISLÁMICA TEMPRANA Y HADICES

Al-Azraqī. *La Ka'bah: Tempio al Centro del Mondo (Akhbār Makkah)*. Traducido por Roberto Tottoli. San Demetrio Corone: Irfan, 2015.

Al-Balādhuri. *Kitāb Futūḥ al-Buldān: The Origins of the Islamic State*. 2 vols. Traducido por Philip Khūri Ḥitti. 1916. Reimpreso, Seattle: Scholar Select, 2015.

Al-Bukhāri. *The Translations of the Meanings of Sahīh al-Bukhāri: Arabic English*. 9 vols. Traducido por Muhammad Mushim Khan. Riyadh: Darussalam, 1997.

Ibn Hishām. "Notes." En *Life of the Prophet Muhammad: A Translation of Isḥāq's Sīrat Rasūl Allāh*, traducido por Alfred Guillaume, 690–798. Oxford: Oxford University Press, 1955.

Ibn Isḥāq. *Life of the Prophet Muhammad: A Translation of Isḥāq's Sīrat Rasūl Allāh*. Traducido por Alfred Guillaume. Oxford: Oxford University Press, 1955.

Ibn al-Kalbī. *The Book of Idols: Being a Translation from the Arabic Kitāb al-Asnām*. Traducido por Nabith Amin Faris. Princeton: Princeton University Press, 1950.

Ibn Kathīr. *The Life of the Prophet Muhammad: al-Sīra al-Nabawiyya*. 4 vols. Traducido por Trevor Gassick. Reading: Garnet/ Center for Muslim Contribution to Civilization, 1998–2006.

Al-Muqaddasī. *The Best Division for Knowledge of the Regions (Aḥsan al-Taqāsīm fī Ma'rifat al-Aqālīm)*. Traducido por Basil Collins. Reading: Garnet, 2001.

Al-Ṭabarī. *The History: (Tarikh al Rusul Wal Muluk)*. 40 vols. Traducido por Franz Rosenthal et al. Albany: State University of New York Press, 1985–1999.

Al-Wāqidī. *Kitāb al-Maghāzī*. Traducido por Rizwi Faizer et al. Abingdon: Routledge, 2013.

Al-Ya'qūbī. *The Works of Ibn Wāḍiḥ al-Ya'qūbī: An English Translation (Mushākalat al-nās, Kitāb al-Buldān, Tar'īkh)*. 3 vols. Editado por Matthew S. Gordon et al. Leiden: Brill, 2018.

OBRAS ESPECIALIZADAS

Abu-Azizeh, Wael, et al. "Report on the 2014 and 2015 Excavation Seasons in some Areas at Madâ'in Sâlih." *ATLAL* 28/1 (2020) 7–45.

Acta Sanctorum X: Aprilis Tomus Primus. Editado por Godefrido Henschenio y Daniele Papebrochio. Bruxellis: Typis Henrici Goemaere, 1971.

Ali Bey. *Travels of Ali Bey: In Morocco, Tripoli, Cyprus, Egypt, Arabia and Turkey Vol. II*. Philadelphia: John Conrad, 1816.

Almazroui, M., et al. "Recent Climate Change in the Arabian Peninsula: Annual Rainfall and Temperature Analysis of Saudi Arabia for 1978–2009." *Int. J. Climato.* 32 (2012) 953–66.

Alpass, Peter. *The Religious Life of Nabataea*. Leiden: Brill, 2013.

Altheim, Franz, y Ruth Stiehl. "Jüdische Dynastien im Nördlichen Ḥiğāz." En *Die Araber in der Alten Welt Band 5/1*, editado por Franz Altheim y Ruth Stiehl, 305–15. Berlín: De Gruyter, 1968.

Al-Ansary, Abdul Rahman. *Qaryat al-Fau: A Portrait of Pre-Islamic Civilisation in Saudi Arabia*. Riyadh: University of Riyadh, 1982.

Antonini, Sabina, y Alessio Agostini. *A Minean Necropolis at Baraqish (Jawf, Republic of Yemen): Preliminary Report of the 2005–2006 Archaeological Campaigns*. Roma: Istituto Italiano per L'Africa e L'Oriente, 2010.

Athas, George. *The Tel Dan Inscription: A Reappraisal and a New Interpretation*. London: T&T Clark, 2005.

Avanzini, Alessandra. "Foreword." En *A Port in Arabia between Rome and the Indian Ocean (3RD C.BC–5TH C. AD): Khor Rori Report 2*, editado por Alessandra Avanzini, 9–14. Roma: L'Erma di Bretschneider, 2008.

———. "Notes for a History of Sumhurram and a New Inscription of Yashhur'il." En *A Port in Arabia between Rome and the Indian Ocean (3RD C. BC–5TH C. AD): Khor Rori Report 2*, editado por Alessandra Avanzini, 609–44. Roma: L'Erma di Bretschneider, 2008.

Avner, Uzi. "Ancient Cult Sites in the Negev and Sinai Deserts." *TA* 11/2 (1984) 115–31.

———. "The Desert's Role in the Formation of Early Israel and the Origin of Yhwh." *ER* 12/2 (2021) 1–57.

———. "Nabataeans in the Eilat Region: The Hinterland of Aila." *ARAM* 30 (2018) 597–644.

———. "Settlement Patterns in the Wadi Arabah and the Adjacent Desert Areas: a View from the Eilat Region." En *Crossing the Rift: Resources, Routes, Setllement Patterns and Interaction in the Wadi Arabah*, editado por Piotr Bienkowski y Khatarina Galor, 51–74. Oxford: Council for British Research in the Levant/ Oxbow, 2006.

——— y Liora K. Horwitz. "Sacrificies and Offerings from Cult and Mortuary Sites in the Negev and Sinai, 6th–3rd Millenia BC." *ARAM* 29/1-2 (2017) 35–70.

——— e Israel Carmi. "Settlement Patterns in the Southern Levant Deserts during the 6th–3rd Millenia BC: A Revision Based on 14C Dating." *RAD* 43/3 (2001) 1203–16.

———, et al. "A Rock Inscription mentioning Tha'laba, an Arab King from Ghassān." *AAE* 24/2 (2013) 237–56.

Babelli, Mohammed. *Mada'in Saleh*. Riyadh: Mohammed Babelli, 2007.

Bacher, Wilhelm. *Die Exegetische Terminologie der Jüdischen Traditionsliteratur Zweiter Teil*. Leipzig: Hinrichs, 1905.

Badawi, Elsaid M., y Muhammad Abdel Haleem. *Arabic-English Dictionary of Qur'anic Usage*. Leiden: Brill, 2008.

Bagnall, Roger S., y Jennifer A. Sheridan. "Greek and Latin Documents from 'Abu Sha'ar, 1990–1991." *JARCE* 31 (1994) 159–68.

Barkay, Rachel. "The Coinage of the Nabataean Usurper Syllaeus (c. 9–6 BC)." *NumC* 177 (2017) 67–81.

———. *Coinage of the Nabataeans*. Jerusalem: Hebrew University, 2019.

Barton, George Aaron. "The Semitic Istar Cult." *Heb* 10/1 (1894) 1–74.

Bauzou, Thomas. "La Praetensio de Bostra à Dumata (El-Jowf)." *Syr* 73/1 (1996) 23–35.

———. "Les Routes Romaines de Syrie." En *Archeologie et Histoire de la Syrie II: La Syrie de l'Époque Achéménide à l'Avènement de l'Islam*, editado por Jean Marie Dentzer y Winfried Orthmann, 205–221. Saarbrücker: Saarbrücker Druckerei, 1989.

Bedal, Leigh Ann. "A Pool Complex in Petra's City Center." *BASOR* 324 (2001) 23–41.

Beeston, Alfred F.L. "Nemara and Faw." *BSOAS* 42/1 (1979) 1–6.

———, et al. *Sabaic Dictionary (English- French- Arabic)*. Louvain: Peeters/ Librairie du Liban, 1982.

Bellamy, James A. "A New Reading of the Namārah Inscription." *JAOS* 105/1 (1985) 31–51.

Ben-Tor, Ammon, coor. *La Arqueología del Antiguo Israel*. Madrid: Cristiandad, 2004.

Bermúdez, Jose María, et al. *Hijos de un Tiempo Perdido: La Búsqueda de Nuestros Orígenes*. Barcelona: Crítica, 2004.

Bernett, Monika, y Othmar Keel. *Mond, Stier und Kult am Stadttor: Die Stele von Betsaida (et-Tell)*. Fieburg: Universitätsverlag Freiburg Schweiz/ Vandenhoeck und Ruprecht, 1998.

Bienkowski, Piotr. "The Iron Age in Petra and the Issue of Continuity with Nabataean Occupation." En *Men on the Rocks: The Formation of Nabataean Petra. Suppplement to the Bulletin of Nabataeans Studies 1*, editado por Michel Mouton y Stephan G. Schmid, 23–34. Berlin: Logos Verlag Berlin, 2012.

Bland, Roger. "The Coinage of Vabalathus and Zenobia from Antioch to Alexandria." *NumC* 171 (2011) 133–86.

Bleeker, Jouco C., y Geo Widengren, dirs. *Historia Religionum*. 2 vols. Traducido por J. Valiente. Madrid: Cristiandad, 1973.

Blue, Lucy. "The Amphora Wharf: The Context and Construction of Roman Amphora Installations." En *Myos Hormos- Quseir al-Qadim: Roman and Islamic Ports on the Red Sea Volume 2. Finds from the Excavations 1999–2003*, editado por David Peacock y Lucy Blue, 35–42. Oxford: BAR, 2016.

———, et al. "Ships and Ship's Fittings." En *Myos Hormos- Quseir al-Qadim: Roman and Islamic Ports on the Red Sea Volume 2. Finds from the Excavations 1999–2003*, editado por David Peacock y Lucy Blue, 179–209. Oxford: BAR, 2016.

Boucharlat, Rémy, et al. "Archaeological Reconnaissance at ed-Dur, Umm al-Qaiwain U. A. E." *Akkadica* 58 (1988) 1–26.

Bouchaud, Charlène. "Archaeobotanical Report." En *Report on the Third Excavation Season (2010) of the Madâ'in Sâlih Archaeological Project*, por Daifallah al-Talhi, et al., 235–52. Riyadh: Saudi Commission for Tourism and Antiquities, 2014.

Bowersock, Glen W. *The Crucible of Islam*. Cambridge (Mass.): Hardvard University Press, 2017.

———. *Roman Arabia*. Cambridge (Mass.): Harvard University Press, 1994.

Bowman, Alan K. "Diocletian and the First Tetrarchy, A.D. 284–305." En *The Cambridge Ancient History Volume XII: The Crisis of Empire, A.D. 193–337*, editado por Alan K. Bowman, 67–89. Cambridge: Cambridge University Press, 2007.

Breasted, James Henry. "The Earliest Occurrence of the Name Abram." *AJSLL* 21/1 (1904) 22–36.

Breton, Jean-Francois. *Arabia Felix: From the Time of the Queen of Sheba. Eighth Century B.C. to First Century A.D.* Notre Dam: University of Notre Dam Press, 1999.

Broughton, T. Roberts S. *The Magistrates of the Roman Republic Volume II*. New York: American Philological Association, 1952.

Buffa, Vittoria, y Alexander V. Sedov. "The Residential Quarter: Area A." En *A Port in Arabia between Rome and the Indian Ocean (3RD C. BC–5TH C. AD): Khor Rori Report 2*, editado por Alessandra Avanzini, 15–124. Roma: L'Erma di Bretschneider, 2008.

Burckhardt, John Lewis. *Travels in Syria and the Holy Land*. 1822. Reimpreso, Seattle: Scholar Select, 2017.

Burton, Richard Francis. *Narrative of a Pilgrimage to Meccah and Medinah*. 1874. Reimpreso, Seattle: Scholar Select, 2015.

Callot, Olivier. "Un Trésor de Monnaies d'Argent et Monnaies Diverses." En *Qala'at al-Bahrain Volume 1: The Northern City Wall and the Islamic Fortress*, por Flemming Højlund et al., 351–60. Aarhus: Jutland Archaeological Society, 1994.

Calvet, Yves, y Christian J. Robin. *Arabie Heureuse, Arabie Déserte: Les Antiquités Arabiques du Musée du Louvre*. Paris: Réunion des Musées Nationaux, 1997.

Campbell, Edgar. *Zenon Papyri Volume I*. Hildesheim: Olms, 1971.

———. *Zenon Papyri: P. Cairo Zenon Volume V*. Le Caire: Institut Français D'Archéologie Orientale, 1940.

Campbell, R., *Late Babylonian Letters: Transliterations and Translations of a Series of Letters Written in Babylonian Cuneiform, Chiefly During the Reigns of Nabonidus, Cyrus, Cambyses, and Darius*. 1906. Reimpreso, Neuilly-sur-Seine: Ulan, 2012.

Chabot, Jean Baptiste, y Charles Clermont-Ganneau, eds. *Répertoire D'Épigraphie Sémitique Tome I (1–500)*. Paris: Académie des Inscriptions et Belles-Lettres, 1900–1905.

Charloux, Guillaume. "Area 1." En *Report on the Third Excavation Season (2010) of the Madâ'in Sâlih Archaeological* Project, por Daifallah al-Talhi et al. 21–46. Riyadh: Saudi Commission for Tourism and Antiquities, 2014.

———, y Romolo Loreto. *Dûma I: 2010 Report of the Saudi-Italian-French Archaeological Project at Dûmat al-Jandal.* Riyadh: Saudi Commission for Tourism and Antiquities, 2014.

———, y Romolo Loreto. *Dûma II: The 2011 Report of the Saudi-Italian-French Archaeological Project at Dûmat al-Jandal.* Riyadh: Saudi Commission for Tourism and Antiquities, 2015.

Charloux, Guillaume, et al. "Nabataean or not? The Ancient Necropolis of Dumat First Stage: a Reassesment of al-Dayel's Excavations." *AAE* 25/2 (2014) 186–213.

Cohen, Marcel, y Maxime Rodinson. "Éthiopien et Sudarabique." En *École Practique Des Hautes Études. 4e Section, Sciences Historiques et Philologiques. Annuaire 1965–1966*, 125–41. Paris: École Practique Des Hautes Études, 1966.

———. "Éthiopien et Sudarabique." En *École Practique Des Hautes Études. 4e Section, Sciences Historiques et Philologiques. Annuaire 1966–1967*, 121–39. Paris: École Practique Des Hautes Études, 1967.

Conrad, Lawrence I. "Abraha and Muḥammad: Some Observations apropos of Chronology and Literary Topoi in the Early Arabic Historical Tradition." *BSOAS* 50/2 (1987), 225–40.

Corbier, Mireille. "Coinage and Taxation: the State's Point of View." En *The Cambridge Ancient History Volume XII: The Crisis of Empire, A.D. 193–337*, editado por Alan K. Bowman, 327–92. Cambridge: Cambridge University Press, 2007.

Corpus Inscriptionum Semiticarum Pars Segunda Tomus I. Paris: Académia Inscriptionum et Litterarum Humaniorum, 1889.

Costa, Paolo M. "Further Comments on the Bilingual Inscription from Baraqish." En *Proceedings of the Seminar for Arabian Studies 16*, 33–36. Oxford: Archaeopress, 1986.

———. "A Latin-Greek Inscription from the Jawf of the Yemen." En *Proceedings of the Seminar for Arabian Studies 7*, 69–72. Oxford: Archaeopress, 1977.

Cotty, Marianne. "The Chlorite Vessels from Tarut." En *Roads of Arabia: Archaeology and History of the Kingdom of Saudi Arabia*, editado por Ali Ibrahim al-Ghabban et al., 184–207. Paris: Musée du Louvre/ Somogy Art, 2010.

Crone, Patricia. *Meccan Trade and the Rise of Islam.* New Yersey: Gorgias, 2004.

Cross, Frank Moore. "Aspects of Samaritan and Persian Jewish History in Late Persian and Hellenistic Times." *HTR* 59/3 (1966) 201–11.

Daum, Werner. "Ṣan'ā': the Origins of Abrahah's Cathedral and the Great Mosque—a Water Sanctuary of the Old Arabian Religion." En *Proceedings of the Seminar for Arabian Studies 48*, 67–74. Oxford: Archaeopress, 2018.

David, Rosalie. *Religión y Magia en el Antiguo Egipto.* Traducido por Silvia Furió. Barcelona: Crítica, 2004.

Davidde, Barbara, y Roberto Petriaggi. "Archaeological Surveys on the Harbour of the Ancient Kané." En *Proceedings of the Seminar for Arabian Studies 28*, 39–44. Oxford: Archaeopress, 1998.

Davidde, Barbara, et al. "New Data on Commercial Trade of the Harbour of Kané through the Typological and Petrographic Study of Pottery." En *Proceedings of the Seminar for Arabian Studies 34*, 85–100. Oxford: Archaeopress, 2004.

Davidson, Benjamin. *A Concordance of the Hebrew and Chaldee Scriptures.* 1876. Reimpreso, Seattle: Scholar Select, 2016.

De Blois, Lukas. "Rome and Persia in the Middle of the Third Century AD (230–266)." En *Rome and the Worlds beyond its Frontiers*, 33–44. Leiden: Brill, 2016.

De Laet, Sigfried Jan, et al., eds. *History of Humanity.* 7 vols. New York: UNESCO, 1994.

De Maigret, Alessandro. *Arabia Felix: An Exploration of the Archaeological History of Yemen.* London: Stacey Intenational, 2004.

———. "The Excavations of the Italian Archaeological Mission at Barâqish (Republic of Yemen)." *NACISA* 0 (2009) 50–90.

De Vaux, Roland. *Historia Antigua de Israel.* 2 vols. Traducido por A. Domínguez. Madrid: Cristiandad, 1975.

Del Olmo, Gregorio. "De Baal a Jahvè." En *Toros: Imatge i Culte a la Mediterrània Antiga*, coordinado por Sappho Athanassopoulou, 198–203. Barcelona: Ajuntament de Barcelona/ Museu d'Història de la Ciutat, 2002.

Deutsch, Robert, y Michael Heltzer. *New Epigraphic Evidence from the Biblical Period.* Tel Aviv-Jaffa: Archaeological Center, 1995.

Doe, Brian. *Southern Arabia.* London: Thames and Hudson, 1971.

Donner, Fred M. *The Early Islamic Conquests.* Princeton: Princeton University Press, 2013.

Dougherty, Raymond Philip. *Archives from Erech I: Time of Nebuchadrezzar and Nabonidus.* New Haven: Yale University Press, 1923.

Doughty, Charles M., *Arabia Deserta.* Traducido por Miguel Temprano. La Coruña: Del Viento, 2009.

Drinkwater, John. "Maximinus to Diocletian and the 'Crisis'." En *The Cambridge Ancient History Volume XII: The Crisis of Empire, A.D. 193–337*, 28–66, editado por Alan K. Bowman. Cambridge: Cambridge University Press, 2007.

Dunscombe, Colt H., ed. *Excavations at Nessana (Auja Hafir, Palestine) Volume 1.* London: British School of Archaeology in Jerusalem, 1962.

Durrani, Nadia. *The Tihamah Coastal Plain of South-West Arabia in its Regional Context c. 6000 BC- AD 600.* Oxford: BAR, 2005.

Dussaud, René. *Mission dans les Régions Désertiques de la Syrie Moyenne.* Paris: Imprimerie Nationale, 1903.

Eliade, Mircea. *Historia de las Creencias y las Ideas Religiosas.* 3 vols. Traducido por Jesús Valiente. Barcelona: Paidós Orientalia, 1999.

———. *Tratado de historia de las religiones.* Traducido por A. Medinaveitia. Madrid: Cristiandad, 1981.

Encyclopaedia Judaica. 22 vols. Editado por Fred Skolnik. Jerusalem: Keter, 2007.

Encyclopaedia of Islam: New Edition. 13 vols. Editado por H.A.R. Gibb et al. Leiden: Brill, 1960–2008.

Erickson-Gini, Tali. *Nabataean Settlement and Self-Organized Economy in the Central Negev: Crisis and Renewal.* Oxford: BAR, 2016.

———. "Nabataean Agriculture: Myth and Reality." *JAE* 86 (2012) 50–54.

———, y Yigal Israel. "Excavating the Nabataean Incense Road." *JEMAHS* 1/1 (2013) 24–53.

Evans, Jean M. "The Square Temple at Tell Asmar and the Construction of Early Dynastic Mesopotamia, ca. 2900–2350 B.C.E." *AJA* 111/4 (2007) 599–632

Fares-Drappeau, Saba. *Dedan et Lihyán: Histoire des Arabes aux Confins des Pouvoirs Perse et Hellénistique (IVe-IIe s. avant l'Ére Chrétienne)*. Lyon: Maison de l'Orient et de la Méditerranée Jean Pouilloux, 2005.

Al-Fassi, Hatoon Ajwad. *Women in Pre-Islamic Arabia: Nabataea*. Oxford: BAR, 2007.

Fiema, Zbigniew T. "Area 2- Southern Sector." En *Report on the Third Excavation Season (2010) of the Madâ'in Sâlih Archaeological* Project, por Daifallah al-Talhi, et al., 93–102. Riyadh: Saudi Commission for Tourism and Antiquities, 2014.

———. "Roman Petra (A.D. 106–363): A Neglected Subject." *ZDPV* 119/1 (2003) 38–58.

———, et al. "The al-ʿUlā- al-Wajh Survey Project: 2013 Reconnaissance Season." *ATLAL* 28/II (2020) 109–21.

Fischer, Moshe, et al. *'En Boqeq. Excavations in an Oasis on the Dead Sea Volume II: The Officina: an Early Roman Building on the Dead Sea Shore*. Mainz: Philipp von Zabern, 2000.

Fisher, Greg. *Rome and the Arabs before the Rise of Islam*. Scotts Valley: Createspace, 2013.

Gadd, Cyril J. "The Harran Inscriptions of Nabonidus." *AnSt* 8 (1958) 35–92.

Gajda, Iwona. *Le Royaume de Ḥimyar à l'Époque Monothéiste*. Paris: L'Académie des Inscriptions et Belles-Lettres, 2009.

———. "Ḥuğr b. 'Amr roi de Kinda et l'Établissement de la Domination Ḥimyarite en Arabie Central." En *Proceedings of the Seminar for Arabian Studies 26*, 65–73. Oxford: Archaeopress, 1996.

García López, Félix. *El Pentateuco*. Estella: Verbo Divino, 2003.

Gatier, Pierre Louis. "The Rock Graffiti Carved by Roman Auxiliary Troops at Hegra." En *Report on the 2018 and 2019 Seasons of the Madâ'in Sâlih Archaeological Project*, por Nehmé, Laïla, et al., 79–112. Bordeaux: Centre National de la Recherche Scientifique, 2020.

Gatier, Pierre Louis, et al. "Greek Inscriptions from Bahrain." *AAE* 13/2 (2002) 223–33.

Gaudefroy-Demombynes, Maurice. *Mahoma*. Traducido por Pedro López Barja de Quiroga. Madrid: Akal, 1990.

———. *Le Pèlerinage a la Mekke*. Paris: Paul Geuthner, 1923.

Gawlikowski, Michal. "Palmyra as a Trading Centre." *Iraq* 56 (1994) 27–33.

Al-Ghazzi, Abdulaziz Saud. "The Kingdom of Midian." En *Roads of Arabia: Archaeology and History of the Kingdom of Saudi Arabia*, editado por Ali Ibrahim al-Ghabban et al., 210–17. Paris: Musée du Louvre/ Somogy Art, 2010.

Ghulam, Malik. *Dictionary of the Holy Qur'ran: With References and Explanation of the Text*. Tilford: Islam International, 2006.

Glueck, Nelson. *Deities and Dolphins: The Story of the Nabataeans*. New York: Farrar-Straus-Giroux, 1965.

Graesser, Carl F. "Standing Stones in Ancient Palestine." *BA* 35/2 (1972) 33–63.

Graf, David F. "Arabs in Syria: Demography and Epigraphy." *Topoi* Suppl. 4 (2003), 319–40.

———. "The "Via Militaris" in Arabia." *DOP* 51 (1997) 271–81.

Gray, John. "Hazor." *VT* 16/1 (1966) 26–52.

Gregoratti, Leonardo. "Indian Ocean Trade: The Role of Parthia." En *The Indian Ocean Trade in Antiquity: Political, Cultural and Economic Impacts*, editado por Matthew Adam Cobb, 52–72. Abingdon: Routledge, 2018.

Grier, Elizabeth. "Accounting in the Zenon Papyri." *CP* 27/3 (1932) 222–31.

Hadas, Gideon. "The Balsam Afarsemon and Ein Gedi during the Roman-Byzantine Period." *RB* 114/2 (2007) 161–73.

Haerinck, Ernie. *Excavations at ed-Dur (Umm al-Qaiwain, United Arab Emirates) Vol. III: A Temple of the Sun-God Shamash and Other Occupational Remains at ed-Dur*. Leuven: Peeters, 2011.

———. "Abi'el, the Ruler of Southeastern Arabia." *AAE* 10/1 (1999) 124–28.

———. "International Contacts in the Southern Persian Gulf in the Late 1st Century B.C./ 1st Century A.D.: Numismatic Evidence from ed-Dur (Emirate of Umm al-Qaiwain, U. A. E.)." *IrAnt* 33 (1998) 273–302.

———. "Internationalisation and Business in Southeast Arabia During the Late 1st Century B.C./ 1st Century A.D.: Archaeological Evidence from ed-Dur (Umm al-Qaiwain, U. A. E.)." En *Archaeology of the United Arab Emirates: Proceedings of the First International Conference on the Archaeology of the U. A. E.*, editado por Daniel T. Potts et al., 195–206. Naples: Trident, 2003.

Halévy, Joseph. "Rapport sur une Mission Archéologique dans le Yemen." *JA* 6/19 (1872) 5–98.489–518.

Hamidullah, M. *The Battlefields of the Prophet Muhammad*. New Delhi: Kitab Bhavan, 1992.

Hamilton-Dyer, Sheila. "Faunal Remains." En *Myos Hormos- Quseir al-Qadim: Roman and Islamic Ports on the Red Sea Volume 2. Finds from the Excavations 1999–2003*, editado por David Peacock y Lucy Blue, 245–88. Oxford: BAR, 2016.

Hammond, Philip C. *The Nabataeans: Their History, Culture and Archaeology*. Gothenburg: Paul Åströms, 1973.

Ḥaq, Ziāul. "Inter-Regional and International Trade in Pre-Islamic Arabia." *IS* 7/3 (1968) 207–32.

Harper, Robert F. "The Moabite Stone." *BW* 7/1 (1896) 60–64.

Hartman, Dorota. *Archivio di Babatha Volume 1: Testi Greci e Ketubbah*. Brescia: Paideia, 2016.

Hasel, Michael G. "Israel in the Merneptah Stela." *BASOR* 296 (1994) 45–61.

Hauptmann, Andreas, et al. "Early Copper Produced at Feinan, Wadi Araba, Jordan: The Composition of Ores and Copper." *ArchMat* 6 (1992) 1–33.

Hausleiter, Arnulf, "The Oasis of Tayma." En *Roads of Arabia: Archaeology and History of the Kingdom of Saudi Arabia*, editado por Ali Ibrahim al-Ghabban et al., 218–61. Paris: Musée du Louvre/ Somogy Art, 2010.

———, y Ricardo Eichmann. "The Archaeological Exploration of the Oasis of Taymā'." En *Taymā' I Archaeological Exploration: Palaeoenvironment. Cultural Contacts*, editado por Arnulf Hausleiter et al., 2–58. Oxford: Archaeopress, 2018.

Hebrew- English Lexicon. London: Samuel Bagster, 1882.

Healey, John F. *The Nabataean Tomb Inscriptions of Mada'in Salih*. Oxford: Oxford University Press, 1993.

———. *The Religion of the Nabataeans: A Conspectus*. Leiden: Brill, 2001.

———. "A Nabataean Sundial from Mada'in Salih." *Syr* 66/1 (1989) 331–36.

Hidalgo-Chacón, María del Carmen, y Michael Macdonald, eds. *The OCIANA Corpus of Dadanitic Inscriptions: Preliminary Edition*. Oxford: Khalili Research Centre, 2017.

———. *The OCIANA Corpus of Taymanitic Inscriptions. Preliminary Edition*. Oxford: Khalili Research Centre, 2017.

Hill, George Francis. *Catalogue of the Greek Coins of Arabia, Mesopotamia and Persia (Nabataea, Arabia Provincia, South Arabia, Mesopotamia, Babylonia, Assyria, Persia, Alexandrine Empire of the East, Persis, Elymais, Characene).* 1922. Reimpreso, London: Forgotten Books, 2018.

———. "The Mints of Roman Arabia and Mesopotamia." *JRS* 6 (1916) 135–69.

Hoftijzer, J., y K. Jongeling. *Dictionary of the North-West Semitic Inscriptions.* Leiden: Brill, 1995.

Hogarth, David George. *The Penetration of Arabia: A Record of the Development of Western Knowledge Concerning the Arabian Peninsula.* 1904. Reimpreso, Seattle: Scholar Select, 2015.

Horovitz, Joseph. "Jewish Proper Names and Derivatives in the Koran." *HUCA* 2 (1925) 145–227.

Hourani, George F. *Arab Seafaring: In the Indian Ocean in Ancient and Early Medieval Times.* Princeton: Princeton University Press, 1995.

Hoyland, Robert G. *Arabia and the Arabs: From the Bronze Age to the Coming of Islam.* New York: Routledge, 2001.

———. "The Jews of the Hijaz in the Qur'ān and in their Inscriptions." En *New Perspectives on the Qur'ān: The Qur'ān in its Historical Context 2,* editado por Gabriel S. Reynolds, 91–116. Abingdon: Routledge, 2011.

Ibn Yamil Zino, Muhammad. *Los Pilares del Islam y el Imân.* Riyadh: Darussalam, 2003.

Ibrahim, Mahmood. "Social and Economic Conditions in Pre-Islamic Mecca." *IJMES* 14/3 (1982) 343–58.

Inizan, Marie-Louise. "The Prehistoric Populations." En *Roads of Arabia: Archaeology and History of the Kingdom of Saudi Arabia,* editado por Ali Ibrahim al-Ghabban et al., 138–57. Paris: Musée du Louvre/ Somogy Art, 2010.

James, E.O. *The Cult of the Mother-Goddess.* New Cork: Barnes & Noble, 1994.

Jamme, Albert. "Inscriptions Sud-Arabes de la Collection Ettore Rossi." *RSO* 20/2 (1955) 103–30.

Jasim, Sabah. "The Excavation of a Camel Cemetery at Mleiha, Sharjah, U. A. E." *AAE* 10/1 (1999) 69–101.

———. "Trade Centres and Commercial Routes in the Arabian Gulf: Post Hellenistic Discoveries at Dibba, Sharjah, United Arab Emirates." *AAE* 17/2 (2006) 214–37.

———, y Eisa Yousif. "Dibba: An Ancient Port on the Gulf of Oman in the Early Roman Era." *AAE* 25/1 (2014) 50–79.

Jeppesen, Kristian. *Ikaros- The Hellenistic Settlements Volume 3: The Sacred Enclosure in the Early Hellenistic Period.* Aarhus: Aarhus University Press, 1990.

Jaussen, Antonin, y Raphaël Savignac. *Mission Archéologique en Arabie I: De Jérusalem au Hedjaz Médain-Saleh.* Paris: Société des Fouilles Archéologiques, 1909.

———. *Mission Archéologique en Arabie II: El 'Ela, D'Hégra à Teima, Harrah de Tebouk.* Paris: Société des Fouilles Archéologiques, 1914.

Juchniewicz, Karol. "The Port of Aynuna in the Pre-Islamic Period: Nautical and Topographical Considerations on the Location of Leuke Kome." *PAM* 26/2 (2017) 31–42.

Kaegi, Walter E. "Bizantium and the Early Islamic Conquests." New York: Cambridge University Press, 2005.

Kahane, Peter. "Pottery Types from the Jewish Ossuary-Tombs around Jerusalem." *IEJ* 2/2–3 (1952) 125–39.176–82.

Kendall, W. "Architectural Report." En *Excavations at Nessana (Auja Hafir, Palestine) Volume 1*, editado por Colt H. Dunscombe, 25–47. London: British School of Archaeology in Jerusalem, 1962.

Kennedy, David L. *The Roman Army in Jordan*. London: Council for British Research in the Levant, 2004.

———. "Legio VI Ferrata: The Annexation and Early Garrison of Arabia." *HSCP* 84 (1980) 283–309.

Khairy, Nabil I. "Nabataean Piriform Unguentaria." *BASOR* 240 (1980) 85–91.

Khel, Muhammad Nazeer K.K. "Political System in Pre-Islamic Arabia." *IS* 20/4 (1981) 375–93.

Kinder, Hermann, y Werner Hilgemann. *Atlas Histórico: Desde los Orígenes hasta la Revolución Francesa*. Traducido por C. Martín Álvarez y Antón Dieterich. Madrid: Istmo, 1982.

Kirk, G.E., y C. Bradford. "The Inscriptions." En *Excavations at Nessana (Auja Hafir, Palestine) Volume 1*, editado por Colt H. Dunscombe, 131–97. London: British School of Archaeology in Jerusalem, 1962.

Kirkbride, Diana. "Ancient Arabian Ancestor Idols." *ARCH* 22/2 (1969) 116–21.

———. "Ancient Arabian Ancestor Idols Part II: The Interpretation of the Sanctuary at Risqeh." *ARCH* 22/3 (1969) 188–95.

Kister, Meir Jacob. "The Campaign of Ḥulubān: A New Light on the Expedition of Abraha." *Le Muséon* 78 (1965) 425–36.

Kjær, Sigrid K.""Rahman" before Muhammad: A pre-History of the First Peace (Sulh) in Islam." *MAS* 56 (2022) 776–95.

Kjærum, Poul, y Flemming Højlund. *The Second Millennium Settlements Volume 3: The Bronze Age Architecture*. Aarhus: Jutland Archaeological Society, 2013.

Kolb, Anne, y Michael Alexander Speidel. "Perceptions from Beyond: Some Observations of Non-Roman Assessments of the Roman Empire from the Great Eastern Trade Routes." En *Rome and the Worlds beyond its Frontiers*, editado por Daniëlle Slootjes y M. Peachin, 151–79. Leiden: Brill, 2016.

Lecker, Michael. *The "Constitution of Medina.": Muḥammad's First Legal Document*. Princeton: Darwin, 2004.

———. "The Jews of Northern Arabia in Early Islam." En *The Cambridge History of Judaism Volume 5: Jews in the Medieval Islamic World*, editado por Phillipe I. Lieberman, 255–92. Cambridge: Cambridge University Press, 2021.

———. "Judaism among Kinda and the Ridda of Kinda." *JAOS* 115/4 (1995) 635–50.

———. "A Note on Early Marriage Links between Qurashīs and Jewish Women." *JSAI* 10 (1987) 17–39.

Lemaire, André. "New Perspectives on Trade between Judah and South Arabia." En *New Inscriptions and Seals relating to the Biblical World*, editado por Meir Lubetski y Edith Lubetski, 93–110. Atlanta: SBL, 2012.

Lewin, Roger. *Evolución Humana*. Traducido por Josep Cuello. Barcelona: Salvat, 1993.

Luckenbill, Daniel David. *Ancient Records of Assyria and Babylonia*. 2 vols. London: Histories & Mysteries of Man, 1989.

Lyall, Charles J. "The Words "Ḥanīf" and "Muslim."" *JRAS* (1903) 771–84.

Macdonald, Michael. "Ancient North Arabian." En *The Ancient Languages of Syria-Palestine and Arabia*, editado por Roger D. Woodard, 179–224. Cambridge: Cambridge University Press, 2008.

———. "Trade Routes and Trade Goods at the Northern End of the «Incense Road» in the First Millenium B.C." En *Profumi d'Arabia. Attí del Convegno*, editado por Alessandra Avanzini, 333–49. Roma: L'Erma di Bretschneider, 1997.

Malaria Surveillance, Monitoring and Evaluation: a Reference Manual. Geneva: World Health Organization, 2018.

Marchesi, Gianni. "Who was Buried in the Royal Tombs of Ur? The Epigraphic and Textual Data." *Orientalia* Nova Series 73/2 (2004) 153–97.

Maréchaux, Pascal. *Villages d'Arabie Heureuse.* Paris: Chêne, 1979.

Martínez, Emiliano. "Divinidades de Arameos y Árabes Preislámicos." *ISIMU* 2 (1999) 313–18.

Massari, Patricia, y Cherbel Dagher. *Najran: Desert Garden of Arabia.* Paris: Scorpio, 1983.

Matthews, Victor Harold, y Don C. Benjamin. *Old Testament Parallels: Laws and Stories from the Ancient Near East.* New Jersey: Paulist, 2006.

Mayerson, Philip. "The Island of Iotabê in the Byzantine Sources: A Reprise." *BASOR* 287 (1992) 1–4.

Mazuz, Haggai. "Northern Arabia and its Jewery in Early Rabbinic Sources: More than Meets the Eye." *AntOr* 13 (2015) 149–68.

McCarter, P. Kyle. "Hebrew." En *The Ancient Languages of Syria-Palestine and Arabia*, editado por Roger D. Woodard, 36–81. Cambridge: Cambridge University Press, 2008.

Mccown, C.C. "The Araq el-Emir and the Tobiads." *BA* 20/3 (1957) 63–76.

Mckenzie, Judith. *The Nabataean Temple at Khirbet et-Tannur, Jordan: Final Report on Nelson Gueck´s 1937 Excavation Volume 1: Architecture and Religion.* Boston: American Schools of Oriental Research, 2013.

———. *The Nabataean Temple at Khirbet et-Tannur, Jordan: Final Report on Nelson Gueck´s 1937 Excavation Volume 2. Cultic Offerings, Vessels, and other Specialist Reports.* Boston: American Schools of Oriental Research, 2013.

Michels, J.W. *Changing Settlement Patterns in the Aksum-Yeha Region of Ethiopia: 700 BC- AD 850.* Oxford: BAR, 2005.

Millar, Fergus. "A Syriac Codex from near Palmyra and the 'Ghassanid' Abokarib." *Hug* 16/1 (2013) 15–35.

Moliner, María. *Diccionario de Uso del Español.* 2 vols. Madrid: Gredos, 2016.

Mommsen, Theodor. *El mundo de los Césares.* México: Fondo de Cultura Económica, 1985.

Monferrer, Juan Pedro. *Introducción a los Sistemas Alfabéticos de las Lenguas Semíticas.* Girona: Universitat de Girona, 2008.

Montgomery, William. *Muhammad at Mecca.* Oxford: Oxford University Press, 1960.

Moreland, W.H. "The Ships of the Arabian Sea About A.D. 1500." *JRAS* 1 (1939) 173–92.

Mørkholm, Otto. "En Hellenistisk Møntskat fra Bahrain (A Hellenistic Coin Hoard from Bahrain)." *KUML* 22 (1973) 183–203.

Morris, Ian D. "Mecca and Macoraba." *UW* 26 (2018) 1–60.

Mouton, Michel. "Environnement, Stratégies de Subsistance et Artisanats." En *Mleiha I: Environnement, Stratégies de Subsistance et Artisanats (Mission Archéologique Française à Sharjah)*, dirigido por Michel Mouton, 265–85. Lyon: Maison de L'Orient et de la Méditerranée Jean Pouilloux, 1999.

———. "Mleiha: Présentation du Site et Périodisation." En *Mleiha I: Environnement, Stratégies de Subsistance et Artisanats (Mission Archéologique Française à Sharjah)*, dirigido por Michel Mouton, 9—32. Lyon: Maison de L'Orient et de la Méditerranée Jean Pouilloux, 1999.

Al-Muaikel, Khaleel Ibrahim. *Study of the Archaeology of the Jawf Region, Saudi Arabia.* Riyadh: King Fahd National Library, 1994.

———. "Suq 'Ukaz in al-Ta'if: Archaeological Survey of an Islamic Site." *UW* 7/1 (1995) 1–3.

Musil, Alois. *The Northern Hegaz: A Topographical Itinerary*. New York: American Geographical Society, 1926.

Nappo, Dario. "On the Location of Leuke Kome." *JRA* 23 (2010) 335–48.

Naveh, Joseph. "The Inscriptions from Failaka and the Lapidary Aramaic Script." *BASOR* 297 (1995) 1–4.

Nebes, Norbert, y Peter Stein. "Ancient South Arabian." En *The Ancient Languages of Syria-Palestine and Arabia*, editado por Roger D. Woodard, 145–78. Cambridge: Cambridge University Press, 2008.

Negev, Avraham. *The Architecture of Mampsis Final Report Volume 1: The Middle and Late Nabatean Periods.* Jerusalem: Hebrew University of Jerusalem, 1988.

———. "The Nabatean Necropolis at Egra." *RB* 83/2 (1976) 203–36.

Nehmé, Laïla. "Ancient Hegra, a Nabataean Site in a Semi-arid Environment: The Urban Space and Preliminary Results from the First Excavation Season." *BAO* 1: Volume Speciale G/ G5/ 3 (2010) 13–25.

———. "New Dated Inscriptions (Nabataean and Pre-Islamic Arabic) from a Site near al-Jawf, Ancient Dūmah, Saudi Arabia." *AEN* 3 (2017) 121–64.

———. "A Recently-Discovered Nabataean Sanctuary Possibly Devoted to the Sun-God." En *From Ugarit to Nabataea: Studies in Honor of John F. Healy*, editado por George A. Kiraz y Zeyad al-Salameen, 153–66.266–70. Piscataway: Georgias 2012.

———. "Report on Ith 78 and IGN 132- Area 6." En *Report on the Third Excavation Season (2010) of the Madâ'in Sâlih Archaeological Project*, por Daifallah al-Talhi et al., 105–65. Riyadh: Saudi Commission for Tourism and Antiquities, 2014.

———, et al. "Hegra of Arabia Felix." En *Roads of Arabia: Archaeology and History of the Kingdom of Saudi Arabia*, editado por Ali Ibrahim al-Ghabban et al., 286–307. Paris: Musée du Louvre/ Somogy Art, 2010.

Netzer, Ehud. *Greater Herodium*. Jerusalem: Hebrew University of Jerusalem, 1981.

New Encyclopedia of Archaeological Excavations in the Holy Land. 4 vols. Editado por Ephraim Stern. New York: Israel Exploration Society/ Carta, 1993.

Nicholson, Oliver, ed. *The Oxford Dictionary of Late Antiquity*. 2 vols. Oxford: Oxford University Press, 2018.

Noth, Martin. *Historia de Israel*. Barcelona: Garriga, 1966.

Olinder, Gunnar. *The Kings of Kinda: Of the Family of Ākil al-Murār*. Lund: Håkan Ohlsson, 1927.

Orientis Graeci Inscriptiones Selectae. Supplementum Sylloges Inscriptionum Graecarum. Volumen Prius. Editado por Wilhelmus Dittenberger. Lipsia: Hirzel, 1903.

Parias, L.H., dir. *Historia Universal de las Exploraciones*. 4 vols. Madrid: Espasa-Calpe, 1967.

Parker, S. Thomas. *Romans and Saracens: A History of the Arabian Frontier*. Winona Lake: Eisenbrauns, 1986.

———. "Preliminary Report on the 1994 Season of the Roman Aqaba Project." *BASOR* 305 (1997) 19–44.

Parr, P.J. "Exploration Archéologique du Hedjaz de Madian." *RB* 76 (1969) 390–93.

———, et al. "Preliminary Survey in NW Arabia." *BIA* 10 (1971) 23–62.

Patrich, Joseph. "Nabataean Art between East and West: A Methodical Assesment." En *The World of the Nabataeans*, 79–101. Stuttgart: Franz Steiner, 2007.

Peacock, David, y David Williams, eds. *Food for the Gods: New Light on the Ancient Incense Trade*. Oxford: Oxbow, 2007.

Peters, Francis Edward. "The Nabateans in the Hawran." *JAOS* 97/3 (1977) 263–77.

———, ed. *The Formation of the Classical Islamic World III: The Arabs and Arabia on the Eve of Islam*. Aldershot: Ashgate, 1999.

Pienaar, Herman, et al., eds. *Makkah City Profile*. Riyadh: Ministry of Municipal and Rural Affairs, 2019.

Potts, Daniel T. *In the Land of the Emirates: The Archaeology and History of the UAE*. Abu Dhabi: Trident, 2012.

———. *The Pre-Islamic Coinage of Eastern Arabia*. Copenhagen: Museum Tusculanum, 1991.

———. *Supplement to the Pre-Islamic Coinage of Eastern Arabia*. Copenhagen: Museum Tusculanum, 1994.

———. "North-Eastern Arabia (circa 5000–2000 BC)." En *Roads of Arabia: Archaeology and History of the Kingdom of Saudi Arabia*, editado por Ali Ibrahim al-Ghabban et al., 172–83. Paris: Musée du Louvre/ Somogy Art, 2010.

———. "The Renaissance of North-East Arabia in the Hellenistic Period." En *Roads of Arabia: Archaeology and History of the Kingdom of Saudi Arabia*, editado por Ali Ibrahim al-Ghabban et al., 374–85. Paris: Musée du Louvre/ Somogy Art, 2010.

———. "The Story of Origins." En *Roads of Arabia: Archaeology and History of the Kingdom of Saudi Arabia*, editado por Ali Ibrahim al-Ghabban et al., 70–79. Paris: Musée du Louvre/ Somogy Art, 2010.

Pritchard, James B., ed. *The Ancient Near East*. 2 vols. Princeton: Princeton University Press, 1973–1975.

Rabinowitz, Isaac. "Aramaic Inscriptions of the Fifth Century B.C.E. from a North-Arab Shrine in Egypt." *JNES* 15/1 (1956) 1–9.

Al-Rawabdeh, Nada. "About the Nabataean Minister Sylleus from New Silver Coins." *MAA* 15/1 (2015) 73–82.

Renel, F., et al. "Dating the Early Phases under the Temenos of the Qaṣr al-Bint at Petra." En *The Nabataeans in Focus: Current Archaeological Research at Petra. Supplement to the Proceedings of the Seminar for Arabian Studies 42*, editado por Laïla Nehmé y Lucy Wadeson, 39–54. Oxford: Archaeopress, 2012.

Rice, Michael. *The Archaeology of the Arabian Gulf*. New York: Routledge, 2011.

———, et al. *Traces of Paradise: The Archaeology of Bahrain 2500 BC–300 AD*. Manama: Bahrain National Museum, 2000.

Roberts, Alice. *Evolution: The Human Story*. London: Dorling Kindersley, 2023.

Robertson, William. *Kinship and Marriage in Early Arabia*. 1885. Reimpreso, Seattle: Scholar Select, 2015.

Robin, Christian Julien. "Allāh avant Muḥammad." *JSAI* 49 (2020) 1–146.

———. "Antiquity." En *Roads of Arabia: Archaeology and History of the Kingdom of Saudi Arabia*, editado por Ali Ibrahim al-Ghabban et al., 80–99. Paris: Musée du Louvre/ Somogy Art, 2010.

———. "L'Arabie du Sud et la Date du Périple de la Mer Érythrée (nouvelles données)." *JA* 279/1 (1991) 1–30.

———. "Chrétiens de l'Arabie Heureuse et de l'Arabie Deserte: De la Victoire à l'Échec." En *Dossiers Archeologie & Sciences des Origines N° 39*, 24–35. Dijon: Faton, 2006.

———. "L'Église des Aksūmites à Ẓafār (Yemen) a-t-elle été Incendiée?" *REMMM* 129 (2011) 93–118.

———. "Ghassān en Arabie." En *Les Jafnides. Des Rois Arabes au Series de Byzance (VIe s.è chr.)*, editado por Denis Genequand y Christian Julien Robin, 79–120. Paris: De Boccard, 2015.

———. "Himyar au IVe Siècle de l'Ère Chrétienne: Analyse des Données Chronologiques et Essai de Mise en Ordre." En *Archäologische Beriche Aus Dem Yemen. Band X*, 133–52. Mainz: Phillip von Zabern, 2005.

———. "Himyar et Israël." En *Comptes-Rendus des Séances de l'Académie des Inscriptions et Bellles-Lettres 148e Année/2*, 831–908. Paris: De Boccard, 2004.

———. "Kulayb Yuha'min Est-Il le Χόλαιβος du Périple de la Mer Érythrée?" *Raydān* 6 (1994) 91–99.

———. "The Judaism of the Ancient Kingdom of Ḥimyar in Arabia: A Discreet Conversion." En *Diversity and Rabbinization: Jewish Texts and Societies between 400 and 1,000 CE*, editado por Gavin McDowell et al., 165–270. Cambridge: Cambridge University Press, 2021.

———. "Judaïsme et Christianisme en Arabie du Sud d'apres les Sources Épigraphiques et Archéologiques." En *Proceedings of the Seminar for Arabian Studies 10*, 85–96. Oxford: Archaeopress, 1980.

———. "Le Judaïsme de Ḥimyar." *Arabia* 1 (2003) 97–172.

———. "Nagrān vers l'Époque du Massacre: Notes sur l'Histoire Politique, Économique et Institutionnelle et Sur l'Introduction du Christianisme (Avec un Réexamen du Martyre d'Azqir)." En *Juifs et Chrétiens en Arabie aux Ve et VIe Siècles Regards Croisés sur les Sources*, editado por Joëlle Beaucamp et al., 39–106. Paris: Association des Amis du Centre d'Histoire et Civilisation de Byzance, 2010.

———. "Le Premiere Intervention Abyssine en Arabie Meridionale (de 200 à 270 de l'Ère Chrétienne Environ)." En *Proceedings of the Eighth International Conference of Ethiopian Studies Volume 2*, 147–62. Addis Ababa: Institute of Ethiopian Studies, 1989.

———. "À propos de la Prière: Emprunts Lexicaux à l'Hébreu et à l'Araméen Relevés dans les Inscriptions Préislamiques de l'Arabie Méridionale et dans le Coran." En *Prières Méditerranéennes Hier et Aujour'hui*, editado por Gilles Dorival y Didier Pralon, 45–69. Aix-en-Provence: Publications de l'Université de Provence, 2000.

———. "À propos de Ymnt et Ymn: «Nord» et «Sud», «Droite» et «Gauche», dans les Inscriptions de l'Arabie Antique." En *Entre Carthage et l'Arabie Heureuse. Mélanges offerts à François Bron*, editado por François Briquel-Chatonnet et al., 119–39. Paris: De Boccard, 2013.

———. "Les Rois de Kinda." En *Arabia, Greece and Byzantium. Cultural Contacts in Ancient and Medieval Times Volume 2*, editado por Abdulaziz al-Helabi et. al., 59–129. Riyadh: King Saud University, 2012.

———. "Le Royaume Hujride, dit «Royaume de Kinda», entre Himyar et Byzance." *CR* 140/2 (1996) 675–714.

———. "Sabeans and Ḥimyarites discover the Horse." En *Furusiyya (Horsemanship): The Horse in the Art of the Near East Vol. I*, editado por David Alexander, 60–71. Riyadh: King Abdulaziz Public Library, 1996.

———, e Iwona Gajda. "L'Inscription du Wādī 'Abadān." *Raydān* 6 (1994) 113–37.193–204.

———, y Jean-François Breton. "Le Sanctuaire Préislamique du Ǧabal al-Lawd (Nord-Yémen)." En *Comptes Rendus des Séances de L'Année 1982 Juillet-Octobre*, 590–629. Paris: De Boccard, 1982.

———, et al. "Qani', Port de l'Encens." *Saba* 3-4 (1997) 21–31.

Rodinson, Maxime. "Sur une Nouvelle Inscription du Règne de Dhoū Nowās." en *BO* 26/1 (1969) 26–34.

Rodríguez Carmona, Antonio. *La Religión Judía: Historia y Teología*. Madrid: BAC, 2001.

Rohmer, Jérôme. "Area 2- Northern Sector." En *Report on the Third Excavation Season (2010) of the Madâ'in Sâlih Archaeological Project*, por Daifallah al-Talhi, et al., 49–89. Riyadh: Saudi Commission for Tourism and Antiquities, 2014.

———, y Guillaume Charloux. "From Lihyan to the Nabataeans: dating the end of the Iron Age in North-West Arabia." En *Proceedings of the Seminar for Arabian Studies 45*, 297–320. Oxford: Archaeopress, 2015.

———, et al. "The Thaj Archaeological Project: Results of the First Field Season." En *Proceedings of the Seminar For Arabian Studies 48*, 287–302. Oxford: Archaeopress, 2018.

Roskam, H.N. *The Purpose of the Gospel of Mark in its Historical and Social Context*. Leiden: Brill, 2004.

Ross, Thomas. "Roman Vessel Stoppers." En *Myos Hormos- Quseir al-Qadim: Roman and Islamic Ports on the Red Sea Volume 2. Finds from the Excavations 1999-2003*, editado por David Peacock y Lucy Blue, 11–34. Oxford: BAR, 2016.

Rudolff, Britta. *Qal'at al-Bahrain Archaeological Site: A Candidature Submitted to the World Heritage Centre, UNESCO*. Manama: Directore of culture & National Heritage, 2004.

Al-Saud, Abdullah. *Central Arabia during the Early Hellenistic Period, with Particular Reference to the Site of al-Ayun in the Area of al-Aflaj in Saudi Arabia*. Edimburgh: University of Edimburgh, 1991.

Savignac, Raphaël, y Jean Starcky. "Une Inscription Nabatéene Provenant du Djôf." *RB* 64/2 (1957) 196–217.

Al-Sayari, Saad S., y Josef G. Zötl, eds. *Quaternary Period in Saudi Arabia 1: Sedimentological, Hydrogeological, Hydrochemical, Geomorphological, and Climatological Investigations in Central and Eastern Saudi Arabia*. Wien: Springer, 1978.

Scagliarini, Florella. "The Word ṢLM/ ṢNM and some Words for "Statue, Idol" in Arabian and other Semitic Languages." En *Proceedings of the Seminar for Arabian Studies 37*, 253–62. Oxford: Archaeopress, 2007.

Schiettecatte, Jérémie, y Mounir Arbach. "The Political Map of Arabia and the Middle East in the 3rd Century AD revealed by a Sabaean Inscription—a View from the South." *AAE* 27/2 (2016) 176–96.

Schmid, Stephan G. "The Hellenistic Period and the Nabataeans." En *Jordan: An Archaeological Reader*, editado por Russell B. Adams, 353–411. London: Equinox, 2008.

———. "Nabataean Fine Ware from Petra." En *Studies in the History and Archaeology of Jordan V*, 637–47. Amman: Department of Antiquities of Jordan, 1995.

———, et al. "The Palaces of the Nabataeans Kings at Petra." En *The Nabataeans in Focus: Current Archaeological Research at Petra. Supplement to the Proceedings of the Seminar for Arabian Studies 42*, editado por Laïla Nehmé y Lucy Wadeson, 73–98. Oxford: Archaeopress, 2012.

Schmitt-Korte, Karl. "Nabatean Coinage Part II: New Coin Types and Variants." *NumC* 150 (1990) 105–33.

———, y Martin Price. "Nabataean Coinage Part III: The Nabataean Monetary System." *NumC* 154 (1994) 67–131.

Schoff, Wilfred H. *The Periplus of the Erithræn Sea: Travel and Trade in the Indian Ocean by a Merchant of the First Century*. New York: Longmans/ Green, 1912.

Schwabe, Moshe, y Baruch Lifshitz. *Beth She'arim Volume II: The Greek Inscriptions*. New Brunswick: Rutgers University Press, 1974.

Scott, Hugh, et al. *Western Arabia and the Red Sea*. London: Naval Intelligence Division, 1946.

Scott, Max. *The Kingdom of Saudi Arabia*. London: Stacey International-al Turah, 2006.

Sedov, Aleksandr V. "The Coins from Sumhuram: the 2001A–2004A Seasons." En *A Port in Arabia between Rome and the Indian Ocean (3RD C. BC–5TH C. AD): Khor Rori Report 2*, editado por Alessandra Avanzini, 277–316. Roma: L'Erma di Bretschneider, 2008.

———. "The Cultural Quarter: Area F." En *A Port in Arabia between Rome and the Indian Ocean (3RD C. BC–5TH C. AD): Khor Rori Report 2*, editado por Alessandra Avanzini, 183–260. Roma: L'Erma di Bretschneider, 2008.

———. "Excavations at the Trench A13." En *A Port in Arabia between Rome and the Indian Ocean (3RD C. BC–5TH C. AD): Khor Rori Report 2*, editado por Alessandra Avanzini, 125–72. Roma: L'Erma di Bretschneider, 2008.

Serjeant, Robert B. "Meccan Trade and the Rise of Islam: Misconceptions and Flawed Polemics." *JAOS* 110/3 (1990) 472–86.

Shahīd, Irfan. *Byzantium and the Arabs in the Fifth Century*. Washington: Dumbarton Oaks, 1989.

———. *Byzantium and the Arabs in the Fourth Century*. Washington: Dumbarton Oaks, 2016.

———. *Byzantium and the Arabs in the Sixth Century Volume 1/1: Political and Military History*. Washington: Dumbarton Oaks, 1995.

Sidebotham, Steven E. "Aelius Gallus and Arabia." *Latomus* 45/3 (1986) 590–602.

———. "Ancient Coins from Quseir al-Qadim: The Oriental Institute, University of Chicago Excavations 1978, 1980 and 1982." En *Myos Hormos- Quseir al-Qadim: Roman and Islamic Ports on the Red Sea Volume 2. Finds from the Excavations 1999–2003*, editado por David Peacock y Lucy Blue, 353–60. Oxford: BAR, 2016.

———. "University of Delaware Fieldwork in the Eastern Desert of Egypt, 1993." *DOP* 48 (1993) 263–75.

———, y Willeke Wendrich, eds. *Berenike 1999/2000: Report on the Excavations at Berenike, including Excavations in Wadi Kalalat and Siket, and the Survey of the Mons Smaragdus Region*. Los Angeles: Cotsen Institute of Archaeology, 2007.

Simon, Róbert. "Aelius Gallus' Campaign and the Arab Trade in the Augustan Age." *AcOrHun* 55/4 (2002) 309–18.

Simpson, St. John, ed. *Queen of Sheba: Treasures from Ancient Yemen*. London: British Museum, 2002.

Sokoloff, Michael. *A Dictionary of Jewish Palestinian Aramaic of the Byzantine Period*. Ramat-Gan: Bar Ilan University Press, 1992.

Sperveslage, Gunnar. "Ägypten und Arabien." En Hausleiter, *Taymā' I: Archaeological Exploration. Palaeoenvironment. Cultural Contacts,* editado por Arnulf Hausleiter et al., 200–45. Oxford: Archaeopress, 2018.

Steimer-Herbet, Tara. "Three Funerary Stelae from the 4th Millennium BC." En *Roads of Arabia: Archaeology and History of the Kingdom of Saudi Arabia,* editado por Ali Ibrahim al-Ghabban et al., 166–69. Paris: Musée du Louvre/ Somogy Art, 2010.

———, et al. "Rites and Funenary Practices at Rawk during the Fourth Millennium BC (Wadi 'Idim, Yemen)." En *Proceedings of the Seminar for Arabian Studies 37*, 281–94. Oxford: Archaeopress, 2007.

Stern, Philip D. *The Biblical Herem: A Window in Israel's Religious Experience*. Atlanta: Scholars, 1991.

Stoneman, Richard. *Palmyra and its Empire: Zenobia's Revolt Against Rome*. Ann Arbor: University of Michigan Press, 1995.

Studer, Jacqueline. "Preliminary Report on Faunal Remains." En *Report on the Third Excavation Season (2010) of the Madâ'in Sâlih Archaeological Project*, por Daifallah al-Talhi, et al., 283–93. Riyadh: Saudi Commission for Tourism and Antiquities, 2014.

Sydenham, E.A. "The Roman Monetary System Part II." *NCJRNS* Fourth Series 19 (1919) 114–71.

Tebes, Juan Manuel. "Pottery Makers and Premodern Exchange in the Fringes of Egypt: An Approximation to the Distribution of Iron Age Midianite Pottery." *BurH* 43 (2007) 11–26.

Thesiger, Wilfred. *Arabian Sands*. Dubai: Motivate, 1994.

Tholbeq, Laurent. "The Nabataeo-Roman Site of Wadi Ramm (Iram): A New Appraisal." En *Annual of the Department of Antiquities of Jordan XLII*, 241–54. Amman: Department of Antiquities of Jordan, 1998.

Tschanz, David W. *The Nabataeans: A Brief History of Petra and Madain Saleh*. Surbiton: Medina, 2012.

Van der Toorn, Karel, et al., eds. *Dictionary of Deities and Demons in the Bible*. Leiden: Brill, 1999.

Walker, Jenny. *Arabia Saudí, Bahrein, los EAU, Kuwait, Omán, Qatar y Yemen*. Barcelona: Planeta, 2011.

Walsh, Tony. *The Land of Frankincense: The Guide to the History, Locations and UNESCO Sites of Frankincense in Dhofar Oman*. Gdansk: Arabesque Travel, 2018.

Warmington, E.H. *The Commerce between the Roman Empire and India*. New Delhi: Vikas, 1974.

Wassink, Alfred. "Inflation and Financial Policy under the Roman Empire to the Price Edict of 301 A.D." *Hist* 40/4 (1991) 465–93.

Wenning, Robert. "The Betyls of Petra." *BASOR* 324 (2001) 75–95.

———. "Nabataean Niches and "Early Petra." En *Men on the Rocks. The Formation of Nabataean Petra*, editado por Michel Mouton y Stephan G. Smith, 343–50. Berlin: Logos, 2012.

———, y Laurent Gorgerat. "The International Aslah Project, Petra: New Research and New Questions." En *The Nabataeans in Focus: Current Archaeological Research at*

Petra. Supplement to the Proceedings of the Seminar for Arabian Studies 42, editado por Laïla Nehmé y Lucy Wadeson, 127–41. Oxford: Archaeopress, 2012.

Widengren, Geo. *Fenomenología de la Religión*. Traducido por A. Alemany. Madrid: Cristiandad, 1976.

Woytek, Bernhard E., y Kevin Butcher. "The Camel Drachms of Trajan in Context: Old Problems and a New Overstrike." *NumC* 175 (2015) 117–36.

Yadin, Yigael. *Bar-Kokhba: The Rediscovery of the Legendary Hero of the Second Jewish Revolt against Rome*. London: Weidenfeld & Nicolson, 1971.

———. "Excavations at Hazor." *BA* 19/1 (1956) 1–11.

———. "Expedition D- The Cave of the Letters." *IEJ* 12/3–4 (1962) 227–57.

Yule, Paul Alan, ed. *Archaeological Research in the Sultanate of Oman: Bronze and Iron Age Graveyards*. Rahden: Marie Leidorf, 2015.

Zahran, Yasmine. *The Lakhmids of Hira*. London: Stacey International, 2009.

Al-Zahrani, ʻAwad bin Ali al-Sibali. "Thaj and the Kingdom of Gerrha." En *Roads of Arabia: Archaeology and History of the Kingdom of Saudi Arabia*, editado por Ali Ibrahim al-Ghabban et al., 386–97. Paris: Musée du Louvre/ Somogy Art, 2010.

Zayadine, Fawzi, y Saba Fares-Drappeau. "Two North-Arabian Inscriptions from the Temple of Lat at Wadi Iram." En *Annual of the Department of Antiquities of Jordan XLII*, 255–58. Amman: Department of Antiquites of Jordan, 1998.

Zazzaro, Chiara. *The Ancient Red Sea Port of Adulis and the Eritrean Coastal Region*. Oxford: BAR, 2016.

Zein, Ibrahim, y Ahmed El Wakil. "On the Origins of the Hijrī Calendar: A Multi-Faceted Perspective Based on the Covenants of the Prophet and Specific Date Verification." *RelMDPI* 12 (2021) 1–22.

Zwettler, Michael J. "Maʻadd in Late-Arabian Epigraphy and other pre-Islamic Sources." *WZKM* 90 (2000) 223–307.

MAPAS

TOPONIMIA GENERAL DE ARABIA PREISLÁMICA

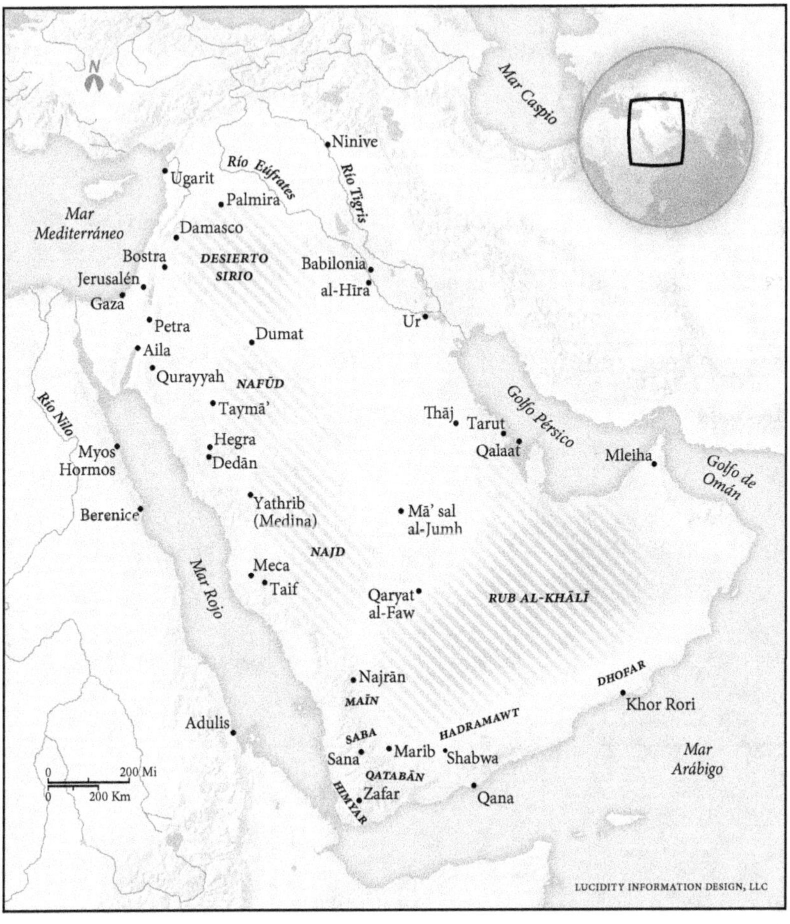

SINAÍ Y PALESTINA EN SU CONTEXTO PREISLÁMICO INMEDIATO

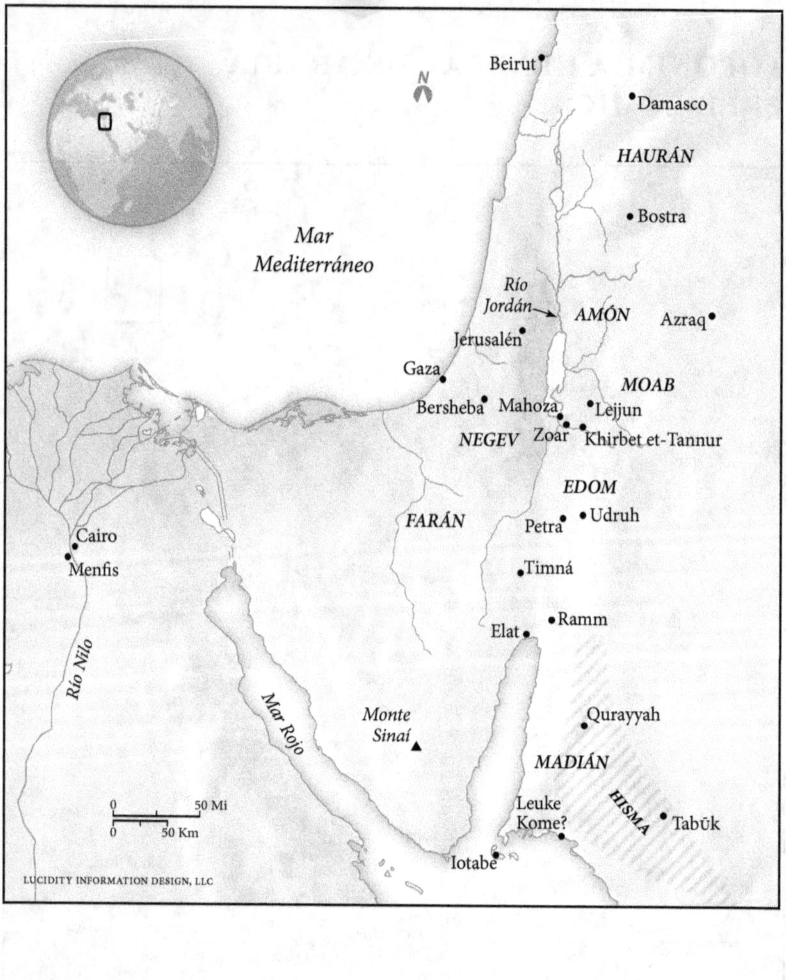

ARABIA PREISLÁMICA CENTRAL ORIENTAL

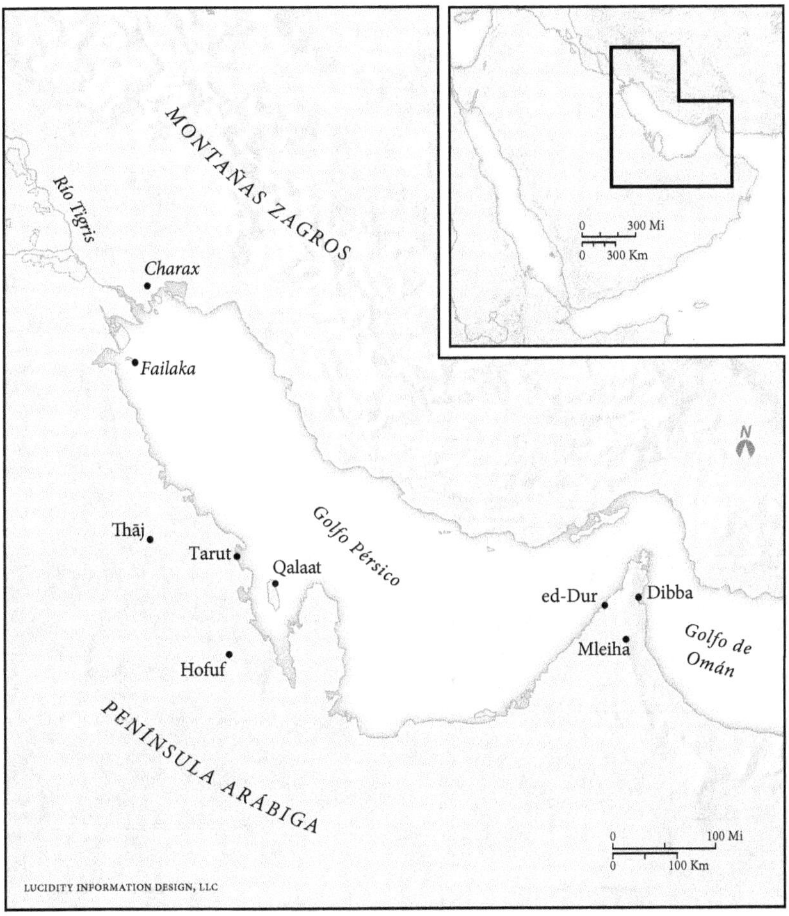

ARABIA PREISLÁMICA CENTRAL OCCIDENTAL

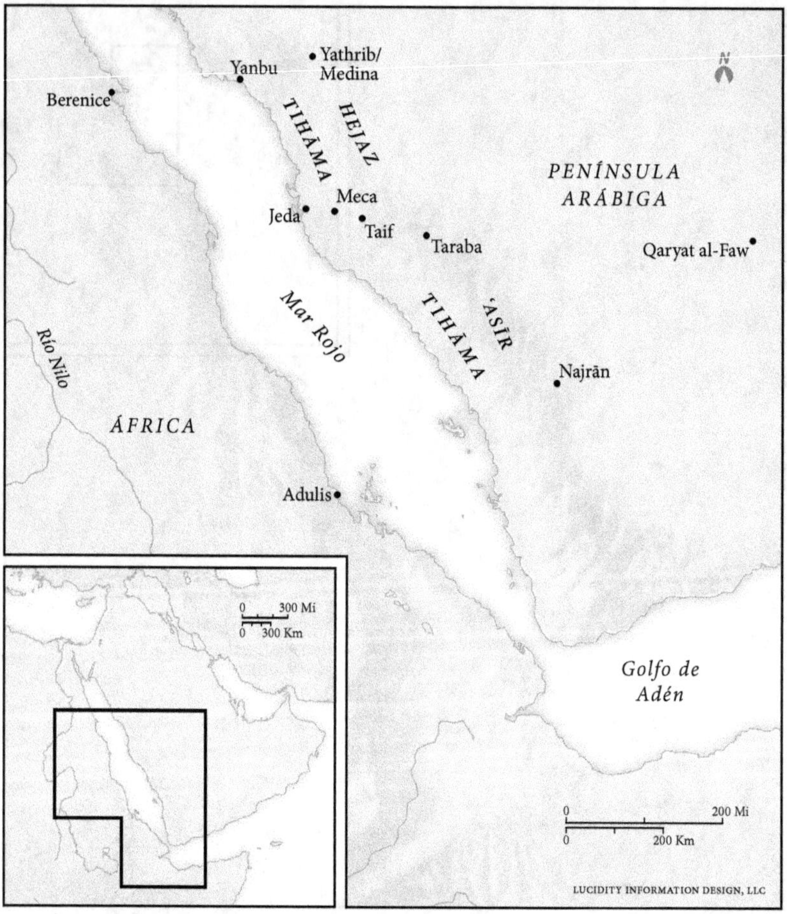

ÍNDICE DE INSCRIPCIONES, PERSONAS, Y DEIDADES

CLAVE DE BÚSQUEDA PARA las notas al pie: x/y = nº de capítulo/nº de nota

EPÍGRAFA

'Abadān 1, 225–29, 269–70, n. 10/61

Bayt al-Aswal 1/2–3, 255, nn. 10/13, 15, 22–23

CIH 534, n. 10/36
CIH 541, 308, n. 10/34
CIH 560, n. 10/36
Colebo, n. 6/21
Cosmas en Adulis, n. 4/75

Dumat cristiana, n. 11/64

Esteban (Nessana 112), n. 11/61
Estela de Merneptah, nn. 1/75–76
Estela de Moab, n. 1/118
Estela de Tel Dan, nn. 1/75, 2/18

Flavio Dionisio, n. 8/44

H4. *Ver* IGN 12
Hoyland 18, 200, n. 8/25
Hoyland 3, 200, n. 8/25

IGN 12, 184, n. 7/19
'Inān 75, 218

Ja 520, n. 10/26
Ja 546, 259
Ja 635, nn. 9/36, 10/59
Ja 1028, 305, nn. 10/34–35, 11/86–87

JSLih 064, 134
JSLih 277, 134, n. 5/14
JSLih 349, n. 2/92

Li'adhar'īl, 139

Mā'sal 1, 268–69, 271–72, n. 11/21
Mā'sal 2: 281, nn. 11/16, 21
MURS F3–23, 139

NABON H2A-B, n. 2/72
Namāra, 224, n. 9/22

Publius Cornelius, n. 4/79

Qasr el-Azraq, n. 8/46
Qaynū bar Geshem, n. 4/91

Reina de Dilmún, 1/25
RES 483. *Ver* Namāra
RES 83, 169–70, n. 6/77
Riyām 2006–17, 219–20, nn. 9/9–10
Ry 506, 308–09, nn. 10/34, 51, 11/98, 107
Ry 507, 305, nn. 10/34–35, 11/87
Ry 508, 305, n. 11/87
Ry 509. *Ver* Mā'sal 1
Ry 510. *Ver* Mā'sal 2

Shatanay, n. 3/26

Sileo, n. 6/7
Soteles Ateneo, n. 4/25
Shubaytu el judío. *Ver* IGN 12

TC 19, 139
Tumba de los Homeritas, n. 10/10

Yahūda Yakkuf. *Ver* Bayt al-Aswal 1/2-3
Yoseh hijo de Awfā, n. 10/11

ZM 2000, 251-52, nn. 10/14, 35

PERSONAS Y DEIDADES

Abīkarib As'ad. *Ver* Abū Karib
Abraha: causa de su retirada, n. 11/99; expedición del Elefante, 266, 308-10, n. 10/51; rey de Himyar, 307-08; su apodo, n. 11/95; último registro epigráfico de los reyes de Himyar, 259
Abraham. En la tradición islámica: asemejado a Mahoma, n. 9/79; en el Corán, 237, 287, nn. 6/99, 9/79; en la Kaba, 237, n. 11/47; una de las personas bíblicas más citadas por el Corán, n. 1/71
En la tradición judía: bendiciones y promesas que recibe en la Biblia, n. 1/38; etimología, n. 1/39; hijos por Keturá, n. 1/51
Abū Bakr: compañero del Profeta, 261; fecha de su califato y guerras Riddah, n. 11/58; ordenó reunir el Corán, 179; presiona hacia el norte, 313; uno de los tres primeros califas, 179
Abū Karib: extiende su dominio hacia Arabia interior, 252-53; introductor del judaísmo en Yemen, 252; otros nombres, n. 10/16; su inscripción Mā'sal 1. *Ver* Mā'sal 1
Adán, n. 6/99
Adonai, n. 1/34
Agaros, 275-76
Alejandro Balas, 104, 108
Alejandro Janeo, 110-11, 113, 118, n. 4/32
Alejandro Magno: causa de su muerte, n. 3/12; en el Corán, n. 3/28; guerras tras su muerte, n. 4/3; plan de colonizar Arabia, 77-81, n. 3/4; su nombre en monedas, nn. 3/28, 30
Alilāt, 131-32, n. 5/1
Allāh: en Arabia preislámica, 140, 296-98; en las azoras tempranas, 260; en nombres personales, 297; origen del nombre, 300-01, n. 11/60
Allāt: ausencia en Petra, 106, 138; condenada en el Corán, 140; en Ḥegra, 134; en Taif, 139; en Raam y Tannur, 135-36; etimología, nn. 3/11, 11/60; otros nombres, 131-34, 139; poder de intercesión, 295
Alois Musil, n. 4/78
Amorkesos, 276-77, n. 11/5
Anastasio, 273-79, 283, nn. 11/8, 17, 25
Antígono I, 100, n. 4/3
Antíoco. III: 84-85, 161, nn. 3/38, 4/32. IV: 103-04, n. 4/32. V: 104. VI: 104. VIII: 109, 111. XII: 112
Antipas. *Ver en* Herodes
Antípatro. Hijo de Herodes el Grande: 163. Padre de Herodes el Grande: 113-15, nn. 4/32, 46
Antonio, Marco, 115, 118-20, nn. 4/62, 7/39
Anzu, n. 1/27
Aretas. I: 103. II: 111. III: 111-15, n. 4/49. IV: 112, 149, 162-65, 167-69, 172, 189, nn. 4/41, 5/16, 6/9, 51, 7/38-39; enemistad con Antipas, 162-65, n. 6/60; monedas, n. 6/75. El de la Thalabane, 275-77, 279-80. El kindita. *Ver* al-Ḥārith bin 'Amr.

El pariente de Obodas III, 128, 153, 227–28
Arsaces. I: 86, nn. 8/1, 3. VI: 108
Artemidoro, 92–93, n. 3/49
Aspebetos, 261–62
Asurbanipal, 47, 59–61
Asurnasirpal II, n. 1/22
Astarté: en el mundo bíblico, 72, 132, n. 5/2; llamada Alilāt e Ishtar, 131; llamada Reina de los Cielos, 132, n. 5/5; relacionada con Allāt, 133–34
Augusto, Octavio: amplió los territorios de Herodes, 148, n. 4/46; batalla de Accio e imperio posterior, n. 4/62; conflicto con Marco Antonio, 119; promotor de una expedición a Arabia, 124, n. 4/72; Res Gestae, 124, 128, n. 4/72; se enfadó con Aretas IV, 149
Aurelio, 214, nn. 8/62, 65
A'ra, 170, 188, n. 6/78
'Abdul-Muṭṭalib: abuelo de Mahoma, 291, n. 11/44; excavó Zamzam, n. 11/44; negocia con Abraha, 309; profesa el monoteísmo, 310
'Adī bin Nasr: uno de los fundadores de al-Ḥira, 221, n. 9/15
'Amr bin al-Ḥārith al-Ghubshānī, 266, n. 10/50

Baal, 72, nn. 1/124, 5/2, 6/99
Baal-Hadad, 38, n. 1/124
Baalshamin, 134, 257
Babatha, 138, 174–77, 185
Badicharimos, 275–76
Burckhardt, nn. 4/22, 8/32
Burton, n. 4/74

Cambises, 66–68, nn. 2/65–66
Caribael, 154, n. 6/21
Cirilo de Escitópolis, 261
Ciro I, 65, 73, n. 2/63; Edicto de, n. 2/86
Cleopatra. III: 109–10. VII: 115–19, nn. 4/52, 6/75
Colebo, 154, n. 6/21
Cornelio Palma, n. 6/78
Cosmas Indicopleustes, 306, n. 4/75
Cosroes. I: 312, nn. 11/10, 107. II: 313

David: conquistó Bozrah, n. 4/5; en el Corán, n. 6/99; referencia extrabíblica más antigua. *Ver* Estela de Tel Dan; relación con el hebreo escrito, n. 1/33; su bisabuela Rut, n. 1/69
Dhamar'alī Watār, 152
Dhū Nuwās: aludido en el Corán, 217; asesinó al rey precedente, 304, n. 9/12; cronología tradicional, n. 9/12; interroga a una najranita, n. 11/85; otros nombres, nn. 11/86, 89
Dhūl Qarnayn. *Ver* Alejandro Magno en el Corán
Diocleciano, 194, n. 8/8
Diodoro, 92–93, 100–02, 108, 116, 183, n. 4/3
Dionisio Alejandrino, n. 8/7
Dushara: circunvalado en Petra, 137; dios de la monarquía nabatea, 106–07, 170, nn. 4/93, 6/7, 77; en Dumat, 207; en Khirbet et-Tannur, 136; en monedas, n. 7/30; etimología, 106

Él/ Ēl: diferente del pronombre personal "él," n. 5/10; dios supremo de Ugarit, 133, nn. 1/124, 10/35; formas árabes, 258–59, nn. 10/35–36; nombre del único Dios, n. 5/10; relación con la palabra betilo, 142–43; un dios cualquiera, n. 10/35
Eleazos, 154, nn. 6/20–21
Elesbaás, 278, 306–08, n. 11/95
Elías. En el Corán, n. 6/99. Obispos nestorianos llamados, n. 10/43
Elio Galo, 123–25, 127–28, 130, 147–54, 157, 227–28, 230–32, nn. 4/74, 77–79
Enoc. Descenciente madianita, nn. 1/51, 119. En el Corán, n. 6/99
Epifanio de Salamina, 136–38, n. 5/23
Erotimus, 109–10

Esaú: antepasado de los amalecitas, n. 1/65; antepasado de los quenitas, n. 1/119; antepasado de pueblos árabes, n. 2/40; emparenta con los hititas, n. 1/70; es Edom, 21–22, 61, n. 2/40; por qué era pelirrojo, n. 2/49; representa pueblos anteriores a Israel al sur de Palestina, 23; se casó con una ismaelita, 13; suplantado por Jacob, 22, n. 2/49; sus descendientes posiblemente practicaron la circuncisión, n. 4/32
Esarhadón, 58–60, 72
Escauro, 114–15, n. 4/49
Estrabón: descalifica a Obodas III, 123; expedición de Elio Galo. *Ver* Elio Galo; inculpa a Sileo, 147; primera utilización escrita de la expresión "Arabia Feliz," 94; sobre Gerrha, 90–92; sobre los nabateos, 101, n. 7/35
Eutimio, 261

Filostorgio, 249–51, n. 10/6
Focio, 249, 278, nn. 10/6, 11/8, 17, 35

Gabriel, 177, 292, n. 10/46
Gamilat, 169
Geshem, 73–74, n. 2/91

Hadad. Divinidad cananea. *Ver* Baal-Hadad. Rey de Edom, 26–27, 31
Hagar. En la Biblia, 12–13, nn. 10/49, 11/48; prefiguración del pueblo judío, n. 6/99. En la tradición islámica: encuentra agua en el pozo de Zamzam, 292, n. 11/48; enterrada en la Kaba, 265, n. 11/53; expulsión, 175. Región de Arabia Saudí: 162
hal-Lāt, 139
han-'Ilāt, 139, n. 2/91
Ḥannān/ Ḥayyān, 263, n. 10/45
al-Ḥārith bin 'Amr: causas de su muerte, n. 801; expedición contra al-Ḥira, nn. 11/12, 20; famaso hujrida, 272–73; identificación con Aretas el de la Thalabane, 277, 279, nn. 11/7, 12; mata a al-Num'ān II, nn. 11/12, 20; obtuvo brevemente el gobierno de al-Ḥīra, n. 11/25
Hāshim bin 'Abdu Manāf: bisabuelo de Mahoma, 267, 286; instituye el īlāf, 287, n. 11/33; instituye los dos viajes, 286; se casó con una mujer de Yathrib, 286; tuvo una segunda esposa judía, 302, n. 11/78
Ḥassān bin Tubba', nn. 9/15, 10/57, 63
Hazael, 58–60
Heracles, 85, 88, nn. 3/28, 38
Herodes. Antipas: enemistad con Aretas IV. *Ver* Aretas IV; Juan Bautista predicó en su jurisdicción, n. 6/57; muerte del Bautista a manos de, 165. El Grande: amigo de los romanos y rey de los judíos, 115; colaboró en la expedición romana a Arabia, 124; conflicto con Malicus I, 115–16; conflicto con Sileo, 147–49; herencia, 163; huída a Petra, 115; imitó costumbres romanas, 121, 123; raza, 113, n. 4/45; sofocó revueltas en la Traconítida, 148, n. 4/46. Filipo: 163, n. 6/60
Herodías, 164–65
Herodoto: información paralela con Arriano, nn. 2/66, 3/13; sobre el Periplo del Pseudoescílax, n. 3/3; sobre el tributo de los árabes, 67; sobre la región del incienso, n. 3/2; sobre los árabes y Cambises, 66–68, n. 2/64, 66; sobre las Termópilas, 68, n. 2/71; sobre los dioses árabes, 131, n. 5/1
Hircano II, 113–15, n. 4/32
Hubal: era un betilo, 142; fue colocado en la Kaba, 141–42, n. 5/39; traído del norte, 141, nn. 5/38; utilizado como oráculo, 295, n. 11/56

Iate y Uabu, 59–61
Ibn al-Kalbī, 272, 295, 297
Ibn Luḥayy, 141
Idrīs. *Ver* Enoc en el Corán
Īl, 258–59, nn. 10/35–37
Ilahān, 258, nn. 10/35, 37
al-Ilāh, 297, n. 11/64
Ilhān, 258–59, nn. 10/35, 37
Ilīsharaḥ Yaḥḍub, 218, n. 9/8
Imru' al-Qays, 222–25, 231, n. 9/17
Inanna, n. 5/3
Isaac: bendiciones y promesas, n. 1/38; es con quien Dios establece su alianza, 19; hermano de Ismael y segundo hijo de Abraham, 18; nombre atestiguado en Arabia preislámica del NO, 202; simboliza la apropiación de Palestina por los israelitas, 23; uno de los cuatro grandes patriarcas del judaísmo, 16
Isaías: libro muy reelaborado, 71, n. 2/78; profecías de restauración y mesiánicas, n. 2/80; sobre los árabes del norte, 60–62, 70
Ishtar: conformando una triada en Taymā', 62, 64; elementos asociados, 132; en nombres personales de Bahréin, 87; influencia en el norte de Arabia, 134, 139; mención más antigua, 132; otros nombres, 131–32, n. 5/3–4
Ismael. En la tradición islámica: emparentó con Jurhum, 238–39, 265; enterrado al lado de la Kaba, 265, n. 11/53; información derivada de la tradición judía, 239, nn. 9/59, 11/48; promotor de la oración y la limosna, n. 10/29; relacionado con el origen de Meca y la Kaba, 237–39, 264–66; su suegro fue custodio de la Kaba, 265; vivió 130 años, 265
En la tradición judía: bendición y promesa a, 19, n. 1/45; buenas relaciones con Isaac, 19; casado con una egipcia, 19, n. 10/49; descendiente de Sem, 16; incluido en la alianza de la circuncisión, 20; nombre atestiguado en Arabia del NO, 202; personifica a los árabes del NO y del Sinaí, 20, 20–22, 57; primer hijo de Abraham, 18; representa pueblos anteriores a Israel al sur de Palestina, 22
Ismā'īl. *Ver* Ismael en la tradición islámica
'Ibrāhīm. *Ver* Abraham en la tradición islámica
'Ilyās. *Ver* Elías en el Corán
'Iysā. *Ver* Jesús de Nazaret

Jacob, 16, 20, 22–23, 33–34, 142–43, nn. 1/38, 70, 2/49, 5/44
Jadhīmah, 213, n. 9/15
Jehová. *Ver* YHVH etimología
Jeremías: ministerio profético, n. 4/77; relaciona a Taymā' con Dedān, 62, 70; sobre Astarté, 132; teología mesiánica, 71, n. 4/80
Jeroboam, 27, 49, n. 2/19
Jesús de Nazaret, 3, 137, 301, nn. 1/73, 4/60, 6/62
Jetró: emparentado con Esaú, 61; invoca al Dios de Moisés, 35; otros nombres, 36–37; sacerdote de Madián, 29, 34
Jibrīl. *Ver* Gabriel
Jonás, n. 6/99
José. En el Corán: n. 6/99. En la Biblia: 16, 21, 23, 26–27, 31–32, n. 1/38. En las inscripciones del NO de Arabia, 230. Hermano de Herodes, 113. Obispo nestoriano de al-Ḥīra, n. 10/43. Último rey judío del Yemen, n. 11/86
Josefo, Flavio: principal informador sobre los asmoneos, 110; sobre Aretas IV, Antipas, y Juan el Bautista, 164–65, n. 340; sobre el componente idumeo en el ejército herodiano, n. 4/46; sobre

el opobálsamo, n. 4/52; sobre la judaización de Idumea, n. 4/32; sobre los nabateos, 101. *Ver también* Aretas I, II, III, y IV; sobre los Tobíades, n. 2/96; sobre Sileo. *Ver* Sileo
Juan Diacrinomeno, 281, n. 11/17
Juan el Bautista, 163–65, nn. 6/57, 60. En el Corán: 166
Juan Malalas, 278, n. 11/8
Juba, nn. 3/48, 58
Justiniano, 273–74, 278, 283, n. 11/8

Kaïsos, 278–79
Kamkam, n. 5/16
Karib'īl. *Ver* Caribael
Kemosh, 36, nn. 1/118, 5/23
Keturá, 20, 22, 33, 249, nn. 1/65, 2/40
Khadīja, 262, nn. 10/46, 11/69
Kore, 137

Lāt, 133–35, nn. 5/11, 14. *Ver también* Allāt
Lot. En el Corán: 182, nn. 6/99, 7/10; precede al profeta Shu'ayb, 30. En la Biblia: antepasado de moabitas y amonitas, n. 1/69; sus descendientes emparentaron con los israelitas, 23

Macriano, 192, 212, n. 8/59
Mahoma: acuerdo con el gobernador de Aila, 314, n. 11/109; asemejado a Abraham, n. 9/79; ayunó el día de Ashura, 293; conflictos con los judíos de Medina, 293, nn. 11/77; conquista de Meca, n. 11/28; correspondencia con Musaylima, n. 11/58; descendiente de Quṣayy, 238, 266–67; edad al morir, n. 11/105; eliminó el politeísmo árabe, 133; en Nakhla, n. 9/48; etimología, n. 6/98; evitó el vocablo al-Raḥmān en los primeros años de la revelación, 260; fecha de su nacimiento y muerte, 266, 311, nn. 10/51, 11/105; identificado con Moisés y otras personas bíblicas, nn. 1/73, 6/99, 9/79; nasab, 267; paso por Ḥegra, n. 8/30; poligamia de, n. 11/75; practicó el retiro, 262; rezó en dirección a Jerusalén, 293, n. 11/50; sus primeras azoras, nn. 10/39, 54; tratado de paz con los mecanos, 296; tribus medinesas aliadas, n. 11/77; tuvo un escriba capaz de leer hebreo y/o arameo, 179; vocación profética y primeras revelaciones, 262, 300, nn. 10/46, 11/72
Ma'dīkarib Ya'fur, 281–83, 304–07, n. 11/13
Malcus el Árabe, 104, n. 4/18
Malicus. Etimología, 104, n. 4/18. I: 115, 118–19, 121, n. 7/39. II: 154, 169, 172, 175, 185, 188–89, 207, nn. 7/38–39
Manāt, 140, 234, 295
Merneptah. *Ver* Estela de Merneptah
Moisés. En la tradición islámica: en las primeras azoras, 300; identificado con Mahoma, n. 1/73; importancia en la vocación de Mahoma, 262, nn. 10/46, 11/67; modelo profético, 24; paralelos bíblicos en el Corán, n. 6/99; persona bíblica más citada por el Corán, n. 1/71
En la tradición judía: culto betílico de, 37–39; familia madianita, 33–35; no mencionado por los profetas antiguos, 32, n. 1/101; legislador principal del antiguo judaísmo, 24; lugar de su muerte, n. 1/117; nombre divino que le es revelado, n. 1/34; paralelo con Sargón de Ágade, 27, n. 1/83; persona más importante para la Biblia hebrea, 24, 1/73; personalidad reconstruida, 24; razón de su huída a Madián, 29
Muḍāḍ bin 'Amr, 238–39, 265–66
Muḥammad. *Ver* Mahoma

al-Mundhir III, 282, 284, nn. 11/8, 11/102
Mūsā. *Ver* Moisés
Musaylima, n. 11/58

Nabonido: Estelas de Harrán. *Ver* NABON H2A-B; razón del traslado a Taymā', 63, n. 1/59; su culto astral, 63; su hijo Baltasar, nn. 1/59, 2/63; último rey babilonio, 13
Natnua, 61–62
Nehemías, 73–75, n. 2/96
Ninurta, 47, 53–54
Noé. En el Corán: 182, nn. 6/99, 7/10; identificado con Mahoma, n. 9/49. En la Biblia: 15
Nonnosos: enviado por Justiniano a Kaïsos el kindita, 278, n. 11/8; fuente de información sobre las relaciones bizantino-árabes, 273; su abuelo fue enviado por Anastasio a Aretas el kindita, 278; su abuelo se llamaba Eufrasio, n. 11/9; su padre Abrames fue enviado a al-Mundhir III, n. 11/8
Nūḥ. *Ver* Noé en el Corán
al-Nu'mān. I: identificado con Imru' al-Qays, n. 9/17. II: asesinado por al-Ḥārith bin 'Amr, n. 11/12; derrota, posterior extorsión, y muerte, n. 11/1; dos versiones de su muerte, nn. 11/1, 12, 20; llamado Naamán por Teófano, 275. III: nn. 11/74, 102

Obodas. Etimología, n. 4/70. I: n. 4/23. II: 111, n. 4/23. III: 121, 123–24, 128, 148–49, 228, 230, nn. 4/71, 6/7, 9
Octavio. *Ver* Augusto, Octavio
Omar. *Ver* 'Umar bin al-Khaṭṭab
Otmán. *Ver* 'Uthmān bin 'Affān

Pablo. Apóstol, 112, n. 4/41. Posible obispo nestoriano de Bahréin, n. 10/43
Plinio el Viejo: atribuye a los mineos la ruta del incienso, 93; carece de referencia a Meca, 241; mención de la expedición de Elio Galo, 124; mención de Tylos, 87; primera descripción racional sobre Arabia Feliz, n. 3/55; pueblos de Arabia interior, 183, nn. 4/78, 8/40; sobre Dumat, 205, n. 8/40; sobre el bálsamo judío, 116, n. 6/66; sobre Gerrha, 89, 91; sobre la adulteración de cosméticos, n. 4/60; sobre la producción de incienso, 95–96, n. 3/58; sobre la ruta del incienso, 97–98, n. 4/64; sobre Omana, n. 6/32; su fuente de información sobre los árabes, n. 3/48; una de las fuentes sobre los nabateos, 101
Polibio, 84–85
Pompeyo, 113–14
Procopio, 273, 284, 306–08, nn. 11/4, 8, 22, 35
Pseudoescílax, n. 3/3
Ptolomeo. Claudio: sobre Dumat, n. 8/40; sobre Ḥegra y Yathrib, n. 10/30; sobre Ghassān, n. 9/52; sobre la sede de la III Cirenaica en Bostra, n. 6/79; sobre Macoraba, 239–40, n. 9/60, 64; sobre Yanbu, n. 9/48. I: 77, n. 4/3. III: 125, n. 4/75. VI: 104. IX: 109–10

Quṣayy bin Kilāb: antepasado de Mahoma, 266–67, n. 10/52; antepasado de Waraqa, n. 11/69; intercalación posterior a, n. 11/34; primer hombre fuerte de Quraysh en Meca, 238, 266; reformas en Meca y la Kaba, 291, nn. 11/36, 39

Rabbel. Árabe contratado por Zenón, 102–03, 105. Etimología, 169. II: 169–172, 174–75, 188, nn. 6/75, 78–79, 7/36, 39

Rabīʻa bin Nasr, 220–21, nn. 9/12, 14–15
Raʻla bint Muḍāḍ, 238–39, 265
Reguel, 37

Sabo, 227–28, 232, n. 9/32
Ṣāliḥ, profeta 182–83, 189, n. 7/9
Salmanasar III: primera referencia de Israel en tanto que nombre de persona, n. 1/75; primera referencia de una persona designada como árabe, 14; relacionado con el bitumen de Hit, n. 5/38
Salomón: emparentó con el faraón, 17; encuentro con la reina de Saba, 44–46; fecha de su reinado, 44; obras civiles, n. 2/22; relación con mujeres extranjeras, 23, 26, n. 1/ 69; y el oro de Ofir, 51–52, n. 2/23
Samballat, 73–75, n. 2/96
Samsi, 55, 58–59
Sapor. I: 192, 212, nn. 8/1, 3. II: n. 9/11
Sargón. II, 47, 71–72, 183. Leyenda de, n. 1/83
Sara, 18–20, 22, 292, nn. 1/38, 6/99
Senaquerib, 47, 55–59, 71–72, 105
Shamash: conformando una triada, 62; diosa solar, 58–59; en ed-Dur, 160; en Failaka, 83; en Taymā', 62, 64; relación con las monedas de Abi'el, 162, n. 3/38
Shammar. En la inscripción de Namāra, 223–24. Yuharʻish, 221, nn. 9/8, 13, 21
Sharaḥ'īl Yaqbul, 305, n. 11/87
Sileo: causas de su ejecución, 148–09, 163; en la expedición de Elio Galo, 124, 150, 153, 231–32; inculpado por Estrabón, 128, 147; inscripciones. *Ver en* Inscripciones; ministro de Obodas III, 123–24; monedas, 149, nn. 6/8, 9, 51; quiso emparentar con Herodes, 147
Sin: conformando una triada, 62; dios lunar al que estaba consagrado Nabonido, 63, n. 2/56; en Taymā', 64
Suhayl bin ʻAmr, 296

Teófano, 275–77, 279–80, nn. 11/26, 89
Terebón, 261
Tiberio. I: 165, nn. 6/60, 7/39. II: 274
Tiglathpileser III, 44, 55, 105
Tigranes, 109, 113
Tobíades: dinastía remontable al periodo aqueménida, 75; relación con el templo de Jerusalén, 103; su fortaleza, 123
Tobías el amonita, 73–74
Trogo, 109–10
Tyche, 111, 136, 173

Ukaydir bin ʻAbd al-Malīk, 205
ʻUbaydullāh bin Jash, 261, 298–99, 301, nn. 10/38, 11/67–68
ʻUmar bin al-Khaṭṭab: compañero del Profeta, 261; expulsa a los judíos del Hejaz, n. 11/77; fecha de su califato, 290; obras civiles y riada en Meca bajo, 290, n. 11/38; sobrino de Zayd bin ʻAmr, n. 11/69; uno de los tres primeros califas, 179; victorias sobre Bizancio, 303
ʻUthmān bin ʻAffān: compañero del Profeta, 261; estandarizó el Corán, 179; uno de los tres primeros califas, 179
ʻUzzā: adorada en Meca y su entorno, 139–40, nn. 9/48, 51; consorte de Dushara, 138; en Petra, 106, 138, n. 571; etimología, n. 5/25; poder de intercesión atribuido, 295; rechazada por el Corán, 140; relación con Allāt, 138–39

Vabalato, 213, n. 8/62
Valeriano, 192, 196
Valerio Grato, 167–68
Venus: identificado con Kore, 137; identificado con Ishtar, 132, n. 5/4; identificado con ʻUzzā, 138

Wadd, 142, n. 9/49

Wahriz, 312, n. 9/12
Waraqa bin Naufal: destaca el papel de Moisés, n. 11/67; fecha de su actividad, 299; figura elaborada, n. 10/46; función de nexo, n. 11/67; monoteísta preislámico, 261–62; nasab, n. 11/69; orientó la vocación de Mahoma, n. 10/46; primo de la esposa de Mahoma, nn. 10/46, 11/69

Yaḥya. *Ver* Juan el Bautista
YHVH: etimología, n. 1/34; Dios de Sem, 15; fue mezclado con otros dioses, 72, 132; identificado con Ēl, n. 5/10; parece invocado por Jetró, 35; primera referencia extra-bíblica, 35, n. 1/118; revelado a Moisés en Madián, 34; y los beduinos shasu, 34
Yoseh hijo de Awfā. *Ver en* Inscripciones
Yuḥanna bin Ru'ba, 207, n. 899
Yūnus. *Ver* Jonás
Yūsuf. *Ver* José en el Corán
Yūsuf Asa'r. *Ver* José último rey judío del Yemen

al-Zabbā'. *Ver* Zenobia
Zabdiel, 104–05, n. 5/16
Zacarías. Padre de Juan, 166. Profeta, 75
Zacariyyā. *Ver* Zacarías padre de Juan
Zayd bin 'Amr, 299, nn. 10/38, 11/67
Zayd bin Thābit, 179
Zenobia, 193, 212–14, 313, nn. 8/4, 19, 62, 65
Zenón, 102–05
Zeus, 88, 136, 162, nn. 3/25–26, 38
Zósimo, n. 8/4

www.ingramcontent.com/pod-product-compliance
Lightning Source LLC
Chambersburg PA
CBHW070009010526
44117CB00011B/1482
9798385238552